U0764246

A Comprehensive Practice Handbook for Principle and Application of Database

数据库原理及应用综合实践教程

黄章树　吴海东　主编

厦门大学出版社
XIAMEN UNIVERSITY PRESS
国家一级出版社
全国百佳图书出版单位

图书在版编目(CIP)数据

数据库原理及应用综合实践教程/黄章树,吴海东主编.—厦门:厦门大学出版社,2016.7
ISBN 978-7-5615-6055-6

Ⅰ.①数… Ⅱ.①黄…②吴… Ⅲ.①数据库系统-高等学校-教材 Ⅳ.①TP311.13

中国版本图书馆 CIP 数据核字(2016)第 117807 号

出 版 人	蒋东明
责任编辑	郑 丹
封面设计	李嘉彬
责任印制	许克华

出版发行 **厦门大学出版社**

社　　址	厦门市软件园二期望海路 39 号
邮政编码	361008
总 编 办	0592-2182177　0592-2181406(传真)
营销中心	0592-2184458　0592-2181365
网　　址	http://www.xmupress.com
邮　　箱	xmupress@126.com
印　　刷	厦门市明亮彩印有限公司

开本	787mm×1092mm　1/16
印张	35
字数	942 千字
版次	2016 年 7 月第 1 版
印次	2016 年 7 月第 1 次印刷
定价	79.00 元

本书如有印装质量问题请直接寄承印厂调换

前 言

本书主要划分为两个部分,一部分是"原理知识",另一部分是"实践内容"。大部分"数据库原理及应用"的相关教材都将这两部分整合在一本教材中,"实践内容"由于受到篇幅与原理知识相配套等限制,加之技术发展的迅猛性,使得实践部分的内容不够充实和完整。

大数据环境下的企业经济活动、社会管理活动和个人生存活动,离不开数据产生、采集、处理、分析和应用。结构化数据与非结构化数据的挖掘和应用能力将是企业和社会对专业人才提出的新要求。教材编写的立足点即在于"全员数据":所有人、所有事都离不开数据。因此,本教程除了保证数据库管理与开发的核心内容不缺失以外,也将教学环境构建、典型客户端数据应用程序、基于 Web 的数据分享等内容纳入其中,以满足不同层次的教学需求,更希望通过此举起到抛砖引玉的作用,让教与学的主体能够从中得到启发和灵感。

本教程遵循数据库相关课程教学过程的客观规律,同时以数据分析不同职业岗位需求为导向构建学习内容,所以,本教程不仅适合于高校信息类、经管类、IT 类相关专业教学,也适合于希望掌握一定数据库管理和开发技能的自学者。

本教程包括"数据处理环境预备"、"数据库基础知识及应用"、"数据处理 SQL 基础技术"、"数据处理 SQL 高级技术"、"数据库性能与安全维护"、"数据库与动态网页开发"六大部分共 14 个章节。本教程核心内容严格以微软技术库为依据,保证了知识和技能来源的权威性,同时在教学内容、教学平台、共享资源等方面也提供了尽可能多的支持,包括知识与技能的版本升级等都通过本教程的门户 http://mydb.ifzu.cn、百度云平台等进行了资源共享。

由于编者的水平有限、经验不足,虽然在本综合实践教程教学思想、教学观念和教学方法与手段的编写上进行了一定的创新性探讨,但编写的时间过于仓促,还有很多内容和编写方法需要进一步的改进、充实和完善,希望读者不吝赐教、批评指正,以使本教程将来能够以更加崭新的面貌呈现在读者面前。

本教程的编写过程中,得到了福州大学校教务处、经管学院等相关部门的大力支持,福州大学经济与管理学院管理科学与工程研究院高水平大学建设经费资助了本书的出版。国家级企业经济活动虚拟仿真实验教学中心提供了强有力的私有云基础平台支持。在书稿的校对过程中得到了信息管理、电子商务等相关专业同学的大力协助,其中包括 2013 级卢嘉明同学和游精省同学等,在此表示诚挚的谢意!

福州大学经济与管理学院 黄章树 吴海东
2016 年 3 月于福州

目 录

第 0 章　数据库综合实践环境搭建 … 1
0.1 数据库综合实践环境的搭建 … 1
0.1.1 关于虚拟化技术 … 1
0.1.2 VMware Workstation 8.0 的安装与调试 … 1
0.1.3 Windows Server 2003 R2 企业版的安装与设置 … 4
0.1.4 快速构建 Windows Server 网络操作系统 … 7
0.2 数据库管理系统的安装与调试 … 10
0.2.1 数据库管理系统安装的准备工作 … 11
0.2.2 数据库管理系统的安装 … 12
0.2.3 数据库管理系统的调试 … 17
0.3 数据处理工具的安装与调试 … 20
0.3.1 Office 2010 专业试用版安装 … 20
0.3.2 PowerPivot 数据分析工具安装 … 21
0.3.3 与数据库管理系统连接调试 … 22
0.4 小结 … 24

第 1 章　数据库的创建与管理基础 … 25
1.1 SQL Server 2008 R2 常见实用程序 … 25
1.2 SSMS 基本功能 … 30
1.2.1 SSMS 的启动和连接 … 30
1.2.2 管理服务器连接 … 33
1.2.3 模板资源管理器、解决方案与项目脚本的使用 … 36
1.3 SQL Server 服务器属性配置基础 … 42
1.4 SQL Server 数据库的创建与管理基础 … 54
1.4.1 数据库的组成 … 54
1.4.2 数据库种类 … 56
1.4.3 数据库管理基础 … 58
1.5 小结 … 67

第 2 章　T-SQL 对象技术概述 … 68
2.1 数据库对象概述 … 68
2.2 T-SQL 语言基础 … 69
2.2.1 关于 T-SQL … 69
2.2.2 T-SQL 语法约定 … 70
2.2.3 标识符命名 … 71

2.2.4 常量与变量 ·· 73
　　2.2.5 批处理和脚本 ·· 78
　　2.2.6 运算符和表达式 ·· 79
　　2.2.7 通配符和注释 ·· 85
2.3 控制流 ··· 86
　　2.3.1 BEGIN…END ··· 87
　　2.3.2 IF…ELSE ·· 87
　　2.3.3 GOTO ·· 88
　　2.3.4 WHILE ··· 88
　　2.3.5 CONTINUE ·· 89
　　2.3.6 RETURN ·· 89
　　2.3.7 BREAK ··· 89
　　2.3.8 WAITFOR ··· 90
　　2.3.9 TRY…CATCH ·· 90
2.4 函数基础 ··· 90
　　2.4.1 SQL Server 2008 R2 常用内置函数 ··· 91
　　2.4.2 SQL Server 2008 R2 特殊内置函数 ··· 114
　　2.4.3 自定义函数 ·· 118
2.5 小结 ··· 119

第 3 章 数据表的创建与管理 ··· 120
3.1 数据表概述 ·· 120
　　3.1.1 表的组件 ·· 120
　　3.1.2 表的类型 ·· 121
3.2 数据类型 ·· 123
　　3.2.1 系统数据类型 ·· 124
　　3.2.2 用户自定义数据类型 ·· 134
　　3.2.3 Excel 数据类型与 SQL Server 数据表 ··· 135
3.3 数据表的创建与管理基础 ·· 137
　　3.3.1 利用 SSMS 平台进行数据表的创建 ·· 137
　　3.3.2 利用特殊方法创建数据表 ·· 154
　　3.3.3 数据表的管理基础 ·· 156
3.4 小结 ··· 159

第 4 章 数据查询基础 ··· 160
4.1 数据查询概述 ·· 160
　　4.1.1 数据查询子句格式 ·· 160
　　4.1.2 数据查询原理 ·· 161
4.2 投影查询 ·· 163
　　4.2.1 单列或多列查询 ·· 163
　　4.2.2 所有列查询 ·· 164
　　4.2.3 消除重复列查询 ·· 165
4.3 排序查询 ·· 167

4.3.1 按升、降序排序查询	168
4.3.2 按多列排序查询	168
4.3.3 按特殊需求排序查询	169
4.4 条件查询	175
4.4.1 等值查询	175
4.4.2 不匹配查询	176
4.4.3 NOT、AND、OR 运算符查询	177
4.4.4 BETWEEN…AND 区间查询	180
4.4.5 IN 和 EXISTS 运算符查询	181
4.4.6 NULL 空值查询	182
4.4.7 LIKE 模糊查询	183
4.5 计算查询	187
4.5.1 简单计算查询	188
4.5.2 多个虚拟计算字段查询	188
4.5.3 计算附加评语的查询	189
4.5.4 计算字段的排序查询	191
4.6 利用 Excel 实现数据查询	191
4.6.1 Excel 获取 SQL Server 数据	192
4.6.2 Excel 中应用 SQL 语句	197
4.7 小结	199
第 5 章 数据高级查询	200
5.1 聚合函数查询	200
5.1.1 COUNT 聚合函数	201
5.1.2 SUM 聚合函数	202
5.1.3 MAX 和 MIN 聚合函数	203
5.1.4 AVG 聚合函数	204
5.1.5 聚合函数综合应用	205
5.2 分组查询	213
5.2.1 简单分组查询	214
5.2.2 含有虚拟字段的分组查询	215
5.2.3 含有 WHERE 条件的分组查询	216
5.2.4 含有 HAVING 条件的分组查询	217
5.2.5 多列组合分组查询	218
5.2.6 ALL 关键字与分组查询	220
5.2.7 ROLLUP 关键字与分组查询	221
5.2.8 CUBE 关键字与分组查询	223
5.2.9 分组查询的排序	225
5.2.10 COMPUTE 查询的作用	226
5.2.11 GROUPING SETS 与分组查询	227
5.2.12 GROUP BY 分组查询与数据表连接	229
5.3 嵌套子查询	229

5.3.1 嵌套子查询概述 ………………………………………………………………… 229
5.3.2 嵌套子查询实例分析 ……………………………………………………………… 231
5.4 多表连接查询 …………………………………………………………………………… 247
5.4.1 多表连接概述 ……………………………………………………………………… 247
5.4.2 连接类型 …………………………………………………………………………… 248
5.4.3 简单连接查询 ……………………………………………………………………… 248
5.4.4 超级连接查询 ……………………………………………………………………… 256
5.4.5 特殊连接查询 ……………………………………………………………………… 259
5.5 Excel 与 SQL Server 高级查询 ………………………………………………………… 266
5.5.1 利用 Power View …………………………………………………………………… 266
5.5.2 利用 Power Query ………………………………………………………………… 274
5.5.3 利用 PowerPivot …………………………………………………………………… 280
5.5.4 利用数据透视表/图功能 …………………………………………………………… 284
5.6 小结 ……………………………………………………………………………………… 288

第 6 章 数据处理 ……………………………………………………………………………… 289

6.1 数据处理概述 …………………………………………………………………………… 289
6.2 数据添加 ………………………………………………………………………………… 289
6.2.1 简单数据添加 ……………………………………………………………………… 290
6.2.2 多行数据添加 ……………………………………………………………………… 293
6.2.3 特殊数据添加 ……………………………………………………………………… 295
6.3 数据更新 ………………………………………………………………………………… 300
6.3.1 简单数据更新 ……………………………………………………………………… 300
6.3.2 多行数据更新 ……………………………………………………………………… 301
6.3.3 多列数据更新 ……………………………………………………………………… 302
6.3.4 利用嵌套子句更新数据 …………………………………………………………… 302
6.3.5 更新所有数据 ……………………………………………………………………… 303
6.3.6 特殊数据字段的更新 ……………………………………………………………… 304
6.4 数据删除 ………………………………………………………………………………… 304
6.4.1 单行数据删除 ……………………………………………………………………… 306
6.4.2 多行数据删除 ……………………………………………………………………… 306
6.4.3 利用嵌套查询删除数据 …………………………………………………………… 306
6.4.4 删除表中的所有记录 ……………………………………………………………… 307
6.5 使用 MERGE 添加、更新和删除数据 ………………………………………………… 310
6.6 数据操作中的特殊情况 ………………………………………………………………… 312
6.6.1 添加数据过程中的特殊情况 ……………………………………………………… 313
6.6.2 更新数据过程中的特殊情况 ……………………………………………………… 314
6.6.3 删除数据过程中的特殊情况 ……………………………………………………… 317
6.6.4 更新与删除数据的前后对比 ……………………………………………………… 318
6.7 小结 ……………………………………………………………………………………… 320

第 7 章 视图 …………………………………………………………………………………… 321

7.1 视图概述 ………………………………………………………………………………… 321

            7.1.1 概念 ……………………………………………………………… 321
            7.1.2 视图的类型 ………………………………………………………… 322
            7.1.3 视图的优缺点 ……………………………………………………… 323
        7.2 视图的设计与创建 ……………………………………………………… 324
            7.2.1 视图创建的基本方法 ……………………………………………… 324
            7.2.2 简单视图的创建 …………………………………………………… 325
        7.3 复杂视图的创建 ………………………………………………………… 328
            7.3.1 带有聚合函数的视图 ……………………………………………… 329
            7.3.2 视图中嵌套视图 …………………………………………………… 330
            7.3.3 带有分组统计的视图 ……………………………………………… 331
            7.3.4 跨数据库服务器的视图 …………………………………………… 332
        7.4 视图中的 DML 操作 …………………………………………………… 334
            7.4.1 通过视图添加数据 ………………………………………………… 335
            7.4.2 通过视图更新数据 ………………………………………………… 337
            7.4.3 通过视图删除数据 ………………………………………………… 337
        7.5 视图的管理 ……………………………………………………………… 337
            7.5.1 获取视图相关信息 ………………………………………………… 337
            7.5.2 修改视图 …………………………………………………………… 338
            7.5.3 删除视图 …………………………………………………………… 339
            7.5.4 视图更名 …………………………………………………………… 340
            7.5.5 加密视图 …………………………………………………………… 340
        7.6 Excel 客户端使用视图 ………………………………………………… 341
        7.7 小结 ……………………………………………………………………… 342
第 8 章 存储过程 ……………………………………………………………… 343
        8.1 存储过程概述 …………………………………………………………… 343
            8.1.1 存储过程的优点 …………………………………………………… 343
            8.1.2 存储过程的分类 …………………………………………………… 344
        8.2 存储过程的设计与创建 ………………………………………………… 346
            8.2.1 存储过程的设计 …………………………………………………… 346
            8.2.2 存储过程的创建方法 ……………………………………………… 347
            8.2.3 简单存储过程的创建 ……………………………………………… 349
        8.3 创建和应用带有参数的存储过程 ……………………………………… 353
            8.3.1 带有简单输入参数的存储过程 …………………………………… 353
            8.3.2 带有输入参数的查询功能存储过程 ……………………………… 353
            8.3.3 带有输入和输出参数的查询功能存储过程 ……………………… 354
            8.3.4 带有简单判断登录功能的存储过程 ……………………………… 355
            8.3.5 验证信息来自数据表的登录功能存储过程 ……………………… 356
            8.3.6 带有判断条件的插入功能存储过程 ……………………………… 359
            8.3.7 带有判断条件的更新功能存储过程 ……………………………… 360
            8.3.8 带有判断条件的删除功能存储过程 ……………………………… 361
        8.4 管理存储过程 …………………………………………………………… 362

8.4.1 修改存储过程定义 ………………………………………………………… 362
　　8.4.2 删除存储过程 ……………………………………………………………… 364
　　8.4.3 重命名存储过程 …………………………………………………………… 364
　　8.4.4 加密存储过程 ……………………………………………………………… 365
　　8.4.5 自动执行存储过程 ………………………………………………………… 366
　　8.4.6 监控存储过程 ……………………………………………………………… 367
 8.5 小结 ………………………………………………………………………………… 368

第 9 章　自定义函数与游标 ………………………………………………………… 369
 9.1 自定义函数概述 …………………………………………………………………… 369
　　9.1.1 自定义函数的优点 ………………………………………………………… 369
　　9.1.2 自定义函数的组件 ………………………………………………………… 370
　　9.1.3 自定义函数的种类 ………………………………………………………… 370
　　9.1.4 自定义函数与存储过程 …………………………………………………… 370
 9.2 创建和应用简单自定义函数 ……………………………………………………… 373
　　9.2.1 创建和应用简单标量函数 ………………………………………………… 373
　　9.2.2 创建和应用简单内联表值函数 …………………………………………… 375
　　9.2.3 创建和应用简单多语句表值函数 ………………………………………… 375
 9.3 创建和应用复杂自定义函数 ……………………………………………………… 376
　　9.3.1 CHECK 约束中的自定义函数 ……………………………………………… 376
　　9.3.2 默认值字段中的自定义函数 ……………………………………………… 378
　　9.3.3 计算字段中的自定义函数 ………………………………………………… 379
　　9.3.4 流程控制中的自定义函数 ………………………………………………… 379
　　9.3.5 视图、临时表与自定义函数 ……………………………………………… 380
 9.4 管理自定义函数 …………………………………………………………………… 381
　　9.4.1 利用对象资源管理器管理 ………………………………………………… 381
　　9.4.2 利用 T-SQL 语句管理自定义函数 ………………………………………… 381
 9.5 游标概述 …………………………………………………………………………… 383
　　9.5.1 游标工作方式 ……………………………………………………………… 383
　　9.5.2 游标的种类 ………………………………………………………………… 384
　　9.5.3 游标命令及步骤 …………………………………………………………… 385
　　9.5.4 游标的优缺点 ……………………………………………………………… 388
 9.6 创建和应用简单游标 ……………………………………………………………… 388
　　9.6.1 使用简单的游标和语法 …………………………………………………… 389
　　9.6.2 利用变量输出游标数据 …………………………………………………… 391
　　9.6.3 利用游标操作数据表数据 ………………………………………………… 392
　　9.6.4 在存储过程中使用游标 …………………………………………………… 394
 9.7 创建和应用复杂游标 ……………………………………………………………… 396
　　9.7.1 使用嵌套游标输出数据报表 ……………………………………………… 396
　　9.7.2 使用嵌套游标提取二级下属信息 ………………………………………… 398
 9.8 游标的管理 ………………………………………………………………………… 400
 9.9 小结 ………………………………………………………………………………… 403

第 10 章 触发器 ... 404
10.1 触发器概述 ... 404
10.2 触发器的分类 ... 405
10.2.1 DML 触发器 ... 405
10.2.2 DDL 触发器 ... 406
10.3 触发器的限制 ... 406
10.4 创建和应用触发器 ... 407
10.4.1 创建与应用 after 触发器 ... 408
10.4.2 创建与应用 instead of 触发器 ... 411
10.4.3 创建与应用 DDL 触发器 ... 415
10.5 触发器的管理和维护 ... 420
10.5.1 查看触发器 ... 420
10.5.2 修改触发器 ... 422
10.5.3 删除触发器 ... 423
10.6 小结 ... 424

第 11 章 数据库性能优化 ... 425
11.1 索引与性能优化 ... 425
11.1.1 索引概述 ... 425
11.1.2 创建索引 ... 427
11.1.3 管理索引 ... 429
11.1.4 索引视图 ... 432
11.1.5 查询优化器与索引 ... 435
11.2 事务、锁与性能优化 ... 438
11.2.1 事务 ... 438
11.2.2 锁机制 ... 443
11.2.3 事务处理 ... 447
11.3 小结 ... 454

第 12 章 数据库维护与安全实践 ... 455
12.1 数据库系统面临的安全威胁及应对原则 ... 455
12.1.1 数据库系统面临的主要威胁 ... 455
12.1.2 应对数据库安全威胁的主要原则 ... 455
12.2 SQL Server 数据管理实践 ... 456
12.2.1 配置 SQL Server ... 456
12.2.2 基于策略的管理 ... 464
12.2.3 数据库分离与附加 ... 466
12.2.4 备份和恢复 ... 470
12.2.5 数据库镜像 ... 479
12.2.6 数据库快照 ... 487
12.3 数据库安全实践 ... 488
12.3.1 数据库身份验证与授权 ... 488
12.3.2 数据库加密 ... 512

12.4 小结 ··· 520

第 13 章　数据库与动态网页设计基础 ··· 521
13.1 动态网页设计的基本概念 ·· 521
13.2 动态网页设计与数据库的连接 ·· 522
13.2.1 创建 Web 服务站点 ·· 522
13.2.2 调试 ASP 动态网站 ·· 524
13.2.3 建立 ASP 页面与数据库的连接 ······························· 526
13.2.4 在 ASP 页面获取数据集 ·· 530
13.2.5 对数据集进行格式化呈现 ······································· 532
13.3 利用 ASP 对数据查、删、改、增 ······································ 536
13.3.1 利用 ASP 查询数据记录 ··· 536
13.3.2 利用 ASP 添加数据记录 ··· 541
13.3.3 利用 ASP 修改数据记录 ··· 542
13.3.4 利用 ASP 删除数据记录 ··· 544
13.4 小结 ··· 545

第 0 章　数据库综合实践环境搭建

　　本书涵盖了传统教材中所包含的数据库/表的创建、应用、维护及开发等知识，同时又包含了数据库系统的构建过程，以及客户端应用程序如 Excel、Access，数据挖掘和商务智能挖掘工具与数据库系统之间的各种交互，在各种版本的客户端操作系统中，如 Windows、Linux 等要实现完整的数据库管理与开发功能不太可能，所以，利用虚拟化技术为系统地学习数据库管理和开发是十分必要的。而且，虚拟化技术能够解决兼容性、冗余性等众多问题。有关虚拟化的相关知识可以从本书的教学网站 http://mydb.ifzu.cn 或其他专业网站的技术专题中获取。

本章教学要求

- 综合实验虚拟环境的搭建
- 数据库管理系统的安装与调试
- 数据处理工具的安装与调试

VMware workstation 8.0 试用版软件下载地址：http://pan.baidu.com/s/1kTlxcub

0.1 数据库综合实践环境的搭建

　　为了构建系统的企业级数据库管理与开发平台，本书选用了 VMware 公司的 Workstation 8.0 作为虚拟服务器运行管理软件，并使用相对成熟稳定的 Windows Server 2003 R2 企业版作为网络操作系统。以上软件均可从本书资源共享位置获取相应的试用版。

0.1.1 关于虚拟化技术

　　虚拟化技术是指将服务器、网络、存储、CPU 等计算机资源通过抽象、转换后提供给用户使用。目前虚拟化技术中具有更广泛应用的是计算能力和数据存储的虚拟化。

　　虚拟化在 1960 年为了描述虚拟机（实验性的 IBM M44/44X 系统）这个概念被第一次提出。目前在实验和生产环境中广泛使用的虚拟化技术主要有桌面虚拟化、网络虚拟化、服务器虚拟化、应用程序虚拟化等。

0.1.2 VMware Workstation 8.0 的安装与调试

1. 双击下载得到的 VMware workstation 安装文件，进入安装界面，如图 0-1 所示：

图 0-1　启动 VMware Workstation 8.0 安装进程

2.根据需要选择"Custom(自定义)"选项,并选择其他两个增强的虚拟化功能。注意如果全选择则需要占用约 3200 MB 的磁盘空间,所以,可在下方修改 VMware Workstation 程序的安装位置,如图 0-2 所示:

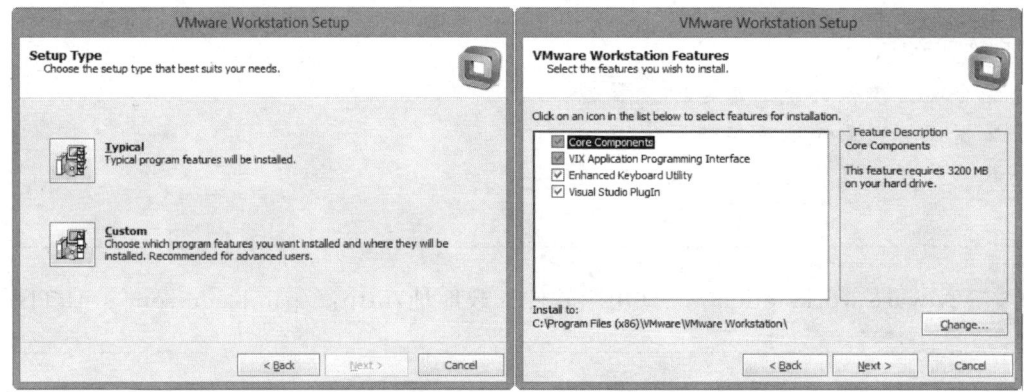

图 0-2　设置 VMware 安装类型和位置

3.配置 Workstation 服务器组件的链接方式,一般用默认的 HTTPS 端口 443。该功能可允许用户利用 Web 方式进行远程管理,如图 0-3 所示:

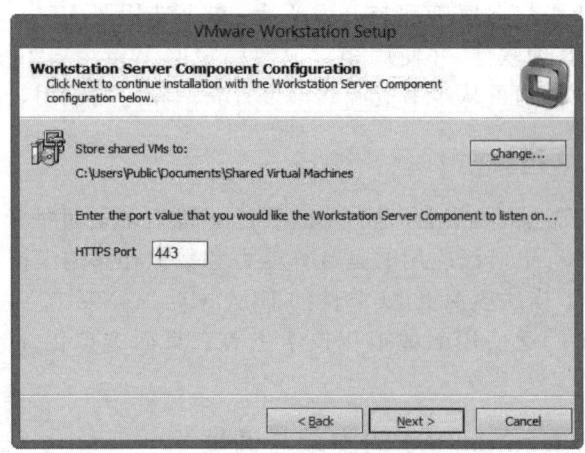

图 0-3　VMware 服务器连接端口设置

4.如果 host(宿主,即真实的物理机器)机器上安装了防病毒防黑客软件,可能会提示是否允许 VMware Workstation 的相关服务入驻宿主计算机上。

如果没有授权序列号,那么 VMware workstation 将允许用户试用 60 天,如图 0-4 所示:

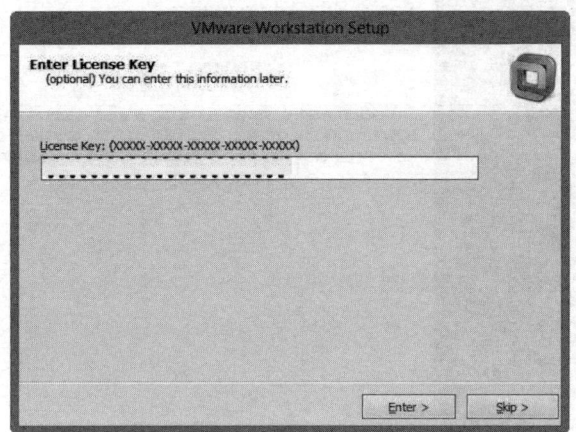

图 0-4　输入 VMware 序列号

如果宿主机器上已经安装了杀毒或防火墙软件,可能会出现如图 0-5 所示的提示,用户要选择 VMware-authd.exe 等服务是否允许被加入到宿主的服务启动列表中。这些服务将会有助于 VMware workstation 加强和外部环境的联系,包括和宿主、Internet 之间等通信,如图 0-5 所示:

图 0-5　系列服务的启动

在计算机的本地链接中,会增加两个虚拟网络链接:VMnet1 和 VMnet8,如图 0-6 所示,分别承担两种不同的网络链接任务,如果在学习环境中搭建了完整的服务端、客户端环境,则要对网络连接的方式进行调整。在此不加详述,请参考相关资料。

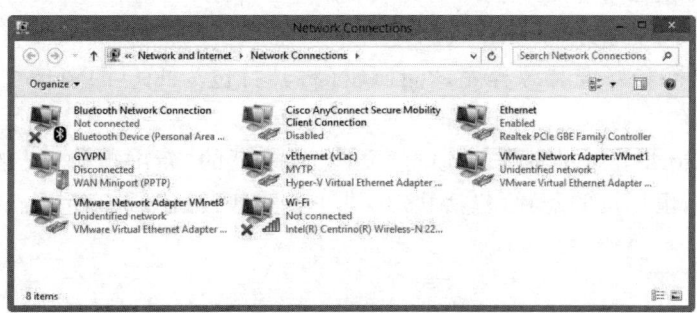

图 0-6　本地添加了两张虚拟网卡

安装完成后，必须重新启动计算机。

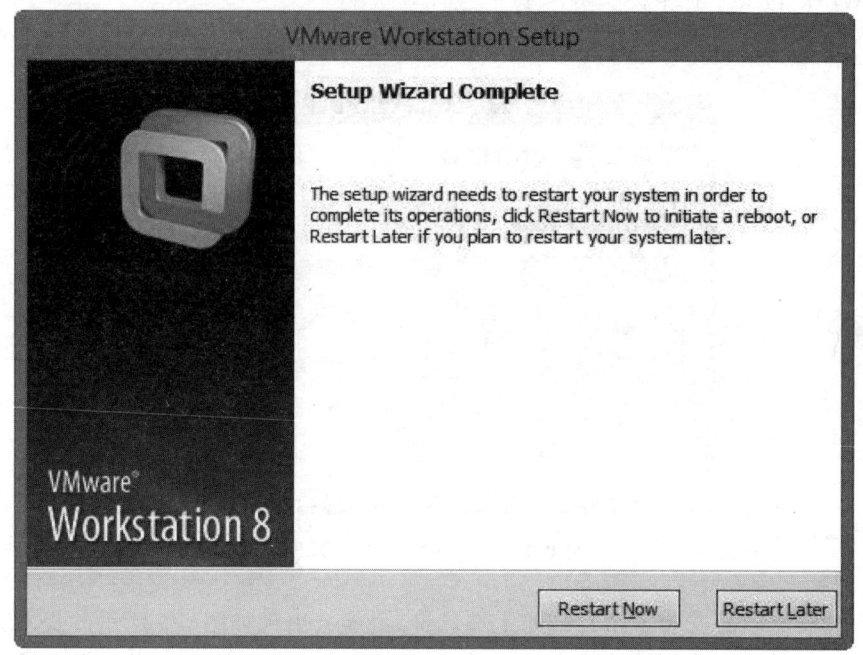

图 0-7　VMware 安装后重启计算机

　VMware Workstation 目前较新版本是 10.0，可从本书的资源共享位置获取试用版：
http://pan.baidu.com/s/1jGI9exo 其安装过程与 8.0 版本相似。

0.1.3　Windows Server 2003 R2 企业版的安装与设置

VMware Workstation 平台为虚拟网络操作系统如 Windows Server、Linux 等系列服务器操作系统的安装提供了可能性，并且能够在一台宿主计算机上同时安装和运行多种多个操作系统，以便于进行更高效的对比学习。

在虚拟机管理平台上安装操作系统。本书选用的数据库管理系统以 MS SQL Server 2008 为主，因此要选择 Windows Server。建议资源较为充足的用户可以选择 Windows Server 2008 R2 企业版作为网络操作系统的学习平台。如果硬盘、内存、CPU 资源比较有限，则选择安装 Windows Server 2003 R2 企业版作为学习平台。

不管选择哪种版本的操作系统和数据库管理系统，在虚拟化平台上进行数据库管理与开发的综合实验，都要准备好安装源程序，并且最好将其打包为.ISO 的镜像文件，以便管理和调用。

1.在 VMware workstation 环境下，通过"文件"菜单下的"新虚拟机"创建一台新的虚拟机。这个过程实际上是新虚拟机的配置，包括软件、硬件等信息。如图 0-8 所示：

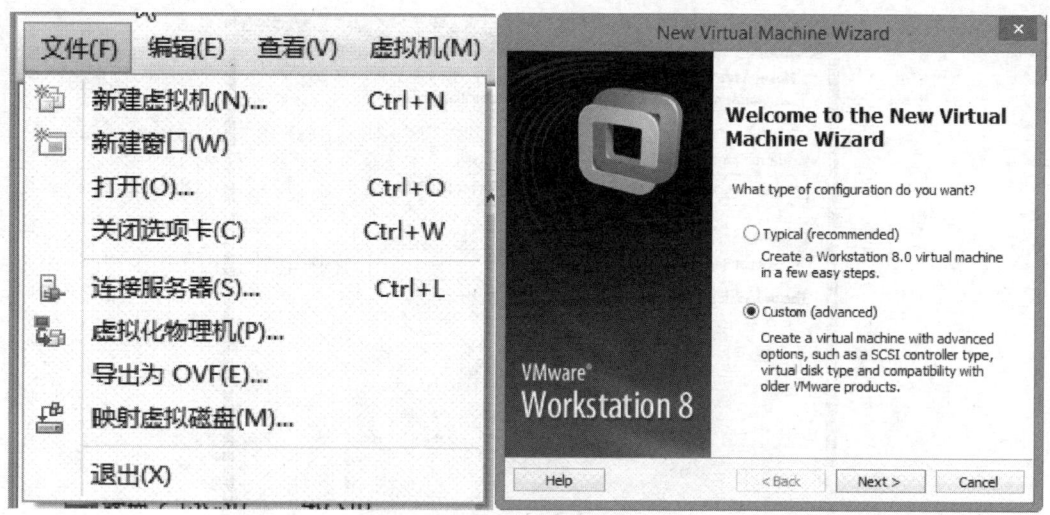

图 0-8　创建新的虚拟机向导

2.选择该虚拟机的硬件兼容模式,包括将来是否可以迁移到 ESX 服务器上。一般要考虑到向部分低版本兼容,以保证那些运行低版本 VMware Workstation 的用户能够使用虚拟机。还可以设置新虚拟机启动后从哪个操作系统的镜像进行引导启动,以及配置默认的账号、密码、产品序列号等,使操作系统的安装更加自动化。如图 0-9 所示:

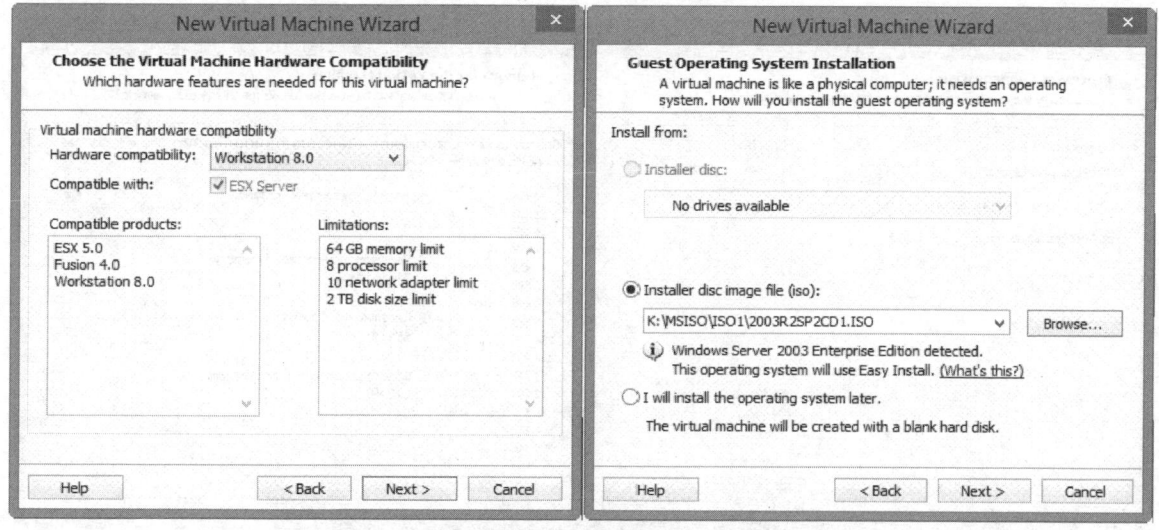

图 0-9　兼容版本和引导镜像文件设置

3.设置虚拟机存放的位置、名称。如果考虑将其作为模板虚拟机,则宜将其设置在固定硬盘分区上而非移动硬盘上,以备克隆虚拟机时能够快速定位。如图 0-10 所示:

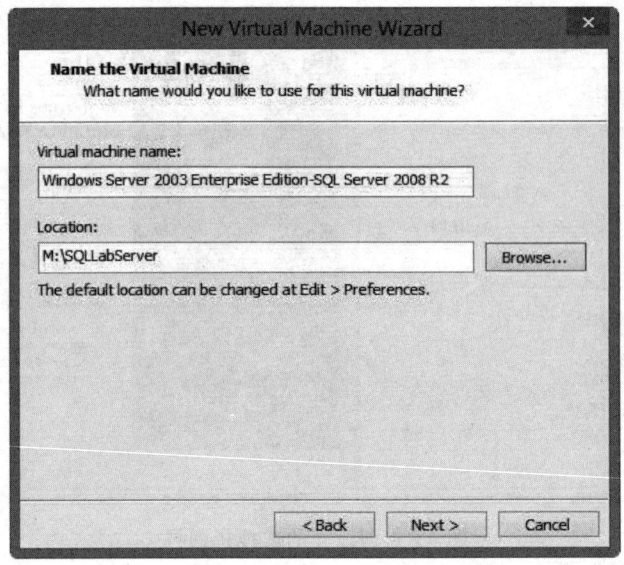

图 0-10 设置虚拟机的存放位置

4.配置虚拟机的 CPU 数量和核数、内存数量。虚拟机共享的是宿主(即真机)的相关资源，因此分配给虚拟机的资源要慎重考虑，如果资源分配过度，会导致宿主机器无法正常运作。如图 0-11 所示：

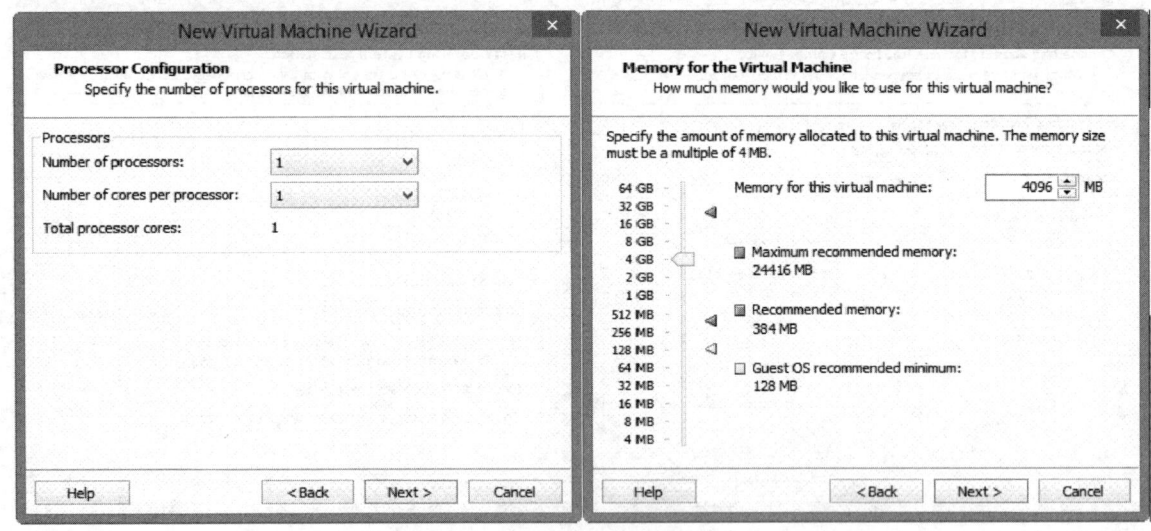

图 0-11 虚拟机的性能配置

5.为虚拟机创建或挂接虚拟硬盘。挂接虚拟机硬盘是将已安装了操作系统的虚拟磁盘直接映射到该虚拟机上，启动后即可使用，这正是虚拟机的一大优点：便于迁移。VMware Workstation 的虚拟硬盘文件格式是.vmdk。该文件大小受到宿主机器剩余资源、VMware Workstation 版本等的限制。虚拟磁盘文件有三种存在方式：分配所有空间、存储为单一文件、分割为多个文件。三种方式各有优缺点，用户可根据实际情况进行调整，一般情况下选择将其作为单个文件存储，该模式实际上是一个动态增长的文件，随着虚拟服务器的应用、文件的增删，该文件的大小会不断变化(一般是不断变大)，最大可达磁盘的最大值，如 40 GB。如图 0-12 所示：

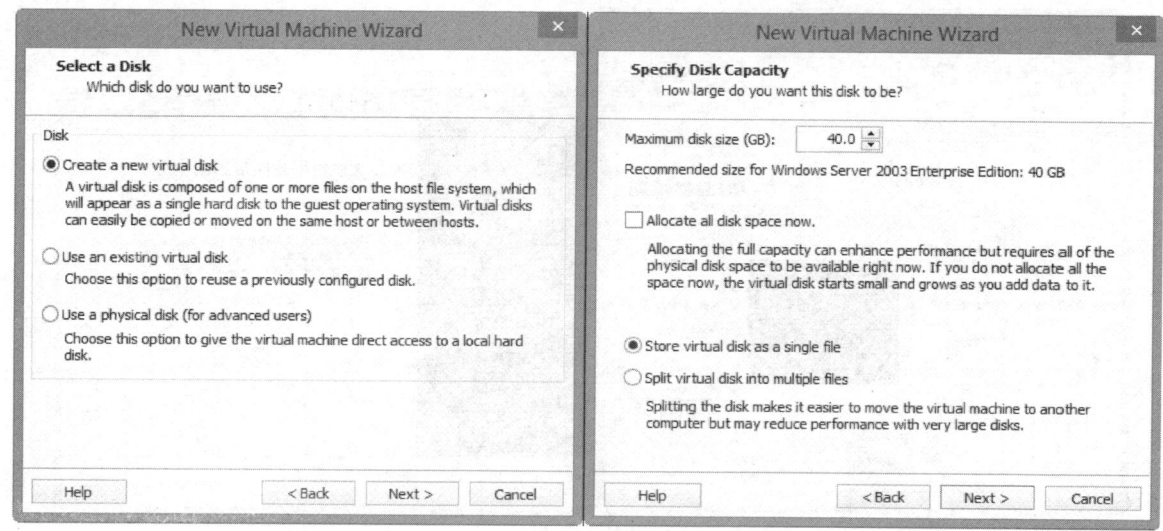

图 0-12　创建虚拟机硬盘的类型和大小

6.打开虚拟机的虚拟电源开关,启动虚拟机,虚拟机将从可启动的 ISO 镜像引导。根据屏幕提示逐步安装 Windows Server 2003 R2。其间需要用到 Windows Server 2003 R2 的安装密钥。如图 0-13 所示：

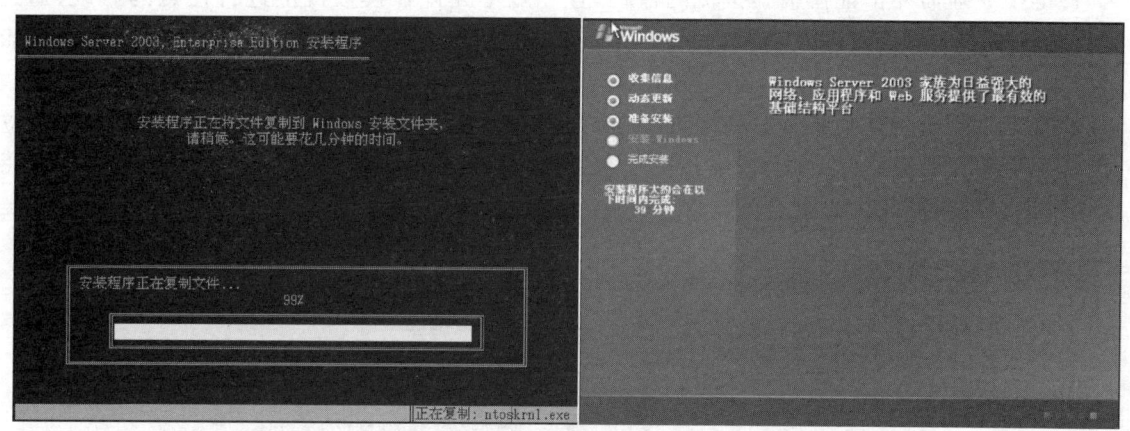

图 0-13　安装 Windows Server 2003 R2 网络操作系统

0.1.4　快速构建 Windows Server 网络操作系统

企业级数据库实验环境往往需要多台的数据库服务器,通过本节构建了 Server 版的网络操作系统,可以将其作为模板机器,利用 VMware Workstation 的克隆技术,将已有的虚拟服务器克隆成另一台虚拟服务器,再通过运行 Sysprep 或者 NewSID 软件、重新配置 TCP/IP 等信息即可生成一台全新的虚拟服务器。本书介绍克隆虚拟机的目的是为了让用户,特别是高校师生在资源有限的情况下,利用现有的平台,尽可能构建能够体现企业 IT 架构环境的实验教学平台,以促使高校学生能够更快地适应企业、社会对高质量信息化人才的需求。

1.打开作为模板机器的虚拟服务器。建议不要启动。打开"虚拟机"菜单下的管理,单击"克隆",出现克隆虚拟机向导。如图 0-14 所示：

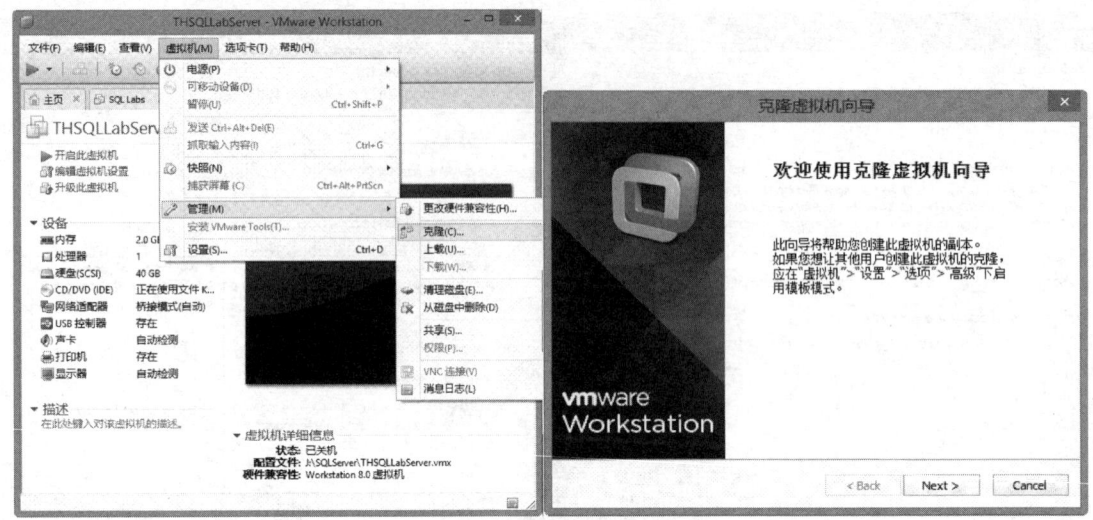

图 0-14 克隆虚拟机向导

2. 选择被克隆模板虚拟机的快照状态,以及克隆的类型,如图 0-15 所示。如果一台虚拟机有多个快照状态,则可以选择某个状态进行克隆,比如是否安装了 SQL Server 的状态。克隆类型有两种:

(1) 链接克隆需要保证模板虚拟机的存在,且一般不允许在模板机上进行任意的修改;通过链接克隆得到的虚拟机所占磁盘空间会不断增大;链接克隆速度快,但性能上会受到一定的影响。

(2) 完全克隆是将选择某种状态下的虚拟机完整创建一个副本,和模板虚拟机是相互独立的,但需要更多的磁盘空间,如模板虚拟机已经占用了 10 GB 的磁盘,那么,通过完全克隆获得的虚拟机也将占用同样的磁盘空间。

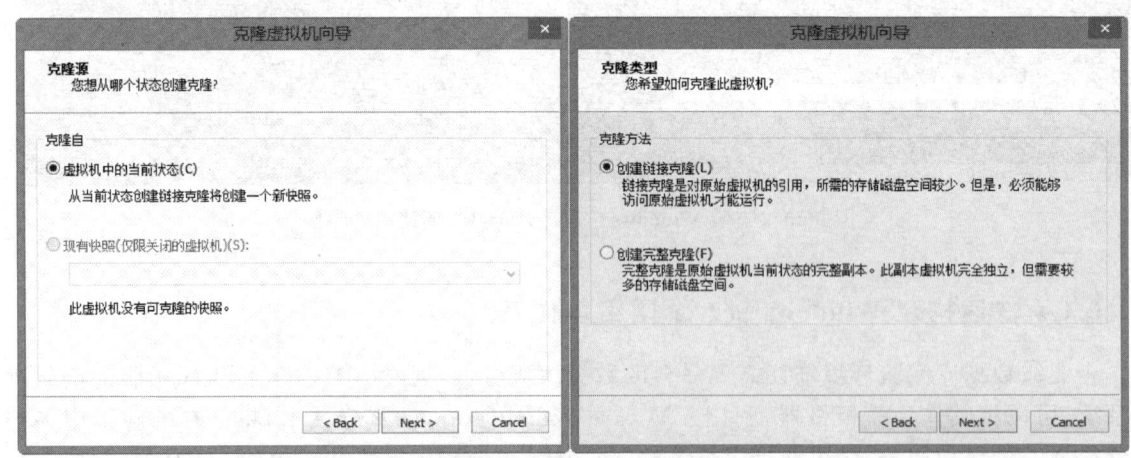

图 0-15 虚拟机克隆类型

3. 选择克隆虚拟机存放的新位置。一般地,要有别于模板虚拟机的位置,且要保证有足够的剩余空间。如图 0-16 所示:

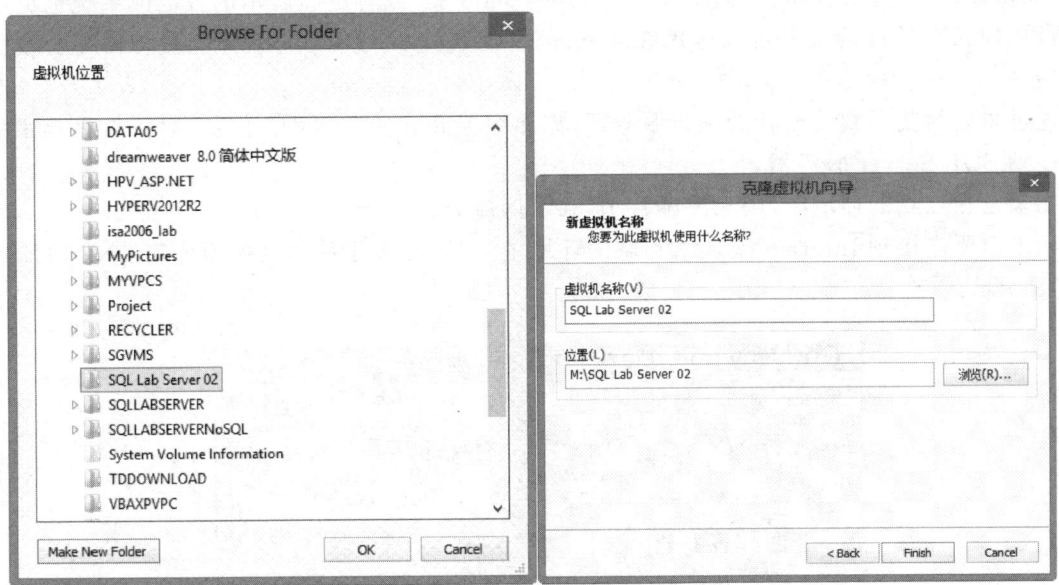

图 0-16　克隆新机所存放的位置

4.克隆后可看到一台新的虚拟机等待启动。启动后利用工具进行重构,获取新的计算机名称和 SID,就可以当作正常的实验平台来使用了。如图 0-17 所示:

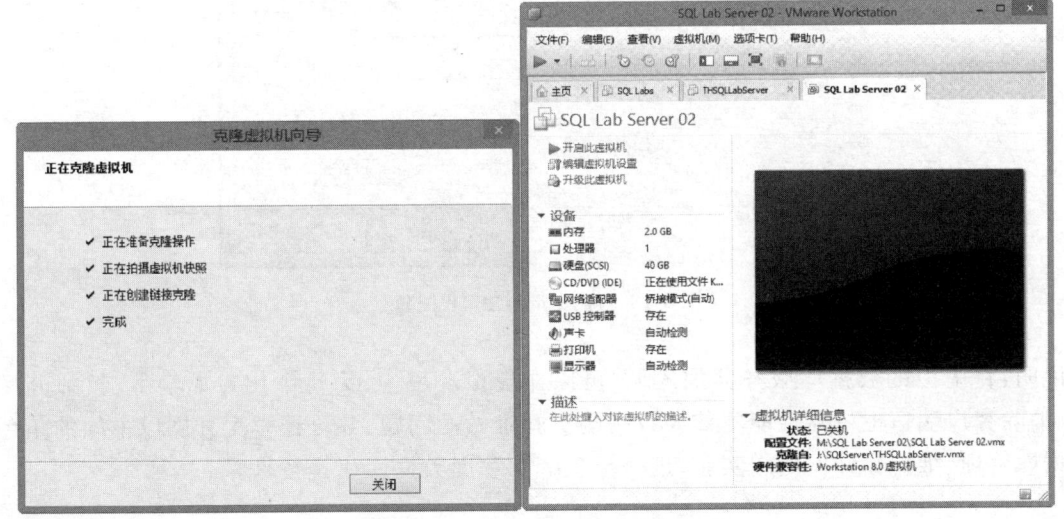

图 0-17　完成虚拟机的克隆

Sysprep 在 Windows Server 2003 系统和 Windows Server 2008 系统中的应用方法不同。后者更加简捷,前者需要将安装镜像的相关文件进行解压提取后才能使用。所以,在 Windows Server 2003 系统环境下建议使用免费的 NewSID.exe 软件。

 NewSID 软件下载地址:http://pan.baidu.com/s/1eQkl022

备注:安装 Windows Server 2008 的过程类似于 Windows Server 2003 的安装,都需要准备好安装光盘或者镜像文件。但是 Windows Server 2008 的安装过程更加快捷、简洁。在 Windows Server 2008 上安装和应用 MS SQL Server 2008 R2 或者更高版本的数据库系统也更加高效，所以，建议有条件的读者可以考虑在 Windows Server 2008 R2 的平台上安装相关的数据库服务器。

通过重新封装得到的全新的虚拟服务器，需要配置静态的 TCP/IP 信息，以便用户能够快捷地连接到 SQL Server 服务器。

如果是在独立的环境中，则只要配置 IP 和子网掩码；

如果需要连接到 Internet 或加入到域的环境中，需要配置相关的网关地址和 DNS 地址。如图 0-18 所示：

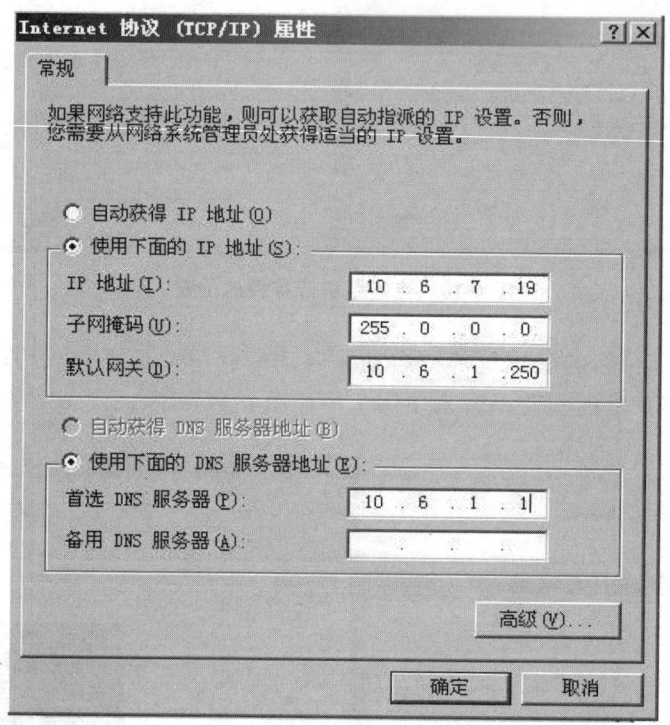

图 0-18 虚拟机 TCP/IP 配置

说明：将虚拟的数据库服务器加入域，可以在虚拟环境中，为每个用户如学生、教师分配角色，可消除客户端宿主机器性能不佳导致高端实验难做的问题，并可让学生开展以不同的角色进行数据库管理、维护和开发应用实验，进一步理解和掌握数据库相关技术。

0.2 数据库管理系统的安装与调试

数据库系统（Database Systems）指的是为实现数据库及其管理软件功能与目标的系统。包括了存储介质、处理对象和管理系统的软硬件集合体。狭义的软件主要包括了操作系统、各种宿主语言、实用程序以及数据库管理系统；狭义的硬件包括了存储设备、网络设备、计算设备。广义的数据库系统还包括如数据库管理工程师、数据分析师等用户角色。

数据库管理系统（Database Management System，简称 DBMS）指的是为管理数据库而开发设计的计算机软件系统,一般具有存储、操作、安全保证、备份等基础功能。根据所支持的数据库模型、所支持的计算机类型、服务性能要求等来进行分类。

本书涉及的内容包括了部分数据库系统中的硬件部分,如本章的虚拟服务器的安装与使用等。数据库管理系统是本书学习的核心内容,但数据库管理与开发知识与实践体系均要在虚拟服务器上运行,也就是要了解和掌握数据库系统的运行、维护环境。

0.2.1 数据库管理系统安装的准备工作

根据各种应用程序的需要、组织单位的不同要求,SQL Server 2008 R2 有不同的功能和版本以供挑选。

1. SQL Server 2008 R2 的功能模块

使用 SQL Server 安装向导的"功能选择"页面选择安装 SQL Server 时要安装的组件。默认情况下未选中树中的任何功能。

可根据表 0-1 和表 0-2 中给出的信息确定最能满足需要的功能集合。

表 0-1 SQL Server 2008 服务器组件表

服务器组件	说明
SQL Server 数据库引擎	SQL Server 数据库引擎包括数据库引擎(用于存储、处理和保护数据的核心服务)、复制、全文搜索以及用于管理关系数据和 XML 数据的工具
Analysis Services	Analysis Services 包括用于创建和管理联机分析处理(OLAP)以及数据挖掘应用程序的工具
Reporting Services	Reporting Services 包括用于创建、管理和部署表格报表、矩阵报表、图形报表以及自由格式报表的服务器和客户端组件。Reporting Services 还是一个可用于开发报表应用程序的可扩展平台
Integration Services	Integration Services 是一组图形工具和可编程对象,用于移动、复制和转换数据

表 0-2 SQL Server 2008 主要管理工具表

管理工具	说明
SQL Server Management Studio	SQL Server Management Studio 是一个集成环境,用于访问、配置、管理和开发 SQL Server 的组件。Management Studio 使各种技术水平的开发人员和管理员都能使用 SQL Server。Management Studio 的安装需要 Internet Explorer 6 SP1 或更高版本
SQL Server 配置管理器	SQL Server 配置管理器为 SQL Server 服务、服务器协议、客户端协议和客户端别名提供基本配置管理
SQL Server Profiler	SQL Server Profiler 提供了一个图形用户界面,用于监视数据库引擎实例或 Analysis Services 实例
数据库引擎优化顾问	数据库引擎优化顾问可以协助创建索引、索引视图和分区的最佳组合
Business Intelligence Development Studio	Business Intelligence Development Studio 是 Analysis Services、Reporting Services 和 Integration Services 解决方案的 IDE。BI Development Studio 的安装需要 Internet Explorer 6 SP1 或更高版本
连接组件	安装用于客户端和服务器之间通信的组件,以及用于 DB-Library、ODBC 和 OLE DB 的网络库

2. SQL Server 2008 R2 的不同版本

SQL Server 2008 R2 从大的范围进行划分可分为两个版本:企业版和专业版。它们具体包括的版本请参考微软 Technet 技术资源库(https://technet.microsoft.com/zh-cn/library/

ms144275(v=sql.105).aspx)。

3. SQL Server 2008 R2 安装环境需求

不管安装何种数据库管理系统,用户都需要了解其安装环境是否满足某版本数据库管理软件的特定需求,包括软件和硬件配置。具体要求请参考微软 Technet 技术资源库(https://technet.microsoft.com/zh-cn/library/ms143506(v=sql.100).aspx)。

本书以 Microsoft SQL Server 2008 R2 Enterprise(32 位)的 180 天试用版为例进行部署和学习。

0.2.2 数据库管理系统的安装

1.安装说明

本书所采用的数据库管理系统是 Microsoft SQL Server 2008 R2 180 days Evaluation Edition。该管理系统运行在 Windows Server 2003 R2 Enterprise Edition 的网络操作系统平台上。

2.安装步骤

(1)将获取的 SQL Server 2008 R2 安装镜像文件.iso 加载到虚拟服务器环境中。如果是在真实的物理机器上安装,可能会涉及利用光盘或者 USB 存储设备进行加载。如图 0-19 所示。

(2)当服务器加载了安装镜像文件,就会在虚拟机环境下显示有虚拟光盘加载进来。如图 0-20 所示。

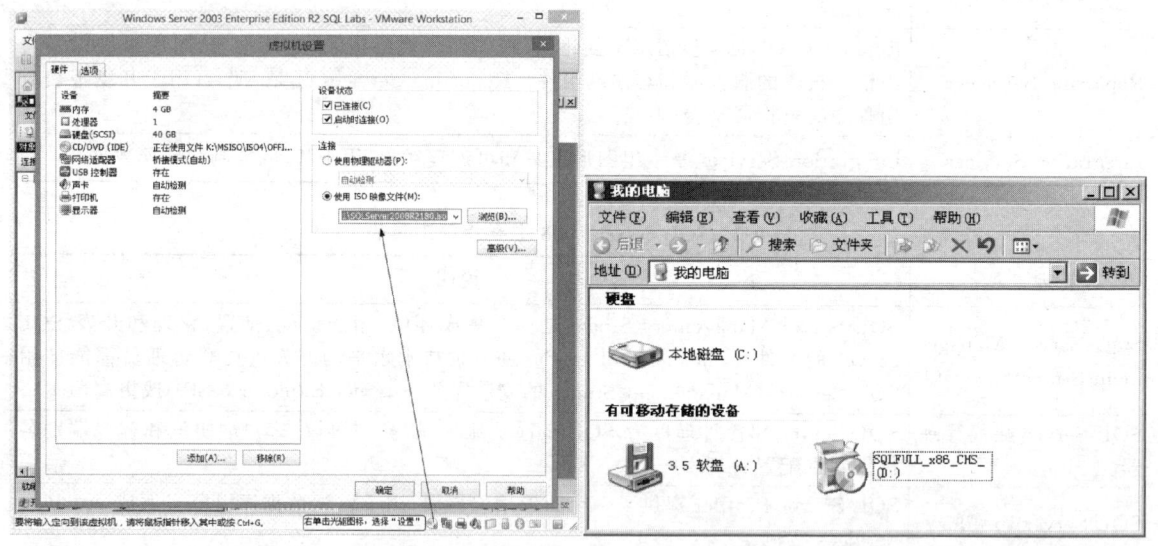

图 0-19　挂载安装光盘镜像　　　　图 0-20　在虚拟机中看到的安装光盘镜像

(3)利用文件资源管理器打开该虚拟光盘,以管理员身份双击运行光盘目录下的 setup.exe,开始 SQL Server 2008 R2 的安装。如图 0-21 所示:

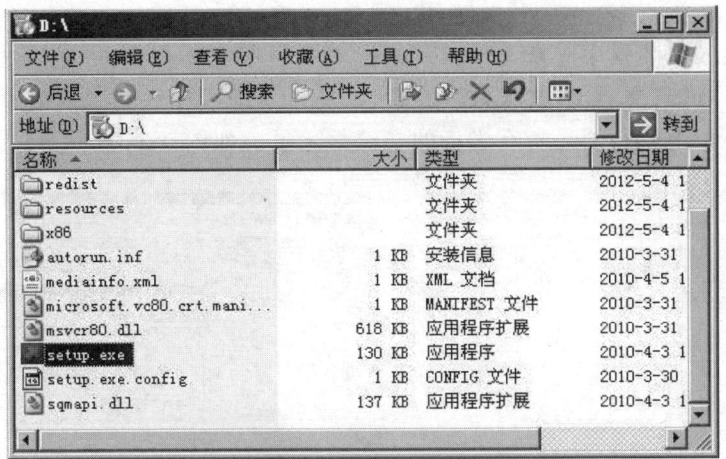

图 0-21　进入 SQL Server 安装文件所在位置

在命令行模式下，setup.exe 可加上众多参数。相关知识点可参阅：http://technet.microsoft.com/zh-cn/library/ms144259(v=sql.105).aspx。

（4）在安装的过程中将提示安装.Net Framework 3.5 sp1 和 Windows Installer 安装工具包的更新版本。此处最好能让虚拟机连接到 Internet，以便下载相关的安装更新包。如图 0-22 所示：

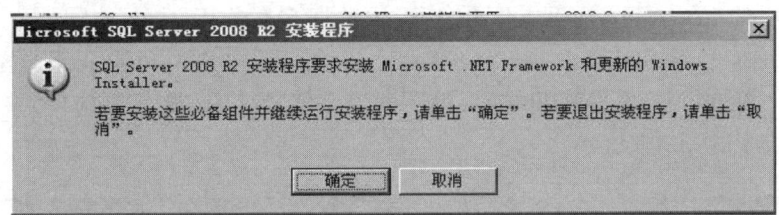

图 0-22　缺失组件提醒

安装好.Net Framework 环境后，虚拟机将提示重启。如图 0-23 所示：

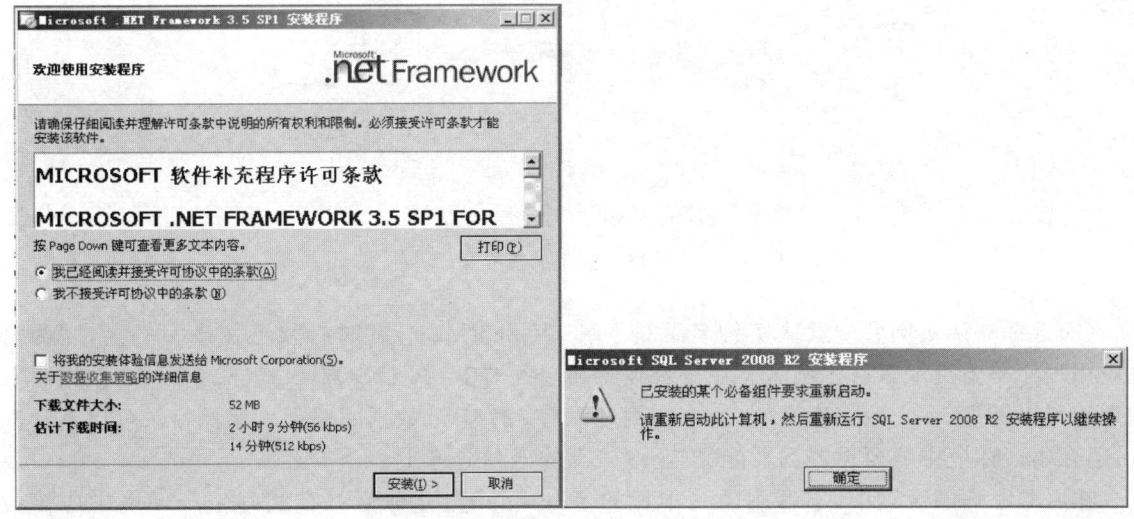

图 0-23　安装缺失组件

(5)重启后,重新执行 setup.exe 文件,进入下一步安装进程。

安装进程将进入安装程序支持文件以及进行安装程序支持规则的检查。因为是在 32 位的虚拟操作系统中进行,只要不出现"失败"或"警告"的提示即可完成实验数据库系统的安装部署,但在实际的生产环境中就必须让所有必备的条件都满足。如图 0-24 所示:

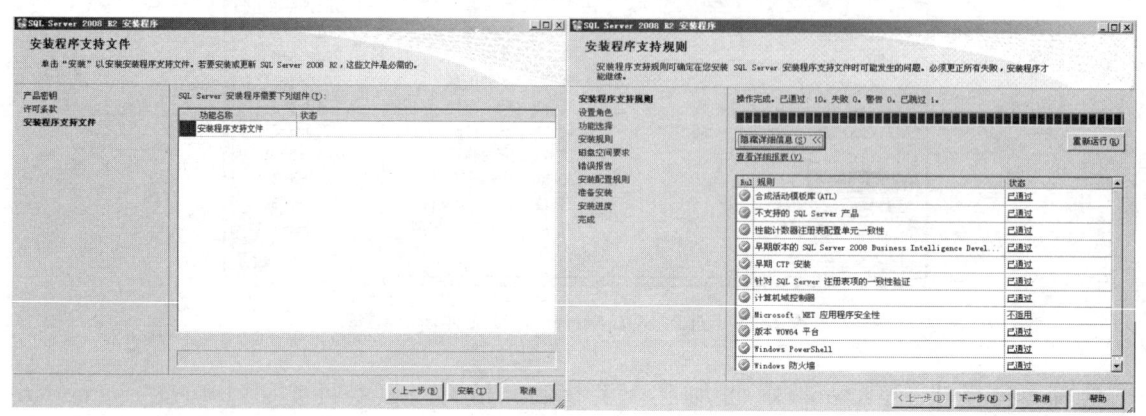

图 0-24 进入 SQL Server 安装界面

(6)选择功能安装。在本书的环境中不提供专门的 SQL Server PowerPivot for SharePoint 的知识讲解,因为安装该功能模块需要先部署 SharePoint 的相关环境。但本书将在以后章节会利用 Excel 环境中的 PowerPivot 功能与 SQL 形成数据交互分析。

为了便于系统地学习 SQL Server 2008 R2,通过"全选"按钮将功能全部选择。如果在工作站(如 Windows 7、Windows 8 等客户端)环境下要安装管理工具,则只要选择"共享功能"下的所有或部分选项。如图 0-25 所示:

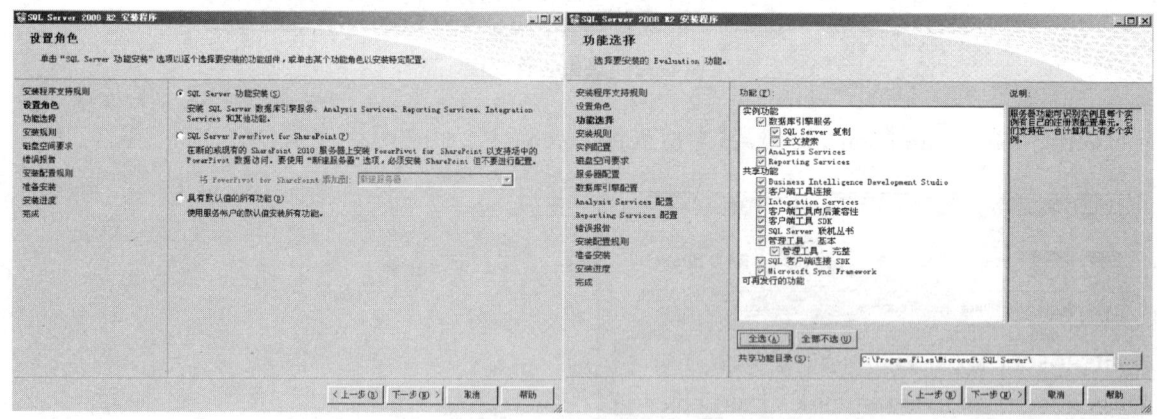

图 0-25 安装配置界面

(7)选择默认实例名。默认实例名就是 MSSQLSERVER,有时必须记住该实例名,因为有些应用程序需要指定默认实例名。在一台独立的服务器上,一个 SQL Server 2008 R2 数据库管理系统可以管理 50 个数据库实例,每个实例可以有 32767 个数据库对象。实例目录可以选择默认,但在生产环境中需要设置到性能、安全性较高的磁盘分区上。

在服务账户的设置中,本书用的是本地的 Administrator 账号。在实际生产环境中应该设置专属的服务账号或系统已有的内置服务账号,以免出现更大的安全问题。如图 0-26 所示:

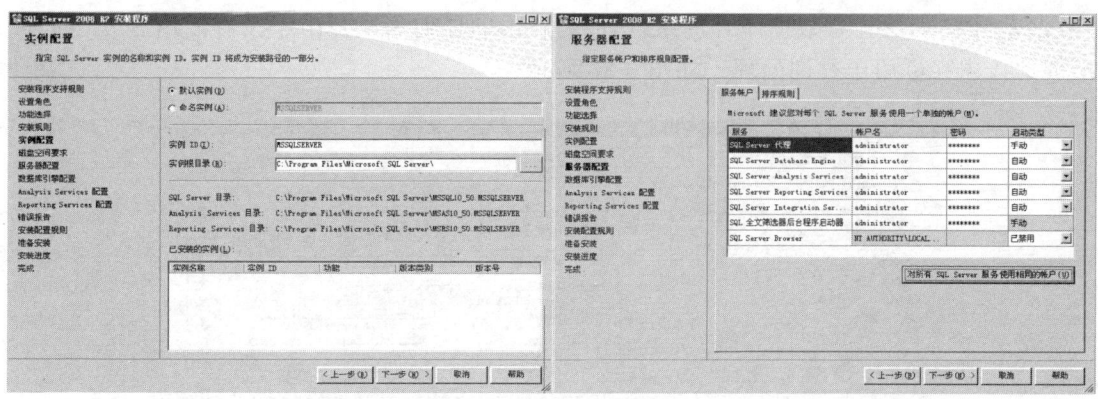

图 0-26　实例名称和启用服务账号的设置

（8）在账户设置中，设置身份验证方式为混合模式，既可以使用 Windows 账号进行身份验证，也可以利用 SQL Server 数据库管理系统账号 sa 进行数据库管理和应用。同时添加当前用户作为 SQL Server 管理员账号。如图 0-27 所示：

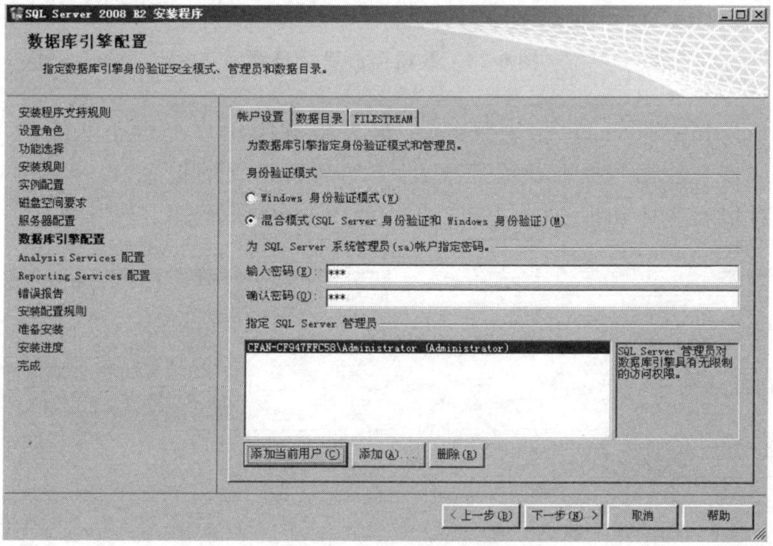

图 0-27　身份验证模式和 sa 密码设置

（9）数据目录包括数据库目录、数据库日志文件、备份目录等等。这部分的设置对整个数据库平台的性能影响较大，因此，尽可能将这部分的文件数据存储于高性能、冗余的存储介质上。

如文本文档、图像和视频等均为非结构化的数据。这类非结构化的数据如果存储在数据库中，则会极大限制文件流的功能和性能。因此通常存储在数据库之外，以便与数据库中的结构化数据分隔开来，但这种分隔可能会增加数据管理的复杂程度。FILESTREAM 的出现就是为了降低这种数据管理的复杂程度。

FILESTREAM 通过将 varbinary(max) 二进制大型对象（BLOB）数据以文件形式存储在文件系统上，不仅让大型数据不受限于 2G 位元组大小，而且使 SQL Server 数据库引擎和 NTFS 文件系统成为一个整体。Transact-SQL 语句可以插入、更新、查询、搜索和备份 FILESTREAM 数据。还可以通过 Win32 文件系统接口实现流式方式访问数据。

FILESTREAM 使用 NT 系统缓存来缓存文件数据。这有助于减少 FILESTREAM 数据可能对数据库引擎(可看作是数据库管理系统)性能产生的任何影响。由于没有使用 SQL Server 缓冲池,因此该内存可用于查询处理。如图 0-28 所示:

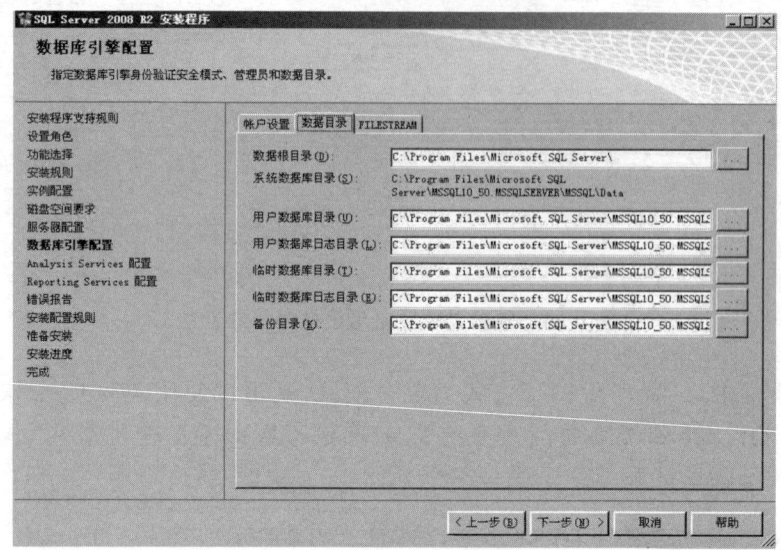

图 0-28　数据存放目录设置

(10)设置 Reporting Services(报表服务)。报表服务为用户提供企业级的 Web 报表功能,可以让用户创建从多个数据源提取数据的报表,发布各种格式的报表,以及集中管理安全性和用户订阅。本书不对报表服务知识点进一步展开。如图 0-29 所示:

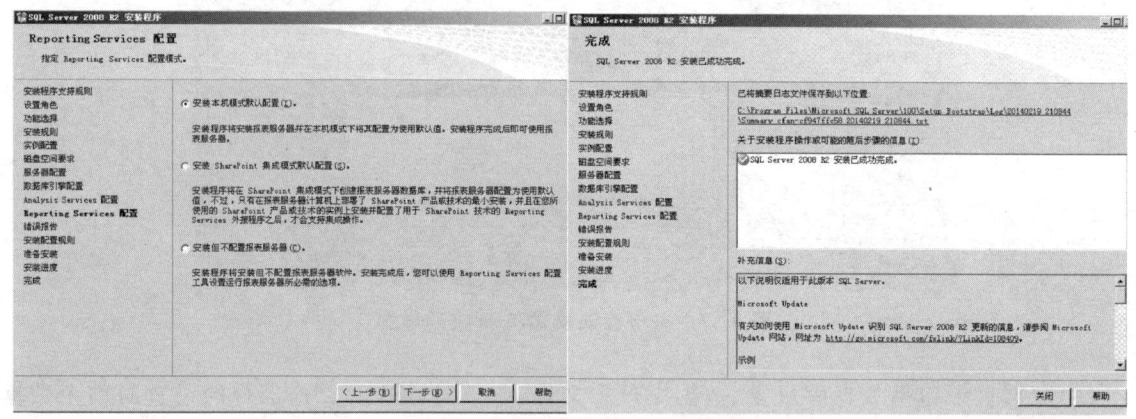

图 0-29　安装模式选择及完成安装

　本书提供的 SQL Server 2008 R2 180 天试用版下载地址:http://pan.baidu.com/s/1o6Dbwue。

另外,为了帮助读者更快更好地掌握最新数据库技术,本书还提供了 Microsoft 公司 SQL Server 2012 SP1 180 天试用版(32 位)以及 SQL Server 2014 CTP2 评估版下载地址:http://pan.baidu.com/s/1dDehOsD。SQL 2012 和 2014 各版本只能安装在 Windows Server 2008 R2 或以上版本的环境中。

本书提供了一台虚拟服务器，运行在 VMware Workstation 环境下。该机器有多个快照点（如图 0-30 所示），既可以从未安装 SQL Server 2008 R2 的环境中安装该数据库管理系统，也可以直接从已经安装了该数据库管理系统的快照点启动该服务器进行数据库实验。

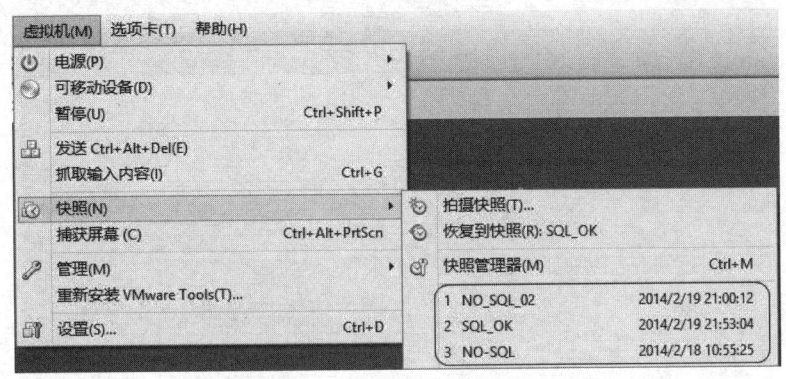

图 0-30　虚拟机的状态克隆

 已经安装好 SQL Server 2008 R2 180 天试用版虚拟服务器的镜像文件下载地址是：http://pan.baidu.com/s/1mgr0IoC。

下载该资源后只要解压到某个文件夹中，在有 VMware workstation 10 的环境下，双击该文件夹下的 .vmx 文件进入 VMware Workstation 管理平台，根据实际情况调整内存、CPU 数量以及网络接口，即可启动该服务器了。如图 0-31 所示。

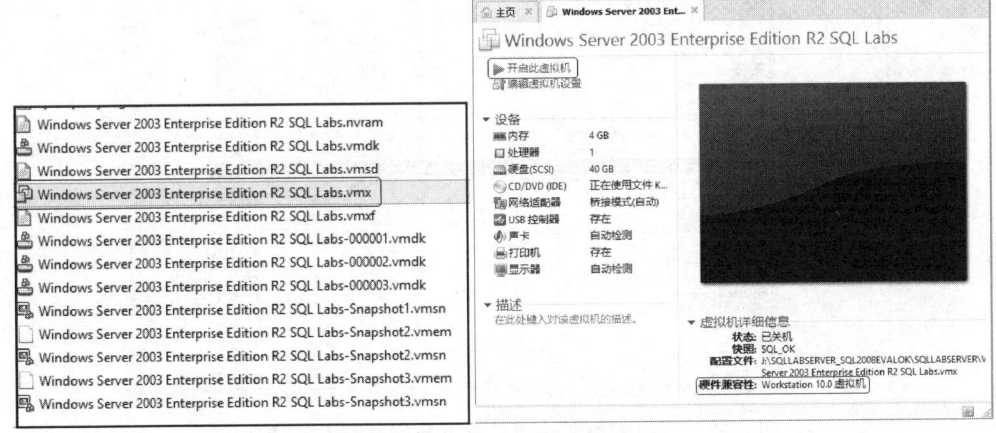

图 0-31　双击 .vmx 文件启动虚拟机管理平台

0.2.3　数据库管理系统的调试

如何判断已经安装的 SQL Server 2008 R2 数据库管理系统能否正常运行和工作呢？有以下几种方法：

1.根据安装完成后的提示或日志。图中显示安装 SQL Server 2008 R2 已经完成。如果出现失败，则可以从安装日志中查找原因，安装日志位于类似于 C:\program files\microsoft sql server\100\setup bootstrap\log 目录下的相关子文件夹和文件对象。如图 0-32 所示：

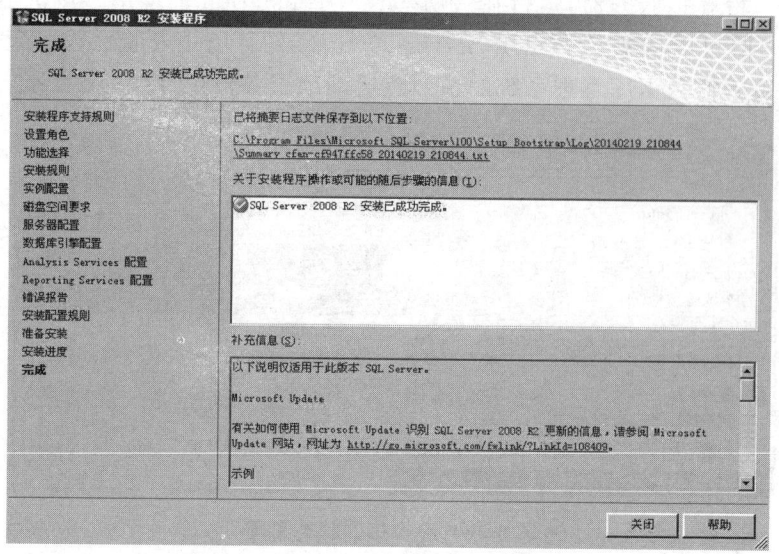

图 0-32　根据安装完成提示判断是否安装成功

2.虚拟服务器重启后,利用管理工具中的服务管理器或者直接在运行中执行 services.msc 命令调用服务管理器,查看与 SQL Server 相关服务是否正常启动,特别是数据库引擎服务 SQL Server(MSSQLSERVER)的状态是否是"已启动"。如图 0-33 所示:

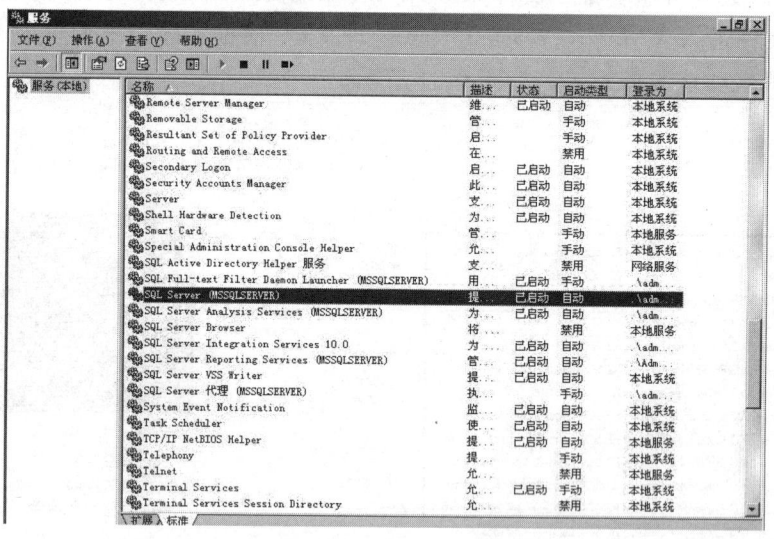

图 0-33　通过判断服务启动与否判断是否安装成功

3.利用客户端上的 SQL Server Management Studio(SSMS)管理工具进行本地连接测试。

在条件允许的环境中,在虚拟服务器上安装了 SQL Server 2008 R2 以后,在本机上(服务器版本或客户端版本均可)安装相关的管理工具,其中支持图形用户界面(GUI)的集成管理工具就是 SSMS。该工具的使用细节在之后的章节中会经常涉及。如图 0-34、图 0-35 所示:

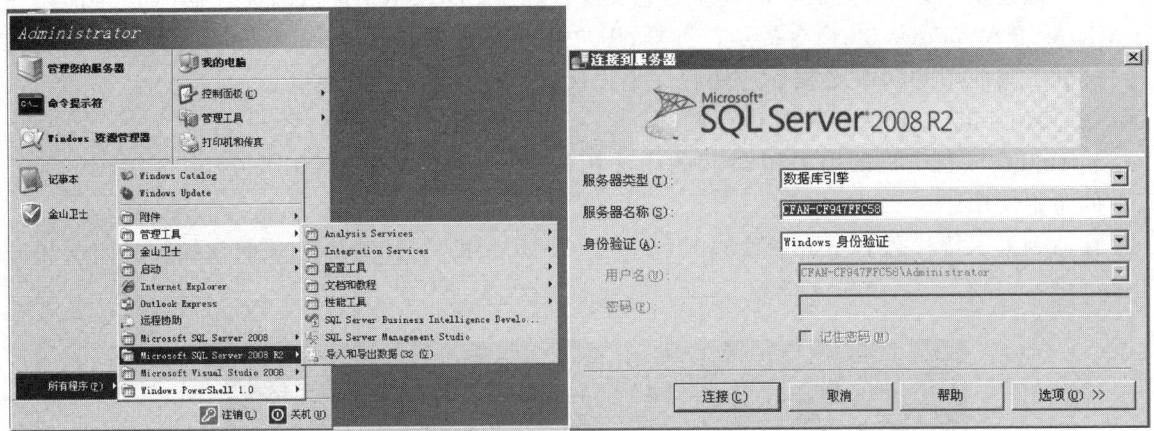

图 0-34 通过连接测试是否安装成功

图 0-35 通过 SSMS 成功连接数据库管理系统

4.利用客户端上的 osql、sqlcmd 等命令行工具进行远程连接测试。

在服务器或客户端计算机上安装了 SQL Server 的相关客户端管理工具后,即可利用命令行工具对远程数据库进行连接和应用。

(1)使用 osql 命令行工具进行调试,如图 0-36 所示:

图 0-36 利用 OSQL 连接测试

主要参数解释:
① -S 代表服务器名称或 IP 地址
② -U 代表所使用的数据库账号
③ -P 代表数据库账号对应的密码
如果以上主要参数都缺失,系统将尝试使用 Windows 身份验证模式进行连接

执行的结果若如图 0-36 所示,出现"1>"的上下文提示,则表示已经连接到数据库服务器上。在连接过程可能出现各种错误提示,故障排除方法将在数据库的管理维护章节做详细介绍。

osql 命令主要在早期的 SQL Server 7.0 和 SQL Server 2000 的环境中使用。因为早期的 "SQL Server 桌面引擎"(也叫 MSDE 2000)没有自己的用户界面,因为它主要设计为在后台运行。用户通过 MSDE 2000 嵌入的程序与它交互。随 MSDE 2000 提供的唯一工具是 osql,是一个 Microsoft Windows 32 命令提示符工具,用户可以使用它运行 Transact-SQL 语句和脚本文件。osql 工具使用 ODBC 数据库应用程序编程接口(API)与服务器通讯。

(2)使用 sqlcmd 命令行工具进行调试

sqlcmd 命令行工具的用法和 osql 的用法相似,但功能更加完整,主要在 SQL Server 2005 以上的版本使用。

在命令提示符状态下"osql-?"或"sqlcmd-?"可调用帮助信息,查看相关的参数等。如图 0-37 连接测试：

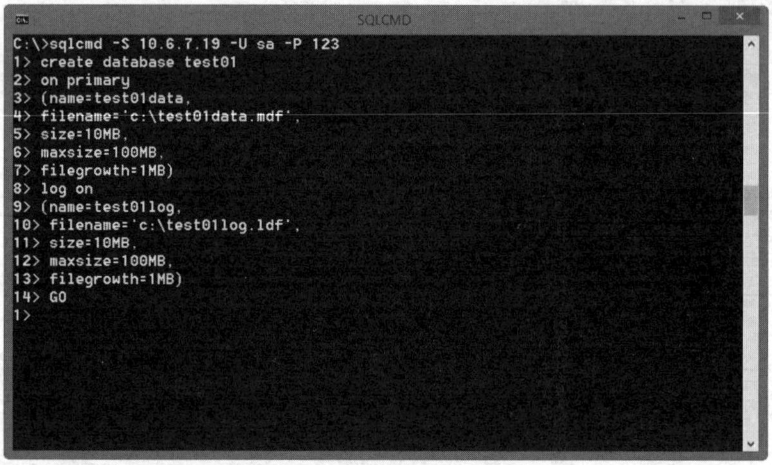

图 0-37 利用 SQLCMD 连接测试

0.3 数据处理工具的安装与调试

大数据时代,不论任何人,几乎都离不开数据,也离不开各种数据分析。从日常理财到电商数据分析,都需要用到各种数据处理与分析工具。本书除了在较高版本的数据库管理与开发系统上进行知识和实践技能的解说,还将整合如 Excel、PowerPivot 等常见数据工具对数据进行进一步分析与呈现。

0.3.1 Office 2010 专业试用版安装

在宿主计算机或虚拟服务器上,直接双击 Office 2010 专业试用版的可执行安装文件,经过文件提取后,即可进入到如图 0-38 所示的安装界面。建议选择"从本机运行全部程序"选项,以便在本机应用 Office 中的所有共享功能,或者至少要保证 Excel 的所有相关功能均能够安装在本机。"文件位置"可设置为默认,用户信息可为空。如图 0-38 所示：

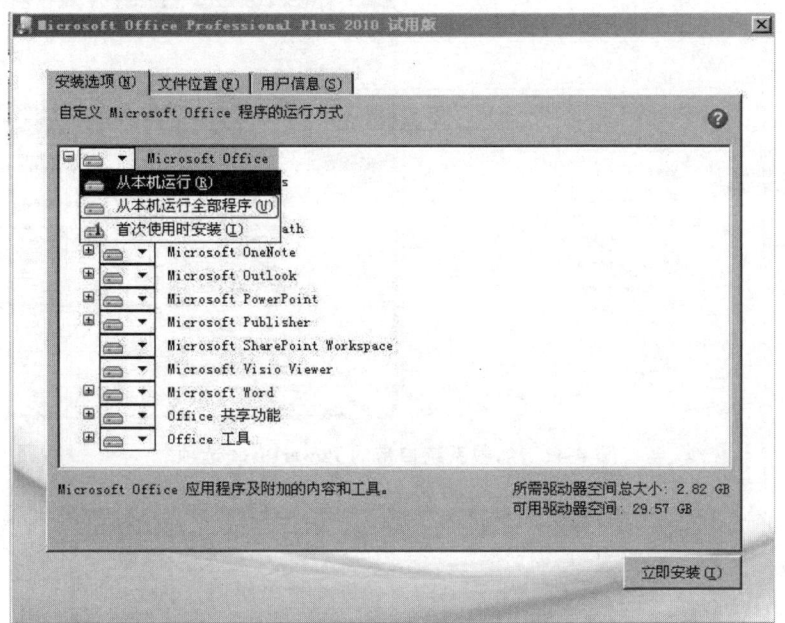

图 0-38　Office 2010 试用版安装选项选择

 本书提供 Office Professional 2010 60 天试用版百度云盘下载地址：http://pan.baidu.com/s/1jGjxreA

0.3.2　PowerPivot 数据分析工具安装

双击 PowerPivot 独立安装包（注意区分 32 位或 64 位环境，本书是在 32 位环境下完成安装），如图 0-39、图 0-40 所示：

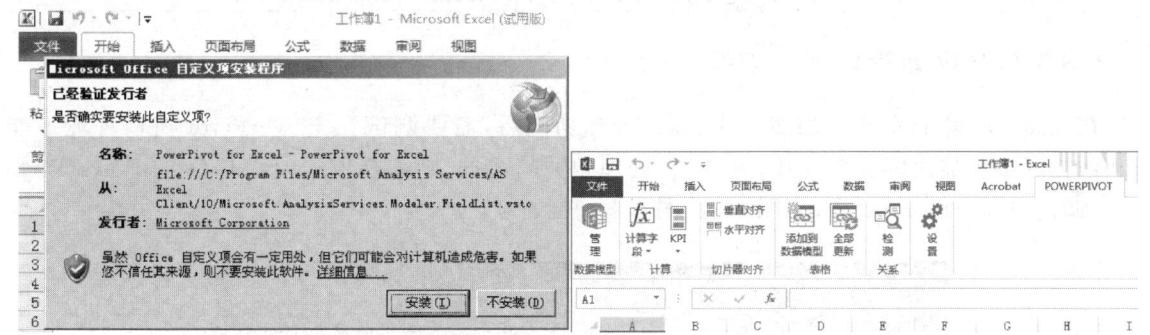

图 0-39　安装 Excel PowerPivot 功能组件　　　图 0-40　安装 Excel PowerPivot 后的工具条界面

从已经启动的 Excel 2010 程序中，可看到已经添加了 PowerPivot 的工具选项卡，说明安装成功。

注意：在 Excel 2013 环境中，PowerPivot 工具软件已经集成为 Excel 的一个加载项目，其调用方法是如图 0-41、图 0-42 所示：

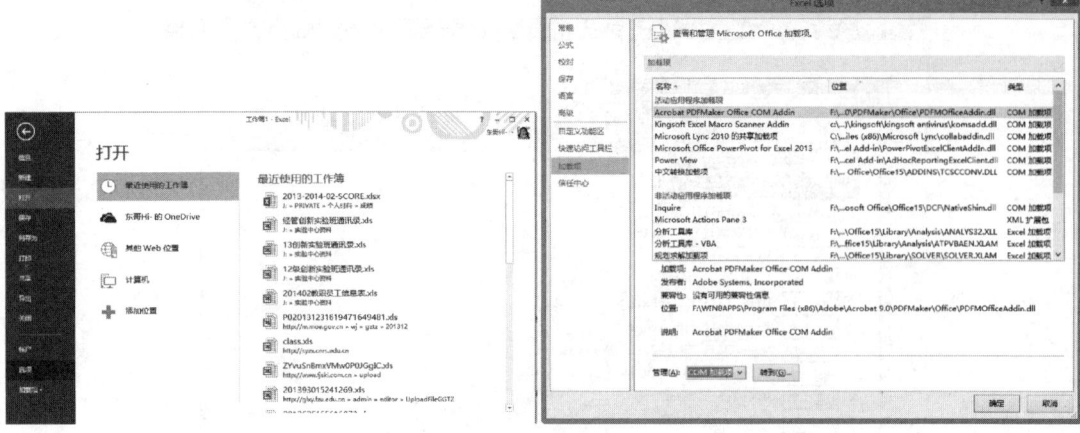

图 0-41　加载系统自带的 PowerPivot 选项

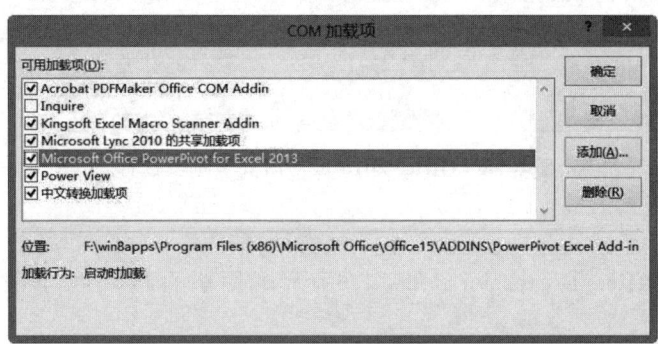

图 0-42　加载 PowerPivot for Excel 2014

本书提供的独立的 PowerPivot 工具软件下载地址：64 位软件包地址 http://pan.baidu.com/s/1c03Snio；32 位软件包地址 http://pan.baidu.com/s/1pJwKm4j

0.3.3　与数据库管理系统连接调试

在 Excel 环境下安装或加载了 PowerPivot 功能后，需要测试在 PowerPivot 窗口环境下能否和数据库服务器之间建立连接，并获取、处理相关的数据，则需要单击图 0-40 上的 PowerPivot 选项，调用 PowerPivot 窗口，如图 0-43、图 0-44 所示：

图 0-43　PowerPivot for Excel 2010 界面

图 0-44 PowerPivot for Excel 2013 界面

通过"文件"菜单中的从数据库获取外部数据,选择"从 SQL Server"连接外部数据库。如图 0-45 所示:

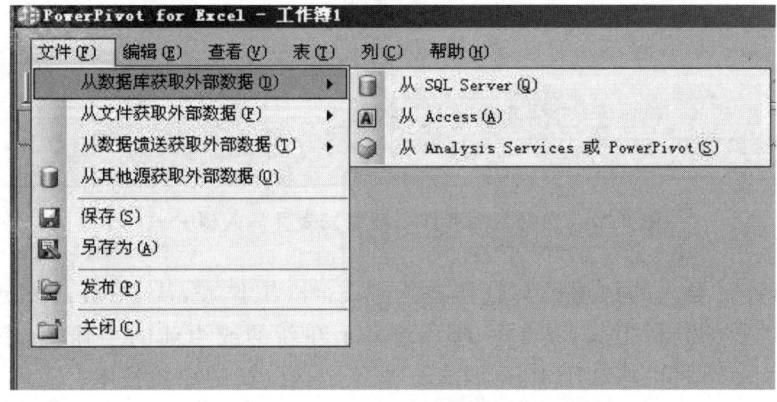

图 0-45 获取外部数据

为数据链接创建一个名称,输入远程 SQL Server 服务器地址,以及具有访问权限的账号,如"sa"或其他新建的数据链接账号。

可选数据库管理系统中的表或者视图作为数据源,或者利用 SQL 语句自定义查询的对象和方法。如图 0-46 所示:

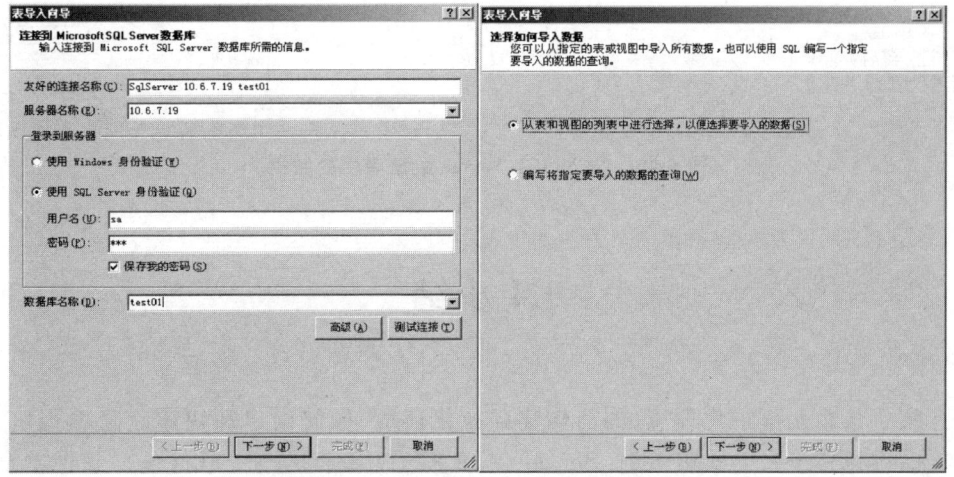

图 0-46 设置连接账号和访问对象类型

Test01 数据库目前仅有一张数据表,将该数据表的内容全部导入到 PowerPivot 的环境。如图 0-47 所示:

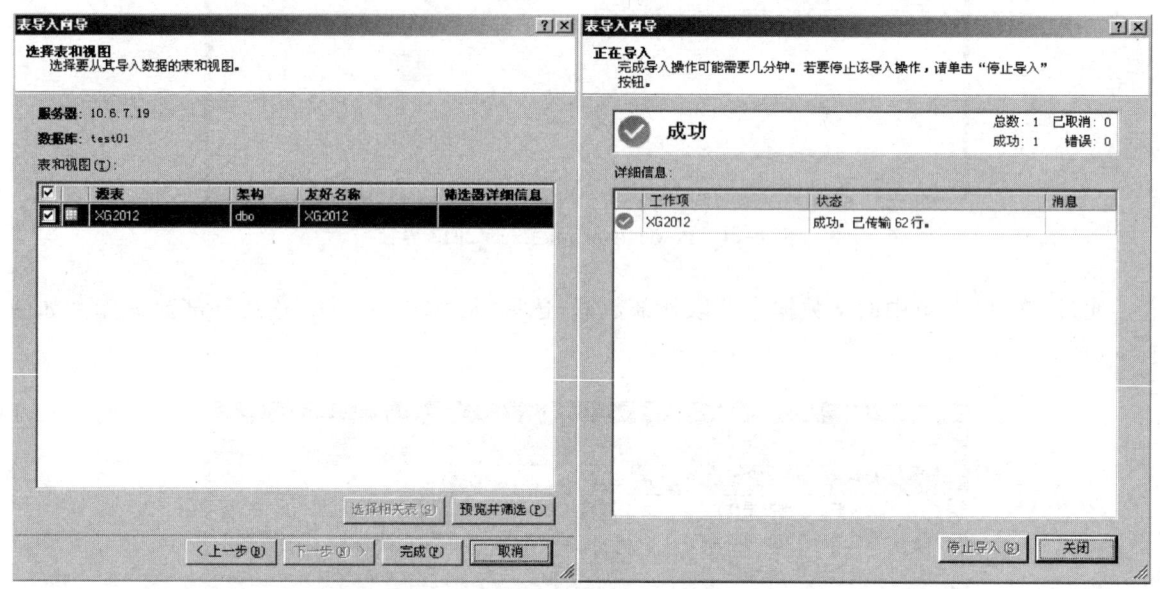

图 0-47　选择数据库服务器数据表并导入到 Excel

通过 PowerPivot 导入的数据没有直接进入到 Excel 工作表,从 PowerPivot 的菜单中可根据需要调用相关的数据分析工具,结果可选择地显示在新的或当前的工作簿/表中。如图 0-48 所示。本书的后面章节将讲解利用 PowerPivot 进行数据分析的相关技术。

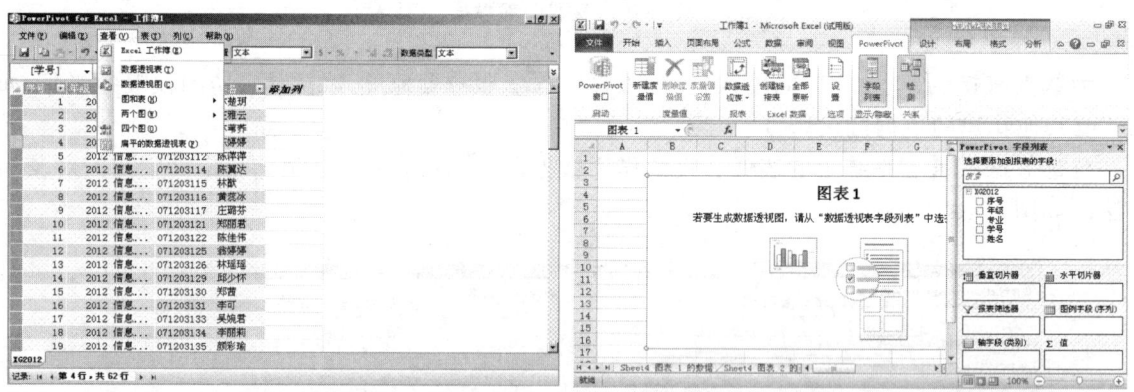

图 0-48　导入 SQL Server 数据库中的数据

0.4　小结

本章介绍了什么是虚拟化环境、如何构建虚拟化环境、如何构建和快速克隆虚拟机系统,以及在构建好的虚拟化平台上安装 SQL Server 2008 R2、Office 2010 等软件包。掌握本章节的相关技术将为数据处理和分析的学习提供环境准备。

第1章　数据库的创建与管理基础

通过上一章的学习，相信读者已经基本掌握了如何在虚拟环境中安装和配置 SQL Server 2008 R2，并了解了 SSMS 和基于命令行的管理方式。本章将立足于已构建的虚拟实验环境，进一步了解和掌握 SQL Server 2008 R2 常见实用程序，系统掌握 SSMS 操作方法，SQL Server 2008 R2 服务器属性的配置，以及基于 SSMS 创建和管理数据库的各种方法。

本章教学要求

- 了解 SQL Server 2008 R2 常见实用程序
- 熟练掌握 SSMS 的操作方法
- 掌握 SQL Server 2008 R2 服务器属性的配置方法
- 掌握 SQL Server 2008 R2 数据库的创建和管理

SQL Server 2008 R2 数据库是以数据库管理系统为运行平台，所以，本章节将先讲解数据库管理系统及其工具，进而讲解数据库的创建及其管理基础。

1.1 SQL Server 2008 R2 常见实用程序

开始数据库的创建和管理之前，有必要了解 SQL Server 2008 R2 数据库管理系统自身提供的大量管理工具，主要包括：

1. SQL Server 管理平台（SQL Server Management Studio）

简称 SSMS，是一个集成环境，用于访问、配置和管理 SQL Server 的所有组件。SSMS 组合了大量图形工具以及五个丰富的脚本编辑器，使各种技术水平的开发人员和管理员都能访问 SQL Server。SSMS 可用于开发和管理数据库对象，以及用于管理和配置现有 Analysis Services 对象。如果要实现使用 SQL Server 数据库服务的解决方案，或者要管理使用 SQL Server、Analysis Services、Integration Services 或 Reporting Services 的现有解决方案，则应当使用 Management Studio，如图 1-1 所示：

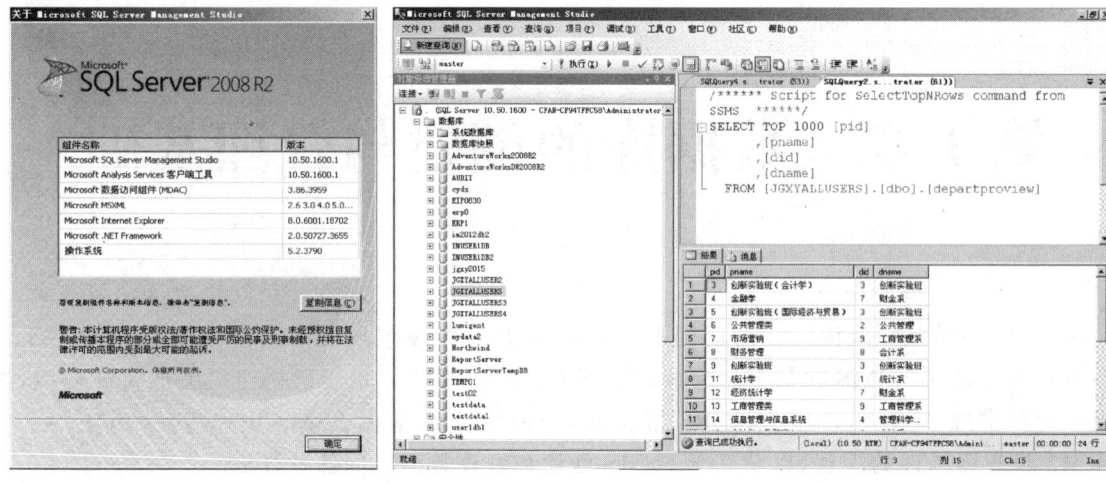

图 1-1　SSMS 版本和界面

通过 SSMS 进行数据库的管理、维护和开发将是本书的核心内容。

2.商业智能开发平台(Business Intelligence Development Studio)

简称 BIDS，也是一个集成环境，用于开发商业智能构造(如多维数据集、数据源、报告和 Integration Services 软件包)，如图 1-2 所示。BIDS 包含一些项目模板，这些模板可以提供开发特定构造的上下文。例如，如果您的目的是创建一个包含多维数据集、维数或挖掘模型 Analysis Services 数据库，则可以选择一个 Analysis Services 项目。

在 BIDS 中开发项目时，您可以将其作为某个解决方案的一部分进行开发，而该解决方案独立于具体的服务器。例如，您可以在同一个解决方案中包括 Analysis Services 项目、Integration Services 项目和 Reporting Services 项目。

3.Reporting Services 组件和工具

提供进程组件、工具和编程接口，以开发、管理和使用丰富的报表，如图 1-3 所示。

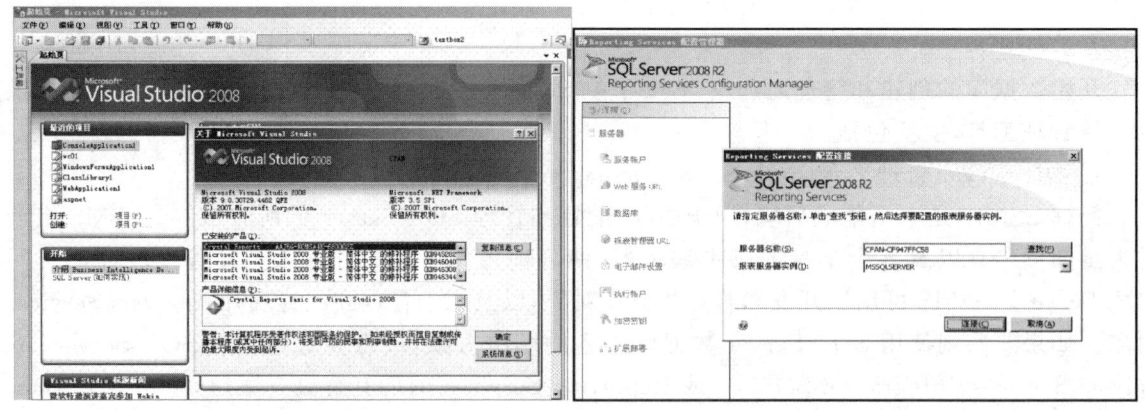

图 1-2　BIDS 界面　　　　　　　　图 1-3　Reporting Services 界面

4.Integration Services

SQL Server 2008 R2 Integration Services 简称 SSIS，提供了完整的 SSIS 创建和管理工具，比如 SSIS 设计器、查询生成器、表达式生成器以及若干命令提示符实用工具，如图 1-4 所示。

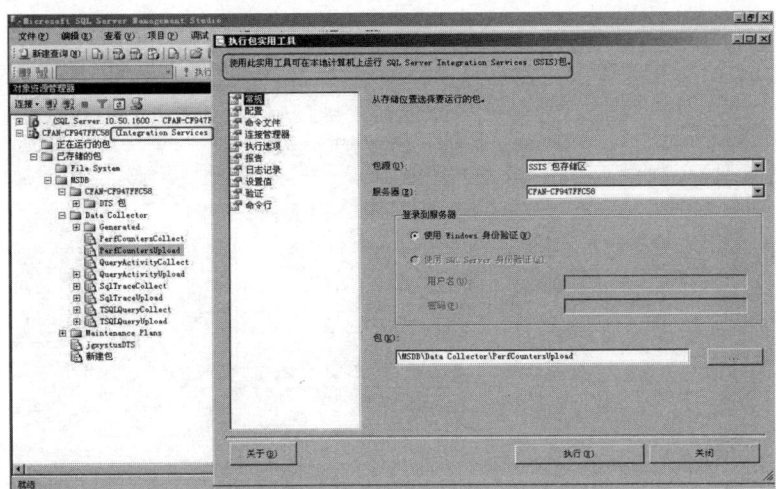

图 1-4　Integration Services 界面

5.SQL Server 配置管理器

用于管理与 SQL Server 相关联的服务、配置 SQL Server 使用的网络协议以及从 SQL Server 客户端计算机管理网络连接配置,如图 1-5 所示。

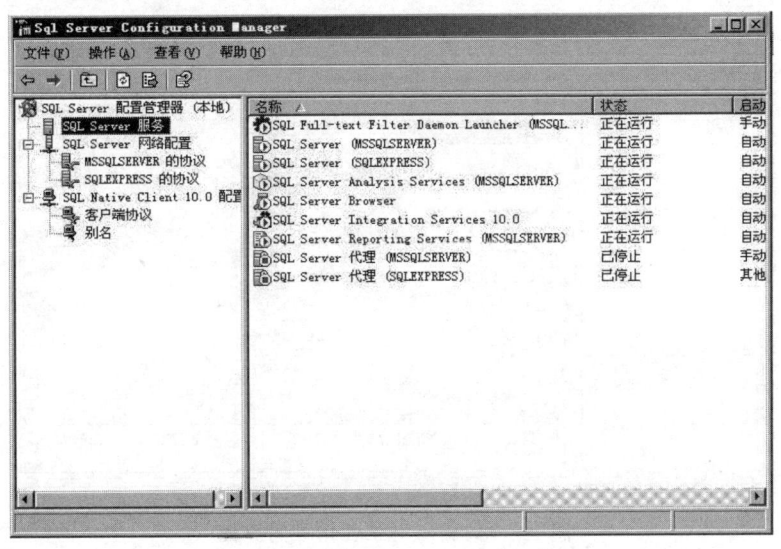

图 1-5　SQL Server 配置管理界面

6.SQL Server 分析器(SQL Server Profiler)

SQL Server Profiler 是从数据库引擎的实例捕获 SQL Server 事件的一个工具。这些事件保存在一个跟踪文件中,在之后试图进行问题诊断时,可以对该文件进行分析或用它来重播特定的一系列步骤,如图 1-6 所示。

图 1-6　SQL Server 分析器界面

7.数据库引擎优化顾问概述(Database Engine Tuning Advisor)

借助 SQL Server 数据库引擎优化顾问,用户不必精通数据库结构或深谙 SQL Server,就可以使用该工具选择和创建最合适的索引、索引视图和分区等,如图 1-7 所示。

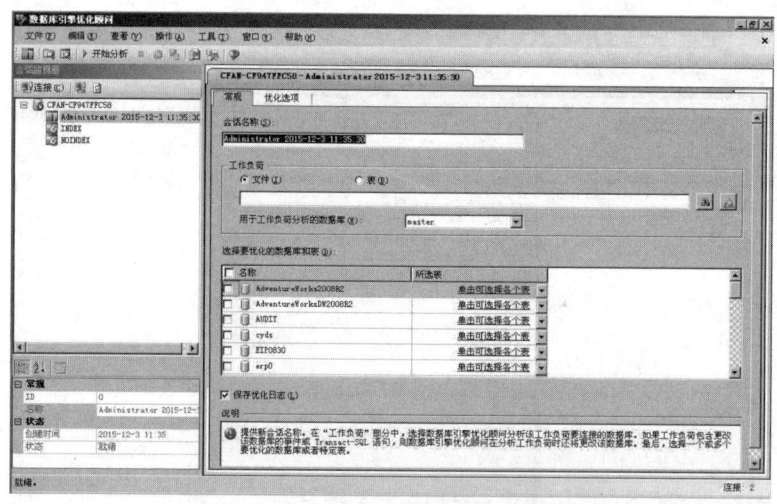

图 1-7　数据库引擎优化顾问界面

8.命令提示实用工具

SQL Server 数据库引擎提供了其他可从命令提示符中运行的工具。主要包括如表 1-1 所示的工具。

表 1-1　SQL Server 2008 命令提示使用工具表

实用工具	说明
bcp	用于在 Microsoft SQL Server 实例和用户指定格式的数据文件之间复制数据
dta	用于分析工作负荷并建议物理设计结构，以优化该工作负荷下的服务器性能
dtexec	用于配置和执行 Integration Services 包。该命令提示实用工具的用户界面版本称为 DTExecUI，它可提供执行包实用工具
dtutil	用于管理 SSIS 包
osql	您可以在命令提示符下输入 Transact-SQL 语句、系统过程和脚本文件。通过 ODBC 与服务器进行通信
Profiler	用于在命令提示符下启动 SQL Server Profiler
rs	用于运行专门管理 Reporting Services 报表服务器的脚本
rsconfig	用于配置报表服务器连接
rskeymgmt	用于管理报表服务器上的加密密钥
sqlagent90	用于在命令提示符下启动 SQL Server 代理
sqlcmd	您可以在命令提示符下输入 Transact-SQL 语句、系统过程和脚本文件。通过 OLE DB 与服务器通信
SQLdiag	用于为 Microsoft 客户服务和支持部门收集诊断信息
sqllogship	应用程序可用其执行日志传送配置中的备份、复制和还原操作以及相关的清除任务，而无需运行备份、复制和还原作业
sqlmaint	用于执行早期版本的 SQL Server 创建的数据库维护计划，如备份、更新统计信息、重建索引并生成报表等
sqlps	用于运行 PowerShell 命令和脚本。加载和注册 SQL Server PowerShell 提供程序和 cmdlet
sqlservr	用于在命令提示符下启动和停止数据库引擎实例以进行故障排除
Ssms	用于在命令提示符下启动 SQL Server Management Studio
tablediff	用于比较两个表中的数据以查看数据是否无法收敛，这对于排除复制过程中的故障很有用

部分工具的使用方法将在本书 SQL Server 2008 R2 的管理和维护相关章节涉及。其他工具请参考相关资料。

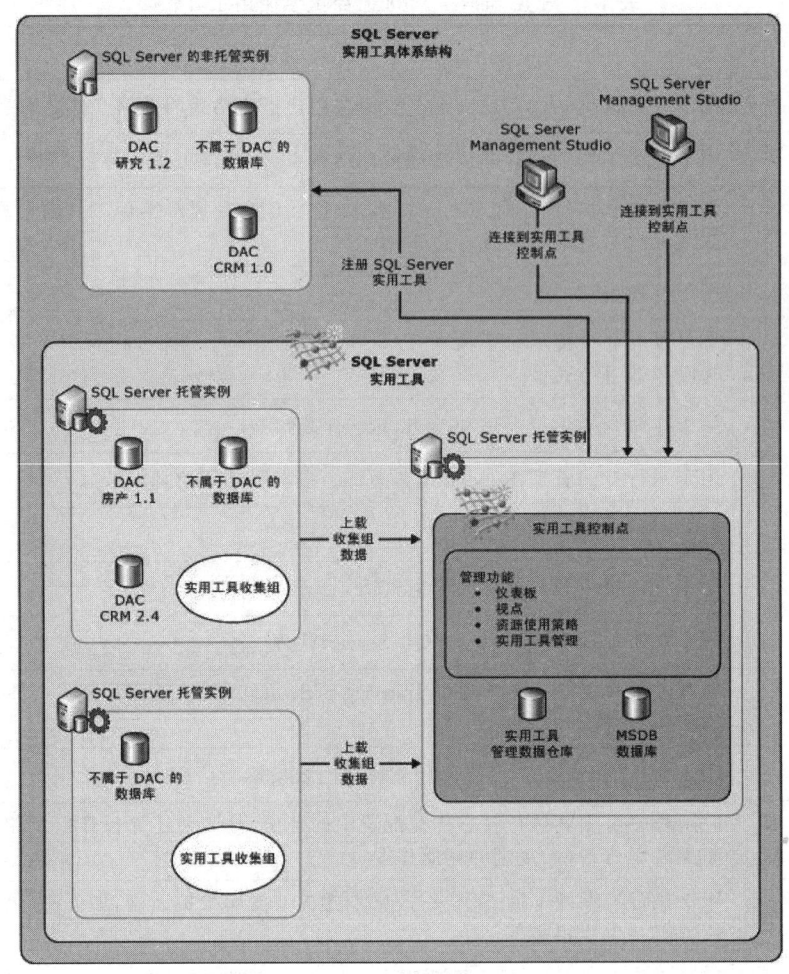

图 1-8　SQL Server 2008 R2 中的 SQL Server 实用工具体系结构（来自微软 TechNet）

1.2 SSMS 基本功能

　　学习 SQL Server 2008 R2 的一个重要任务就是利用 SSMS 这一集成化的管理和开发环境，进行数据库访问、配置、控制、管理和开发 SQL Server 的相关组件。SSMS 将一组多样化的图形工具与多种功能齐全的脚本编辑器组合在一起，可为各种技术级别的开发人员和管理员提供对 SQL Server 的访问。

　　熟练使用 SSMS 进行 SQL Server 的管理和开发是数据库管理工程师和设计师必备的技能，本节及之后的章节都将大量涉及在 SSMS 中进行数据库启动和连接、模板资源管理器的应用和管理、解决方案与项目脚本、配置服务器属性和查询分析器等相关内容。

1.2.1 SSMS 的启动和连接

　　在第 0 章中，已经成功安装了 SQL Server 2008 R2，将会建立起多个服务，这些服务有操作系统监控。而 SSMS 是作为一个单独的进程进行的，如一个客户端工具，通过 SSMS 就能够访问到 SQL Server 2008 R2 所提供的各种服务。

在 Windows Server 2003 环境中调用 SSMS 的步骤如下：

通过"开始"按钮，在"所有程序"中，找到"Microsoft SQL Server 2008 R2"下的"SQL Server Management Studio"选项，打开"连接到服务器"对话框，选择、配置完成相关正确信息后即可单击"连接"，如图 1-9 所示。

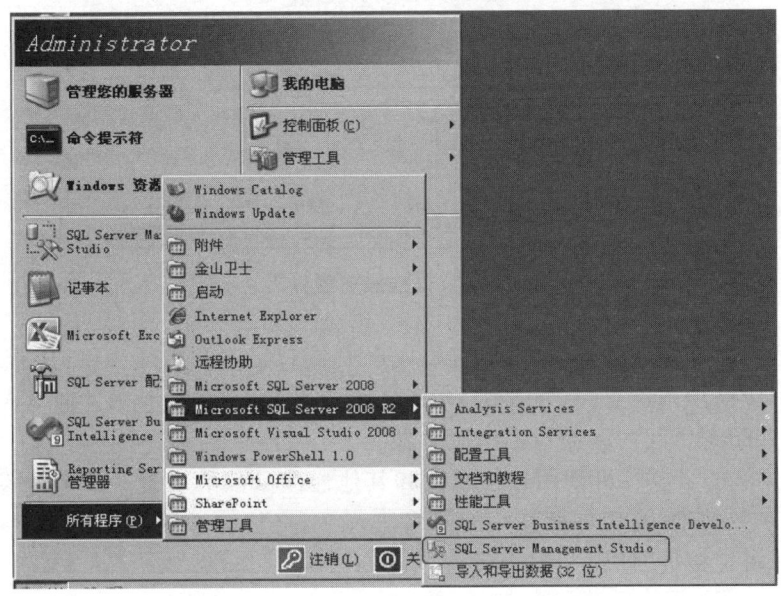

图 1-9　调用 SSMS

主要配置信息有：

1．服务器类型。根据需要连接包括数据库引擎、Analysis Services、Reporting Services、Integration Services 等相关服务。本书主要讲解数据库的管理、维护和 T-SQL 开发设计，所以主要选择的是"数据库引擎"。

2．服务器名称。下拉列表中可列出在局域网内、域环境中所有能够被连接到的数据库服务器名称，有时也可以用 127.0.0.1 或者（local）甚至一个半角的点"．"作为本机连接地址；如果是连接到远程数据库服务器，则需要输入远程服务器的 IP 地址或者已经注册的主机名，并要求在远程服务器上开启相关的协议和端口，如 TCP/IP 和 TCP 1433 端口（某些特殊环境下，SQL Server 的默认访问端口可能更改，此时的访问需要注意更改相关端口），否则将导致连接失败。

3．身份验证。身份验证类型对应的是 SQL Server 2008 R2 在安装过程中选择的身份验证模式。一般有两种：Windows 身份验证和数据库身份验证。如果是在本机上安装和使用 SQL Server 且安装时选择了混合身份验证模式，则两种验证模式都可以使用，且 Windows 身份验证模式不需要输入账号和密码。如图 1-10 所示。

图 1-10 连接服务器界面

注意:如果远程数据库服务器 10.6.5.2 默认 TCP 端口已经更改为 14433,那么在"服务器名称"文本数据框中应该填入的是"10.6.5.2,14433",该方法同样适用于在类似 NAT(网络地址转换)环境中,从 Internet 访问内网的数据库服务器。

4.连接属性。单击"选项"可调用连接属性和其他连接参数的设置。该属性设置是对登录界面中出现的一些参数的细化,比如所使用的网络协议、网络传输数据包的大小限制、连接超时的限制、是否选择加密连接等,如图 1-11 所示。

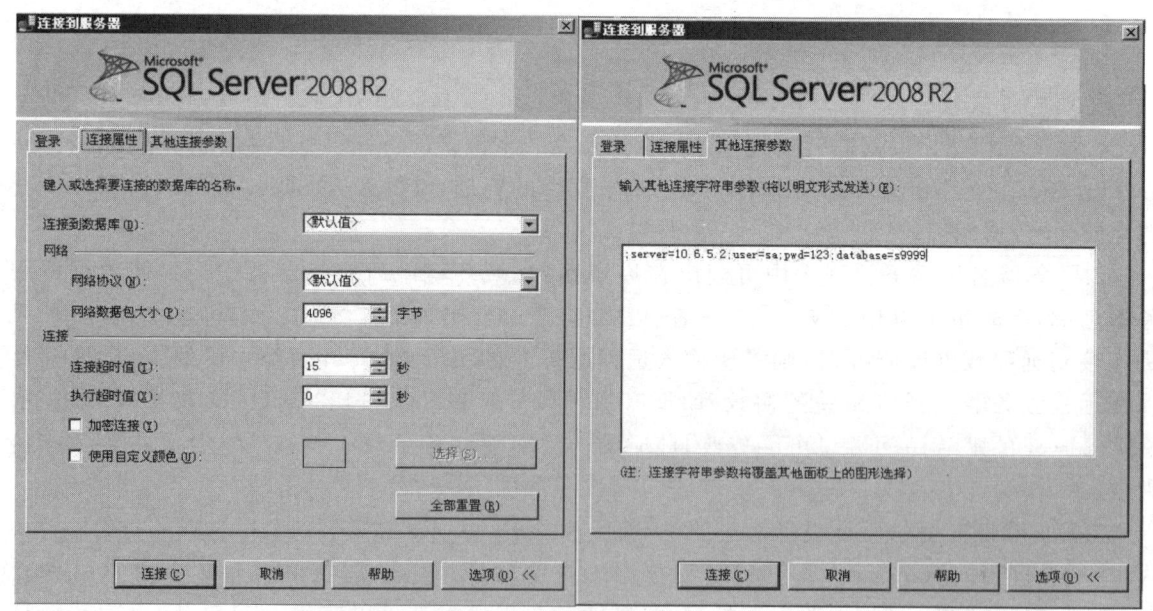

图 1-11 连接属性设置　　　　　　图 1-12 连接参数的设置

5.其他连接参数。利用该设置选项可以添加更多的连接条件到连接配置中,但是,请注意"其他连接参数"中的连接参数设置将会替代在之前"登录"、"连接属性"中的相关参数,并且连接参数字符串是以明文的方式在网络中传输,存在一定的安全隐患。比如,在"登录"中设置连接数据库服务器的目标是本地,但是在连接参数中如果设置了如图 1-12 所示的参数,那么最终连接的将是 10.6.5.2 的数据库服务器上的 s9999 数据库(假定该数据库已经创建并且有数据表存在)。

注意:"其他连接参数"中各参数之间的分隔符号是半角分号";"。如果数据库服务器59.77.135.100使用的是非1433端口,那么"其他连接参数"应该写成:";59.77.135.100,11433;user=sa;pwd=123"。

如何查看是否连接到 s9999 数据库呢?简单地通过单击"新建查询"按钮,可以发现默认的连接数据库就是 s9999(如果用 sa 账号登录,一般默认连接的数据库是 master),如图 1-13 所示:

图 1-13 查询数据表测试

连接参数的应用增强了用户在连接数据库服务器时的灵活度。

1.2.2 管理服务器连接

服务器连接管理是 SSMS 平台的重要功能之一。服务器连接分为本地服务器连接和多服务器连接。组织因为不同的需求,可能需要部署多套 SQL Server 2008 R2 数据库服务器,每台服务器运行一个或多个的数据库实例。如果服务器位于不同的地理位置,那么就需要一种能够集中管理数据库的工具平台,以利于提高管理效率。

1.连接与断开本地数据库。在 SSMS 平台中,可以连接和断开本地数据库。调用"文件"菜单中的"连接对象资源管理器"或"断开与对象资源管理器的连接"功能也可以连接或断开与数据库之间的连接,如图 1-14 所示。

图 1-14 服务器的连接设置

2.管理多服务器连接。在大型的组织机构中,数据库服务器往往是多台且分布在多个物理位置的。SQL Server 2008 R2 提供两种模式管理多数据库服务器的环境,分别是服务器组和注册服务器模式。

(1)管理服务器组

如果组织机构中部署了发挥着不同功能的数据库服务器,如为教务系统、OA 系统、即时通信系统等服务的多台数据库,那么可以不同的功能类型建立服务器组,将同类的数据库服务器置于同一个数据库服务器组,便于快速定位管理,也可以根据不同的数据库服务器版本构建服务器组。

①创建服务器组

在已经有连接到本地的数据库资源对象的情况下,通过"查看"菜单(有些版本该菜单称为"视图")调用"已注册的服务器"功能,如图 1-15 所示:

图 1-15　管理已注册的服务器

默认情况下已经创建了两个服务器组,分别是"本地服务器组"和"中央管理服务器"。右单击"本地服务器组",选择"新建服务器组",并设置服务器组的名称以及相关描述。如图 1-16 所示:

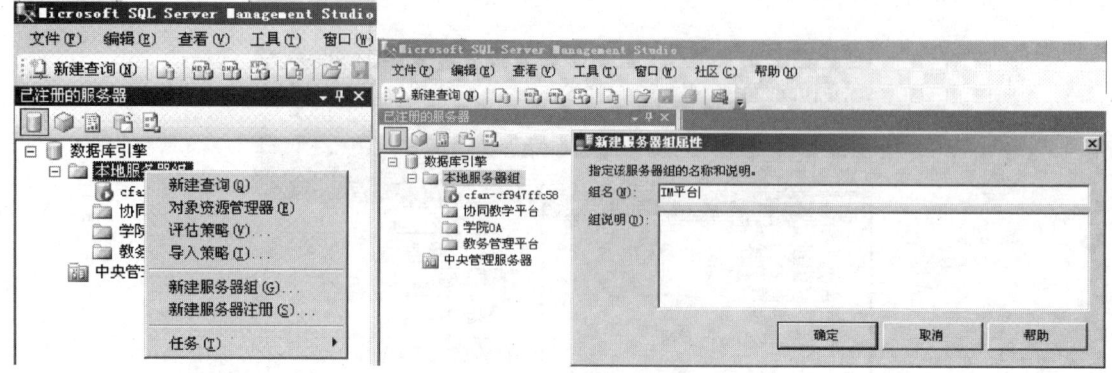

图 1-16　本地服务器组的管理

②服务器组重命名

右单击已有的服务器组,选择"属性"选项可以对已有的服务器组进行更名。

③删除服务器组

右单击已有的服务器组,选择"删除",系统会提示确认删除,即可将服务器组删除。如图 1-17 所示:

(2)管理注册服务器

创建服务器组只是创建了一个容器,还需要通过注册服务器功能,将相关的数据库服务器注册到已有的中央管理服务器或者新建的服务器组中,以便于集中管理。

在"已注册的服务器"窗格,选择目标服务器组,右单击其中的任何一个服务器组,在弹出的快捷菜单中选择"新建服务器注册",如图 1-18 所示。

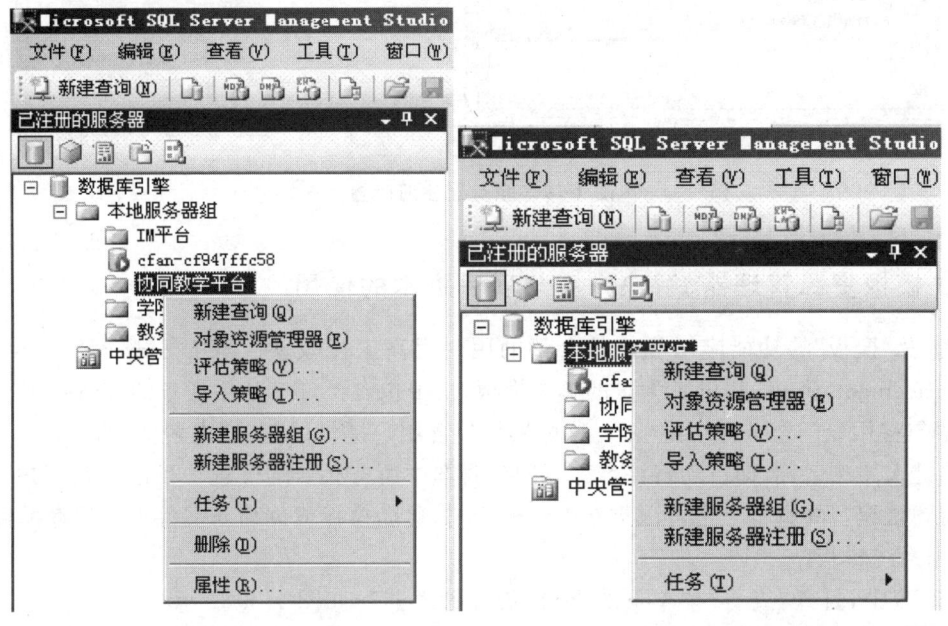

图 1-17　服务器组的删除　　　　图 1-18　新建服务器注册

在"新建服务器注册"对话框中,填写服务器名称或者 IP 地址、选择身份验证模式、可能需要的数据库用户密码。数据库的位置可以通过查找本地服务器或网络服务器来完成。如图 1-19 所示。

右单击已经注册的数据库服务器,在弹出的快捷菜单中,选择"任务"中的"移到"功能可以将数据库服务器移动到其他的数据库服务器组中。

在服务器组中若有已经注册的数据库服务器,用户可以直接右单击目标服务器,选择其中的"对象资源管理器"命令即可管理目标服务器了。

服务器组的具体作用在之后的章节中有详细介绍。

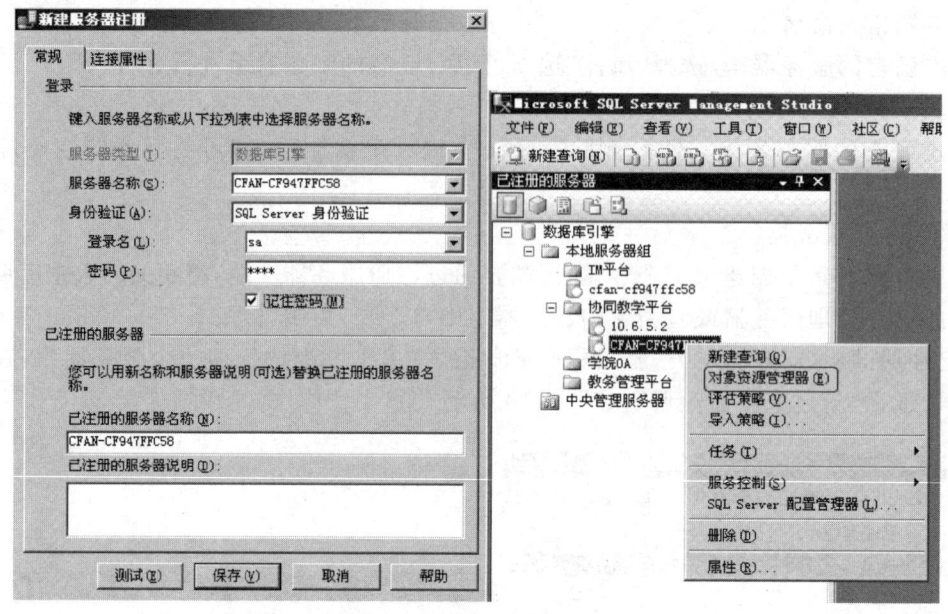

图 1-19　服务器注册配置

1.2.3　模板资源管理器、解决方案与项目脚本的使用

凡是涉及"模板"的功能应用往往都会帮助用户提高工作效率。SQL Server 2008 R2 的 SQL Server Management Studio 提供了大量的脚本模板,其中包含了许多常用任务的 Transact-SQL 语句(T-SQL 语句将用专门章节详细讲解)。这些模板包含用户提供的值(如表名称)的参数。使用该参数,可以只键入一次名称,即自动将该名称复制到脚本中所有必要的位置。可以编写用户自定义模板,以支持频繁编写的脚本。也可以重新组织模板树,移动模板或创建新文件夹以保存模板。

1.使用系统模板

在 SSMS 中,打开"查看"菜单下的"模板资源管理器",如图 1-20 所示:

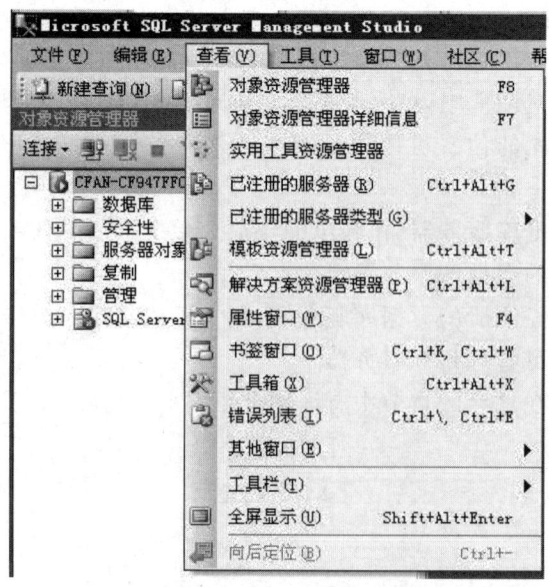

图 1-20　打开模板资源管理器

模板资源管理器中的模板是分类列出的,展开其中的"数据库",再双击"创建数据库",即可弹出一个查询分析器,如图 1-21 所示:

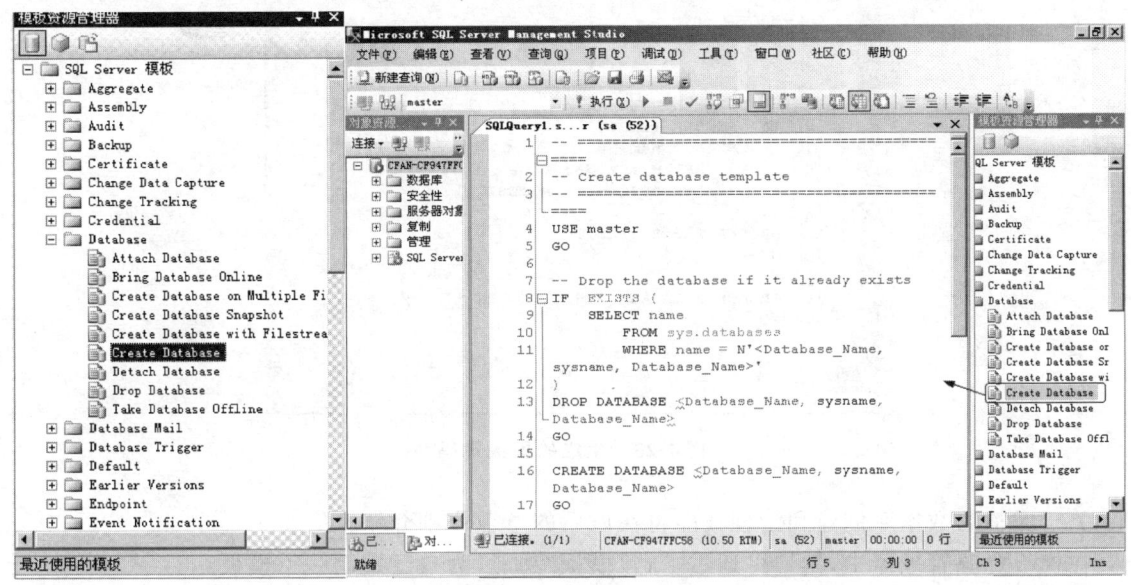

图 1-21　调用模板并创建脚本

打开了查询分析器后,在 SSMS 的窗口中会多出一个"查看"的菜单,打开该菜单下的"指定模板参数的值",在窗口中设置相关的值,如"TEST02",这个值就是将要创建的数据库的名称,如图 1-22 所示:

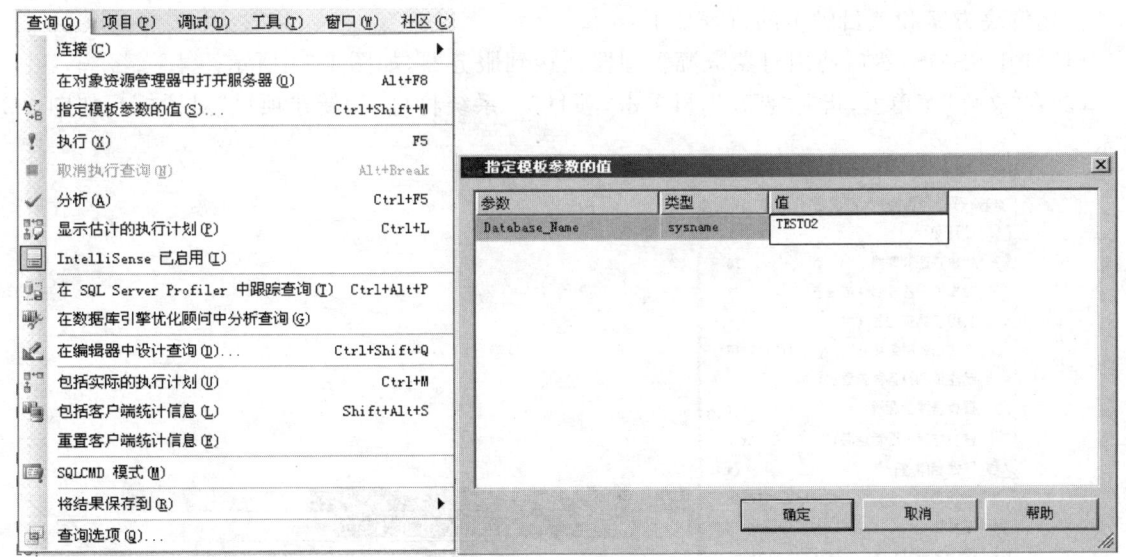

图 1-22　设置模板参数

输入模板参数确定后,回到查询分析器窗口,可以看到在 T-SQL 代码中原来的参数"Database_Name"已经全部替换成了新参数中所设置的值"TEST02",如图 1-23 所示:

```
-- =============================
-- Create database template
-- =============================
USE master
GO

-- Drop the database if it already exists
IF  EXISTS (
    SELECT name
        FROM sys.databases
        WHERE name = N'TEST02'
)
DROP DATABASE TEST02
GO

CREATE DATABASE TEST02
GO
```

图 1-23　生成的模板代码

关于完整的数据库创建和管理技能将在以后的章节详细介绍。

在模板资源管理器中，用户可通过"新建模板"功能，为自己定制一个模板。

2．使用解决方案和项目脚本

熟悉 Microsoft Visual Studio 的开发人员会习惯于使用 SSMS 中的解决方案资源管理器。它可以将支持用户业务的脚本分组为多个脚本项目，然后将各个脚本项目作为一个解决方案进行集中管理。将脚本置于脚本项目和解决方案中后，便可将其视为一个组同时打开，或者同时保存到 Visual SourceSafe 之类的源代码管理产品中。脚本项目包括可使脚本正确执行的连接信息，还包括非脚本文件，例如支持文本文件。

使用解决方案和项目脚本的过程如下：

（1）打开 SSMS，然后使用对象资源管理器连接到服务器，如图 1-24 所示。

（2）在"文件"菜单上，指向"新建"，再单击"项目"。系统将打开"新建项目"对话框。如图 1-25 所示。

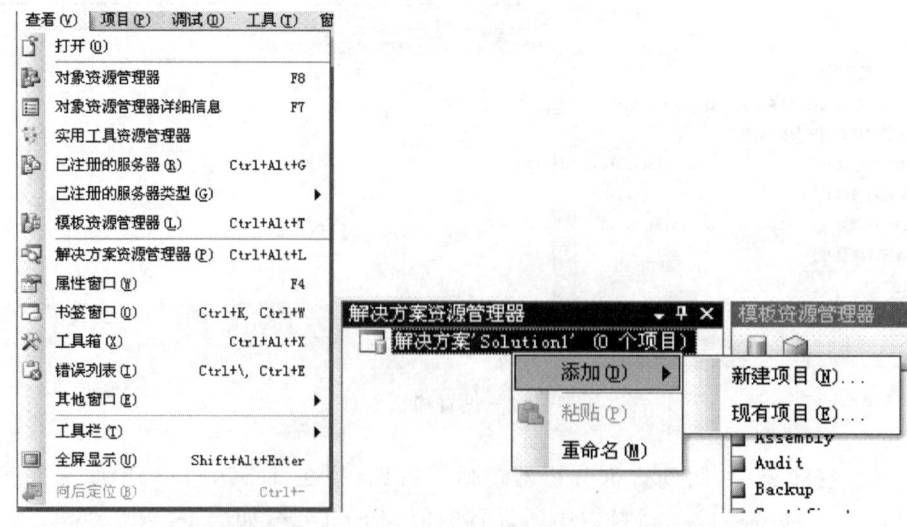

图 1-24　连接资源管理器　　　　图 1-25　添加新项目

(3)在"名称"文本框中,键入相应名称,在"模板"中单击"SQL Server 脚本",再单击"确定"以打开新的解决方案和脚本项目,如图 1-26 所示。

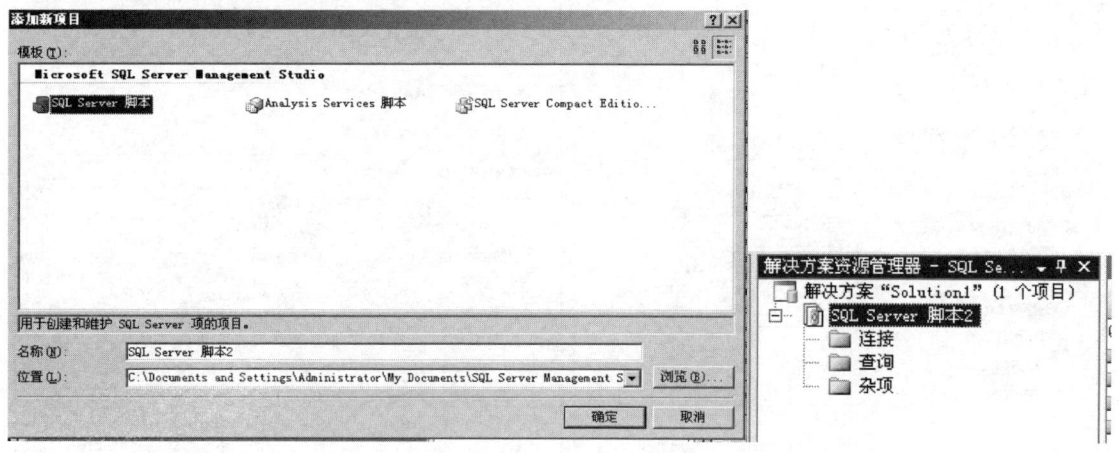

图 1-26　选择项目的类型

(4)在解决方案资源管理器中,右键单击"连接",再单击"新建连接"。系统将打开"连接到服务器"对话框,如图 1-27 所示。

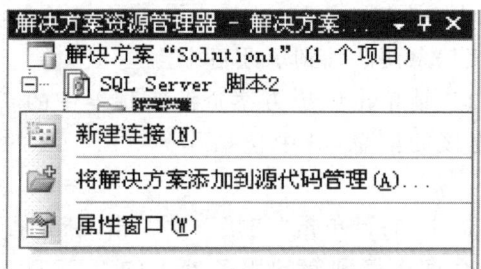

图 1-27　新建连接

(5)在"服务器名称"列表框中,键入服务器的名称,如图 1-28 所示。

图 1-28　连接到指定服务器

(6)单击"选项",再单击"连接属性"选项卡。如图 1-29 所示:

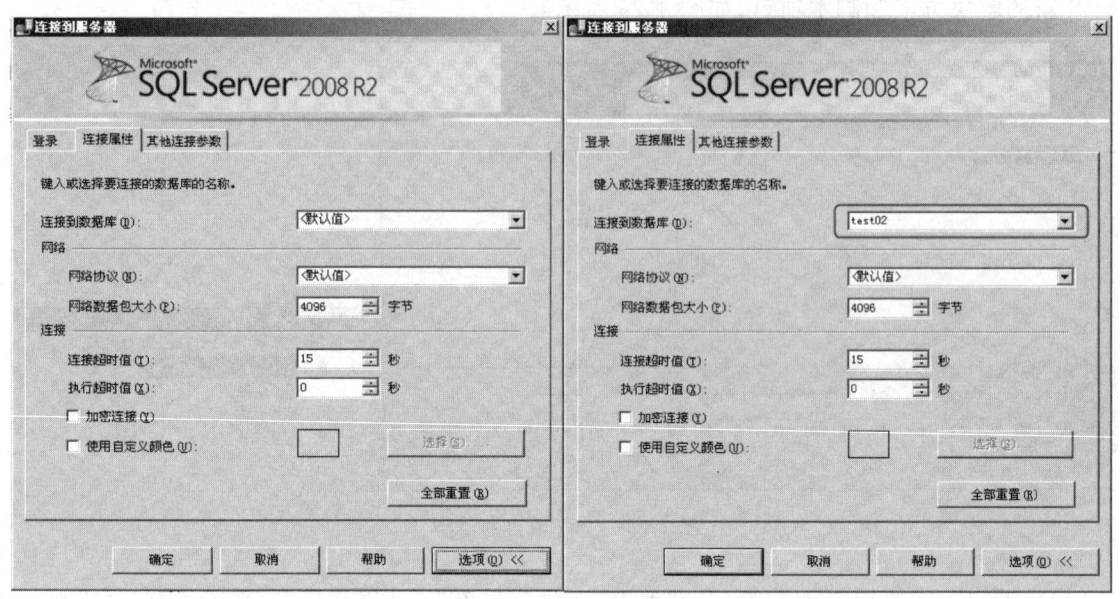

图 1-29　设置属性和参数

(7)在"连接到数据库"框中,浏览服务器,选择之前创建过的数据库对象,如 TEST02,再单击"连接"。包括数据库的连接信息便添加到了项目中。

(8)如果未显示"属性"窗口,请单击解决方案资源管理器中的新连接,然后按 F4。连接属性将随即显示,并显示有关连接的信息,其中包括作为 TEST02 的"初始数据库"。如图 1-30 所示:

(9)在解决方案资源管理器中,右键单击"连接",再单击"新建查询"。系统将创建一个名为 SQLQuery1.sql 的新查询,该查询连接到您的服务器上的 TEST02 数据库并添加到脚本项目中。如图 1-31 所示。

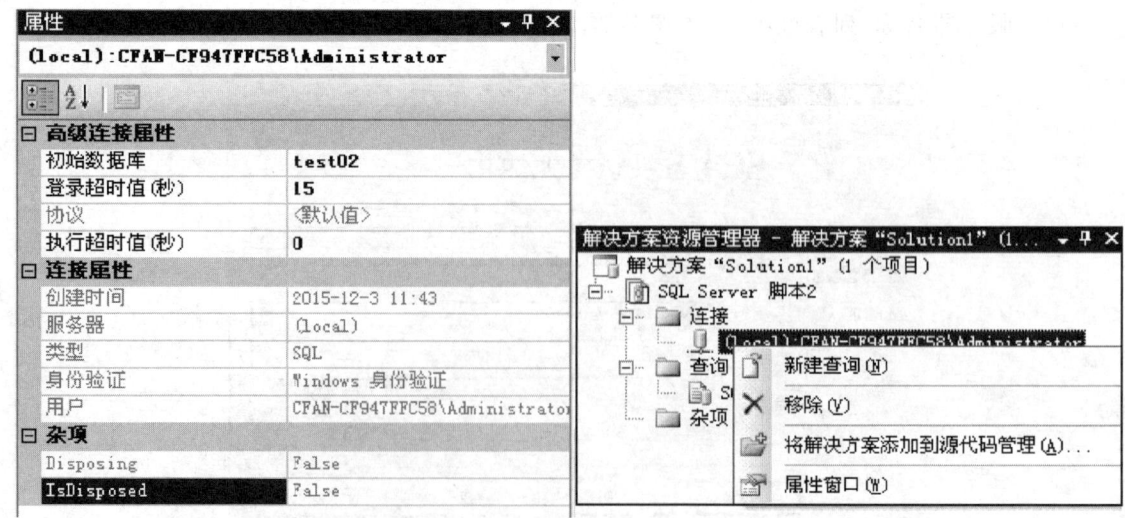

图 1-30　查看连接的属性值　　　　　图 1-31　新建查询

（10）在查询编辑器中，键入以下查询来确定有多少工作订单的结束日期早于开始日期。

```
USE AdventureWorks2008R2;
GO
SELECT COUNT(WorkOrderID) FROM Production.WorkOrder WHERE DueDate < StartDate;
```

（11）在解决方案资源管理器中，右键单击 SQLQuery1，再单击"重命名"。键入 Check Workorders.sql 作为查询的新名称并按 Enter，得到如图 1-32 所示结果。

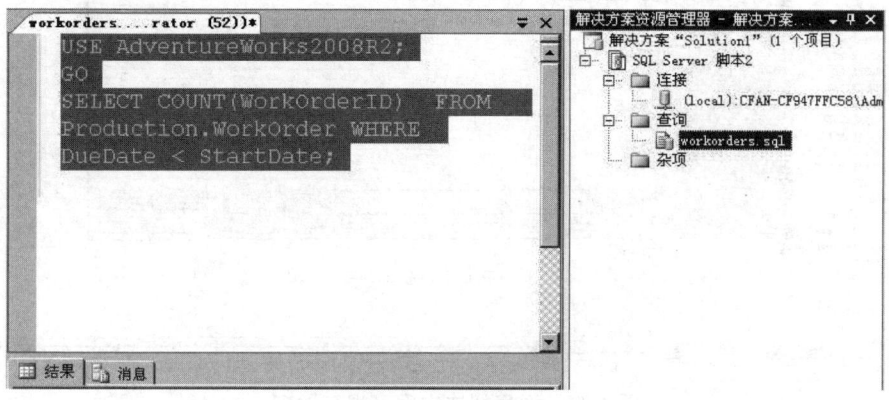

图 1-32　新建查询

（12）若要保存解决方案和脚本项目，请在"文件"菜单中，单击"全部保存"。如图 1-33 所示：

图 1-33　保存解决方案

将来若应用打开解决方案项目的方式打开之前保存过的方案，即可同时打开相关联的文件对象，更高效地完成相关的事务。如图 1-34 所示：

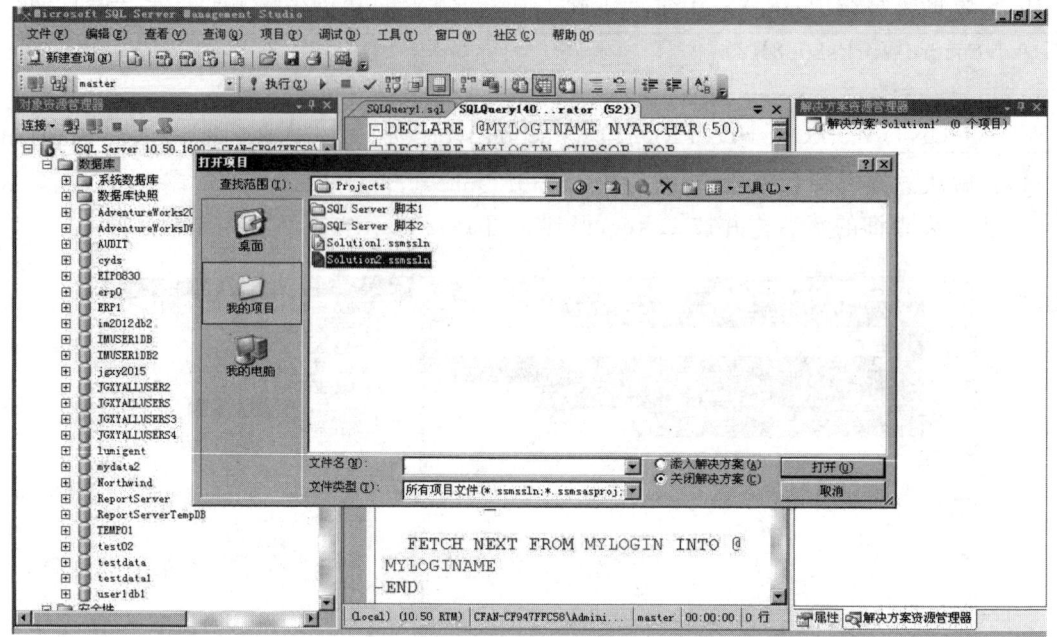

图 1-34　调用解决方案可提高效率

1.3 SQL Server 服务器属性配置基础

目前，凡涉及服务器性能的探讨，一般都从四个方面进行考察：CPU、内存、硬盘和网络适配器。

（1）CPU 主要考察的有 Processor time（阈值在 85％左右，持续超过则为瓶颈）

（2）内存主要考察的有 Page/sec（每秒页交换的数量如果持续高于几百，则可能为瓶颈）

（3）硬盘主要考察的有 Avg.Disk queue length（读取和写入请求，为所选磁盘在实例间隔中的队列，该值不应超过磁盘数量的 1.5～2 倍，否则为瓶颈）。

（4）网络适配器主要考察的有 Net Utilization（网络适配器的使用率要根据具体网络类型进行判断，如以太网推荐的阈值在 30％左右）。

SQL Server 2008 R2 服务器运行在 Windows Server 网络操作系统平台上，同样要根据实际的资源和需求进行配置，才能使 SQL Server 数据库服务器能够稳定、安全、高效地运行。数据库的属性配置主要从内存、安全性、数据库设置和权限四个方面进行。

在已经打开的 SSMS 平台中，右单击资源管理器中已经连接的数据库服务器，选择"属性"。如图 1-35 所示：

在"服务器属性"窗口中的"选择页"中，可以对内存、处理器等对象进行配置。

1.常规。此项内容不允许修改，实际是服务器当前的一些固定属性，与系统版本、安装时的配置紧密相关，比如服务器名称、SQL Server 产品信息、操作系统版本、平台、版本、语言、内存、CPU、根目录等信息。如图 1-36 所示。

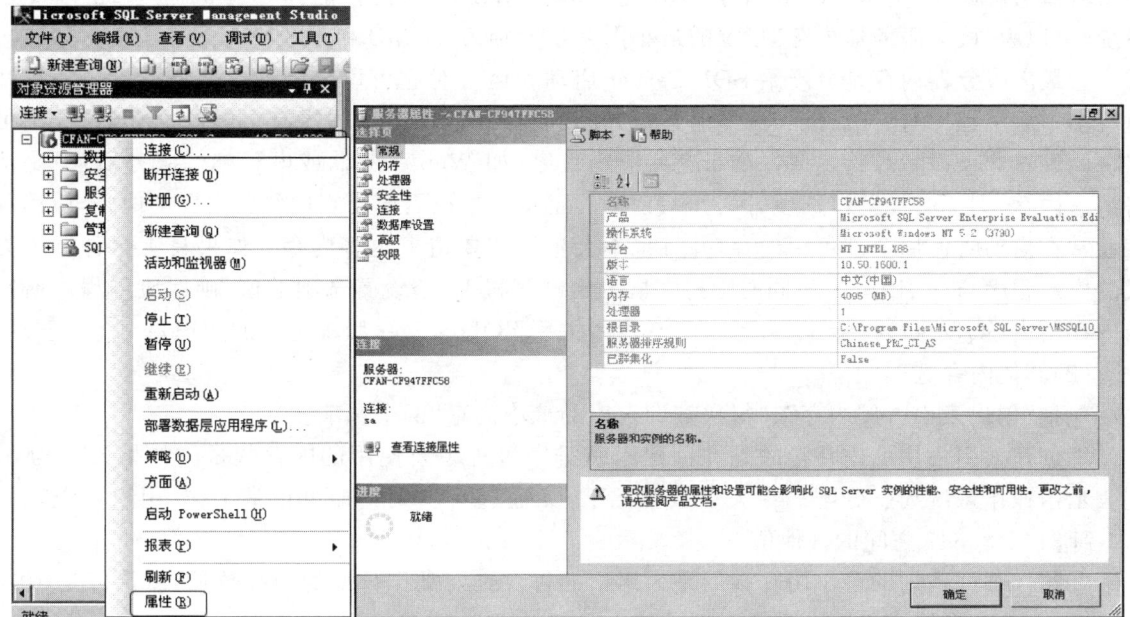

图 1-35　调用服务器属性　　　　　图 1-36　查看服务器常规属性

2.内存。此项内容主要用来根据服务器的实际资源和数据库管理系统对内存需求进行配置和更改。如图 1-37 所示：

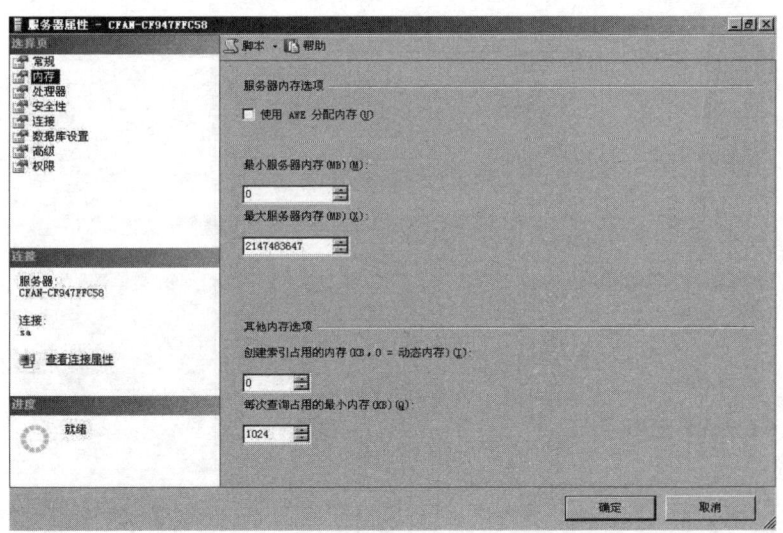

图 1-37　设置服务器的内存配置

(1)服务器内存选项

包括"使用 AWE 分配内存"、"最小服务器内存"、"最大服务器内存"三个选项。

①使用 AWE 分配内存指的是在 32 位的 Windows 系统中,利用 Windows Server 2003 中的地址窗口化扩展插件(AWE),来支持高达 64 GB 的物理内存。

②最小服务器内存是分配给 SQL Server 启动的最小内存量,在低于此值时不释放内存。请根据 SQL Server 实例的大小和活动设置此值。始终将此选项设置为合理的值,以确保操作系统

不会从 SQL Server 请求过多的内存,从而避免降低 Windows 的性能。对于 32 位系统和 64 位系统,可以为"最大服务器内存"指定的最小内存量分别为 64 MB 和 128 MB。

③最大服务器内存是分配给 SQL Server 启动和运行时它可以分配的内存最大量。如果知道有多个应用程序与 SQL Server 同时运行,并且要保证这些应用程序有足够的内存运行,则可以将此配置选项设置为特定值。如果这些应用程序(如 Web 服务器或电子邮件服务器)只是按需请求内存,则不必设置该选项,因为 SQL Server 将会根据需要向它们释放内存。但是,应用程序通常在启动时使用全部可用内存,并且也不会根据需要请求更多内存。如果具有这种行为方式的应用程序与 SQL Server 同时运行在同一台计算机上,请设置选项的值,确保应用程序所需的内存不由 SQL Server 分配。(参考第 0 章中关于 SQL Server 版本特性的知识)

(2)其他内存选项

包括"创建索引占用内存"、"每次查询占用的最小内存"两个选项。

①创建索引占用的内存指的是在创建索引排序过程中要使用的内存数量。如果设置为 0,则表示由操作系统动态分配。在大多数情况下,无需进一步调整即可正常工作;用户可以输入 704 到 2147483647 之间的其他值

②每次查询占用的最小内存指的是为用户的每次查询操作分配的内存数量,默认值是 1024 KB。用户可以将值从 512 设置到 2147483647 KB。

3.处理器

一般地,若存在多路对称处理器(SMP)的环境中才需要进行此项的配置。包括了"处理器关联"、"I/O 关联"、"自动设置所有处理器的处理器关联掩码"、"自动设置所有处理器的 I/O 管理掩码"、"最大工作线程数"、"提供 SQL Server 的优先级"。如图 1-38 所示:

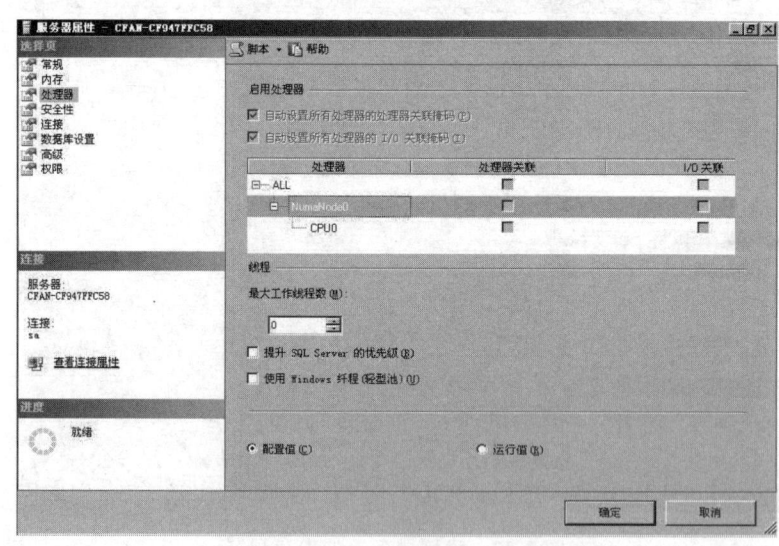

图 1-38 设置服务器的 CPU 配置

(1)启用处理器

①处理器关联。为了执行多任务,Windows 操作系统(特别是 2000 和 2003 系统)有时会在不同的处理器之间移动进程线程。但对于高负荷的 SQL Server 而言,该活动会降低其性能,因为每个处理器缓存都会不断地重新加载数据。如果将各个处理器分配给特定线程,则通过避免处理器的重新加载需要以及减少处理器之间的线程迁移而减少上下文切换,可提高在这些条件下的性能,这种线程与处理之间的这种关联是"处理器关联"。

SQL Server 通过"自动设置所有处理器的处理器关联掩码"(Affinity Mask)和"自动设置所有处理器的 I/O 管理掩码"(Affinity I/O Mask)。对具有 33 到 64 个处理器的服务器的 CPU 和 I/O 关联支持,要求分别使用 Affinity 64 Mask 和 Affinity 64 I/O Mask 服务器配置选项,这两个服务器配置选项仅在 64 位操作系统上可用(如图 1-38 是在单 CPU 的 32 位 Windows Server 2003 R2 环境下,两个关联选项不可选)。如图 1-39 所示:

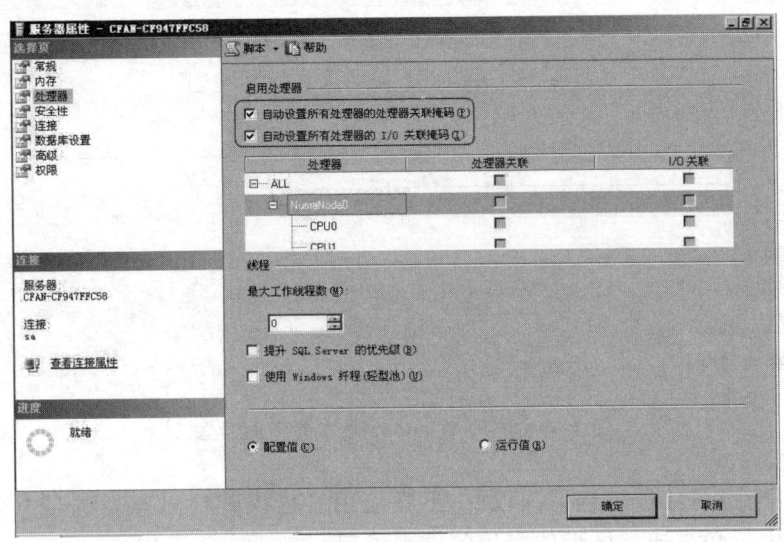

图 1-39　在多处理器的环境下(Windows Server 2003 R2 32 位)

注意:处理器关联在一定环境中,还需要 Windows Server 的配置支持。在此不详细讨论。

②I/O 关联。将 SQL Server 磁盘 I/O 绑定到指定的 CPU 子集。在高端 SQL Server 联机事务处理(OLTP)环境中,此扩展可以提高 SQL Server 线程执行 I/O 的性能。此增强功能不支持对各个磁盘或磁盘控制器的硬件关联。设置值指定了在多处理器计算机中有哪些 CPU 可用于处理 SQL Server 磁盘 I/O 操作。该掩码是一个位图,其中最右边的位指定顺序最低的 CPU(0),该位左边的位指定顺序次低的 CPU(1),依此类推。若要配置超过 32 个处理器,请同时设置 Affinity I/O Mask 和 Affinity64 I/O Mask。

③自动设置所有处理器的处理器关联掩码。允许 SQL Server 设置 CPU 关联。

④自动设置所有处理器的 I/O 管理掩码。允许 SQL Server 设置 I/O 关联。

(2)线程

①最大工作线程数。如果为 0,则允许 SQL Server 动态设置工作线程数。对于大多数系统而言,此为最佳设置。但是,根据您的系统配置,将此选项设置为特定值,有时可以提高性能。

②提升 SQL Server 的优先级。指定 SQL Server 是否应当以比同一计算机上的其他进程更高的 Windows 计划优先级运行。

③使用 Windows 纤程(轻型池)。为了减少上下文切换,引入纤程的概念,可以在 SQL Server 中启用纤程,纤程是线程的子模块,纤程由运行在用户模式下的代码管理,所以切换纤程比切换进程的代价少得多,因为纤程模式不需要在用户模式和内核模式中切换,而切换线程则需要这种转换。SQL Server 管理纤程的调度,而 OS 管理线程的调度;线程模式里 SQL Server 为每个并发用户创建分配一个线程,而纤程模式中 SQL Server 为每个 CPU 分配一个线程,并为每个并发用户创建分配一个纤程,一个线程中可以有多个纤程,纤程只在线程里切换,不用上下文切换。注意:此选项仅适用于 Windows Server 2003。在 Windows Server 2008 R2 及以上版本

的 64 位环境中,该选项是"禁用"状态。如图 1-40 所示:

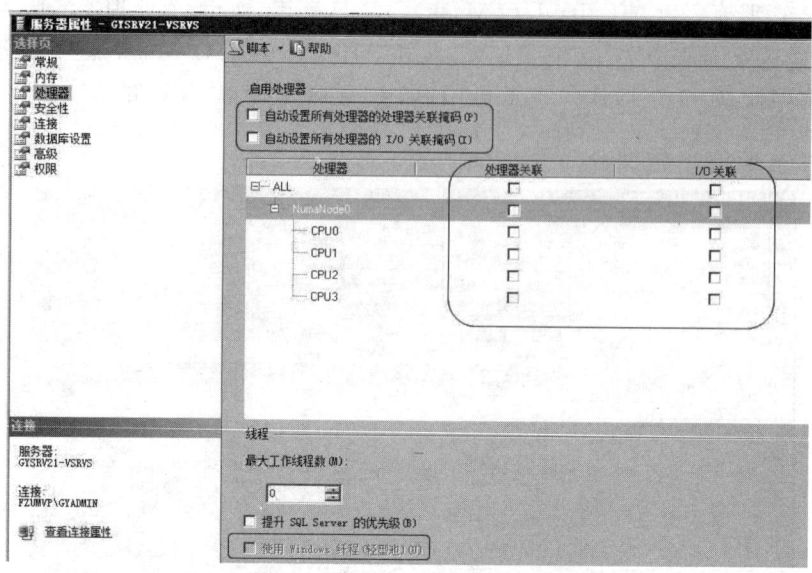

图 1-40　不同 Windows 版本的不同设置

根据实际生产经验,除极少数情况以外,不必使用纤程模式。只有在满足下列所有条件时,轻量池才可能有用。必须通过仔细的受控测试来确定它是否实际有用。

④ 正在使用大型多处理器服务器。

⑤ 所有服务器都在以最大容量或接近最大容量的状态运行。

⑥ 发生了许多上下文切换(每秒钟 20000 次以上)。

要查找上下文切换,请使用性能监视器,选择线程(Thread)计数器,选择对象"Context switches/sec",然后选择捕获所有 SQL Server 实例,如图 1-41 所示。如果以纤程模式运行服务器,则 SQL Server 2000 中的 SQL Mail 不受支持。如图 1-41 所示:

图 1-41　对 CPU 计数器实例的监控

(3)配置值和运行值

①配置值指的是显示并运行更令选项卡中的配置内置。如果更改了这些值,请单击"运行值"以查看更改是否已生效。如果尚未生效,则必须首先重新启动 SQL Server 的实例

②运行值指的是查看本对话框选项的当前运行的值,只读的。

4.安全性

安全性是数据库系统最关注的内容之一。在服务器属性中的安全性配置是属于 SQL Server 2008 R2 整体安全性的一个环节,至关重要。在这里可以查看、配置数据库服务器的安全属性,主要包括"服务器身份验证"、"登录审核"、"服务器代理账户"、"选项"。如图 1-42 所示:

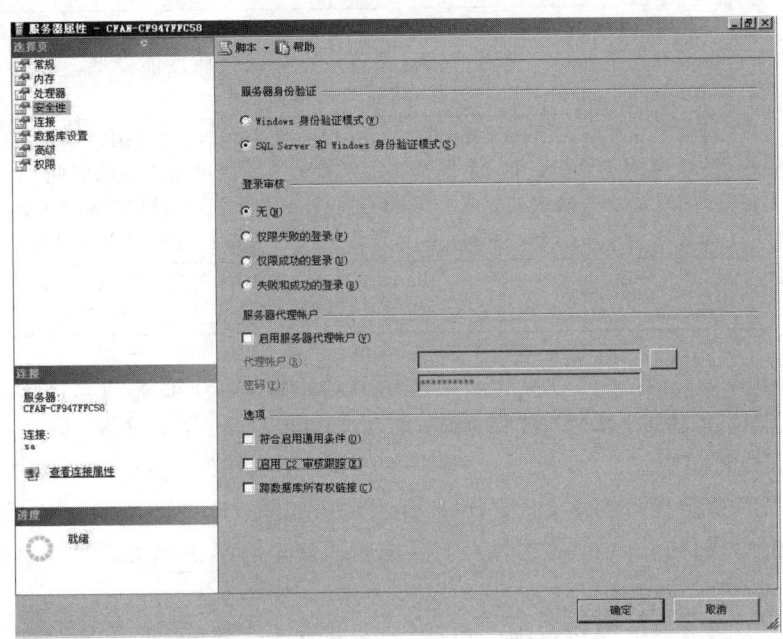

图 1-42 SQL Server 的安全性设置

(1)服务器身份验证

①Windows 身份验证模式。使用 Windows 身份验证对所尝试的连接进行验证。更改安全模式时,Windows 身份验证比 SQL Server 身份验证更加安全。请尽量使用 Windows 身份验证。

②SQL Server 和 Windows 身份验证模式。使用混合模式的身份验证对所尝试的连接进行验证,以便向后兼容早期版本的 SQL Server。

更改安全模式时,如果 sa 密码为空白,系统就会提示用户输入 sa 密码。

(2)登录审核

审核功能是对用户在登录、操作对象时的记录。登录或操作对象的结果一般是两种:"成功"或"失败"。默认情况下若用户得到验证并被授权,则在审核日志中将是"成功"的信息,相反则是"失败"的信息。如果要对用户的所有行为进行审核,则选择"成功和失败的登录",但会增加一定的服务器负担。更改审核级别后需要重新启动相关服务。

(3)服务器代理账户

是否启用供 xp_cmdshell 使用的账户。如何在 SQL Server 的环境下,不需要切换环境,就能够执行操作系统命令,如"dir c:\",这就需要使用扩展存储过程(将在之后的章节详细说

明),而使用该扩展存储过程则需要代理账户,代理账户可以模拟登录、服务器角色和数据库角色。

注意:服务器代理账户所用的登录账户应该只具有执行既定工作所需的最低权限。代理帐户的权限过大有可能会被恶意用户利用,从而危及系统安全。

(4) 高级选项

① 符合启用通用条件。启用通用条件需要三个元素,如表 1-2 所示。

表 1-2 启用通用条件三元素表

条件	说明
残留信息保护(RIP)	RIP 要求将内存重新分配给新资源之前,用已知的位模式覆盖内存分配。满足 RIP 标准有助于提高安全性;然而,覆盖内存分配会使性能降低。启用 common criteria compliance enabled 选项之后,将执行覆盖操作
查看登录统计信息的能力	启用 common criteria compliance enabled 选项之后,将启用登录审核。用户每次成功登录到 SQL Server 时,系统都会提供有关上一次成功登录的时间、上一次登录失败的时间以及上一次成功登录时间和当前登录时间之间尝试登录的次数的信息。可以通过查询 sys.dm_exec_sessions 动态管理视图来查看这些登录统计信息
RANT 列不应覆盖 DENY 表	启用 common criteria compliance enabled 选项之后,表级 DENY 将优先于列级 GRANT。未启用该选项时,列级 GRANT 则优先于表级 DENY

② 启用 C2 审核跟踪。审查对语句和对象的所有访问尝试,并记录到文件中,对于默认 SQL Server 实例,该文件位于\MSSQL\Data 目录中,对于 SQL Server 命名实例,该文件位于\MSSQL$instancename\Data 目录中。

③ 跨数据库所有权链接(cross DB ownership chaining)。选中此项将允许数据库成为跨数据库所有权链接的源或目标。(将在之后关于数据库的安全与维护相关章节中详细讲解)。

5. 连接

在此页中可以查看或修改连接选项。包括"最大并发连接数"、"使用查询调控器防止查询长时间运行"、"默认连接选项"、"允许远程连接到此服务器"和"需要将分布式事务用于服务器到服务器的通信"。如图 1-43 所示:

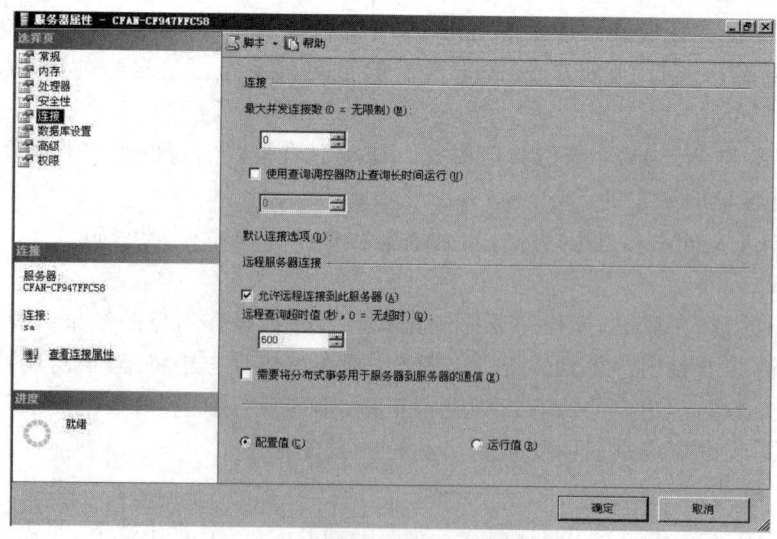

图 1-43 服务器连接参数的设置

(1)连接

①最大并发连接数

若设置为 0 则表示无限制；若设置为非零值，则将限制 SQL Server 允许的连接数；若参数为 1 或 2 类似较小的数据，则可能会阻止拥有权限的管理员连接以管理该服务器，但是"专用管理员连接"始终可以连接。

②使用查询调控器防止查询长时间运行

为了避免使用 SQL 查询语句执行过长时间，导致 SQL Server 服务器资源被长时间占用，可设置此项。选择此项后输入最长的查询运行时间，超过这个时间后，会自动终止查询，以释放更多的资源。但如果设置了较小的值，将会影响 SSMS 等应用程序的正常运行，比如对大量数据查询任务的完成等。

③默认连接选项

默认连接选项包括了以下可选配置，如表 1-3 所示。

表 1-3 默认连接的配置选项表

配置选项	说明
disable deferred constraint checking	控制执行期间或延迟的约束检查
implicit transactions	控制在运行一条语句时，是否隐式启动一项事务
cursor close on commit	控制执行提交操作后游标的行为
ansi warnings	控制集合警告中的截断和 NULL
ansi padding	控制固定长度的变量的填充
ansi nulls	在使用相等运算符时控制 NULL 的处理
arithmetic abort	在查询执行过程中发生溢出或被零除错误时终止查询
arithmetic ignore	在查询过程中发生溢出或被零除错误时返回 NULL
quoted identifier	计算表达式时区分单引号和双引号
no count	关闭在每个语句执行后所返回的说明有多少行受影响的消息
ansi null default on	更改会话的行为，使用 ANSI 兼容为空性。未显式定义为空性的新列定义为允许使用空值
ansi null default off	更改会话的行为，不使用 ANSI 兼容为空性。未显式定义为空性的新列定义为不允许使用空值
concat null yields null	当将 NULL 值与字符串连接时返回 NULL
numeric round abort	当表达式中出现失去精度的情况时生成错误
xact abort	如果 Transact-SQL 语句引发运行时错误，则回滚事务

(2)远程服务器连接

①允许远程连接到此服务器

从运行 SQL Server 实例的远程服务器控制存储过程的执行。选中此复选框与将系统存储过程 sp_configureremote access 选项设置为"1"具有相同的作用。清除此复选框可阻止从远程服务器执行存储过程。

②远程查询超时值

指定在 SQL Server 超时之前远程操作可以执行的时间(s)。默认为 600 s。

③需要将分布式事务用于服务器到服务器的通信

通过 Microsoft 分布式事务处理协调器(MS DTC)事务保护服务器到服务器过程的操作。

（3）配置值和运行值

请参考本章节 1.3 中"3.处理器"的相关内容。

6.数据库设置

在此页上可对数据库的属性进行查看和设置。包括"默认索引填充因子"、"备份和还原"、"恢复"、"数据库默认位置"等。如图 1-44 所示：

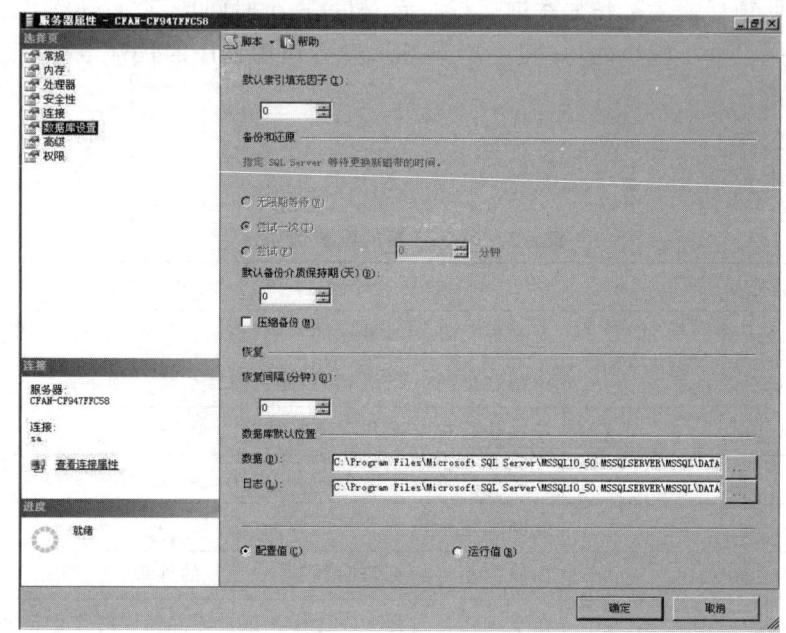

图 1-44　数据库设置

（1）默认索引填充因子

提供填充因子选项是为了优化索引数据存储和性能。当创建或重新生成索引时，填充因子的值可确定每个叶级页上要填充数据的空间百分比，以便在每一页上保留一些剩余空间作为以后扩展索引的可用空间。例如，指定填充因子的值为 80 表示每个叶级页上将有 20% 的空间保留为空，以便随着向基础表中添加数据而为扩展索引提供空间。在索引行之间保留可用空间，而不是在索引的末尾保留。填充因子的值是 1 到 100 之间的百分比，服务器范围的默认值为 0，这表示将完全填充叶级页。较小的填充因子值将导致 SQL Server 基于不饱满的页创建索引。每一个索引占用更多的存储空间，但同时也允许以后无需拆分页面即可插入索引。（关于索引的知识将在后文中详细讲解）

（2）备份和还原

指定在 SQL Server 等待更换新备份介质的时间。

①无限期等待。指定 SQL Server 在等待新备份磁带时永不超时。

②尝试一次。指定如果需要备份磁带但它却不可用，则 SQL Server 将超时。

③尝试分钟数。指定如果备份磁带在指定的时间内不可用，SQL Server 将超时。

④默认备份介质保持期。提供一个系统范围默认值，指示在用于数据库备份或事务日志备份后每一个备份介质的保留时间。此选项可以防止在指定的日期前覆盖备份。

⑤压缩备份。在 SQL Server 2008 Enterprise（或更高版本）中，指示 backup compression default 选项的当前设置。此选项决定了用于压缩备份的服务器级默认设置，具体如下：

a.如果未选中"压缩备份"框，在默认情况下将不压缩新备份。

b.如果已选中"压缩备份"框，则默认情况下将压缩新备份。

注意：默认情况下，压缩会显著增加 CPU 使用率，并且压缩进程占用的额外 CPU 可能会对并发操作产生不利影响。因此，用户可能需要在会话中创建低优先级的压缩备份，其 CPU 使用率受资源调控器限制（后文将做详细讲解）。如果用户是 sysadmin 或者 serveradmin 固定服务器角色的成员，可以选择"压缩备份"选项。

（3）恢复

设置每个数据库恢复时所需的最大分钟数。默认值为 0，指示由 SQL Server 自动配置。实际上，这表示每个数据库的恢复时间不超过 1 min，对于活动的数据库大约每 1 min 有一个检查点。

（4）数据库默认位置

指定数据库的数据文件和日志文件的默认存储位置。位置修改后直到重新启动SQL Server时才生效。

7.高级

（1）并行

包括以下主要配置选项：

①并行的开销阈值。该选项指定 SQL Server 创建和运行并行查询计划的阈值。仅当运行同一查询的串行计划的估计开销高于在"并行的开销阈值"中设置的值时，SQL Server 才创建和运行该查询的并行计划。开销指的是在特定硬件配置中运行串行计划估计需要花费的时间(s)。"并行的开销阈值"选项可设置为 0～32767 之间的任何值。默认值为 5。

②查询等待值。当没有足够的内存来运行查询时，大量占用内存的查询（如那些涉及排序和哈希操作的查询）将排队等待。"查询等待值"选项指定一个查询在超时前等待所需资源的时间（以 s 为单位，范围从 0～2147483647）。该选项的默认值为 -1。这意味着超时值计算为估计的查询开销的 25 倍。

注意：包含等待查询的事务在查询等待内存时可能会持有锁。在极个别的情况下，可能会发生无法检测到的死锁。减少查询等待时间可降低这类死锁的概率。最终，等待的查询将被终止并且事务锁将被释放。但是增加最大等待时间将增大该类查询被终止的时间。不建议改变该选项。

③锁。选项设置可用锁的最大数目，以限制 SQL Server 数据库引擎为锁分配的内存量。默认设置为 0，即允许数据库引擎根据不断变化的系统要求动态地分配和释放锁结构。

④最大并行度。当 SQL Server 实例在具有多个微处理器或 CPU 的计算机上运行时，它将为每个并行计划的执行检测最佳并行度（即运行一个语句所使用的处理器数）。用户可以使用该选项来限制并行计划执行时所用的处理器数。SQL Server 考虑为查询、索引数据定义语言（DDL）操作、静态的和由键集驱动的游标填充实施并行执行计划。

（2）网络

包括以下主要配置选项：

①网络数据包大小。该选项设置整个网络中使用的数据包大小（以字节为单位）。数据包是具有固定大小的数据块区，用于在客户端与服务器之间传输请求和结果。默认数据包大小为 4096 个字节。

②远程登录超时。该选项指定从登录远程服务器失败返回前等待的秒数。例如您尝试登录到一个远程服务器而该服务器已关闭，该选项帮助确保用户在计算机停止登录尝试前不必无限期地等待下去。此选项的默认值为 10 s。0 值表示允许无限期等待。

(3) 文件流

是否启用文件流(FILESTREAM)，与 SQL Server 2008 R2 安装过程中的 FILESTREAM 配置项对应，在安装时必须启用 Windows FILESTREAM 管理设置，然后此选项才会生效。该选项有三个阈值：

①0——禁用 FILESTREAM 支持。

②1——针对 T-SQL 访问启用 FILESTREAM。

③2——针对 T-SQL 和 Win32 流访问启用 FILESTREAM。

(4) 杂项

①两位数年份截止。该选项从 1753 到 9999 之间指定一个整数来表示缩略形式的年份，以将两位数的年份解释为四位数的年份。SQL Server 默认的时间范围是 1950—2049，表示截止年份为 2049。这说明 SQL Server 将两位数年份 49 解释为 2049 年，将两位数年份 50 解释为 1950 年，而将两位数年份 99 解释为 1999 年。若要维护向后兼容性，请将设置保持为默认值。

②默认全文语言。该选项指定全文索引的默认语言值。语言分析将对全文索引的所有数据执行，并且取决于数据的语言。该选项的默认值设置为服务器的语言。对于 SQL Server 的本地化版本，SQL Server 安装程序将把该选项设置为服务器的语言（如果存在合适的匹配项）。对于 SQL Server 的非本地化版本，默认选项为"英语"。

③默认语言。选项指定所有新创建的登录名的默认语言。若要设置默认语言，请指定所需语言的 langid 值。可通过查询 sys.syslanguages 兼容性视图来获取 langid 值。如图 1-45 所示：

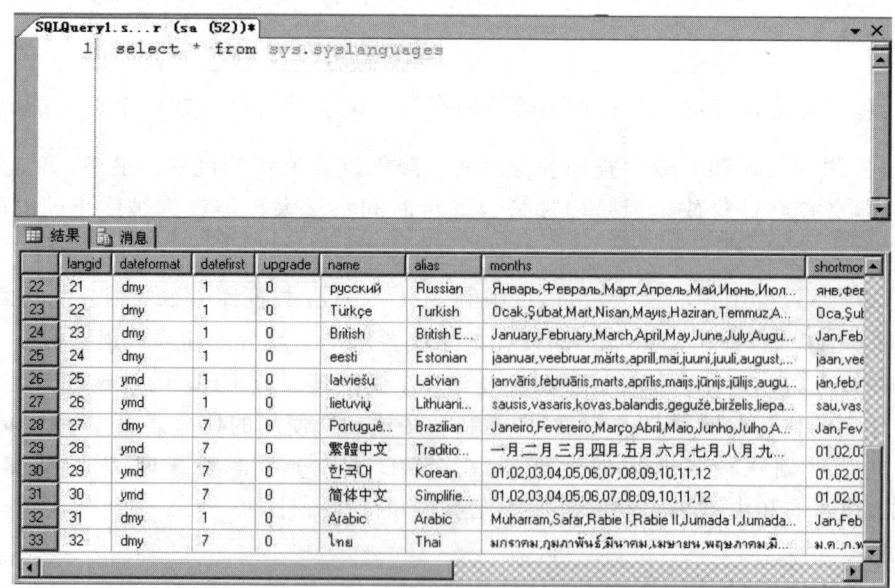

图 1-45　获取不同语言 ID 号

④启动时扫描存储过程。选项扫描在 SQL Server 启动时自动执行的存储过程。如果将此选项设置为 1(true)，则 SQL Server 将扫描服务器上定义的所有自动运行的存储过程，并运行这些过程。该选项的默认值为 0(不扫描)。

⑤全文升级选项。该选项用在要升级的数据库的全文搜索(关于全文搜索的知识和技术将在后文详解)升级选项。有三个选项：

a.导入全文目录。一般情况下，导入速度比重新生成速度要快很多。例如，当仅使用一个 CPU 时，导入的运行速度比重新生成要快 10 倍左右。不过导入的全文目录不能使用 SQL Server 2008 中引入的新的和增强的断字符，因此最终可能还是要重新生成全文目录。

b.重新生成全文目录。使用新的和增强的断字符重新生成全文目录。重新生成索引可能需要一些时间，且升级后可能需要占用大量的 CPU 和内存。

c.重置全文目录。将删除 SQL Server 2005 全文目录文件，但会保留全文目录和全文索引的元数据。在进行升级后，所有全文索引将禁用更改跟踪，并且不会自动启动爬网。在升级完成后，目录将保留为空，直至手动执行完全填充。

⑥游标阈值。该选项指定游标(游标概念和应用将在之后的专门章节讲解)集中的行数，超过此行数，将异步生成游标键集。当游标为结果集生成键集时，查询优化器会估算将为该结果集返回的行数。如果查询优化器估算出的返回行数大于此阈值，则将异步生成游标，使用户能够在继续填充游标的同时从该游标中提取行。否则，同步生成游标，查询将一直等待到返回所有行。

⑦允许触发器激发其他触发器。该选项控制 AFTER 触发器(触发器的概念和应用将在第 10 章讲解)是否可以级联。即执行某项操作将启动另一个触发器，而该触发器又将启动另外一个，依此类推。如果设置为 0，AFTER 触发器不能级联。如果设置为 1(默认值)，AFTER 触发器最多能级联 32 级。不管此选项如何设置，INSTEAD OF 触发器都可以嵌套。

⑧针对即席工作负荷进行优化。该选项用于提高包含许多一次性临时批处理的工作负荷计划缓存的效率。如果该选项设置为 1，则数据库引擎将在首次编译批处理时在计划缓存中存储一个编译的小计划存根，而不是存储完全编译的计划。这种情况下不会让未重复使用的编译计划填充计划缓存，从而有助于缓解内存压力。

⑨最大文本复制大小。选项指定使用单个 INSERT、UPDATE、WRITETEXT 或 UPDATETEXT 语句可以向复制列或已捕获列添加的 text、ntext、varchar(max)、nvarchar(max)、varbinary(max)、xml 和 image 数据的最大大小(字节)。默认值为 65536 字节。值为-1 表示除了数据类型指定的限制之外，没有大小限制。

8.权限

该选项卡将有效地授予或撤销某账号对数据库服务器的操作权限。

(1)登录名或角色

单击选择列表中的登录名，或者通过搜索进行定位相关的数据库用户，然后通过下方"显式"或"有效"两个选项进行权限的设置和查看。

(2)显式或有效

在上方的"登录名或角色"列表中选择以后，在这个列表中进行权限的设置和检查。三种权限："授予"、"具有授权权"、"拒绝"。其中"拒绝"权限优先。如图 1-46 所示：

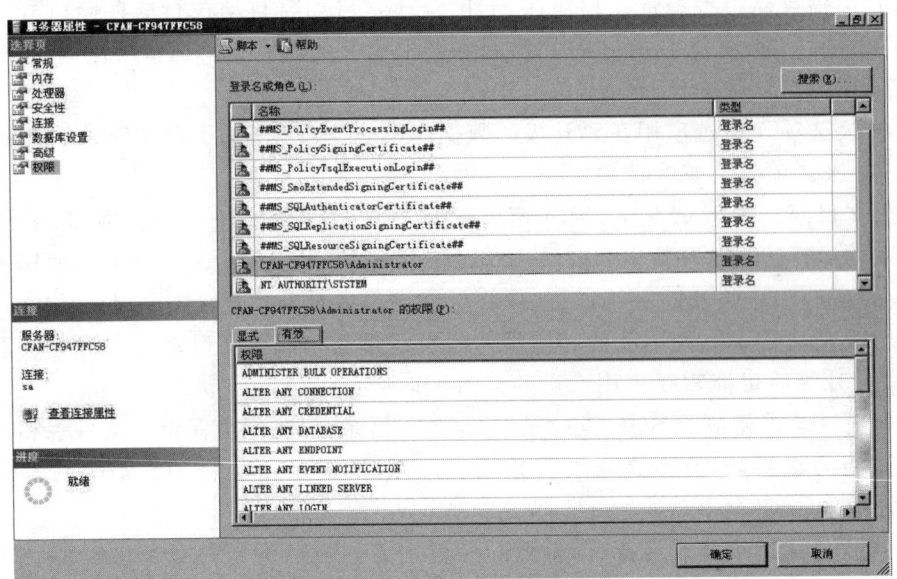

图 1-46 查看登录用户的有效权限

 注意：本节的高级配置知识将在数据库系统的安全和维护等相关章节讲解。

1.4 SQL Server 数据库的创建与管理基础

SQL Server 数据库的属性配置后，可以开始数据库的基本操作，包括创建、管理和应用，这是数据库管理系统的核心内容。数据库如同一个大的容器，其中有各种对象，如数据表、策略、视图、存储过程等，数据库通过架构将这些对象组成一个有机体，在已获得的资源上有序地运行着，为其他对象提供各种基于数据的服务，如应用服务程序、客户端用户、其他数据库系统等。

1.4.1 数据库的组成

数据库(Database，DB)是按照数据结构来组织、存储和管理数据的仓库，也有人认为是电子化的文件柜——存储电子文件的场所，用户可以根据授权等级对其中的数据进行查询、增加、更新、截取、删除等操作。具有现代意义的数据库，如 SQL Server、ORACLE、DB2 等，是以一定的方式存储在一起、能够共享给不同区域的多个用户使用、具有尽可能小的冗余度、与应用程序彼此独立的数据集合。

数据库的存储结构包括逻辑存储结构和物理存储结构。

1. 逻辑存储结构

逻辑存储结构说明的是数据库是由哪些性质的信息所组成的，包括了创建、存储和应用这些数据的各种规则以及管理应用过程，都存储在数据库中。

逻辑存储结构主要用于面向用户的数据组织和管理，如表、视图、约束、用户权限等。

2. 物理存储结构

物理存储结构说明的是数据库文件在各种存储介质上是如何存储的,主要用于组织和管理数据文件、存储介质的利用和回收、文本和图形数据的有效存储等。在 SQL Server 2008 R2 数据库中,数据库在存储介质上是以文件的形式存储的,由数据库文件和事务日志文件组成。一个数据库至少包括一个数据库文件和一个事务日志文件。

(1) 数据库文件

该文件是用来存储数据库数据和数据库对象的文件。一个数据库可以有一个或多个数据库文件,但一个数据库文件只能属于一个数据库,且数据库文件只能有一个被定为主数据文件,默认以.mdf 为后缀名,以及可能的一个以上的次数据文件,默认以.ndf 为后缀名。

数据文件划分为不同的页面和区域,SQL Server 以"页"为基本的存储单位进行数据存储,每个页面默认为 8 KB。所有页面都被连续地从 0 到 N 进行编号,N 的大小由具体文件的大小决定。用户通过制定一个数据库 ID、一个文件 ID 和一个页码来引用任何一个数据页。每个数据页的最基本功能是用来存储表和索引,以及相关的数据库管理信息。

数据库进行空间管理的最小单位是"区"(extents)。一个区由 8 个逻辑上连续的页面组成,共有 64 KB 大小。为了有效地利用存储空间,在 SQL Server 2008 中不会为少量的数据项数据表分配整区的空间,所以提供了两种类型的区:

① 统一类型区。为单个对象所有,即所有的 8 个数据页只能被所属的对象使用。

② 混合类型区。最多能够为 8 个对象共享。

(2) 事务日志文件

该文件主要是记录数据变化的过程,如用户对数据库的添加、删除或更新,可进行故障原因查找或从事务日志文件中恢复数据库数据,是 SQL Server 数据库系统中最重要的部分之一。利用事务日志可确保持久性(Durability)和事务回滚(Rollback)等重要功能,从而确保事务的 ACID 属性。

SQL Server 中对日志文件的管理,是将逻辑上的.ldf 文件划分成多个逻辑上的虚拟日志文件 VLFs,类似于将区划分为页,通过这种方式使存储引擎管理事务日志更加高效,对空间的重复利用更加有效。

VLFs 的个数和大小无法通过配置设定,而是由 SQL Server 进行管理的,.ldf 事务日志文件的大小决定了 VLFs 的数量和大小。对比关系如表 1-4 所示:

表 1-4 ldf 文件大小与 VLFs 数量的关系

ldf 文件的大小	VLFs 的数量
1 MB~64 MB	4
64 MB~1 GB	8
大于 1 GB	16

在打开了数据库的前提下,通过 T-SQL 语句可以查看.ldf 文件的属性,并显示 VLFs 的相关数值:

```
Use test02
Dbcc loginfo
```

可看到 test02 的数据库日志文件初始大小是 1 MB,所以其虚拟日志文件划分为 4 个,如图

1-47 所示：

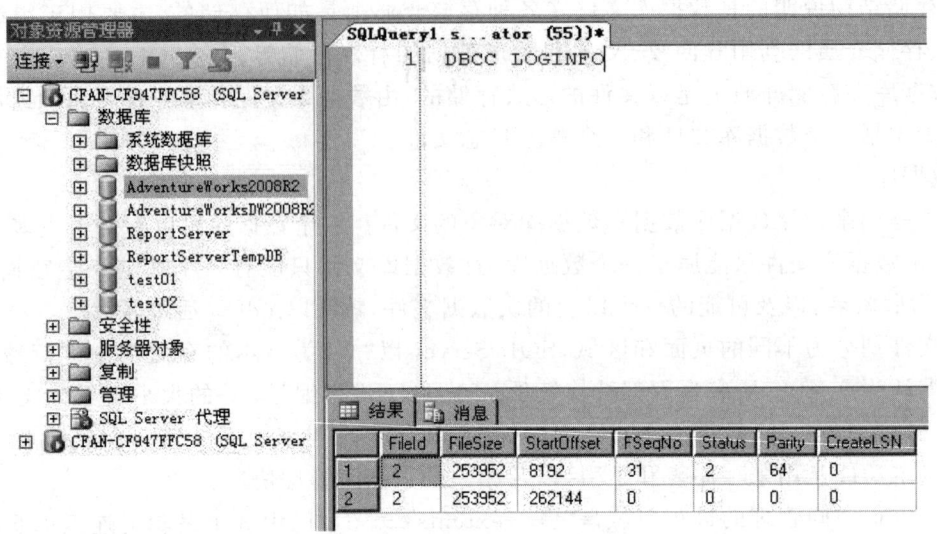

图 1-47　查看 ldf 文件属性

> 注意：在 SQL Server 2008 R2 环境中不强制数据库文件使用.mdf、.ndf 或.ldf 作为文件的扩展名。但从高效管理数据库的目标出发，建议使用系统默认的扩展名作为文件标识。

1.4.2 数据库种类

当 SQL Server 2008 R2 安装完成并成功连接后，在 SSMS 工具的资源管理器中，可查看和管理数据库。在 SQL Server 2008 R2 中，将数据库分为两类：系统数据库和用户数据库。

1. 系统数据库

该数据库类型是在 SQL Server 2008 R2 安装过程中创建的，主要包括：

（1）master 数据库

记录 SQL Server 实例的所有系统级信息，包括实例范围的元数据（例如登录账户）、端点、链接服务器和系统配置设置。此外，master 数据库还记录了所有其他数据库的存在、数据库文件的位置以及 SQL Server 的初始化信息。因此，如果 master 数据库不可用，则 SQL Server 无法启动。在 SQL Server 中，系统对象不再存储在 master 数据库中，而是存储在 Resource 数据库中。主数据是文件默认以 10% 的速度增长，一直到磁盘被占满为止；事务日志文件默认以 10% 的速度增长，最大到 2 TB。如图 1-48 所示：

（2）model 数据库

用在 SQL Server 实例上创建的所有数据库的模板。因为每次启动 SQL Server 时都会创建 tempdb，所以 model 数据库必须始终存在于 SQL Server 系统中。

当发出 CREATE DATABASE 语句时，将通过复制 model 数据库中的内容来创建数据库的第一部分，然后用空页填充新数据库的剩余部分。修改 model 数据库之后创建的所有数据库都将继承这些修改。例如，可以设置权限或数据库选项，或者添加对象，例如、表、函数或存储过程。该数据库比较特殊，众多操作不允许执行，如不能更改排序规则、不能删除数据库、不能从数据库中删除 guest 用户。如图 1-49 所示：

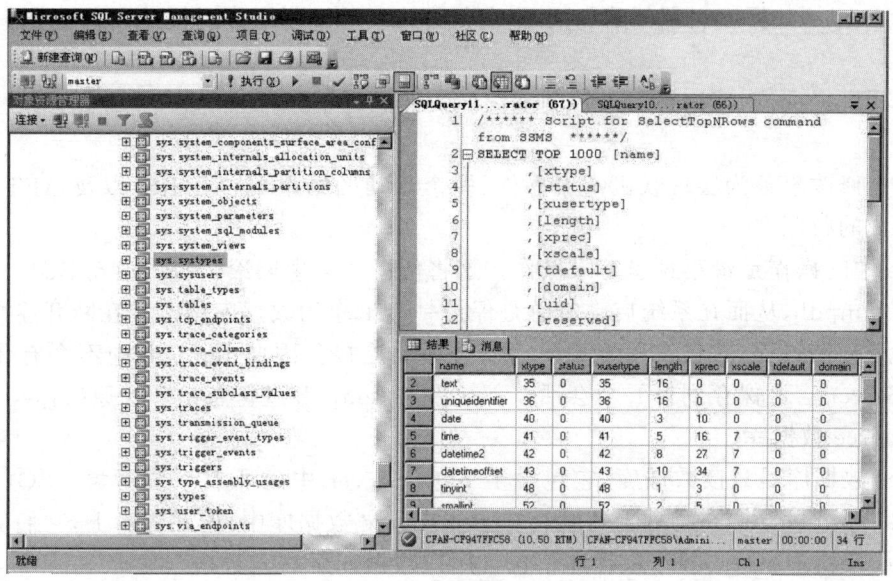

图 1-48　master 数据库及其子对象

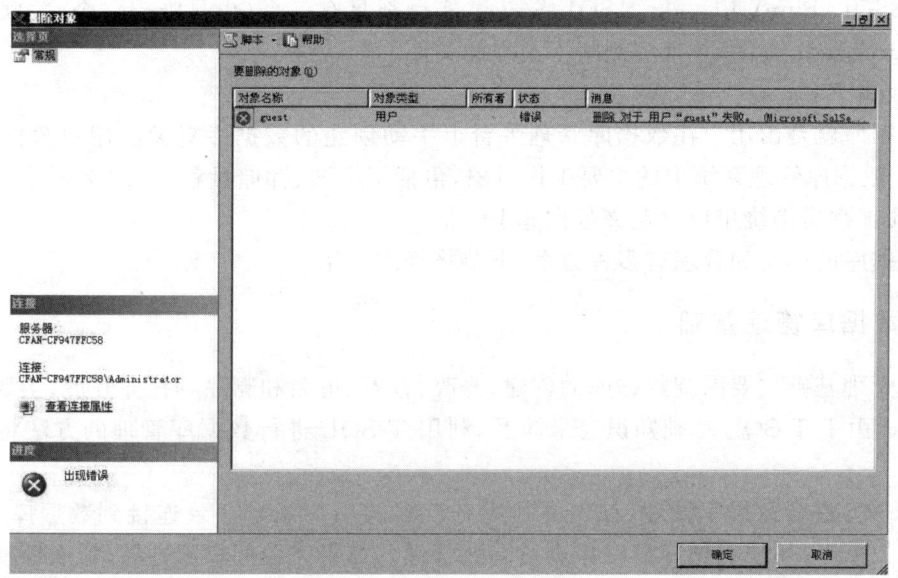

图 1-49　无法删除 guest 账号

（3）msdb 数据库

该数据库由 SQL Server 代理用于计划警报和作业，也可以由其他功能（如 Service Broker 和数据库邮件）使用。SQL Server 代理服务是数据库服务器上的一个 Windows 服务。和 tempdb 和 model 数据库一样，用户能直接修改该数据库，而 SQL Server 中的其他一些程序会自动使用该数据库，比如计划备份时，msdb 数据库会记录与执行这些任务的一些信息。

（4）tempdb 数据库

tempdb 系统数据库是一个全局资源，可供连接到 SQL Server 实例的所有用户使用，并可用于保存下列各项：

① 显式创建的临时用户对象，例如全局或局部临时表、临时存储过程、表变量或游标。

②SQL Server 数据库引擎创建的内部对象，例如，用于存储假脱机或排序的中间结果的工作表。

③由使用已提交读（使用行版本控制隔离或快照隔离事务）的数据库中数据修改事务生成的行版本。

④由数据修改事务为实现联机索引操作、多个活动的结果集（MARS）以及 AFTER 触发器等功能而生成的行版本。

tempdb 中的操作是最小日志记录操作。这将使事务产生回滚。每次启动 SQL Server 时都会重新创建 tempdb，从而在系统启动时总是保持一个干净的数据库副本。在断开连接时会自动删除临时表和存储过程，并且在系统关闭后没有活动连接。因此 tempdb 中不会有什么内容从一个 SQL Server 会话保存到另一个会话。不允许对 tempdb 进行备份和还原操作。

（5）resource 数据库

resource 数据库是只读数据库，它包含了 SQL Server 中的所有系统对象。SQL Server 系统对象（例如 sys.objects）在物理上持续存在于 resource 数据库中，但在逻辑上，它们出现在每个数据库的 sys 架构中。resource 数据库不包含用户数据或用户元数据。

resource 数据库的物理文件名为 mssqlsystemresource.mdf 和 mssqlsystemresource.ldf。这些文件位于＜驱动器＞:\Program Files\Microsoft SQL Server\MSSQL10_50.＜instance_name＞\MSSQL\Binn\ 中。每个 SQL Server 实例都具有一个（也是唯一一个）关联的 mssqlsystemresource.mdf 文件，并且实例间不共享此文件。

2.用户数据库

用户数据库就是由用户在数据库管理平台上手动创建的数据库对象。用户数据库是 SQL Server 2008 数据库管理系统中的主要工作对象，包括了视图、存储过程、自定义函数等。在下面的章节中，几乎都是围绕用户自定义数据库展开的。

用户数据库的创建和管理有多种方案，下节将详细介绍。

1.4.3 数据库管理基础

数据库管理基础主要围绕数据库的创建、修改、查看、更名和删除等任务开展，主要操作的环境是 SSMS。由于 T-SQL 基础知识尚未涉及，利用 T-SQL 进行数据库管理的方法将在后面章节进行讲解。

利用 SSMS 进行数据库管理，首先要利用有权限的用户账号登录连接到数据库管理系统，便可对系统数据库、用户数据库等对象进行有效管理。如果相关的权限不够，那么即使可以连接到数据库管理系统，也无法进行创建、更改等数据库操作。关于权限设置的内容将在数据库系统的管理和维护章节中介绍。

管理数据库首先要启动 SSMS 并成功连接到正在运行的数据库服务器。以下操作均在 SSMS 对象资源管理器中完成。

1.创建数据库

（1）在"对象资源管理器"窗口中，单击打开"数据库"节点，可看到服务器中的系统数据库节点、数据库快照节点，以及在安装过程中如果选择安装了 Report Services，则会出现与报表服务相关的两个数据库。如图 1-50 所示：

（2）右单击"数据库"节点，单击快捷菜单中的"新建数据库"菜单命令，将出现"新建数据库窗口"，如图 1-51 所示。

第 1 章 数据库的创建与管理基础 ▶ 059

图 1-50 数据库列表　　　　　　　　　图 1-51 开始新建数据库

（3）在"新建数据库"窗口中，通过左侧的"选择页"对将要创建的数据库进行参数上的设置，如图 1-52 所示：

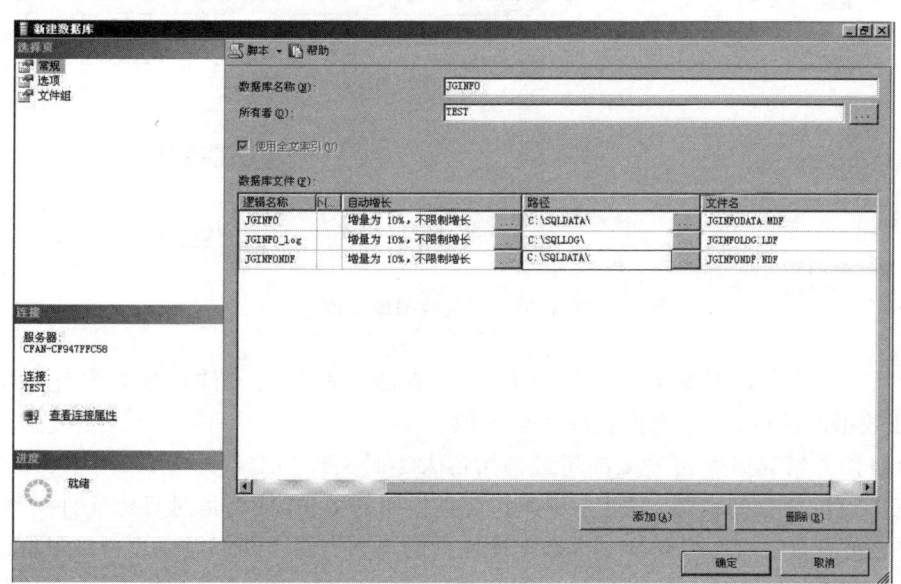

图 1-52 设置新建数据库的属性

①常规选项

a.**数据库名称**。数据库的逻辑名，最好能够起一个与数据库功能相关联的名称以便管理，如 JGXYDATA。

b.**所有者**。可指定任意一个拥有创建数据库权限（dbcreate）的用户账号。如果默认，那么就是当前登录到 SQL Server 的账号。可修改成其他的等人账号。如果使用的是 Windows 系统身份验证，这里的值将是 Windows 系统用户的账号或者来自于信任域的域账号；如果是 SQL

Server 身份验证登录,这里的值将是登录到服务器的 SQL 登录账号。而 Windows 身份登录用户包含了利用域账号登录的现象,这类登录模式的实现将在系统的管理和维护章节详解。若要更改所有者名称,请单击"…"按钮选择其他所有者。

c.使用全文索引。从 SQL Server 2008 开始默认为选中状态。在复杂化的查询中,比如长文本数据存储在数据列中,如果要进行字、词的查询则需要启用全文索引。

d.逻辑名称。在引用数据库时使用的文件名称。

e.文件类型。指定该文件存放的内容,其中行数据表示这是一个数据库数据文件,其中存储了数据库的数据;日志文件中记录的是用户对数据进行的操作活动。

f.文件组。为数据库中的文件指定文件组,可选择的是 Primary 或其他,但在文件组中必须先创建组别。一个数据库中必须要有一个主文件组(Primary)。一旦确定后默认不能修改。文件组可以使文件的组织更加有序、高效。如图 1-53 所示:

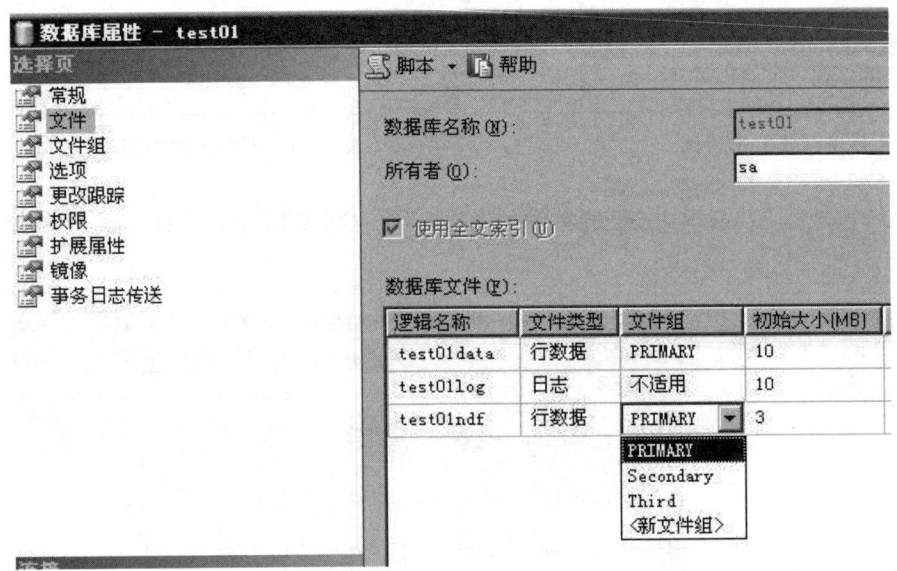

图 1-53 配置数据库文件

g.初始大小。指定数据库文件的初始大小,包括数据库数据文件和日志文件。默认大小来自于 Model 数据库的设置,可根据实际需要修改。

h.自动增长。当数据库相关文件超过初始值大小时文件的增长速度,以及增长的极限设置。默认情况下不设置增长的极限,好处是不用担心数据库的维护,特别是对日志文件的整理,但是磁盘空间最终会被完全占满。因此大多数数据库文件的最大占用空间都需要进行极限值设置。

i.路径。数据库文件和日志文件的存放位置。这与数据库管理系统安装时的设置是相关联的。默认情况下是在"c:\Program Files\Microsoft SQL Server\MSSQL10_50.MSSQLSERVER\MSSQL\DATA"下。单击右边的"…"按钮,在"定位文件夹"中根据需要选择数据库文件的保存位置。

j.文件名。指的是存储在磁盘上的物理文件名。与之前的逻辑名称不同。默认情况下是使用数据库名称如 test01 来创建的,如 test01.mdf,但往往会加上_data 作为数据文件的物理文件名以便日常管理,如 test01_data.mdf;日志文件默认会加上_log 后缀,如 test01_log.ldf。

②选项

选项中的设置参数较多,主要包括以下几个:

a.排序规则

默认是"服务器默认值",即在安装数据库管理系统时的设置,请参考第 0 章中的相关章节。假定要按数据表中的用户姓名笔画或拼音进行排序,那么在这里可以进行一定的修改,详细方法请看之后的相关章节。

b.恢复模式

(a)完整:需要日志备份。数据文件丢失或损坏不会导致工作数据丢失,可以恢复到任意时间点(如应用程序或用户错误之前等)。如果日志尾部损坏,则必须重做自最新日志备份之后所做的更改。

(b)大容量日志:需要日志备份。是完整恢复模式的附加模式,允许执行高性能的大容量复制操作。通过使用最小方式记录大多数大容量操作,减少日志空间的使用量。如果在最新日志备份后发生日志损坏或执行大容量之日记录操作,则必须重做自该上次备份之后的更改。可回复到任何备份的结尾,不支持根据时间点的恢复。

(c)简单:无日志备份。每次备份数据库时会清除事务日志,只会根据最后一次对数据库的备份进行恢复。一般适用于测试或开发数据库,或者小型生产数据库,特别是大部分的数据是只读的状态。

恢复模式默认继承自 Model 数据库。如图 1-54 所示。各种模式的备份和恢复将在相关章节中详述。

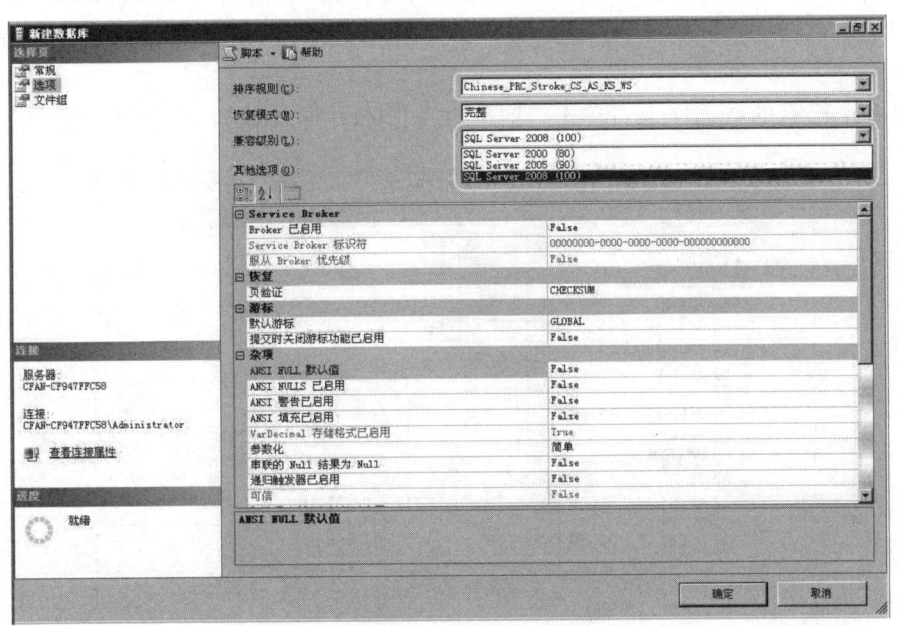

图 1-54 设置选项

c.兼容级别

是否允许建立一个与早期版本数据库管理系统兼容的数据库。比如,在 SQL Server 2008 R2 环境中操作数据库,但该数据库有可能要迁移到一台 SQL Server 2000 的服务器上进行管理,这就需要设置兼容级别。

d.其他选项

有众多参数还可以设置。比如设置数据库为只读,那么数据库只能进行查询等简单操作,无法在表中添加记录。在之后的相关章节中会逐步涉及"其他选项"中的各个参数设置。如图 1-

55 所示：

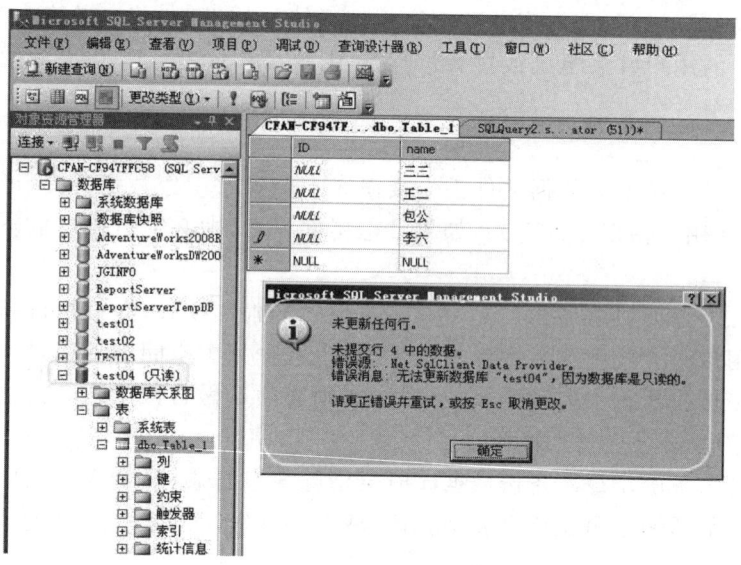

图 1-55　设置其他选项

创建数据库可以在导入其他格式数据的过程中完成。假设要将 jgallstusv20140226forstu.xlsx 导入到本地的 SQL Server 2008 R2 服务器上，那么在导入的过程中就可以创建一个新的数据库：

在任何一个已有的数据库上右单击，选择"任务"中的"导入数据"功能，如图 1-56 所示：

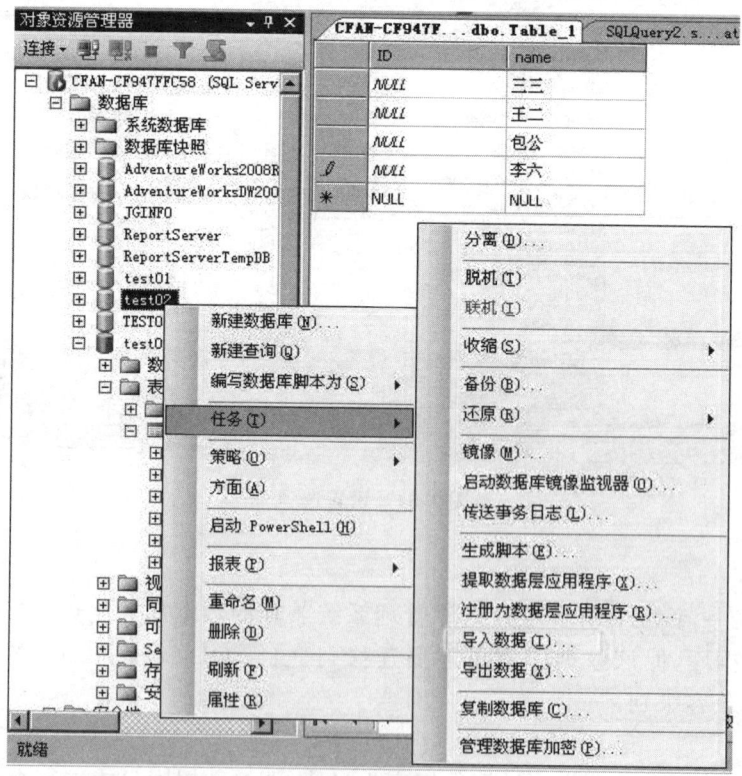

图 1-56　调用数据导入功能

系统启动了导入和导出向导,用户选择数据源类型、身份验证模式等,如图 1-57 所示:

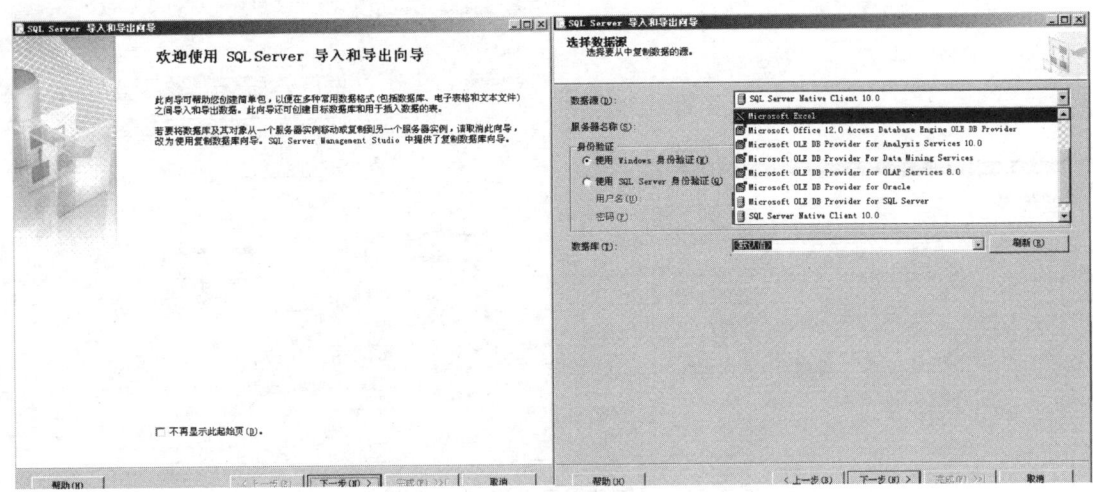

图 1-57　设置数据源类型

选择数据源所在的位置,假设在 c:\jgallstusv20140226forstu.xlsx,Excel 连接设置中将会自动选取 Excel 的版本。Excel 表一般包含有标题行,因此选择"首行包含列名称",如图 1-58 所示:

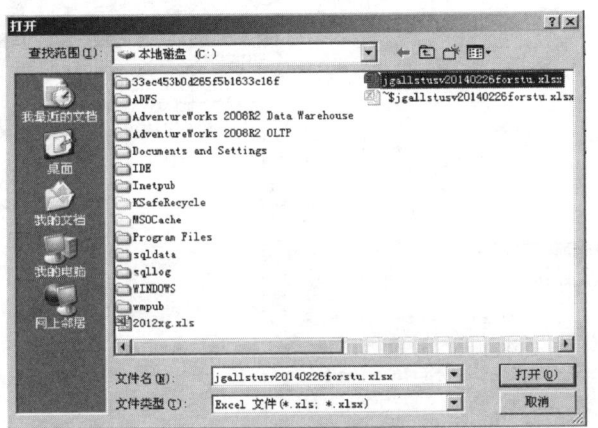

图 1-58　设置数据源的版本

在图 1-59 中,可选择已有的数据库,将 Excel 工作簿中的所有表导入到该数据库中,成为其中的表对象。如果选择"新建"按钮,会出现"创建数据库"对话框,在此可设置数据库名称、大小等属性,但不能更改数据库存放的路径。如图 1-59 所示:

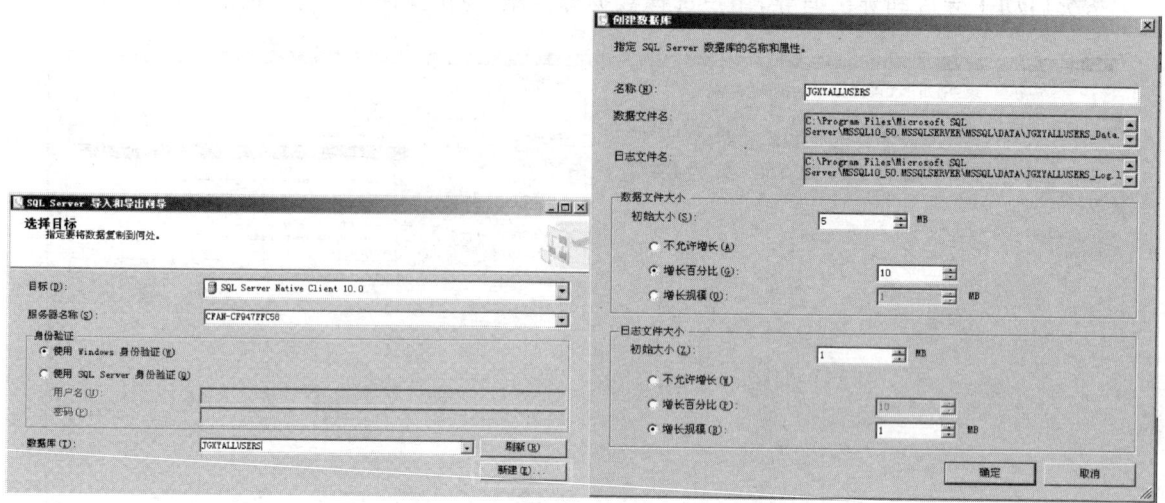

图 1-59　设置数据库名称、大小等属性

选择导入的对象是表或者视图,或者是用户自定义的数据范围。在"提供源查询"中可利用 T-SQL 的 select 语句,设置数据的来源、范围等条件,更加灵活地选择将数据导入相关表中,如图 1-60 所示:

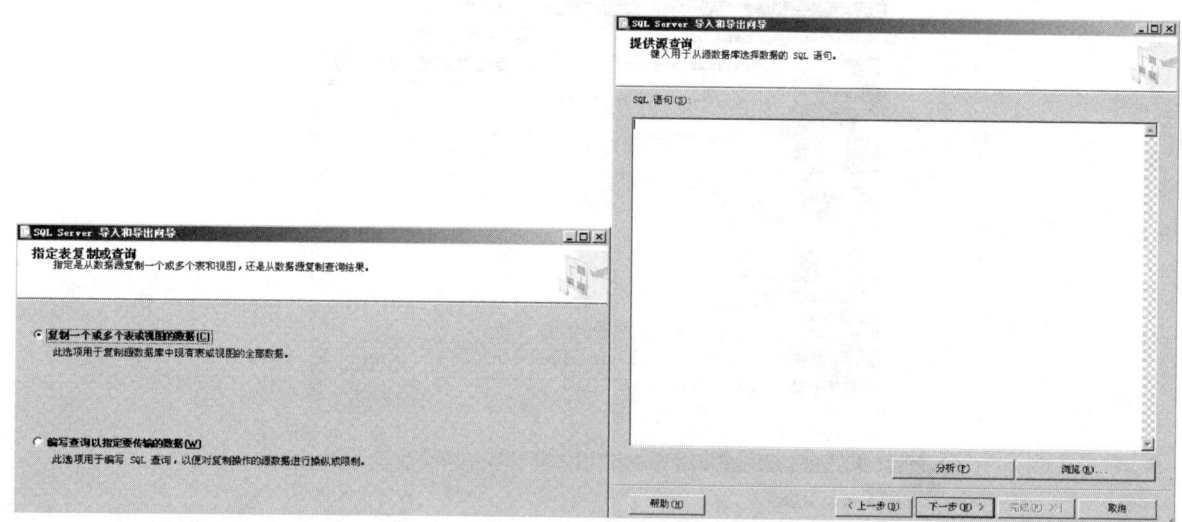

图 1-60　可以输入 T-SQL 语句实现更加灵活的数据导入

在本书中,该 Excel 文件有四个工作表,分别是"all"、"GUANYUAN"、"WULIU"和 "GONGGUAN",四个表的字段数量和类型都是相同的。此数据将是本书重点操作的对象,用户可从百度云盘下载该文件(云盘地址:http://pan.baidu.com/s/1sjRFdb3)或者使用自己已有的 Excel 数据,作为原始的样例导入,之后的操作将围绕导入的数据库和表进行整理和应用。为了便于将来操作,导入的表名称中,可将"$"符号去除,如图 1-61 所示。

在"保存并运行"对话框中,可选择立即运行或者保存为 SSIS,或者同时进行两种操作。SSIS 就是 SQL Server Integration Services(SQL Server 整合符合),SSIS 有多种服务功能,数据转换服务(Data Transformation Service)是其中的一种服务,如图 1-62 所示。

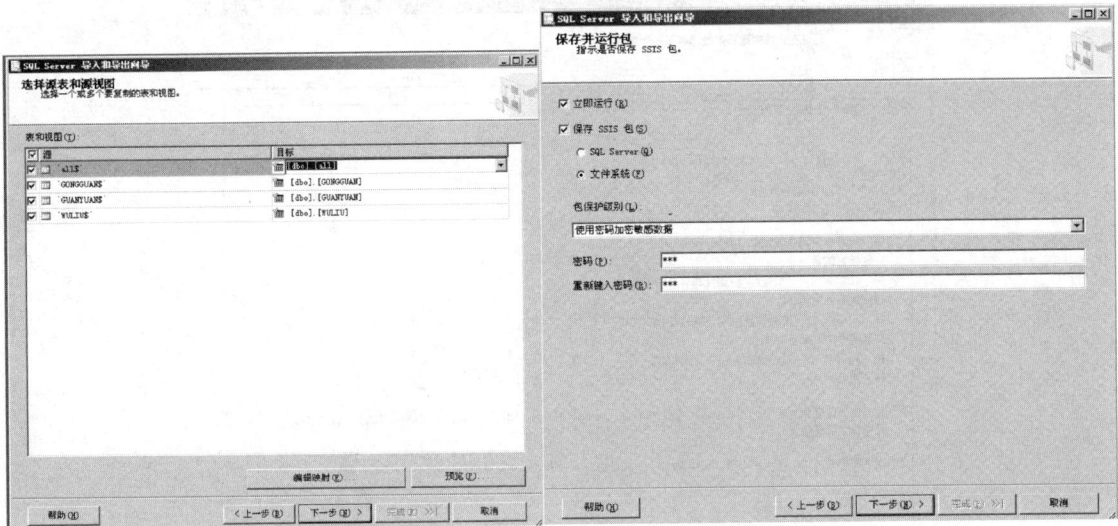

图 1-61 导入数据表的名称映射　　　　图 1-62 保存为 SSIS 服务包以便后期调用

SSIS 包有两种存放模式，一种是存放在数据库服务器上的 SQL Server 模式，另一种是存储在介质上以.dtsx 为文件扩展名的文件系统模式，二者都可选择保护级别，如"使用密码加密敏感数据"，当在后续执行该操作时，将会提示要输入相关的密码。如果存放模式是 SQL Server，则可在"代理"节点中选择"执行 SSIS 包"来再次执行任务。

如果选择了保存 SSIS 包，则需要指定该任务包存放的位置，将来可直接双击调用该任务包，并重新修改和设置相关参数，即可完成数据的再次导入，提高数据转换的效率，如图 1-63 所示。

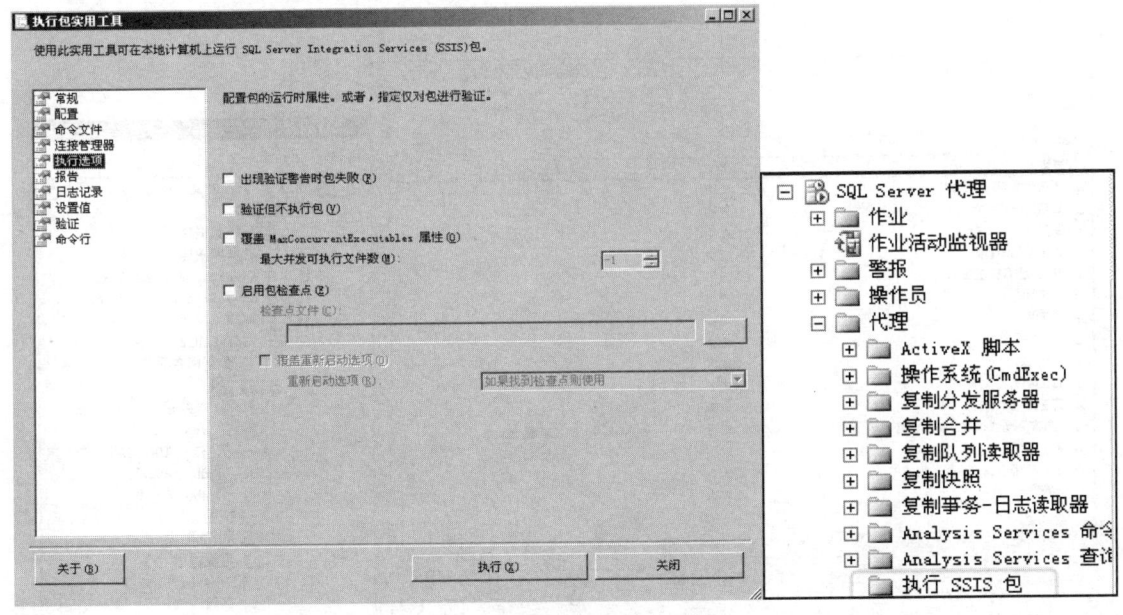

图 1-63 执行包实用工具

完成导入和导出向导配置后出现的报告，显示的内容是将要完成的系列动作，如图 1-64 所示。

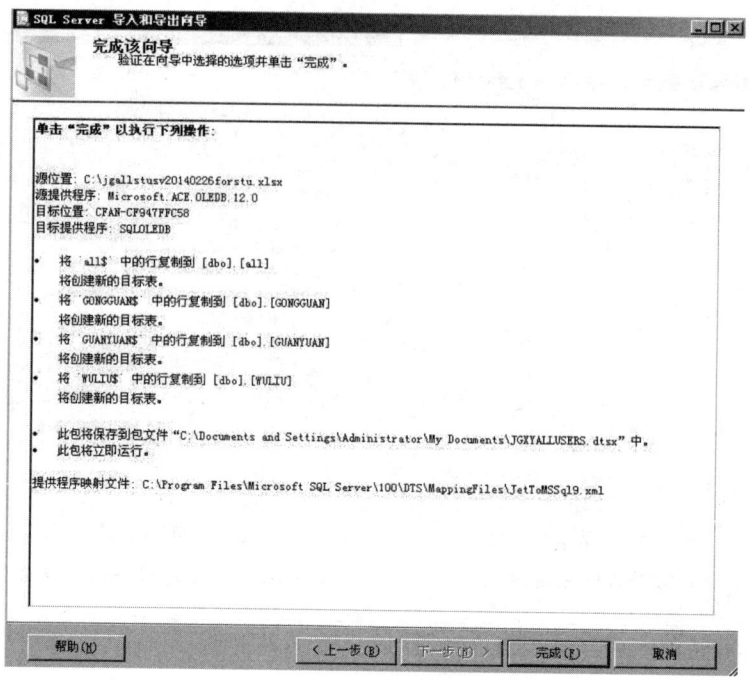

图 1-64 完成数据的导入

任务完成情况的报告。在 SSMS 对象资源管理器中，刷新后可在数据库中看到添加了一个新的数据库 JGXYALLUSERS，其中包含了四张数据表，如图 1-65 所示。

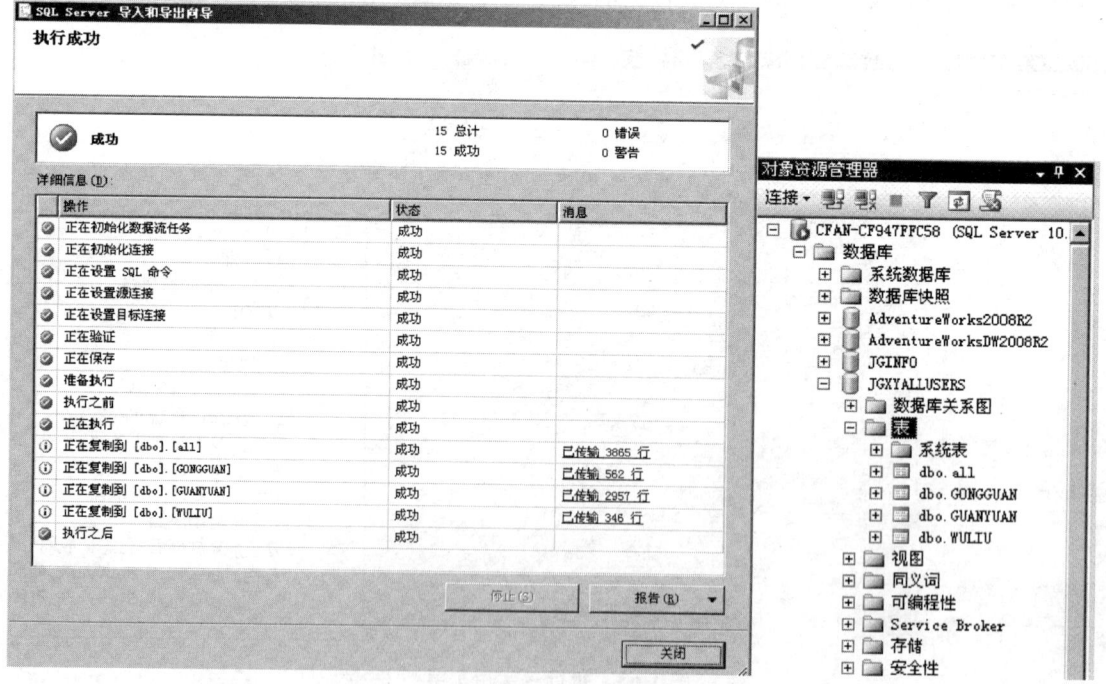

图 1-65 导入 Excel 数据表的结果

2.管理数据库

在创建数据库的过程中，因为各种原因可能需要对已创建的数据库进行调整、修改甚至删除重建。在 SSMS 中,可利用图形用户界面的方式简单地完成相关的管理工作。

(1) 查看数据库

① 使用图形化工具查看数据库。在 SSMS 管理器中,打开"数据库"节点,右单击需要查看的数据库名称,在弹出的快捷菜单中选择"属性",在"数据库属性"窗口,可在"选项页"列表中根据需要选择需要查看的对象,类似于在创建时的窗口,但是,已有的数据库属性窗口中的一些属性不能再更改了,比如路径、物理文件名等就不能进行更改。

② 使用系统视图查看数据库。打开某个数据库的"视图"节点,单击展开其中的"系统视图",可通过右单击以下几种视图,选择弹出的快捷菜单中的"查看前 100 行"浏览数据库的基本信息:

a. sys.database_files 查看有关当前数据库的数据库文件的信息

b. sys.filegroups 查看当前数据库服务器中所有数据库组的信息

c. sys.master_files 查看该数据库服务器中所有数据库文件的基本信息

d. sys.databases 查看该数据库服务器中所有数据库的基本配置信息,如排序规则、创建时间、兼容性级别等。

③ 使用 databasepropertyex() 函数和 sp 系统存储过程查看数据库信息的方法将在后文中加以详述。

(2) 修改数据库

① 修改数据库容量。选择"数据库属性"窗口中的"文件"选项,可对数据库的初始大小、自动增量速度和增长的极限进行设置。

② 修改数据库名称。右单击需要修改名称的数据库,选择弹出菜单中的"重命名",或鼠标慢点该数据库文件名,此时数据库文件名进入可编辑状态即可开始更名。

a. 需要注意的是更名时该数据库不能处于使用的状态中。

b. 在 SQL Server 2000 平台上不能直接在 SSMS 利用图形界面进行重命名操作,而只能通过 T-SQL 环境下执行 SP_RENAME 系统存储过程进行,具体用法将在后文详述。

(3) 删除数据库

通过右单击需要删除的数据库对象,在弹出的快捷菜单中选择"删除",根据提示,可能需要选择同时关闭数据库连接再删除数据库。

需要注意的是,在删除数据库操作之前需要确认是否有最新的数据备份。

更多的数据库管理知识将在学习了 T-SQL 语言之后再详细阐释。

1.5 小结

本章节主要通过介绍 SQL Server 2008 R2 下的常用工具,特别是在 SSMS 的图形化界面环境下,讲解如何利用各种方案进行数据库的创建,以及对数据库的基础管理。通过本章节的学习,要求用户了解 SQL Server 2008 R2 常见实用程序,熟练掌握 SSMS 的操作方法,掌握 SQL Server 2008 R2 服务器属性的配置方法,以及熟练掌握 SQL Server 2008 R2 数据库的创建和基础管理,为之后的学习奠定基础。

第 2 章　T-SQL 对象技术概述

数据表是存放具体数据、关系、视图等相关对象的容器。高质量数据表的设计和使用，离不开对数据类型、流程控制语句、函数的了解和选择，更要了解和利用 T-SQL 语言。所以，本书在介绍数据表创建和管理之前，将对流程控制语句、函数和 T-SQL 语言进行基础但较为全面的阐释，也为第 3 章开始对库、表的管理进入新高度和第 7 章开始的数据库编程应用奠定基础。

本章教学要求
- 了解对象的基本概念
- T-SQL 语言基础
- 掌握流程控制语句
- 函数基础

2.1 数据库对象概述

数据库系统包括的不仅仅是物理硬件、数据，而且能够通过各种对象技术对数据进行管理和优化，同时，可以为第三方程序设计平台提供各种支撑服务。

数据库对象主要包括：

1.数据库本身。一般地，在编程的环境下，在给定的 SQL Server 数据库实例中，数据库是最高层次的对象，而其他大部分对象都可以称作数据库对象的子对象，包括数据库中的表、视图、存储过程等。而数据库则包括了如 master、model 等系统数据库，以及若干的用户数据库。请参考本书 1.4.2 章节。

2.事务日志。在数据库管理系统中，对数据的操作特别是更改的操作最初并不是直接进入到数据库本身，而是写入到事务日志，而后根据某个触发条件将事务日志中的更改数据写入到数据库主文件中。日志文件的作用请参考本书 1.4.1 章节。

3.表。由列(域数据)和行(实体数据)组成的表是数据库对象的最重要的对象，也是最基础的对象，因为没有表的存在，数据库就不完整，也没有其他对象存在的可能性和必要性。由表衍生的其他子对象包括索引、触发器、约束等，前两者在后文中作详细描述，而约束方面的内容请参考本书的第 3 章中有关约束的知识和应用。

4.数据库关系图。数据库设计和表的规范化时，各种关系的可视化结果就是数据库关系图。

5.视图。是一种虚拟表，不包括任意数据，以查询的形式存储在数据库中。视图的详细内容将在第 7 章进一步阐述。

6.存储过程。是一种 T-SQL 语句的有序集合,允许使用变量和参数,允许使用选择、循环等控制结构,允许使用嵌套等。存储过程的详细内容将在第 8 章进一步阐述。

7.自定义函数。用户自定义函数(UDF)与存储过程很相似,可以包括多个输入变量以及一个输出值,甚至包括一个表类型。自定义函数的详细内容将在第 9 章进一步阐述。

8.用户与角色。这是数据库系统的基本安全因子。数据库管理系统中,用户用来登录管理系统,而其所在的角色则决定了该用户对库和表等其他对象的相应权限。用户与角色的详细内容将在本书第 12 章进一步阐述。

2.2 T-SQL 语言基础

SQL 是 Structrued Query Language 的缩写,即结构化查询语言。它是负责与 ANSI(美国国家标准学会)维护的数据库交互的标准。作为关系数据库的标准语言,它已被众多商用 DBMS 产品所采用,使得它已成为关系数据库领域中的一个主流语言,不仅包含数据查询功能,还包括插入、删除、更新和数据定义功能。

T-SQL 是 SQL 语言的一种版本,是 ANSI SQL 的加强版语言、提供了标准的 SQL 命令。T-SQL 还对 SQL 做了许多补充,提供了类似 C、Basic 和 Pascal 的基本功能,如变量说明、流控制语言、功能函数等。

2.2.1 关于 T-SQL

Transact-SQL 是使用 Microsoft SQLServer 的核心。与 SQLServer 实例通信的所有应用程序都通过将 Transact-SQL 语句发送到服务器进行通信,而不管应用程序的用户界面如何。在 Excel 中、基于 B/S 或 C/S 的各类应用程序、在 sqlcmd 等类似的 SQLServer 管理工具中、在数据仓库从联机事务处理(OLTP)系统中提取数据,都会大量使用到 T-SQL 语句,而且 T-SQL 编写的是否科学、合理,极大地影响到系统的运行效率和响应速度。因此,掌握 T-SQL 语言,将是进行高效数据管理与应用的必经之道。

T-SQL 语句根据所能够完成的具体功能进行分类,可以划分为 5 种类型:

1.数据定义语言(Data Definition Language,DDL)

用来定义和管理数据库以及数据库中的各种对象(如表、视图等)的语句,如 CREATE、ALTER、DROP 等。

2.数据操作语言(Data Manipulation Language,DML)

用来查询、添加、修改和删除数据库中数据的语句,如 SELECT、INSERT、UPDATE、DELETE 等。

3.数据控制语言(Data Control Language,DCL)

用来设置或者更改数据库用户或角色权限的语句,如 GRANT、DENY、REVOKE 等。具体使用方法见数据库管理系统的安全与维护等章节。

4.系统存储过程(System Stored Procedure)

SQL Server 系统创建的存储过程,它的目的在于能够方便地从系统表中查询信息,或者完成与更新数据库表相关的管理任务,或者其他系统的管理任务。系统存储过程可以在任意一个数据库中执行。系统存储过程存放在 master 中，并且以"sp_"开头。

5.附加的语言元素

如 BEGIN TRANSACTION/COMMIT，ROOLBACK，SET TRANSACTION，DECLARE OPEN，FETCH，CLOSE，EXECUTE 等。

各类语言的使用方法从本章开始将大量使用。

2.2.2 T-SQL 语法约定

表 2-1 列出了 T-SQL 参考的语法关系图中使用的约定，并进行了说明。

表 2-1　T-SQL 参考语法约定表

约定	用于
大写	T-SQL 关键字
斜体	用户提供的 T-SQL 语法的参数
粗体	数据库名、表名、列名、索引名、存储过程、实用工具、数据类型名以及必须按所显示的原样键入的文本
下划线	指示当语句中省略了包含带下划线的值的子句时应用的默认值
|(竖线)	分隔括号或大括号中的语法项。只能使用其中一项
[ ](方括号)	可选语法项。不要键入方括号
{ }(大括号)	必选语法项。不要键入大括号
[,…n]	指示前面的项可以重复 n 次。各项之间以逗号分隔
[…n]	指示前面的项可以重复 n 次。每一项由空格分隔
;	T-SQL 语句终止符。在 SQL Server 2008 R2 版本中大部分语句不需要分号，但将来的版本需要分号
<label> ::=	语法块的名称。此约定用于对可在语句中的多个位置使用的过长语法段或语法单元进行分组和标记。可使用语法块的每个位置由括在尖括号内的标签指示：<标签>。集是表达式的集合，例如<分组集>；列表是集的集合，例如<组合元素列表>

除非另外指定，否则，所有对数据库对象名的 T-SQL 引用将是由四部分组成的名称，格式如下：

　　server_name.[database_name].[schema_name].object_name

　　| database_name.[schema_name].object_name

　　| schema_name.object_name

　　| object_name

各参数的含义如下：

1.server_name

指定链接的服务器名称或远程服务器名称。

2.database_name

如果对象驻留在 SQL Server 的本地实例中，则指定 SQL Server 数据库的名称。如果对象在链接服务器中，则 database_name 将指定 OLE DB 目录。

3.schema_name

如果对象在 SQL Server 数据库中，则指定包含对象的架构的名称。如果对象在链接服务器中,则 schema_name 将指定 OLE DB 架构名称。

4.object_name

对象的名称。

引用某个特定对象时,不必总是指定服务器、数据库和架构供 SQL Server 数据库引擎标识该对象。但是,如果找不到该对象,将返回错误。

为了避免名称解析错误,建议只要指定了架构范围内的对象时就指定架构名称。

若要省略中间节点,请使用句点来指示这些位置。表 2-2 显示了对象名的有效格式。

表 2-2 对象名有效格式约定表

对象引用格式	说明
server . database . schema . object	四个部分的名称
server . database .. object	省略架构名称
server .. schema . object	省略数据库名称
server … object	省略数据库和架构名称
database . schema . object	省略服务器名
database .. object	省略服务器和架构名称
schema . object	省略服务器和数据库名称
object	省略服务器、数据库和架构名称

除非专门说明,否则,本书中的 T-SQL 实例都已使用 SSMS 及其以下选项的默认设置进行了测试:

(1)ANSI_NULLS

(2)ANSI_NULL_DFLT_ON

(3)ANSI_PADDING

(4)ANSI_WARNINGS

(5)CONCAT_NULL_YIELDS_NULL

(6)QUOTED_IDENTIFIER

许多代码示例用字母 N 作为 Unicode 字符串常量的前缀。如果没有 N 前缀,则字符串被转换为数据库的默认代码页,此默认代码页可能不识别某些字符。

2.2.3 标识符命名

1.标识符分类

数据库对象的名称即为其标识符。Microsoft SQL Server 中的所有内容都可以有标识符。服务器、数据库和数据库对象(例如表、视图、列、索引、触发器、过程、约束及规则等)都可以有标识符。大多数对象要求有标识符,但对有些对象(例如约束),标识符是可选的。

对象标识符是在定义对象时创建的,标识符随后用于引用该对象。

注:T-SQL 语句将在下节具体涉及。

(1)常规标识符

符合标识符的格式规则。在 T-SQL 语句中使用常规标识符时不用将其分隔开。例如:

SELECT * FROM test01 WHERE id=100

（2）分隔标识符

包含在双引号("")或者方括号（[ ]）内。不会分隔符合标识符格式规则的标识符。例如：
SELECT * FROM [test01] WHERE [id]=100

在 T-SQL 语句中，必须对不符合所有标识符规则的标识符进行分隔。例如：
SELECT * FROM [my test01] WHERE [order]=100——因为表名中包含了空格、条件语句中包含了保留的关键字

注意：常规标识符和分隔标识符包含的字符数必须在 1 到 128 之间。对于本地临时表，标识符最多可以有 116 个字符。

2.标识符格式

（1）标识符的首字符。

必须是所有统一码标准中规定的字符，包括 26 个英文字母 a～z 和 A～Z，以及一些语言字符（如汉字等）。或者下划线"_""@""#"。

（2）标识符首字符后的字符。

所有统一码标准中规定的字符，或者 26 个英文字母 a～z 和 A～Z，以及一些其他的语言字符，如汉字等。还包括一些特殊的符号如下划线"_"、"@"、"#"、"$"，以及 0,1,2,3,4,5,6,7,8,9。

（3）标识符不允许是 SQL Server 系统中保留的关键字。

由于 SQL Server 中是不区分大小写字母的，所以无论是保留的大写还是小写都是不允许使用的。

（4）对于不满足规则标识符命名的，需要用界定符号来进行标识。但也不能随便标识，比如(jg[xy]allstus)这是错误的。

（5）一些特殊符号标识符在 SQL Server 中也是有特定的意义的，也不能随便定义的。

①#开头的就是当前数据库内的临时表。

②##开头的是全局的数据库的对象。

③如果服务器断开或者重启，这些数据会自动被删除。

3.对象命名规则

SQL Server 数据库管理系统中的数据库对象名称由 1～128 个字符组成，不区分大小写。

在一个数据库管理系统中创建了一个数据库对象后，数据库对象的前面应该有服务器名称、数据库名称、包含对象的架构名称和对象名称 4 个部分构成，如"JGXYSQLSERVER.JGXYALLSTUS.JGXYDENY.GUANYUAN"表示在 JGXYSQLSERVER 服务器上有一个数据库名为 JGXYALLSTUS，在该数据库的 JGXYDENY 架构中有一张表对象 GUANYUAN。

关于架构、所有者等概念的具体阐述将在数据库系统管理与安全部分详述。

4.实例的命名规则

使用 SQL Server 安装向导的"实例配置"页面可指定是创建 SQL Server 的默认实例还是其命名实例。如果尚未安装 SQL Server 实例，则除非您指定命名实例，否则将创建默认实例。

每个 SQL Server 实例都由一组具有排列规则及其他选项特定设置的非重复的服务组成。目录结构、注册表结构和服务名称都反映在 SQL Server 安装过程中创建的实例名称和特定实例 ID。

实例是默认实例或命名实例。默认实例名为 MSSQLSERVER。不需要客户端指定实例名称便可进行连接。命名实例在安装过程中由用户决定。您可以将 SQL Server 作为命名实例安装，无需先安装默认实例。默认实例可以是 SQL Server 2000、SQL Server 2005、SQL Server 2008 或 SQL Server 2008 R2 安装。不论版本如何，一次均只能安装一个 SQL Server 默认实例。

注意事项：

①实例名不区分大小写。

②实例名称不能包含词语"Default"或其他保留关键字。如果在实例名中使用了保留关键字，将发生安装错误。

③如果为实例名称指定 MSSQLServer，将创建默认实例。对于 SQL Server Express，如果为实例名称指定 SQLExpress，将创建默认实例。

④Microsoft SQL Server PowerPivot for SharePoint 安装始终安装为命名实例"PowerPivot"。您不能为此功能角色指定不同的实例名称。

⑤实例名限制为 16 个字符。

⑥实例名中的第一个字符必须是字母。可接受的字母为 Unicode 标准 2.0 定义的那些字母。这些字母包括拉丁字符 a～z、A～Z 和其他语言中的字母字符。

⑦后续字符可以是 Unicode 标准 2.0 定义的字母、源于基本拉丁语或其他国家/地区书写符号的十进制数字、美元符号（$）或者下划线（_）。

⑧实例名称中不允许含有空格或其他特殊字符，也不允许存在反斜杠（\）、逗号（,）、冒号（:）、分号（;）、单引号（'）、and 符（&）和 at 符（@）。

2.2.4 常量与变量

1.常量

常量，也称为文字值或标量值，是表示一个特定数据值的符号。常量的格式取决于它所表示的值的数据类型。一个常量通常还必须定义类型和长度，这二者取决于常量的用途和格式。根据数据类型划分的常量有：字符串常量、数字常量、日期和时间常量、符号常量等。

（1）字符串常量

字符串常量括在单引号内并包含字母数字字符（a～z、A～Z 和 0～9）以及特殊字符，如感叹号（!）、at 符（@）和数字号（#）。将为字符串常量分配当前数据库的默认排序规则，除非使用 COLLATE 子句为其指定了排序规则。用户键入的字符串通过计算机的代码页计算，如有必要，将被转换为数据库的默认代码页。

如果已为某个连接将 QUOTED_IDENTIFIER 选项设置成 OFF，则字符串也可以使用双引号括起来，但 Microsoft SQL Server Native Client 访问接口和 ODBC 驱动程序将自动使用 SETQUOTED_IDENTIFIERON。建议使用单引号。

如果单引号中的字符串包含一个嵌入的引号，可以使用两个单引号表示嵌入的单引号。对于嵌入在双引号中的字符串则没有必要这样做。

以下是字符串的示例：

①'经济与管理学院'

②'数据库原理及应用"综合实验'

③' The level for job_id：%d should be between %d and %d.'

④"O'Bama"

注意：空字符串用中间没有任何字符的两个单引号表示。大于 8000 字节的字符串常量为 varchar(max)类型的数据。

在字符串常量中，Unicode 字符串较为特殊，虽然格式与普通字符串相似，但它前面有一个 N 标识符（N 代表 SQL－92 标准中的区域语言）。N 前缀必须是大写字母。例如，'Michél'是字符串常量而 N'Michél'则是 Unicode 常量。Unicode 常量被解释为 Unicode 数据，并且不使用代码页进行计算。Unicode 常量有排序规则。该排序规则主要用于控制比较和如何区分大小写。为 Unicode 常量分配当前数据库的默认排序规则,除非使用 COLLATE 子句为其指定了排序规则。对于字符数据存储 Unicode 数据时每个字符使用 2 个字节,而不是每个字符 1 个字节。而大于 8000 字节的 Unicode 常量为 nvarchar(max)类型的数据。

(2)数字常量

数字常量包括有符号和无符号的整数、定点数和浮点小数。

①integer 常量

integer 常量以没有用引号括起来并且不包含小数点的数字字符串来表示。integer 常量必须全部为数字;它们不能包含小数。如"2014"、"86"等。

②decimal 常量

decimal 常量由没有用引号括起来并且包含小数点的数字字符串来表示。如"2014.12"、"3.0"等。

③float 和 real 常量

float 和 real 常量使用科学记数法来表示。如"101.5E5"、"0.5E−2"。

④money 常量

money 常量以前缀为可选的小数点和可选的货币符号的数字字符串来表示。money 常量不使用引号括起。SQL Server 不强制采用任何种类的分组规则,例如在代表货币的字符串中每隔三个数字插入一个逗号(,)。注意,在指定的 money 数据中,将忽略任何位置的逗号。

(3)日期和时间常量

datetime 常量使用特定格式的字符日期值来表示,并被单引号括起来。

日期常量如"'December 5,2014'"、"'5 December,2014'"、"'851205'"、"'12/5/98'"等。

时间常量如"'14:30:24'"、"'04:24 PM'"等。

(4)二进制常量

二进制常量具有前辍 0x 并且是十六进制数字字符串。这些常量不使用引号括起。如"0xAE"、"0x12Ef"、"0x"等。

(5)bit 常量

bit 常量使用数字 0 或 1 表示,并且不括在引号中。如果使用一个大于 1 的数字,则该数字将转换为 1。

(6)uniqueidentifier 常量

uniqueidentifier 常量是表示 GUID 的字符串。可以使用字符或二进制字符串格式指定。如"'6F9619FF−8B86−D011−B42D−00C04FC964FF'"等。

(7)符号常量

①分隔符

在 T-SQL 中,双引号有两层含义。除了引用字符串之外,双引号还能够用来做分隔符,也就是定界标识符(delimited identifier)。分隔标识符是表示的一种特殊类型,通常将保留当作标识符并且用数据库对象的名称命名空间。

使 SQL Server 遵从关于引号分隔标识符和文字字符串的 ISO 规则。由双引号分隔的标识符可以是 Transact-SQL 保留关键字,也可以包含 Transact-SQL 标识符语法约定通常不允许的字符。

在 T-SQL 中,通过 SET QUOTED_IDENTIFIER 来设置双引号的用法。当 SET QUOTED_IDENTIFIER 为 ON 时,标识符可以由双引号分隔,而文字必须由单引号分隔。当 SET

QUOTED_IDENTIFIER 为 OFF 时，标识符不可加引号，且必须符合所有 T-SQL 标识符规则。在使用时必须注意以下几点：

a.当 SET QUOTED_IDENTIFIER 为 OFF(默认值)时，由双引号分隔的所有字符串都被解释为对象标识符。因此，加引号的标识符不必符合 T-SQL 标识符规则。它们可以是保留关键字，并且可以包含 T-SQL 标识符中通常不允许的字符。不能使用双引号分隔文字字符串表达式，而必须用单引号括住文字字符串。如果单引号(')是文字字符串的一部分，则可以由两个单引号(")表示。当对数据库中的对象名使用保留关键字时，SET QUOTED_IDENTIFIER 必须为 ON。

SELECT * FROM "guan yuan" WHERE "姓名"='zhang"an'

b.当 SET QUOTED_IDENTIFIER 为 OFF 时，表达式中的文字字符串可以由单引号或双引号分隔。如果文字字符串由双引号分隔，则可以在字符串中包含嵌入式单引号，如省略号。

SELECT * FROM [guan yuan] WHERE [姓名]="zhang'an"

c.当在计算列或索引视图上创建或更改索引时，SET QUOTED_IDENTIFIER 必须为 ON。如果 SET QUOTED_IDENTIFIER 为 OFF 则计算列或索引视图上带索引的表上的 CREATE、UPDATE、INSERT 和 DELETE 语句将失败。

在分隔符常量中，对于 T-SQL 语句的注释有两种方法：

d.使用"/ * * /"方法。将需要注释的内容放在两个 * 之间，这样的注释方式可以扩展成多行，而只要一对/ * * /符号，是 T-SQL 的扩展名。

e.使用——(两个连接符)方法。将需要注释的内容接在两个连续的连接符之后，若多行则每行前面都需要添加两个连接符，符合的是 ANSI SQL 标准。

②标识符

在 T-SQL 中，标识符用于识别数据库对象，如数据库、表、索引等。它们通过字符串表示，这些字符串的长度可达到 128 个字符，还可包括字母、数字或者以下几个的字符："_"、"@"、"$"。每个名称都必须以一个字母或以下字符中的一个开头："_"、"@"、"#"。以"#"开头表示的是一个临时的表或存储过程，以"@"开头的标识符则表示一个变量。这些规则并不适用于分隔标识符，分隔标识符可以将这些字符包含在内或者以其中的任意字符开头(而不是分隔符自己)

2.变量

变量可以保存查询之后的结果，可以在查询语句中使用变量，也可以将变量中的值插入到数据表中，在 T-SQL 中变量的使用非常灵活方便，可以在任何 T-SQL 语句集合中声明使用。

根据变量的生命周期分为全局变量和局部变量。

(1)全局变量

在 SQL Server 中，全局变量是一种特殊类型的变量，服务器将维护这些变量的值。全局变量以标识符"@@"前缀开头，不必进行声明，它们属于系统定义的函数。如表 2-3 就是 SQL Server 中一些常用的全局变量。

表 2-3　常用全局变量表

全局变量名称	用途
@@SERVERNAME	返回运行 SQL Server 本地服务器的名称
@@REMSERVER	返回登录记录中记载的远程 SQL Server 服务器的名称
@@CONNECTIONS	返回自上次启动 SQL Server 以来连接或试图连接的次数，用其可让管理人员方便地了解今天所有试图连接服务器的次数

续表

全局变量名称	用途
@@CURSOR_ROWS	返回最后连接上并打开的游标中当前存在的合格行的数量
@@ERROR	返回最后执行的 T-SQL 语句的错误代码
@@ROWCOUNT	返回受上一语句影响的行数,任何不返回行的语句将这一变量设置为 0
@@VERSION	返回 SQL Server 当前安装的日期、版本和处理器类型
@@CPU_BUSY	返回自 SQL Server 最近一次启动以来 CPU 的工作时间,其单位为 ms
@@DATEFIRST	返回使用 SET DATEFIRST 命令而被赋值的 DATAFIRST 参数值。SET DATEFIRST 命令用来指定每周的第一天是星期几
@@DBTS	返回当前数据库的时间戳值,必须保证数据库中时间戳的值是唯一的
@@FETCH_STATUS	返回上一次 FETCH 语句的状态值
@@IDENTITY	返回最后插入行的标识列的列值
@@IDLE	返回自 SQL Server 最近一次启动以来 CPU 处于空闲状态的时间长短,单位为 ms
@@IO_BUSY	返回自 SQL Server 最后一次启动以来 CPU 执行输入输出操作所花费的时间 ms
@@LANGID	返回当前所使用的语言 ID 值
@@LANGUAGE	返回当前使用的语言名称
@@LOCK_TIMEOUT	返回当前会话等待锁的时间长短,其单位为 ms
@@MAX_CONNECTIONS	返回允许连接到 SQL Server 的最大连接数目
@@MAX_PRECISION	返回 decimal 和 numeric 数据类型的精确度
@@NESTLEVEL	返回当前执行的存储过程的嵌套级数,初始值为 0
@@OPTIONS	返回当前 SET 选项的信息
@@PACK_RECEIVED	返回 SQL Server 通过网络读取的输入包的数目
@@PACK_SENT	返回 SQL Server 写给网络的输出包的数目
@@PACKET_ERRORS	返回网络包的错误数目
@@PROCID	返回当前存储过程的 ID 值
@@SERVICENAME	返回 SQL Server 正运行于哪种服务状态之下:如 MS SQLServer、MSDTC、SQLServerAgent
@@SPID	返回当前用户处理的服务器处理 ID 值
@@TEXTSIZE	返回 SET 语句的 TEXTSIZE 选项值,SET 语句定义了 SELECT 语句中的 text 或 image。数据类型的最大长度基本单位为字节
@@TIMETICKS	返回每一时钟的微秒数
@@TOTAL_ERRORS	返回磁盘读写错误数目
@@TOTAL_READ	返回磁盘读操作的数目
@@TOTAL_WRITE	返回磁盘写操作的数目
@@TRANCOUNT	返回当前连接中处于激活状态的事务数目

以上全局变量有很多都是对服务器软硬件状态信息的获取,也有一些是在编写 T-SQL 过程中经常使用到的全局变量,本书的后文将对全局变量的实际应用做详细介绍。

全局变量是在服务器级别进行定义的,不是由用户的程序定义的,用户只能使用预先定义的全局变量,而不能修改全局变量,如图2-1所示。

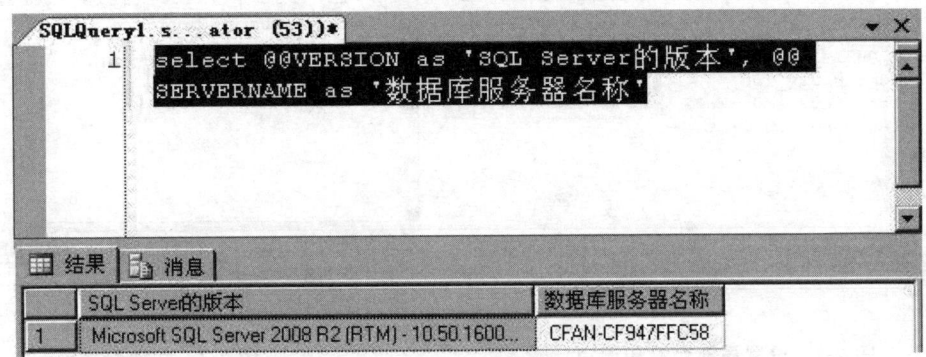

图 2-1　调用全局变量

(2)局部变量

局部变量是可以保存单个特定数据类型的对象,作用范围仅限在程序内部。用在批处理和脚本中的变量通常的作用是:

①作为计数器计算循环执行的次数或控制循环执行的次数

②保存数据值以供控制流语句测试

③保存存储过程返回代码要返回的数据值或函数返回值

局部变量首先必须先用declare进行生命定义,然后才能使用,且在引用过程中都需要在变量名称前加上标识"@"。

定义局部变量的语法如下:

DECLARE{@lv01 data-type}　[,…n]

参数@lv01用于指定局部变量的名称,变量名必须以符号"@"开头,且必须符合SQL Server的命名规则。

参数data-type用于设置局部变量的数据类型及其大小,可以是任何由系统提供的或用户自定义的数据类型。但是,局部变量不能是text、ntext或image数据类型。

在一个DECLARE定义语句中通过利用","分隔的方式一次性可以定义多个局部变量,如:

> 　　DECLARE @tempname varchar(20), @tempphone varchar(20), @tempadd varchar(20)

使用declare定义的局部变量若不赋值,系统默认将其设置为NULL。若需要对局部变量进行赋值,必须使用SELECT命令或者SET命令,语法如下:

SET{@lv＝expression}或者SELECT{@lv＝expression}　[,…n]

其中,expression是任何有效的SQL Server表达式。如图2-2所示:

如图2-3所示先定义了三个变量,注意其中有个变量是char数据类型,但是也参与了运算,并且结果似乎是正确的,这是什么原因呢?请看后文详述。

如图2-3所示是表示通过简单的查询语句给变量赋值。

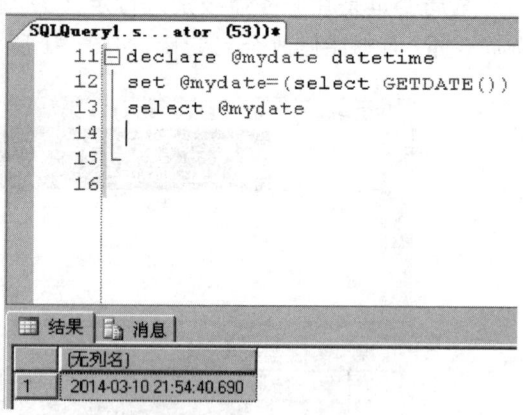

图 2-2 设置局部变量和调用　　　　　　图 2-3 为变量赋值

在给局部变量赋值过程中,除了可使用"="外,还可以使用的符号有:

A.+=相加并赋值

B.-=相减并赋值

C.*=相乘并赋值

D./=相除并赋值

E.%=取模并赋值

F.&="位与"并赋值

G.^="位异或"并赋值

H.|="位或"并赋值

2.2.5 批处理和脚本

1.批处理

批处理是同时从应用程序发送到 SQL Server 并得以执行的一组单条或多条 T-SQL 语句。SQL Server 将批处理的语句编译为单个可执行单元,称为执行计划。执行计划中的语句每次执行一条。

每个 T-SQL 语句应以分号结束。此要求不是强制性的,但不推荐使用允许语句不以分号结束的功能,SQL Server 的未来版本可能会删除这种功能。编译错误(如语法错误)可使执行计划无法编译。因此,不会执行批处理中的任何语句。诸如算术溢出或约束冲突之类的运行时错误具有下面的影响:

(1)大多数运行时错误将停止执行批处理中当前语句和它之后的语句。

(2)某些运行时错误(如违反约束)仅停止执行当前语句。而继续执行批处理中其他所有语句。

在遇到运行时错误的语句之前执行的语句不受影响。唯一例外的情况是批处理位于事务中并且错误导致事务回滚。在这种情况下,所有在运行时错误之前执行的未提交数据修改都将回滚。例如,假定批处理中有 10 条语句。如果第五条语句有一个语法错误,则不执行批处理中的任何语句。如果批处理经过编译,并且第二条语句在运行时失败,则第一条语句的结果不会受到影响,因为已执行了该语句。

SQL Server 2008 R2 提供了语句级重新编译功能。也就是说,如果一条语句触发了重新编译,则只重新编译该语句而不是整个批处理。此行为与 SQL Server 2000 不同。例如:

```
CREATE TABLE TEST04 (a int);
INSERT INTO T3 VALUES(1);
INSERT INTO T3 VALUES(1,1);
INSERT INTO T3 VALUES(3);
GO
SELECT * FROM TEST04
```

首先,系统会对批处理进行编译,对 CREATE TABLE 语句首先进行编译,但是此时的 TEST04 表尚不存在,所以不会去编译三条 INSERT 语句;当批处理开始执行,表 TEST04 创建后,第一条 INSERT 语句成功编译执行,但是第二条 INSERT 语句编译失败,批处理终止执行,SELECT 语句只返回一个行的数据,即"1"。

在早期版本 SQL Server 2000 中,当编译到第二条 INSERT 语句失败后,整个批处理都将终止,SELECT 语句未返回任何的行信息。

批处理的使用规则如下:

(1) CREATE DEFAULT、CREATE FUNCTION、CREATE PROCEDURE、CREATE RULE、CREATE SCHEMA、CREATE TRIGGER 和 CREATE VIEW 语句不能在批处理中与其他语句组合使用。批处理必须以 CREATE 语句开始。所有跟在该批处理后的其他语句将被解释为第一个 CREATE 语句定义的一部分。

(2)不能在同一个批处理中更改表,然后引用新列。

(3)如果 EXECUTE 语句是批处理中的第一句,则不需要 EXECUTE 关键字。如果 EXECUTE 语句不是批处理中的第一条语句,则需要 EXECUTE 关键字。

2.脚本

脚本是存储在文件中的一系列 T-SQL 语句。可以使用该文件作为对 SSMS 代码编辑器或 sqlcmd 和 osql 实用工具的输入,然后,实用工具将执行存储在该文件中的 SQL 语句。

T-SQL 脚本包含一个或多个批处理。GO 命令表示批处理的结束。如果 T-SQL 脚本中没有 GO 命令,那么它将被作为单个批处理来执行。

T-SQL 脚本可以用来执行以下操作:

(1)在服务器上保存用来创建和填充数据库的步骤的永久副本,作为一种备份机制。

(2)必要时将语句从一台计算机传输到另一台计算机。

(3)通过让新雇员发现代码中的问题、了解代码或更改代码从而快速对其进行培训。

脚本文件(.sql 格式)中的代码将是数据库实践教学过程中教师评价学生学习效果的重要对象。

在 SSMS 中,众多的操作过程均可导出为脚本文件.sql 文件。

更多的脚本代码将通过用户的编写来完成,编写的主要平台是查询编辑器。

关于脚本的编写将是本书的重点之一,从本章开始将会在单个的.sql 文件中逐步积累重要的脚本代码。

2.2.6 运算符和表达式

1.运算符

运算符是一种符号,用来指定要在一个或多个表达式中执行的操作。在 SQL Server 2008 R2 中,常用的运算符有算术运算符、逻辑运算符、比较运算符、连接运算符、按位运算符、作用域解析运算符、集运算符、复合运算符、一元运算符等。

（1）算术运算符

算术运算符对两个表达式执行数学运算，这两个表达式可以是数值数据类型类别的一个或多个数据类型。如表 2-4 所示：

表 2-4　算术运算符列表

运算符	含义
＋（加）	加
－（减）	减
*（乘）	乘
/（除）	除
%（取模）	返回一个除法运算的整数余数。例如，12 ％ 5 ＝ 2，这是因为 12 除以 5，余数为 2

加（＋）和减（－）运算符也可用于对 datetime 和 smalldatetime 值执行算术运算。这和 Excel 工作表中对日期型、时间型的运算是相似的。如图 2-4 所示：

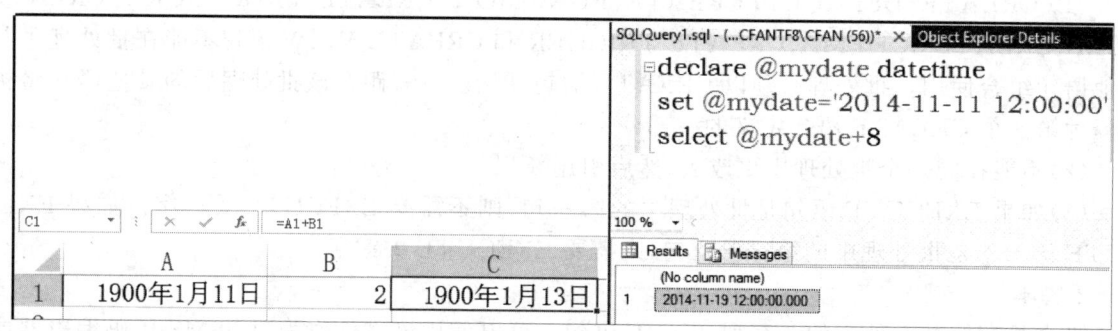

图 2-4　变量运算

（2）逻辑运算符

逻辑运算符对某些条件进行测试，以获得其真实情况。逻辑运算符和比较运算符一样，返回带有 TRUE、FALSE 或 UNKNOWN 值的 Boolean 数据类型。T-SQL 中包含如表 2-5 所示的一些逻辑运算符：

表 2-5　逻辑运算符列表

运算符	含义
ALL	如果一组的比较都为 TRUE，那么就为 TRUE
AND	如果两个布尔表达式都为 TRUE，那么就为 TRUE
ANY	如果一组的比较中任何一个为 TRUE，那么就为 TRUE
BETWEEN	如果操作数在某个范围之内，那么就为 TRUE
EXISTS	如果子查询包含一些行，那么就为 TRUE
IN	如果操作数等于表达式列表中的一个，那么就为 TRUE
LIKE	如果操作数与一种模式相匹配，那么就为 TRUE
NOT	对任何其他布尔运算符的值取反
OR	如果两个布尔表达式中的一个为 TRUE，那么就为 TRUE
SOME	如果在一组比较中，有些为 TRUE，那么就为 TRUE

（3）比较运算符

比较运算符测试两个表达式是否相同。除了 text、ntext 或 image 数据类型的表达式外，比较运算符可以用于所有的表达式。如表 2-6 所示：

表 2-6　比较运算符列表

运算符	含义
=（等于）	等于
>（大于）	大于
<（小于）	小于
>=（大于等于）	大于等于
<=（小于等于）	小于等于
<>（不等于）	不等于
!=（不等于）	不等于（非 ISO 标准）
!<（不小于）	不小于（非 ISO 标准）
!>（不大于）	不大于（非 ISO 标准）

比较运算的结果往往是产生 Boolean 型数据，它有三个值：TRUE、FALSE、UNKNOWN。在 SET ANSI_NULLS 为 ON 的时候，带有一个或两个 NULL 表达式的运算符返回 UNKNOWN。当 SET ANSI_NULLS 为 OFF 时，上述规则同样适用，但是两个表达式均为 NULL，则"="运算符返回 TRUE，即 NULL=NULL 返回的结果是 TRUE。

（4）连接运算符

加号（+）是字符串串联运算符，可以用它将字符串串联起来。其他所有字符串操作都使用字符串函数（如 SUBSTRING）进行处理。

默认情况下，对于 varchar 数据类型的数据，在 INSERT 或赋值语句中，空的字符串将被解释为空字符串。在串联 varchar、char 或 text 数据类型的数据时，空的字符串被解释为空字符串。例如，'abc'+''+'def'被存储为'abcdef'。但是，如果兼容级别设置为 65，则空常量将作为单个空白字符处理，'abc'+''+'def'将被存储为'abc def'。

两字符串串联时，根据排序规则的优先级设置结果表达式的排序规则。

（5）按位运算符

位运算符在两个表达式之间执行位操作，这两个表达式可以为整数数据类型类别中的任何数据类型。

① &（位与）：位与（两个操作数）。

② |（位或）：位或（两个操作数）。

③ ^（位异或）：位异或（两个操作数）。

位运算符的操作数可以是整数或二进制字符串数据类型类别中的任何数据类型（image 数据类型除外），但两个操作数不能同时是二进制字符串数据类型类别中的某种数据类型。如表 2-7 显示所支持的操作数数据类型。

表 2-7　左右操作数的关系表

左操作数	右操作数
binary	int、smallint 或 tinyint
bit	int、smallint、tinyint 或 bit
int	int、smallint、tinyint、binary 或 varbinary
smallint	int、smallint、tinyint、binary 或 varbinary
tinyint	int、smallint、tinyint、binary 或 varbinary
varbinary	int、smallint 或 tinyint

如下图 2-5 所示例子：局部变量@a 和@b 都是整数型数据，分别被赋值 1 和 4，将十进制的两个数字转换为二进制分别是 001 和 100，两组二进制数进行"位与"、"位或"、"位异或"运算，其结果分别是 0、5、5。其他同理。

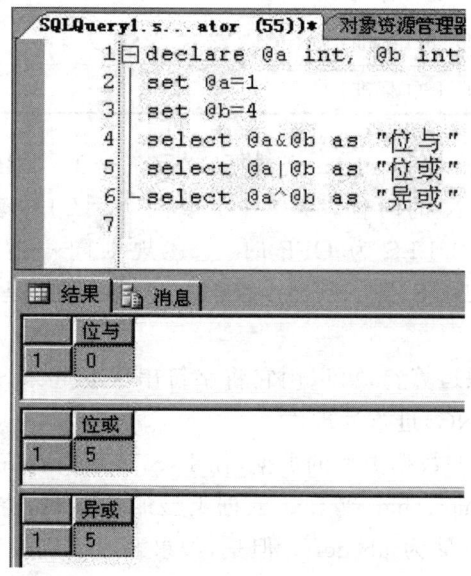

图 2-5　不同运算模式

（6）作用域解析运算符

作用域解析运算符"::"提供对复合数据类型的静态成员的访问。复合数据类型是指包含多个简单数据类型和方法的数据类型。

（7）集运算符

SQL Server 提供了以下集运算符。集运算符将来自两个或多个查询的结果合并到单个结果集中。

①EXCEPT 和 INTERSECT。这是比较两个查询的结果，返回非重复值。EXCEPT 从左查询中返回右查询没有找到的所有非重复值。INTERSECT 返回 INTERSECT 操作数左右两边的两个查询都返回的所有非重复值。

以下是将使用 EXCEPT 或 INTERSECT 的两个查询的结果集组合起来的基本规则：

a.所有查询中的列数和列的顺序必须相同。

b.数据类型必须兼容。

②UNION。将两个或更多查询的结果合并为单个结果集,该结果集包含联合查询中的所有查询的全部行。UNION 运算不同于使用联接合并两个表中的列的运算。

下面列出了使用 UNION 合并两个查询结果集的基本规则:

③所有查询中的列数和列的顺序必须相同。

④数据类型必须兼容。

集运算符的具体用法将在高级查询章节中详述。

(8)复合运算符

复合运算符执行一些运算并将原始值设置为运算的结果。例如,如果变量@x 等于 35,则 @x += 2 会将@x 的原始值加上 2 并将@x 设置为该新值(37)。

T-SQL 提供了如表 2-8 所示的复合运算符:

表 2-8 复合运算符表

运算符	详细信息链接	操作
+=	+=(加等于)(T-SQL)	将原始值加上一定的量,并将原始值设置为结果
-=	-=(减等于)(T-SQL)	将原始值减去一定的量,并将原始值设置为结果
*=	*=(乘等于)(T-SQL)	将原始值乘上一定的量,并将原始值设置为结果
/=	/=(除等于)(T-SQL)	将原始值除以一定的量,并将原始值设置为结果
%=	%=(取模等于)(T-SQL)	将原始值除以一定的量,并将原始值设置为余数
&=	&=(位与等于)(T-SQL)	对原始值执行位与运算,并将原始值设置为结果
^=	^=(位异或等于)(T-SQL)	对原始值执行位异或运算,并将原始值设置为结果
|=	|=(位或等于)(T-SQL)	对原始值执行位或运算,并将原始值设置为结果

如:

```
DECLARE @a int =1
SET @a+=2
SELECT @a
--输出的结果是 3
```

(9)一元运算符

一元运算符只对一个表达式执行操作,该表达式可以是 numeric 数据类型类别中的任何一种数据类型。

①+(正):数值为正。

②-(负):数值为负。

③~(位非):返回数字的非。

(10)运算符的优先级

当一个复杂的表达式有多个运算符时,运算符优先级决定执行运算的先后次序。执行的顺序可能严重地影响所得到的值。

运算符的优先级别如表 2-9 所示。在较低级别的运算符之前先对较高级别的运算符进行求值。

表 2-9 运算符优先级表

级别	运算符
1	~（位非）
2	*（乘）、/（除）、%（取模）
3	+（正）、-（负）、+（加）、(+连接)、-（减）、&（位与）、^（位异或）、|（位或）
4	=，>，<，>=，<=，<>，!=，!>，!<（比较运算符）
5	NOT
6	AND
7	ALL、ANY、BETWEEN、IN、LIKE、OR、SOME
8	=（赋值）

当一个表达式中的两个运算符有相同的运算符优先级别时，将按照它们在表达式中的位置对其从左到右进行求值。例如，在下面的 SET 语句所使用的表达式中，在加运算符之前先对减运算符进行求值。

如：

```
DECLARE @MYNUM INT
SET @MYNUM=2*4-2+5
SELECT @MYNUM
--其运算过程是 2*4=8,接着是 8-2=6,最后是 6+5=11
```

在用户需要调整优先等级时，可以用圆括号()来改变优先级。

2．表达式

表达式是标识符、值和运算符的组合，SQL Server 可以对其求值以获取结果。访问或更改数据时，可在多个不同的位置使用数据。例如，可以将表达式用作要在查询中检索的数据的一部分，也可以用作查找满足一组条件的数据时的搜索条件。

表达式可以是下列任何一种：常量、函数、列名、变量、子查询、CASE、NULLIF 或 COALESCE。

T-SQL 语言中包括了三种表达式：

(1)字段名表达式

可以是单一的字段名或几个字段的组合，还可以是由字段、作用于字段的集函数和常量的任意算术运算(+、-、*、/)组成的运算公式。主要包括数值表达式、字符表达式、逻辑表达式、日期表达式四种。

(2)目标表达式

往往在 select 语句后用目标表达式，有四种构成方式：

① *，表示选择相应基表和视图的所有字段。

②<表名>.*，表示选择指定的基表和视图的所有字段。

③集函数()，表示在相应的表中按集函数操作和运算。

④[<表名>.]<字段名表达式>[,[<表名>.]<字段名表达式>],…，表示按字段名表达式在多个指定的表中选择。

(3)条件表达式

往往在 where 语句后使用条件表达式,常用的有六种方案:

①比较大小

应用比较运算符构成表达式,主要的比较运算符有:=,>,<,>=,<=,!=,<>,!>(不太于),!<(不小于),NOT+(与比较运算符同用,对条件求非)。

②指定范围

BETWEEN…AND…,NOT BETWEEN…AND…

查找字段值在(或不在)指定范围内的记录。BETWEEN 后是范围的下限(即低值),AND 后是范围的上限(即高值)。

③集合

IN…,NOT IN…

查找字段值属于(或不属于)指定集合内的记录。

④字符匹配

LIKE,NOT LIKE '<匹配串>'[ESCAPE '<换码字符>']

查找指定的字段值与<匹配串>相匹配的记录。<匹配串>可以是一个完整的字符串,也可以含有通配符_和%。其中_代表任意单个字符;%代表任意长度的字符串。

⑤空值

IS NULL,IS NOT NULL

查找字段值为空(或不为空)的记录。NULL 不能用来表示无形值、缺省值、不可用值,以及取最低值或取最高值。SQL 规定,在含有运算符+、-、*、/的算术表达式中,若有一个值是空值,则该算术表达式的值也是空值;任何一个含有 NULL 比较操作结果的取值都为"假"。

⑥多重条件

AND,OR

AND 含义为查找字段值满足所有与 AND 相连的查询条件的记录;OR 含义为查找字段值满足查询条件之一的记录。AND 的优先级高于 OR,但可通过括号改变优先级。

表达式的具体用法将在后文详述。

2.2.7 通配符和注释

1.通配符

通配符是一种特殊语句,主要有星号(*)和问号(?),用来模糊搜索文件。当查找文件夹时,可以使用它来代替一个或多个真正字符。在 T-SQL 中,可使用的通配符有五种:

(1) _(半角短下划线)

"_"号表示任意单个字符,该符号只能匹配一个字符,"_"可以放在查询条件的任意位置,且只能代表一个字符,一个汉字只使用一个"_"表示。

(2)%(百分号)

匹配包含零个或多个字符的任意字符串。此通配符既可以用作前缀也可以用作后缀。

(3)[ ](中括号)

匹配指定范围内或者属于方括号所指定的集合中的任意单个字符。可以在涉及模式匹配的字符串比较(例如,LIKE 和 PATINDEX)中使用这些通配符。

(4)[^](中括号中带^脱字符号)或[!]

[^]用来查询不属于括号内指定范围的任何单个字符。

一个简单的综合例子：

```
SELECT * FROM allstus WHERE 学号 LIKE '0712[0][3][^23]%'
--从 allstus 表中查询所有学号是"0712 开头"，第 5、6 位是 0、3，第 7 位不能是 2 或 3 的所有记录
```

2. 注释

表示用户提供的文本。可以将注释插入单独行中、嵌套在 T-SQL 命令行的结尾或嵌套在 T-SQL 语句中。服务器不对注释进行计算。

注释的方法有两种：

(1) -- 使用两个连续连接符的方法。只能在单行或嵌套的注释中，由换行符终止，注释没有最大长度的限制。可以使用键盘"ctrl+k+c"将所选文本进行注释；使用 ctrl+k+u 对所选的注释文本进行取消。

(2) /＊…＊/方法。注释可以插入单独行中，也可以插入 T-SQL 语句中。多行的注释必须用 /＊ 和 ＊/指明。用于多行注释的样式规则是，第一行用 /＊ 开始，接下来的注释行用 ＊＊ 开始，并且用 ＊/结束注释。注释没有最大长度限制。支持嵌套注释。如果在现有注释内的任意位置上出现 /＊ 字符模式，便会将其视为嵌套注释的开始，因此，需要使用注释的结尾标记 ＊/。如果没有注释的结尾标记，便会生成错误。比如下面代码段将产生错误：

```
DECLARE @comment AS varchar(20);
GO
/*
SELECT @comment = '/*';
*/
SELECT @@VERSION;
GO
```

必须更正为：

```
DECLARE @comment AS varchar(20);
GO
/*
SELECT @comment = '/*';
*/*/
SELECT @@VERSION;
GO
```

2.3 控制流

T-SQL 提供了称为控制流语言的特殊关键字，这些关键字用于控制 T-SQL 语句、语句块、用户定义函数以及存储过程的执行流。

不使用控制流语言，则各 T-SQL 语句按其出现的顺序分别执行。控制流语言使用与程序设计相似的构造使语句得以互相连接、关联和相互依存。

当需要 T-SQL 进行某种操作时,这些控制流关键字非常有用。例如,当在一个逻辑块中包含多个 T-SQL 语句时,请使用 BEGIN…END 语句。使用 IF…ELSE 语句对应的情况是:IF(如果)满足某条件,则执行某些语句或语句块,而如果不满足此条件(ELSE 条件)则执行另一条语句或语句块。

控制流语句不能跨多个批处理、用户定义函数或存储过程。

表 2-10 是 T-SQL 控制流语言关键字。

表 2-10　控制流语言关键字表

BEGIN…END	BREAK
GOTO	CONTINUE
IF…ELSE	WHILE
RETURN	WAITFOR
TRY…CATCH	

2.3.1　BEGIN…END

包括一系列的 T-SQL 语句,从而可以执行一组 T-SQL 语句。BEGIN 和 END 是控制流语言的关键字。

简单实例:

```
USE AdventureWorks2008R2;
GO
BEGIN TRANSACTION;
GO
IF @@TRANCOUNT = 0
BEGIN
    SELECT FirstName, MiddleName
    FROM Person.Person WHERE LastName = 'Adams';
    ROLLBACK TRANSACTION;
    PRINT N'Rolling back the transaction two times would cause an error.';
END;
ROLLBACK TRANSACTION;
PRINT N'Rolled back the transaction.';
GO
/*
Rolled back the tranaction.
*/
```

2.3.2　IF…ELSE

指定 T-SQL 语句的执行条件。如果 Boolean_expression 取值为 TRUE,则执行 Boolean_expression 后的 T-SQL 语句。当 Boolean_expression 取值为 FALSE 或 NULL 时,可选 ELSE 关键字为要执行的 T-SQL 语句。

简单实例:

```
USE AdventureWorks2008R2;
GO
IF
(SELECT COUNT(*) FROM Production.Product WHERE Name LIKE 'Touring-3000%')>5
    PRINT 'There are more than 5 Touring-3000 bicycles.'
ELSE PRINT 'There are 5 or less Touring-3000 bicycles.';
GO
```

2.3.3 GOTO

将执行流更改到标签处。跳过 GOTO 后面的 T-SQL 语句,并从标签位置继续处理。GOTO 语句和标签可在过程、批处理或语句块中的任何位置使用。GOTO 语句可嵌套使用。

简单实例:

```
DECLARE @Counter int;
SET @Counter = 1;
WHILE @Counter < 10
BEGIN
    SELECT @Counter
    SET @Counter = @Counter + 1
    IF @Counter = 4 GOTO Branch_One
    IF @Counter = 5 GOTO Branch_Two
END
Branch_One:
    SELECT 'Jumping To Branch One.'
    GOTO Branch_Three; --This will prevent Branch_Two from executing.
Branch_Two:
    SELECT 'Jumping To Branch Two.'
Branch_Three:
    SELECT 'Jumping To Branch Three.'
```

2.3.4 WHILE

设置重复执行 SQL 语句或语句块的条件。只要指定的条件为真,就重复执行语句。可以使用 BREAK 和 CONTINUE 关键字在循环内部控制 WHILE 循环中语句的执行。

简单实例:

```
USE AdventureWorks2008R2;
GO
WHILE (SELECT AVG(ListPrice) FROM Production.Product)＜＄300
BEGIN
   UPDATE Production.Product
      SET ListPrice=ListPrice*2
   SELECT MAX(ListPrice) FROM Production.Product
   IF (SELECT MAX(ListPrice) FROM Production.Product)＞＄500
      BREAK
   ELSE
      CONTINUE
END
PRINT 'Too much for the market to bear';
```

2.3.5 CONTINUE

重新开始 WHILE 循环。在 CONTINUE 关键字之后的任何语句都将被忽略。CONTINUE 通常由一个 IF 测试打开,但并不始终这样。

实例请参考"2.3.4 WHILE"部分。

2.3.6 RETURN

从查询或过程中无条件退出。RETURN 的执行是即时且完全的,可在任何时候用于从过程、批处理或语句块中退出。RETURN 之后的语句是不执行的。

简单实例:

```
CREATE PROCEDURE findjobs @nm sysname = NULL
AS
IF @nm IS NULL
   BEGIN
      PRINT 'You must give a user name'
      RETURN
   END
ELSE
   BEGIN
      SELECT o.name, o.id, o.uid
      FROM sysobjects o INNER JOIN master..syslogins l
         ON o.uid = l.sid
      WHERE l.name = @nm
   END;
```

2.3.7 BREAK

退出 WHILE 循环内部的 WHILE 语句或 IF…ELSE 语句最里面的循环。将执行出现在

END 关键字后面的任何语句,END 关键字为循环结束标记。IF 测试通常会启动 BREAK,但并不总是如此。

实例请参考"2.3.4 WHILE"部分。

2.3.8 WAITFOR

在达到指定时间或时间间隔之前,或者指定语句至少修改或返回一行之前,阻止执行批处理、存储过程或事务。

简单实例:

```
BEGIN
    WAITFOR DELAY '02:00';
    EXECUTE sp_helpdb;
END;
```

2.3.9 TRY…CATCH

对 T-SQL 实现与 Microsoft Visual C♯ 和 Microsoft Visual C++ 语言中的异常处理类似的错误处理。Transact-SQL 语句组可以包含在 TRY 块中。如果 TRY 块内部发生错误,则会将控制传递给 CATCH 块中包含的另一个语句组。

简单实例:

```
USE AdventureWorks2008R2;
GO
BEGIN TRY
    --Table does not exist; object name resolution
    --error not caught.
    SELECT * FROM NonexistentTable;
END TRY
BEGIN CATCH
    SELECT
        ERROR_NUMBER() AS ErrorNumber
        ,ERROR_MESSAGE() AS ErrorMessage;
END CATCH
```

2.4 函数基础

函数是什么?它的传统定义:设在某变化过程中有两个变量 x、y,如果对于 x 在某一范围内的每一个确定的值,y 都有唯一确定的值与它对应,那么就称 y 是 x 的函数,x 叫作自变量。我们将自变量 x 取值的集合叫作函数的定义域,和 x 对应的 y 的值叫作函数值,函数值的集合叫作函数的值域。

下面是 Excel 的函数实例。在 Excel 中使用函数,只要函数名称的前导部分正确,可从函数列表中选择相应的函数，当完整的函数名称选中后，即出现了函数的相应参数格式，参数即为传统定义中的变量 x，通过函数计算得到的结果就是函数值 y，如图 2-6 所示：

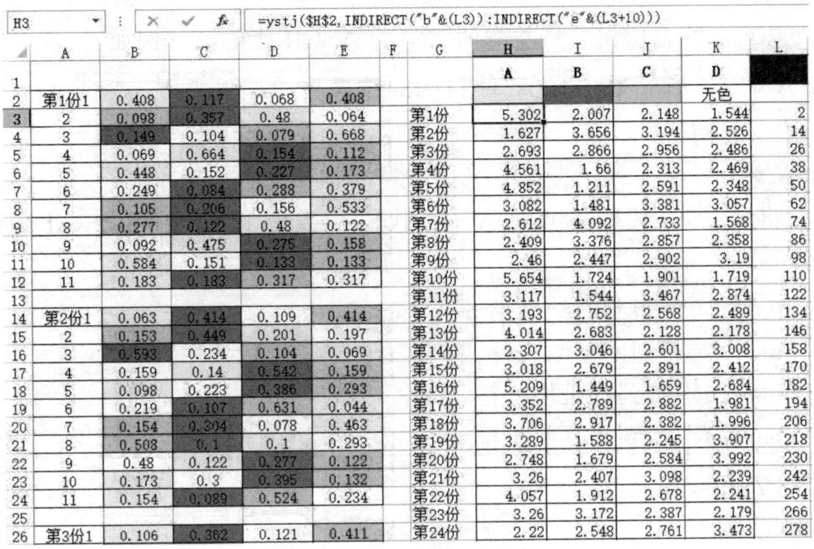

H3　=ystj(H2,INDIRECT("b"&(L3)):INDIRECT("e"&(L3+10)))

	A	B	C	D	E	F	G	H	I	J	K	L
1								A	B	C	D	
2	第1份1	0.408	0.117	0.068	0.408						无色	
3	2	0.098	0.357	0.48	0.064		第1份	5.302	2.007	2.148	1.544	2
4	3	0.149	0.104	0.079	0.668		第2份	1.627	3.656	3.194	2.526	14
5	4	0.069	0.664	0.154	0.112		第3份	2.693	2.866	2.956	2.486	26
6	5	0.448	0.152	0.227	0.173		第4份	4.561	1.66	2.313	2.469	38
7	6	0.249	0.084	0.288	0.379		第5份	4.852	1.211	2.591	2.348	50
8	7	0.105	0.206	0.156	0.533		第6份	3.082	1.481	3.381	3.057	62
9	8	0.277	0.122	0.48	0.122		第7份	2.612	4.092	2.733	1.568	74
10	9	0.092	0.475	0.275	0.158		第8份	2.409	3.376	2.857	2.358	86
11	10	0.584	0.151	0.133	0.133		第9份	2.46	2.447	2.902	3.19	98
12	11	0.183	0.183	0.317	0.317		第10份	5.654	1.724	1.901	1.719	110
13							第11份	3.117	1.544	3.467	2.874	122
14	第2份1	0.063	0.414	0.109	0.414		第12份	3.193	2.752	2.568	2.489	134
15	2	0.153	0.449	0.201	0.197		第13份	4.014	2.683	2.128	2.178	146
16	3	0.593	0.234	0.104	0.069		第14份	2.307	3.046	2.601	3.008	158
17	4	0.159	0.14	0.542	0.159		第15份	3.018	2.679	2.891	2.412	170
18	5	0.098	0.223	0.386	0.293		第16份	5.209	1.449	1.659	2.684	182
19	6	0.219	0.107	0.631	0.044		第17份	3.352	2.789	2.882	1.981	194
20	7	0.154	0.304	0.078	0.463		第18份	3.706	2.917	2.382	1.996	206
21	8	0.508	0.1	0.1	0.293		第19份	3.289	1.588	2.245	3.907	218
22	9	0.48	0.122	0.277	0.122		第20份	2.748	1.679	2.584	3.992	230
23	10	0.173	0.3	0.395	0.132		第21份	3.26	2.407	3.098	2.239	242
24	11	0.154	0.089	0.524	0.234		第22份	4.057	1.912	2.678	2.241	254
25							第23份	3.26	3.172	2.387	2.179	266
26	第3份1	0.106	0.362	0.121	0.411		第24份	2.22	2.548	2.761	3.473	278

图 2-6　Excel 中的函数应用

在本例子中，从 B 列到 E 列有规律地分布着需要统计的数值，统计结果要呈现在 H3 开始到 D 列的相应行。参考列 L 中填充这有规律的数据，该列相应单元格的值要成为 B 列到 E 列行号的标识，比如“B2”单元格中的行标签“2”的数值来自于 L3 单元格，此时，如果直接引用“=B&L3”程序会报错，因此就用到了 INDIRECT 函数，将 INDIRECT 函数的中的 L3 等参数转化为该单元格实际的数值，即成为 B 列相应单元格的行标签。

函数的应用和开发将大大提高用户的数据分析与处理效率。下面将就 T-SQL 中的函数基础知识进行系统讲解，具体应用将在后文详细呈现。

2.4.1 SQL Server 2008 R2 常用内置函数

SQL Server 2008 R2 提供了众多的内置函数，共分为四类十五种。本书将对常用的？种函数进行介绍，具体应用在后文详细呈现。

1.字符串函数

SQL Server 2008 R2 中字符串函数有 23 种，如表 2-11 所示：

表 2-11　内置字符串函数表

ASCII	NCHAR	SOUNDEX
CHAR	PATINDEX	SPACE
CHARINDEX	QUOTENAME	STR
DIFFERENCE	REPLACE	STUFF
LEFT	REPLICATE	SUBSTRING
LEN	REVERSE	UNICODE
LOWER	RIGHT	UPPER
LTRIM	RTRIM	

所有内置字符串函数都是具有确定性的函数。这意味着每次用一组特定的输入值调用它们时,都返回相同的值。字符串函数是使用频率较高的一种函数:

(1) ASCII 函数

ASCII 函数返回字符表达式中最左侧的字符的 ASCII 代码值。例如:

```
SELECT ASCII('a'), ASCII('A')--得到的结果是:97 和 65
```

Excel 中的用法相同。

(2) CHAR 函数

CHAR 函数将属于 int 数据类型的 ASCII 代码转换为字符,是与 ASCII 函数相对应的函数。例如:

```
SELECT char(110)--得到的结果是 n
SELECT char(9)--得到的是制表符(Tab)
SELECT char(10)--得到的是换行符
SELECT char(13)--得到的是回车符
```

Excel 中的用法相同。

(3) CHARINDEX 函数

CHARINDEX 函数的语法是:CHARINDEX(表达式 1,表达式 2 [,起始位置])。

在表达式 2 中搜索表达式 1 并返回其起始位置(如果能够找到的话),搜索的起始位置是可选设置。不能使用通配符。例如:

```
SELECT charindex('管理学院','福州大学经济与管理学院')--返回的结果是 8
SELECT charindex('管理学院','福州大学经济与管理学院',9)--返回的结果是 0
```

Excel 中没有同名函数,用 FIND 可实现查找函数,如图 2-7 所示:

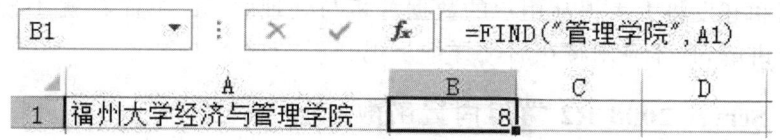

图 2-7　FIND 函数的应用

(4) DIFFERENCE 函数

DIFFERENCE 函数返回一个整数值,指示两个字符表达式的 SOUNDEX 值之间的差异。返回的整数是 SOUNDEX 值中相同字符的个数。返回的值从 0 到 4 不等;0 表示几乎不同或完全不同,4 表示几乎相同或完全相同。

```
SELECT soundex('管理学院'),soundex('福州大学经济与管理学院'),DIFFERENCE('管理学院','福州大学经济与管理学院')--返回的结果是 0000、0000 和 4
SELECT difference('a','福州大学经济与管理学院')--输出结果是 0,表示几乎完全不同
```

Excel 中与之类似的函数是 exact 函数。

(5) LEFT 函数

LEFT 函数返回字符串中从左边开始指定个数的字符。

```
select left('福州大学经济与管理学院',4)--结果是 福州大学
```

Excel 中的用法相同。

（6）LEN 函数

LEN 函数返回指定字符串表达式的字符数，其中不包含尾随空格。

```
SELECT len('经济与管理学院')--输出结果是 7,不计算尾随空格
```

Excel 中的用法相同。

（7）LOWER 函数

LOWER 函数将大写字符数据转换为小写字符数据后返回字符表达式，数据类型可以常量、变量或列，但必须是可隐式转换为 varchar 的数据类型，否则需要使用 CAST 函数进行显式转换。

```
SELECT lower('DATABASE')--输出结果是 database
```

Excel 中的用法相同。

（8）LTRIM 函数

LTRIM 函数返回删除了前导空格之后的字符表达式。

```
SELECT ltrim(' database ')--输出结果是'database ',前导空格符
```

Excel 中的 trim 具有删除前导和尾部空格的功能，中间空格如果大于 1 个，则会合成为 1 个空格。

（9）NCHAR 函数

NCHAR 函数根据 Unicode 标准的定义，返回具有指定整数代码的 Unicode 字符。

```
--以下示例使用 UNICODE 和 NCHAR 函数输出 København 字符串中的第二个字符的
UNICODE 值和 NCHAR(Unicode 字符)，并输出实际的第二个字符 ø。
DECLARE @nstring nchar(8);
SET @nstring = N'København';
SELECT UNICODE(SUBSTRING(@nstring, 2, 1)),
  NCHAR(UNICODE(SUBSTRING(@nstring, 2, 1)));
GO
```

Excel 中使用 UNICHAR 函数获得同样的功能，如通过使用 CHAR()函数无法获取一些特殊字符，那么就需要用到 UNICHAR 函数，如图 2-8 所示：

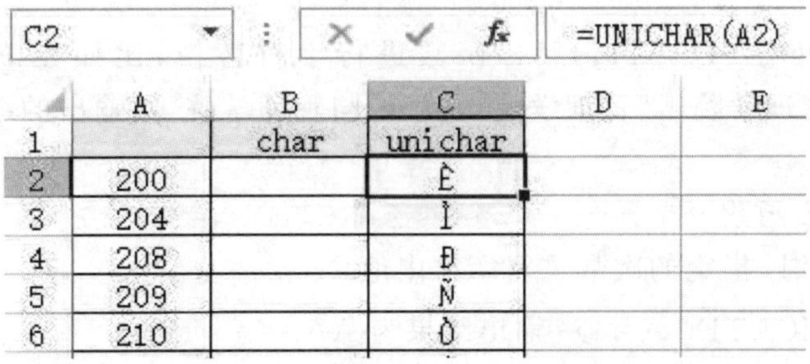

图 2-8 UNICHAR 函数的应用

（10）PATINDEX 函数

PATINDEX 函数返回指定表达式中某模式第一次出现的起始位置；如果在全部有效的文本和字符数据类型中没有找到该模式，则返回零。PATINDEX 函数可使用通配符的方式查询

某字符串在被搜索字符串中的开始位数。

> SELECT PATINDEX('%管理%','经济与管理学院')--返回结果值是 4
> SELECT PATINDEX('管理%','经济与管理学院')--返回结果值是 0
> SELECT PATINDEX('%管理','经济与管理学院')--返回结果值是 0
> SELECT PATINDEX('%管%理%','经济与管理学院')--返回结果值是 4
> SELECT CHARINDEX('%管理%','经济与管理学院')--如果使用 CHARINDEX 函数并在参数中使用
> --通配符,则返回的值是 0
> --请参考本书 2.3.7 中关于通配符和注释的相关知识

(11)QUOTENAME 函数

QUOTENAME 函数返回带有分隔符的 Unicode 字符串,分隔符的加入可使输入的字符串成为有效的 SQL Server 分隔标识符。

> SELECT QUOTENAME('福州大学[＊＊＊]经济与管理学院')--输出的结果是"[福州大学[＊＊＊]经济与管理学院]"

Excel 中如果要输入特定符号,比如要引用一个带有单引号或双引号的数据,一般用相应的引号进行多重定界即可。如：=''经济与管理学院''输出的结果是'经济与管理学院'(带有单引号的),＝"""经济与管理学院"""输出的结果是"经济与管理学院"(带有双引号的)。

(12) REPLACE 函数

REPLACE 函数用另一个字符串值替换出现的所有指定字符串值。

> SELECT REPLACE('福州大学管理学院管科系','管理学院','经济与管理学院')
> --输出的结果是"福州大学经济与管理学院管科系"

Excel 中也可使用同名函数进行字符的替换操作。Excel 还有相关的替换函数是 REPLACEB,也是用其他文本字符串替换某文本字符串的一部分,但是与双字节符(DBCS)一起使用。如图 2-9 所示:

福州大学经济与管理学院	福州管理学院学经济与管理学院	REPLACEB(A1,5,2,"管理学院")
	福州大学管理学院与管理学院	REPLACE(A1,5,2,"管理学院")

图 2-9 REPLACE 函数的应用

Excel 中还可以使用 SUBSTITUTE 函数进行字符替换,比如在 Excel 中输入＝SUBSTITUE("福州大学管理学院","管理学院","经济与管理学院"),输出的结果是"福州大学经济与管理学院"。

(13)REPLICATE 函数

REPLICATE 函数以指定的次数重复字符串值。

> SELECT REPLICATE('A',4)--输出结果为 AAAA

Excel 中的相应函数是 REPT,用法和 REPLICATE 相同。

(14)REVERSE 函数

REVERSE 函数返回的是字符串的逆向值。

> SELECT REVERSE('ABC')--输出结果是 CBA

Excel 中没有直接输出逆向值的函数。可以在 VBA 调用 STRREVERSE 函数完成自定义函数。如：

在 Excel 环境下，用 alt+f11 调用 VBA 编辑器，插入模块，在模块编辑窗口输入代码，保存后即可使用（在 Excel2007 之后，含有 VBA 代码的文件最好保存后缀名为.xlsm 的文件格式）：

Function NX(X)
   NX=strrerverse(x)
End function

在 Excel 单元格使用自定义函数：

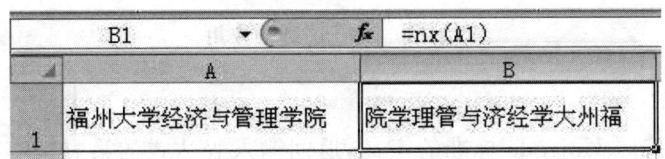

图 2-10　STRREVERSE 函数的应用

(15) REVERT 函数

REVERT 函数将执行上下文切换回最后一个 EXECUTE AS 语句的调用方法。REVERT 函数的具体用法将在数据库管理系统的维护和安全章节中讲解。

(16) RIGHT 函数

RIGHT 函数返回字符串中从右边开始指定个数的字符。请参考 LEFT 函数的用法。

(17) RTRIM 函数

RTRIM 函数截断所有尾随空格后返回一个字符串。可参考 LTRIM 函数的用法。

(18) SOUNDEX 函数

SOUNDEX 函数返回一个由四个字符组成的代码(SOUNDEX)，用于评估两个字符串的相似性。请和 DIFFERENCE 函数相关联。

   SELECT SOUNDEX(' jgxy.fzu.edu.cn '), SOUNDEX(' glxy.fzu.edu.cn ')--输出结果是 J200 和 G100

(19) SPACE 函数

SPACE 函数返回由重复空格组成的字符串。比如 space(2)就是比较两个空格。

(20) STR 函数

STR 函数返回由数字数据转换来的字符数据。

   SELECT STR(123.45，6，1)--输出结果是字符型 123.5

(21) STUFF 函数

STUFF 函数将字符串插入到另一个字符串中。它从第一个字符串的开始位置删除指定长度的字符；然后将第二个字符串插入到第一个字符串的开始位置。

   SELECT STUFF('福州大学管理学院', 5, 2, '经济与管理')--输出结果是："福州大学经济与管理学院"

在 Excel 中可使用 REPLACE 函数的完整参数实现 T-SQL 中 STUFF 的功能。请参考"REPLACE 函数"。

(22) SUBSTRING 函数

SUBSTRING 函数返回字符表达式、二进制表达式、文本表达式或图像表达式的一部分。

> SELECT x＝substring('经济与管理学院',3,3)--输出结果是：与管理,即从第三个字符开始的连续三个字符

Excel 中相对应的函数是 MID 函数,如图 2-11。

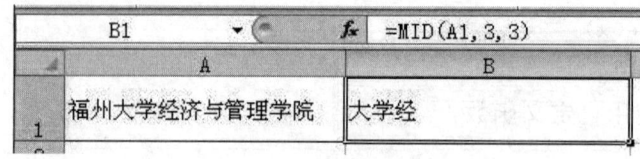

图 2-11　MID 函数的应用

(23) UNICODE 函数

UNICODE 函数按照 Unicode 标准的定义,返回输入表达式的第一个字符的整数值。

> --下列示例使用 UNICODE 和 NCHAR 函数输出"Åkergatan 24"字符串中第一个字符的 UNICODE 值,并输出实际的第 1 个字符 Å：
> DECLARE @nstring nchar(12)
> SET @nstring＝ N'Åkergatan 24'
> SELECT UNICODE(@nstring), NCHAR(UNICODE(@nstring))
> --输出结果是：
> 197　　Å

Excel 2013 之前的版本中无直接的 UNICODE 函数,需要手工编写 VBA 函数来实现。Excel 2013 之后,Excel 中自带了 UNICODE 函数和与之对应的 UNICHAR 函数,A1 单元格使用的函数格式是"=UNICODE("Å")",得到 UNICODE 值是 197；B1 单元用"=UNICHAR(A1)"将值 197 转换为 UNICODE 字符"Å"。如图 2-12：

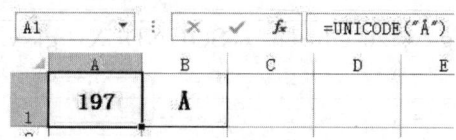

图 2-12　UNICODE 函数的应用

(24) UPPER 函数

UPPER 函数返回小写字符数据转换为大写的字符表达式。其用法和 LOWER 函数相似,功能则相反。请参考 LOWER 函数。

(25) PARSENAME 函数

PARSENAME 函数返回对象名称的指定部分。可以检索的对象部分所有对象名、所有者名称、数据库名称和服务器名称。主要是根据对"."的判断,默认是从右向左进行截取。

> SELECT PARSENAME('10.250.11.1',4)--输出的结果是：10
> SELECT PARSENAME('10.250.11.1',3)--输出的结果是：250
> SELECT PARSENAME('10.250.11.1',2)--输出的结果是：11
> SELECT PARSENAME('10.250.11.1',1)--输出的结果是：1

在 Excel 中可使用 FIND 函数对"."出现的第一个位置进行定位,再结合其他的函数进行截取:如图 2-13 所示:

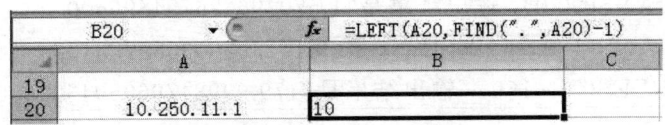

图 2-13 函数嵌套应用

2.数学函数

常用的数学函数包括:

(1)ABS(X)

ABS(X)绝对值函数返回指定数值表达式的绝对值(正值)的数学函数。

```
SELECT ABS(-1.0),ABS(0.0),ABS(1.0)--输出结果是:1.0.0   1.0
```

Excel 中有相应的 ABS 函数,用法相同。

(2)SIN(X)和 ASIN(X)

SIN(X)正弦函数以近似数字(float)表达式返回指定角度(以弧度为单位)的三角正弦值。ASIN(X)返回以弧度表示的角,其正弦为指定 float 表达式。也称为反正弦。

```
SELECT SIN(3.14159)--输出结果是 2.65358979335273E-06
SELECT ASIN(-1.0)--输出的结果是-1.5707963267949
```

(3)COS(X)和 AOS(X)

COS(X)余弦函数返回指定表达式中以弧度表示的指定角的三角余弦。ACOS(X)返回其余弦是所指定的 float 表达式的角(弧度),也称为反余弦。

```
SELECT COS(3.14159)--输出结果是-0.999999999996479
SELECT ACOS(-1.0)--输出的结果是 3.14159265358979
```

Excel 中有相应的 COS 和 ACOS 函数,用法相同,但是默认精确值上不相同。如在 Excel 中使用 COS(3.14159)默认将得到-1 的结果。

(4)TAN(X)、COT(X)与 ATAN(X)

TAN(X)返回输入表达式的正切值。COT(X)返回指定的 float 表达式中所指定角度(以弧度为单位)的三角余切值。ATAN(X)返回以弧度表示的角,其正切为指定的 float 表达式,它也称为反正切函数。另有 ATN2(X)函数返回以弧度表示的角,该角位于正 X 轴和原点至点(y,x)的射线之间,其中 x 和 y 是两个指定的浮点表达式的值。

```
SELECT TAN(3.14159)--输出结果是-2.65358979336207E-06
SELECT ATAN(-1.0)--输出的结果是-0.785398163397448
SELECT COT(3.14159)---376847.997569741,等于 1/TAN(3.14159),COT 和 TAN
互为倒函数
```

Excel 中有相应的 TAN 和 ATAN、ATAN2(返回给定的 X 及 Y 坐标值的反正切值。反正切的角度值等于 X 轴与通过原点和给定坐标点(x_num,y_num)的直线之间的夹角。结果以弧度表示并介于-pi 到 pi 之间(不包括-pi))函数,但是只有 Excel 2013 开始的版本才有 COT 和 COTH 函数(返回一个数字的双曲余切值)。

(5)RADIANS(X)和 DEGREES(X)

RADIANS 函数对于在数值表达式中输入的度数值返回弧度值。DEGREES 函数则相反，返回以弧度指定的角的相应角度。

```
SELECT RADIANS(90.0)--输出结果是:1.570796326794896600
SELECT RADIANS(180.0)--输出结果是:3.141592653589793100
SELECT DEGREES(3.14159)--输出结果是:179.999847960504300000
```

Excel 也有 RADIANS 和 DEGREES 函数，用法相同。

(6) LOG(X) 和 LOG10(X)

LOG 函数返回指定 float 表达式的自然对数。LOG10 则返回指定 float 表达式的常用对数（即以 10 为底的对数）。常量 e（2.71828182845905…）是自然对数的基数。

```
SELECT LOG(10.12)--输出的结果是:2.31451366385932
SELECT LOG10(10.12)--输出的结果是:1.00518051250378
```

Excel 也有 LOG 和 LOG10 函数，若不设置基数则采用的是以 10 为底的对数，如图 2-14：

被求数	求对数结果	所用公式
8	0.903089987	log(a2)
	3	log(a2, 2)
	0.903089987	log10(a2)

图 2-14 LOG 函数的应用

(7) POWER(X,Y)、SQUARE(X) 和 EXP(X)

POWER 函数返回指定表达式的指定幂的值。SQUARE 函数返回指定浮点值的平方。EXP 函数返回指定 float 表达式的指数值。数字的指数是常量 e 使用该数字进行幂运算。例如，EXP(1.0) = e^1.0 = 2.71828182845905，而 EXP(10) = e^10 = 22026.4657948067。

```
--下面通过循环得到 2 的 1、2、3、4 次幂的值
DECLARE @value int, @counter int;
SET @value = 2;
SET @counter = 1;
WHILE @counter < 5
  BEGIN
    SELECT POWER(@value, @counter)
    SET NOCOUNT ON
    SET @counter = @counter + 1
    SET NOCOUNT OFF
  END;
GO--输出结果是每行显示一个数值:2、4、8、16
select EXP(1.2)--输出结果是 3.32011692273655
--以下示例将返回半径为 1 英寸、高为 5 英寸的圆柱的体积。
DECLARE @h float, @r float
SET @h = 5
SET @r = 1
```

```
SELECT PI() * SQUARE(@r) * @h AS '圆柱体积'
--输出的结果是虚拟字段"圆柱面积" 15.707963267948966
```

Excel 有相应的 POWER 和 EXP 函数,用法相同。

(8) CEILING(X) 和 FLOOR(X)

CEILING 函数返回大于或等于指定数值表达式的最小整数。FLOOR 函数返回小于或等于指定数值表达式的最大整数。

```
SELECT CEILING($123.45),CEILING($-123.45),CEILING($0.0)--返回的结果
是 124.00  -123.00   0.00
SELECT FLOOR(123.45),FLOOR(-123.45),FLOOR($123.45)--返回结果是:123
 -124   123.0000
```

Excel 也有相应的 CEILING 和 FLOOR 函数,用法少有不同,如图 2-15:

被求数	倍数(significance参数)	结果	所用公式
-123.45	1.5	-123	CEILING(A2,B2)
-123.45	1.5	-124.5	FLOOR(A3,B3)

图 2-15 FLOOR 和 CEILING 函数

说明:

①在 Excel 的 CEILING 和 FLOOR 函数中,significance 参数是必需的,是表示要舍入到的倍数。

②在 Excel 的 CEILING 函数中,如果被求数和 significance 都为负,则对值按远离 0 的方向进行向下舍入;如果被求数为负,significance 为正,则对值按朝向零的方向进行向上舍入。

③在 Excel 中的 FLOOR 函数中,如果被求数为正,significance 为负,则 FLOOR 将返回错误值♯NUM!;如果被求数为正,函数值会向靠近 0 的方向舍入;如果被求数为负,函数值会向远离零的方向舍入;如果被求数恰好是 significance 的整数倍,则不进行舍入。

(9) SQRT(X)

SQRT 函数就是平方根函数,返回的是非负数 X 的二次平方根。

```
SELECT SQRT(5)--输出结果是 2.23606797749979
```

Excel 也有相应的 SQRT 函数,用法相同。另有 SQRTPI 函数可返回(数字 * Pi)的平方根。

(10) RAND(X)

RAND 函数返回一个介于 0 到 1(不包括 0 和 1)之间的伪随机 float 值。若使用 RAND(X),那么获取的随机数将是相同的。

```
SELECT rand(10),rand(10)--输出的结果是两个相同的数值:0.713759689954247
```

Excel 中有相应的 RAND 函数,且在 Excel 2007 版本后,有 RANDBETWEEN(x,y)函数,可获取两个数字区间内的随机数。如图 2-16:

A	B
所用公式	
RAND()	RANDBETWEEN(111,999)
0.375651118	889
0.354399571	392
0.383290339	136
0.98484444	986
0.616962197	907
0.075046283	492
0.66693865	316
0.536471127	898
0.618708338	140
0.51034353	474
0.43457142	994

图 2-16 RANDBETWEEN 函数的应用

(11) ROUND(X)

ROUND 函数返回一个数值,舍入到指定的长度或精度。

```
SELECT ROUND(123.45,2)--输出结果:123.45
SELECT ROUND(123.45,1)--输出结果:123.50
SELECT ROUND(123.45,0)--输出结果:123.00
SELECT ROUND(123.45,-1)--输出结果:120.00 向上舍入 1 位
SELECT ROUND(123.45,-2)--输出结果:100.00 向上舍入 2 位
SELECT ROUND(123.45,-3)--输出结果:0.00 向上舍入 3 位,导致算术溢出,因为
123.45 默认为 decimal(5,2),它无法返回 1000.00
--如果要向上舍入到 4 位,则要更改数据类型:
SELECT ROUND(CAST (123.45 AS decimal (6,2)),-3)--输出结果是:1000.00
```

Excel 中也有相应的函数,但划分得更细,有 ROUND(X,Y),向下舍入的 ROUNDDOWN(X,Y)和向上舍入的 ROUNDUP(X,Y),用法基本相同,不存在数据类型转换的问题。比如 ROUNDUP(123.45,-4)的直接输出结果是 10000。

(12) SIGN(X)

SIGN 函数返回指定表达式的正号(+1)、零(0)或负号(-1)。

```
SELECT SIGN(-10)--输出结果:-1 因为数字为负数
SELECT SIGN(0)--输出结果:0 因为数字为 0
SELECT SIGN(10)--输出结果:1 因为数字为正数
```

Excel 中也有对应的 SIGN 函数,功能和用法相同。

3.数据类型转换函数

以下函数支持数据类型强制转换和转换。

(1) CAST(X)和 CONVERT(X)

CAST(X)和 CONVERT(X)可将一种数据类型的表达式转换为另一种数据类型的表达式。通过以下的例子了解这两个函数的区别和用法:

```
SELECT '销售总额是:' + CAST(123.12 AS VARCHAR)--输出结果是:销售总额是 123.12
SELECT '销售总额是:' + CONVERT(VARCHAR,123.12)--输出结果是:销售总额是 123.12
```

利用转换函数将字符转换为指定格式的日期型数据，并计算学生的入学时间：

--假定每个学生的入学时间是每年的 9 月 1 日，在 stuinfo 表中有一个 stugrade 字段，存放的是学生的年级：

select stuid,stuname, datediff(month,cast(stugrade+'－9－1 ' as datetime), getdate()) as 入学月数, datediff(day,cast(stugrade+'－9－1 ' as datetime), getdate()) as 入学天数 from stuinfo

--输出的结果如下图 2-17 所示：

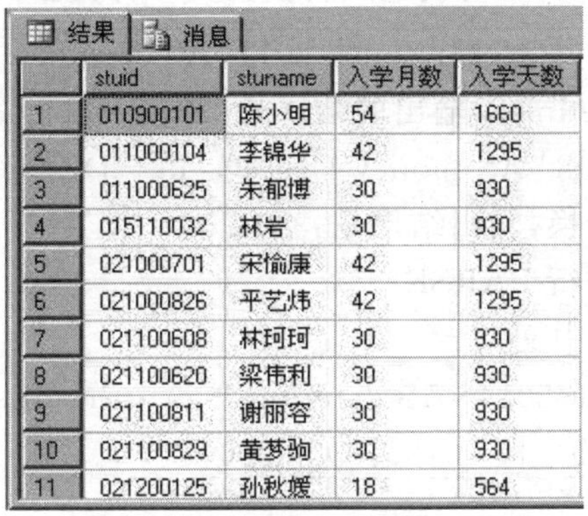

结果　消息

	stuid	stuname	入学月数	入学天数
1	010900101	陈小明	54	1660
2	011000104	李锦华	42	1295
3	011000625	朱郁博	30	930
4	015110032	林岩	30	930
5	021000701	宋愉康	42	1295
6	021000826	平艺炜	42	1295
7	021100608	林珂珂	30	930
8	021100620	梁伟利	30	930
9	021100811	谢丽容	30	930
10	021100829	黄梦驹	30	930
11	021200125	孙秋媛	18	564

图 2-17　以不同格式计算入学时间

以下图 2-18 显示了可对 SQL Server 系统提供的数据类型执行的所有显式和隐式数据类型

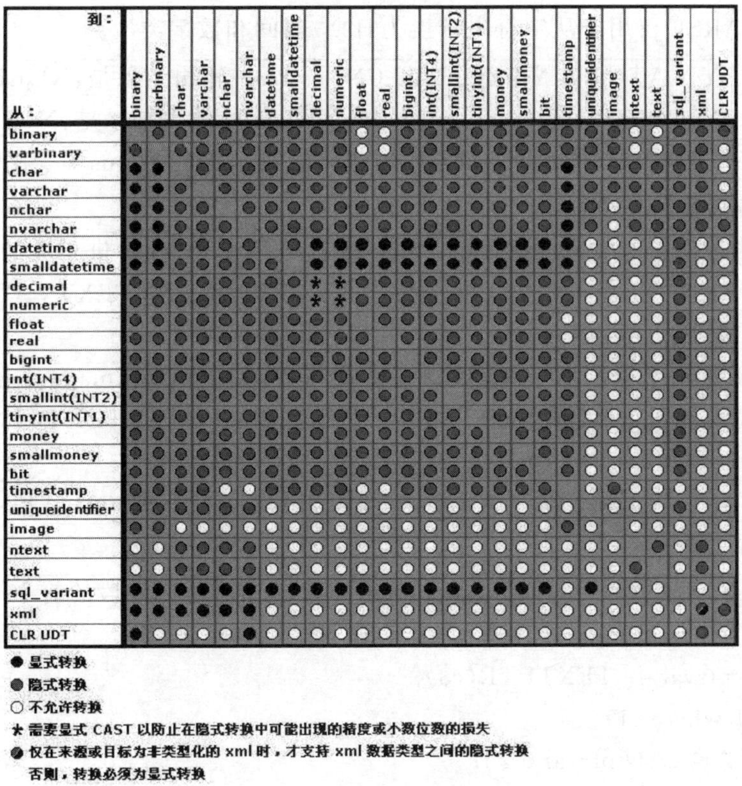

图 2-18　SQL Server 不同数据类型的转换

转换。其中包括 xml、bigint 和 sql_variant。不存在对 sql_variant 数据类型赋值进行的隐式转换,但是存在转换为 sql_variant 的隐式转换。

 注意:以下四种函数:PARSE、TRY_CAST、TRY_CONVERT、TRY_PARSE 在 SQL Server 2008 R2 环境中并不存在,必须在 SQL Server 2012 版本中才有。作为与 CAST 和 CONVERT 同类的函数有必要了解和掌握。

(2)PARSE(X)

PARSE 函数是将一种数据类型的表达式转换为另一种数据类型的表达式。

```
SELECT PARSE('Tuesday, 11 November 2014' AS datetime2 USING 'en-US') AS Result
--将数据类型转换为 datetime2,输出的结果是:2014-11-11 00:00:00.0000000
SELECT PARSE('345,98' AS money USING 'de-DE') AS Result
--将货币类型进行格式转换,输出结果是:345.98
--使用隐式设置的语言进行 PARSE
SET LANGUAGE '简体中文'
SELECT PARSE('11/11/2014' AS datetime2) AS Result
--输出的结果是 2014-11-11 00:00:00.0000000
```

(3)TRY_*(X)

TRY_CAST 函数返回转换为指定数据类型的值(如果转换成功);否则返回 Null。

TRY_CONVERT 函数返回转换为指定数据类型的值(如果转换成功);否则返回 Null。

TRY_PARS 函数返回表达式的结果(已转换为请求的数据类型);如果强制转换失败,则返回 Null。TRY_PARSE 仅用于从字符串转换为日期/时间和数字类型。

```
SELECT TRY_CAT('JGXY.FZU.EDU.CN' as real--输出结果是:NULL
SELECT TRY_CONVERT (real, 'jgxy.fzu.edu.cn')--输出结果是:NULL
SELECT TRY_PARSE('jgxy.fzu.edu.cn' as datetime2 using 'en-us')--输出结果是:NULL
```

4.文本和图像函数

文本和图像函数用于对文本或图像输入值或字段进行操作,并提供相关的基本信息。主要包括 TEXTPTR、READTEXT、UPDATETEXT、WRITETEXT 和 TEXTVALID 等函数:

(1)TEXTPTR(X)

TEXTPTR 函数用于返回对应 varbinary 格式的 text、ntext 或 image 字段的文本指针值。而查找到的指针值可用于 READTEXT、WRITETEXT 和 UPDATETEXT 函数中。

(2)READTEXT(X)

READTEXT 函数从 text、ntext 或 image 列读取 text、ntext 或 image 值,从指定的偏移量开始读取指定的字节数。

```
--T1 表有三个字段,其中 c3 字段是 text 数据类型,若要读取该字段的前 26 个字符,则:
DECLARE @ptrval binary(16);
SELECT @ptrval = TEXTPTR(c3)
    FROM t1 where c1=4
READTEXT t1.c3 @ptrval 0 25;
--输出的结果如:jgxy====adfafj;asdfj;asdf
```

(3)UPDATETEXT(X)

UPDATETEXT 函数用于更新现有的 text、ntext 或 image 字段。使用 UPDATETEXT 可以只更改 text、ntext 或 image 列的一部分。

--T1 表中的 C3 字段属于 text 数据类型,C1=6 的 C3 原数据是:jgxy====,如果要将"fzu.edu.cn"字符串追加到该 C1=6 的 C3 原有数据后面,则使用 UPDATETEXT 函数:

DECLARE @ptrval binary(16)

SELECT @ptrval = TEXTPTR(c3) from t1 where c1=6

UPDATETEXT t1.c3 @ptrval null 0 'fzu.edu.cn'

--输出结果如图 2-19 所示:

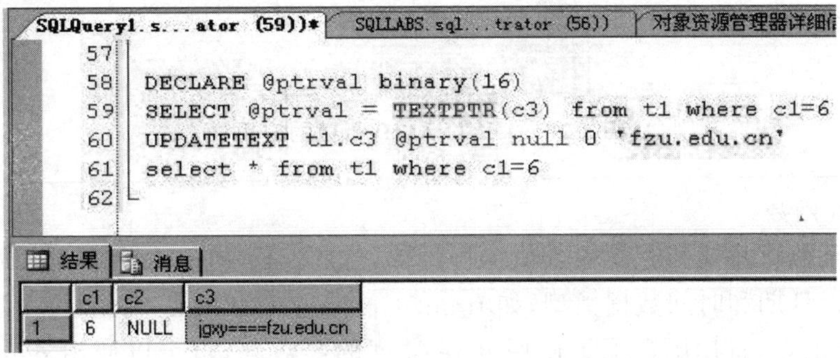

图 2-19　UPDATETEXT 函数的用法

(4) WRITETEXT(X)

WRITETEXT 函数允许对现有的 text、ntext 或 image 列执行最小日志记录的交互式更新。WRITETEXT 将覆盖受其影响的列中的所有现有数据。WRITETEXT 语句不能用于视图中的 text、ntext 和 image 列。

--T1 表中的 C3 字段属于 text 数据类型,C1=6 的 C3 原数据是:jgxy====,如果要将"jgxy.fzu.edu.cn"字符串覆盖该 C1=6 的 C3 原有数据,则使用 WRITETEXT 函数:

DECLARE @ptrval binary(16)

SELECT @ptrval = TEXTPTR(c3) from t1 where c1=6

WRITETEXT t1.c3 @ptrval 'jgxy.fzu.edu.cn'

--输出结果如图 2-20 所示:

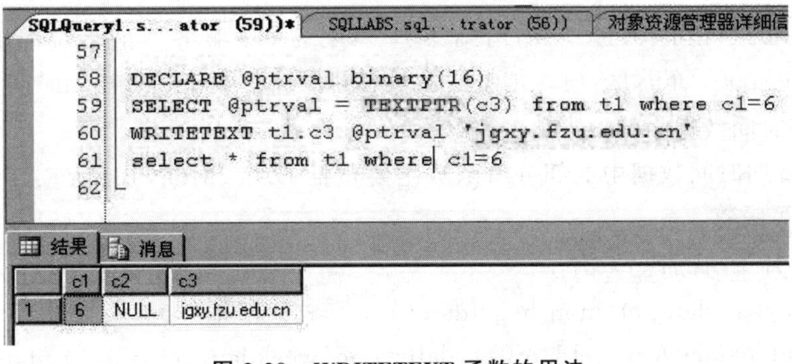

图 2-20　WRITETEXT 函数的用法

(5) TEXTVALID(X)

TEXTVALID 函数用于检查特定文本指针是否有效的 text、ntext 或 image。

```
--检查 T1 表中的 C3 列的文本指针是否是有效的,1 代表有效。
select c1,TEXTVALID('t1.c3',textptr(c3)) as 'Valid Result' from t1
--输出结果如图 2-21 所示:
```

c1	Valid Result
1	0
2	1
3	1
4	1
5	1

图 2-21　TEXTVALID 函数的应用

5.日期和时间函数

日期和时间函数对日期和时间输入值执行运算,然后返回字符串、数字或日期和时间值。本书前文已经讲解了日期和时间数据类型,如 time、date、smalldatetime、datetime、datetime2、datetimeoffset 等。一般地,日期函数除了使用 date 类型的参数外,也可以使用 datetime 类型的参数,但会忽略这部分数据的时间部分;同样,以 time 类型值为参数的函数,可以兼容 datetime 类型的参数,但会忽略这部分数据的日期部分。

(1)GETDATE()

GETDATE 函数返回当前数据库系统时间戳,返回值的类型为 datetime,并且不含数据库时区偏移量。此值来自运行 SQL Server 实例的计算机的操作系统。

```
SELECT GETDATE()--输出的结果是 SQLServer 服务器的系统时间:2014－02－19
14:55:03.407
```

在 Excel 中对应的函数的是 NOW()。

(2)GETUTCDATE()

GETUTCDATE 函数以 datetime 值的形式返回当前数据库系统的时间戳。数据库时区偏移量未包含在内。此值表示当前的 UTC 时间(协调世界时)。此值来自运行 SQL Server 实例的计算机的操作系统。

```
SELECT GETUTCDATE()--输出结果是 SQLServer 服务器的系统时间:2014-02-19
06:56:42.600,作者位于东八区,应该加上时区偏移量 8 才是真正的日期和时间
```

(3)获取日期时间数据中的部分值的函数

获取给定的日期时间数据中的部分值函数主要包括 DAY、MONTH、YEAR、DATENAME 和 DATEPART 等函数。

```
--2014 年 3 月 19 日周三为例:
SELECT day(getdate()),month(getdate()),year(getdate())
SELECT datename(year,getdate()),datename(weekday,getdate()),datename(dayofyear,getdate())
SELECT datepart(year,getdate()),datepart(weekday,getdate()),datepart(dayofyear,getdate())
```

--输出的结果如图 2-22 所示：

图 2-22 输出结果

Excel 中有相对应的函数是，如：＝day(now())返回的是当月的日期，＝month(now())返回的是当月的月份，＝year(now())返回的是当年的年份。

(4) DATEADD

DATEADD 函数将指定的 number 时间间隔（有符号整数）与指定的 date 的指定 datepart 相加后，返回该 date。

--以 2014 年 3 月 19 日周三为例：
SELECT DATEADD(year,1,GETDATE())
SELECT DATEADD(month,1,GETDATE())
SELECT DATEADD(day,1,GETDATE())
--输出结果如图 2-23 所示：

图 2-23 输出不同格式的日期时间

(5) DATEDIFF

DATEDIFF 函数返回指定的 startdate 和 enddate 之间所跨的指定 datepart 边界的计数（带符号的整数）。

--假定要计算当前系统时间与 2011 年 1 月 1 日之间的天数、月数、年数、月数等。
SELECT DATEDIFF(day,cast('2011－1－1' as datetime),GETDATE())
SELECT DATEDIFF(month,cast('2011－1－1' as datetime),GETDATE())
SELECT DATEDIFF(year,cast('2011－1－1' as datetime),GETDATE())
SELECT DATEDIFF(week,cast('2011－1－1' as datetime),GETDATE())

--输出结果如图2-24所示：

图2-24 DATEDIFF函数的应用

DATEDIFF函数的应用还可参考本章前文的"CAST和CONVERT转换函数"。

Excel中也有类似的函数，不过该函数是隐藏的，名称也有所区别，是DATEDIF，如图2-25所示。

图2-25 Excel DATADIF函数的应用

 注意：Excel中DATEDIF函数的参数略有不同：

y：计算周年；

m：计算足月；

d：计算天数；

ym：计算除了周年之外剩余的足月；

yd：计算除了周年之外剩余的天数；

md：计算除了足月之外剩余的天数。

6．系统函数

系统函数是函数对SQL Server中的值、对象和设置进行操作并返回有关信息。

（1）$PARTITION

$PARTITION函数为任何指定的分区函数返回分区号，一组分区列值将映射到该分区号中。

```
--在某个打开的数据库环境下执行代码
--以下示例将创建一个将表或索引划分为四个分区的分区函数RangePF11。$PARTITION用于确定将表示RangePF11的分区列的值100置于表的第2分区。
    CREATE PARTITION FUNCTION RangePF11（int）
    AS RANGE FOR VALUES（10，100，1000）
    GO
    SELECT $PARTITION.RangePF11（100）--输出结果是2
```

提醒：分区的知识点请结合数据库相关原理课程学习。

(2) @@ERROR

@@ERROR 函数返回执行的上一个 T-SQL 语句的错误号。

```
--因为 stuinfo 表分别与另外三张表存在外键引用关系,所以,当执行以下语句时可根据
@@ERROR 函数的返回值进行判断,并进行一定的提示:
INSERT INTO stuinfo
(stuid,stuname,stusex,stuphone,stuadd,stugrade,stuclass,did,pid,instrid)
VALUES('123456788','张三','男','123456789','福建','2014','01',100,100,100)
IF @@ERROR = 547
PRINT N'有外键约束条件存在!'
GO
--输出的结果如图 2-26 所示:
```

图 2-26　输出结果

(3) @@IDENTITY

@@IDENTITY 函数返回最后插入的标识值的系统函数。

```
--courseinfo 表中原有 48 条记录,之后添加了两条记录又删除了,IDENTITY 的值应该
是 50,但是查询结果是 48 条记录,当重新插入一条新的记录,IDENTITY 的值就是 51:
INSERT INTO COURSEINFO(cname,tid,did,cpoint,chours)
VALUES('虚拟化技术',200,8,3,48)
SELECT * FROM COURSEINFO
SELECT @@IDENTITY AS 'Identity';
--输出的结果如图 2-27 所示:
```

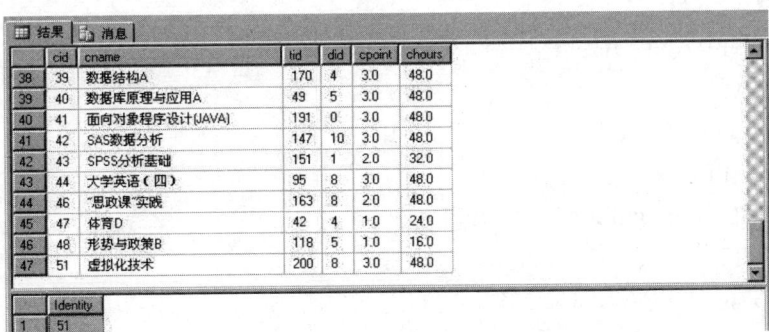

图 2-27　输出结果

(4) @@PACK_RECEIVED

@@PACK_RECEIVED 函数用于统计 SQL Server 自上次启动后从网络读取的输入数据包数。

```
SELECT @@PACK_RECEIVED AS 'Packets Received'
```
--输出结果如图 2-28 所示：

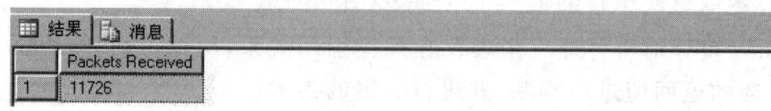

图 2-28　输出结果

(5) @@ROWCOUNT

@@ROWCOUNT 函数返回受上一语句影响的行数。如果行数大于 20 亿，请使用 ROW-COUNT_BIG。

```
--查询课程字段 CNAME 值为"虚拟化技术"的课程名,结果应该是 0 行数据,并利用
print 方法显示提示信息：
    SELECT *
    FROM courseinfo
    WHERE CName = N'虚拟化技术'
    if @@ROWCOUNT=0
    PRINT '提示信息:没有找到相关数据!'
    --输出结果如图 2-29 所示：
```

图 2-29　输出结果

(6) @@TRANCOUNT

@@TRANCOUNT 函数返回在当前连接上已发生的 BEGIN TRANSACTION 语句的数目。

```
    --下面的示例演示嵌套的 BEGIN 和 COMMIT 语句对@@TRANCOUNT 变量产生的
效果。
    PRINT @@TRANCOUNT
    BEGIN TRAN
        PRINT @@TRANCOUNT
        BEGIN TRAN
            PRINT @@TRANCOUNT
        COMMIT
        PRINT @@TRANCOUNT
    COMMIT
    PRINT @@TRANCOUNT
    --输出结果是：
    0
    1
    2
```

1
0
--下面的示例演示嵌套的 BEGINTRAN 和 ROLLBACK 语句对@@TRANCOUNT 变量产生的效果。
PRINT @@TRANCOUNT
BEGIN TRAN
    PRINT @@TRANCOUNT
    BEGIN TRAN
        PRINT @@TRANCOUNT
ROLLBACK
PRINT @@TRANCOUNT
--输出结果是：
0
1
2
0

（7）@@VERSION

@@VERSION 函数返回当前的 SQL Server 安装的版本、处理器体系结构、生成日期和操作系统。

SELECT @@VERSION AS 'SQL Server Version'
--输出结果如图 2-30 所示：

图 2-30　输出结果

（8）@@MAX_CONNECTIONS

@@MAX_CONNECTIONS 函数返回 SQL Server 实例允许同时进行的最大用户连接数。返回的数值不一定是当前配置的数值。

SELECT @@MAX_CONNECTIONS
--输出结果如图 2-31 所示：

图 2-31　输出结果

（9）@@OPTIONS

@@OPTIONS 返回当前 SET 选项的信息。

——以下示例设置 NOCOUNTON 并测试 @@OPTIONS 的值。NOCOUNTON 选项可防止将会话中每一个语句的有关受影响行数的消息发送回请求的客户端。@@OPTIONS 的值设置为 512（0x0200）。这表示 NOCOUNT 选项。下面的示例测试客户端是否启用了 NOCOUNT 选项。例如，它可以帮助跟踪客户端的性能差异。

SET NOCOUNT ON
IF @@OPTIONS & 512 > 0
RAISERROR ('Current user has SET NOCOUNT turned on.', 1, 1)
——输出结果是：
Current user has SET NOCOUNT turned on.

(10) @@SPID

@@SPID 函数返回当前用户进程的会话 ID。

SELECT @@SPID AS 'ID', SYSTEM_USER AS 'Login Name', USER AS 'User Name'
——输出结果如图 2-32 所示：

图 2-32 输出结果

(11) @@SERVERNAME

@@SERVERNAME 返回运行 SQL Server 的本地服务器的名称。与之相对应的函数是 HOST_ID() 和 HOST_NAME()，HOST_ID() 函数返回的是服务器端计算机的标识号，HOST_NAME() 函数返回的结果和 @@SERVERNAME 函数的结果一样。

SELECT @@SERVERNAME, HOST_ID(), HOST_NAME()
——输出结果如图 2-33 所示：

图 2-33 输出结果

(12) CHECKSUM

CHECKSUM 函数返回按照表的某一行或一组表达式计算出来的校验值。CHECKSUM 可用于生成哈希索引。

在数据库页面从写入磁盘到被 SQL Server 读取的这段时间内，有可能由于外界原因发生损坏，比如 I/O 设备的损坏、驱动的损坏或者由于电源不稳没有写完整。CHECKSUM 机制使 SQL Server 可以检测到这些损坏。需要注意的是，CHECKSUM 机制只能确定是不是 I/O 子系统引起页面损坏，但是不能自动进行修复。

--以下示例演示如何使用 CHECKSUM 生成哈希索引。通过将计算校验和列添加到索引的表中,然后对校验和列生成索引来生成哈希索引。首先需要新建一个能够存储对课程名称字段 CNAME 进行校验而生成的值
```
ALTER TABLE COURSEINFO
ADD CSUM_CNAME AS CHECKSUM(CNAME)
CREATE INDEX CSUM_index ON COURSEINFO(CSUM_CNAME)
SELECT *
FROM courseinfo
WHERE CHECKSUM(N'虚拟化技术') = CSUM_CNAME
AND CName = N'虚拟化技术'
```
--输出结果如图 2-34 所示:

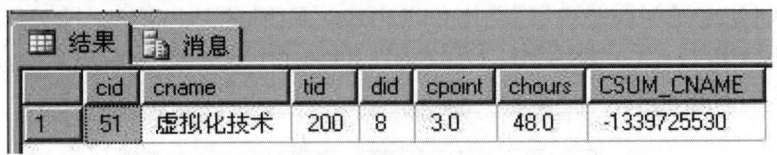

图 2-34 输出结果

类似的系统函数还有 BINARY_CHECKSUM。返回按照表的某一行或表达式列表计算的二进制校验和值。BINARY_CHECKSUM 可用于检测表中行的更改。

(13) CONNECTIONPROPERTY

CONNECTIONPROPERTY 函数返回有关请求所参与的唯一连接的连接属性的信息。

```
SELECT
CONNECTIONPROPERTY('net_transport') AS 'Net transport',
CONNECTIONPROPERTY('protocol_type') AS 'Protocol type'
```
--情况 1:在本地服务器上利用 Windows 身份验证登录 SQLServer 服务器,则显示的结果:

图 2-35 输出结果

--情况 2:利用 TCP/IP 协议和 SA 账号登录到远程 SQLServer 服务器,则显示的结果是:

图 2-36 输出结果

(14)COL_LENGTH

COL_LENGTH 函数返回列的定义长度(以字节为单位)。

```
SELECT COL_LENGTH('COURSEINFO','CNAME')
--输出结果如图 2-37 所示：
```

结果 | 消息

	(无列名)
1	40

图 2-37 输出结果

与之相近的函数还有 COL_NAME 函数，根据指定的对应表标识号和列标识号返回列的名称，其中 OBJECT_ID()函数的作用是返回数据库对象的编号，如：

```
SELECT COL_NAME(OBJECT_ID('COURSEINFO'),1),COL_NAME(OBJECT_ID
('COURSEINFO'),2),COL_NAME(OBJECT_ID('COURSEINFO'),3)
--输出结果如图 2-38 所示：
```

结果 | 消息

	(无列名)	(无列名)	(无列名)
1	cid	cname	tid

图 2-38 输出结果

(15)DATALENGTH

DATALENGTH 函数返回数据表达式的数据的实际数据长度，即字节数。

```
SELECT DATALENGTH(CNAME) FROM COURSEINFO
--输出的数据如图 2-39 所示：
```

结果 | 消息

	(无列名)
1	16
2	16
3	10
4	28
5	14
6	16
7	22
8	6
9	8
10	8

图 2-39 输出结果

(16)DB_NAME

DB_NAME 函数返回的是当前数据库的名称或者指定数据库 ID 所对应的名称。与之对应的函数是 DB_ID。

--在本书的环境中,执行以下 T-SQL 语句,将得到的输出结果如图 2-40 所示:
SELECT DB_NAME(),DB_ID('TEST01'),DB_ID('TEST03'),DB_NAME(1)

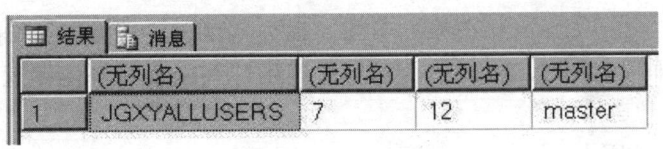

图 2-40　输出结果

(17)SUSER_SID

SUSER_SID 函数根据用户登录名返回用户的 SID。与之相对应的函数是 SUSER_SNAME 函数返回与 SID 关联的登录名,如:

SELECT SUSER_ID('cfan-cf947ffc58\administrator')
SELECT SUSER_NAME(260)
--输出结果如图 2-41 所示:

图 2-41　输出结果

(18)USER_ID

USER_ID 函数根据用户名返回数据库用户的 ID,与之相对应的函数是 USER_NAME 函数,根据用户关联的 ID 号返回数据库的用户名。后续版本的 Microsoft SQL Server 将删除 USER_ID 功能,请避免在新的开发工作中使用该功能,并着手修改当前还在使用该功能的应用程序。改用 DATABASE_PRINCIPAL_ID。如:

SELECT USER_ID()
SELECT USER_NAME(3)
SELECT DATABASE_PRINCIPAL_ID()
--输出结果如图 2-42 所示。

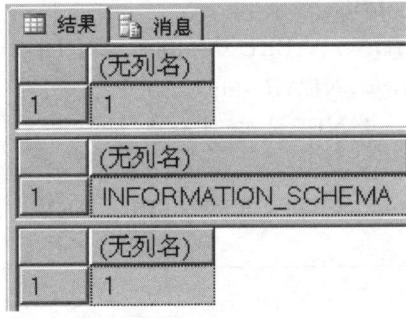

图 2-42　输出结果

2.4.2 SQL Server 2008 R2 特殊内置函数

1. 行集函数

行集函数返回可在 T-SQL 语句中像表引用一样使用的对象。所有的行集函数都具有不确定性。这意味着即使同一组输入值,也不会在每次调用这些函数时都能够返回相同的结果。

行集函数分为以下 6 种:

(1) CONTAINSTABLE

返回由包含以下项的字符数据类型的列组成的零行、一行或多行表:单个词或短语的完全匹配项或模糊匹配项、词在一定差别范围内的相近或加权匹配项。只能在 SELECT 语句的 FROM 子句中引用 CONTAINSTABLE,就像它是一个常规表名。

使用 CONTAINSTABLE 的查询将指定对每一行返回一个适当排名值(RANK)和全文键(KEY)的包含类型的全文查询。CONTAINSTABLE 函数使用与 CONTAINS 谓词相同的搜索条件。

简单实例:

```
--注意:在进行以下操作之前请创建相关表、字段的全文索引,故此处代码先提供的是参考功能
--下面的示例搜索包含词 breads、fish 或 beers 的所有产品名称,并为每个词指定了不同的加权。对于满足此搜索条件的每个返回行,都将显示匹配的相关程度(排名值)。此外,排名最高的行将首先返回。
USE Northwind;
GO
SELECT FT_TBL.CategoryName, FT_TBL.Description, KEY_TBL.RANK
    FROM Categories AS FT_TBL
        INNER JOIN CONTAINSTABLE (Categories, Description, ' ISABOUT
(breads weight (.8),fish weight (.4), beers weight (.2) )' )
        AS KEY_TBL
            ON FT_TBL.CategoryID = KEY_TBL.[KEY]
ORDER BY KEY_TBL.RANK DESC;
GO
--下面的示例将返回符合以下条件的前 10 个食品类别的说明和类别名称:Description 列中词"sauces"或"candies"附近存在词"sweet and savory"。
USE Northwind;
SELECT FT_TBL.Description, FT_TBL.CategoryName , KEY_TBL.RANK
FROM Categories AS FT_TBL
    INNER JOIN CONTAINSTABLE (Categories, Description,
        '("sweet and savory" NEAR sauces) OR
        ("sweet and savory" NEAR candies)', 10)
        AS KEY_TBL
        ON FT_TBL.CategoryID = KEY_TBL.[KEY]
GO
```

(2) openquery

对给定的链接服务器执行指定的传递查询。该服务器是 OLE DB 数据源。OPENQUERY 可以在查询的 FROM 子句中引用,就好像它是一个表名。OPENQUERY 也可以作为 INSER-

TUPDATE 或 DELETE 语句的目标表进行引用。但这要取决于 OLE DB 访问接口的功能。尽管查询可能返回多个结果集，但是 OPENQUERY 只返回第一个。

简单实例：

```
--以下示例针对示例 A 中创建的链接服务器使用 UPDATE 传递查询。
UPDATE OPENQUERY (OracleSvr, 'SELECT name FROM joe.titles WHERE id = 101')
SET name = 'ADifferentName'
--以下示例针对上方示例中创建的链接服务器使用 INSERT 传递查询。
INSERT OPENQUERY (OracleSvr, 'SELECT name FROM joe.titles')
VALUES (NewTitle)
--以下示例使用 DELETE 传递查询删除示例中插入的行。
DELETE OPENQUERY (OracleSvr, 'SELECT name FROM joe.titles WHERE name = ''NewTitle''')
```

（3）FREETEXTTABLE

FREETEXTTABLE 函数为符合下述条件的列返回行数为零或包含一行或多行的表：这些列包含基于字符的数据类型，其中的值符合指定的 freetext_string 中文本的含义，但不一定具有完全相同的文本语言。与常规表名称类似，仅可以在 SELECT 语句的 FROM 子句引用 FREETEXTTABLE。

使用 FREETEXTTABLE 进行的查询可以指定 freetext 类型的全文查询，这些查询为每行返回一个关联等级值（RANK）和全文键（KEY）。

```
--以下示例返回所有与 sweet、candy、bread、dry 或 meat 相关的类别名称和类别说明。
USE Northwind;
    SELECT FT_TBL.CategoryName
        ,FT_TBL.Description
        ,KEY_TBL.RANK
    FROM dbo.Categories AS FT_TBL
        INNER JOIN FREETEXTTABLE(dbo.Categories, Description,
            'sweetest candy bread and dry meat') AS KEY_TBL
            ON FT_TBL.CategoryID = KEY_TBL.[KEY];
    GO
--以下示例与上例相同，只是说明了 LANGUAGE language_term 和 top_n_by_rank 参数的用法。
USE Northwind;
    SELECT FT_TBL.CategoryName
        ,FT_TBL.Description
        ,KEY_TBL.RANK
    FROM dbo.Categories AS FT_TBL
        INNER JOIN FREETEXTTABLE(dbo.Categories, Description,
            'sweetest candy bread and dry meat',LANGUAGE 'English',2)
                AS KEY_TBL
                ON FT_TBL.CategoryID = KEY_TBL.[KEY];
    GO
```

(4) OPENROWSET

包含访问 OLE DB 数据源中的远程数据所需的全部连接信息。当访问链接服务器中的表时,这种方法是一种替代方法,并且是一种使用 OLE DB 连接并访问远程数据的一次性的临时方法。对于较频繁引用 OLE DB 数据源的情况,请改为使用链接服务器。有关详细信息,请参阅链接服务器。可以在查询的 FROM 子句中像引用表名那样引用 OPENROWSET 函数。依据 OLE DB 访问接口的功能,还可以将 OPENROWSET 函数引用为 INSERT、UPDATE 或 DELETE 语句的目标表。尽管查询可能返回多个结果集,但 OPENROWSET 只返回第一个结果集。

OPENROWSET 还通过内置的 BULK 访问接口支持大容量操作,正是有了该访问接口,才能从文件读取数据并将数据作为行集返回。

```
--以下示例通过 Microsoft OLE DB Provider for Jet 访问 Microsoft Access Northwind
数据库中的 Customers 表。请注意之前要安装相关的 Access 数据库,并确认已安装了
Northwind 数据库。
SELECT CustomerID, CompanyName
    FROM OPENROWSET('Microsoft.Jet.OLEDB.4.0',
        'C:\Program Files\Microsoft Office\OFFICE11\SAMPLES\Northwind.mdb';'
admin';'',Customers);
```

(5) OPENDATASOURCE

不使用链接服务器的名称,而提供特殊的连接信息,并将其作为四部分对象名的一部分。

```
--以下示例以 1997 — 2003 格式创建与 Excel 电子表格的即时连接。
--在使用连接之前,请先用以下语句打开启用相关的配置,在使用之后,为了安全,请执行
相反的顺序进行关闭,将参数设置为 0。具体配置将在安全与维护章节详述。
exec sp_configure 'show advanced options',1
reconfigure
exec sp_configure 'Ad Hoc Distributed Queries',1
reconfigure
SELECT * FROM OPENDATASOURCE('Microsoft.Jet.OLEDB.4.0',
'Data Source=C:\JGSCORE.xls;Extended Properties=EXCEL 5.0')…[SCORE $]
--输出的结果如图 2-43 所示:
```

图 2-43 输出结果

```
--如果 Excel 的文件格式是 2007 以上版本,则使用:
SELECT * FROM OPENDATASOURCE('Microsoft.Ace.OLEDB.12.0',
'Data Source=C:\COURSEsANDTEACHERS.xlsX;Extended Properties=EXCEL 8.0
')…[courses $]
```

--输出结果如图 2-44 所示：

结果 | 消息

	课程名称	选修类型	必选	学时	学分	实验学时	上机学时	周学时	周数	F10
1	大学信息技术基础	公共必修	是	40	2	NULL	24	3	0	NULL
2	高等数学B（上）	公共必修	是	80	5	NULL	NULL	5	0	NULL
3	政治经济学	学科必修	是	32	2	NULL	NULL	3	0	NULL
4	学科导论（管理科学与工程类）	学科必修	是	16	1	NULL	NULL	2	0	NULL
5	大学英语（一）	公共必修	是	48	3	NULL	NULL	4	0	NULL
6	中国近现代史纲要	公共必修	是	24	1.5	NULL	NULL	2	0	NULL
7	思想道德修养与法律基础	公共必修	是	32	2	NULL	NULL	2	0	NULL
8	体育A	公共必修	是	24	1	NULL	NULL	2	0	NULL
9	军事理论	公共必修	是	36	1.5	NULL	NULL	2	0	NULL
10	军事训练	实践环节	是	2周	1.5	NULL	NULL	NULL	2	NULL
11	大学生职业生涯规划与管理	公共必修	是	16	0	NULL	NULL	2	0	NULL
12	C语言	公共必修	是	64	4	NULL	35	4	0	NULL

图 2-44 输出结果

(6)openXML

openXML 通过 XML 文档提供行集视图。由于 openXML 是行集提供程序，因此可在会出现行集提供程序(如表、视图或 OPENROWSET 函数)的 Transact－SQL 语句中使用 openXML。

--以下示例需要 Northwind 数据库的支持。以下示例中的示例 XML 文档由<Customers>、<Orders>和<Order_0020_Details>元素组成。首先调用 sp_xml_preparedocument 以获得文档句柄。此文档句柄传递给 OPENXML。在 OPENXML 语句中，rowpattern (/ROOT/Customers) 标识要处理的<Customers>节点。由于未提供 WITH 子句，因此 OPENXML 以"边缘"表格式返回行集。最后，SELECT 语句检索"边缘"表中的所有列。

```
DECLARE @idoc int
DECLARE @doc varchar(1000)
SET @doc ='
<ROOT>
<Customers CustomerID="VINET" ContactName="Paul Henriot">
<Orders CustomerID="VINET" EmployeeID="5" OrderDate=
    "1996-07-04T00:00:00">
<Order_x0020_Details OrderID="10248" ProductID="11" Quantity="12"/>
<Order_x0020_Details OrderID="10248" ProductID="42" Quantity="10"/>
</Orders>
</Customers>
<Customers CustomerID="LILAS" ContactName="Carlos Gonzlez">
<Orders CustomerID="LILAS" EmployeeID="3" OrderDate=
    "1996-08-16T00:00:00">
<Order_x0020_Details OrderID="10283" ProductID="72" Quantity="3"/>
</Orders>
</Customers>
</ROOT>'
--Create an internal representation of the XML document.
EXEC sp_xml_preparedocument @idoc OUTPUT, @doc
--SELECT statement that uses the OPENXML rowset provider.
```

```
SELECT * FROM OPENXML (@idoc, '/ROOT/Customers')
EXEC sp_xml_removedocument @idoc
--输出结果如图 2-45 所示：
```

结果 | 消息

	id	paren...	nodety...	localname	prefix	namespace...	dataty...	prev	text
1	2	0	1	Customers	NULL	NULL	NULL	NULL	NULL
2	3	2	2	CustomerID	NULL	NULL	NULL	NULL	NULL
3	28	3	3	#text	NULL	NULL	NULL	NULL	VINET
4	4	2	2	ContactName	NULL	NULL	NULL	NULL	NULL
5	29	4	3	#text	NULL	NULL	NULL	NULL	Paul Henriot
6	5	2	1	Orders	NULL	NULL	NULL	NULL	NULL
7	6	5	2	CustomerID	NULL	NULL	NULL	NULL	NULL
8	30	6	3	#text	NULL	NULL	NULL	NULL	VINET
9	7	5	2	EmployeeID	NULL	NULL	NULL	NULL	NULL
10	31	7	3	#text	NULL	NULL	NULL	NULL	5
11	8	5	2	OrderDate	NULL	NULL	NULL	NULL	NULL

图 2-45　输出结果

2.4.3 自定义函数

MS SQL Server 除了系统内置的众多函数外(本书上文部分也只是介绍了其中常用的部分，并不完整)，也允许用户通过控制流语句、调用已有的内置函数、T-SQL 特定语句等，创建自己定义的函数，可以像内置函数一样可返回标量值，也可以将结果集用表格变量返回。

```
--假设要创建一个自定义函数，对已有的成绩进行判断，并给出字符型评价
use JGXYALLUSERS
go
create function mycjpj(@cj decimal(4,1))
returns varchar(30)
as
begin
  declare @y varchar(30)
   if @cj>=95
       set @y= '高'
  else if @cj>=85
       set @y= '良好'
  else if @cj>=75
       set @y= '一般'
  else
       set @y='低'
  return @y
end
go

SELECT cscore,dbo.mycjpj(cscore) AS 成绩评价 FROM stucourse
```

--输出结果如图 2-46 所示：

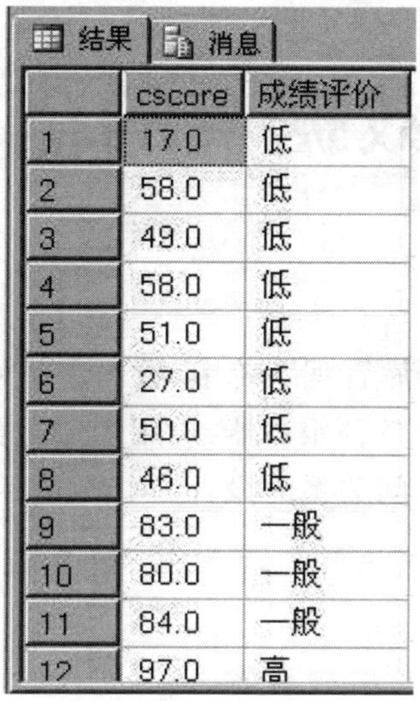

	cscore	成绩评价
1	17.0	低
2	58.0	低
3	49.0	低
4	58.0	低
5	51.0	低
6	27.0	低
7	50.0	低
8	46.0	低
9	83.0	一般
10	80.0	一般
11	84.0	一般
12	97.0	高

图 2-46　输出结果

MS SQL Server 中的自定义函数在本节只作简单介绍，详细内容将在数据库对象技术相关章节中详述。

2.5 小结

本章通过对数据表的概念、数据表的类型、数据类型，以及 T-SQL 语句、控制流、函数知识的学习，掌握利用多种技术进行数据表的设计、创建和管理，为数据库和表的进一步应用奠定基础。

第 3 章 数据表的创建与管理

在 SQL Server 2008 R2 等数据库管理系统中,数据表是最重要、最经常操作与管理的对象。数据表是数据存储的基本单位,也是各种服务器、应用程序与数据库管理系统数据交互的主要对象,因此了解和掌握数据表以及表之间关系的设计、创建、应用和维护,对数据库管理工程师、数据分析师来说是极其重要的。

本章教学要求

- 数据表概述
- 数据类型
- 数据表的创建与管理基础
- 数据表实现完整性约束基础

3.1 数据表概述

3.1.1 表的组件

表是包含数据库中所有数据的数据库对象。表定义是一个列集合。数据在表中的组织方式与在电子表格中相似,都是按行和列的格式组织的。通常情况下,每一行代表一条唯一的记录,每一列代表记录中的一个字段。例如,在包含学生数据的表中,每一行代表一名学生,各列分别代表该学生的信息,如学号、姓名、家庭住址、专业以及联系方式等。

数据表主要包括以下两种组件:

1.列

每一列代表由表建模的对象的某个属性,比如,一个课程表有课表编号、课程名称、课程学分等;

2.行

每一行代表由表建模的对象的一个单独的实例,必须每个课程在课程表中都占有一行。如图 3-1 所示:

SQL Server 等数据库系统中的数据表与 Excel 不同,Excel 工作表中的列名可能会出现重复的情况,在一般情况下不影响数据的存储和查阅,但是若存在统计汇总、排序则可能需要以另外一种方式来区别不同的列,如 Excel 会在原有名称后加上"2"、"3"……如果将 Excel 工作表导入到 SQL Server 系统中,第一列之后的重复名将会在末尾被标注上"1"、"2"……如图 3-2 所示:

图 3-1 表的基本结构

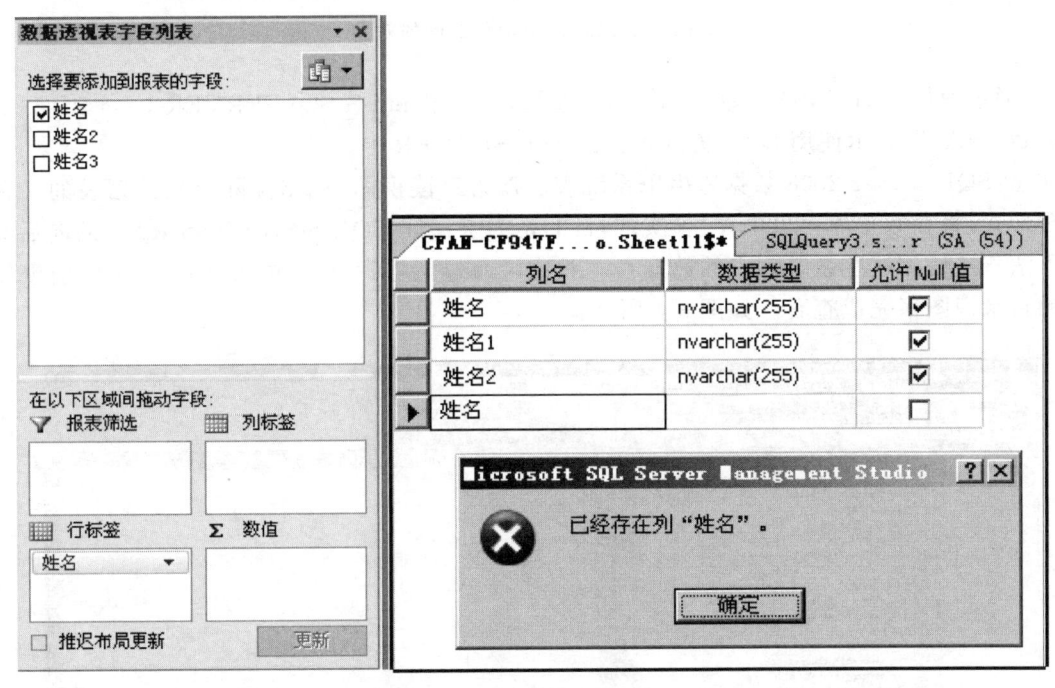

图 3-2 Excel 与 SQL Server 的列规范

3.1.2 表的类型

SQL Server 2008 R2 数据库中,主要有五种表:系统表、用户表、临时表、已分区表和宽表。

1.系统表

SQL Server 将定义服务器配置及其所有表的数据存储在一组特殊的表中,这组表称为系统表。除非通过专用的管理员连接(DAC),否则用户无法直接查询或更新系统表。DAC 有两种方法可用:

(1)在 SSMS 中,不打开其他 DAC,单击工具栏上的"数据库引擎查询",在对话框中,输入"服务器名称"时,在服务器名称前键入"ADMIN:",如果是默认实例名,则在服务器名称后无需

再加实例名,否则就需要写成"ADMIN:\服务器\数据库实例名",如图 3-3 所示:

图 3-3　登录连接可配置访问的对象

(2)通过使用 SQLCMD 命令进行 DAC 连接,如"sqlcmd-S SQLSERVER-U-sa-P 123-A",其中参数"-A"即表示使用 DAC 方式连接到 SQLSERVER 上。

注意:SQL Server 2008 数据库引擎系统表已作为只读视图(视图实际上是数据表的一种特殊表现形式,将在数据库对象中详述)实现,目的是为了保证 SQL Server 2008 R2 中的向后兼容性。无法直接使用这些系统表中的数据。一般建议通过能够返回 SQL Server 数据库引擎使用信息的目录视图来完成查看。如图 3-4 所示:

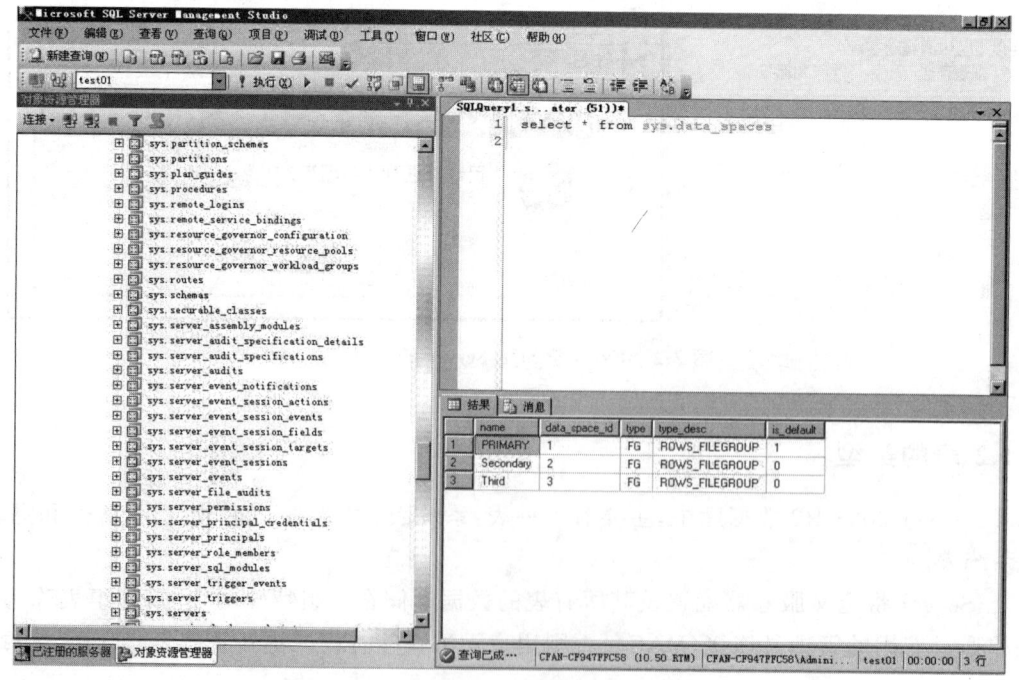

图 3-4　调用使用查看引擎使用情况

2.用户表

用户登录系统后,通过手工创建、外部数据导入等方式创建的表是用户表。用户表的创建、管理和应用是本书的重点内容之一。

3.临时表

临时表有两种类型:本地表和全局表。在与首次创建或引用表时相同的 SQL Server 实例连接期间,本地临时表只对于创建者是可见的。当用户与 SQL Server 实例断开连接后,将删除本地临时表。全局临时表在创建后对任何用户和任何连接都是可见的,当引用该表的所有用户都与 SQL Server 实例断开连接后,将删除全局临时表。

临时表的创建和应用将在后文详述。

4.已分区表

在维护数据集合完整性的前提下,已分区表是将数据水平划分为多个单元的表,而多组行映射到单个分区,这些单元可以分布到数据库中的多个文件组中。对数据进行查询或更新时,表被看作单个的逻辑实体,所以使用分区可以快速而有效地访问或管理数据子集,从而使大型表或索引更易于管理。

在分区方案下,将数据从 OLTP 加载到 OLAP 系统中这样的操作只需几秒钟,而不是像在早期版本中那样需要几分钟或几小时。对数据子集执行的维护操作也将更有效,因为它们的目标只是所需的数据,而不是整个表。

如果表非常大或者有可能变得非常大,并且属于下列任一情况,那么分区表将很有意义:

(1)表中包含或可能包含以不同方式使用的许多数据。

(2)对表的查询或更新没有按照预期的方式执行,或者维护开销超出了预定义的维护期。

SQL Server 2008 R2 已分区表支持所有与设计和查询标准表关联的属性和功能,包括约束、默认值、标识和时间戳值、触发器和索引。因此,如果要实现一台服务器本地的分区视图,应该改为实现已分区表。

5.宽表

宽表是定义了列集的表。宽表使用稀疏列,从而将表可以包含的总列数增大为 30000 列。索引数和统计信息数也分别增大为 1000 和 30000。宽表行的最大大小为 8019 个字节。因此,任何特定行中的大部分数据都应为 NULL。若要创建宽表或将表改为宽表,请在相应表定义中添加列集。宽表中非稀疏列和计算列的列数之和仍不得超过 1024。

通过使用宽表,可以在应用程序中创建灵活的架构。可以根据需要随时添加或删除列。请记住,使用宽表时具有独特的性能注意事项,例如运行时和编译时内存需求增大。

3.2 数据类型

在 SQL Server 中,每个列、局部变量、表达式和参数都和一个具体的数据类型相关联。用户设计表时首先要执行的操作之一是为每个列的数据指派一种数据类型。数据类型是表中数据的一种属性,用于指定数据对象可设置的类别。即使用户创建自定义数据类型,它也必须基于一种标准的 SQL Server 数据类型。如图 3-5 所示:

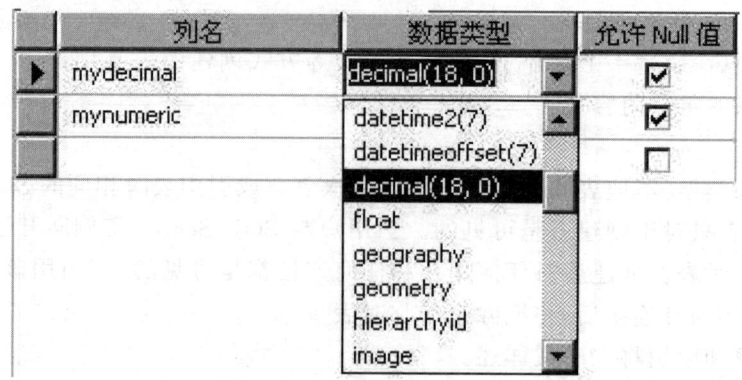

图 3-5 数据类型的选择

数据类型的选择首先影响到存储数据的可能性,比如将字段"工资"设置为日期型,那么输入的数据将无法应用于将来的工资统计;其次,数据类型的选择将影响到数据表和数据库对磁盘资源、CPU 资源和内存资源的占用,从优化服务器性能的角度看,数据类型的选择至关重要。

数据类型的具体用法不在本章节体现,之后的各个章节都会详细阐述,并与本章形成呼应。

根据数据类型的来源不同,SQL Server 将数据类型划分为两类:系统数据类型和用户自定义类型。

3.2.1 系统数据类型

SQL Server 2008 R2 提供的系统数据类型集,该类型集定义了可与 SQL Server 一起使用的所有数据类型,共有 7 大类、33 种。

1. 精确数字类型

精确数字类型是常用的数据类型之一,用来存储精确的、精度固定的数值,可直接进行数据运算而不需要运算前的函数转换。它有可分为整数数据精确数值数据类型、带固定精度和小数位数的数值数据类型、代表货币或货币值的数据类型。

(1) 整数数据的精确数字数据类型

整数数据的精确数据类型定义如表 3-1 所示:

表 3-1 整数数据类型

数据类型	范围	存储
bigint	-2^{63}(-9223372036854775808) 到 $2^{63}-1$(9223372036854775807)	8 字节,其中一个二进制位表示符号,其他 63 个二进制位表示长度和大小
int	-2^{31}(-2147483648) 到 $2^{31}-1$(2147483647)	4 字节,其中一个二进制位表示符号,其他 31 个二进制位表示长度和大小
smallint	-2^{15}(-32768) 到 $2^{15}-1$(32767)	2 字节,表示一个二进制位表示整数值的正负号,其中 15 个二进制位表示长度和大小
tinyint	0 到 255	1 字节

注释:
- int 数据类型是 SQL Server 中的主要整数数据类型。bigint 数据类型用于整数值可能超过 int 数据类型支持范围的情况。
- 在数据类型优先次序表中,bigint 介于 smallmoney 和 int 之间。
- 仅当参数表达式为 bigint 数据类型时,函数才返回 bigint。SQL Server 不会自动将其他整数数据类型 (tinyint、smallint 和 int) 提升到 bigint。

> ★ 注意：使用 +、-、*、/ 或 % 等算术运算符将 int、smallint、tinyint 或 bigint 常量值隐式或显式转换为 float、real、decimal 或 numeric 数据类型时，SQL Server 计算数据类型和表达式结果的精度时应用的规则有所不同，这取决于查询是否是自动参数化的。
>
> 因此，查询中的类似表达式有时可能会生成不同的结果。如果查询不是自动参数化的，则将常量值转换为指定的数据类型之前，首先将其转换为 numeric，该数据类型的精度很大足以保存常量的值。例如，常量值 1 转换为 numeric（1,0），常量值 250 转换为 numeric（3,0）。
>
> 如果查询是自动参数化的，则将常量值转换为最终数据类型之前，始终先将其转换为 numeric（10,0）。如果涉及运算符，则对于类似查询而言，不仅结果类型的精度可能不同，而且结果值也可能不同。例如，包含表达式 SELECT CAST（1.0/7 AS float）的自动参数化查询的结果值将不同于非自动参数化的同一查询的结果值，因为自动参数化查询的结果将被截断以适合 numeric（10,0）数据类型。

（2）带固定精度和小数位的数值数据类型

带固定精度和小数位的精确数据类型也属于浮点数据类型，它的格式定义如下：

decimal[（p[,s]）]和 numeric[（p[,s]）]

其中：

p（精度）：最多可以存储的十进制数字的总位数，包括小数点左边和右边的位数。该精度必须是从 1 到最大精度 38 之间。默认精度为 18。

s（小数位）：小数点右边可以存储的十进制数字的位数。从 p 中减去此数字可确定小数点左边的最大位数。小数位数必须是从 0 到 p 之间的值。仅在指定精度后才可以指定小数位数。默认的小数位数为 0；因此，$0 \leqslant s \leqslant p$。最大存储大小基于精度而变化。

表 3-2 精度与存储字节数

精度	存储字节数
1～9	5
10～19	9
20～28	13
29～38	17

转换 decimal 和 numeric 数据：

①对于 decimal 和 numeric 数据类型，SQL Server 会将精度和小数位数的每个特定组合视为不同的数据类型。例如，将 decimal(5,5)和 decimal(5,0)视为不同的数据类型。

②在 Transact-SQL 语句中，带有小数点的常量将自动转换为 numeric 数据值，而且使用必需的最小精度和小数位数。例如，常量 12.345 将被转换为精度为 5，小数位数为 3 的 numeric 值。

③从 decimal 或 numeric 转换为 float 或 real 会导致精度降低。从 int、smallint、tinyint、float、real、money 或 smallmoney 转换为 decimal 或 numeric 会导致溢出。

④默认情况下，将数字转换为较低精度和小数位数的 decimal 或 numeric 值时，SQL Server 会进行舍入。但如果 SET ARITHABORT 选项为 ON，发生溢出时，SQL Server 会产生错误。若仅降低精度和小数位数，则不会产生错误。

⑤在将 float 值或实数值转换为 decimal 或 numeric 类型时，decimal 值不会超过 17 位小数。任何小于 5E-18 的 float 值总是会转换为 0。

(3)代表货币或货币值的数据类型

该类数据类型的定义格式如表 3-3 所示：

表 3-3 货币数据类型

数据类型	范围	存储
money	-922337203685477.5808 到 922337203685477.5807	8 字节
smallmoney	-214748.3648 到 214748.3647	4 字节

注释：

- money 和 smallmoney 数据类型精确到它们所代表的货币单位的万分之一。
- 用句点分隔局部货币单位（如美分）和总体货币单位。例如，2.15 表示 2 美元 15 美分。
- 这些数据类型可以使用图 3-6 所示任意一种货币符号：

符号	货币	十六进制值	符号	货币	十六进制值
$	美元符	0024	Pts	比塞塔符	20A7
¢	美分符	00A2	Rp	卢比符	20A8
£	英镑符	00A3	₩	朝鲜元符	20A9
¤	货币符号	00A4	₪	新谢克尔符	20AA
¥	日元符	00A5	₫	越南盾符	20AB
৲	孟加拉卢比标记	09F2	€	欧元符	20AC
৳	孟加拉卢比符	09F3	₭	Kip 符	20AD
฿	泰国货币符铢	0E3F	₮	图格里克符	20AE
៛	高棉货币符瑞尔	17DB	₯	希腊币符	20AF
₠	欧洲货币符号	20A0	₰	德国便士符	20B0
₡	科隆符	20A1	₱	比索符	20B1
₢	克鲁赛罗符	20A2	﷼	里亚尔符	FDFC
₣	法国法郎符	20A3	﹩	小美元符	FE69
₤	里拉符	20A4	＄	全角美元符	FF04
₥	米尔符	20A5	￠	全角美分符	FFE0
₦	奈拉符	20A6	￡	全角英镑符	FFE1
			￥	全角日元符	FFE5
			￦	全角朝鲜元符	FFE6

图 3-6

货币数据不需要用单引号(')引起来。虽然用户可以指定前面带有货币符号的货币值，但在 SQL Server 中不存储任何与符号关联的货币信息，它只存储数值。具体表现将在对数据的操作章节中详述。

2.近似数值类型

用于表示浮点数值数据的大致数值数据类型。浮点数据为近似值；因此，并非数据类型范围内的所有值都能精确地表示。格式定义如表 3-4 所示：

表 3-4 近似数值类型特征

数据类型	范围	存储
float	-1.79E+308 至 -2.23E-308、0 以及 2.23E-308 至 1.79E+308	取决于 n 的值
real	-3.40E+38 至 -1.18E-38、0 以及 1.18E-38 至 3.40E+38	4 字节

语法：

float[(n)]：其中 n 为用于存储 float 数值尾数的位数（以科学计数法表示），因此可以确定精度和存储大小。如果指定了 n，则必须介于 1 和 53 之间的某个值，n 的默认值为 53。

表 3-5 精度与存储空间

n 的值	精度	存储大小
1~24	7 位数	4 字节
25~53	15 位数	8 字节

SQL Server 将 n 视为两个可能的值:如果 $1 \leqslant n \leqslant 24$,则 n 为 24;如果 $25 \leqslant n \leqslant 53$,则 n 为 53。

3.日期和时间类型

SQL Server 支持以下日期和时间类型,参见表 3-6。

表 3-6 日期与时间类型表

数据类型	格式	范围	精确度	存储大小（以字节为单位）	用户定义的秒的小数精度	时区偏移量
time	hh:mm:ss[.nnnnnnn]	00:00:00.0000000~23:59:59.9999999	100 ns	3 到 5	有	无
date	YYYY-MM-DD	0001-01-01~9999-12-31	1 d	3	无	无
smalldatetime	YYYY-MM-DD hh:mm:ss	1900-01-01~2079-06-06	1 min	4	无	无
datetime	YYYY-MM-DD hh:mm:ss[.nnn]	1753-01-01~9999-12-31	0.00333 s	8	无	无
datetime2	YYYY-MM-DD hh:mm:ss[.nnnnnnn]	0001-01-01 00:00:00.0000000~9999-12-31 23:59:59.9999999	100 ns	6~8	有	无
datetimeoffset	YYYY-MM-DD hh:mm:ss[.nnnnnnn][+|-]hh:mm	0001-01-01 00:00:00.0000000~9999-12-31 23:59:59.9999999（以 UTC 时间表示）	100 ns	8~10	有	有

(1)date

存储用字符串表示的日期数据,字符长度是 10 位,存储大小固定为 3 个字节,精确度是 1 天。可定义从 0001-01-01~9999-12-31 的任意日期值。默认值是 1900-01-01。默认的字符串格式是"YYYY-MM-DD",如"2014-01-01"。

①YYYY 是表示年份的四位数字,范围为从 0001 到 9999。

②MM 是表示指定年份中的月份的两位数字,范围为从 01 到 12。

③DD 是表示指定月份中的某一天的两位数字,范围为从 01 到 31(最高值取决于具体月份)。

data 数据类型除了有满足符合 ISO 8601 标准的默认字符串格式,还可以有其他的一些表示方式,比如:

④mdy 属于数字日期格式,[m]m、dd 和[yy]yy 在字符串中表示月、日和年,使用斜线(/)、连字符(-)或句点(.)作为分隔符。

⑤mon [dd] [,]属于字母格式的日期型表示方法。yyyymon 表示采用当前语言的完整月份名称或月份缩写。逗号是可选的,且忽略大小写。为避免不确定性,一般尽可能使用四位数年份。如果没有指定日,则默认为当月第一天。

（2）datetime

用于存储日期和时间数据,如"2014-11-11 00:00:00"。默认值是"1900-01-01 00:00:00",字符长度范围19~23,存储大小是8字节。日期范围是1753-01-01~9999-12-31,时间范围是00:00:00-23:59:59.997。

①YYYY 是表示年份的四位数字,范围为 1753~9999。

②MM 是表示指定年份中的月份的两位数字,范围为 01~12。

③DD 是表示指定月份中的某一天的两位数字,范围为 01~31(最高值取决于相应月份)。

④hh 是表示小时的两位数字,范围为 00~23。

⑤mm 是表示分钟的两位数字,范围为 00~59。

⑥ss 是表示秒钟的两位数字,范围为 00~59。

⑦n* 为一个 0~3 位的数字,范围为 0~999,表示秒的小数部分。

datetime 秒的小数部分精度的舍入如表 3-7 所示。

表 3-7　dateitme 秒位的小数部分精度

用户指定的值	系统存储的值
01/01/98 23:59:59.999	1998-01-02 00:00:00.000
01/01/98 23:59:59.995 01/01/98 23:59:59.996 01/01/98 23:59:59.997 01/01/98 23:59:59.998	1998-01-01 23:59:59.997
01/01/98 23:59:59.992 01/01/98 23:59:59.993 01/01/98 23:59:59.994	1998-01-01 23:59:59.993
01/01/98 23:59:59.990 01/01/98 23:59:59.991	1998-01-01 23:59:59.990

（3）datetime2

定义了结合 24 小时制时间的日期,是 datetime 的扩展,数据范围更大,默认的小数精度更高,并具有可选的用户定义的精度。默认值是"1900-01-01 00:00:00"。默认的字符串文字格式是"YYYY-MM-DD hh:mm:ss[.fractional seconds]",日期部分取值范围是 0001-01-01~9999-12-31,时间部分的取值范围 00:00:00~23:59:59.9999999,明显要比 datetime 数据类型更加精确。字符长度最低 19 位(YYYY-MM-DD hh:mm:ss),最高 27 位(YYYY-MM-DD hh:mm:ss0000000),默认精度 7 位,可选 0~7,准确度为 100 ns。存储大小分为:

①精度小于 3 时为 6 个字节。

②精度为 3 和 4 时为 7 个字节。

③其他精度则需要 8 个字节。

注:此数据类型为新增类型(相比于 SQL Server 2000,除非特别说明,下同)。

（4）datetimeoffset

用于定义一个与采用 24 小时制并可识别时区的一日内时间相组合的日期。默认值是"1900-01-01 00:00:00 00:00",默认格式是"YYYY-MM-DD hh:mm:ss[.nnnnnnn] [+|-]hh:mm]",其中"{+|-}hh:mm"代表了时区偏移量。日期部分的取值范围是 0001-01-01~9999-12-31,时间部分的取值范围是 00:00:00~23:59:59.9999999,时区偏移量的取值范围是 -14:00~+14:00。

①YYYY 是表示年份的四位数字,范围为 0001~9999。
②MM 是表示指定年份中的月份的两位数字,范围为 01~12。
③DD 是表示指定月份中的某一天的两位数字,范围为 01~31(最高值取决于相应月份)。
④hh 是表示小时的两位数字,范围为 00~23。
⑤mm 是表示分钟的两位数字,范围为 00~59。
⑥ss 是表示秒钟的两位数字,范围为 00~59。
⑦n * 是 0~7 位数字,范围为 0~9999999,它表示秒的小数部分。
⑧hh 是两位数,范围为 −14~+14。
⑨mm 是两位数,范围为 00~59。

如"2014-11-11 23:59:59+08:00"表示存储的是北京时区 2014 年 11 月 11 日 23 点 59 分 59 秒的数据。

注:此数据类型为新增类型。

(5)smalldatetime

定义结合了一天中的时间的日期。此时间为 24 小时制,秒始终为零(:00),并且不带秒小数部分。默认值是"1900-01-01 00:00:00"。日期部分的取值范围是 1900-01-01~2079-06-06,时间部分的取值范围是 00:00:00~23:59:59,默认格式是"YYYY-MM-DD hh:mm:ss"。

需要注意的是 smalldatetime 数据类型的日期取值范围只能到 2079-06-06,加上时间的取值上限 23:59:59 将会被取舍,比如 2014-11-11 23:59:59 的日期将被其取舍为 2014-11-12 00:00:00,所以在一些战略性数据的存储方面还是推荐使用如 time、date、datetime2 和 datetimeoffset 等数据类型,更易于移植,如 datetimeoffset 就适合于跨大区域的应用程序部署提供时区支持。

(6)time

定义一天中的某个时间。此时间不能感知时区且基于 24 小时制。默认的字符串格式是"hh:mm:ss[.nnnnnnn]",取值范围是 00:00:00.0000000 到 23:59:59.9999999,默认值是 00:00:00,字符长度最小 8 位(hh:mm:ss),最大 16 位(hh:mm:ss.nnnnnnn)。默认存储大小是固定 5 个字节,是使用默认的 100 ns 的小数部分精度时的默认存储大小。

4.字符串类型

字符串类型也是 SQL Server 中最常用的数据类型之一,用于存储各种字符、数字符号、特殊符号,在使用时一般在前后加上半角单引号或双引号。如果没有在数据定义或变量声明语句中指定 n,则默认长度为 1。如果在使用 CAST 和 CONVERT 函数时未指定 n,则默认长度为 30。

主要分为以下两类:

(1)长度固定的字符串数据类型

①char [(n)]:固定长度,非 Unicode 字符串数据。n 定义字符串长度,取值范围为 1~8000。存储大小为 n 字节。当排序规则代码页使用双字节字符时,存储大小仍为 n 个字符。n 个字节的存储大小可能小于为 n 指定的值。若输入的长度小于设定的 n 值时,系统自动在其后面添加空格来填满设定好的空间;若超过设定的 n 值时,则会截除超出的部分。

②nchar [(n)]:固定长度,Unicode 字符串数据。n 定义字符串长度,取值范围为 1~4000。存储大小为 n 字节的两倍。当排序规则代码页使用双字节字符时,存储大小仍然为 n 个字节。根据字符串的不同,n 个字节的存储大小可能小于为 n 指定的值。

(2)长度可变的字符串数据类型

①varchar[(n|max)]:可变长度,非 Unicode 字符串数据。n 定义字符串长度,取值范围为 1~8 000。max 指示最大存储大小是($2^{31}-1$)个字节(2 GB)。存储大小为输入的实际数据长度

+2个字节。

②nvarchar [(n|max)]:可变长度,Unicode字符串数据。n定义字符串长度,取值范围为1~4 000。max指示最大存储大小是$2^{31}-1$个字节(2 GB)。存储大小(以字节为单位)是所输入数据实际长度的两倍+2个字节。

5. Unicode字符串

Unicode字符串主要有三种,nchar和nvarchar已经在字符串数据类型中进行了阐述。还有一种是ntext。长度可变的Unicode数据,字符串最大长度为$(2^{30}-1)(1073741823)$个字节。存储大小是所输入字符串长度的两倍(以字节为单位)。

> ★ 注意:在Microsoft SQL Server的未来版本中将不再使用ntext、text和image数据类型。请避免在新开发工作中使用这些数据类型,并考虑修改当前已使用这些数据类型的应用程序。请改用nvarchar(max)、varchar(max)和varbinary(max)。用于存储大型非Unicode字符串、Unicode字符串及二进制数据的固定长度数据类型和可变长度数据类型。Unicode数据使用UNICODEUCS-2字符集。

6. 二进制字符串类型

分为固定长度或可变长度的Binary数据类型。

(1) binary[(n)]

长度为n字节的固定长度二进制数据,其中n是1~8000的值。存储大小为n字节。

(2) varbinary [(n|max)]

可变长度二进制数据。n的取值范围为1~8000。max指示最大存储大小是$(2^{31}-1)$个字节。存储大小为所输入数据的实际长度+2个字节。所输入数据的长度可以是0字节。

7. 其他数据类型

(1) cursor

在创建表时,不能对表中的列使用cursor数据类型。

cursor数据类型是变量或存储过程OUTPUT参数的一种数据类型,这些参数包含对游标的引用。使用cursor数据类型创建的变量可以为空。有些操作可以引用那些带有cursor数据类型的变量和参数,这些操作包括:

①DECLARE @local_variable和SET @local_variable语句。

②OPEN、FETCH、CLOSE及DEALLOCATE游标语句。

③存储过程输出参数。

④CURSOR_STATUS函数。

⑤sp_cursor_list、sp_describe_cursor、sp_describe_cursor_tables以及sp_describe_cursor_columns系统存储过程。

(2) timestamp

timestamp记录的是数据变更的一个唯一的二进制数值的数据类型,相当于做了一个版本的记录,因此,还有rowversion数据类型与之相对应,二者的数据类型完全一样。存储大小为8个字节,只是递增的数值,不保留日期或时间。

每个数据库都有一个计数器,当对数据库中包含rowversion列的表执行插入或更新操作时,该计数器值就会增加。此计数器是数据库行版本。这可以跟踪数据库内的相对时间,而不是时钟相关联的实际时间。一个表只能有一个rowversion列。每次修改或插入包含rowversion列的行时,就会在rowversion列中插入经过增量的数据库行版本值。这一属性使rowversion列不适合作为键使用，尤其是不能作为主键使用。对行的任何更新都会更改行版本值，从而更改键值。如果该列属于主键，那么旧的键值将无效，进而引用该旧值的外键也将不再有效。如果该表在动态游标中引用，则所有更新均会更改游标中行的位置。如果该列属于索引键，则对数据行的所有更新还将导致索引更新。

在 SSMS 的资源管理器，当对表进行设计时，只能使用 timestamp 作为列类型，并且要指定一个列名，但是使用 T-SQL 创建表格时，可不为 timestamp 类型字段命名，该列名称自动设置为 timestamp。不过，在 T-SQL 中还可以使用 rowversion，并且一定要为该数据类型的列设置列名，但在用资源管理器对表进行设计时，使用 rowversion 数据类型的列的类型会标识为 timestamp 数据类型。

在今后的 SQL Server 版本中，可能会删除 timestamp 数据类型（但是 SQL Server 2012 中该数据类型还存在）。

若要记录数据的更改日期和时间，建议使用 datetime2。

(3) hierarchyid

hierarchyid 数据类型是一种长度可变的系统数据类型。可使用 hierarchyid 表示层次结构中的位置。类型为 hierarchyid 的列不会自动表示树。由应用程序来生成和分配 hierarchyid 值，使行与行之间的所需关系反映在这些值中。

hierarchyid 数据类型的值表示树层次结构中的位置。hierarchyid 的值具有以下属性：

① 非常紧凑

在具有 n 个节点的树中，表示一个节点所需的平均位数取决于平均端数（节点的平均子级数）。端数较小时（0~7），大小约为 $6\times\log_A n$ 位，其中 A 是平均端数。对于平均端数为 6 级、包含 100000 个人的组织层次结构，一个节点大约占 38 位。存储时，此值向上舍入为 40 位，即 5 字节。

② 按深度优先顺序进行比较

给定两个 hierarchyid 值 a 和 b，$a<b$ 表示在对树进行深度优先遍历时，先找到 a，后找到 b。hierarchyid 数据类型的索引按深度优先顺序排序，在深度优先遍历中相邻的节点的存储位置也相邻。例如，一条记录的子级的存储位置与该记录的存储位置是相邻的。有关详细信息，请参阅使用 hierarchyid 数据类型（数据库引擎）。

③ 支持任意插入和删除

使用 GetDescendant 方法，始终可以在任意给定节点的右侧、左侧或任意两个同级节点之间生成同级节点。在层次结构中插入或删除任意数目的节点时，该比较属性保持不变。大多数插入和删除操作都保留了紧凑性属性。但是，对于在两个节点之间执行的插入操作，所产生的 hierarchyid 值的表示形式在紧凑性方面将稍微降低。

④ hierarchyid 类型中所用的编码限制为 892 字节。因此，如果节点的表示形式中包含过多级别，以至于 892 字节不足以容纳它，则该节点不能用 hierarchyid 类型表示。

hierarchyid 类型对层次结构树中有关单个节点的信息进行逻辑编码的方法是：对从树的根目录到该节点的路径进行编码。这种路径在逻辑上表示为一个在根之后被访问的所有子级的节点标签序列。表示形式以一条斜杠开头，只访问根的路径由单条斜杠表示。对于根以下的各级，各标签编码为由点分隔的整数序列。子级之间的比较就是按字典顺序比较由点分隔的整数序列。每个级别后面紧跟着一个斜杠。因此斜杠将父级与其子级分隔开。例如，以下是长度分别为 1 级、2 级、2 级、3 级和 3 级的有效 hierarchyid 路径：

/

/1/

/0.3.-7/
/1/3/
/0.1/0.2/

可在任何位置插入节点。插入在/1/2/之后、/1/3/之前的节点可表示为/1/2.5/。插入在 0 之前的节点的逻辑表示形式为一个负数,例如/1/1/之前的节点可表示为/1/-1/。节点不能有前导零,例如/1/1.1/有效,但/1/1.01/无效。

注:该数据类型用在层次型特征的组织结构、产品分类等,具体用法后文详述。

(4) uniqueidentifier

uniqueidentifier 数据类型是一个 16 字节的 GUID,即全局唯一标识符。GUID 是唯一的二进制数。世界上的任何两台计算机都不会生成重复的 GUID 值。GUID 主要用于在拥有多个节点、多台计算机的网络中,分配必须具有唯一性的标识符。

uniqueidentifier 列的 GUID 值通常通过下列方式之一获取:

①在 Transact-SQL 语句、批处理或脚本中调用 NEWID 函数。

②在应用程序代码中,调用返回 GUID 的应用程序 API 函数或方法。

uniqueidentifier 的用处越来越多,比如产生不可重复的数据标识、随机密钥、随机排序与选择等,不同于 timestamp 或 rowversion,前者是产生真正的随机序列,而后者可看作是一种伪随机。如图 3-7 所示:

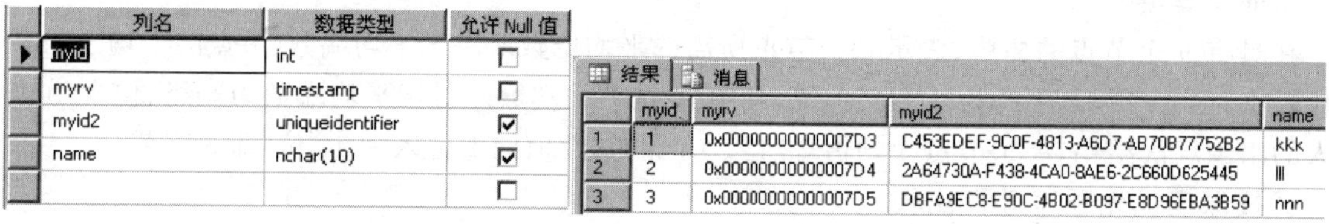

图 3-7 能产生随机性唯一标识符的不同数据类型

(5) sql_variant

sql_variant 是一种能够存储 SQL Server 支持的各种数据类型的值,可以用在列、参数、变量和用户定义函数的返回值中。sql_variant 使这些数据库对象能够支持其他数据类型的值。类型为 sql_variant 的列可能包含不同数据类型的行。例如,定义为 sql_variant 的列可以存储 int、binary 和 char 值。

sql_variant 的最大长度可以是 8016 个字节。这包括基类型信息和基类型值。实际基类型值的最大长度是 8000 个字节。

sql_variant 能够存储的数据类型表 3-8 所示:

表 3-8 sql_variant 存储数据类型

varchar(max)	varbinary(max)
nvarchar(max)	xml
text	ntext
image	rowversion(timestamp)
sql_variant	geography
hierarchyid	geometry
用户定义类型	datetimeoffset

(6) xml

可用来存储 XML 数据的数据类型。可以在列中或者 XML 类型的变量中存储 XML 实例。XML 数据类型表示实例大小不能超过 2 GB。

(7) table

table 数据类型是一种特殊的数据类型,用于存储结果集以进行后续处理。table 主要用于临时存储一组作为表值函数的结果集返回的行。可将函数和变量声明为 table 类型。table 变量可用于函数、存储过程和批处理中,可以提高查询或其他应用的效率。

(8) 空间类型

SQL Server 2008 R2 空间类型有两种:geography 和 geometry,这两种数据类型包括已用于在 OGC 中所定义的地理数据的已知文本(Well Known Text,WKT)和已知二进制(Well Known Binary,WKB)格式导入和导出数据的方法,还包括普遍使用的地理标示语言(Geographic Markup Language,GML)格式,这使得很容易从支持这些格式的数据源导入地理数据。地理数据很容易从一些政府和商业数据源获得,并且可以相对容易地从许多现有的 GIS 应用程序和 GPS 系统中导出。数据库里面有了空间数据,就可以给予数据展开空间计算、统计、分析等给力的功能实现,与 GIS 客户端结合来完成各种简单、负责的空间计算、分析。

在实际应用过程中一般会结合类似 share2SQL、sqlSpatrial Query Tools 等专业工具进行分析和应用。如图 3-8 所示:

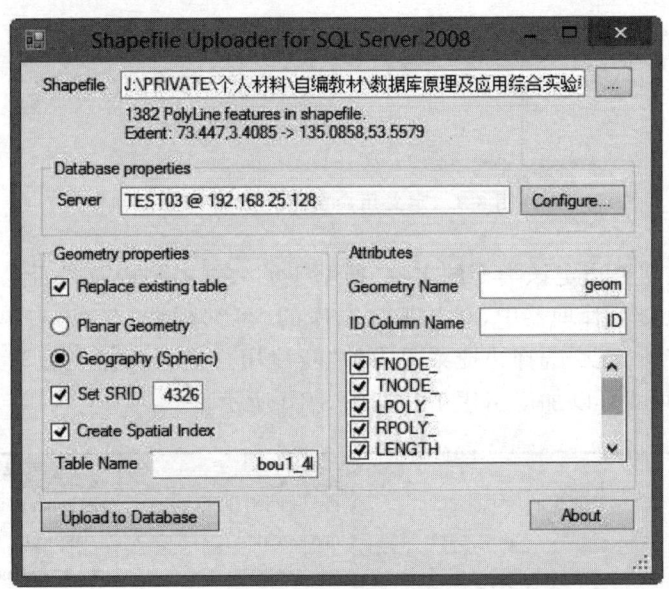

图 3-8 空间数据类型的测试工具

 注意:在 SQL Server 中,根据其存储特征,某些数据类型被指定为属于下列各组:

大值数据类型:varchar(max)、nvarchar(max) 和 varbinary(max)

大型对象数据类型:text、ntext、image、varchar(max)、nvarchar(max)、varbinary(max) 和 xml

3.2.2 用户自定义数据类型

为了扩展 SQL Server 的应用范围,增强编程过程中的灵活性,SQL Server 2008 R2 也提供了用户自定义数据类型(User Defined Data Types,UDDTs),使得数据库开发人员可根据实际情况定义符合自己应用开发需求的数据类型,使得数据管理和应用过程更加高效。

用户自定义数据类型是建立在 SQL Server 系统类型基础上的。定义后虽然使用起来比较便利,但是需要大量的性能开销,因此在是否选择自定义数据类型时一定要慎重。如图 3-9 所示。

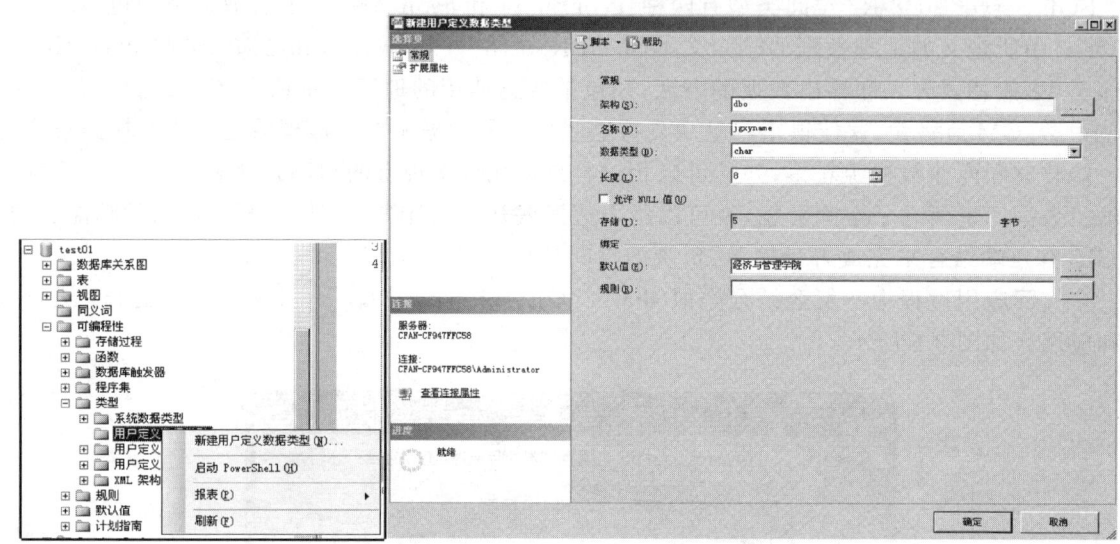

图 3-9 定义用户自定义数据类型

自定义数据类型需要指定该类型的名称、所基于的数据类型以及是否允许为空等。

在 SSMS 的对象资源管理器中,展开某数据库的"可编程性"节点,右单击"类型"节点下的"用户定义数据类型"子节点,选择快捷菜单中的"新建用户定义数据类型"。自定义数据类型完成后,在设计数据表时就可以加以引用了。如图 3-10 所示。

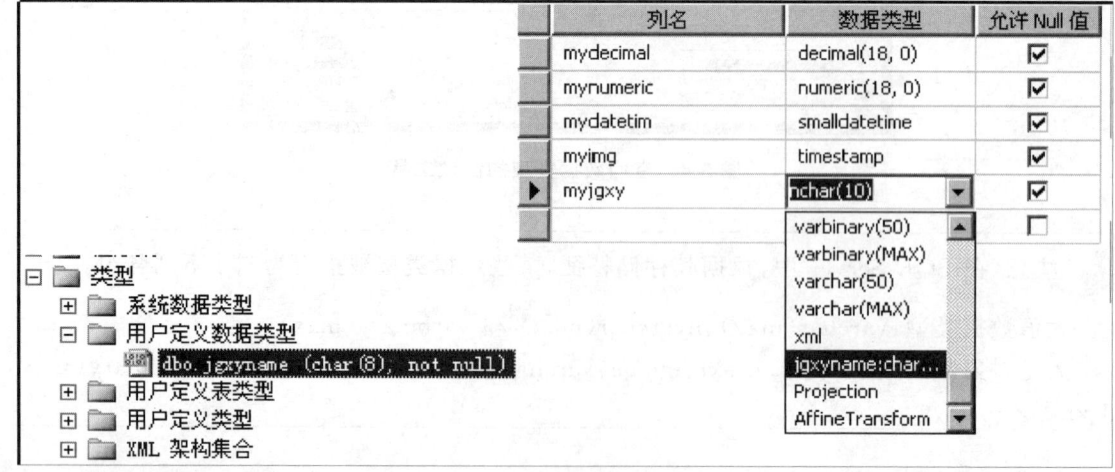

图 3-10 自定义数据类型的应用

对用户自定义的数据类型进行删除和扩展相关属性的操作,但是,如果数据库中的表正在使用用户自定义的数据类型,即对该自定义数据类型存在依赖关系,那么是不能被删除的。如图3-11 所示:

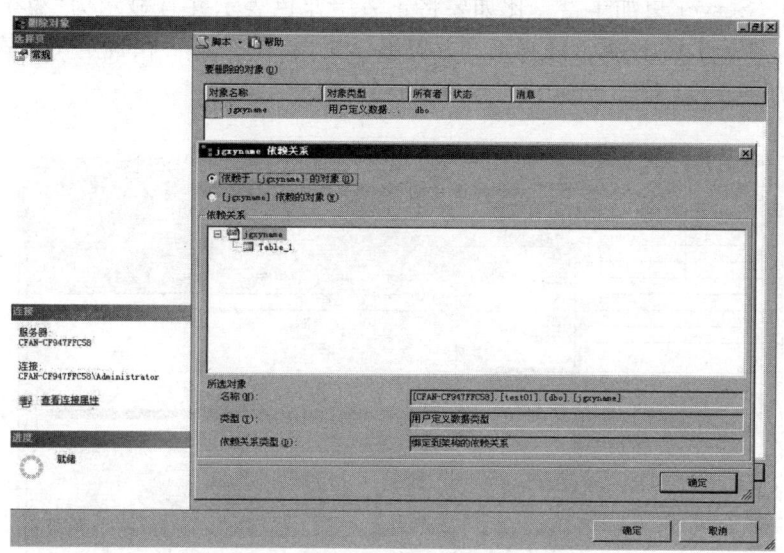

图 3-11　自定义数据类型的使用约束

3.2.3　Excel 数据类型与 SQL Server 数据表

作为客户端与 SQL Server 数据库系统良好互动的工具,Excel 的数据类型选择,将对后期的数据转换、数据处理、数据分析关系重大。

在 Excel 2010,对数据类型的选择比较简单,先选中要定义数据类型的单元格范围,在"开始"的条带式工具栏上的数据类型下拉列表或者快捷图标即可设置数据类型,如图 3-12 所示:

或者单击"开始"工具栏上的"数字"选项调用"设置单元格格式",在"数字"选项卡中即可对数据类型进行选择,如图 3-13 所示。

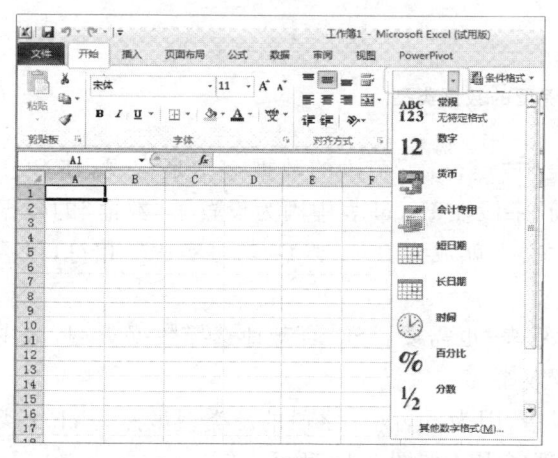

图 3-12　快速设置 Excel 数据类型

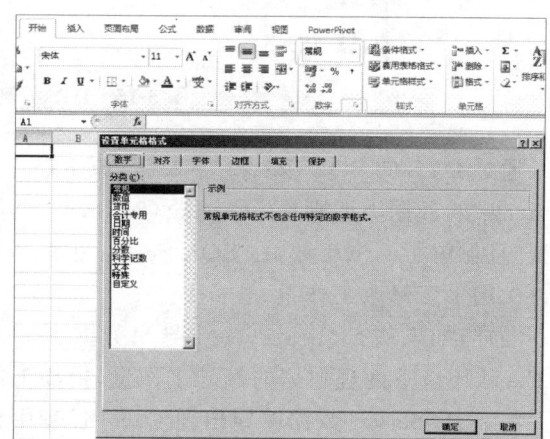

图 3-13　自定义 Excel 数据类型

在 Excel 数据类型中有和 SQL Server 相对应的相关字段,比如数值、日期、时间等。也有与

sql_variant 不定数据类型对象的常规数据类型，比如输入的是数值，那么在运算过程中将被当作数值运算。

Excel 数据类型的选择中，还可以根据需要进行自定义，类似于 SQL Server 自定义的数据类型，而且比 SQL Server 更加丰富。比如要将正数用蓝色表示并且显示为"盈余"、负数用红色表示并且显示为"亏损"、零的颜色设置不变并且显示为"持平"，就可在自定义格式中进行如下的设置，如图 3-14 所示：

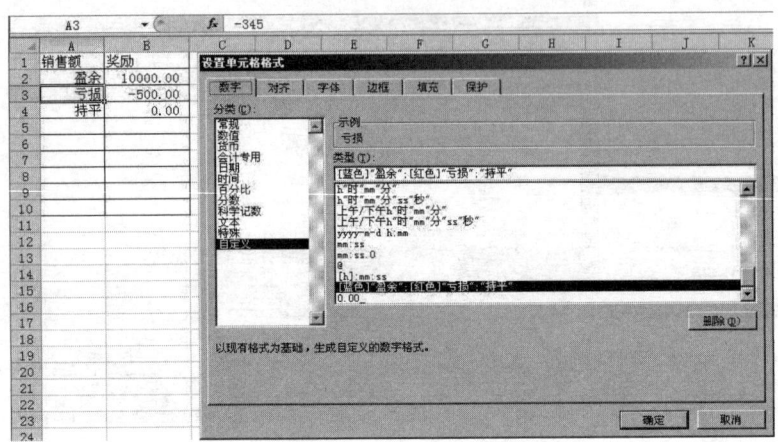

图 3-14 Excel 数据类型呈现灵活性

如图 3-13 所示的 Excel 工作表中 A3 单元格实际数据是－345，但是通过数据格式的自定义就会显示为红色的"亏损"经过这种格式定义的数据，如果通过 DTS 且不编辑字段映射的情况下将数据导入到 SQL Server 中将不会保留。但是，经过 Excel 中常规的数据类型设置的数据，将得到保留，如图 3-15 所示：

列名	数据类型	允许 Null 值
销售额	nvarchar(255)	✓
奖励	float	✓
		☐

图 3-15 DTS 得到保留的数据类型

通过 DTS 向 SQL Server 导入后，原 Excel 表中"销售额"字段的数据类型是常规，在 SQL Server 中的数据类型则是 nvarchar(255)，而"奖励"字段在 Excel 表中因为设置了"数值"的数据类型，且保留了两位小数，在 SQL Server 中该数据类型就成为 float 类型，与事实比较相符，可减少再次的手工修改工作量。

同样，如果从 SQL Server 中导出数据到 Excel 表，也需要科学、合理地选择数据类型，减少在 Excel 环境下处理数据的额外工作量，提高工作效率。

将 SQL Server 数据库导出到 Excel 过程中报错，因为 myjgxy 字段的源类型虽然是 char 类型，但是该类型是用户自定义的，导致在导出时出现错误。如图 3-16 所示。

图 3-16 无法直接转换的数据类型

3.3 数据表的创建与管理基础

通过对数据表的概念、数据表的类型、数据类型，以及 T-SQL 语句、控制流、函数知识的学习，其重要目标之一就是为了在设计、创建、应用和管理数据表时能够更加科学、合理和高效。

下面将介绍几种常见的数据表创建的方法，读者根据实际情况选择使用。

3.3.1 利用 SSMS 平台进行数据表的创建

在 SQL Server Management Studio 平台上，可通过对象资源管理器方式、T-SQL 方式完成对表的创建。本节以本书涉及的 8 张数据表为基本数据模型进行数据表的创建。8 张表的字段名称、字段类型涉及仅供参考，个别属性将在后文中不断加以修正，给读者一个较为完整的数据表设计的过程。

（1）stuinfo（学生信息表）

表 3-9 stuinfo（学生信息表）

字段名称	类型	长度	说明
STUID	char	9	PK,学生学号
STUNAME	nvarchar	20	学生姓名
STUSEX	char	1	学生性别
STUPHONE	nvarchar	20	学生电话
STUADD	nvarchar	20	学生住址
STUGRADE	char	4	学生年级
STUCLASS	char	2	学生班级

续表

字段名称	类型	长度	说明
DID	int		FK,学生所在系别 ID
PID	int		FK,学生所在专业 ID
INSTRID	int		FK,学生辅导员 ID

(2) teacherinfo(教师信息表)

表 3-10　teacherinfo(教师信息表)

字段名称	类型	长度	说明
TID	int		PK
TNAME	nvarchar	20	教师姓名
DID	int		FK,教师所在系别
TLEADER	int		教师所在系系主任

(3) courseinfo(课程信息表)

表 3-11　courseinfo(课程信息表)

字段名称	类型	长度	说明
CID	int		PK,课程 ID
CNAME	nvarchar	20	课程名称
TID	int		FK,授课教师
DID	int		FK,开课系别
CPOINT	decimal	3,1	课程学分

(4) departinfo(院系信息表)

表 3-12　departinfo(院系信息表)

字段名称	类型	长度	说明
DID	int		PK,现系别 ID
DNAME	varchar	10	院系名称
DSCHOOL	varchar	10	原属学院

(5) proinfo(专业信息表)

表 3-13　proinfo(专业信息表)

字段名称	类型	长度	说明
PID	int		PK,专业 ID
PNAME	varchar	20	专业名称
DID	int		FK,所属现系别 ID

(6) classroominfo(教室信息表)

表 3-14　classroominfo(教室信息表)

字段名称	类型	长度	说明
CRID	varchar	20	PK,教室 ID
CRNAME	nvarchar	20	教室名称

(7) instrinfo(辅导员信息表)

表 3-15　instrinfo(辅导员信息表)

字段名称	类型	长度	说明
INSTRID	int		PK,辅导员 ID
INSTRNAME	varchar	20	辅导员姓名
INSTRPHONE	varchar	20	辅导员手机号码
INSTRLEADER	int		辅导员分管领导

(8) stucourse(学生选课信息表)

表 3-16　stucourse(学生选课信息表)

字段名称	类型	长度	说明
STUID	char	9	FK,学生学号
CID	int		FK,课程 ID
CRID	varchar	20	FK,教室编号
TID	int		FK,教师 ID
CPOINT	decimal		FK,课程学分
CSCORE	decimal		课程成绩
CREGTIME	Datetime2		选课时间

8 张表之间的实体关系参考图(Crow's Foot 模式),如图 3-17 所示:

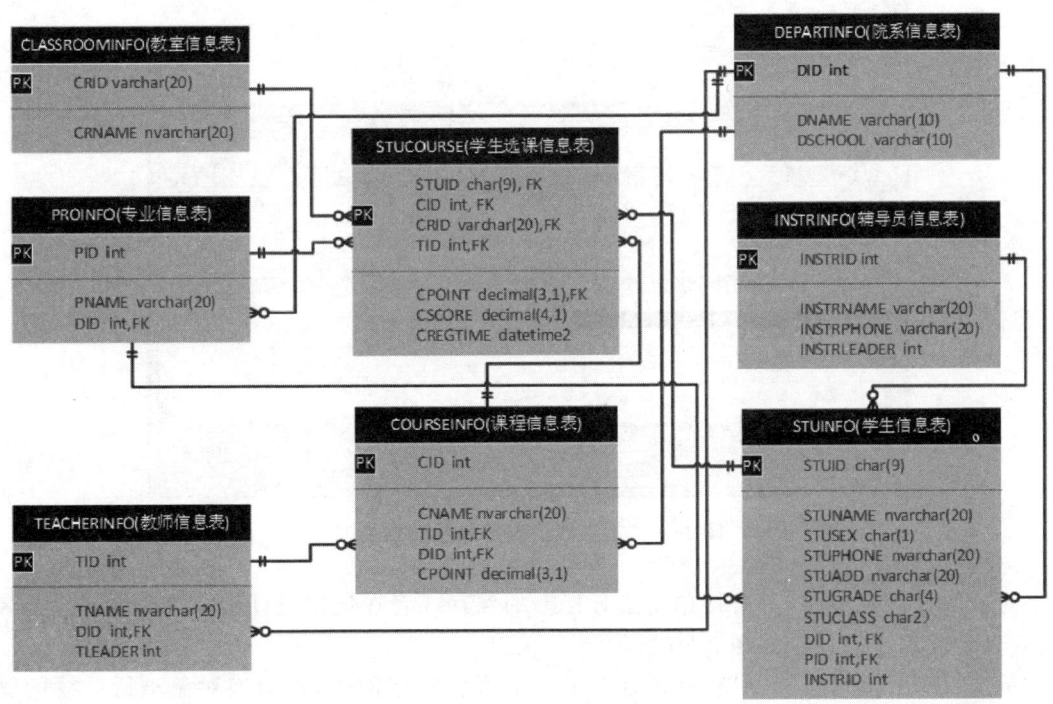

图 3-17　实体关系参考图

1.创建基本的数据表

(1)通过资源管理器方式创建

①利用 SSMS 启动、连接到数据库服务器,在"对象资源管理器"中,展开"数据库"节点下的某个数据库,比如 JGXYALLUSERS,右单击"表"节点,在弹出的快捷菜单中的选择"新建表",如图 3-18 所示:

图 3-18　创建新的数据库

②在表设计器中,输入列名、选择数据类型及长度、是否允许 Null 值的存在等,在列的属性配置列表中分别根据需要设置默认值或绑定、标识规范等,如图 3-19 所示:

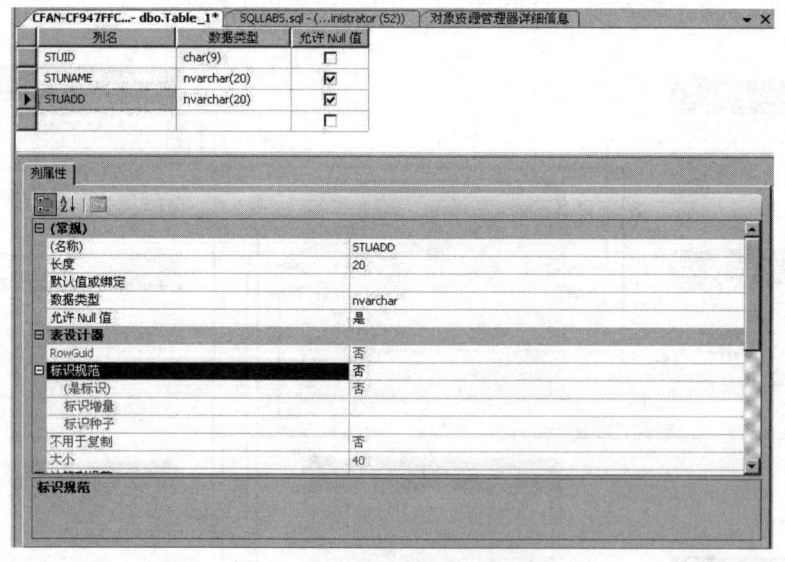

图 3-19　定义数据表字段及数据类型

当对表的设计完成时,可直接单击工具栏上的保存或者在退出设计器,系统提示"选择名称"时,输入表名并确定保存。如图 3-20 所示。

右单击"表"节点可选择刷新,即可在该节点下看到新建的表,可对表对象进行后续的管理,如图 3-21 所示:

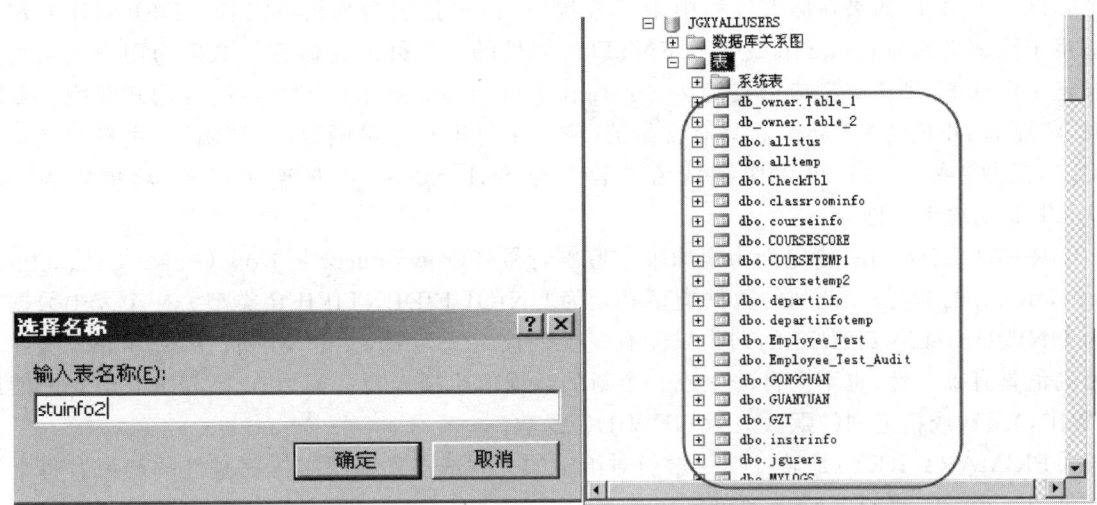

图 3-20 设置保存的数据表名称　　图 3-21 在库中查看数据表

(2) 通过 T-SQL 创建

在 T-SQL 中,使用 CREATE TABLE 语句可创建数据表,其基本语法格式如下:

```
CREATE TBALE [database_name. [schema_name].] table_name
Column_name <data_type> [IDENTITY] [column_constraint]
[NULL | NOT NULL] | [DEFAULT constant_expression] | [ROWGUIDCOL]
{PRIMARY KEY | UNIQUE} [CLUSTERED | NONCLUSTERED]
[ASC | DESC]
```

语法中的主要参数说明如下:

①database_name:是要在其中创建表的数据库名称。database_name 必须是现有数据库的名称。如果不指定数据库,database_name 默认为当前数据库。当前连接的登录必须在 database_name 所指定的数据库中有关联的现有用户 ID,而该用户 ID 必须具有创建表的权限。

②schema_name:新表所属架构的名称,如 DBO 等。

③table_name:新表的名称。表名必须遵循标识符规则。除了本地临时表名(以单个数字符号♯为前缀的名称)不能超过 116 个字符外,table_name 最多可包含 128 个字符。

④column_name:表中列的名称。列名必须遵循有关标识符的规则,而且在表中必须是唯一的。column_name 最多可包含 128 个字符。对于使用 timestamp 数据类型创建的列,可以省略 column_name。如果未指定 column_name,则 timestamp 列的名称默认为 timestamp。

⑤data_type:列的数据类型。

⑥IDENTITY:指示新列是标识列。在表中添加新行时,数据库引擎将为该列提供一个唯一的增量值。标识列通常与 PRIMARYKEY 约束一起用作表的唯一行标识符。可以将 IDENTITY 属性分配给 tinyint、smallint、int、bigint、decimal(p,0)或 numeric(p,0)列。每个表只能创建一个标识列。不能对标识列使用绑定默认值和 DEFAULT 约束。必须同时指定种子和增量,或者两者都不指定。如果两者都未指定,则取默认值(1,1)。

⑦NULL | NOT NULL:确定列中是否允许使用空值。严格来讲,NULL 不是约束,但可以像指定 NOTNULL 那样指定它。只有同时指定了 PERSISTED 时,才能为计算列指定 NOT-NULL。

⑧DEFAULT:如果在插入过程中未显式提供值,则指定为列提供的值。DEFAULT 定义可适用于除定义为 timestamp 或带 IDENTITY 属性的列以外的任何列。如果为用户定义类型列指定了默认值,则该类型应当支持从 constant_expression 到用户定义类型的隐式转换。删除表时,将删除 DEFAULT 定义。只有常量值(例如字符串)、标量函数(系统函数、用户定义函数或 CLR 函数)或 NULL 可用作默认值。为了与 SQL Server 的早期版本兼容,可以为 DEFAULT 分配约束名称。

⑨ROWGUIDCOL:指定列为全球唯一鉴别行号列(rowguidcol 是 Row Global UniqueIdentifier Column 的缩写)。此列的数据类型必须为 UNIQUEIDENTIFIER 类型。一个表中数据类型为 UNIQUEIDENTIFIER 的列中只能有一个列被定义为 rowguidcol 列。rowguidcol 属性不会使列值具有唯一性,也不会自动生成一个新的数据值给插入行。需要在 INSERT 语句中使用 NEWID()函数或指定列的默认值为 NEWID()函数。

⑩PRIMARY KEY:是通过唯一索引对给定的一列或多列强制实体完整性的约束。每个表只能创建一个 PRIMARYKEY 约束。

⑪UNIQUE:一个约束,该约束通过唯一索引为一个或多个指定列提供实体完整性。一个表可以有多个 UNIQUE 约束。

⑫CLUSTERED | NONCLUSTERED:指示为 PRIMARYKEY 或 UNIQUE 约束创建聚集索引还是非聚集索引。PRIMARYKEY 约束默认为 CLUSTERED,UNIQUE 约束默认为 NONCLUSTERED。在 CREATETABLE 语句中,可只为一个约束指定 CLUSTERED。如果在为 UNIQUE 约束指定 CLUSTERED 的同时又指定了 PRIMARYKEY 约束,则 PRIMARYKEY 将默认为 NONCLUSTERED。

⑬ASC | DESC:指定加入到表约束中的一列或多列的排序顺序。默认值为 ASC。

⑭column_constraint:可选关键字,表示 PRIMARYKEY、NOTNULL、UNIQUE、FOREIGNKEY 或 CHECK 约束定义的开始。约束将在下文中详细阐述。

在查询编辑器中,执行以下代码,创建 stuinfo 学生信息表,其他表的创建也可参考数据模型进行代码编写和执行:

```
--执行代码之前确认当前数据库是否已有 stuinfo 表:
create table stuinfo
(
    stuid char(9) primary key   not null,
    stuname nvarchar(20),
    stusex char(1),
    stuphone nvarchar(20),
    stuadd nvarchar(20),
    stugrade char(4),
    stuclass char(2),
    DID int,
    pid int,
    instrid int
)
```

2.含有默认值字段的数据表创建

(1)创建带一般字符常量的默认值字段

```
--在 stusex 字段中设置默认值为"男"
create table temp01
(
    stuid char(9) primary key   not null,
    stuname nvarchar(20),
    stusex char(2)   default('男')
)
```

(2)创建通过函数得到的默认值字段

```
--在 sturegtime 字段中,通过 getdate()函数,得到添加纪录的当前日期和时间值并填入到数据表记录中
create table temp01
(
    stuid char(9) primary key   not null,
    stuname nvarchar(20),
    stusex char(2)   default('男'),
    sturegtime datetime default(getdate())
)
```

(3)创建通过计算得到的默认值字段

```
--在 temp01 数据表中,total 字段的值来自于 score1 和 score2 的和,可以有更加复杂的计算,但同时应该考虑到性能问题。
create table temp01
(
    stuid char(9) primary key   not null,
    stuname nvarchar(20),
    stusex char(2)    default('男'),
    sturegtime datetime default(getdate()),
    score1 decimal(4,1),
    score2 decimal(4,1),
    total as (score1+score2)
)
```

3.含有约束字段的数据表创建

在数据库管理系统中,保证数据库中的数据完整性是非常重要的。所谓数据完整性,就是指存储在数据库中数据的一致性和正确性。约束定义关于列中允许值的规则,是强制完整性的标准机制。使用约束优先于使用触发器、规则和默认值。查询优化器也使用约束定义生成高性能的查询执行计划。

在 Excel 中,如果要对工作表中的某些行列数据进行数据完整性约束,则可以通过条带菜单上的"数据"选项卡中的"数据有效性"进行数据完整性的设置,以保证输入的数据能够符合要求。

下面举两个例子:

例子1:利用数据区域规范数据输入的范围。如图3-22所示:

假定在 Excel 数据表的 A2：A11 单元格区域输入的数据必须来自 F1：I1 的四个负责人姓名，且 B2：B11 的数据输入必须来自与四个负责人姓名对应的数据范围，比如当 A2 输入的负责人是王五的时候，那么"负责区域"列的数据来源只能来自 H2：H4 之间，即只能在"福建、浙江、江苏"三个数值中选择。操作方法如下：

选择 F1：I1 区域，直接在图 3-23 中 A2 标识的框中输入 FZR（可以是与系统标识方法不冲突的任意值）后直接回车，即可为该区域创建一个名称：FZR。接着，通过 CTRL＋鼠标划定范围，如 F1：F5、G1：G6、H1：H4、I1：I4，然后单击"公式"选项卡，选择其中"名称管理器"下的"根据所选内容创建"，并将名称的来源设置为所选单元格区域的首行。

图 3-22　Excel 的数据规范

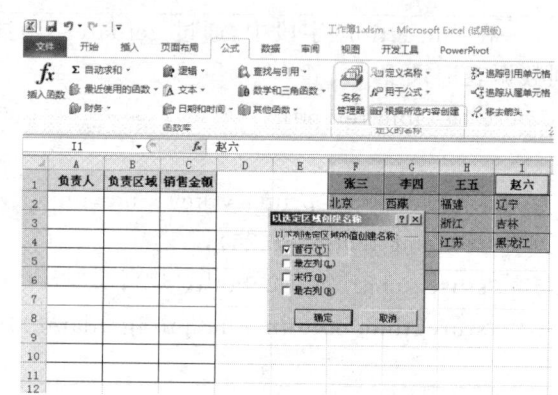

图 3-23　快速创建多区域名称

在"名称管理器"工具中可看到之前创建的五个名称区域，包括数值和引用位置等，如图 3-24 所示：

选中 A2：A11 单元格区域，在"数据"选项卡上，单击"数据有效性"，在数据有效性设置窗口中，根据图 3-25 进行配置。

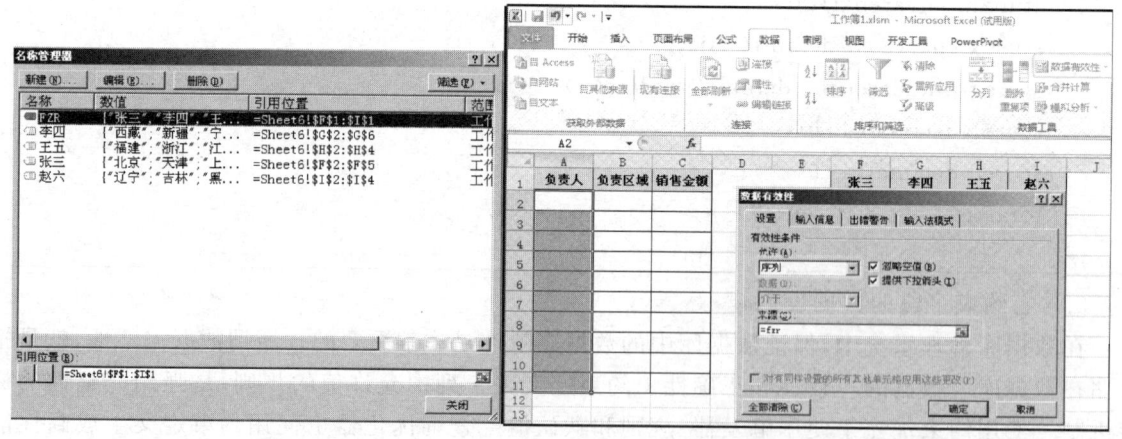

图 3-24　名称管理器　　　　　　　　　　图 3-25　配置数据有效性

根据需要可进行输入信息、出错警告、输入法模式的设置。

此后，再单击 A2：A11 区间的任意单元格，将有下拉列表选项供用户选择，如图 3-26 所示。

为了能够让 B2：B11 的可选择数据范围是根据 A2：A11 单元格数据而变化的，那么可对 B2：B11 进行有效性设置（在序列中用到了 Excel 中的 indirect 函数），如图 3-27 所示。

最终的结果就是当 A2 选择的是"张三",则 B2 单元格会随着改变为"北京、天津、上海、重庆"的数据区域,如图 3-28 所示。

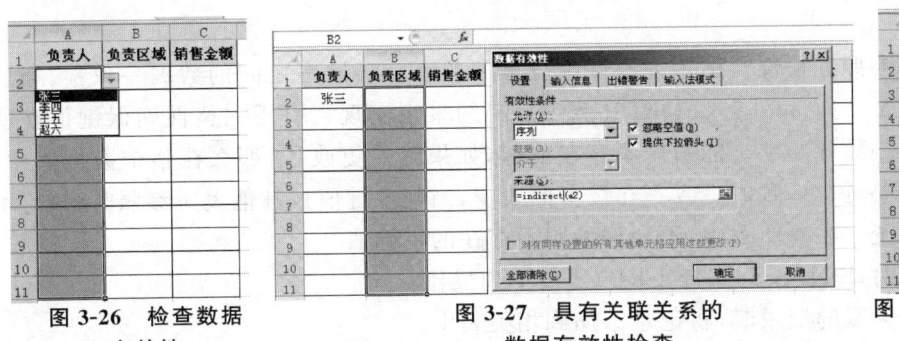

图 3-26　检查数据有效性　　　图 3-27　具有关联关系的数据有效性检查　　　图 3-28　关联后的数据有效性检查

例子 2：保证区域数据的唯一性

在完整性约束中,唯一性约束比较常见。在 Excel 中,可以通过数据有效性检查的功能,对某个区域内的数据进行唯一性约束,如图 3-28 所示,在 A 列中要输入的是身份证号码,需要保证其数值的唯一性,那么可将 A 列全部或者部分单元格选中,然后在数据有效性检查中输入自定义的公式来进行约束：

当在已经定义了唯一性约束的区域范围内输入与已有的数据重复时,将会出现错误提示。如图 3-29。

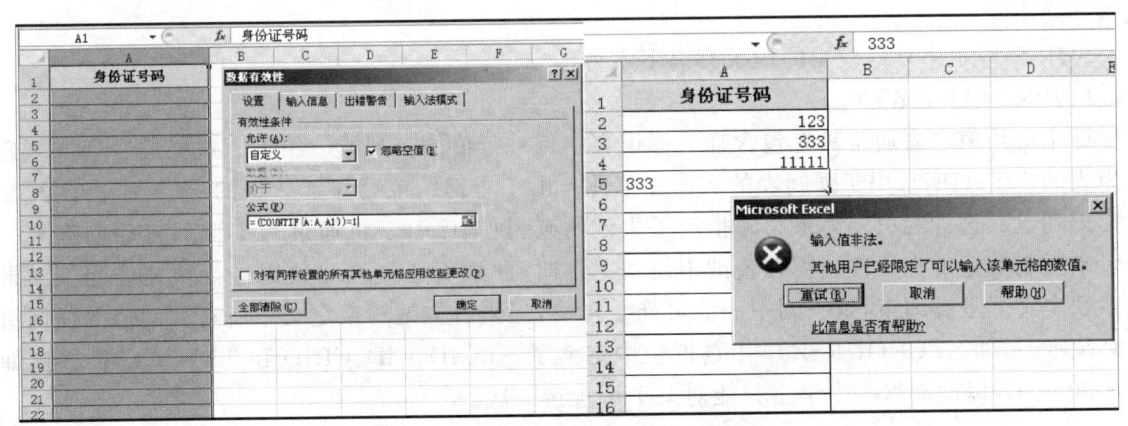

图 3-29　通过公式和函数完成唯一性限制

对 Excel 的数据完整性约束有了初步了解后,进而探讨在 SQL Server 中如何实现各类约束就会更加容易理解和掌握。

在 SQL Server 中,根据数据完整性措施所作用的数据库对象和范围不同,可以将数据完整性分为以下几大类：实体完整性、域完整性、引用完整性和用户定义完整性。

(1) 实体完整性

将表中的每一行看作一个实体。实体完整性要求表的标示符列或主键的完整性。可以通过建立唯一索引、PRIMARY KEY 约束、UNIQUE 约束,以及列的 IDENTITY 属性来实施实体完整性。

(2) 域完整性

域完整性是指给定列的输入有效性。要求表中指定列的数据具有正确的数据类型、格式和有效的数据范围。强制域有效性的方法有:限制类型(通过数据类型)、格式(通过 CHECK 约束和规则)或可能值的范围。域完整性通过 FOREIGN KEY 约束、CHECK 约束、DEFAULT 定义、NOT NULL 定义和规则来实现。

(3)引用完整性

引用完整性又称参照完整性。引用完整性维持被参照表和参照表之间的数据一致性,通过主键(PRIMARY KEY)约束和外键(FOREIGN KEY)约束来实现。引用完整性确保键值在所有表中一致。这样的一致性要求不能引用不存在的值,如果键值更改了,那么在整个数据库中,对该键值的所有引用要进行一致的更改。在被参照表中,当其主键值被其他表所参照时,该行不能被删除也不允许改变。在参照表中,不允许参照不存在的主键值。

强制引用完整性时,SQL Server 禁止用户进行下列操作:

①当主表中没有关联的记录时,将记录添加到相关表中。

②更改主表中的值并导致相关表中的记录孤立。

③从主表中删除记录,但仍存在与该记录匹配的相关记录。

(4)用户定义完整性

用户定义完整性使您得以定义不属于其他任何完整性分类的特定业务规则。所有的完整性类型都支持用户定义完整性。

建立和使用约束的目的是保证数据的完整性,约束是 SQL Server 强制实行的应用规则,他能够限制用户存放到表中数据的格式和可能值。约束作为数据库定义的一部分在 CREATE TABLE 语句中声明,所以又称作声明完整性约束。约束独立于表结构,可以在不改变表结构情况下,通过 ALTER TABLE 语句来添加或者删除。在删除一个表时,该表所带的所有约束定义也被随之删除。

SQL Server 中具体应用的约束有以下六种:

(1)PRIMARY KEY

即主键约束。表通常具有包含唯一标识表中每一行值的一列或一组列。这样的一列或多列称为表的主键(PK),用于强制表的实体完整性。由于主键约束可保证数据的唯一性,因此经常对标识列定义这种约束。如果为表指定了主键约束,数据库引擎将通过为主键列自动创建唯一索引来强制数据的唯一性。当在查询中使用主键时,此索引还允许对数据进行快速访问。如果对多列定义了主键约束,则一列中的值可能会重复,但来自主键约束定义中所有列的值的任何组合必须唯一,如 STUCOURSE 学生选课表中定义了 STUID、CID、CRID 和 TID 为复合主键,如图 3-30 所示,以此确保一个学生只能对某个课程选一次。

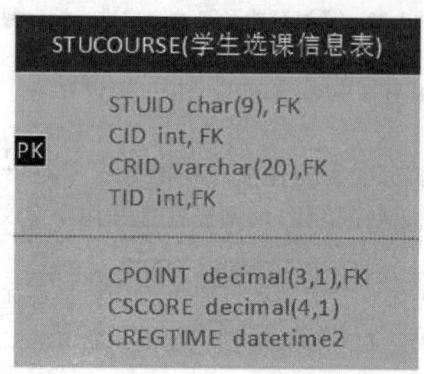

图 3-30 复合主键

使用主键约束应该注意：

①一个表只能包含一个主键约束。

②主键不能超过 16 列且总密钥长度不能超过 900 个字节。

③由主键约束生成的索引不会使表中的索引数超过 999 个非聚集索引和 1 个聚集索引。

④如果没有为主键约束指定聚集或非聚集索引，并且表中没有聚集索引，则使用聚集索引。

⑤在主键约束中定义的所有列都必须定义为"不为 Null"。如果没有指定为 Null 性，则参与主键约束的所有列的为 Null 性都将设置为"不为 Null"。

⑥如果在 CLR 用户定义类型的列中定义主键，则该类型的实现必须支持二进制排序。

在前文所述的表创建过程中，已经涉及如何在对象资源管理器中创建字段的主键约束，下面介绍如何利用 T-SQL 语句创建主键约束：

```
--在 col0 字段上创建主键约束：
CREATE TABLE CheckTbl
(
col0 int constraint PK_col0 primary key,
col1 int constraint CK_col1 check (col1>=1 and col1<=50),
col2 int constraint CK_col2 check (col2>=51 and col2<=100),
col3 int constraint CK_col3 check (col3 like '[0-9][0-9][0-9][0-9][0-9][0-9]'),
col4 varchar(10) constraint DF_col4 default('* * *')
)
```

(2) UNIQUE

即唯一性约束。约束是 SQL Server 数据库引擎强制执行的规则。例如，可以使用 UNIQUE 约束确保在非主键列中不输入重复的值。尽管 UNIQUE 约束和 PRIMARY KEY 约束都强制唯一性，但想要强制一列或多列组合（不是主键）的唯一性时应使用 UNIQUE 约束而不是 PRIMARY KEY 约束。

UNIQUE 约束允许 NULL 值，这一点与 PRIMARY KEY 约束不同。不过，当与参与 UNIQUE 约束的任何值一起使用时，每列只允许一个空值。FOREIGN KEY 约束可以引用 UNIQUE 约束。

默认情况下，向表中的现有列添加 UNIQUE 约束后，数据库引擎将检查列中的现有数据，以确保所有值都是唯一的。如果向含有重复值的列添加 UNIQUE 约束，数据库引擎将返回错误消息，并且不添加约束。

数据库引擎将自动创建 UNIQUE 索引来强制执行 UNIQUE 约束的唯一性要求。因此，如果试图插入重复行，数据库引擎将返回错误消息，说明该操作违反了 UNIQUE 约束，不能将该行添加到表中。除非显式指定了聚集索引，否则，默认情况下将创建唯一的非聚集索引以强制执行 UNIQUE 约束。

创建唯一性约束的方法：利用对象资源管理器和 T-SQL 创建：

①利用对象资源管理器创建唯一性约束

在"对象资源管理器"中，右键单击要为其添加唯一约束的表，如 CheckTbl，再单击"设计"。

在"表设计器"菜单上，单击"索引/键"。如图 3-31 所示：

在"索引/键"对话框中，单击"添加"。在"常规"下的网格中单击"类型"，再从属性右侧的下拉列表框中选择"唯一键"。如图 3-32 所示。

图 3-31　开启唯一性约束设置　　　　　　图 3-32　创建唯一性约束

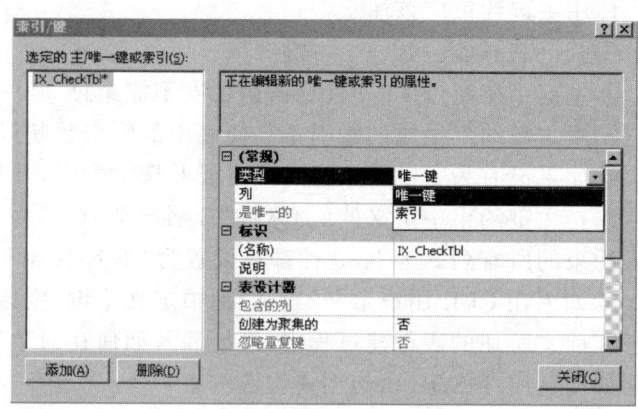

表设计修改后注意保存。

② 利用 T-SQL 语句创建唯一性约束

```
--假定要将 col5 的唯一性约束设置为 18 位的 char 数据类型且保证该字段中的数据是唯一的：
CREATE TABLE CheckTbl
(
col0 int constraint PK_col0 primary key，
col1 int constraint    CK_col1 check（col1>=1 and col1<=50），
col2 int constraint    CK_col2 check（col2>=51 and col2<=100），
col3 int constraint CK_col3 check（col3 like '[0-9][0-9][0-9][0-9][0-9][0-9]'），
col4 varchar(10) constraint DF_col4 default('＊＊＊')，
col5 CHAR(18) constraint UQ_col5 UNIQUE，constraint CK_col5 check(len(col5)=18)
)
```

使用效果如下，col5 的长度要求是 18 位且不能重复，如图 3-33 所示：

图 3-33　通过 T-SQL 完成唯一性约束设置

(3) CHECK

即叫校验性约束。通过限制一个或多个列可接受的值，CHECK 约束可以强制域完整性。可以通过任何基于逻辑运算符返回 TRUE 或 FALSE 的逻辑（布尔）表达式创建 CHECK 约束。

可以将多个 CHECK 约束应用于单个列。还可以通过在表级创建 CHECK 约束，将一个 CHECK 约束应用于多个列。

CHECK 约束类似于 FOREIGN KEY 约束，因为可以控制放入列中的值。但是，它们在确定有效值的方式上有所不同：FOREIGN KEY 约束从其他表获得有效值列表，而 CHECK 约束通过逻辑表达式确定有效值。

```
--以下语句将创建一张两个字段的表，分别为三个字段创建了 CHECK 约束，其中 CK_
col3 是对数据格式的约束，比如邮政编码必须是 6 位的数字：
CREATE TABLE CheckTbl
(
col1 int constraint    CK_c--ol1 check (col1>=1 and col1<=50),
col2 int constraint    CK_col2 check (col2>=51 and col2<=100),
col3 int constraint CK_col3 check (col3 like '[0-9][0-9][0-9][0-9][0-9][0-9]')
)
```

在表设计器的 CHECK 约束视图中查看 CHECK 约束的配置及应用情况，如图 3-34 所示：

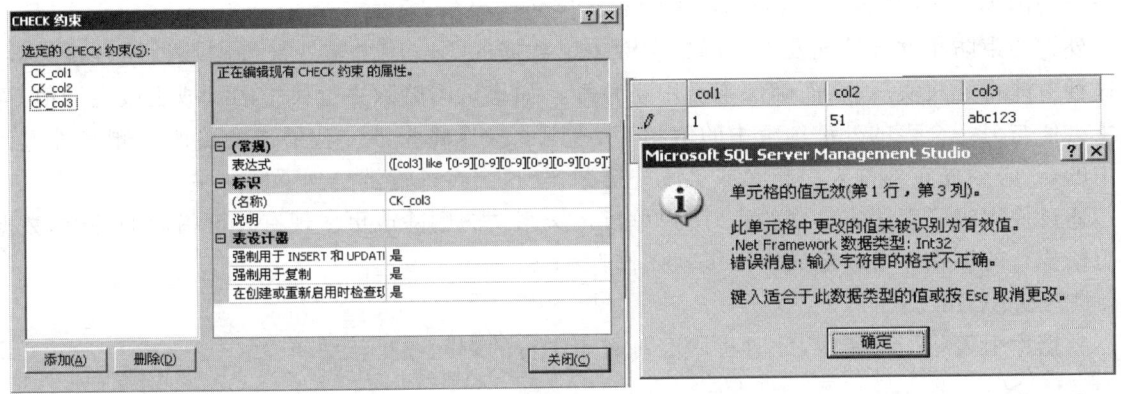

图 3-34　CHECK 约束的设置

（4）DEFAULT

使用 DEFAULT 约束，如果用户在插入新行时没有显示为列提供数据，系统会将默认值赋给该列。例如，在一个表的某个列中，可以让数据库服务器在用户没有输入时自动填上"＊＊＊"等。默认值约束所提供的默认值可以为常量、函数、系统零进函数、空值（NULL）等。零进函数包括 CURRENT_TIMESTAMP、SYSTEM_USER、CURRENT_USER、USER 和 SESSION_USER 等。在前文所述的表创建过程中，已经涉及如何在对象资源管理器及 T-SQL 语句中创建字段的默认值约束，后文将会再次涉及。

（5）FOREIGN KEY

即外键约束。外键（FK）是用于在两个表中的数据之间建立和加强链接的一列或多列的组合，可控制在外键表中存储的数据。在外键引用中，当一个表的列被引用作为另一个表的主键值的列时，就在两表之间创建了链接。这个列就成为第二个表的外键。比如 STUCOURSE 表和 STUINFO 表之间，如对于 STUCOURSE 和 STUINFO 表，引用完整性基于 STUCOURSE 表中的外键 STUID 与 STUINFO 表中的主键 STUID 之间的关系。如图 3-35 所示：

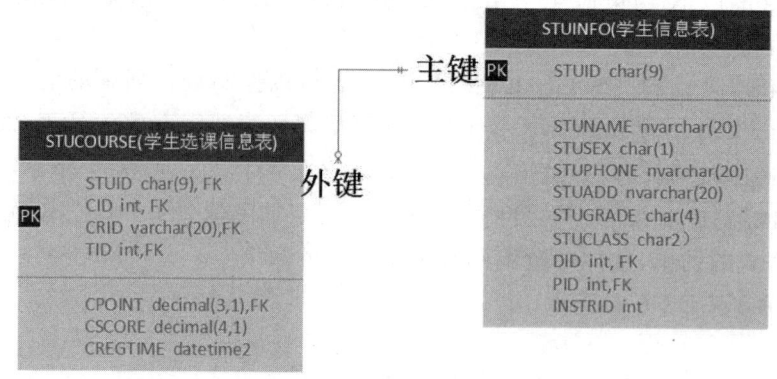

图 3-35 主键与外键关系图

外键约束的主要目的是控制可以存储在外键表中的数据,但它还可以控制对主键表中数据的更改。比如,如果在 STUINFO 删除一个学生的记录,而该学生的 STUID 已经在 STUCOURSE 中使用了,则这两个表之间关联的完整性将被破坏,STUCOURSE 表中删除的学生选课记录会因为与 STUINFO 表中的数据没有链接而变得孤立。

外键约束防止这种情况发生。如果主键表中数据的更改使之与外键表中数据的链接失效,则这种更改将无法实现,从而确保了引用完整性。如果试图删除主键表中的行或更改主键值,而该主键值与另一个表的外键约束中的值相对应,则该操作将失败。若要成功更改或删除外键约束中的行,必须先在外键表中删除或更改外键数据,这会将外键链接到不同的主键数据。

通过使用级联引用完整性约束,用户可以定义当试图删除或更新现有外键指向的键时,数据库引擎执行的操作。可以定义以下级联操作:

①NO ACTION

数据库引擎将引发错误,此时将回滚对父表中行的删除或更新操作。

②CASCADE

如果在父表中更新或删除了一行,则将在引用表中更新或删除相应的行。如果 timestamp 列是外键或被引用键的一部分,则不能指定 CASCADE。不能为带有 INSTEAD OF DELETE 触发器的表指定 ON DELETE CASCADE。对于带有 INSTEAD OF UPDATE 触发器的表,不能指定 ON UPDATE CASCADE。

③SET NULL

如果更新或删除了父表中的相应行,则会将构成外键的所有值设置为 NULL。若要执行此约束,外键列必须可为空值。无法为带有 INSTEAD OF UPDATE 触发器的表指定。

④SET DEFAULT

如果更新或删除了父表中对应的行,则组成外键的所有值都将设置为默认值。若要执行此约束,所有外键列都必须有默认定义。如果某个列可为空值,并且未设置显式的默认值,则将使用 NULL 作为该列的隐式默认值。无法为带有 INSTEAD OF UPDATE 触发器的表指定。

可将 CASCADE、SET NULL、SET DEFAULT 和 NO ACTION 在相互存在引用关系的表上进行组合。如果数据库引擎遇到 NO ACTION,它将停止并回滚相关的 CASCADE、SET NULL 和 SET DEFAULT 操作。如果 DELETE 语句导致 CASCADE、SET NULL、SET DEFAULT 和 NO ACTION 操作的组合,则在数据库引擎检查所有 NO ACTION 前,将应用所有 CASCADE、SET NULL 和 SET DEFAULT 操作。

外键约束的创建可通过对象资源管理器和 T-SQL 语句方式创建：

⑤利用对象资源管理器创建外键约束

在对象资源管理器中，右键单击将位于关系的外键方的表，如 STUCOURSE 表，再单击"设计"。在表设计器菜单上，单击"关系"，如图 3-36 所示：

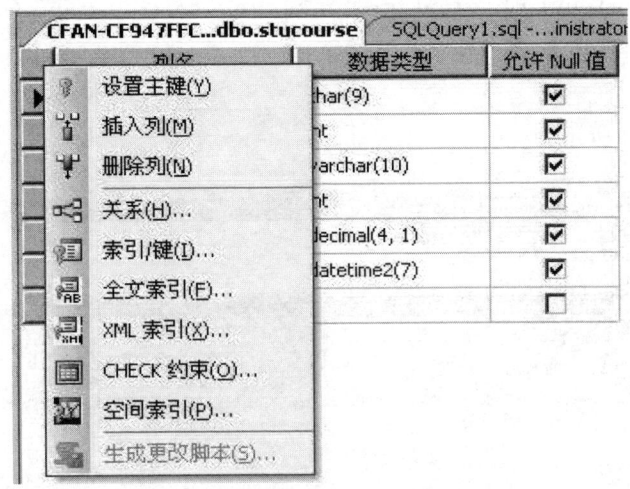

图 3-36　通过关系设置主键和外键

在"外键关系"对话框中，单击"添加"。"选定的关系"列表中将显示关系以及系统提供的名称，格式为 FK_＜tablename＞_＜tablename＞，其中 tablename 是外键表的名称。如图 3-37 所示：

在"选定的关系"列表中单击该关系。单击右侧网格中的"表和列规范"，再单击该属性右侧的省略号（…）。在"表和列"对话框中，从"主键"下拉列表中选择在此关系中作为主键方的表。在下方的表格中，选择在此表中作为主键的列。对应于左侧的每个列，在相邻的网格单元格中选择外键表中相应的外键列。表设计器将为此关系提供一个建议名称。若要更改此名称，请编辑"关系名"文本框的内容。选择"确定"以创建该关系。如图 3-38 所示。

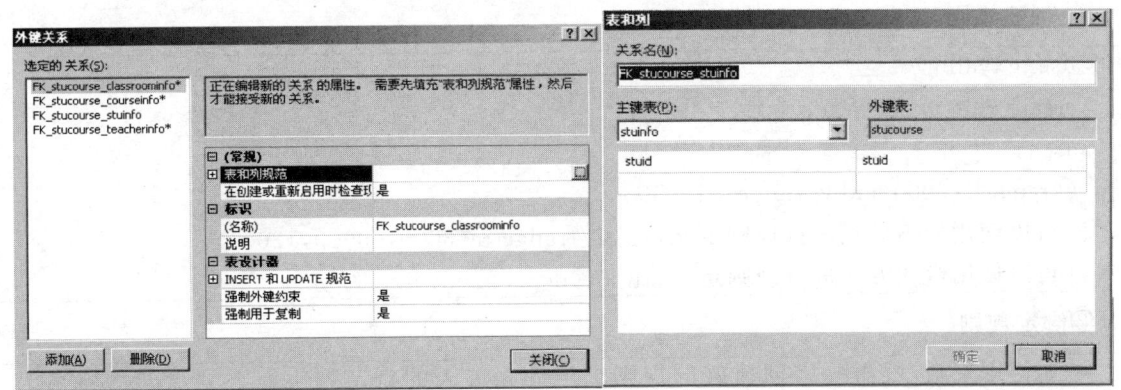

图 3-37　设置外键关系及其规范　　　　图 3-38　指定主键表位置

⑥利用 T-SQL 语句创建外键约束

--假定创建一张新的表：stuteacher 导师学生关系表，从已有的两张主键表 stuinfo 和 teacherinfo 中获取外键引用
　　create table stuteacher
　　(
　　stuid char(9) constraint FK_stuid foreign key references　stuinfo(stuid)，
　　teacherid int constraint FK_teacherid foreign key references teacherinfo(tid)
　　)

应用效果如图 3-39 所示：

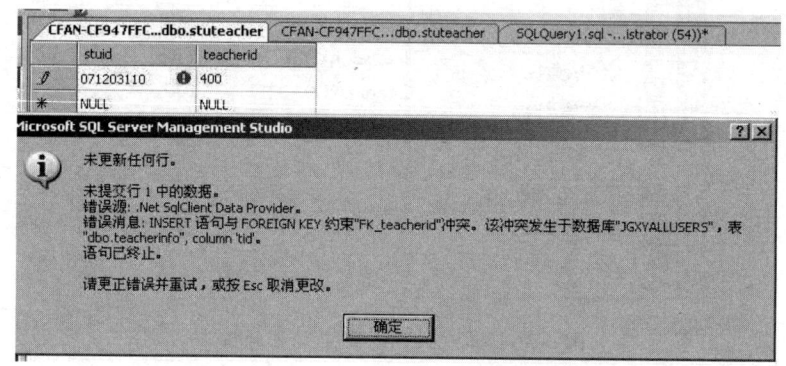

图 3-39　外键约束的应用效果

(6) 规则

规则是一个向后兼容的功能，用于执行一些与 CHECK 约束相同的功能。使用 CHECK 约束是限制列值的首选标准方法。CHECK 约束还比规则更简明。一个列只能应用一个规则，但可以应用多个 CHECK 约束。CHECK 约束被指定为 CREATE TABLE 语句的一部分，而规则是作为单独的对象创建，然后绑定到列上。

假定通过规则的方式，对 teacherinfo 表中的 tsalary 字段进行取值的区间限制：大于 3000，小于 12000。

① 创建规则

　　use jgxyallusers
　　create rule tsalary_rule
　　as
　　@range＞3000 and @range＜12000
　　--可以使用列表方式进行规则定义，比如@range in(3000,60000,12000)
　　--可以使用模式方式进行规则定义，比如@department like '经济%'

②绑定规则

　　--要使用规则，就需要将创建好的规则绑定的相关表的特定列上。下列语句即将名为 tsalary_rule 的规则绑定到表 teacherinfo 的 tsalary 字段
　　exec sp_bindrule 'tsalary_rule','teacherinfo.tsalary'

也可以将规则绑定到用户自定义的数据类型上：

> --创建名为 mytsalary 的自定义数据类型。参考 3.3.2"用户自定义数据类型"章节。
> exec sp_addtype N'mytsalary',N'decimal(6,1)',N'null'
> --将已经创建的规则与自定义数据类型绑定。
> exec sp_bindrule 'tsalary_rule','mytsalary','futureonly'

> 📖 futureonly 参数是指该数据类型的现有列不会失去指定的规则,否则用户定义数据类型的现有列将继承新规则。使用用户定义数据类型定义的新列始终继承规则。但是,如果 ALTER TABLE 语句的 ALTER COLUMN 子句将列的数据类型更改为绑定规则的用户定义数据类型,那么列不会继承与数据类型绑定的规则。必须使用 sp_bindrule 专门将规则绑定到列。

③测试规则

当我们对 tid=200 的用户进行 tsalary 更新时数据不符合规则,就会引起规则冲突的提示,并组织更新的发生,如图 3-40 所示。表中该列已有的数据可能不符合现在的规则,但是不作更新就不会触发规则约束。

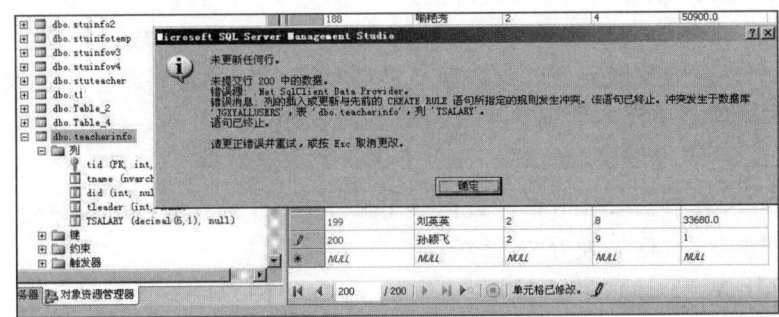

图 3-40 规则的约束效果

创建一张新的表,如 ruletable,其中有一个字段选择了用户自定义数据类型 mytsalary,当要插入不符合规则的数据时,系统将会终止语句的执行,如图 3-41 所示:

```
create table ruletable
(tsalary mytsalary)
insert into ruletable values(1111)
```

消息 513,级别 16,状态 0,第 1 行
列的插入或更新与先前的 CREATE RULE 语句所指定的规则发生冲突。该语句已终止。冲突发生于数据库 'JGXYALLUSERS',
语句已终止。

图 3-41 绑定了规则的用户自定义数据类型

④管理规则

> --解除规则绑定
> exec sp_unbindrule 'teacherinfo.tsalary'--解除与表 teacherinfo 中 tsalary 字段的规则绑定
> exec sp_unbindrule 'mytsalary'--解除与用户自定义数据类型 mytsalary 的规则绑定

--删除规则。在删除之前必须与特定的列或者用户自定义数据类型解除绑定,否则无法删除规则

drop rule tsalary_rule

> 后续版本的 Microsoft SQL Server 将删除规则功能。请避免在新的开发工作中使用该功能,并着手修改当前还在使用该功能的应用程序。将使用 CHECK 约束。本节内容在部分教材上当作高级特性介绍,请加以参考。

3.3.2 利用特殊方法创建数据表

1.利用数据库导入的方法

在上一章节中介绍了如何利用 DTS 功能将已有的 Excel 工作簿和表导入到新的数据库中,或在导入的过程中创建新的数据库,并将 Excel 中的数据表进行名称、字段映射后导入到 SQL Server 数据库管理系统中。

请参考上章节的"从外部导入创建数据库"部分。

2.利用已有的数据表清理得到新的数据表

本书中应用的一个重要实例数据库是从 Excel 工作簿通过 DTS 导入得到的数据表,在默认情况下,导入的各个字段的数据类型以及数据类型的长度设置均不科学。下面将通过相关语句从不合理的实例数据库表中提取数据并生成新的数据表:

(1)利用 SELECT 语句创建新的数据表并考虑是否填充数据

--假设从 allstus 表中获取一份新的数据表 newtb01,新的数据表字段只包括学号、姓名、性别、专业名称四个字段,且年级为 2012 级的:
SELECT 学号,姓名,性别,专业名称 into newtb01 FROM allstus where 年级='2012'

--假设只想获取 allstus 表结构,从而构建一张新表 newtb02:
SELECT * into newtb02 FROM allstus where 1=2

--假设从 C:\的 Excel 文件中获取某工作表的数据并填入新建的数据表 newtb03 中:
SELECT * into newtb03 FROM OPENDATASOURCE('Microsoft.Ace.OLEDB.12.0','Data Source=C:\COURSEsANDTEACHERS.xlsx;Extended Properties=EXCEL 8.0')…[courses$]

(2)利用 insert 语句向已有的数据表填充记录

--假设创建了一张新表 newtb04,内有两个字段 fdyid 和 fdyname,其中 fdyname 的数据要来自于 allstus 表中消除了重复值后的"辅导员"字段:
create table newtb04
(
fdyid int identity(1,1) primary key,
fdyname nvarchar(20)
)
insert into newtb04(fdyname) select distinct(辅导员) from allstus

输出结果如图 3-42 所示：

	fdyid	fdyname
1	2	薛城
2	3	秦奋
3	4	丁一天
4	5	张彬玉
5	6	林雨辰
6	7	邹晓强
7	8	吴东东
8	9	NULL
9	10	刘文淑
10	11	林枭
11	12	叶明华
12	13	吴天鹰
13	14	邓丹珊

图 3-42　利用 insert 添加数据

3.利用 T-SQL 脚本快速生成具有多条记录的数据表

在某些情况下为了构建实验数据环境，需要通过快速的方式生成大量的数据表，以此来检测语法的准确性、数据库服务器的承载能力，用户可选择通过 T-SQL 脚本的方式一次性创建含有大量、有一定规律记录的数据表。

```
--假定在 JGXYALLUSRS 数据库中创建一个实验用表 mytabl01，直接填充 5000 条记录：
use JGXYALLUSERS
if exists(select * from sysobjects where name='mytable01' and xtype='u') drop table mytable01  --通过系统对象判断要创建的同名用户表 mytable01 表是否已存在，若存在则先删除该表再创建
create table mytable01
(userid int primary key,
username char(20) not null default('unknown'),
regdate datetime not null default(getdate()),
isenabled bit not null default(0))
go
declare @counter int
set @counter=1
while @counter<=5000 begin
    insert into mytable01 (userid,username) values (@counter,'vip'+cast(@counter as varchar))
    set @counter=@counter+1
end
```

	userid	username	regdate	isenabled
1	1	vip1	2014-03-16 17:29:38.907	0
2	2	vip2	2014-03-16 17:29:38.907	0
3	3	vip3	2014-03-16 17:29:38.907	0
4	4	vip4	2014-03-16 17:29:38.910	0
5	5	vip5	2014-03-16 17:29:38.910	0
6	6	vip6	2014-03-16 17:29:38.910	0
7	7	vip7	2014-03-16 17:29:38.910	0
8	8	vip8	2014-03-16 17:29:38.910	0
9	9	vip9	2014-03-16 17:29:38.910	0
10	10	vip10	2014-03-16 17:29:38.910	0
11	11	vip11	2014-03-16 17:29:38.910	0
12	12	vip12	2014-03-16 17:29:38.910	0

select count(*) from mytable01--显示该数据表的总记录数如下：5000

3.3.3 数据表的管理基础

1.数据表的更改

通过对象资源管理器和 T-SQL 语句均可实现对表的信息的查询、修改。

（1）表的属性查看

在 SSMS 的对象资源管理器中，右单击某个表，选择弹出菜单中的"属性"，可查看到表的默认设置属性、依赖关系等。如果要查看表的结构，则在快捷菜单中选择"设计"，进入表设计界面也可以查看到表的结构。如图 3-43 所示：

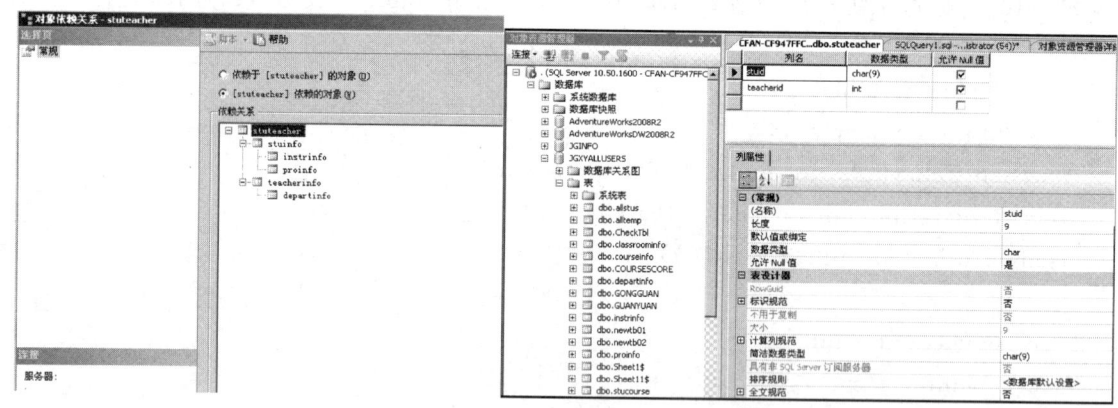

图 3-43　表关系及结构

利用 T-SQL 语句也可方便地查看表的相关属性：

```
--利用存储过程查看 stuteacher 表的结构等信息：
sp_help stuteacher
```

输出结果如图 3-44 所示：

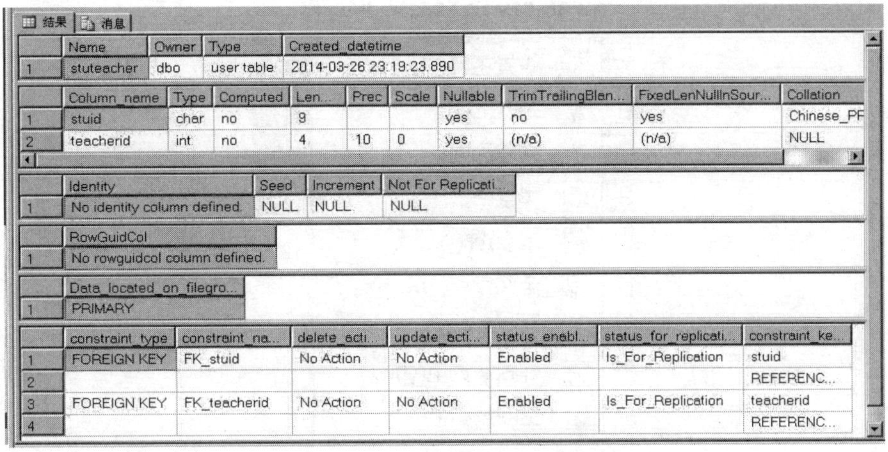

图 3-44 利用存储过程查看表结构

（2）表的一般属性更改

可在对象资源管理器对用表属性对话框或者右单击后弹出的快捷菜单中，对表的名称、权限等选项进行修改，如图 3-45 所示：

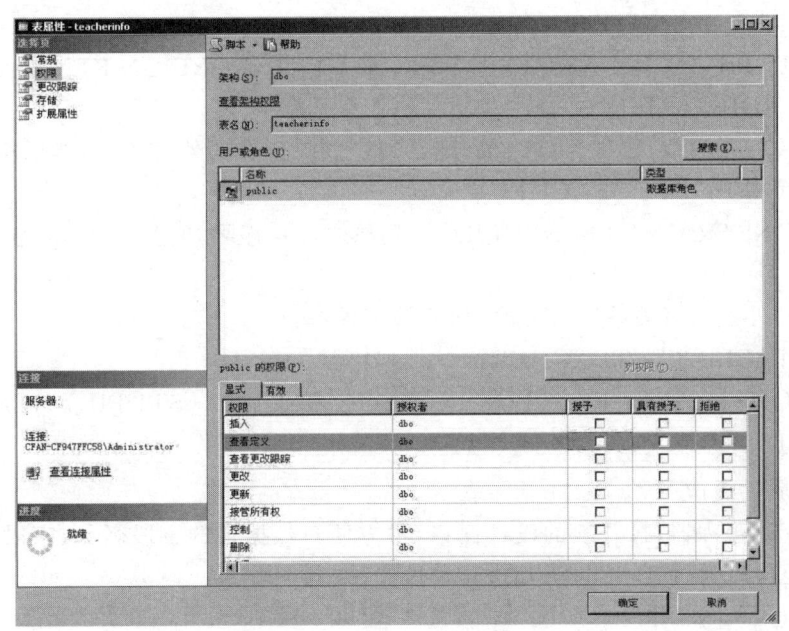

图 3-45 表的一般属性更改

利用 T-SQL 语句可对表的名称进行修改：

```
sp_rename 'stuteacher','stutea'--利用存储过程将表的名称 stuteacher 改为 stutea
```

（3）表的约束的更改

表的各种约束可通过对象资源管理器中的表设计环境中，通过对相关字段或整张表调用快捷菜单进行设置，如图 3-46 所示。

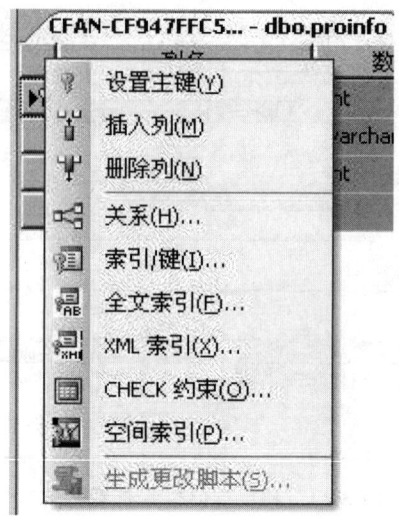

图 3-46　通过 SSMS 修改表约束

使用 T-SQL 语句进行约束关系的修改（以外键约束为例）：

```
--通过 ALTER 方法对表的约束关系进行添加、更改或者删除：
ALTER TABLE STUTEACHER
ADD  STUPID INT CONSTRAINT FK_STUPID  FOREIGN KEY (STUPID) REFERENCES  PROINFO(PID)
--若要修改一些约束，比如外键约束，则必须先删除已有的外键约束，然后再重新创建：
ALTER TABLE STUTEACHER
DROP CONSTRAINT FK_STUPID   --删除之前一般要通过 sp_help 等方式获取约束的名称
--删除旧的外键约束关系后，再添加新的约束关系：
ALTER TABLE STUTEACHER
ADD  CONSTRAINT FK_STUPID  FOREIGN KEY（STUPID）REFERENCES PROINFO(PID)
```

（4）表字段属性更改

通过对象资源管理器，打开表的设计窗口，可方便对数据表的字段名称、字段类型、字段长度等进行修改。也可以通过 T-SQL 语句进行修改：

```
--在表中添加相关字段：
ALTER TABLE STUTEACHER
ADD MEMO NVARCHAR(50)
--将 stuteacher 表中的 stuid 字段类型改为 nvarchar(20)，注意：若之前有约束关系存在可能导致修改失败，故要先删除已有的特定约束关系，然后再修改字段：
ALTER TABLE STUTEACHER
ALTER COLUMN STUID NVARCHAR(20)
--将表中的字段删除：
ALTER TABLE STUTEACHER
DROP COLUMN MEMO
```

2.数据表的删除

通过对象资源管理器右单击表对象后可快速对表进行删除。但在删除之前最好在删除对象对话框中检查表的依赖关系以决定是否真的删除表。

利用 T-SQL 语句也可以快速删除数据表对象。

> DROP table stuteahcer--删除 stuteacher 表
> TRUNCATE table stuteacher--删除表中的所有行,而不记录单个行删除操作。TRUNCATE TABLE 与没有 WHERE 子句的 DELETE 语句类似;但是,TRUNCATE TABLE 速度更快,使用的系统资源和事务日志资源更少

3.4 小结

本章通过对数据表的概念、类型,数据类型,以及进一步了解和掌握 T-SQL 语句、控制流、函数知识的学习,掌握利用多种技术进行数据表的设计、创建和管理,为数据库和表的进一步应用奠定基础。

第 4 章　数据查询基础

数据查询是数据库系统平台中最常用的操作之一,而使用 T-SQL 语句对数据库进行查询操作更是常见,这类的操作则属于 T-SQL 语言中的数据操作语言(Data Manipulation Language)。

数据查询不仅仅是将位于数据库中的数据返回给各种客户端,而且可以根据需要进行各种条件返回数据,还可对返回的数据进行显示格式上的设置。

本章教学要求
- 了解 T-SQL 查询原理及环境
- 掌握 T-SQL 投影查询语句
- 掌握 T-SQL 排序查询语句
- 掌握 T-SQL 条件查询语句
- 掌握 T-SQL 计算查询语句

4.1 数据查询概述

利用 T-SQL 进行数据查询实现从数据库中检索行,并允许从 SQL Server 2008 R2 中的一个或多个表中选择一个或多个行或列。查询功能延伸的应用非常广泛,比如在 Web 页面中出现的动态交互页面上的公告、新闻等信息,无不与查询语句相关联。

4.1.1 数据查询子句格式

虽然 SELECT 语句的完整语法较复杂,但其主要子句可归纳如下:

```
SELECT {ALL | DISTNCT } select_list
[TOP N [PERCENT]]  [ INTO new_table ]
[ FROM table_source ] [<LEFTTB> JOIN <RIGHTTB> ON <ONPRE>]
[ WHERE search_condition ]
[ GROUP BY group_by_expression]
[ HAVING search_condition]
[ ORDER BY order_expression [ ASC | DESC ] ]
```

参数解释:

①DISTINCT column:去掉列中记录的重复值。在有多列的查询语句中,可使多列组合后的结果是唯一的。

②TOP n [PERCENT]:去掉前 n 条记录。如果使用 PERCENT 参数,则表示取表中所有

记录前面的 $n\%$ 的记录。

③INTO new_table：表示将查询的结果直接添加到一个表中。注意这个表必须是库中没有的，即在查询过程中新建了一个新表，且表结构和原有的表相同（字段多少可调整）。

④FROM table_source：指定查询数据的来源，可以是单个或多个的表、视图对象。

⑤[<LEFTTB> JOIN <RIGHTTB> ON <ONPRE>]：表示查询过程中含有连接，主要是：cross join 交叉联接，inner join 内联接，outer join 外联接，其中外联接还被分成 left outer join、right outer join、full outer join。其中 cross join 是交叉联接，是笛卡尔积，返回一个 $n \times m$ 的表。inner join 是在 cross join 返回结果的基础上根据 on 筛选器中的谓词进行筛选，为 true 保留。outer join 外联接是在内联接的返回结果基础上，将保留表中被删除的行添加回来，添加回来的数据叫作外部行，外部行中非保留表的属性被赋值为 Null。

⑥WHERE：指定语句返回的行的搜索条件。使用此子句可以限制该语句返回或影响的行数。

⑦GROUP BY：按 SQL Server 2008 R2 中的一个或多个列或表达式的值将一组选定行组合成一个摘要行集。针对每一组返回一行。SELECT 子句<select>列表中的聚合函数提供有关每个组（而不是各行）的信息。GROUP BY 子句具有符合 ISO 的语法和不符合 ISO 的语法。在一条 SELECT 语句中只能使用一种语法样式。对于所有的新工作，请使用符合 ISO 的语法。提供不符合 ISO 的语法的目的是为了实现向后兼容。

⑧HAVING：指定组或聚合的搜索条件。HAVING 只能与 SELECT 语句一起使用。HAVING 通常在 GROUP BY 子句中使用。如果不使用 GROUP BY 子句，则 HAVING 的行为与 WHERE 子句一样。

⑨ORDER BY：指定在 SELECT 语句返回的列中所使用的排序顺序。除非同时指定了 TOP，否则 ORDER BY 子句在视图、内联函数、派生表和子查询中无效。

4.1.2 数据查询原理

SELECT 语句是非程序性的，它不规定数据库服务器检索请求的数据的确切步骤。例如，如果 SELECT 语句引用三个表，数据库服务器可以先访问 TableA，使用 TableA 中的数据从 TableB 析取匹配的行，然后使用 TableB 中的数据从 TableC 提取数据。这意味着数据库服务器必须分析语句，以决定提取所请求数据的最有效方法。这称之为"优化 SELECT 语句"。处理此过程的组件称为"查询优化器"。优化器的输入包括查询、数据库方案（表和索引的定义）以及数据库统计信息。优化器的输出称为"查询执行计划"，有时也称为"查询计划"或直接称为"计划"。

以下步骤显示 SELECT 语句的逻辑处理顺序或绑定顺序。此顺序确定在一个步骤中定义的对象何时可用于后续步骤中的子句。例如，如果查询处理器可以绑定到（访问）在 FROM 子句中定义的表或视图，则这些对象及其列可用于所有后续步骤。相反，因为 SELECT 子句处于步骤 8 中，所以，在该子句中定义的任何列别名或派生列不能由之前的子句引用。但是，它们可由后面的子句（例如 ORDER BY 子句）引用。请注意，该语句的实际物理执行由查询处理器确定，因此在此列表中顺序可能会不同。

(1) FROM
(2) ON
(3) JOIN
(4) WHERE
(5) GROUP BY
(6) WITH CUBE 或 WITH ROLLUP
(7) HAVING

(8)SELECT
(9)DISTINCT
(10)ORDER BY
(11)TOP

如图 4-1 所示：

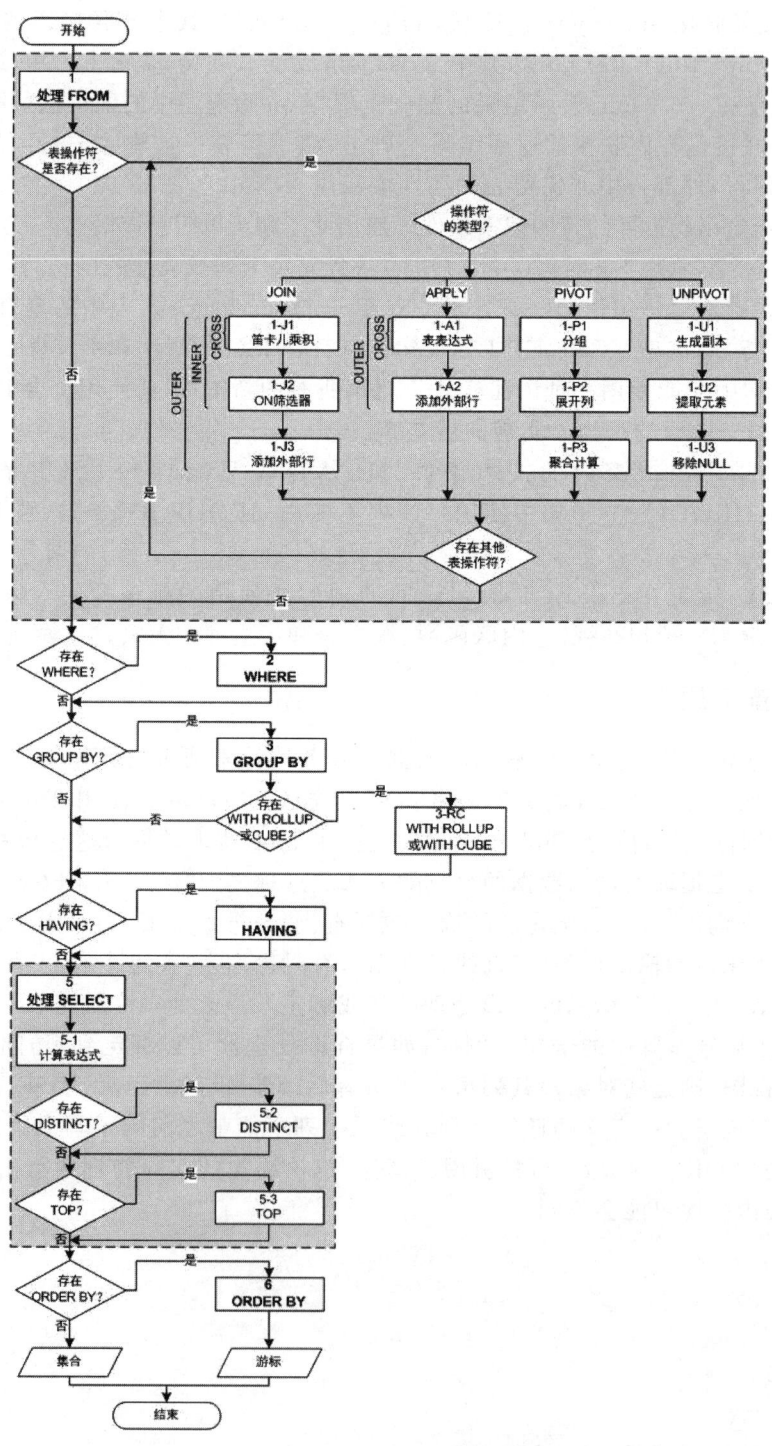

图 4-1　SELECT 语句的逻辑处理程序

1.FROM 后面的表标识了这条语句要查询的数据源,和一些子句(如,(1－J1)笛卡尔积,(1－J2)ON 过滤,(1－J3)添加外部列)所要应用的对象。FROM 过程之后会生成一个虚拟表 VT1。

(1)(1－J1)笛卡尔积这个步骤会计算两个相关联表的笛卡尔积(CROSS JOIN),生成虚拟表 VT1－J1。

(2)(1－J2)ON 过滤这个步骤基于虚拟表 VT1－J1 进行过滤,过滤出所有满足 ON 谓词条件的列,生成虚拟表 VT1－J2。

(3)(1－J3)添加外部行如果使用了外联接,保留表中的不符合 ON 条件的列也会被加入到 VT1－J2 中,作为外部行,生成虚拟表 VT1－J3。

2.WHERE 对 VT1 过程中生成的临时表进行过滤,满足 where 子句的列被插入到 VT2 表中。

3.GROUP BY 这个子句会把 VT2 中生成的表按照 GROUP BY 中的列进行分组。生成 VT3 表。

4.HAVING 这个子句对 VT3 表中不同的组进行过滤,满足 HAVING 条件的子句被加入到 VT4 表中。

5.SELECT 这个子句对 SELECT 子句中的元素进行处理,生成 VT5 表。

(1)(5－1)计算表达式计算 SELECT 子句中的表达式,生成 VT5－1。

(2)(5－2)DISTINCT 寻找 VT5－1 中的重复列,并删掉,生成 VT5－2。

(3)(5－3)TOP 从 ORDER BY 子句定义的结果中,筛选出符合条件的列。生成 VT5－3 表。

(4)ORDER BY 从 VT5－3 的表中,根据 ORDER BY 子句的条件对结果进行排序,生成 VT6 表。

下面开始逐项讲解各种查询的应用。

4.2 投影查询

在 SELECT 语句中,选择特定的单列或多列的查询方式成为投影查询。下面以之前创建的 8 张数据表及其中的数据进行讲解,所有操作均在 SQL Server Management Studio 平台的查询编辑器(之前又称为查询分析器)中进行编写、执行和查看。

4.2.1 单列或多列查询

1.单列查询

```
--查询 jgxyallusers 数据库中的 stuinfo 表中的姓名字段 stuname 的所有信息:
 use jgxyallusrs   --本书中的操作基本围绕 jgxyallusers 数据库中的相关对象进行,除非另有说明
 SELECT stuname FROM stuinfo
 --输出结果如图 4-2 所示,可看到该表中有 3866 行记录
```

2.多列查询

```
--查询 stuinfo 表中学号 stuid 和姓名 stuname 字段：
SELECT stuid,stuname FROM stuinfo  --两个字段的前后顺序可以是任意的
--输出结果如下图 4-3 所示：
```

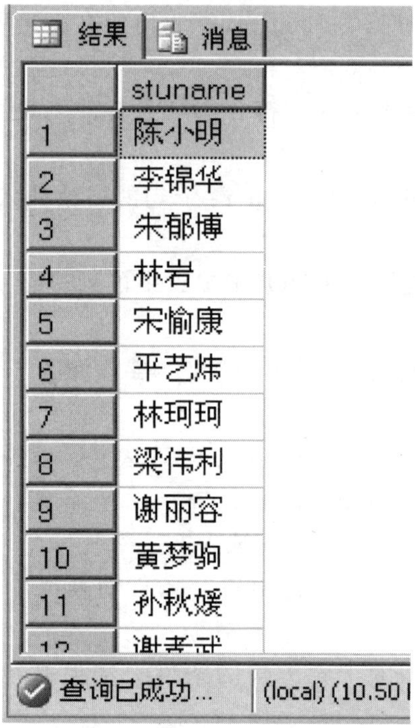

	stuname
1	陈小明
2	李锦华
3	朱郁博
4	林岩
5	宋愉康
6	平艺炜
7	林珂珂
8	梁伟利
9	谢丽容
10	黄梦驹
11	孙秋媛

图 4-2　单列查询输出结果

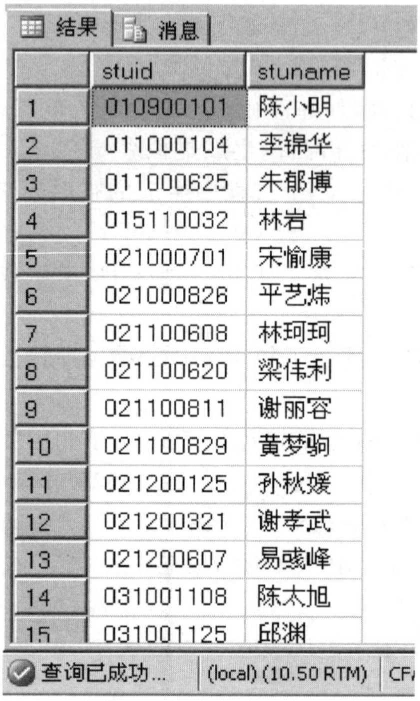

	stuid	stuname
1	010900101	陈小明
2	011000104	李锦华
3	011000625	朱郁博
4	015110032	林岩
5	021000701	宋愉康
6	021000826	平艺炜
7	021100608	林珂珂
8	021100620	梁伟利
9	021100811	谢丽容
10	021100829	黄梦驹
11	021200125	孙秋媛
12	021200321	谢孝武
13	021200607	易彧峰
14	031001108	陈太旭
15	031001125	邱渊

图 4-3　多列查询输出结果

4.2.2 所有列查询

1.列出所有字段

在 SELECT 和 FROM 关键词之间，将数据表中的所有字段都列出，中间用半角逗号分隔，不分顺序，就能够查询所有字段的相关值。

2.用 * 指代

如果一张表的字段较多，要详细列出所有的字段势必影响查询的效率，所以，在 T-SQL 语句中，可以用“ * ”作为通配符代表表中的所有列，而列的显示顺序与数据表中的列的先后顺序是相同的。使用“ * ”代表所有列固然较快，但是无法对有用的数据列进行优先或突出显示，因为顺序上无法改变、无法按需筛选字段。

```
--利用 * 代表所有列进行查询
SELECT * FROM stuinfo
--输出结果如图 4-4：
```

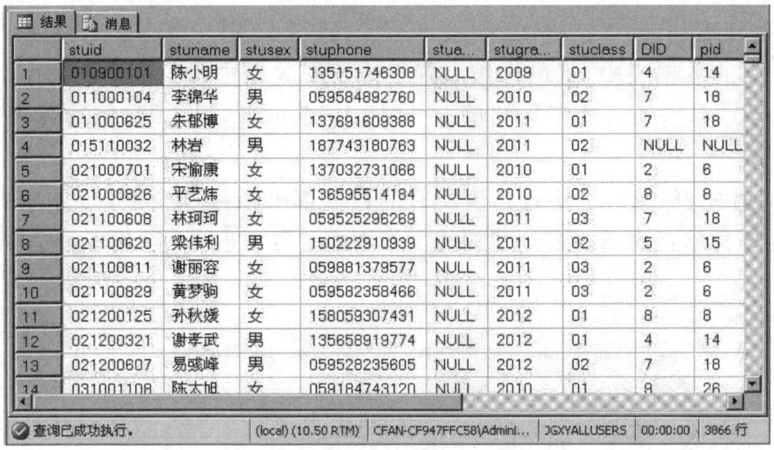

	stuid	stuname	stusex	stuphone	stua...	stugra...	stuclass	DID	pid
1	010900101	陈小明	女	135151746308	NULL	2009	01	4	14
2	011000104	李锦华	男	059584892760	NULL	2010	02	7	18
3	011000625	朱郁博	女	137691609388	NULL	2011	01	7	18
4	015110032	林岩	男	187743180763	NULL	2011	02	NULL	NULL
5	021000701	宋愉康	女	137032731066	NULL	2010	01	2	6
6	021000826	平艺炜	女	136595514184	NULL	2010	02	8	8
7	021100608	林珂珂	女	059525296269	NULL	2011	03	7	18
8	021100620	梁伟利	男	150222910939	NULL	2011	02	5	15
9	021100811	谢丽容	女	059881379577	NULL	2011	03	2	6
10	021100829	黄梦驹	女	059582358466	NULL	2011	03	2	6
11	021200125	孙秋媛	女	158059307431	NULL	2012	01	8	8
12	021200321	谢孝武	男	135658919774	NULL	2012	01	4	14
13	021200607	易彧峰	男	059528235605	NULL	2012	02	7	18
14	031001108	陈太旭	女	059184743120	NULL	2010	01	8	26

查询已成功执行。 (local) (10.50 RTM) CFAN-CF947FFC58\Admini... JGXYALLUSERS 00:00:00 3866 行

图 4-4 所有列查询输出结果

4.2.3 消除重复列查询

某些原始表中的列的数值存在大量的重复值，如果想从中提取唯一值，可使用 DISTINCT 关键字进行。

--显示原始表 allstus 所有唯一的专业名称，与没有经过唯一值筛选的数据对比：

SELECT 专业名称 FROM allstus--输出结果是 3866 条记录

SELECT DISTINCT(专业名称) FROM allstus--输出结果是 28 条记录，即 28 个专业方向

如图 4-5 所示：

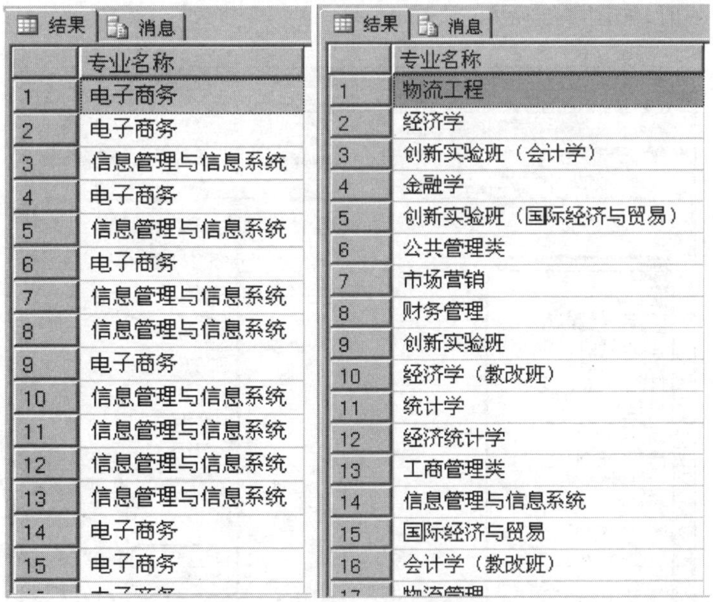

	专业名称
1	电子商务
2	电子商务
3	信息管理与信息系统
4	电子商务
5	信息管理与信息系统
6	电子商务
7	信息管理与信息系统
8	信息管理与信息系统
9	电子商务
10	信息管理与信息系统
11	信息管理与信息系统
12	信息管理与信息系统
13	信息管理与信息系统
14	电子商务
15	电子商务

	专业名称
1	物流工程
2	经济学
3	创新实验班（会计学）
4	金融学
5	创新实验班（国际经济与贸易）
6	公共管理类
7	市场营销
8	财务管理
9	创新实验班
10	经济学（教改班）
11	统计学
12	经济统计学
13	工商管理类
14	信息管理与信息系统
15	国际经济与贸易
16	会计学（教改班）

图 4-5 消除重复列查询输出结果

在 Excel 表中如何获取某列重复数据中的唯一值呢？有两种方法：

1. 通过数据透视表功能

在 Excel 2010 的数据表中，将鼠标焦点置于连续的数据中（即数据行中不要有空行，否则被透视的数据不完整），单击条带式工具菜单上的"插入"选项卡，单击"数据透视表"中的"数据透视表"，如图 4-6 所示：

在"创建数据透视表"窗口中检查是否所有的数据都已经被选中了，即 ＄A＄1：＄K＄3866 单元格区域范围，并选择是否为透视表创建新的工作表或者置于现有的工作表中，如图 4-7 所示。

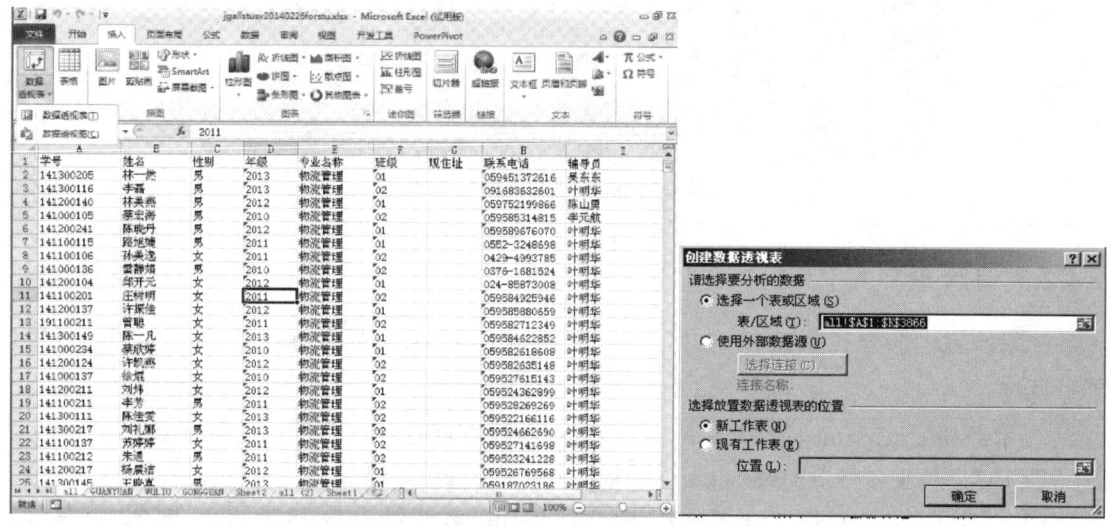

图 4-6　输出结果　　　　　　　　　　图 4-7　输出结果

在"数据透视表字段列表"工作窗格中，将"专业名称"字段拖曳到"行标签"即可在工作表中得到专业名称的唯一值，如图 4-8 所示：

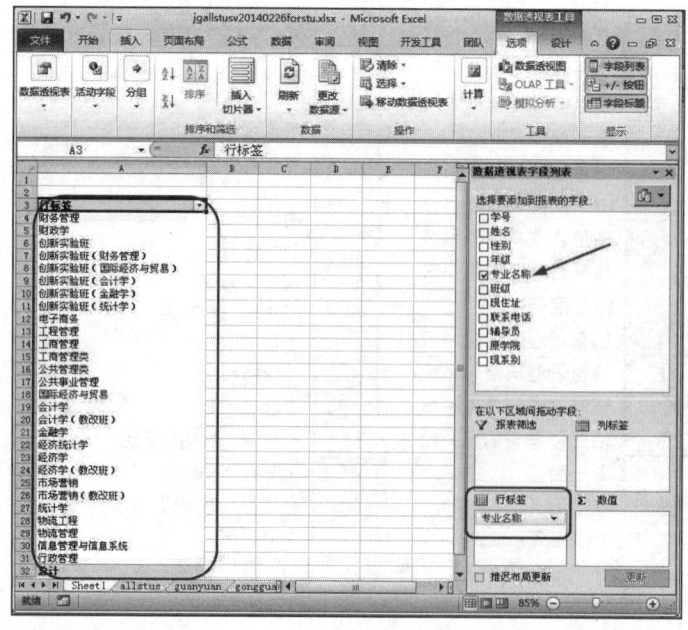

图 4-8　输出结果

2.通过删除重复值功能

假定要通过 allstus 表中的"专业名称"列获取专业名称的唯一值,一般会将 allstus 表复制一个副本,然后在副本中对该列进行删除重复值操作。

在 all(2)表中,单击工具栏上的"数据"选项中的"删除重复项",在该对话框中,选择"数据包含标题",可选择一个或多个包含重复值的列构成一个唯一值序列,如图 4-9 所示:

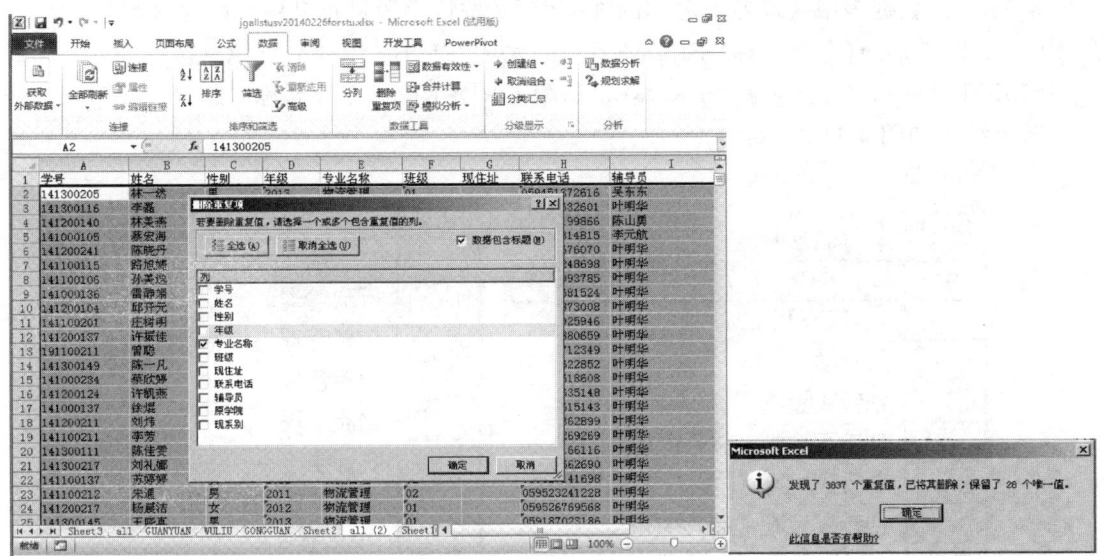

图 4-9 输出结果

根据专业名称删除重复项得到最终结果表,如图 4-10 所示:

图 4-10 输出结果

4.3 排序查询

在往数据表添加数据时,并没有按照用户需要的顺序进行添加,而是按照系统默认的先后顺序进行添加。用户经常要根据某个或某些字段进行排序显示,这需要在 T-SQL 中使用 ORDER

BY 为关键字进行排序后输出。

4.3.1 按升、降序排序查询

在 MS SQL Server，如果使用 T-SQL 对数据表中的数据进行升序查询，可使用关键词 ASC 表示升序查询，默认情况下不添加 ASC 也是可以的。

```
--从 allstus 数据表中获取专业名称的唯一值，并按该字段进行升序和降序排列：
SELECT distinct(专业名称) FROM allstus ORDER BY 专业名称 ASC
SELECT distinct(专业名称) FROM allstus ORDER BY 专业名称 DESC
--输出结果如图 4-11 所示：
```

图 4-11 升序排列和降序排列

4.3.2 按多列排序查询

按单列排序进行数据查询的结果中可能存在重复数据，此时用户可能需要根据其他单个列或多个列进行再次排序查询。

```
--在 allstus 表中，先根据辅导员姓名降序排序，然后再根据专业名称升序排序：
SELECT 专业名称,辅导员 FROM allstus ORDER BY 辅导员 DESC,专业名称。如图
4-12 所示：
```

	专业名称	辅导员
1	公共事业管理	邹晓强
2	公共管理类	庄东志
3	公共管理类	庄东志
4	公共管理类	庄东志
5	公共管理类	庄东志
6	公共管理类	庄东志
7	公共管理类	庄东志
8	公共管理类	庄东志
9	公共管理类	庄东志
10	公共管理类	庄东志
11	公共管理类	庄东志
12	公共管理类	庄东志
13	公共管理类	庄东志
14	公共管理类	庄东志
15	公共管理类	庄东志
16	公共管理类	庄东志

图 4-12　按多列排序查询

4.3.3 按特殊需求排序查询

1.随机排序

在实际数据分析过程中,往往需要从数据表中随机提取部分数据,这就需要对数据表中的数据进行随机排序,在 SQL Server 2008 中,可以使用 newid()函数作为关键词进行随机排序,并可结合 TOP n 或者 TOP PERCENT 获取其中的部分数据。

```
--每次执行下列语句,都会得到不同的随机排序结果,如图 4-13 所示:
SELECT top 5 * FROM allstus ORDER BY newid()
```

	学号	姓名	性别	年级	专业名称	班级
1	071302104	张合甫力·艾尼瓦尔	女	2013	电子商务	01
2	071001326	申湘云	女	2010	财政学	01
3	071305309	黎洋	女	2013	信息管理与信息系统	01
4	071202328	郭戌平	男	2012	国际经济与贸易	02
5	231200136	陈诚	女	2012	行政管理	03

	学号	姓名	性别	年级	专业名称	班级
1	071302122	蔡东杰	女	2013	金融学	04
2	071105401	邱海香	女	2011	信息管理与信息系统	01
3	071204137	陈杰	女	2012	财务管理	01
4	071001308	邓文启	女	2010	财政学	01
5	141200114	刘祎祎	女	2012	物流管理	01

图 4-13　随机排序

注意:在利用 newid() 函数作为关键字对数据表数据进行随机查询过程中,会对整张数据表进行扫描,然后产生一个计算列,再进行排序,所以尽量不要对记录较多的数据表进行 newid() 函数随机排序。

2. 按需求动态排序

在一些特殊的数据查询中,想要根据用户的特别需求进行排序,比如要将三个专业排在所有专业之前,但要按专业名称进行特别排序:信息管理与信息系统排在电子商务前面,电子商务排在会计学前面,此时就要用到 case 选择语句来完成:

```
--对专业信息表 proinfo 的专业名称 pname 根据动态需求进行排序。如果要调整顺序,
则只要修改 then 后的数字即可:
SELECT * FROM proinfo ORDER BY
case   pname
    when '信息管理与信息系统' then 3
    when '电子商务' then 2
    when '会计学' then 1
end
DESC
--输出结果如图 4-14:
```

pid	pname	did
14	信息管理与信息系统	4
20	电子商务	4
27	会计学	8
28	创新实验班(统计学)	3
21	创新实验班(财务管理)	3
22	创新实验班(金融学)	3
23	工商管理	9
24	市场营销(教改班)	9
25	公共事业管理	2
26	工程管理	9
15	国际经济与贸易	5
16	会计学(教改班)	8
17	物流管理	6
18	财政学	7

图 4-14 按需求动态排序

3. 按汉字笔画和音序排序

在数据查询中,有时候需要按汉字笔画数量多少这一个特殊的要求进行排序,那么在排序时需要选择特殊的排序关键字:collate Chinese_prc_stroke_cs_as_ks_ws。

--通过对姓名字段的两种不同排序,对比通过英文字母顺序和汉字笔画排序的不同结果:
SELECT 姓名 FROM allstus ORDER BY 姓名
SELECT 姓名 FROM allstus ORDER BY 姓名 collate chinese_prc_stroke_cs_as_ks_ws
--输出的结果如图 4-15:

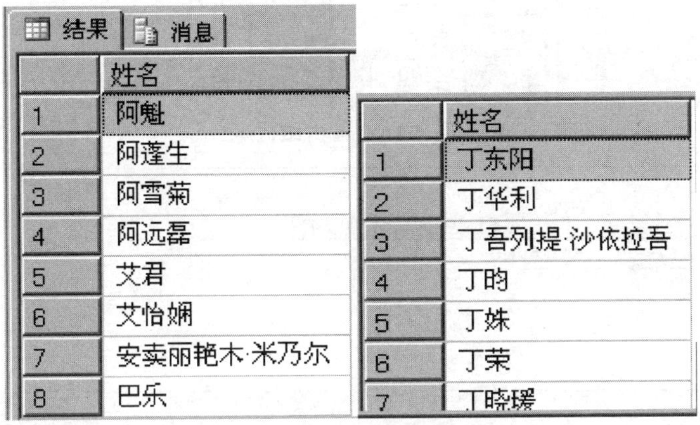

图 4-15 按音序和汉字笔画排序

需要指出的是,排序规则名称由两部分构成,前半部份是指本排序规则所支持的字符集。如:Chinese_PRC_CS_AI_WS。

(1)前半部分:指 UNICODE 字符集,Chinese_PRC_指针对中文简体字 UNICODE 的排序规则。

(2)排序规则的后半部分即后缀含义:

① _BIN:二进制排序。

② _CI(CS):是否区分大小写,CI 不区分,CS 区分。

③ _AI(AS):是否区分重音,AI 不区分,AS 区分。

④ _KI(KS):是否区分假名类型,KI 不区分,KS 区分。

⑤ _WI(WS):是否区分宽度 WI 不区分,WS 区分。

如果在创建数据库时已经选择了"chinese_prc_stroke_cs_as_ks_ws"作为默认排序规则(请参考第 3 章节数据库创建部分的知识),或者在设计数据表时,已经对该字段的排序规则修改为 Chinese_PRC_Stroke_90_CI_AS,那么在对汉字字段进行排序时,就无需再加"chinese_prc_stroke_cs_as_ks_ws"作为关键字排序,若此时要用英文字母顺序进行排序,反而需要加上"Chinese_Simplified_Pinyin_100_CI_AS"作为关键字查询,如:

--在对数据时中的 temp02 数据表进行查询,该表已经对 name 字段的排序进行了修改,默认是 Chinese_PRC_Stroke_90_CI_AS:
SELECT * FROM temp02 ORDER BY name--用默认排序规则进行排序,即按汉字笔画多少排序
SELECT * FROM temp02 ORDER BY name collate Chinese_Simplified_Pinyin_100_CI_AS
--在查询中修改排序规则:使用汉字拼音作为排序规则,该关键字可用"collate chinese_prc_cs_as"替代
--输出结果如图 4-16 所示:

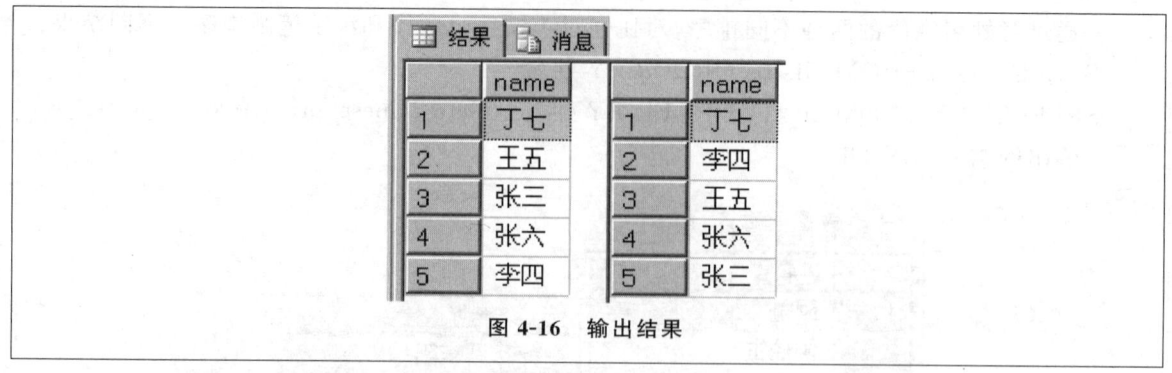

图 4-16 输出结果

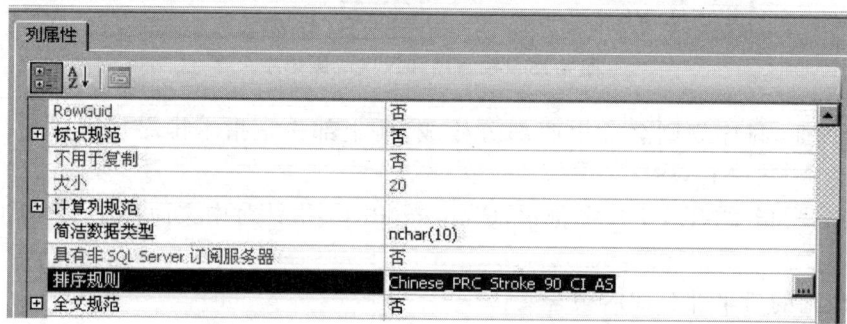

图 4-17 对表中的某字段的排序规则进行更改

在 Excel 中若要对汉字进行笔画排序,则需要在排序选项中对默认的排序规则进行修改:

在工作表中选择将鼠标焦点置于需要进行笔画或者字母排序的字段上,单击条带式工具栏上的"数据"选项卡,单击"排序"选项,在对话框中,单击选项,选择其中的"笔画排序"或字母排序,单击"确定"即可,如图 4-18:

4.使用新增排序函数进行排序

与 SQL Server 2000 相比,SQL Server 2008(其实在 SQL Server 2005 已经内置了)在排序方面新增了一些函数,包括 ROW_NUMBER()、RANK()、DENSE_RANK() 和 NTITLE(),它们的功能是:

①ROW_NUMBER()是按当前记录的行号由小到大逐一排名,不并列,排名连续。行号可能随着指定的实际排序字段改变而改变;

②RANK()是按指定排序字段的值由小到大逐一排名,并列,排名不连续;

③DENSE_RANK()是按指定排序字段的值由小到大逐一排名,并列,排名连续;

④NTILE()是按指定排序字段的值由小到大分成组逐一排名,并列,排名连续。

假设分别使用这几个函数对 teacherinfo 表中的 tsalary 字段进行排序,它们的情况如下:

(1)使用 ROW_NUMBER()函数基于 tsalary 工资字段降序进行记录所在行号排序

```
SELECT did,tid,tname,tsalary,
    ROW_NUMBER() OVER(ORDER BY TSALARY DESC) AS 基于工资按行号
FROM teacherinfo
```

图 4-18 使用新增排序函数

输出结果如图 4-19 所示：

（2）使用 RANK() 函数基于 tsalary 工资字段降序进行排序编号

> SELECT did, tid, tname, tsalary,
> RANK() OVER (ORDER BY TSALARY DESC) AS 工资按 RANK 排序
> FROM teacherinfo

输出结果如图 4-20 所示，若 tsalary 字段的数值相同，则 RANK() 排序后赋予同样的编号，并且跳过相邻号段，出现不连续的现象。

图 4-19 输出结果   图 4-20 输出结果

(3)使用 DENSE_RANK()函数基于 tsalary 工资字段降序进行排序编号

> SELECT did,tid,tname,tsalary,
> DENSE_RANK() OVER (ORDER BY TSALARY DESC) AS 工资按 DENSE_RANK 排序
> FROM teacherinfo

输出结果如图 4-21 所示,若 tsalary 字段的数值相同,则 DENSE_RANK()排序后赋予同样的编号,但不会跳过相邻号段,以连续编号的方式出现：

	did	tid	tname	tsalary	工资按DENSE_RANK排序
1	4	30	赖芬洪	67700.0	1
2	4	12	陈兵红	66100.0	2
3	5	54	王泓泓	64900.0	3
4	5	59	邓华炳	63900.0	4
5	7	122	张宁芳	63900.0	4
6	6	155	冯瑞瑞	63700.0	5
7	6	143	蔡青靛	63100.0	6
8	6	168	林玮玮	62400.0	7
9	9	100	向莉莉	61800.0	8
10	2	192	柳阳阳	61300.0	9
11	9	94	陈拉拉	61000.0	10
12	2	201	郑勇勇	60400.0	11
13	6	150	唐容婉	60400.0	11
14	6	163	陈松燕	59800.0	12

图 4-21　输出结果

(4)使用 NTITLE()函数基于 tsalary 工资字段降序进行排序后分组编号

> SELECT did,tid,tname,tsalary,tleader,
> NTILE(9) OVER (ORDER BY TSALARY DESC) AS 工资字段按 NTITLE 排序
> FROM teacherinfo

输出结果如图 4-22 所示：

	did	tid	tname	tsalary	tleader	工资字段按NTITLE排序
1	4	30	赖芬洪	67700.0	1	1
2	4	12	陈兵红	66100.0	NULL	1
3	5	54	王泓泓	64900.0	NULL	1
4	5	59	邓华炳	63900.0	NULL	1
5	7	122	张宁芳	63900.0	NULL	1
6	6	155	冯瑞瑞	63700.0	NULL	1
7	6	143	蔡青靛	63100.0	NULL	1
8	6	168	林玮玮	62400.0	NULL	1
9	9	100	向莉莉	61800.0	NULL	1
10	2	192	柳阳阳	61300.0	NULL	1
11	9	94	陈拉拉	61000.0	NULL	1
12	2	201	郑勇勇	60400.0	NULL	1
13	6	150	唐容婉	60400.0	NULL	1
14	6	163	陈松燕	59800.0	NULL	1

图 4-22　输出结果

注意:如果分区的行数不能被 NTITLE() 函数中的组数参数整除,则将导致一个成员有两种大小不同的组。按照 OVER 子句指定的顺序,较大的组排在较小的组前面。例如,如果总行数是 220,组数是 9,则前 4 个组每组包含 25 行共 100 行记录,其余 5 组每组包含 24 行共 120 行记录。另一方面,如果总行数可被组数整除,则行数将在组之间平均分布。例如,如果总行数为 50,有五个组,则每组将包含 10 行。

下面代码将这几类新增的排序函数使用的效果进行对比:

```
SELECT did,tid,tname,tsalary,
ROW_NUMBER() OVER(ORDER BY TSALARY DESC) AS 基于工资按行号排序,
RANK() OVER (ORDER BY TSALARY DESC) AS 工资按 RANK 排序,
DENSE_RANK() OVER (ORDER BY TSALARY DESC) AS 工资按 DENSE_RANK 排序,
NTILE(9) OVER (ORDER BY TSALARY DESC) AS 工资字段按 NTITLE 排序
FROM teacherinfo
```

输出结果如图 4-23 所示:

图 4-23　输出结果

4.4 条件查询

条件查询 WHERE 子句是 SELECT 语句中最重要的子句之一,在 WHERE 子句中设定了检索的各种动态、静态条件,系统进行数据检索时将按照这些特定的条件以及优先等级对记录进行检索,找出符合条件的相关记录。T-SQL 语句提供了各种运算符和关键字来定义搜索条件。其中常用的运算符有比较运算符和逻辑运算符(在第 2 章中已详细说明)。在利用 WHERE 子句进行条件查询时,往往需要使用多个条件共同作用才能精确检索到需要的数据。

4.4.1 等值查询

查询 allstus 表中专业名称是"信息管理与信息系统"专业的学生信息:

```
SELECT * FROM allstus WHERE 专业名称='信息管理与信息系统'
--输出结果如图 4-24 所示：
```

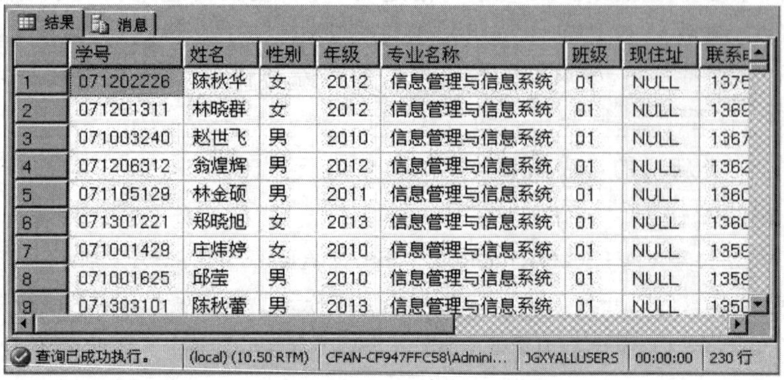

	学号	姓名	性别	年级	专业名称	班级	现住址	联系
1	071202226	陈秋华	女	2012	信息管理与信息系统	01	NULL	1375
2	071201311	林晓群	女	2012	信息管理与信息系统	01	NULL	1369
3	071003240	赵世飞	男	2010	信息管理与信息系统	01	NULL	1367
4	071206312	翁煌辉	男	2012	信息管理与信息系统	01	NULL	1362
5	071105129	林金硕	男	2011	信息管理与信息系统	01	NULL	1360
6	071301221	郑晓旭	女	2013	信息管理与信息系统	01	NULL	1360
7	071001429	庄炜婷	女	2010	信息管理与信息系统	01	NULL	1359
8	071001625	邱莹	男	2010	信息管理与信息系统	01	NULL	1359
9	071303101	陈秋蕾	男	2013	信息管理与信息系统	01	NULL	1350

图 4-24　输出结果

在 stuinfo 表中已经没有了专业名称，而是使用专业代码 pid 来代表专业名称，这时候要查询专业是“信息管理与信息系统”的学生信息，则需要将 stuinfo 表与 proinfo 专业信息表连接查询。如果不使用 join 关键字连接，可以用 IN 和 SELECT 子句进行查询：

```
--在本语句中 IN 的作用等同于“=”
SELECT * FROM stuinfo WHERE pid IN(select pid from proinfo WHERE pname='信息管理与信息系统')
```

4.4.2 不匹配查询

在 proinfo 专业信息表中，查询专业名称 pname 不是物流工程的信息：

```
--使用“!=”、“<>”、“<=”、“>=”等逻辑运算符可进行不匹配数据查询：
SELECT * FROM proinfo WHERE pname !='物流工程'
SELECT * FROM proinfo WHERE pname <>'物流工程'
--两个语句输出的结果是相同的
```

但是如果对字符串进行“>=”或者“<=”不匹配操作的结果不同于对数字型数据进行操作的结果，在对字符串进行比较运算符的非匹配查询，得到的是字符串英文字母之前或者之后的相关数据：

```
SELECT * FROM proinfo WHERE pname>='物流工程'--查询英文字母排在“wu”之后(包括 wu)的数据
SELECT * FROM proinfo WHERE pname<'物流工程'--查询英文字母排在“wu”之前(不包括 wu)的数据
```

--输出的结果如图 4-25 所示：

结果 | 消息

	pid	pname	did
1	1	物流工程	6
2	14	信息管理与信息系统	4
3	17	物流管理	6
4	19	行政管理	2

	pid	pname	did
1	2	经济学	5
2	3	创新实验班（会计学）	3
3	4	金融学	7
4	5	创新实验班（国际经济与贸易）	3
5	6	公共管理类	2
6	7	市场营销	9
7	8	财务管理	8

查询已成功执行。 | (local) (10.50 RTM) | CFAN-CF947FFC58\Admini... | JGXYALLUSERS | 00:00:00 | 4 行

图 4-25　输出结果

查询学生选课成绩表(stucourse)中成绩等于或高于 60 分的学生信息(stuinfo)，可以使用 IN 和 SELECT 子句中应用不匹配运算符来完成：

SELECT * FROM stuinfo WHERE stuid IN(select stuid from stucourse where cscore>=60)

--输出的结果虽然不显示等于或高于 60 分的成绩，但确是根据该成绩条件进行的学生信息筛选，如图 4-26 所示：

结果 | 消息

	stuid	stuname	stusex	stuphone	stua...	stugra...	stuclass	DID	pid	ins
1	021000826	平艺炜	女	136595514184	NULL	2010	02	8	8	13
2	021100608	林珂珂	女	059525296269	NULL	2011	03	7	18	6
3	021100811	谢丽容	女	059881379577	NULL	2011	03	2	6	11
4	021100829	黄梦驹	女	059582358466	NULL	2011	03	2	6	14
5	021200321	谢孝武	男	135658919774	NULL	2012	01	4	14	22
6	021200607	易彧峰	男	059528235605	NULL	2012	02	7	18	6
7	031001410	王灵程	女	130073884160	NULL	2010	01	8	8	13
8	031101123	李昕秀	男	059661736813	NULL	2011	01	7	18	6
9	031101235	魏舒薇	女	059521452772	NULL	2011	03	7	18	6
10	031101339	虞蕴宜	女	159056395478	NULL	2011	01	8	8	21
11	031102644	洪燕珍	男	135592143608	NULL	2011	03	2	6	23
12	031201213	孙延源	男	138598272018	NULL	2012	01	1	11	21
13	031201302	洪小雅	男	139607051848	NULL	2012	01	4	14	10
14	031201308	沈婷婷	女	158365262031	NULL	2012	01	7	18	9
15	041004111	李丽云	女	151638673620	NULL	2010	01	6	1	20

查询已成功执行。 | (local) (10.50 RTM) | CFAN-CF947FFC58\Admini... | JGXYALLUSERS | 00:00:00 | 1527 行

图 4-26　输出结果

4.4.3 NOT、AND、OR 运算符查询

在 WHERE 条件查询过程中，几乎离不开 NOT、AND、OR 逻辑运算符。

1.AND 运算符查询

AND 运算符连接的是两个或两个以上的条件，当连接的条件全部为真(true)时才能查询到为真的数据，如果有一个为假(false)，则无法得到查询结果。

(1)查询学生信息表 stuinfo 中性别为“男”且年级为“2012”、班级为“01”班的学生信息：

SELECT * FROM stuinfo WHERE stusex='男' AND stugrade=2012 AND stuclass='01'--输出结果如图 4-27 所示：

结果 | 消息

	stuid	stuname	stusex	stuphone	stua...	stugra...	stuclass	DID	pid	ins
1	021200321	谢孝武	男	135658919774	NULL	2012	01	4	14	22
2	031201213	孙延源	男	138598272018	NULL	2012	01	1	11	21
3	031201302	洪小雅	男	139607051848	NULL	2012	01	4	14	10
4	041202117	彭维继	男	135051568466	NULL	2012	01	9	26	7
5	071201110	陈佳腾	男	138595417911	NULL	2012	01	5	15	2
6	071201126	林伟业	男	059127071389	NULL	2012	01	4	14	12
7	071201201	傅丽艳	男	059487304060	NULL	2012	01	4	14	12
8	071201210	吴瑞星	男	159806353397	NULL	2012	01	4	14	10
9	071201212	林旭煜	男	059886158382	NULL	2012	01	9	26	21
10	071201232	涂爽	男	138594928773	NULL	2012	01	7	18	18
11	071201301	郭婧	男	059665615088	NULL	2012	01	7	18	6
12	071201304	郑瑛	男	059529046209	NULL	2012	01	8	8	21

查询已成功执行。 | (local) (10.50 RTM) | CFAN-CF947FFC58\Admini... | JGXYALLUSERS | 00:00:00 | 185 行

图 4-27　输出结果

(2)查询学生信息表 stuinfo 中性别为“男”且年级为“2012”、班级为“01”班的选课程表中成绩低于 60 分的学生信息：

SELECT * FROM stuinfo WHERE stusex='男' AND stugrade=2012 AND stuclass='01' AND stuid IN(SELECT stuid FROM stucourse WHERE cscore<60)--输出结果比上例中少了 63 条记录，如图 4-28 所示：

结果 | 消息

	stuid	stuname	stusex	stuphone	stua...	stugra...	stuclass	DID	pid	ins
1	041202117	彭维继	男	135051568466	NULL	2012	01	9	26	7
2	071201201	傅丽艳	男	059487304060	NULL	2012	01	4	14	12
3	071201210	吴瑞星	男	159806353397	NULL	2012	01	4	14	10
4	071201212	林旭煜	男	059886158382	NULL	2012	01	9	26	21
5	071201232	涂爽	男	138594928773	NULL	2012	01	7	18	18
6	071201301	郭婧	男	059665615088	NULL	2012	01	7	18	6
7	071201304	郑瑛	男	059529046209	NULL	2012	01	8	8	21
8	071201315	张丹妮	男	131377611458	NULL	2012	01	9	26	13
9	071202103	吴生军	男	059586956971	NULL	2012	01	5	15	2
10	071202109	林晓鹏	男	138057781914	NULL	2012	01	8	8	13
11	071202112	许丹丹	男	059468598209	NULL	2012	01	5	15	2
12	071202119	柳慧凝	男	057167867063	NULL	2012	01	4	14	12

查询已成功执行。 | (local) (10.50 RTM) | CFAN-CF947FFC58\Admini... | JGXYALLUSERS | 00:00:00 | 122 行

图 4-28　输出结果

(3)OR 运算符

OR 运算符一般也是连接两个或两个以上条件，只要其中一个为真，则 or 的结果即为真，除非所有的条件均为假。

查询学生信息表 stuinfo 中性别为“男”、年级为“2012”、班级为“01”班或“02”班且选课程表中成绩低于 60 分的学生信息：

```
SELECT * FROM stuinfo WHERE
stusex='男' AND stugrade=2012 AND (stuclass='01' or stuclass='02') AND stuid in
(SELECT stuid FROM stucourse WHERE cscore<60)
```

--输出结果已经包含了 02 班的数据，如图 4-29 所示：

结果 | 消息

	stuid	stuname	stusex	stuphone	stua...	stugra...	stuclass	DID	pid	ins
1	041202117	彭维继	男	135051568466	NULL	2012	01	9	26	7
2	061202207	吴怡心	男	136009823790	NULL	2012	02	8	8	13
3	071201105	陈俪倩	男	150594791680	NULL	2012	02	4	14	10
4	071201120	陈哲	男	059582476261	NULL	2012	02	9	26	13
5	071201201	傅丽艳	男	059487304060	NULL	2012	01	4	14	12
6	071201209	许岩	男	059521639030	NULL	2012	02	8	8	21
7	071201210	吴瑞星	男	159806353397	NULL	2012	01	4	14	10
8	071201212	林旭煜	男	059886158382	NULL	2012	01	9	26	21
9	071201232	涂爽	男	138594928773	NULL	2012	01	7	18	16
10	071201301	郭婧	男	059665615088	NULL	2012	01	7	18	6
11	071201304	郑瑛	男	059529046209	NULL	2012	01	8	8	21
12	071201315	张丹妮	男	131377611458	NULL	2012	01	9	26	13

查询已成功执行。 | (local) (10.50 RTM) | CFAN-CF947FFC58\Admini... | JGXYALLUSERS | 00:00:00 | 168 行

图 4-29　输出结果

注意："or"的位置至关重要。如果将上例中的代码写成：

SELECT * FROM stuinfo WHERE(stusex='男' AND stugrade=2012 AND stuclass='01' AND stuid in
(SELECT stuid FROM stucourse WHERE cscore<60)) OR stuclass='02'

那么得到的结果将是本节图 4-28 所示记录数加上班级为"02"的所有年级的记录数。

(4)NOT 运算符

一般与其他的运算符一同使用，表示原条件的取反操作。

查询学生信息表 stuinfo 中性别为"男"、年级为"2012"、班级不是"01"班或"02"班且选课程表中成绩低于 60 分的学生信息：

```
SELECT * FROM stuinfo WHERE
stusex='男' AND stugrade=2012 AND NOT(stuclass='01' OR stuclass='02')  AND
stuid IN
(SELECT stuid FROM stucourse WHERE cscore<60)
--输出的结果中只体现符合其他条件的 03、04 班的学生信息，如图 4-30 所示：
```

结果 | 消息

	stuid	stuname	stusex	stuphone	stua...	stugra...	stuclass
1	071201107	施雅冰	男	151609425031	NULL	2012	03
2	071201219	陈松华	男	130038050894	NULL	2012	03
3	071201229	张合麦提江·乌热依木	男	136967745193	NULL	2012	03
4	071201309	杨丽丽	男	138502771958	NULL	2012	03
5	071201312	陈爱芳	男	059525070224	NULL	2012	03
6	071202205	陈淑梅	男	134597441887	NULL	2012	03
7	071203122	陈晓晶	男	059183646051	NULL	2012	03
8	071203128	朱清贵	男	059471636988	NULL	2012	04
9	071203130	颜馨	男	138592563477	NULL	2012	03
10	071203313	陈静	男	136265390506	NULL	2012	03

查询已成功执行。 | (local) (10.50 RTM) | CFAN-CF947FFC58\Admini... | JGXYALLUSERS | 00:00:00 | 33 行

图 4-30　输出结果

当在 WHERE 子句中使用的多个运算符，则必须考虑运算符优先级的问题，否则就会导致查询不到用户所实际需要的数据结果，如本节"注意"中所提到的，当 OR、括号的位置不同，那么

查询的结果将会大不同。

运算符优先级如图 4-31：

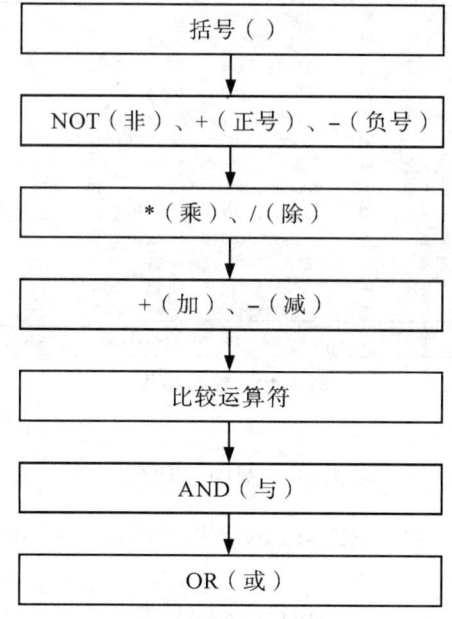

图 4-31 运算符优先级

(5) WHERE 条件查询的特殊应用

如果要从一张有数据的库表中获取全部字段或部分字段，但不填充数据，即空表，则可以使用 WHERE 条件的特殊形式来实现：

> --假设 stuinfo 是一张有数据的库表，现在若要生成没有数据的空表 stuinfov2，且只保留两个字段
>
> SELECT stuid,stuname INTO stuinfov2 FROM stuinfo WHERE 1=2——1=2 的逻辑运算结果是为假，所以最终获取包含两个字段的空表。该逻辑为假的表达式可以任意构建。

4.4.4 BETWEEN…AND 区间查询

在 T-SQL 中，区间查询可以使用大于等于(＞＝)、小于等于(＜＝)和 and 运算符共同完成，也可以使用 BETWEEN…AND 结构了完成。

查询年级是 2012 级、专业是"信息管理与信息系统"的且成绩在 85～95 之间的学生信息：

> --需要从 3 张表中查询相关记录：学生信息表 stuinfo、选课成绩表 cscore 和专业信息表 proinfo：
>
> SELECT * FROM stuinfo WHERE stugrade=2012 and
>
> stuid IN (SELECT stuid FROM stucourse WHERE cscore BETWEEN 85 AND 95) AND
>
> pid in (SELECT pid FROM proinfo WHERE pname='信息管理与信息系统')

--输出结果如图 4-32 所示：

结果 | 消息

	stuid	stuname	stusex	stuphone	stua...	stugra...	stuclass	DID	pi
1	071201126	林伟业	男	059127071389	NULL	2012	01	4	1
2	071201218	吴谢梅	女	059272517297	NULL	2012	01	4	1
3	071201311	林晓群	女	136993858955	NULL	2012	01	4	1
4	071202214	许可	女	059657093678	NULL	2012	01	4	1
5	071203236	谌利夏提·哈力	男	150238824369	NULL	2012	02	4	1
6	071205134	林怡萍	女	059666215254	NULL	2012	02	4	1
7	071205211	刘金梅	女	059451384059	NULL	2012	02	4	1
8	071205416	陈宝东	女	158808703183	NULL	2012	02	4	1
9	071205508	李雪甜子	男	138504084414	NULL	2012	01	4	1
10	071205525	张亚地	男	187565324778	NULL	2012	01	4	1
11	071205530	魏海燕	男	059752427782	NULL	2012	02	4	1

查询已成功执行。 | (local) (10.50 RTM) | CFAN-CF947FFC58\Admini... | JGXYALLUSERS | 00:00:00 | 14 行

图 4-32　BETWEEN…AND 区间查询

BETWEEN…AND 的效果等同于：

```
SELECT * FROM stuinfo
WHERE
stugrade=2012 AND
stuid IN(SELECT stuid FROM stucourse WHERE cscore>=85 AND cscore<=95) AND
pid IN (SELECT pid FROM proinfo WHERE pname='信息管理与信息系统')
```

如果希望查询 85～95 分以外的数据，只要在“BETWEEN…AND”之前加上 NOT 即可：

```
SELECT * FROM stuinfo
WHERE
stugrade=2012 AND
stuid IN(SELECT stuid FROM stucourse WHERE cscore NOT BETWEEN 85 AND 95) AND
pid IN(SELECT pid FROM proinfo WHERE pname='信息管理与信息系统')
```

4.4.5 IN 和 EXISTS 运算符查询

当查找特定条件的数据时，如果条件较多，可能需要用到多个 OR 运算符，这样会导致 T-SQL 语句变得冗长，难以理解和管理。在某些情况下，可以使用 IN 运算符让语句变得简洁、清晰。

1.将列表值直接置于语句中

查询 allstus 表中专业名称是“信息管理与信息系统”、“电子商务”两个专业的学生信息：

```
SELECT * FROM allstus WHERE
专业名称 IN('信息管理与信息系统','电子商务')
--输出结果如图 4-33 所示：
```

结果 | 消息

	学号	姓名	性别	年级	专业名称	班级	现住址	联系电话
1	071305208	陈亦庄	男	2013	电子商务	01	NULL	137996536700
2	071305115	陈柳	女	2013	电子商务	01	NULL	137997816140
3	071202226	陈秋华	女	2012	信息管理与信息系统	01	NULL	137575028264
4	071106301	林超	女	2011	电子商务	01	NULL	137062081505
5	071201311	林晓群	女	2012	信息管理与信息系统	01	NULL	136993858955
6	071001315	黄繁琪	女	2010	电子商务	01	NULL	136859631774
7	071003240	赵世飞	男	2010	信息管理与信息系统	01	NULL	136762672118

查询已成功执行。 | (local) (10.50 RTM) | CFAN-CF947FFC58\Admini... | JGXYALLUSERS | 00:00:05 | 442 行

图 4-33　IN 运算符查询

查询 allstus 表中姓名中第一个字符是“张”、“王”、“林”的学生信息：

```
--用到了 left 函数对姓名字段进行左边第一个字符进行截取
SELECT * FROM allstus WHERE
LEFT(姓名,1) IN ('张','王','林')
--输出结果如图 4-34 所示：
```

结果 | 消息

	学号	姓名	性别	年级	专业名称	班级	现住址	联系电话
1	071106301	林超	女	2011	电子商务	01	NULL	137062081505
2	071201311	林晓群	女	2012	信息管理与信息系统	01	NULL	136993858955
3	071105129	林金硕	男	2011	信息管理与信息系统	01	NULL	136003757203
4	071204140	王洁	女	2012	电子商务	01	NULL	135064265476
5	071002302	张诗茗	男	2010	信息管理与信息系统	01	NULL	132693580392
6	071102313	王琪伟	男	2011	电子商务	01	NULL	131071256115
7	071203315	张榕倩	女	2012	电子商务	01	NULL	059631754367
8	071202332	林小慧	女	2012	信息管理与信息系统	01	NULL	059263469892
9	071002537	王维	女	2010	财务管理	01	NULL	139957813043
10	071301404	张抒聪	女	2013	会计学	01	NULL	059585273197

查询已成功执行。 | (local) (10.50 RTM) | CFAN-CF947FFC58\Admini... | JGXYALLUSERS | 00:00:00 | 685 行

图 4-34　IN 运算符查询

如果在 IN 之前加上 NOT，则表示取得相反的数据。

2.从子句中获取列表值

```
--从 stucourse 表中获取成绩低于 60 分的 stuid，主句的 stuid 条件来自于子句中的结果：
SELECT * FROM stuinfo WHERE
stusex='男' AND stugrade=2012 AND NOT(stuclass='01' OR stuclass='02')  AND stuid IN
(SELECT stuid FROM stucourse WHERE cscore<60)
```

3.EXISTS 运算符

EXISTS 和 NOT EXISTS 运算符是和相关子查询一起使用的。使外部子查询返回的结果集受到内层子查询结果的限制，比如判断真假，为真，则提供结果。

```
--从 stuinfo 中查询相关学生信息，条件是必须在成绩表中有记录且成绩高于 95 分的。
SELECT * FROM stuinfo WHERE
EXISTS (SELECT * FROM stucourse WHERE stuinfo.stuid = stucourse.stuid AND stucourse.cscore>95)
--从 stuinfo 中查询相关学生信息，条件是在 stucourse 表中没有成绩的。
SELECT * FROM stuinfo WHERE
NOT EXISTS (SELECT * FROM stucourse WHERE stuinfo.stuid=stucourse.stuid)
```

IN 和 EXISTS 运算符有很多相似之处。但在实际数据分析过程中尽量用 EXISTS 和 NOT EXISTS 代替 IN 和 NOT IN。在下文的查询优化过程中将加以解释。

4.4.6 NULL 空值查询

在某些数据表中，库表中的记录在某列或某些列存在空值，即该列的值目前未知（UNKNOWN）。在 TS－SQL，UNKNOWN 的值就是空值（NULL），而 NULL 是不能用于比较运

算的，如大于、小于等，而需要使用 IS 来判断是否为空值。

```
--查询 stuinfo 学生信息表中 instrid 字段为空值的数据：
SELECT * FROM stuinfo WHERE instrid IS NULL
--输出结果如图 4-35 所示：
```

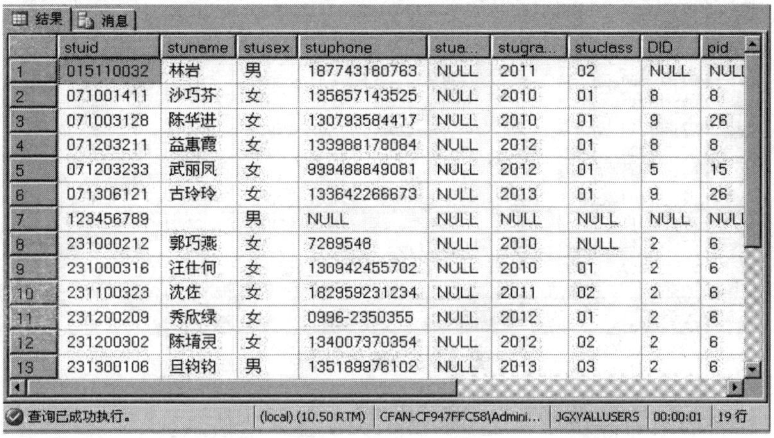

	stuid	stuname	stusex	stuphone	stua...	stugra...	stuclass	DID	pid
1	015110032	林岩	男	187743180763	NULL	2011	02	NULL	NULL
2	071001411	沙巧芬	女	135657143525	NULL	2010	01	8	8
3	071003128	陈华进	女	130793584417	NULL	2010	01	9	26
4	071203211	益惠霞	女	133988178084	NULL	2012	01	8	8
5	071203233	武丽凤	女	999488849081	NULL	2012	01	5	15
6	071306121	古玲玲	女	133642266673	NULL	2013	01	9	26
7	123456789		男	NULL	NULL	NULL	NULL	NULL	NULL
8	231000212	郭巧燕	女	7289548	NULL	2010	NULL	2	6
9	231000316	汪仕何	女	130942455702	NULL	2010	01	2	6
10	231100323	沈佐	女	182959231234	NULL	2011	02	2	6
11	231200209	秀欣绿	女	0996-2350355	NULL	2012	01	2	6
12	231200302	陈堉灵	女	134007370354	NULL	2012	02	2	6
13	231300106	旦钧钧	男	135189976102	NULL	2013	03	2	6

图 4-35　输出结果

```
--查询 stucourse 中成绩不为空的数据，如图 4-36 所示：
SELECT * FROM stucourse WHERE cscore IS NOT NULL
```

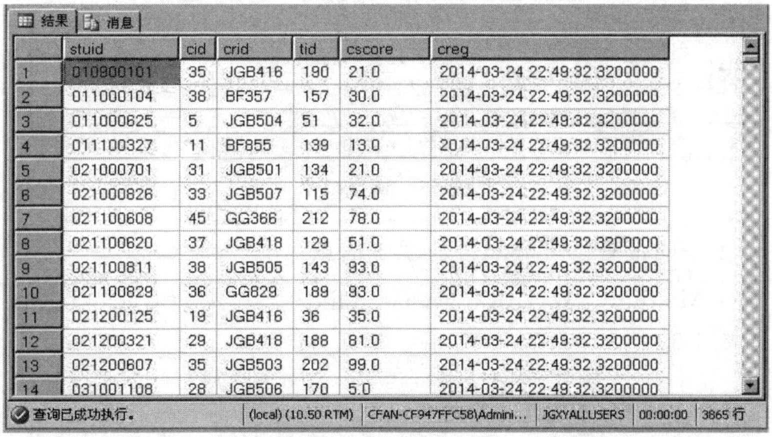

	stuid	cid	crid	tid	cscore	creg
1	010900101	35	JGB416	190	21.0	2014-03-24 22:49:32.3200000
2	011000104	38	BF357	157	30.0	2014-03-24 22:49:32.3200000
3	011000625	5	JGB504	51	32.0	2014-03-24 22:49:32.3200000
4	011100327	11	BF855	139	13.0	2014-03-24 22:49:32.3200000
5	021000701	31	JGB501	134	21.0	2014-03-24 22:49:32.3200000
6	021000826	33	JGB507	115	74.0	2014-03-24 22:49:32.3200000
7	021100608	45	GG366	212	78.0	2014-03-24 22:49:32.3200000
8	021100620	37	JGB418	129	51.0	2014-03-24 22:49:32.3200000
9	021100811	38	JGB505	143	93.0	2014-03-24 22:49:32.3200000
10	021100829	36	GG829	189	93.0	2014-03-24 22:49:32.3200000
11	021200125	19	JGB416	36	35.0	2014-03-24 22:49:32.3200000
12	021200321	29	JGB418	188	81.0	2014-03-24 22:49:32.3200000
13	021200607	35	JGB503	202	99.0	2014-03-24 22:49:32.3200000
14	031001108	28	JGB506	170	5.0	2014-03-24 22:49:32.3200000

图 4-36　输出结果

4.4.7 LIKE 模糊查询

在 T-SQL 中可利用 LIKE 关键字进行模糊查询，但一般需要指定通配符，通配符含义如下：

(1)%：包含 0 个或多个字符

(2)_(下划线)：包含一个字符

(3)[]：指定范围

(4)[^]：不属于指定范围

1.%通配符的应用

(1)查询学生信息表 stuinfo 中 stuname 字段所有姓“王”的 2012 级学生信息：

```
SELECT * FROM stuinfo WHERE stuname LIKE '王%' AND stugrade=2012
--输出结果如图 4-37 所示：
```

结果 | 消息

	stuid	stuname	stusex	stuphone	stua...	stugra...	stuclass	DID	pid	ins
1	051201224	王志磊	男	159805206146	NULL	2012	02	5	15	2
2	071201203	王月娟	女	150027899344	NULL	2012	02	8	8	13
3	071201217	王志鹏	女	130154446595	NULL	2012	03	8	8	13
4	071201307	王兆桢	女	134615432469	NULL	2012	01	5	15	2
5	071201308	王佳煌	女	136757574524	NULL	2012	01	5	15	22
6	071201310	王占清	女	158802444641	NULL	2012	01	8	8	13
7	071202210	王伟鑫	女	150604375668	NULL	2012	01	8	8	7
8	071202230	王佳	女	091376953779	NULL	2012	01	9	26	13
9	071202233	王雅芳	男	182253795208	NULL	2012	03	9	26	3
10	071202302	王刚	男	136156487494	NULL	2012	01	8	8	7
11	071202311	王静明	女	138059521623	NULL	2012	02	3	21	22
12	071202314	王琦君	男	059721160359	NULL	2012	02	8	8	21
13	071203117	王洁萍	女	187599999899	NULL	2012	01	8	8	3

查询已成功执行。 (local) (10.50 RTM) CFAN-CF947FFC58\Admini... JGXYALLUSERS 00:00:00 60 行

图 4-37 输出结果

（2）查询学生姓名的最后一个字符是“平”的 2012 级学生信息：

```
SELECT * FROM stuinfo WHERE stuname LIKE '%平' AND stugrade=2012
--输出结果如图 4-38 所示：
```

结果 | 消息

	stuid	stuname	stusex	stuphone	stua...	stugra...	stuclass	DID	pid	instri
1	071202328	郭戌平	男	135038648813	NULL	2012	02	5	15	12
2	091200524	张志平	女	051382151162	NULL	2012	01	8	8	21
3	231200138	吴静平	女	059974745739	NULL	2012	03	2	6	11
4	231200210	夏榕平	男	059378078213	NULL	2012	01	2	6	11

查询已成功执行。 (local) (10.50 RTM) CFAN-CF947FFC58\Admini... JGXYALLUSERS 00:00:00 4 行

图 4-38 输出结果

（3）查询学生姓名中间带有“·”分隔符的学生信息：

```
SELECT * FROM stuinfo WHERE stuname like '%·%' --注意“·”点的字符选择
--输出结果如图 4-39 所示：
```

结果 | 消息

	stuid	stuname	stusex	stuphone	stua...	stugra...	stuclass
1	041101326	林尔艾力·阿卜杜热扎克	女	059182147076	NULL	2011	01
2	071001324	林图再·吾许江	男	158886480791	NULL	2010	01
3	071002340	傅兰别克·哈孜木	女	133284759077	NULL	2010	01
4	071002415	黄得列提·托哈西	女	130177779724	NULL	2010	03
5	071002430	汤森·买买提明	女	182595712278	NULL	2010	02
6	071002632	杨依热·喀迪尔	女	059981492999	NULL	2010	03
7	071102130	曾里亚尔·阿地里	女	133137664577	NULL	2011	01
8	071102311	张那尔·努尔兰	男	035357046692	NULL	2011	01
9	071103201	林帕尔古丽·司马义	女	059973963869	NULL	2011	02
10	071105218	林拉·巴德玛热	男	135066935315	NULL	2011	03
11	071201229	张合麦提江·乌热依木	男	136967745193	NULL	2012	03
12	071202209	林迪力江·热合曼	男	158607698035	NULL	2012	02
13	071203236	谌利夏提·哈力	男	150238824369	NULL	2012	02

查询已成功执行。 (local) (10.50 RTM) CFAN-CF947FFC58\Admini... JGXYALLUSERS 00:00:00 30 行

图 4-39 输出结果

(4)查询学生信息表 stuname 字段不包含"王"字符且成绩表中成绩大于 98 分的学生信息：

SELECT * FROM stuinfo WHERE stuname not like '%王%' and stuid IN
(SELECT stuid FROM stucourse WHERE cscore＞98)

2. _通配符的应用

(1)显示数据表 stuinfo 表中姓名字段 stuname 只有两个字符，第二个字符是"坤"的学生信息：

SELECT * FROM stuinfo WHERE stuname LIKE '_坤'--输出结果如图 4-40 所示：

图 4-40　输出结果

(2)查询 stuinfo 表中 stuname 字段学生姓名第二个和第三个字符为"平"，但不包括连续两个字符是"平"的学生信息：

SELECT * FROM stuinfo WHERE (stuname LIKE '_平%' OR stuname LIKE '_ _平%') AND stuname NOT LIKE '%平平%'--输出结果如图 4-41 所示：

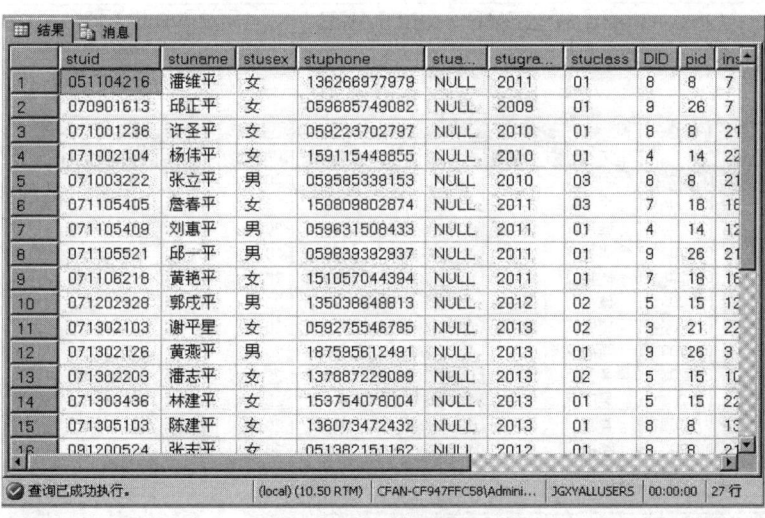

图 4-41　输出结果

3.[]通配符的应用

(1)查询 stucourse 学生选课成绩表中，成绩第一位是 7 或者 8，第二位是 9 的成绩：

```sql
SELECT * FROM stucourse WHERE cscore LIKE '[7-8][9]%'
```
--输出结果如图 4-42 所示：

图 4-42 输出结果

（2）查询 stuinfo 学生信息表中学生学号字段 stuid 第 3、4 位是"12"，第 5、6 位是"03"的学生信息：

```sql
SELECT * FROM stuinfo WHERE stuid LIKE '_ _[1][2][0][3]%'
```
--输出结果如图 4-43 所示：

图 4-43 输出结果

4. [^]通配符的应用

查询学生信息表 stuinfo 中学号字段中第 6 位不是"3"的学生信息：

SELECT * FROM stuinfo WHERE stuid like '_ _ _ _ _[^3]%'

--输出结果如图 4-44 所示：

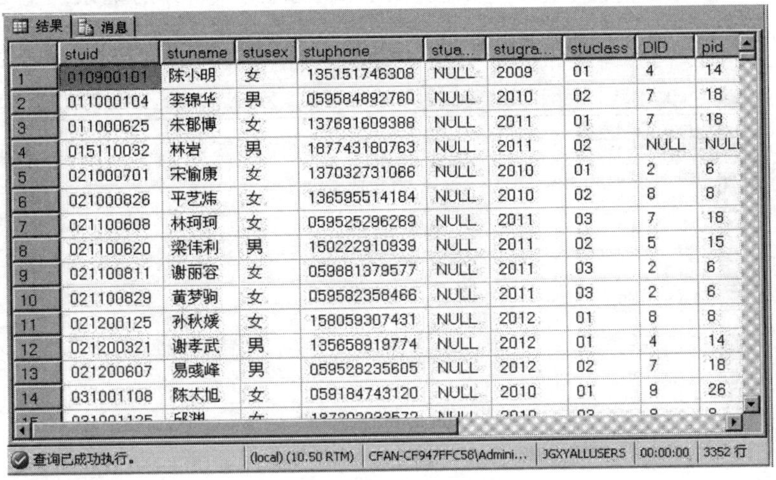

图 4-44 输出结果

5.跨字段应用通配符

查询 stuinfo 学生信息表中 stuid 或 stugrade 字段中包含"13"字符的信息：

SELECT * FROM stuinfo WHERE stuid+stugrade LIKE '%13%'

--该语句等同于下面这个语句：

SELECT * FROM stuinfo WHERE stuid LIKE '%13%' OR stugrade LIKE '%13%'

--输出结果如图 4-45 所示：

图 4-45 输出结果

4.5 计算查询

根据数据库设计范式的要求，在设计数据库时，数据库表中的各列之间不存在函数依赖关系，为了方便用户查询，可以在 SELECT 语句中使用运算符对列值进行一定的计算并呈现。

4.5.1 简单计算查询

查询 stucourse 学生选课表中的 cscore 成绩字段，为小于 60 分的记录加上 5 分：

SELECT cscore，cscore＋5 FROM stucourse WHERE cscore＜60

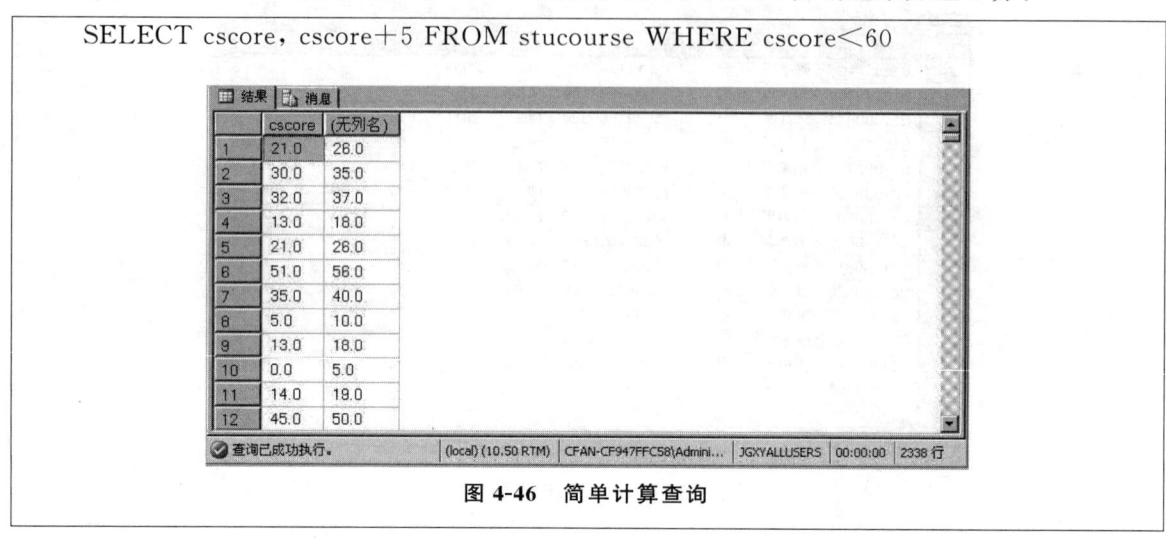

图 4-46　简单计算查询

4.5.2 多个虚拟计算字段查询

在对字段进行计算查询时，往往无法得到清晰明了的字段名，如图 4-46 所示，只标识"无列名"。因此在进行查询时可设置虚拟字段名称，使查询结果的可读性更强。

　　SELECT cscore AS 原成绩，cscore＋5 AS 加分后成绩 FROM stucourse WHERE cscore＜60--"原成绩"、"加分后成绩"都是虚拟字段
　　--输出结果如图 4-47 所示：

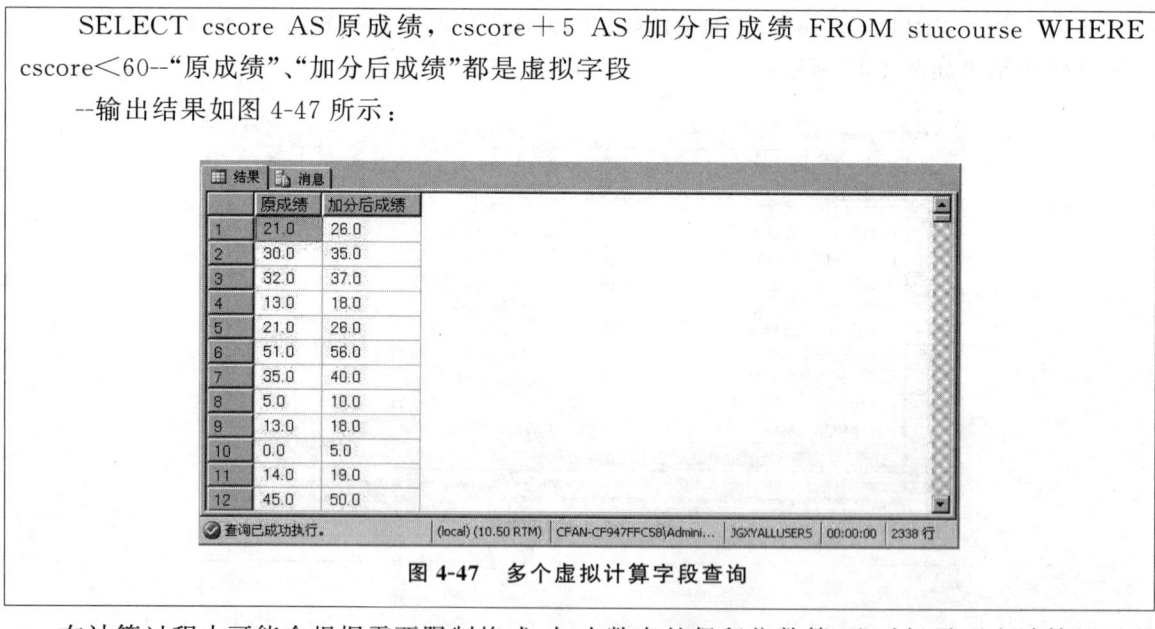

图 4-47　多个虚拟计算字段查询

在计算过程中可能会根据需要限制格式，如小数点的保留位数等，这时候需要在计算机过程中进行一定的转换或其他的设置。如对 60 分以下的成绩进行原成绩＋原成绩×0.08 的计算处理：

--对加分后的成绩呈现小数点不符合要求

SELECT CSCORE AS 原成绩，cscore*0.08＋cscore AS 加分后成绩 FROM stucourse WHERE cscore<60

--利用 CAST 转换函数对加分后的成绩进行转换和格式限制

SELECT CSCORE AS 原成绩，CAST(cscore*0.08＋cscore AS DECIMAL(3,1)) AS 加分后成绩 FROM stucourse WHERE cscore<60

	原成绩	加分后成绩
1	21.0	22.680
2	30.0	32.400
3	32.0	34.560
4	13.0	14.040
5	21.0	22.680
6	51.0	55.080
7	35.0	37.800
8	5.0	5.400
9	13.0	14.040
10	0.0	0.000
11	14.0	15.120
12	45.0	48.600

	原成绩	加分后成绩
1	21.0	22.7
2	30.0	32.4
3	32.0	34.6
4	13.0	14.0
5	21.0	22.7
6	51.0	55.1
7	35.0	37.8
8	5.0	5.4
9	13.0	14.0
10	0.0	0.0
11	14.0	15.1
12	45.0	48.6
13	5.0	5.4

图 4-48 转换前和转换后

4.5.3 计算附加评语的查询

在查询的过程中，可以通过添加虚拟字段添加对某些数据的标识，如评语。假定对学生的成绩表进行标识，95 分以上的评语为"优秀"，85～95 分的评语为"良好"，75～85 分的评语为"中等"，60～75 分的评语为"一般"，60 分以下的为"不及格"：

SELECT stuid AS 学号，cscore AS 成绩，评语=
CASE
  WHEN cscore>=95 THEN '优秀'
  WHEN cscore>=85 AND cscore<95 THEN '良好'
  WHEN cscore>=75 AND cscore<85 THEN '中等'
  WHEN cscore>=60 AND cscore<75 THEN '一般'
  WHEN cscore<60 THEN '不及格'
END
FROM stucourse

--输出结果如图 4-49 所示：

	学号	成绩	评语
1	010900101	21.0	不及格
2	011000104	30.0	不及格
3	011000625	32.0	不及格
4	011100327	13.0	不及格
5	021000701	21.0	不及格
6	021000826	74.0	一般
7	021100608	78.0	中等
8	021100620	51.0	不及格
9	021100811	93.0	良好
10	021100829	93.0	良好
11	021200125	35.0	不及格
12	021200321	81.0	中等
13	021200607	99.0	优秀
14	031001108	5.0	不及格
15	031001125	13.0	不及格

图 4-49　计算附加评语的查询

可以在计算的过程中添加更加复杂一些的说明字段，将多个字段的值连接起来：

```
SELECT STUID AS 学号,CSCORE AS 成绩,
stuid+'的成绩是:'+CAST(cscore AS varchar(5))+'评语是:'+
CASE
    WHEN CSCORE>=95 THEN '优秀'
    WHEN CSCORE>=85 AND CSCORE<95 THEN '良好'
    WHEN CSCORE>=75 AND CSCORE<85 THEN '中等'
    WHEN CSCORE>=60 AND CSCORE<75 THEN '一般'
    WHEN CSCORE<60 THEN '不及格'
END
AS 说明 FROM STUCOURSE
--输出结果如图 4-50 所示：
```

	学号	成绩	说明
1	010900101	21.0	010900101的成绩是：21.0评语是：不及格
2	011000104	30.0	011000104的成绩是：30.0评语是：不及格
3	011000625	32.0	011000625的成绩是：32.0评语是：不及格
4	011100327	13.0	011100327的成绩是：13.0评语是：不及格
5	021000701	21.0	021000701的成绩是：21.0评语是：不及格
6	021000826	74.0	021000826的成绩是：74.0评语是：一般
7	021100608	78.0	021100608的成绩是：78.0评语是：中等
8	021100620	51.0	021100620的成绩是：51.0评语是：不及格
9	021100811	93.0	021100811的成绩是：93.0评语是：良好
10	021100829	93.0	021100829的成绩是：93.0评语是：良好
11	021200125	35.0	021200125的成绩是：35.0评语是：不及格
12	021200321	81.0	021200321的成绩是：81.0评语是：中等
13	021200607	99.0	021200607的成绩是：99.0评语是：优秀
14	031001108	5.0	031001108的成绩是：5.0评语是：不及格

查询已成功执行。 (local) (10.50 RTM) CFAN-CF947FFC58\Admini... JGXYALLUSERS 00:00:00 3865 行

图 4-50　计算附加评语的查询

因为成绩字段 cscore 是 decimal 数据类型，不能直接与字符串进行连接，所以通过 CAST 函数转换为 VARCHAR 可变长字符串类型后再进行连接。

4.5.4 计算字段的排序查询

在含有计算的查询过程中，可能需要根据计算结果进行一定的排序，

```
SELECT stuid AS 学号,cscore AS 成绩, 评语=
CASE
    WHEN cscore>=95 THEN '1 优秀'
    WHEN cscore>=85 AND cscore<95 THEN '2 良好'
    WHEN cscore>=75 AND cscore<85 THEN '3 中等'
    WHEN cscore>=60 AND cscore<75 THEN '4 一般'
    WHEN cscore<60 THEN '5 不及格'
END
FROM stucourse ORDER BY 评语,成绩 DESC--输出的结果如图 4-51 所示：
```

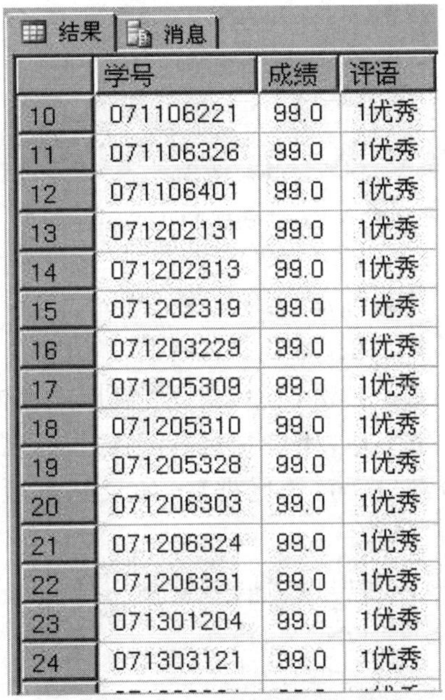

	学号	成绩	评语
10	071106221	99.0	1优秀
11	071106326	99.0	1优秀
12	071106401	99.0	1优秀
13	071202131	99.0	1优秀
14	071202313	99.0	1优秀
15	071202319	99.0	1优秀
16	071203229	99.0	1优秀
17	071205309	99.0	1优秀
18	071205310	99.0	1优秀
19	071205328	99.0	1优秀
20	071206303	99.0	1优秀
21	071206324	99.0	1优秀
22	071206331	99.0	1优秀
23	071301204	99.0	1优秀
24	071303121	99.0	1优秀

图 4-51　计算字段的排序查询

4.6 利用 Excel 实现数据查询

Excel 是应用最广泛的数据查询与分析的工具之一。同为微软产品，所以 Excel 应用程序自身的功能，以及利用第三方插件的功能，使得 Excel 与 SQL Server 之间的数据交互越来越便利和高效。下面将在 Excel 2010 以上版本的环境下，讲解如何使用 Excel 及其插件与 SQL Server 进行数据互动。

4.6.1 Excel 获取 SQL Server 数据

在 Excel 客户端,可利用多种方法获取多类数据库服务器上的库表数据。下面介绍常用的两种方式。如图 4-52:

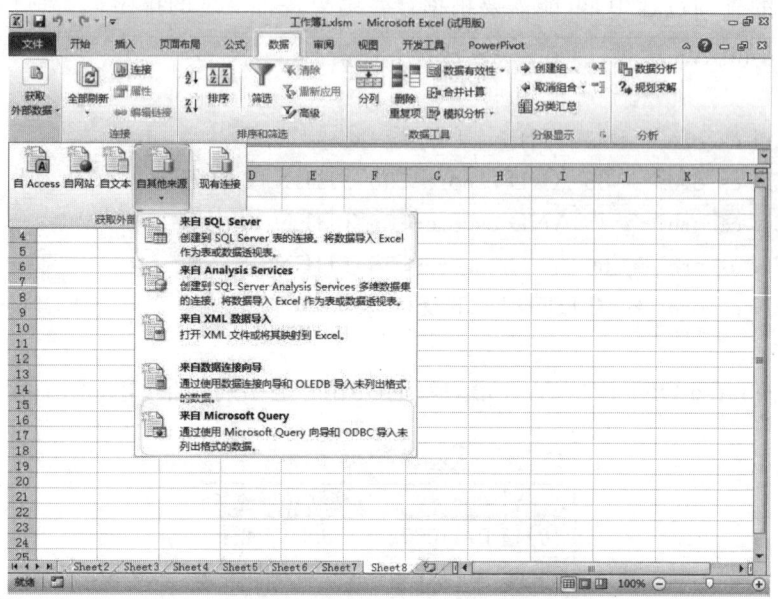

图 4-52　Excel 获取 SQL Server 数据

1.直接获取 MS SQL Server 数据库服务器数据

单击 Excel 2010 条带式工具栏上的"数据"选项卡,单击"获取外部数据"下的"自其他源",选择其中的"来自 SQL Server",如图 4-53 所示,进入"数据连接向导",配置 SQL Server 服务器名称或 IP 地址(此处假设服务器是本地,如果是远程且是非标准端口,则要在 IP 地址或服务器名称后加上",",与端口进行区隔),选择"登录凭据"。如果是本地,则两种一般都可以;如果是远程,一般使用数据库系统账号,如 SA 等。

当登录凭据被验证有效后,则会列出可访问的数据库名称及其下的数据表,根据需要选择连接的数据表,比如 stuinfo,如图 4-54 所示。

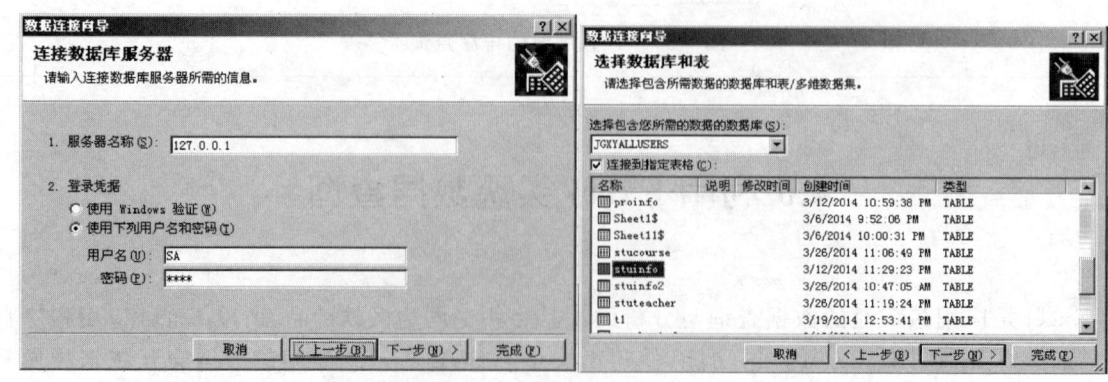

图 4-53　连接数据库服务器　　　　　图 4-54　选择数据库和表

用户可选择保存数据连接文件,并设置相关密码,可在今后的数据连接活动中直接调用,如图 4-55 所示。

选择导入的是数据表在 Excel 工作簿中的显示方式,是一般工作表还是透视图表,以及导入的位置,如图 4-56 所示。

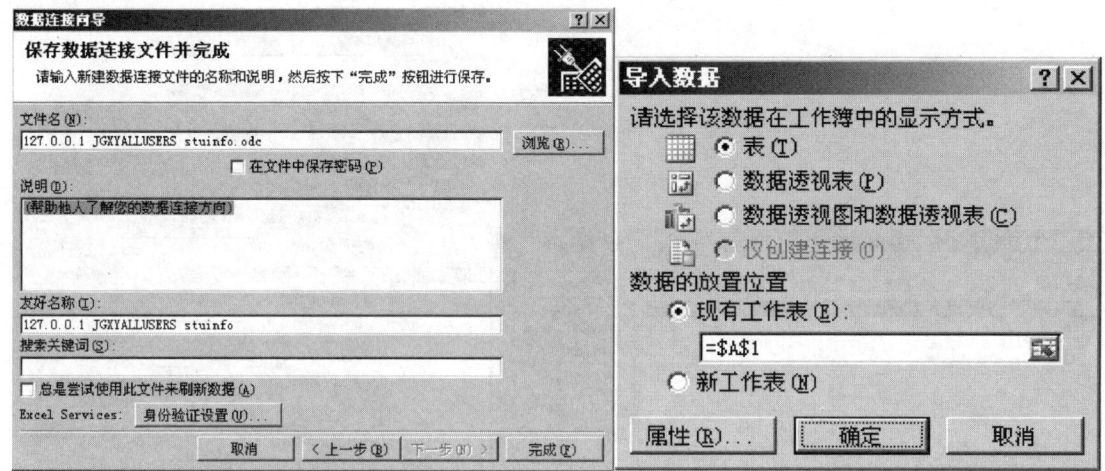

图 4-55　连接数据库文件　　　　　　　　图 4-56　导入数据

确定后,即可将选中的数据库表导入到指定的工作表位置中,如图 4-57 所示:

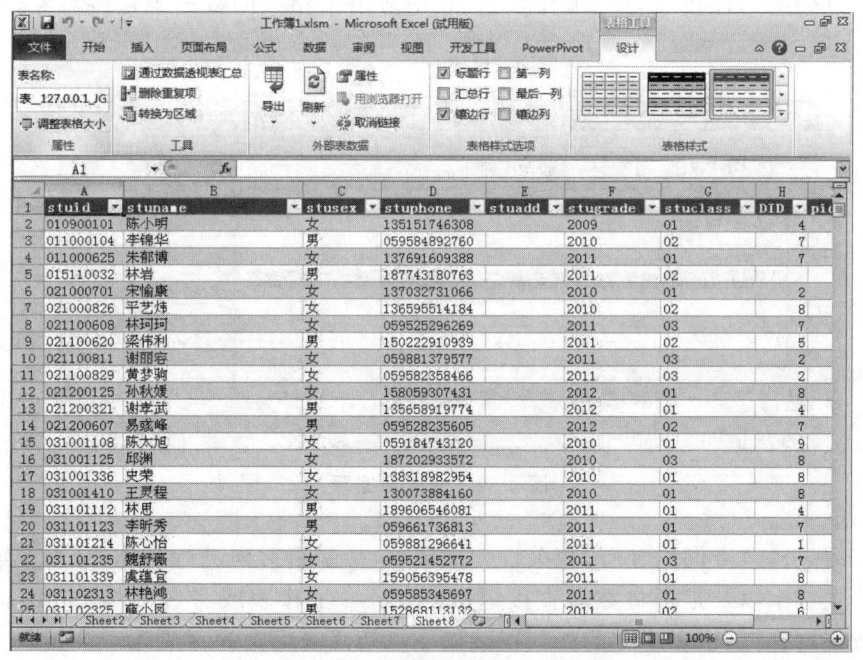

图 4-57　导入数据到指定工作表

接着即可在工作列表中进行数据的分析。也可以通过单击"转换为区域"将数据转换为静态的工作表数据,之后数据就不能设置从数据库获取更新了。

2.通过 Microsoft Query 访问 MS SQL Server 数据库服务器数据

在本节的图 4-58 中,单击通过"来自 Microsoft Query"的方式,利用 ODBC 的方法获取远程

SQL Server 服务器上的数据库数据。

在"选择数据源"对话框中可选择"新数据源",确定后进入"创建新数据源"对话框,设置 SQL Server 服务器地址已经登录的凭据类型、默认链接的数据库(不修改默认连接是 master)等其他选项:

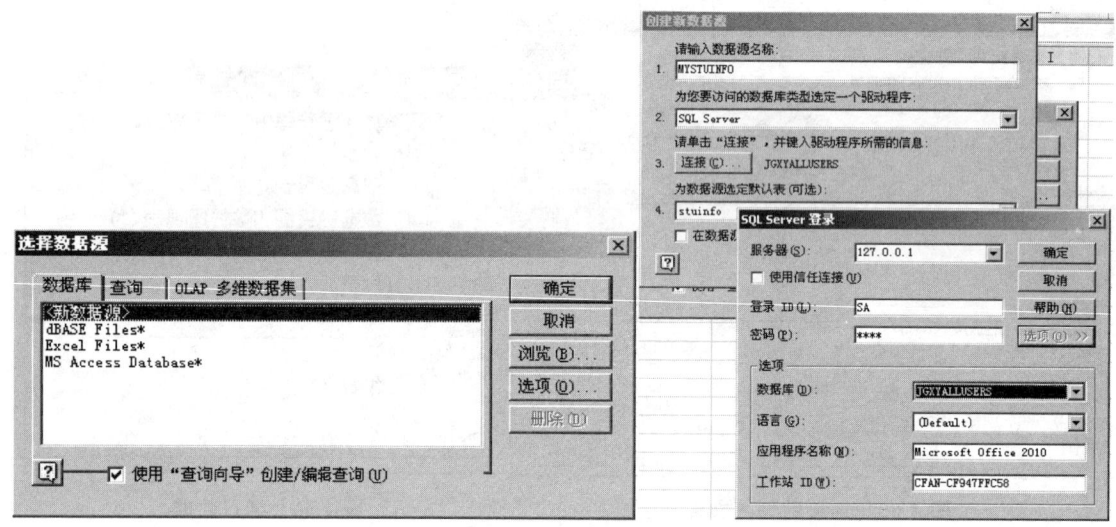

图 4-58　通过 Microsoft Query 访问 MS SQL Server 数据库服务器数据

创建好与数据源的连接后,在"选择数据源"中多出了相关的数据源连接对象,如图 4-59 所示:

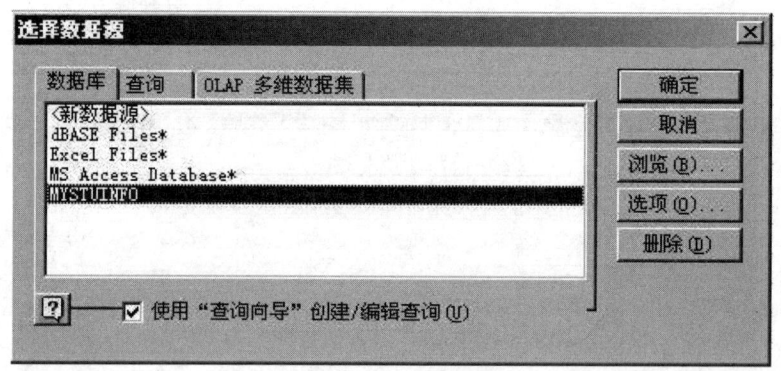

图 4-59　选择数据源

单击确定后,进入"查询向导"的相关设置选项,包括是否对列进行筛选、是否设置字段条件、是否设置主要关键字以及是否将数据直接返回到 Excel 工作表或者进一步在 Microsoft Query 中查看数据或编辑查询,也可将之前做到连接操作以及其他配置保存成为一个查询文件,以备日后使用,如图 4-60 所示:

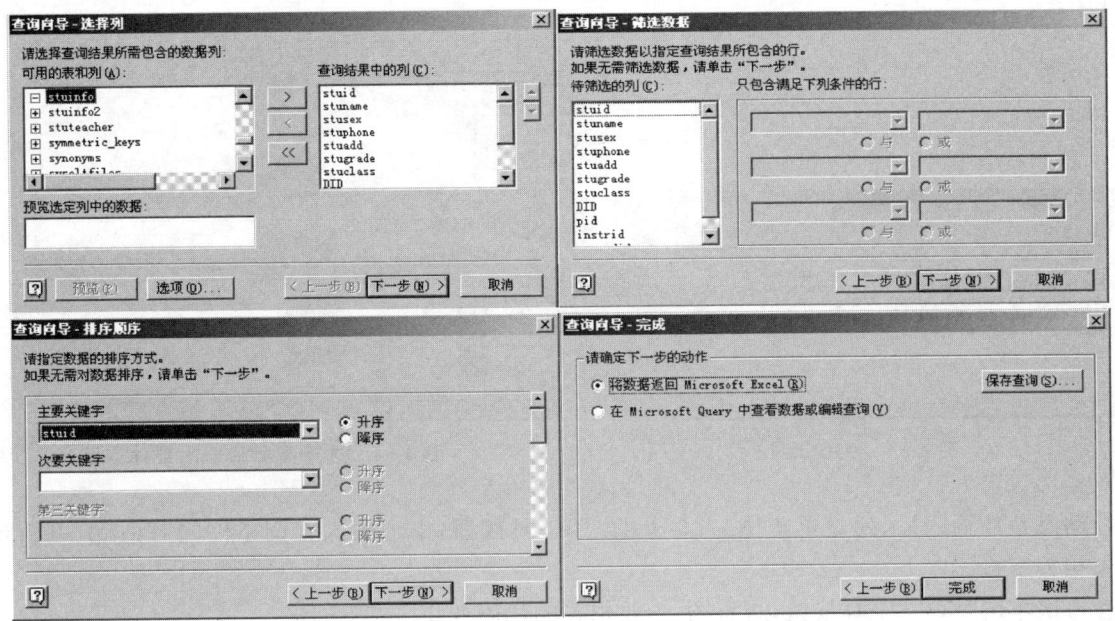

图 4-60　查询向导

若保存为一个查询文件,当再次使用时可单击图 4-61 中所示的"现有连接",可再次将数据导入到 Excel 中,并且得到的是最新的数据。

若选择进入 Microsoft Query 进行查询编辑,则可在查询编辑器中重新对数据查询语句进行编写、优化。如图 4-62 所示。

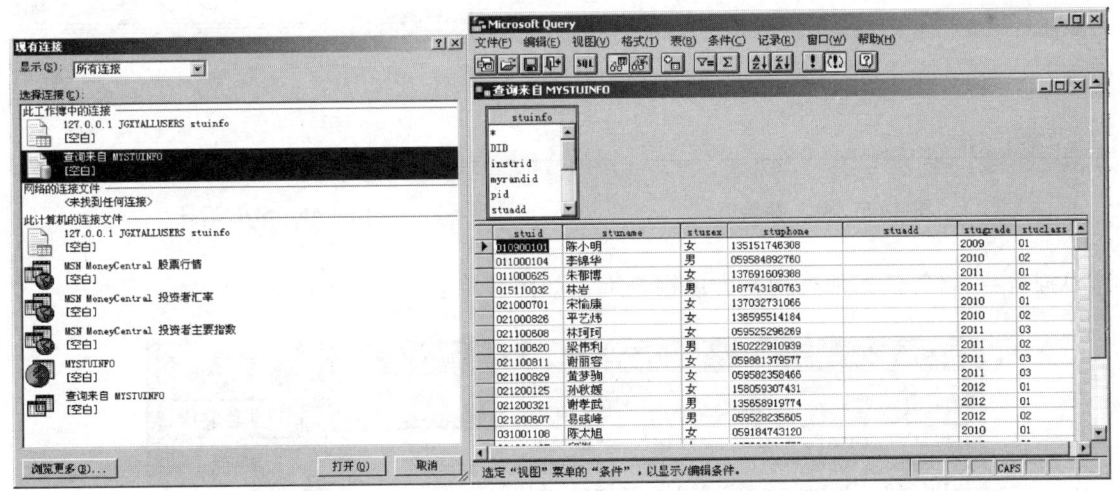

图 4-61　现有连接　　　　　图 4-62　进入 Microsoft Query 进行查询编辑

单击图 4-63 的"SQL"工具按钮,可查看 SQL 语句代码。

单击图 4-64 的"显示/隐藏"条件工具按钮,可选择需要筛选的条件字段,并且在下方设置动态值。

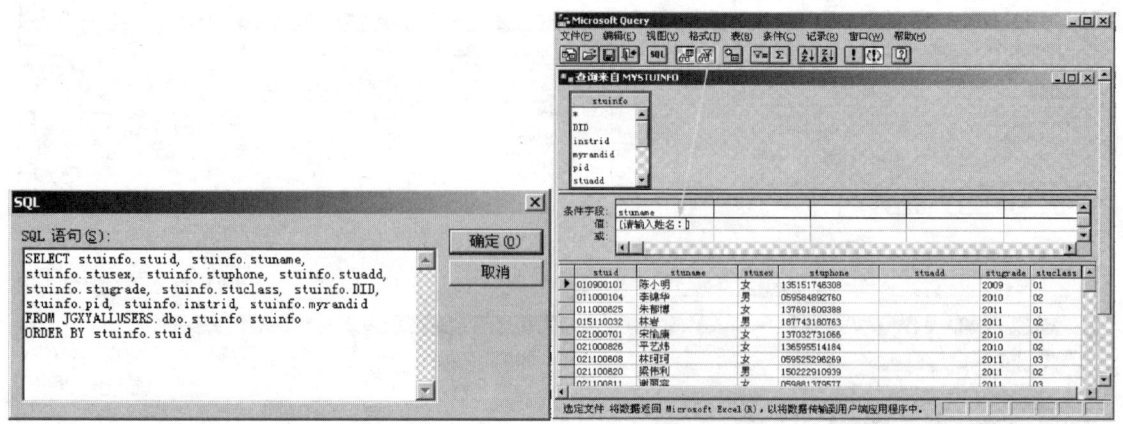

图 4-63 SQL 工具　　　　　　　　　　图 4-64 选择需要筛选的条件字段

动态参数输入后,通过单击图 4-65 上的"!"工具按钮,出现输入查询条件的对话框,可随意输入相关字符。

再次单击"SQL"工具按钮,查看图 4-66 相关的代码变化。

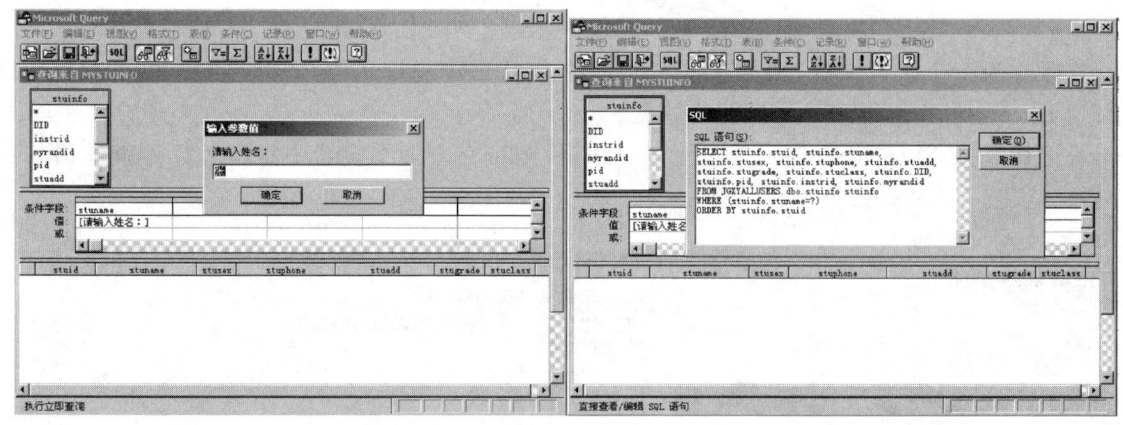

图 4-65 输入参数值　　　　　　　　　　图 4-66 SQL 工具

根据需要,将等值条件查询变为模糊查询。如图 4-67：

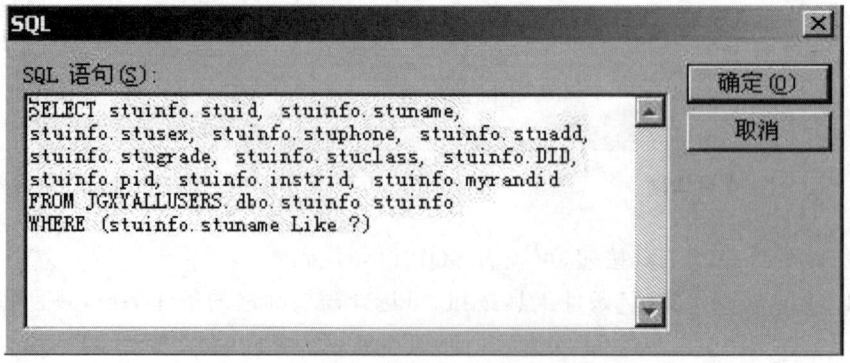

图 4-67 将等值条件查询变为模糊查询

保存查询后将筛选后的结果返回到已有的 Excel 工作表或者新建的工作表中。如图 4-68：

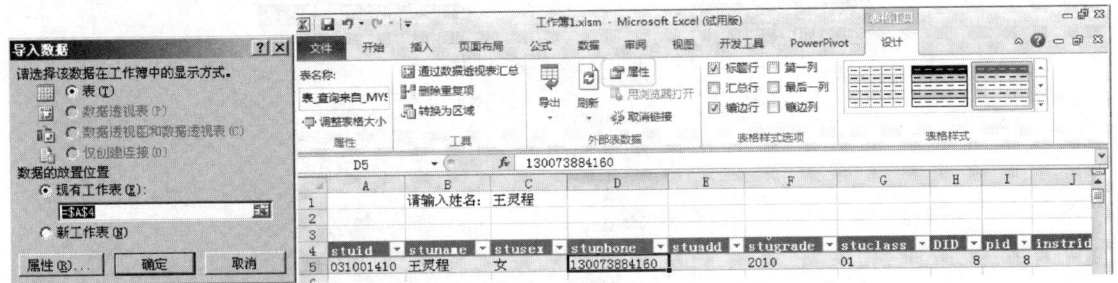

图 4-68　保存查询后返回数据

4.6.2　Excel 中应用 SQL 语句

如何实现在改变 Excel 中某单元格的数值后，动态数据区域的值相应产生变化呢？

单击图 4-69 中的动态数据区域，选择"表格设计"工具中的"属性"，或右单击动态数据区域，在弹出的快捷菜单中，选择"表格"下的"参数"设置：

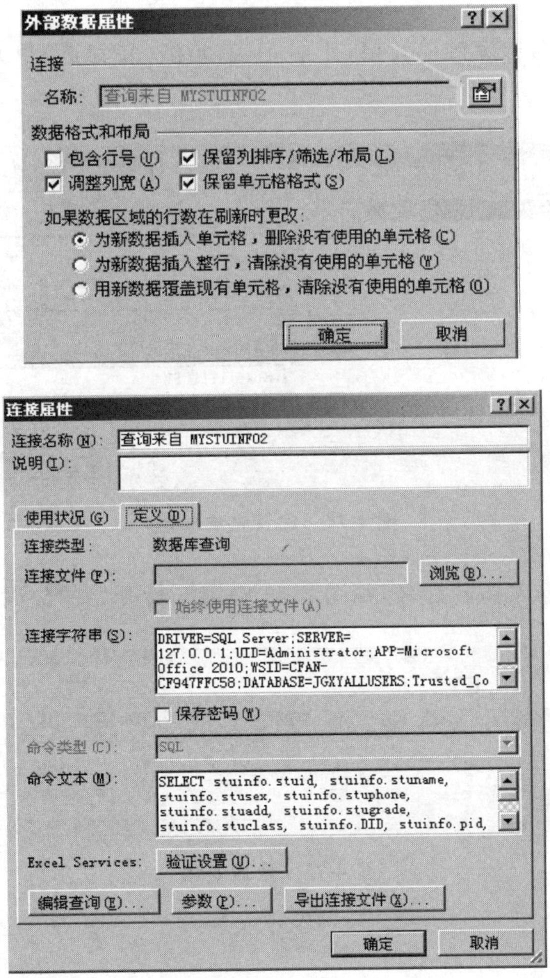

图 4-69　属性设置

图 4-70 表格属性设置

将之前设置的参数,与选定的单元格,比如 c1 单元格,并勾选"单元格值更改时自动刷新"。如图 4-71 所示:

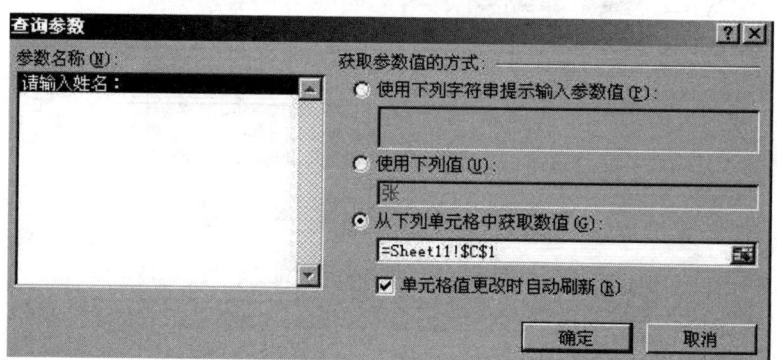

图 4-71 设置查询参数

此后在 c1 单元格中输入新的姓名,则图 4-72 中第 5 行开始的数据就会随着改变。

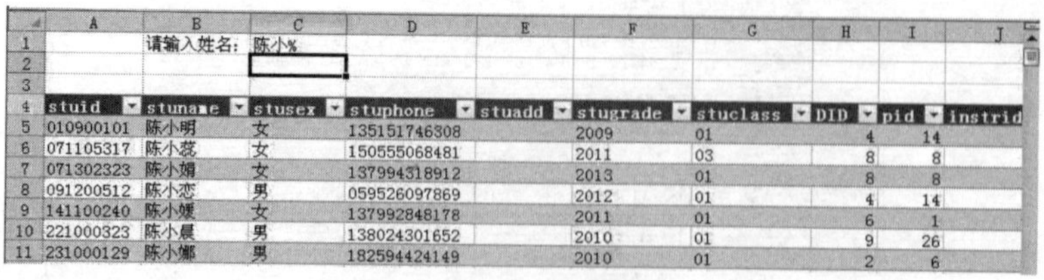

图 4-72 数据变化

4.7 小结

本章通过了解 T-SQL 查询原理及环境，掌握 T-SQL 投影查询语句、排序查询语句、条件查询语句和计算查询语句，以及如何在 Excel 中运用不同的方法获取远程 SQL Server 数据库表中的数据、如何在 Excel 中实现 SQL 语句查询，实现数据区域的动态显示与分析，为数据的高级查询奠定基础。

第 5 章　数据高级查询

在了解和掌握了利用 T-SQL 语句完成对数据表的投影查询、条件查询、排序查询、简单计算查询的情况下,有必要利用聚合函数、分组技术以及连接查询技术进一步解决在数据库开发过程遇见的实际的更加复杂的问题。

本章教学要求

- 了解和掌握聚合函数查询
- 了解和掌握分组查询技术
- 了解和掌握嵌套查询技术
- 了解和掌握多表连接查询技术
- 了解和掌握 Excel 高级查询技术

5.1 聚合函数查询

聚合函数对一组值或整个数据集合进行计算,并返回一行包含原始数据集合汇总结果的单个值。除了 COUNT 以外,聚合函数都会忽略空值。聚合函数经常与 SELECT 语句的 GROUP BY 子句一起使用。所有聚合函数均为确定性函数。这表示任何时候使用一组特定的输入值调用聚合函数,所返回的值都是相同的。OVER 子句可以跟在除 CHECKSUM 以外的所有聚合函数的后面。

聚合函数只能在以下位置作为表达式使用:
(1) SELECT 语句的选择列表(子查询或者外部查询);
(2) COMPUTE 或 COMPUTE BY 子句;
(3) HAVING 子句。
T-SQL 提供的聚合函数如表 5-1 所示:

表 5-1　T-SQL 提供的聚合函数表

聚合函数名称	作用
AVG	返回组中各值的平均值。将忽略空值。后面可能跟随 OVER 子句
CHECKSUM_AGG	返回组中各值的校验和。空值将被忽略。后面可以跟随 OVER 子句
COUNT	返回组中的项数

续表

聚合函数名称	作用
COUNT_BIG	返回组中的项数。COUNT_BIG 的用法与 COUNT 函数类似。两个函数唯一的差别是它们的返回值。COUNT_BIG 始终返回 bigint 数据类型值。COUNT 始终返回 int 数据类型值。后面可以跟 OVER 子句（Transact-SQL）
GROUPING	指示是否聚合 GROUP BY 列表中的指定列表达式。在结果集中，如果 GROUPING 返回 1 则指示聚合，返回 0 则指示不聚合。如果指定了 GROUP BY，则 GROUPING 只能用在 SELECT ＜select＞列表、HAVING 和 ORDER BY 子句中
GROUPING_ID	这是计算分组级别的函数。仅当指定了 GROUP BY 时，GROUPING_ID 才能在 SELECT ＜select＞列表、HAVING 或 ORDER BY 子句中使用
MAX	返回表达式的最大值。后面可能跟随 OVER 子句
MIN	返回表达式的最小值。后面可能跟随 OVER 子句
OVER 子句	确定在应用关联的开窗函数之前，行集的分区和排序。适用范围：排名开窗函数
ROWCOUNT_BIG	返回已执行的上一语句影响的行数。该函数的功能与 @@ROWCOUNT 类似，区别在于 ROWCOUNT_BIG 的返回类型为 bigint
STDEV	返回指定表达式中所有值的标准偏差。后面可能跟随 OVER 子句
STDEVP	返回指定表达式中所有值的总体标准偏差。后面可能跟随 OVER 子句
SUM	返回表达式中所有值的和或仅非重复值的和。SUM 只能用于数字列。空值将被忽略。后面可以跟 OVER 子句
VAR	返回指定表达式中所有值的方差。后面可能跟随 OVER 子句
VARP	返回指定表达式中所有值的总体方差。后面可能跟随 OVER 子句

下面将对常用的聚合函数 COUNT()、SUM()、AVG()、MAX() 和 MIN() 等进行详细介绍。需要注意的是 COUNT()、SUM()、AVG() 可以使用 DISTINCT 关键字，而 MAX()、MIN()、COUNT() 由于本身的计算结果就是唯一性的，因此没有必要使用 DISTINCT 关键字。

以下操作均在 SQL Server 2008 R2 的 SQL Server Management Studio 平台上进行，主要操作对象是 JGXYALLUSERS 数据库下的相关表，请参考前面章节。

5.1.1 COUNT 聚合函数

1.统计 stuinfo 表中专业代码 PID 为 14 的男生人数：

SELECT COUNT(PID) FROM stuinfo WHERE PID=14 AND STUSEX='男'
--输出结果如图 5-1 所示：

图 5-1 输出结果

2. 统计 stucourse 表中成绩大于等于 85 且课程编号 CID 为 30 的人数：

SELECT COUNT(*) FROM stucourse WHERE cscore>85 AND cid=30

--输出结果如图 5-2 所示：

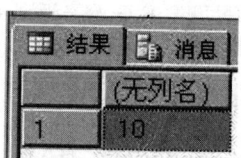

图 5-2 输出结果

3. 统计学生选课成绩表中的无重复的课程数，并以虚拟字段"唯一课程数"显示：

SELECT COUNT(DISTINCT(CID)) AS 唯一课程数 FROM stucourse

--输出结果如图 5-3 所示：

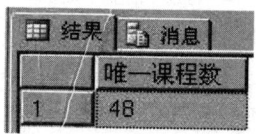

图 5-3 输出结果

5.1.2 SUM 聚合函数

1. 统计 teacherinfo 教师信息表中院系代码 did 为 8 的所有老师的工资 tsalary 总额：

--此操作之前，已为 teacherinfo 表添加了 tsalary 字段，并根据相关条件对 tsalary 字段进行了填充：

SELECT SUM(tsalary) FROM teacherinfo WHERE did=8

--输出结果如图 5-4 所示：

图 5-4 输出结果

2. 统计 teacherinfo 教师信息表中院系代码 did 为 8 的教师人数以及该院系下所有教师的工资总额：

SELECT COUNT(*) AS 教师总数,SUM(tsalary) AS 工资总额 FROM teacherinfo WHERE did=8

--输出结果如图 5-5 所示：

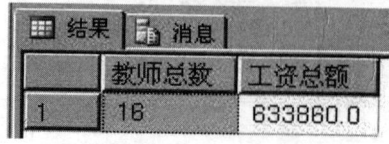

图 5-5 输出结果

3.统计院系代码为 8、工资总额大于 40000 的教师平均工资情况：

SELECT SUM(tsalary) AS 工资总额，COUNT(*) AS 总人数，SUM(tsalary)/COUNT(*) 平均工资 FROM teacherinfo WHERE tsalary＞40000 AND did＝8

--输出结果如图 5-6 所示：

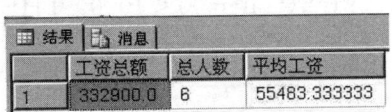

图 5-6　输出结果

4.统计工资高于平均工资的工资总额和教师总数：

SELECT SUM(TSALARY) AS 工资总额，COUNT(*) AS 教师数
 FROM teacherinfo　WHERE tsalary＞(SELECT SUM(tsalary)/COUNT(*) FROM teacherinfo)

--输出结果如图 5-7 所示：

图 5-7　输出结果

5.1.3　MAX 和 MIN 聚合函数

1.统计 teacherinfo 教师信息表中的最高工资、最低工资：

SELECT MAX(tsalary) AS 最高工资，MIN(tsalary) AS 最低工资 FROM teacherinfo
--输出结果如图 5-8 所示：

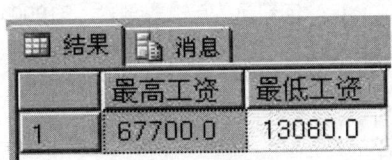

图 5-8　输出结果

2.统计 teacherinfo 教师信息表中最高工资、最低工资以及最高与最低工资的差额：

SELECT MAX(tsalary) AS 最高工资，MIN(tsalary) AS 最低工资，(MAX(tsalary)-MIN(tsalary)) AS 高低差额 FROM teacherinfo

--输出结果如图 5-9 所示：

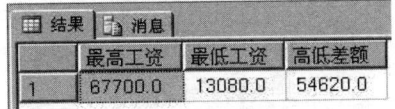

图 5-9　输出结果

3.根据工资差距的大小得出结论:

SELECT (MAX(tsalary)－MIN(tsalary)) AS 工资差,结论＝
CASE
　　WHEN (MAX(tsalary)－MIN(tsalary))＞50000 THEN '差距太大'
　　WHEN (MAX(tsalary)－MIN(tsalary))＜10000 THEN '差距较小'
END
FROM teacherinfo
--输出结果如图 5-10 所示:

图 5-10　输出结果

4.显示工资大于院系代码 did 为 8 的最高工资的所有信息:

SELECT * FROM teacherinfo
WHERE tsalary＞(SELECT MAX(tsalary) FROM teacherinfo WHERE did＝8)
--输出结果如图 5-11 所示:

tid	tname	did	tlead...	TSALARY
12	陈兵红	4	NULL	66100.0
14	杜波相	4	NULL	58500.0
24	赖方春	4	NULL	58600.0
30	赖芬洪	4	NULL	67700.0
54	王泓泓	5	NULL	64900.0
59	邓华炳	5	NULL	63900.0
94	陈拉拉	9	NULL	61000.0
1...	向莉莉	9	NULL	61800.0
1...	杨玲燕	9	NULL	59200.0
	陈幅苯		NULL	58200.0

图 5-11　输出结果

5.1.4 AVG 聚合函数

1.统计 stucourse 学生选课成绩表中的平均成绩:

SELECT AVG(cscore) AS 平均成绩 FROM stucourse--输出结果如图 5-12 所示:

图 5-12　输出结果

2.查询 stucourse 学生选课成绩表中高于平均分的成绩：

SELECT * FROM stucourse WHERE cscore>(SELECT AVG(cscore) FROM stucourse)--输出结果如图 5-13 所示：

图 5-13　输出结果

3.统计除最高分之外的平均分：

SELECT AVG(cscore) AS 除最高分之外的平均分 FROM stucourse WHERE cscore！=(SELECT MAX(cscore) FROM stucourse)

--输出结果如图 5-14 所示：

图 5-14　输出结果

4.统计除最高分与最低分之外的平均分：

SELECT AVG(cscore) AS 除最高最低分之外的平均分 FROM stucourse WHERE cscore NOT IN ((SELECT MAX(cscore) FROM stucourse),(SELECT MIN(cscore) FROM stucourse))

--输出结果如图 5-15 所示：

图 5-15　输出结果

5.1.5　聚合函数综合应用

1.显示所有教职工与平均工资之间的差额：

SELECT tsalary,tsalary－(SELECT AVG(tsalary) FROM teacherinfo) AS 与平均工资的差额 FROM teacherinfo--输出结果如图 5-16 所示：

	TSALARY	与平均工资的差额
1	36720.0	-5508.623853
2	38000.0	-4228.623853
3	56700.0	14471.376147
4	36160.0	-6068.623853
5	15800.0	-26428.623853
6	37440.0	-4788.623853
7	52700.0	10471.376147
8	39200.0	-3028.623853
9	37120.0	-5108.623853
10	39360.0	-2868.623853
11	36080.0	-6148.623853

图 5-16　输出结果

2.显示所有教职工与平均工资之间的差额并给予评价：

```
SELECT tid,tsalary,tsalary－(SELECT AVG(tsalary)
FROM teacherinfo) AS 与平均工资的差额,评价＝
CASE
    WHEN ABS(tsalary－(SELECT AVG(tsalary) FROM teacherinfo))＞50000
THEN '差距太大'
    WHEN ABS(tsalary－(SELECT AVG(tsalary) FROM teacherinfo))＞30000
THEN '差距较大'
    WHEN ABS(tsalary－(SELECT AVG(tsalary) FROM teacherinfo))＞10000
THEN '差距一般'
    WHEN ABS(tsalary－(SELECT AVG(tsalary) FROM teacherinfo))＞500 THEN
'差距较小'
WHEN ABS(tsalary－(SELECT AVG(tsalary) FROM teacherinfo))＝0 THEN '没有
差距'
END
FROM teacherinfo
--输出结果如图 5-17 所示：
```

	TID	TSALARY	与平均工资的差额	评价
1	1	36720.0	-5508.623853	差距较小
2	2	38000.0	-4228.623853	差距较小
3	3	56700.0	14471.376147	差距一般
4	4	36160.0	-6068.623853	差距较小
5	5	15800.0	-26428.623853	差距一般
6	6	37440.0	-4788.623853	差距较小
7	7	52700.0	10471.376147	差距一般
8	8	39200.0	-3028.623853	差距较小
9	9	37120.0	-5108.623853	差距较小
10	10	39360.0	-2868.623853	差距较小
11	11	36080.0	-6148.623853	差距较小
12	12	66100.0	23871.376147	差距一般
13	13	36880.0	-5348.623853	差距较小

图 5-17　输出结果

3.显示不同系别的平均工资:

```
SELECT * ,不同系别的平均工资=
CASE
    WHEN did=1 THEN (SELECT AVG(tsalary) FROM teacherinfo WHERE did=1)
    WHEN did=2 THEN (SELECT AVG(tsalary) FROM teacherinfo WHERE did=2)
    WHEN did=3 THEN (SELECT AVG(tsalary) FROM teacherinfo WHERE did=3)
    WHEN did=4 THEN (SELECT AVG(tsalary) FROM teacherinfo WHERE did=4)
    WHEN did=5 THEN (SELECT AVG(tsalary) FROM teacherinfo WHERE did=5)
    WHEN did=6 THEN (SELECT AVG(tsalary) FROM teacherinfo WHERE did=6)
    WHEN did=7 THEN (SELECT AVG(tsalary) FROM teacherinfo WHERE did=7)
    WHEN did=8 THEN (SELECT AVG(tsalary) FROM teacherinfo WHERE did=8)
    WHEN did=9 THEN (SELECT AVG(tsalary) FROM teacherinfo WHERE did=9)
END
FROM teacherinfo--输出结果如图 5-18 所示:
```

	tid	tname	did	tlead...	TSALARY	不同系别的平均工资
1	1	娄安克	4	NULL	36720.0	41581.333333
2	2	陈白白	4	NULL	38000.0	41581.333333
3	3	张白白	4	NULL	56700.0	41581.333333
4	4	张邦礼	4	NULL	36160.0	41581.333333
5	5	唐宝长	4	NULL	15800.0	41581.333333
6	6	强保荣	4	NULL	37440.0	41581.333333
7	7	叶蓓念	4	NULL	52700.0	41581.333333
8	8	李碧秋	4	NULL	39200.0	41581.333333
9	9	巫彪先	4	NULL	37120.0	41581.333333
10	1...	林彬世	4	NULL	39360.0	41581.333333
11	1...	杨彬文	4	NULL	36080.0	41581.333333
12	1...	陈兵红	4	NULL	66100.0	41581.333333

图 5-18 输出结果

4.显示所有人与自己所在系别平均工资之间的差额:

```
SELECT * ,不同系别的平均工资=
CASE
    WHEN did=1 THEN (SELECT AVG(tsalary) FROM teacherinfo WHERE did=1)
    WHEN did=2 THEN (SELECT AVG(tsalary) FROM teacherinfo WHERE did=2)
    WHEN did=3 THEN (SELECT AVG(tsalary) FROM teacherinfo WHERE did=3)
    WHEN did=4 THEN (SELECT AVG(tsalary) FROM teacherinfo WHERE did=4)
    WHEN did=5 THEN (SELECT AVG(tsalary) FROM teacherinfo WHERE did=5)
    WHEN did=6 THEN (SELECT AVG(tsalary) FROM teacherinfo WHERE did=6)
    WHEN did=7 THEN (SELECT AVG(tsalary) FROM teacherinfo WHERE did=7)
    WHEN did=8 THEN (SELECT AVG(tsalary) FROM teacherinfo WHERE did=8)
    WHEN did=9 THEN (SELECT AVG(tsalary) FROM teacherinfo WHERE did=9)
END,
与所在系别平均工资差=
```

```
    CASE
        WHEN did=1 THEN tsalary-(SELECT AVG(tsalary) FROM teacherinfo WHERE did=1)
        WHEN did=2 THEN tsalary-(SELECT AVG(tsalary) FROM teacherinfo WHERE did=2)
        WHEN did=3 THEN tsalary-(SELECT AVG(tsalary) FROM teacherinfo WHERE did=3)
        WHEN did=4 THEN tsalary-(SELECT AVG(tsalary) FROM teacherinfo WHERE did=4)
        WHEN did=5 THEN tsalary-(SELECT AVG(tsalary) FROM teacherinfo WHERE did=5)
        WHEN did=6 THEN tsalary-(SELECT AVG(tsalary) FROM teacherinfo WHERE did=6)
        WHEN did=7 THEN tsalary-(SELECT AVG(tsalary) FROM teacherinfo WHERE did=7)
        WHEN did=8 THEN tsalary-(SELECT AVG(tsalary) FROM teacherinfo WHERE did=8)
        WHEN did=9 THEN tsalary-(SELECT AVG(tsalary) FROM teacherinfo WHERE did=9)
    END
FROM teacherinfo--输出结果如图 5-19 所示：
```

	tid	tname	did	tlead...	TSALARY	不同系别的平均工资	与所在系别平均工资差
1	1	娄安克	4	NULL	36720.0	41581.333333	-4861.333333
2	2	陈白白	4	NULL	38000.0	41581.333333	-3581.333333
3	3	张白白	4	NULL	56700.0	41581.333333	15118.666667
4	4	张邦礼	4	NULL	36160.0	41581.333333	-5421.333333
5	5	唐宝长	4	NULL	15800.0	41581.333333	-25781.333333
6	6	强保荣	4	NULL	37440.0	41581.333333	-4141.333333
7	7	叶蓓念	4	NULL	52700.0	41581.333333	11118.666667
8	8	李碧秋	4	NULL	39200.0	41581.333333	-2381.333333
9	9	巫彪先	4	NULL	37120.0	41581.333333	-4461.333333
10	10	林彬世	4	NULL	39360.0	41581.333333	-2221.333333
11	11	杨彬文	4	NULL	36080.0	41581.333333	-5501.333333
12	12	陈兵红	4	NULL	66100.0	41581.333333	24518.666667

图 5-19　输出结果

5.聚合函数中的虚拟字段排序：
（1）按不同系别的最高工资排序：

```
SELECT * ,不同系别的最高工资=
CASE
WHEN did=1 THEN (SELECT MAX(tsalary) FROM teacherinfo WHERE did=1)
WHEN did=2 THEN (SELECT MAX(tsalary) FROM teacherinfo WHERE did=2)
WHEN did=3 THEN (SELECT MAX(tsalary) FROM teacherinfo WHERE did=3)
WHEN did=4 THEN (SELECT MAX(tsalary) FROM teacherinfo WHERE did=4)
```

```
WHEN did＝5 THEN (SELECT MAX(tsalary) FROM teacherinfo WHERE did＝5)
WHEN did＝6 THEN (SELECT MAX(tsalary) FROM teacherinfo WHERE did＝6)
WHEN did＝7 THEN (SELECT MAX(tsalary) FROM teacherinfo WHERE did＝7)
WHEN did＝8 THEN (SELECT MAX(tsalary) FROM teacherinfo WHERE did＝8)
WHEN did＝9 THEN (SELECT MAX(tsalary) FROM teacherinfo WHERE did＝9)
END
FROM teacherinfo ORDER BY 不同系别的最高工资--输出结果如图 5-20 所示：
```

结果 | 消息

	tid	tname	did	tlead...	TSALARY	不同系别的最高工资
1	60	赵华昌	1	NULL	39520.0	55200.0
2	61	鲁华华	1	NULL	33200.0	55200.0
3	62	符华华	1	NULL	55200.0	55200.0
4	63	朱华瑞	1	NULL	38800.0	55200.0
5	64	唐华文	1	NULL	38320.0	55200.0
6	65	谷华真	1	NULL	39840.0	55200.0
7	66	林晖朝	1	NULL	54900.0	55200.0
8	67	肖辉朝	1	NULL	34160.0	55200.0
9	68	卢辉建	1	NULL	52400.0	55200.0
10	69	朱辉顺	1	NULL	54800.0	55200.0
11	70	吴基孝	1	NULL	33840.0	55200.0
12	71	陈佳佳	8	NULL	55800.0	57600.0
13	72	陈嘉可	8	NULL	36400.0	57600.0

图 5-20　输出结果

(2)统计显示不同系别最高最低工资的差额：

```
SELECT *,不同系别最高最低工资差＝
CASE
  WHEN did＝1 THEN (SELECT (MAX(tsalary)－MIN(tsalary)) FROM teachcrinfo WHERE did＝1)
  WHEN did＝2 THEN (SELECT (MAX(tsalary)－MIN(tsalary)) FROM teacherinfo WHERE did＝2)
  WHEN did＝3 THEN (SELECT (MAX(tsalary)－MIN(tsalary)) FROM teacherinfo WHERE did＝3)
  WHEN did＝4 THEN (SELECT (MAX(tsalary) －MIN(tsalary)) FROM teacherinfo WHERE did＝4)
  WHEN did＝5 THEN (SELECT (MAX(tsalary) －MIN(tsalary)) FROM teacherinfo WHERE did＝5)
  WHEN did＝6 THEN (SELECT (MAX(tsalary)－MIN(tsalary)) FROM teacherinfo WHERE did＝6)
  WHEN did＝7 THEN (SELECT (MAX(tsalary)－MIN(tsalary)) FROM teacherinfo WHERE did＝7)
  WHEN did＝8 THEN (SELECT (MAX(tsalary)－MIN(tsalary)) FROM teacherinfo WHERE did＝8)
  WHEN did＝9 THEN (SELECT (MAX(tsalary)－MIN(tsalary)) FROM teacherinfo WHERE did＝9)
```

```
END
FROM teacherinfo
ORDER BY 不同系别最高最低工资差 DESC
--输出结果如图 5-21 所示：
```

结果 | 消息

	tid	tname	did	tlead...	TSALARY	不同系别最高最低工资差
1	1	娄安克	4	NULL	36720.0	53540.0
2	2	陈白白	4	NULL	38000.0	53540.0
3	3	张白白	4	NULL	56700.0	53540.0
4	4	张邦礼	4	NULL	36160.0	53540.0
5	5	唐宝长	4	NULL	15800.0	53540.0
6	6	强保荣	4	NULL	37440.0	53540.0
7	7	叶蓓念	4	NULL	52700.0	53540.0
8	8	李碧秋	4	NULL	39200.0	53540.0
9	9	巫彪先	4	NULL	37120.0	53540.0

查询已成功执… | (local) (10.50 RTM) | CFAN-CF947FFC58\Admini… | JGXYALLUSERS | 00:00:01 | 218 行

图 5-21　输出结果

统计实发工资，实发工资的参考计算公式是：

(1)高于工资平均数的，实发工资＝工资 * 0.90；

(2)低于工资平均数的，实发工资＝工资 * .1.1；

(3)等于工资平均数的，实发工资＝工资。

```
SELECT *，实发工资＝
CASE
    WHEN tsalary>(SELECT AVG(tsalary) FROM teacherinfo) THEN tsalary * 0.9
    WHEN tsalary=(SELECT AVG(tsalary) FROM teacherinfo) THEN tsalary
    WHEN tsalary<(SELECT AVG(tsalary) FROM teacherinfo) THEN tsalary * 1.1
END
FROM teacherinfo ORDER BY 实发工资--输出结果如图 5-22 所示：
```

结果 | 消息

	tid	tname	did	tlead...	TSALARY	实发工资
1	134	郑萍萍	7	NULL	13080.0	14388.00
2	144	颜青广	6	NULL	13120.0	14432.00
3	205	王玉艳	2	NULL	13560.0	14916.00
4	85	施军红	8	NULL	13720.0	15092.00
5	18	林椿家	4	NULL	14160.0	15576.00
6	86	苏军胜	8	NULL	14360.0	15796.00
7	158	陈生东	6	NULL	14440.0	15884.00
8	170	陶文辉	6	NULL	14440.0	15884.00
9	164	黄旺章	6	NULL	14760.0	16236.00
10	171	林文思	6	NULL	15040.0	16544.00
11	213	林忠志	2	NULL	15120.0	16632.00

图 5-22　输出结果

6.聚合函数中 WHERE 条件查询

显示教师工资中最高的工资：

SELECT * FROM teacherinfo WHERE tsalary=(SELECT MAX(tsalary) FROM teacherinfo)

--输出的结果如图 5-23 所示：

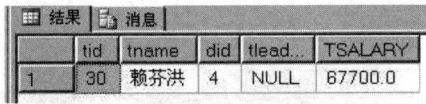

图 5-23　输出结果

显示平均工资最高的系别的所有教师信息：

SELECT * FROM teacherinfo WHERE did=(SELECT did FROM teacherinfo WHERE tsalary=(SELECT MAX(tsalary) FROM teacherinfo))--输出结果如图 5-24 所示：

图 5-24　输出结果

显示工资不是最高也不是最低的教师信息：

SELECT * FROM teacherinfo WHERE tsalary NOT IN ((SELECT MAX(tsalary) FROM teacherinfo),(SELECT MIN(tsalary) FROM teacherinfo))
--输出结果如图 5-25 所示：

图 5-25　输出结果

显示工资最高和最低的系别的教师信息：

SELECT * FROM teacherinfo
WHERE did IN ((SELECT did FROM TEACHERINFO WHERE TSALARY=(SELECT MAX(TSALARY) FROM teacherinfo)),(SELECT did FROM TEACHERINFO WHERE TSALARY=(SELECT MIN(TSALARY) FROM teacherinfo))) ORDER BY tsalary DESC

--输出结果如图 5-26 所示：

	tid	tname	did	tlead...	TSALARY
1	30	赖芬洪	4	NULL	67700.0
2	12	陈兵红	4	NULL	66100.0
3	122	张宁芳	7	NULL	63900.0
4	123	潘宁向	7	NULL	59200.0
5	24	赖方春	4	NULL	58600.0
6	14	杜波相	4	NULL	58500.0
7	128	刘嫔淑	7	NULL	58100.0
8	121	王南凤	7	NULL	57900.0
9	119	许明秋	7	NULL	57100.0

图 5-26　输出结果

显示工资与平均工资差的绝对值大于 20000 的教师信息：

SELECT *,tsalary-(SELECT AVG(tsalary) FROM teacherinfo) AS 与平均工资差额 FROM teacherinfo WHERE ABS(tsalary-(SELECT AVG(tsalary) FROM teacherinfo))>20000

--输出结果如图 5-27 所示：

	tid	tname	did	tlead...	TSALARY	与平均工资差额
1	5	唐宝长	4	NULL	15800.0	-26428.623853
2	12	陈兵红	4	NULL	66100.0	23871.376147
3	18	林椿家	4	NULL	14160.0	-28068.623853
4	23	贺发世	4	NULL	15600.0	-26628.623853
5	28	张非漆	4	NULL	15240.0	-26988.623853
6	30	赖芬洪	4	NULL	67700.0	25471.376147
7	54	王泓泓	5	NULL	64900.0	22671.376147
8	59	邓华炳	5	NULL	63900.0	21671.376147
9	84	李军红	8	NULL	15200.0	-27028.623853

图 5-27　输出结果

5.2 分组查询

要透过海量数据进行本质的透视,需要对数据进行的操作不仅仅是发散的查询,还应是对数据的聚合性查询,包括汇总和分组查询,才能从集中的数据中分析得到事务的未来。

利用 T-SQL 中的聚合函数和 group by 等分组语句,可以实现对指定列的值将数据集合划分为多个分组,以此探究不同的数据分组可能代表的不同趋势。

T-SQL 中的分组查询是按 SQL Server 中的一个或多个列或表达式的值将一组选定行组合成一个摘要行集。针对每一组返回一行。SELECT 子句＜select＞列表中的聚合函数提供有关每个组(而不是各行)的信息。

GROUP BY 子句具有符合 ISO 的语法和不符合 ISO 的语法。在一条 SELECT 语句中只能使用一种语法样式。对于所有的新工作,请使用符合 ISO 的语法。提供不符合 ISO 的语法的目的是为了实现向后兼容。在下文将举例说明。

GROUP BY 子句可以被解释为常规或简单的子句,如:

(1)常规 GROUP BY 子句包括 GROUPING SETS、CUBE、ROLLUP、WITH CUBE 或 WITH ROLLUP。

(2)简单 GROUP BY 子句不包括 GROUPING SETS、CUBE、ROLLUP、WITH CUBE 或 WITH ROLLUP。GROUP BY ()(也就是总计)被视为简单 GROUP BY。

T-SQL 中关于 GORUP BY 的语法约定请参考本书的第 3.3.1 章节。

在 T-SQL 中使用 GROUP BY 语句需要注意以下事项:

1.GROUP BY 子句中的表达式可以包含 FROM 子句中表、派生表或视图的列。这些列不必显示在 SELECT 子句＜select＞列表中。＜select＞列表中任何非聚合表达式中的每个表列或视图列都必须包括在 GROUP BY 列表中。

```
--允许使用下面的语句,以下操作可能无实际意义,仅作为 GROUP BY 语法讲解使用:
SELECT stusex,pid FROM stuinfo GROUP BY stusex,pid
SELECT did＋pid,did, pid FROM stuinfo GROUP BY did,pid
SELECT did＋pid FROM stuinfo GROUP BY did＋pid
SELECT did＋pid＋10 FROM stuinfo GROUP BY did,pid
--输出结果如图 5-28 所示:
```

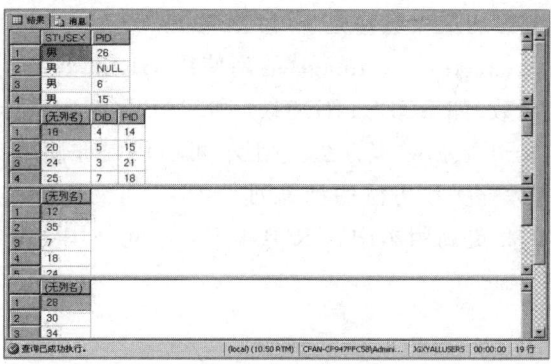

图 5-28 输出结果

--不允许使用下面的语句:
SELECT did,pid FROM stuinfo GROUP BY did+pid
SELECT did+10+pid FROM stuinfo GROUP BY did+pid

2.如果 SELECT 子句＜select list＞中包含聚合函数,则 GROUP BY 将计算每组的汇总值。这些函数称为矢量聚合。

3.执行任何分组操作之前,不满足 WHERE 子句中条件的行将被删除,即分组之前的条件筛选用 WHERE 加载条件。

HAVING 子句与 GROUP BY 子句一起用来筛选结果集内的组,即分组之后的结果筛选用 HAVING 加载条件。

GROUP BY 子句不能对结果集进行排序。使用 ORDER BY 子句可以对结果集进行排序。如果组合列包含 Null 值,则所有的 Null 值都将被视为相等,并会置于一个组中。不能使用带有别名的 GROUP BY 来替换 AS 子句中的列名,除非别名将替换 FROM 子句内派生表中的列名。

4.关于 GROUPING SETS、CUBE 与 ROLLUP

(1)将不删除 GROUPING SETS 列表中的重复分组集。在以下情况下可能会生成重复分组集:多次指定一个列表达式,或者在 GROUPING SETS 列表中列出同样由 CUBE 或 ROLLUP 生成的列表达式。

(2)ROLLUP、CUBE 和 GROUPING SETS 支持区分聚合,例如,AVG (DISTINCT column_name)、COUNT (DISTINCT column_name) 和 SUM (DISTINCT column_name)。

(3)不能在索引视图中指定 ROLLUP、CUBE 和 GROUPING SETS。

(4)在 GROUP BY 子句中,不允许使用 GROUPING SETS,除非它们是 GROUPING SETS 列表的一部分。例如,不允许使用 GROUP BY C1,(C2,…,Cn),但允许使用 GROUP BY GROUPING SETS (C1,(C2,…,Cn))。

(5)不允许在 GROUPING SETS 内部使用 GROUPING SETS。例如,不允许使用 GROUP BY GROUPING SETS (C1,GROUPING SETS (C2,C3))。

(6)在具有 ROLLUP、CUBE 或 GROUPING SETS 关键字的 GROUP BY 子句中,不允许使用不符合 ISO 的 ALL、WITH CUBE 和 WITH ROLLUP 关键字。

(7)大小限制。

①对于简单的 GROUP BY 子句,针对表达式数量没有任何限制。

②对于使用 ROLLUP、CUBE 或 GROUPING SETS 的 GROUP BY 子句,表达式的最大数量是 32,可以生成的分组集的最大数量是 4096 (2^{12})。

5.不能直接针对具有 ntext、text 或 image 的列使用 GROUP BY 或 HAVING。这些列可以在返回其他数据类型的函数(如 SUBSTRING() 和 CAST())中用作参数。不能直接在＜column_expression＞中指定 xml 数据类型方法。相反,可引用内部使用 xml 数据类型方法的用户定义函数,或引用使用这些数据类型方法的计算列。

6.在 SQL Server 2008 和更高版本中,GROUP BY 子句在用于分组依据列表的表达式中不能包含子查询。返回错误 144。

5.2.1 简单分组查询

统计不同系别的平均工资:

SELECT did,AVG(tsalary) AS 不同系别的平均工资 FROM teacherinfo GROUP BY did

--输出结果如图 5-29 所示：

DID	不同系别的平均工资
1	43180.000000
2	42881.304347
4	41581.333333
5	45446.896551
6	39717.297297
7	41371.666666
8	39616.250000
9	43864.000000

图 5-29 输出结果

根据教师的代码 TID 字段，统计教师教授课程的平均分、最高分、最低分：

SELECT tid,AVG(cscore) AS 平均分,MAX(cscore) AS 最高分,MIN(cscore) AS 最低分 FROM stucourse GROUP BY tid--输出结果如图 5-30 所示：

TID	平均分	最高分	最低分
23	39.000000	88.0	-1.0
215	40.176470	91.0	7.0
46	45.333333	98.0	0.0
192	61.294117	96.0	4.0
69	54.833333	99.0	13.0
92	54.055555	93.0	3.0
115	48.944444	75.0	0.0
138	59.666666	98.0	3.0
161	46.555555	98.0	0.0
168	47.277777	88.0	0.0

图 5-30 输出结果

5.2.2 含有虚拟字段的分组查询

根据课程号 CID,统计平均分、最高分、最低分以及最高分与最低分的差：

SELECT cid,AVG(cscore) AS 平均分,MAX(cscore) AS 最高分,MIN(cscore) AS 最低分,MAX(cscore)－MIN(cscore) AS 最高与最低之差 FROM stucourse GROUP BY cid
--输出的结果如图 5-31 所示：

	cid	平均分	最高分	最低分	最高与最低之差
1	23	50.148148	99.0	-1.0	100.0
2	46	46.037500	98.0	0.0	98.0
3	15	46.617283	99.0	-1.0	100.0
4	3	49.876543	98.0	0.0	98.0
5	26	49.562500	99.0	0.0	99.0
6	6	45.197530	99.0	-1.0	100.0
7	29	52.850000	98.0	0.0	98.0
8	9	54.641975	99.0	-1.0	100.0
9	32	49.912500	99.0	-1.0	100.0
10	12	52.024691	99.0	-1.0	100.0
11	35	54.112500	99.0	0.0	99.0
12	43	50.362500	99.0	0.0	99.0
13	27	52.637500	98.0	-1.0	99.0

图 5-31　输出结果

5.2.3 含有 WHERE 条件的分组查询

利用 WHERE 进行条件筛选，WHERE 的位置是在 GROUP BY 之前。

统计教师代码是 5 之前的所有系别的平均成绩：

　　SELECT tid，AVG(cscore) FROM stucourse WHERE tid<=5 GROUP BY tid--输出结果如图 5-32 所示：

	TID	(无列名)
1	1	45.888888
2	2	47.500000
3	3	56.666666
4	4	45.166666
5	5	39.500000

图 5-32　输出结果

显示所有大于总体平均分的所有教师的平均成绩：

　　SELECT tid，AVG（cscore）FROM stucourse WHERE cscore＞（SELECT AVG（cscore）FROM stucourse）GROUP BY tid--输出结果如图 5-33 所示：

	TID	(无列名)
1	23	64.000000
2	215	68.500000
3	46	73.888888
4	192	77.416666
5	69	78.400000
6	92	70.916666
7	115	64.000000
8	138	77.083333
9	161	71.444444
10	169	72.555555
11	181	70.714285
12	15	71.900000
13	158	73.600000
14	89	72.333333

图 5-33　输出结果

5.2.4 含有 HAVING 条件的分组查询

HAVING 是 GROUP BY 之后使用的条件，即在分组查询后的结果中根据条件进行查询，与 WHERE 加载的位置是不同的。

1.显示平均工资大于 40000 的不同系别代码和平均工资情况：

```
SELECT did,AVG(tsalary)AS 平均工资　FROM teacherinfo GROUP BY did HAVING AVG(tsalary)>40000
--输出结果如图 5-34 所示：
```

	DID	平均工资
1	1	43180.000000
2	2	42881.304347
3	4	41581.333333
4	5	45446.896551
5	7	41371.666666
6	9	43864.000000

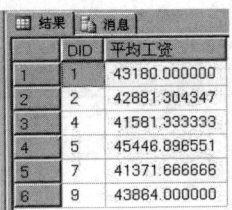

图 5-34　输出结果

2.显示最高工资与最低工资之间的差额大于 40000 的不同系别代号，以及最高工资与最低工资之间的差额信息：

```
SELECT did,MAX(tsalary) AS 最高工资，MIN(tsalary) AS 最低工资，
(MAX(tsalary)－MIN(tsalary)) AS 差额　FROM teacherinfo GROUP BY did HAVING
(MAX(tsalary)－MIN(tsalary))>40000--输出结果如图 5-35 所示：
```

	DID	最高工资	最低工资	差额
1	2	61300.0	13560.0	47740.0
2	4	67700.0	14160.0	53540.0
3	6	63700.0	13120.0	50580.0
4	7	63900.0	13080.0	50820.0
5	8	57600.0	13720.0	43880.0
6	9	61800.0	15720.0	46080.0

图 5-35　输出结果

3.显示成绩高于 85 分的、最高成绩和最低成绩之间的差额超过 10 分的不同课程代码 CID、最高成绩、最低成绩和最高成绩与最低成绩之间的差额信息：

```
SELECT cid,MAX(cscore) AS 最高成绩，MIN(cscore) AS 最低成绩，
(MAX(cscore)－MIN(cscore)) AS 成绩差额 FROM stucourse WHERE cscore>85
GROUP BY cid HAVING (MAX(cscore)－MIN(cscore))>10--输出结果如图 5-36 所示：
```

	cid	最高成绩	最低成绩	成绩差额
1	1	99.0	86.0	13.0
2	3	98.0	86.0	12.0
3	4	99.0	86.0	13.0
4	5	98.0	87.0	11.0
5	7	99.0	86.0	13.0
6	9	99.0	88.0	11.0
7	10	99.0	87.0	12.0
8	11	98.0	86.0	12.0
9	12	99.0	87.0	12.0
10	14	99.0	87.0	12.0
11	15	99.0	86.0	13.0
12	16	98.0	86.0	12.0
13	18	97.0	86.0	11.0

图 5-36　输出结果

5.2.5 多列组合分组查询

之前进行的 GROUP BY 分组查询一般是以单列作为分组依据,在 T-SQL 中,可以使用多列作为 GROUP BY 分组查询的依据。

1. 显示按学生信息表 stuinfo 中的学生性别 stusex、学生所在系别代码 pid 进行学生总数的统计,并按专业代码和性别进行排序:

> SELECT stusex,pid,COUNT(stuid)总人数 FROM stuinfo
> GROUP BY stusex,PIDORDER BY pid,stusex--输出结果如图 5-37 所示:
>
> | STUSEX | PID | 总人数 |
> |---|---|---|
> | 男 | NULL | 2 |
> | 男 | 1 | 144 |
> | 女 | 1 | 202 |
> | 男 | 6 | 200 |
> | 女 | 6 | 361 |
> | 男 | 8 | 194 |
> | 女 | 8 | 644 |
> | 男 | 11 | 34 |
> | 女 | 11 | 77 |
> | 男 | 14 | 195 |
> | 女 | 14 | 247 |
>
> 图 5-37 输出结果
>
> ——说明:第一条是干扰记录,第二条的统计方式如:
> SELECT COUNT(stuid) FROM stuinfo WHERE pid=1 AND stusex='男'

2. 显示按学生信息表 stuinfo 中的学生性别 stusex、学生所在系别代码 pid 进行学生总数的统计,条件是学生的年级 stugrade 是 2012 级,并按专业代码和性别进行排序:

> SELECT stusex,pid,COUNT(stuid)总人数 FROM stuinfo
> WHERE stugrade=2012 GROUP BY stusex,PIDORDER BY pid,stusex--输出的结果如图 5-38 所示:
>
> | STUSEX | PID | 总人数 |
> |---|---|---|
> | 男 | 1 | 36 |
> | 女 | 1 | 55 |
> | 男 | 6 | 50 |
> | 女 | 6 | 84 |
> | 男 | 8 | 50 |
> | 女 | 8 | 168 |
> | 男 | 11 | 5 |
> | 女 | 11 | 17 |
> | 男 | 14 | 46 |
> | 女 | 14 | 66 |
> | 男 | 15 | 30 |
>
> 图 5-38 输出结果

3.显示按学生信息表 stuinfo 中的学生性别 stusex、学生所在系别代码 pid 进行学生总数的统计,只显示总人数(分男、女性别)大于 200 的信息,并按专业代码和性别进行排序:

SELECT pid,stusex,COUNT(stuid)总人数 FROM stuinfo GROUP BY stusex,pid HAVING COUNT(stuid)＞200

ORDER BY pid,stuse--输出结果如图 5-39 所示:

pid	stusex	总人数
1	女	202
6	女	361
8	女	644
14	女	247
15	女	252
18	男	282
18	女	515

图 5-39 输出结果

4.显示按学生信息表 stuinfo 中的学生性别 stusex、学生所在系别代码 pid 进行学生总数的统计,只显示总人数(不分性别)大于 200 的信息,并按专业代码和性别进行排序:

SELECT pid,stusex,COUNT(stuid) as 总人数 FROM stuinfo

WHERE pid IN(SELECT pid FROM stuinfo GROUP BY pid HAVING COUNT(stuid)＞200)

GROUP BY pid,STUSEXORDER BY pid,stusex--输出结果如图 5-40 所示:

--通过依据 pid 进行 GROUP BY 查询的结果进行比对:

SELECT pid, COUNT(stuid) AS 总人数 FROM stuinfo GROUP BY pid HAVING COUNT(stuid)＞200 ORDER BY pid

--输出结果如图 5-41 所示。

pid	stusex	总人数
1	男	144
1	女	202
6	男	200
6	女	361
8	男	194
8	女	644
14	男	195
14	女	247
15	男	124

图 5-40 输出结果

pid	总人数
1	346
6	561
8	838
14	442
15	376
18	797
26	335

图 5-41 输出结果

5.2.6 ALL 关键字与分组查询

ALL 可以应用在 GROUP BY 分组查询中,但是只有在 SQL 语句中带有 WHERE 条件时,ALL 关键词才有一定的意义。使用 ALL 关键字后,查询结果将包括 GROUP BY 分组查询所产生的分组,同时也是显示那些不符合查询条件的行。

1.不带 ALL 关键词的 GROUP BY 分组查询。

查询教师信息表 teacherinfo 中根据不同院系代码 did 分组的最高工资、最低工资、最高与最低工资差额且工资高于 24000 的信息:

SELECT did,MAX(tsalary) AS 最高工资,MIN(tsalary) AS 最低工资,(MAX(tsalary)−MIN(tsalary)) as 最高最低工资差额 FROM teacherinfo WHERE TSALARY>60000 GROUP BY did

--输出结果如图 5-42 所示:

	did	最高工资	最低工资	最高最低工资差额
1	2	61300.0	60400.0	900.0
2	4	67700.0	66100.0	1600.0
3	5	64900.0	63900.0	1000.0
4	6	63700.0	60400.0	3300.0
5	7	63900.0	63900.0	0.0
6	9	61800.0	61000.0	800.0

图 5-42 输出结果

2.查询教师信息表 teacherinfo 中根据不同院系代码 did 分组的最高工资、最低工资、最高与最低工资差额且工资高于 60000 的信息,同时显示不符合分组条件的记录信息:

SELECT did,MAX(tsalary) AS 最高工资,MIN(tsalary) AS 最低工资,(MAX(tsalary)−MIN(tsalary)) as 最高最低工资差额 FROM teacherinfo WHERE TSALARY>60000 GROUP BY ALL did--输出结果如图 5-43 所示:

	did	最高工资	最低工资	最高最低工资差额
1	1	NULL	NULL	NULL
2	2	61300.0	60400.0	900.0
3	4	67700.0	66100.0	1600.0
4	5	64900.0	63900.0	1000.0
5	6	63700.0	60400.0	3300.0
6	7	63900.0	63900.0	0.0
7	8	NULL	NULL	NULL
8	9	61800.0	61000.0	800.0

图 5-43 输出结果

5.2.7 ROLLUP 关键字与分组查询

ROLLUP 关键字可以实现在指定结果集内不仅包含由 GROUP BY 提供的查询结果行，同时还包含汇总行。按层次结构顺序，从组内的最低级别到最高级别汇总组。组的层次结构取决于列分组时指定使用的顺序。更改列分组的顺序会影响在结果集内生成的行数。

但是 ROLLUP 关键字段只对 GROUP BY 列出的第一个分组依据字段进行分类汇总，如果 GROUP BY 字段是多字段组合，那么该字段的先后顺序将影响最后的查询结果，包括小计的字段依据、总的行数都可能会不同。

1.不使用 ROLLUP 关键字对学生信息表 stuinfo 中的数据按系别 did、性别 stusex 字段作为分组依据进行分组统计：

```
--为了消除数据干扰，本例中将 did 为 NULL 的数据进行过滤
SELECT did, stusex,COUNT(stuid) AS 总人数 FROM stuinfo WHERE did is not null group by did,stusex
ORDER BY did--输出结果如图 5-44 所示：
```

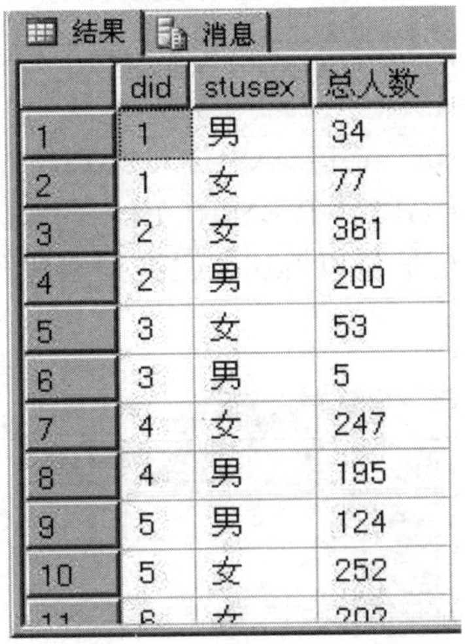

	did	stusex	总人数
1	1	男	34
2	1	女	77
3	2	女	361
4	2	男	200
5	3	女	53
6	3	男	5
7	4	女	247
8	4	男	195
9	5	男	124
10	5	女	252
11	6	女	202

图 5-44　输出结果

2.使用不同的 ROLLUP 关键字方法对系别代码 did、性别代码 stusex 进行小计与合计查询：

```
--以下两种使用 ROLLUP 的方法效果是一样的，但是 WITH ROLLUP 关键字方法在后续版本的 Microsoft SQL Server 将被删除。请避免在新的开发工作中使用该功能。本例输出的结果是 28 行。
SELECT did, stusex,COUNT(stuid) AS 总人数 FROM stuinfo
WHERE DID is NOT NULL GROUP BY ROLLUP(did,stusex)
SELECT did, stusex,COUNT(stuid) AS 总人数 FROM stuinfo
WHERE DID is NOT NULL GROUP BY did,stusex WITH ROLLUP
```

--输出的结果如图 5-45 所示:

	did	stusex	总人数
1	1	男	34
2	1	女	77
3	1	NULL	111
4	2	男	200
5	2	女	361
6	2	NULL	561
7	3	男	5
8	3	女	53
9	3	NULL	58
10	4	男	195
11	4	女	247
12	4	NULL	442

图 5-45　输出结果

3.继续对上例进行讨论,如果在 ROLLUP 中,将分组依据字段的顺序进行调整,则会得到不同的结果:

　　SELECT did, stusex, COUNT(stuid) AS 总人数 FROM stuinfo
　　WHERE did is NOT NULL GROUP BY ROLLUP(stusex, did)

--输出结果与上例不同之处在于是以"stusex"性别字段作为小计的依据,本例输出的结果是 21 行。如图 5-46 所示:

	did	stusex	总人数
1	1	男	34
2	2	男	200
3	3	男	5
4	4	男	195
5	5	男	124
6	6	男	144
7	7	男	282
8	8	男	194
9	9	男	152
10	NULL	男	1330
11	1	女	77
12	2	女	361

图 5-46　输出结果

4.在多字段中,可以根据需要对不同的字段进行 ROLLUP 组合。比如查询 stuinfo 学生信息表中根据系别代码 did 为关键字进行合计,根据学生性别代码 stusex 和学生所在专业代码 pid 为关键字进行小计:

SELECT did,stusex,pid,COUNT(stuid) AS 总人数 FROM stuinfo WHERE pid is NOT NULL
　　GROUP BY did,ROLLUP(stusex,pid)--输出的结果如图 5-47 所示：

	DID	STUSEX	PID	总人数
1	1	男	11	34
2	1	男	NULL	34
3	1	女	11	77
4	1	女	NULL	77
5	1	NULL	NULL	111
6	2	男	8	200
7	2	男	NULL	200
8	2	女	8	361
9	2	女	NULL	361
10	2	NULL	NULL	561
11	3	男	21	5
12	3	男	NULL	5
13	3	女	21	53
14	3	女	NULL	53

图 5-47　输出结果

5.2.8　CUBE 关键字与分组查询

　　CUBE 关键字在 GROUP BY 分组查询中能够实现指定结果集内不仅包含由 GROUP BY 提供的行,同时还包含汇总行。GROUP BY 汇总行针对每个可能的组和子组组合在结果集内返回。使用 GROUPING 函数可确定结果集内的空值是否为 GROUP BY 汇总值。

　　结果集内的汇总行数取决于 GROUP BY 子句内包含的列数。由于 CUBE 返回每个可能的组和子组组合,因此不论在列分组时指定使用什么顺序,行数都相同。

　　ROLLUP 和 CUBE 关键字应用的不同之处在于：

　　(1)ROLLUP 生成的结果集显示了所选列中值的某一层次结果的聚合,而 CUBE 生成的结果集显示了所选列中值的所有组合的聚合；

　　(2)在以多列关键字的分组查询中,ROLLUP 中所查询的最终结果包括行数可能会因为字段的前后顺序而出现不同,而 CUBE 作为关键字进行分组查询合计参数则不会因为字段的前后顺序不同而出现不同的结果行数。

　　使用 CUBE 关键字方法对系列代码 did、性别代码 stusex 进行小计与合计查询：

　　--以下两种使用 CUBE 的方法效果是一样的,但是 WITH CUBE 关键字方法在后续版本的 Microsoft SQL Server 将被删除。请避免在新的开发工作中使用该功能。
　　　SELECT did, stusex,COUNT(stuid) AS 总人数 FROM stuinfo
　　　WHERE did is NOT NULL
　　　GROUP BY CUBE(did,stusex)

```sql
SELECT did, stusex, COUNT(stuid) AS 总人数 FROM stuinfo
WHERE did is not null
GROUP BY did, stusex WITH CUBE
```
--输出数据如图 5-48 所示:

	did	stusex	总人数
1	1	男	34
2	2	男	200
3	3	男	5
4	4	男	195
5	5	男	124
6	6	男	144
7	7	男	282
8	8	男	194
9	9	男	152
10	NULL	男	1330
11	1	女	77
12	2	女	361
13	3	女	53

图 5-48 输出结果

使用 ROLLUP 和 CUBE 关键字方法对系别代码 did、性别代码 stusex 进行小计与合计查询:

```sql
SELECT did, stusex, COUNT(stuid) AS 总人数 FROM stuinfo
WHERE did is NOT null
GROUP BY did, stusex WITH CUBE
SELECT did, stusex, COUNT(stuid) AS 总人数 FROM stuinfo
WHERE did is NOT NULL
GROUP UP did, stusex WITH ROLLUP
```
--输出的结果分别如图 5-49 所示:

	did	stusex	总人数		did	stusex	总人数
1	1	男	34	1	1	男	34
2	2	男	200	2	1	女	77
3	3	男	5	3	1	NULL	111
4	4	男	195	4	2	男	200
5	5	男	124	5	2	女	361
6	6	男	144	6	2	NULL	561
7	7	男	282	7	3	男	5
8	8	男	194	8	3	女	53
9	9	男	152	9	3	NULL	58
10	NULL	男	1330	10	4	男	195
11	1	女	77	11	4	女	247
12	2	女	361	12	4	NULL	442
13	3	女	53				

图 5-49 输出结果

在多字段中,可以根据需要对不同的字段进行 CUBE 组合。比如查询 stuinfo 学生信息表中根据系别代码 did 为关键字进行合计,根据学生性别代码 stusex 和学生所在专业代码 pid 为关键字进行小计:

```
SELECT did,stusex,pid,COUNT(stuid) AS 总人数 FROM stuinfo
WHERE pid is NOT NULL
GROUP BY did,CUBE(stusex,pid)
--输出的结果如图 5-50 所示：
```

结果 | 消息

	DID	STUSEX	PID	总人数
1	1	男	11	34
2	1	女	11	77
3	1	NULL	11	111
4	1	NULL	NULL	111
5	2	男	6	200
6	2	女	6	361
7	2	NULL	6	561
8	2	NULL	NULL	561
9	3	男	21	5
10	3	女	21	53
11	3	NULL	21	58
12	3	NULL	NULL	58
13	4	男	14	195
14	4	女	14	247

图 5-50　输出结果

5.2.9 分组查询的排序

利用 GROUP BY 进行分组统计后，可对统计的结果进行排序。注意 ORDER BY 不能使用在 GROUP BY 之前，或者两个同时使用，否则将会引起错误：

显示按最高工资与最低工资之间的差额排序不同系别的系别代码、最高工资、最低工资、最高与最低工资的差额信息：

```
SELECT did,MAX(tsalary) AS 最高工资,MIN(tsalary) AS 最低工资,(MAX(tsalary)
—MIN(tsalary)) AS 最高与最低工资差额 FROM teacherinfo GROUP BY did ORDER BY
(MAX(tsalary)—MIN(tsalary)) DESC
--输出的结果如图 5-51 所示：
```

结果 | 消息

	did	最高工资	最低工资	最高与最低工资差额
1	4	67700.0	14160.0	53540.0
2	7	63900.0	13080.0	50820.0
3	6	63700.0	13120.0	50580.0
4	2	61300.0	13560.0	47740.0
5	9	61800.0	15720.0	46080.0
6	8	57600.0	13720.0	43880.0
7	5	64900.0	33200.0	31700.0
8	1	55200.0	33200.0	22000.0

图 5-51　输出结果

此例中使用的是降序，若需要升序，则可觉得 DESC 参数删除或更改为 ASC。

5.2.10 COMPUTE 查询的作用

COMPUTE 可生成合计作为附加的汇总列出现在结果集的最后。当与 BY 一起使用时，COMPUTE 子句在结果集内生成控制中断和小计。可在同一查询内指定 COMPUTE BY 和 COMPUTE。但在更新版本的 SQL Server 中将删除该功能。请不要在新的开发工作中使用该功能，并尽快修改当前还在使用该功能的应用程序。请改用 ROLLUP。由此可以看出 COMPUTE 功能类似 ROLLUP 或 CUBE，但是用法不同。

1. 使用 COMPUTE 功能统计学生选课成绩表 stucourse 中，学号为 071203001 到 071203999 之间的最高成绩、最低成绩以及平均成绩：

--此处的学号 stuid 的数据类型是 char(9)，但是在 between…and…的条件语句中同样有效，但必须有一定的规律，请参考之前章节关于 between…and…的用法：
SELECT stuid,cscore FROM stucourse WHERE stuid BETWEEN '071203001' AND '071203999' COMPUTE MAX(cscore),MIN(cscore),AVG(cscore)

--输出结果如图 5-52 所示：

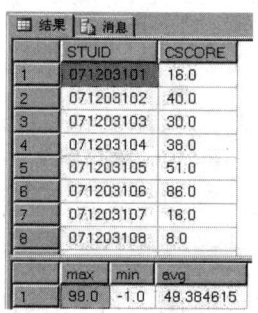

图 5-52 输出结果

2. 使用 COMPUTE BY、按课程代码 cid 为关键字，查询 stucourse 学生选课成绩表中每个课程的最高成绩、最低成绩、平均成绩：

--COMPUTE BY 使用的前提条件是语句中必须要先使用 ORDER BY
SELECT cid,cscore FROM stucourse ORDER BY cid COMPUTE MAX(cscore),MIN(cscore),AVG(cscore) by cid

--输出的结果如图 5-53 所示：

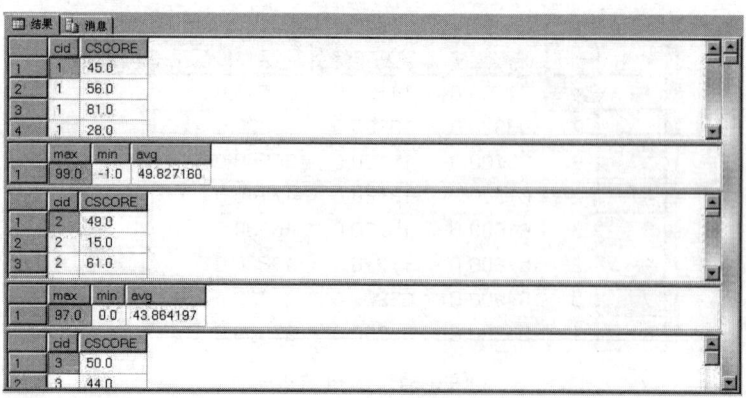

图 5-53 输出结果

5.2.11 GROUPING SETS 与分组查询

GROUPING SETS 在一个查询中指定数据的多个分组。仅聚合指定组，而不聚合由 CUBE 或 ROLLUP 生成的整组聚合。其结果与针对指定的组执行 UNION ALL 运算等效。GROUPING SETS 可以包含单个元素或元素列表。GROUPING SETS 可以指定与 ROLLUP 或 CUBE 返回的内容等效的分组。＜grouping set item list＞可以包含 ROLLUP 或 CUBE。

GROUPING SETS 只支持 SQL Server 2008 及以上版本的 SQL Server 服务器。

1.在学生选课成绩表中，根据教师代号 tid 和课程编号 cid 进行分组查询：

```
--在未使用 GROUPING SETS 之前，一般分两个语句完成：
SELECT tid,AVG(cscore) FROM stucourse GROUP BY tid ORDER BY tid
SELECT cid,AVG(cscore) FROM stucourse GROUP BY cid ORDER BY cid
--两个语句的输出结果如图 5-54 所示：
```

结果 | 消息

	TID	(无列名)
1	1	45.888888
2	2	47.500000
3	3	56.666666
4	4	45.166666
5	5	39.500000
6	6	46.777777
7	7	52.722222
8	8	49.000000

	cid	(无列名)
1	1	49.827160
2	2	43.864197
3	3	49.876543
4	4	57.000000
5	5	50.530864
6	6	45.197530
7	7	52.012345

图 5-54　输出结果

```
--使用 GROUPING SETS 后的代码：
SELECT tid,cid,AVG(cscore) FROM stucourse GROUP BY GROUPING SETS(tid,
cid) ORDER BY cid
```

--输出的结果如图 5-55 所示：

结果 | 消息

	tid	cid	(无列名)
213	213	NULL	37.764705
214	214	NULL	51.941176
215	215	NULL	40.176470
216	216	NULL	55.705882
217	217	NULL	39.294117
218	NU...	1	49.827160
219	NU...	2	43.864197
220	NU...	3	49.876543
221	NU...	4	57.000000
222	NU...	5	50.530864
223	NU...	6	45.197530
224	NU...	7	52.012345
225	NU...	8	50.851851
226	NU...	9	54.641975
227	NU...	10	45.790123
228	NU...	11	44.222222

图 5-55　输出结果

从 GROUPING SETS 的输出结果看，第 218 行之前是根据教师的 ID 号进行的汇总，之后是根据课程编号进行的评级成绩分组计算。

2.GROUPING SETS 与 CUBE、ROLLUP 的等效用法：

```
--GROUPING SETS 与 CUBE 的等效用法：
SELECT pid,stusex,did,COUNT(stuid) AS 总人数 FROM stuinfo
WHERE pid IS NOT NULL
GROUP BY pid,CUBE(stusex,did)
SELECT pid,stusex,did,COUNT(stuid) AS 总人数 FROM stuinfo
WHERE pid IS NOT NULL
GROUP BY GROUPING SETS((pid),(pid,stusex),(pid,did),(pid,stusex,did))
--输出的结果如图 5-56 所示：
```

	PID	STUSEX	DID	总人数
1	1	男	6	144
2	1	女	6	202
3	1	NULL	6	346
4	1	NULL	NULL	346
5	6	男	2	200
6	6	女	2	361
7	6	NULL	2	561

	PID	STUSEX	DID	总人数
1	1	男	6	144
2	1	女	6	202
3	1	NULL	6	346
4	1	NULL	NULL	346
5	6	男	2	200
6	6	女	2	361
7	6	NULL	2	561
8	6	NULL	NULL	561
9	8	男	8	194

图 5-56 输出结果

```
--以下查询的数据可能无任何实际意义，目的只为比较等效用法
--GROUPING SETS 与 ROLLUP 的等效用法：
SELECT stusex,did,pid,instrid,COUNT(stuid)  AS 总人数 FROM stuinfo
WHERE did IS NOT NULL
GROUP BY ROLLUP(stusex,did),ROLLUP(pid,instrid)
SELECT stusex,did,pid,instrid,COUNT(stuid) AS 总人数 FROM stuinfo
WHERE did IS NOT NULL GROUP BY
GROUPING SETS((),(pid),(pid,instrid),(stusex),(stusex,pid),(stusex,pid,instrid),(stusex,did),(stusex,did,pid),(stusex,did,pid,instrid))
--输出结果如图 5-57 所示：
```

	STUSEX	DID	PID	INSTRID	总人数
1	女	6	1	4	1
2	女	NULL	1	4	1
3	NULL	NULL	1	4	1
4	男	6	1	5	1
5	男	NULL	1	5	1
6	NULL	NULL	1	5	1
7	男	6	1	8	1
8	男	NULL	1	8	1
9	NULL	NULL	1	8	1
10	女	6	1	15	1
11	女	NULL	1	15	1
12	NULL	NULL	1	15	1
13	男	6	1	16	1
14	男	NULL	1	16	1
15	NULL	NULL	1	16	1
16	男	6	1	20	141

	STUSEX	DID	PID	INSTRID	总人数
30	男	5	15	NULL	124
31	男	5	NULL	NULL	124
32	男	6	1	5	1
33	男	6	1	8	1
34	男	6	1	16	1
35	男	6	1	20	141
36	男	6	1	NULL	144
37	男	6	NULL	NULL	144
38	男	7	18	6	88
39	男	7	18	9	75
40	男	7	18	18	63
41	男	7	18	19	56
42	男	7	18	NULL	282
43	男	7	NULL	NULL	282
44	男	8	8	3	48
45	男	8	8	7	47

图 5-57 输出结果

5.2.12 GROUP BY 分组查询与数据表连接

查询根据学生信息表 stuinfo 中的专业代码字段 pid 分组统计总人数，条件是只显示总人数超过 200 人的数据，并同时显示另一张专业信息表 proinfo 中的专业名称字段 pname：

```
SELECT stuinfo.pid,pname，COUNT(stuid) AS 总人数
FROM stuinfo inner join proinfo on stuinfo.pid＝proinfo.pid
GROUP BY stuinfo.pid,pname HAVING COUNT(stuid)＞200
ORDER BY stuinfo.pid
--输出结果如图 5-58 所示：
```

pid	pname	总人数
1	物流工程	346
6	公共管理类	561
8	财务管理	838
14	信息管理与信息系统	442
15	国际经济与贸易	376
18	财政学	797
26	工程管理	335

图 5-58 输出结果

5.3 嵌套子查询

在 SQL Server 中，使用 T-SQL 进行数据的查询，参数众多，方法多样。为了提高脚本代码的编写和执行效率，在查询过程中，往往还会在查询过程中，将一个 SELECT 查询语句返回的结果作为另一个 SELECT 查询语句的参数嵌套在内一同执行，这种方法称为嵌套子查询。

5.3.1 嵌套子查询概述

1.嵌套子查询概念及组件

（1）嵌套子查询的概念

嵌套子查询是一个嵌套在 SELECT、INSERT、UPDATE 或 DELETE 语句或其他子查询中的查询。任何允许使用表达式的地方都可以使用子查询。本章节着重讨论在 SELECT 查询语句中的应用。

嵌套子查询也称为内部查询（Inner Query）或内部选择（Inner Select），而包含子查询的语句也称为外部查询（Outer Query）或外部选择（Outer Select）。

许多包含子查询的 T-SQL 语句都可以改用连接表示。其他问题只能通过子查询提出。在 T-SQL 中，包含子查询的语句和语义上等效的不包含子查询的语句在性能上通常没有差别。但是，在一些必须检查存在性的情况中，使用连接会产生更好的性能。否则，为确保消除重复值，必须为外部查询的每个结果都处理嵌套子查询。所以在这些情况下，连接方式会产生更好的效果。关于多表连接查询将在下节中详细介绍。

（2）嵌套子查询可包含的组件

嵌套在外部 SELECT 语句中的子查询包括以下组件：
①包含常规选择列表组件的常规 SELECT 查询。
②包含一个或多个表或视图名称的常规 FROM 子句。
③可选的 WHERE 子句。
④可选的 GROUP BY 子句。
⑤可选的 HAVING 子句。
子查询按照所返回的数据类型，可分为三种：
①返回一张数据表（table）。
②返回一列值（column）。
③返回单个值（Scalar）。

2.嵌套子查询语句格式

嵌套子查询的 SELECT 查询总是使用圆括号括起来。它不能包含 COMPUTE 或 FOR BROWSE 子句，如果同时指定了 TOP 子句，则只能包含 ORDER BY 子句。

嵌套子查询可以嵌套在外部 SELECT、INSERT、UPDATE 或 DELETE 语句的 WHERE 或 HAVING 子句内，也可以嵌套在其他子查询内。尽管根据可用内存和查询中其他表达式复杂程度的不同，嵌套限制也有所不同，但嵌套到 32 层是可能的。个别查询可能不支持 32 层嵌套。任何可以使用表达式的地方都可以使用子查询，只要它返回的是单个值。

如果某个表只出现在子查询中，而没有出现在外部查询中，那么该表中的列就无法包含在输出（外部查询的选择列表）中。

包含子查询的语句通常采用以下格式中的一种：
(1) WHERE expression [NOT] IN (subquery)。
(2) WHERE expression comparison_operator [ANY | ALL] (subquery)。
(3) WHERE [NOT] EXISTS (subquery)。

在某些 T-SQL 语句中，子查询可以作为独立查询来计算。从概念上说，子查询结果会代入外部查询（尽管这不一定是 Microsoft SQL Server 实际处理带有子查询的 T-SQL 语句的方式）。

有三种基本的子查询。它们是：
(1)在通过 IN 或由 ANY 或 ALL 修改的比较运算符引入的列表上操作。
(2)通过未修改的比较运算符引入且必须返回单个值。
(3)通过 EXISTS 引入的存在测试。

3.嵌套子查询的规则

子查询受到下列限制的约束：
(1)通过比较运算符引入的子查询选择列表只能包括一个表达式或列名称（对 SELECT * 执行的 EXISTS 或对列表执行的 IN 子查询除外）。
(2)如果外部查询的 WHERE 子句包括列名称，它必须与子查询选择列表中的列是连接兼容的。
(3) ntext、text 和 image 数据类型不能用在子查询的选择列表中。
(4)由于必须返回单个值，所以由未修改的比较运算符(即后面未跟关键字 ANY 或 ALL 的运算符)引入的子查询不能包含 GROUP BY 和 HAVING 子句。
(5)包含 GROUP BY 的子查询不能使用 DISTINCT 关键字。
(6)不能指定 COMPUTE 和 INTO 子句。
(7)只有指定了 TOP 时才能指定 ORDER BY。
(8)不能更新使用子查询创建的视图。

(9)按照惯例,由 EXISTS 引入的子查询的选择列表有一个星号(*),而不是单个列名。因为由 EXISTS 引入的子查询创建了存在测试并返回 TRUE 或 FALSE 而非数据,所以其规则与标准选择列表的规则相同。

5.3.2 嵌套子查询实例分析

1.单值嵌套子查询

单值嵌套子查询指的是 SELECT 内查询只返回单行单列值,即内查询的结果当作外查询的一个常量来看待。单值嵌套子查询只能返回一个值,那么可利用比较运算符对其进行运算。

下面通过实例说明:

(1)等值单值嵌套子查询

利用嵌套子查询的方式显示 proinfo 专业信息表中,专业名称为“信息管理与信息系统”的专业信息:

```
SELECT * FROM proinfo WHERE pid=(SELECT pid FROM proinfo WHERE pname
='信息管理与信息系统')
--输出结果如图 5-59 所示:
```

	pid	pname	did
1	14	信息管理与信息系统	4

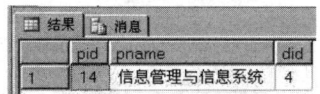

图 5-59　输出结果

利用嵌套子查询的方式显示 teacherinfo 教师信息表中工资最高的教师信息:

```
SELECT * FROM teacherinfo WHERE tsalary=(SELECT MAX(tsalary) FROM
teacherinfo)
--输出结果如图 5-60 所示:
```

	tid	tname	did	tlead...	TSALARY
1	30	赖芬洪	4	NULL	67700.0

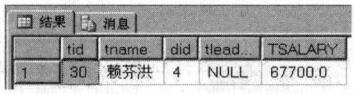

图 5-60　输出结果

(2)不匹配单值嵌套子查询

显示 proinfo 专业信息表中,专业名称不是“信息管理与信息系统”的专业信息:

```
SELECT * FROM proinfo WHERE pid! =(SELECT pid FROM proinfo WHERE
pname='信息管理与信息系统')--输出结果如图 5-61 所示:
```

	pid	pname	did
1	1	物流工程	6
2	2	经济学	5
3	3	创新实验班(会计学)	3
4	4	金融学	7
5	5	创新实验班(国际经济与贸易)	3
6	6	公共管理类	2
7	7	市场营销	9
8	8	财务管理	8
9	9	创新实验班	3
10	10	经济学(教改班)	5

图 5-61　输出结果

显示 teacherinfo 教师信息表中,工资高于平均工资的教师信息:

SELECT * FROM teacherinfo WHERE tsalary>(SELECT AVG(tsalary) FROM teacherinfo)

--输出结果如图 5-62 所示:

图 5-62　输出结果

(3)区间单值嵌套子查询

显示 teacherinfo 教师信息表中,工资高于系别代码为 1 的最高工资但是同时工资要小于系别代码为 8 的最高工资的教师信息:

SELECT * FROM teacherinfo WHERE tsalary>(SELECT MAX(tsalary) FROM teacherinfo WHERE did=1) AND tsalary<(SELECT MAX(tsalary) FROM teacherinfo WHERE did=8)

--输出结果如图 5-63 所示:

图 5-63　输出结果

显示 teacherinfo 教师信息表中,工资高于系别代码为 8 的平均教师工资,同时工资要小于系别代码为 1 的最高教师工资的教师信息:

```
SELECT * FROM teacherinfo WHERE tsalary>(SELECT AVG(tsalary) FROM teacherinfo WHERE did=8) AND tsalary<(SELECT MAX(tsalary) FROM teacherinfo WHERE did=1)
--输出结果如图 5-64 所示：
```

结果 | 消息

	tid	tname	did	tlead...	TSALARY
1	7	叶蓓念	4	NULL	52700.0
2	15	王灿资	4	NULL	51700.0
3	16	陈潮晓	4	NULL	39920.0
4	20	林东海	4	NULL	54600.0
5	26	周芳梅	4	NULL	53300.0
6	27	郑芳微	4	NULL	53700.0
7	31	郑芬菊	5	NULL	50300.0
8	32	陈枫晓	5	NULL	50900.0
9	34	林峰登	5	NULL	54800.0
10	38	赵钢钢	5	NULL	51000.0
11	40	夏莞莞	5	NULL	54800.0
12	41	张光礼	5	NULL	54600.0
13	45	徐荷小	5	NULL	51100.0
14	50	王宏国	5	NULL	50200.0

图 5-64　输出结果

显示 teacherinfo 教师信息表中，工资高于系别代码为 1 的最低工资但有低于系别代码为 8 的最高工资的教师信息：

```
SELECT * FROM teacherinfo WHERE tsalary BETWEEN (SELECT MIN(tsalary) FROM teacherinfo WHERE did=1) AND (SELECT MAX(tsalary) FROM teacherinfo WHERE did=8)
--输出的结果如图 5-65 所示：
```

结果 | 消息

	tid	tname	did	tlead...	TSALARY
1	1	娄安克	4	NULL	36720.0
2	2	陈白白	4	NULL	38000.0
3	3	张白白	4	NULL	56700.0
4	4	张邦礼	4	NULL	36160.0
5	6	强保荣	4	NULL	37440.0
6	7	叶蓓念	4	NULL	52700.0
7	8	李碧秋	4	NULL	39200.0
8	9	巫彪先	4	NULL	37120.0
9	10	林彬世	4	NULL	39360.0
10	11	杨彬文	4	NULL	36080.0
11	13	王炳志	4	NULL	36880.0
12	15	王灿资	4	NULL	51700.0
13	16	陈潮晓	4	NULL	39920.0
14	17	周翀翀	4	NULL	38880.0

图 5-65　输出结果

若要显示工资不在系别代码为 1 的最低工资与系别代码为 8 的最高工资之间的教师信息，则：

SELECT * FROM teacherinfo WHERE tsalary NOT BETWEEN (SELECT MIN(tsalary) FROM teacherinfo WHERE did=1) AND (SELECT MAX(tsalary) FROM teacherinfo WHERE did=8)

--输出结果如图 5-66 所示：

	tid	tname	did	tlead...	TSALARY
1	5	唐宝长	4	NULL	15800.0
2	12	陈兵红	4	NULL	66100.0
3	14	杜波相	4	NULL	58500.0
4	18	林椿家	4	NULL	14160.0
5	23	贺发世	4	NULL	15600.0
6	24	赖方春	4	NULL	58600.0
7	28	张非涤	4	NULL	15240.0
8	30	赖芬洪	4	NULL	67700.0
9	54	王泓泓	5	NULL	64900.0
10	59	邓华炳	5	NULL	63900.0
11	84	李军红	8	NULL	15200.0
12	85	施军红	8	NULL	13720.0
13	86	苏军胜	8	NULL	14360.0
14	89	郑君丽	9	NULL	32240.0

图 5-66 输出结果

（4）多表单值嵌套子查询

查询学生选课成绩表 stucourse 信息，条件是教师代码 tid 是来自于 teacherinfo 教师信息表中工资最高的教师代码：

SELECT * FROM stucourse WHERE tid=(SELECT tid FROM teacherinfo WHERE tsalary=(SELECT MAX(tsalary) FROM teacherinfo))

--输出结果如图 5-67 所示：

	stuid	cid	crid	tid	csco...	creg
1	071001130	15	JGB507	30	39.0	2014-03-24 22:49:32.3200000
2	071003102	9	JGB505	30	90.0	2014-03-24 22:49:32.3200000
3	071103208	13	JGB502	30	68.0	2014-03-24 22:49:32.3200000
4	071105114	36	JGB506	30	42.0	2014-03-24 22:49:32.3200000
5	071105333	21	JGB418	30	80.0	2014-03-24 22:49:32.3200000
6	071105415	34	JGB501	30	73.0	2014-03-24 22:49:32.3200000
7	071105422	40	JGB503	30	73.0	2014-03-24 22:49:32.3200000
8	071202325	44	GG772	30	88.0	2014-03-24 22:49:32.3200000
9	071205118	42	JGB416	30	72.0	2014-03-24 22:49:32.3200000
10	071205207	38	BF572	30	83.0	2014-03-24 22:49:32.3200000
11	071205515	32	JGB418	30	49.0	2014-03-24 22:49:32.3200000
12	071301302	11	BF471	30	72.0	2014-03-24 22:49:32.3200000
13	071305405	17	GG671	30	81.0	2014-03-24 22:49:32.3200000
14	071306423	19	JGB504	30	43.0	2014-03-24 22:49:32.3200000

图 5-67 输出结果

2.多值嵌套子查询

在查询过程中,外查询的条件参数可能需要多个,那么在使用嵌套子查询过程中,需要使用的是多值嵌套子查询,即内查询返回的是单列多行的数据。

在多值嵌套子查询中,必须使用多行运算符来判断条件,而不能使用单行运算符。使用多行运算符可以执行与一个或多个数据的比较操作。

下面通过实例说明:

(1)IN 与 NOT IN 运算符在嵌套子查询中的作用

通过 IN(或 NOT IN)引入的子查询结果是包含零个值或多个值的列表。子查询返回结果之后,外部查询将利用这些结果。

显示教师信息表 teacherinfo 中最高工资或最低工资的教师信息:

> SELECT * FROM teacherinfo WHERE tsalary IN((SELECT MAX(tsalary) FROM teacherinfo),(SELECT MIN(tsalary) FROM teacherinfo))
>
> --输出结果如图 5-68 所示:
>
>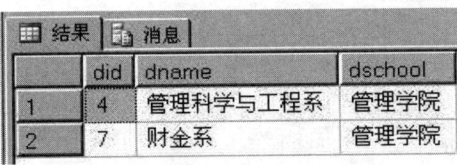
>
> 图 5-68 输出结果

查询教师信息表 teacherinfo 中,最高工资或最低工资的教师所在系别的名称,而非系别:

> --首先从 teacherinfo 中查询最高或最低工资,将查询的结果作为查询所在系别代码的条件,再把系别代码作为查询系别名称的条件:
>
> SELECT * FROM departinfo WHERE did IN
>
> (SELECT did FROM teacherinfo WHERE tsalary IN
>
> ((SELECT MAX(tsalary) FROM teacherinfo),(SELECT MIN(tsalary) FROM teacherinfo)))
>
> --输出结果如图 5-69 所示:
>
> 图 5-69 输出结果

查询学生选课程成绩表 stucourse 中的学生课程,条件是教师信息表 teacherinfo 中最高或最低工资的教师所承担的相关课程,最终结果是显示 courseinfo 表中的课程名称:

> --注意,该查询结果可能会出现不一定是最高或最低工资的老师也承担了该门课程的教学
>
> SELECT * FROM courseinfo WHERE cid IN(
>
> SELECT cid FROM stucourse WHERE tid IN(
>
> SELECT tid FROM teacherinfo WHERE tsalary IN(

(SELECT MAX(tsalary) FROM teacherinfo),(SELECT MIN(tsalary) FROM teacherinfo))))

--输出结果如图 5-70 所示：

图 5-70 输出结果

根据课程表 courseinfo 中的课程与教师代码的对应信息，在教师信息表中进行查询 courseinfo 中没有安排授课的教师信息：

SELECT * FROM teacherinfo WHERE tid NOT IN(SELECT tid FROM courseinfo)
--输出结果如图 5-71 所示：

图 5-71 输出结果

(2)EXISTS 与 NOT EXISTS 运算符在嵌套子查询中的作用

使用 EXISTS 关键字引入子查询后，子查询的作用就相当于进行存在测试。外部查询的 WHERE 子句测试子查询返回的行是否存在。子查询实际上不产生任何数据，它只返回 TRUE 或 FALSE 值。

下面通过实例说明：

显示教师信息表 teacherinfo 中的教师信息，只要满足在课程表 courseinfo 表中有安排授课的教师：

```
SELECT * FROM teacherinfo WHERE EXISTS(
SELECT * FROM courseinfo WHERE tid=teacherinfo.tid)--输出结果如图 5-72 所示:
```

结果 | 消息

	tid	tname	did	tlead...	TSALARY
1	8	李碧秋	4	NULL	39200.0
2	12	陈兵红	4	NULL	66100.0
3	13	王炳志	4	NULL	36880.0
4	17	周翀翀	4	NULL	38880.0
5	19	吴道金	4	NULL	34720.0
6	26	周芳梅	4	NULL	53300.0
7	29	王非涤	4	NULL	34240.0
8	41	张光礼	5	NULL	54600.0
9	42	苏国建	5	NULL	39040.0
10	49	尹红亚	5	NULL	33520.0
11	51	唐宏国	5	NULL	36960.0
12	53	曾泓泓	5	NULL	36320.0
13	56	方虹虹	5	NULL	52900.0

图 5-72

显示系别信息表中有教师且教师的工资高于 62000 元的系别信息：

```
SELECT * FROM departinfo WHERE EXISTS(
SELECT * FROM teacherinfo WHERE tsalary>62000 AND did=departinfo.did)
--输出结果如图 5-73 所示:
```

结果 | 消息

	did	dname	dschool
1	4	管理科学与工程系	管理学院
2	5	经济贸易系	管理学院
3	6	物流	物流
4	7	财金系	管理学院

图 5-73　输出结果

显示学生信息表 stuinfo 表中有学生信息且原学院名称 dschool 不为空的系别信息：

```
SELECT * FROM departinfo WHERE EXISTS(SELECT * FROM stuinfo WHERE
did=departinfo.did) AND dschool IS NOT NULL--输出结果如图 5-74 所示:
```

结果 | 消息

	did	dname	dschool
1	3	创新实验班	管理学院
2	6	物流	物流
3	9	工商管理系	管理学院
4	7	财金系	管理学院
5	1	统计系	管理学院
6	4	管理科学与工程系	管理学院
7	2	公共管理	公共管理
8	5	经济贸易系	管理学院
9	8	会计系	管理学院

图 5-74　输出结果

显示没有学生的系别信息：

```
SELECT * FROM departinfo WHERE NOT EXISTS(
SELECT * FROM stuinfo WHERE did=departinfo.did)--输出结果如图 5-75 所示：
```

结果 | 消息

	did	dname	dschool
1	11	信息安全	NULL

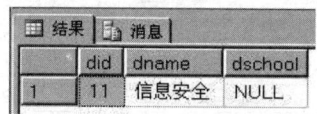

图 5-75 输出结果

(3)ANY、SOME 与 ALL 运算符在嵌套子查询中的作用

可以用 ALL 或 ANY 关键字修改引入子查询的比较运算符。SOME 是与 ANY 等效的 ISO 标准。

通过修改的比较运算符引入的子查询返回零个值或多个值的列表，并且可以包括 GROUPBY 或 HAVING 子句。这些子查询可以用 EXISTS 重新表述。

以＞比较运算符为例，＞ALL 表示大于每一个值。换句话说，它表示大于最大值。例如，＞ALL(1,2,3)表示大于 3。＞ANY 表示至少大于一个值，即大于最小值。因此＞ANY(1,2,3)表示大于 1。

若要使带有＞ALL 的子查询中的行满足外部查询中指定的条件，引入子查询的列中的值必须大于子查询返回的值列表中的每个值。

同样，＞ANY 表示要使某一行满足外部查询中指定的条件，引入子查询的列中的值必须至少大于子查询返回的值列表中的一个值。

①下面通过实例说明 ANY 运算符的用法：

显示教师信息表 teacherinfo 中工资大于系别代码为 8 的任何教师工资的信息：

```
--本例使用 ANY 运算符，只要在嵌套子查询中有一行能使结果为真，则外查询的结果即为真：
SELECT * FROM teacherinfo WHERE tsalary>ANY(SELECT tsalary FROM teacherinfo WHERE did=8)
--上句等价于：
SELECT * FROM teacherinfo WHERE tsalary>(SELECT MIN(tsalary) FROM teacherinfo WHERE did=8)
--输出结果如图 5-76 所示：
```

结果 | 消息

	tid	tname	did	tlead...	TSALARY
1	1	娄安克	4	NULL	36720.0
2	2	陈白白	4	NULL	38000.0
3	3	张白白	4	NULL	56700.0
4	4	张邦礼	4	NULL	36160.0
5	5	唐宝长	4	NULL	15800.0
6	6	强保荣	4	NULL	37440.0
7	7	叶蓓念	4	NULL	52700.0
8	8	李碧秋	4	NULL	39200.0
9	9	巫彪先	4	NULL	37120.0
10	10	林彬世	4	NULL	39360.0
11	11	杨彬文	4	NULL	36080.0
12	12	陈兵红	4	NULL	66100.0
13	13	[illegible]	4	NULL	36880.0

查询已成功执行。 | (local) (10.50 RTM) | CFAN-CF947FFC58\Admini... | JGXYALLUSERS | 00:00:00 | 214 行

图 5-76 输出结果

显示工资小于等于系别代码为 8 的任何一名教师工资的教师信息：

```
--以下两段代码等效：
SELECT * FROM teacherinfo WHERE tsalary <= ANY (SELECT tsalary FROM teacherinfo WHERE did=8)
SELECT * FROM teacherinfo WHERE tsalary<=(SELECT MAX(tsalary) FROM teacherinfo WHERE did=8)
--输出结果均是如图 5-77 所示：
```

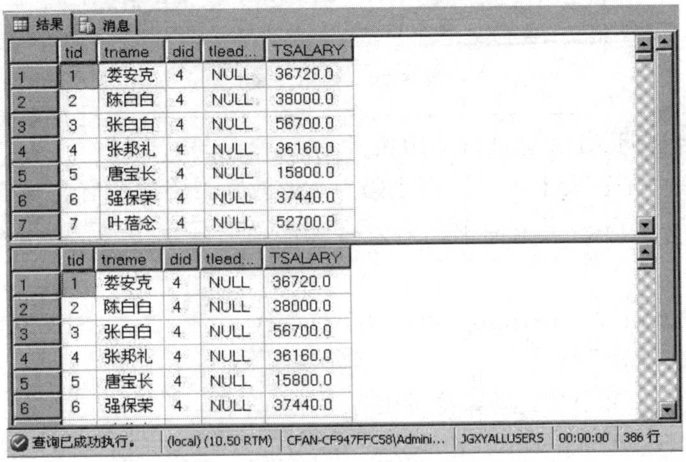

	tid	tname	did	tlead...	TSALARY
1	1	娄安克	4	NULL	36720.0
2	2	陈白白	4	NULL	38000.0
3	3	张白白	4	NULL	56700.0
4	4	张邦礼	4	NULL	36160.0
5	5	唐宝长	4	NULL	15800.0
6	6	强保荣	4	NULL	37440.0
7	7	叶蓓念	4	NULL	52700.0

	tid	tname	did	tlead...	TSALARY
1	1	娄安克	4	NULL	36720.0
2	2	陈白白	4	NULL	38000.0
3	3	张白白	4	NULL	56700.0
4	4	张邦礼	4	NULL	36160.0
5	5	唐宝长	4	NULL	15800.0
6	6	强保荣	4	NULL	37440.0

图 5-77　输出结果

显示工资等于系别代码为 8 的任何一名教师工资的教师信息：

```
--以下两段代码是等效的：
SELECT * FROM teacherinfo WHERE tsalary=ANY
(SELECT tsalary FROM teacherinfo WHERE did=8) AND did<>8
SELECT * FROM teacherinfo WHERE tsalary IN
(SELECT tsalary FROM teacherinfo WHERE did=8) AND did<>8
--输出结果均是如图 5-78 所示：
```

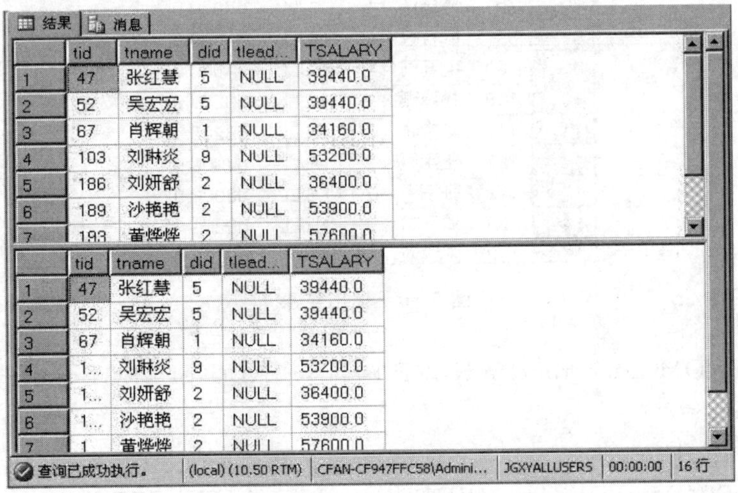

	tid	tname	did	tlead...	TSALARY
1	47	张红慧	5	NULL	39440.0
2	52	吴宏宏	5	NULL	39440.0
3	67	肖辉朝	1	NULL	34160.0
4	103	刘琳炎	9	NULL	53200.0
5	186	刘妍舒	2	NULL	36400.0
6	189	沙艳艳	2	NULL	53900.0
7	193	董烨烨	2	NULL	57600.0

	tid	tname	did	tlead...	TSALARY
1	47	张红慧	5	NULL	39440.0
2	52	吴宏宏	5	NULL	39440.0
3	67	肖辉朝	1	NULL	34160.0
4	1...	刘琳炎	9	NULL	53200.0
5	1...	刘妍舒	2	NULL	36400.0
6	1...	沙艳艳	2	NULL	53900.0
7	1	董烨烨	2	NULL	57600.0

图 5-78　输出结果

显示教师信息表中教师名称含有"春",且工资大于姓名中含有"君"字的任何一名教师工资的教师信息:

SELECT * FROM teacherinfo WHERE tsalary＞ANY(SELECT tsalary FROM teacherinfo WHERE tname LIKE '%朝%') AND tname LIKE '%春%'

--输出结果如图 5-79 所示:

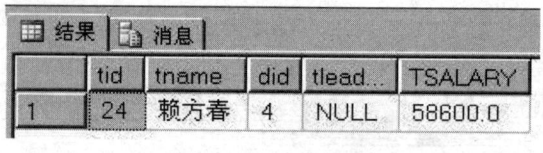

图 5-79 输出结果

②下面通过实例说明 ALL 运算符的用法:

显示教师信息表中工资大于等于系别代码为 8 的教师工资的所有教师信息:

--ALL 运算符要求嵌套子查询中的所有行都能够使结果为真时,外查询的结果才能为真:

SELECT * FROM teacherinfo WHERE tsalary＞＝ALL(SELECT tsalary FROM teacherinfo WHERE did=8)

--以上语句等价于,和 ANY 运算符对比有明显的不同:

SELECT * FROM teacherinfo WHERE tsalary＞＝(SELECT MAX(tsalary) FROM teacherinfo WHERE did=8)

--输出结果如图 5-80 所示:

图 5-80 输出结果

SELECT * FROM teacherinfo WHERE tsalary＜ALL(SELECT tsalary FROM teacherinfo WHERE did=8)

--以上语句等价于:

SELECT * FROM teacherinfo WHERE tsalary＜(SELECT MIN(tsalary) FROM teacherinfo WHERE did=8)

--输出结果如图 5-81 所示：

图 5-81　输出结果

③下面通过实例说明 SOME 运算符的用法：

查询教师信息表 teacherinfo 中，是否存在系别代码 did 大于 10 的情况：

--以下代码使用 SOME 运算符
SELECT * FROM teacherinfo WHERE 10<=SOME（SELECT did FROM teacherinfo）
--输出的结果是空，因为所有的 did 均小于 10；如果是 10 改为 9，则会将所有的记录都显示出来，因为 SELECT did FROM teacherinfo 执行的结果中有 9、8、7…
--以下两个语句的输出结果是一样的：
SELECT * FROM teacherinfo WHERE 9<=SOME（SELECT did FROM teacherinfo）
SELECT * FROM teacherinfo WHERE 9>=ALL（SELECT did FROM teacherinfo）
--输出结果如图 5-82 所示：

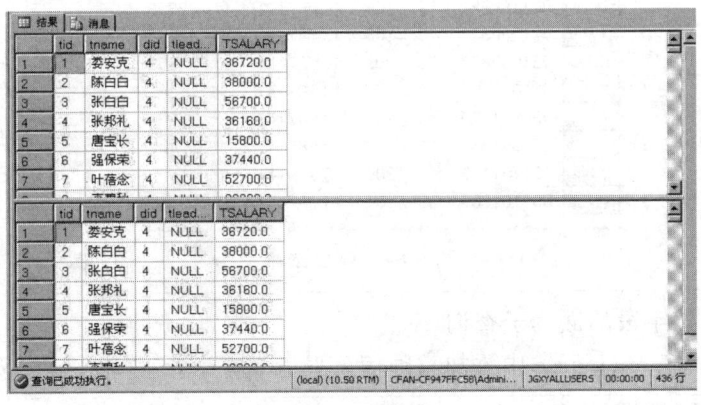

图 5-82　输出结果

在存储过程中经常会使用到 SOME 运算符作为判断条件。在数据库对象技术章节将再作进一步讨论。

3．产生虚拟字段的嵌套子查询

上文介绍的嵌套子查询一般是应用在 WHERE 条件语句中，但是嵌套子查询还可以产生虚拟字段，并且可以直接用在其他位置作为字段名或其他条件对象使用。

（1）单值产生虚拟字段的嵌套子查询

查询学生选课成绩表 stucourse 中的 stuid、cid、tid 字段，并统计平均成绩、每个学生成绩与平均成绩的差额，并将新增的平均成绩和与平均成绩差额作为虚拟字段体现在查询结果中：

```
SELECT stuid,cid,tid,(SELECT AVG(cscore) FROM stucourse) AS 平均成绩,
(cscore-(SELECT AVG(cscore) FROM stucourse)) AS 与平均成绩差额 FROM stucourse
--输出结果如图 5-83 所示：
```

	stuid	cid	tid	平均成绩	与平均成绩差额
1	010900101	35	190	48.967141	-27.967141
2	011000104	38	157	48.967141	-18.967141
3	011000625	5	51	48.967141	-16.967141
4	011100327	11	139	48.967141	-35.967141
5	021000701	31	134	48.967141	-27.967141
6	021000826	33	115	48.967141	25.032859
7	021100608	45	212	48.967141	29.032859
8	021100620	37	129	48.967141	2.032859
9	021100811	38	143	48.967141	44.032859
10	021100829	36	189	48.967141	44.032859

图 5-83　输出结果

如果在上例中添加条件“与平均成绩差额”高于 30 分的记录显示出来：

```
SELECT stuid,cid,tid,(SELECT AVG(cscore) FROM stucourse) AS 平均成绩,
(cscore-(SELECT AVG(cscore) FROM stucourse)) AS 与平均成绩差额 FROM stucourse
WHERE ABS(cscore-(SELECT AVG(cscore) FROM stucourse))>30
--输出结果如图 5-84 所示：
```

	stuid	cid	tid	平均成绩	与平均成绩差额
1	011100327	11	139	48.967141	-35.967141
2	021100811	38	143	48.967141	44.032859
3	021100829	36	189	48.967141	44.032859
4	021200321	29	188	48.967141	32.032859
5	021200607	35	202	48.967141	50.032859
6	031001108	28	170	48.967141	-43.967141
7	031001125	34	20	48.967141	-35.967141
8	031001336	21	203	48.967141	-48.967141
9	031101112	41	200	48.967141	-34.967141
10	031101339	36	201	48.967141	30.032859

图 5-84　输出结果

(2)多值产生虚拟字段的嵌套子查询

在学生选课成绩表 stucourse 中添加教师信息表 teacherinfo 中的平均工资信息：

```
SELECT *,(SELECT AVG(tsalary) FROM teacherinfo) AS 平均工资 FROM stucourse
--输出的结果如图 5-85 所示：
```

	stuid	cid	crid	tid	csco...	creg	平均工资
1	010900101	35	JGB416	190	21.0	2014-03-24 22:49:32.3200000	42228.623853
2	011000104	38	BF357	157	30.0	2014-03-24 22:49:32.3200000	42228.623853
3	011000625	5	JGB504	51	32.0	2014-03-24 22:49:32.3200000	42228.623853
4	011100327	11	BF855	139	13.0	2014-03-24 22:49:32.3200000	42228.623853
5	021000701	31	JGB501	134	21.0	2014-03-24 22:49:32.3200000	42228.623853
6	021000826	33	JGB507	115	74.0	2014-03-24 22:49:32.3200000	42228.623853
7	021100608	45	GG366	212	78.0	2014-03-24 22:49:32.3200000	42228.623853
8	021100620	37	JGB418	129	51.0	2014-03-24 22:49:32.3200000	42228.623853
9	021100811	38	JGB505	143	93.0	2014-03-24 22:49:32.3200000	42228.623853
10	021100829	36	GG829	189	93.0	2014-03-24 22:49:32.3200000	42228.623853

图 5-85　输出结果

显示所有学生的平均成绩、所有教师的平均工资信息：

```
SELECT DISTINCT(SELECT AVG(tsalary) FROM teacherinfo) AS 教师平均工资,
(SELECT AVG(cscore) FROM stucourse) AS 学生平均成绩 FROM stuinfo
--输出结果如图 5-86 所示：
```

结果 | 消息

	教师平均工资	学生平均成绩
1	42228.623853	48.967141

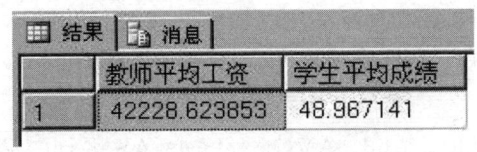

图 5-86　输出结果

4.产生虚拟表的嵌套子查询

嵌套子查询可以应用在 WHERE 条件语句以及虚拟字段中，还可以根据需要产生虚拟表，并对虚拟表进一步进行应用。

分别统计学生选课成绩表 stucourse 中课程编号为 1～5 的学生平均成绩：

```
--使用下列语句将产生的是课程编号为 1～5 的总平均成绩：
SELECT AVG(cscore) AS 平均成绩 FROM stucourse WHERE cid IN(1,2,3,4,5)
--如果要对每个课程编号分别显示，考虑使用 CASE 语句，并用 DISTINCT 关键词进行
消重：
SELECT DISTINCT(cid),不同课程的平均成绩 FROM (SELECT cid,不同课程的平均
成绩=
CASE
  WHEN CID=1 THEN (SELECT AVG(cscore) FROM stucourse WHERE cid=1)
  WHEN CID=2 THEN (SELECT AVG(cscore) FROM stucourse WHERE cid=2)
  WHEN CID=3 THEN (SELECT AVG(cscore) FROM stucourse WHERE cid=3)
  WHEN CID=4 THEN (SELECT AVG(cscore) FROM stucourse WHERE cid=4)
  WHEN CID=5 THEN (SELECT AVG(cscore) FROM stucourse WHERE cid=5)
END
FROM stucourse WHERE cid<=5) jgxyscore
--输出结果如图 5-87 所示：
```

结果 | 消息

	CID	不同课程的平均成绩
1	1	49.827160
2	2	43.864197
3	3	49.876543
4	4	57.000000
5	5	50.530864

图 5-87　输出结果

上例中,jgxyscore 就是一张由嵌套子查询生成的虚拟表。当然,这样的查询结果也可存入一张临时表或者物理表中,以备后期应用。

5.GROUP BY 分组统计在嵌套子查询中的应用

利用 GROUP BY 分组统计进行数据的分类汇总一直比较重要,在嵌套子查询中也可以使用 GROUP BY 分组统计功能。

按照平均工资从高到低显示不同系别代码、平均工资、教师人数、最高工资、最低工资,并产生虚拟表:

SELECT * FROM(SELECT did,AVG(tsalary) AS 平均工资,COUNT(tid) AS 总人数,MAX(tsalary) AS 最高工资,MIN(tsalary) AS 最低工资 FROM teacherinfo GROUP BY did) jgxysalary ORDER BY 平均工资 DESC

--输出结果如图 5-88 所示:

	DID	平均工资	总人数	最高工资	最低工资
1	5	45446.896551	29	64900.0	33200.0
2	9	43864.000000	25	61800.0	15720.0
3	1	43180.000000	11	55200.0	33200.0
4	2	42881.304347	46	61300.0	13560.0
5	4	41581.333333	30	67700.0	14160.0
6	7	41371.666666	24	63900.0	13080.0
7	6	39717.297297	37	63700.0	13120.0
8	8	39616.250000	16	57600.0	13720.0

图 5-88 输出结果

若要显示上例 GROUP BY 分组统计结果中平均工资高于 40000 的统计信息,此处使用的是 HAVING 筛选语句,则使用以下代码:

SELECT * FROM(SELECT did,AVG(tsalary) AS 平均工资,COUNT(tid) AS 总人数,MAX(tsalary) AS 最高工资,MIN(tsalary) AS 最低工资 FROM teacherinfo GROUP BY did HAVING AVG(tsalary)>40000) jgxysalary ORDER BY 平均工资 DESC--输出结果如图 5-89 所示:

	DID	平均工资	总人数	最高工资	最低工资
1	5	45446.896551	29	64900.0	33200.0
2	9	43864.000000	25	61800.0	15720.0
3	1	43180.000000	11	55200.0	33200.0
4	2	42881.304347	46	61300.0	13560.0
5	4	41581.333333	30	67700.0	14160.0
6	7	41371.666666	24	63900.0	13080.0

图 5-89 输出结果

显示工资大于不同系别的平均工资的教师信息:

SELECT * FROM teacherinfo WHERE TSALARY＞all(SELECT AVG(TSALARY) FROM teacherinfo GROUP BY did)

--输出的结果如图5-90所示：

	tid	tname	did	tlead...	TSALARY
1	3	张白白	4	NULL	56700.0
2	7	叶蓓念	4	NULL	52700.0
3	12	陈兵红	4	NULL	66100.0
4	14	杜波相	4	NULL	58500.0
5	15	王灿贤	4	NULL	51700.0
6	20	林东海	4	NULL	54600.0
7	21	李东小	4	NULL	56800.0
8	24	赖方春	4	NULL	58600.0
9	26	周芳梅	4	NULL	53300.0
10	27	郑芳微	4	NULL	53700.0
11	30	赖芬洪	4	NULL	67700.0
12	31	郑芬菊	5	NULL	50300.0
13	32	陈枫晓	5	NULL	50900.0

图 5-90　输出结果

显示工资大于任何系别平均工资的教师信息：

SELECT * FROM teacherinfo WHERE tsalary＞ANY(SELECT AVG(tsalary) FROM teacherinfo GROUP BY did)--输出结果如图5-91所示：

	tid	tname	did	tlead...	TSALARY
1	3	张白白	4	NULL	56700.0
2	7	叶蓓念	4	NULL	52700.0
3	12	陈兵红	4	NULL	66100.0
4	14	杜波相	4	NULL	58500.0
5	15	王灿贤	4	NULL	51700.0
6	16	陈潮晓	4	NULL	39920.0
7	20	林东海	4	NULL	54600.0
8	21	李东小	4	NULL	56800.0
9	24	赖方春	4	NULL	58600.0
10	26	周芳梅	4	NULL	53300.0
11	27	郑芳微	4	NULL	53700.0
12	30	赖芬洪	4	NULL	67700.0
13	31	郑芬菊	5	NULL	50300.0

图 5-91　输出结果

显示工资大于任何系别的所有平均工资加上15000的教师所在的系别代码：

--首先,显示大于任何系别的所有平均工资加上15000的教师所在系别代码：
SELECT did FROM teacherinfo WHERE tsalary＞ALL(SELECT AVG(tsalary)＋15000 FROM teacherinfo GROUP BY did)

--其次,从得到的系别代码列表中进行去重
SELECT DISTINCT(did) FROM teacherinfo
WHERE did IN(SELECT did FROM teacherinfo WHERE tsalary＞ALL(SELECT AVG(tsalary)＋15000 FROM teacherinfo GROUP BY did))--输出的结果如图5-92所示：

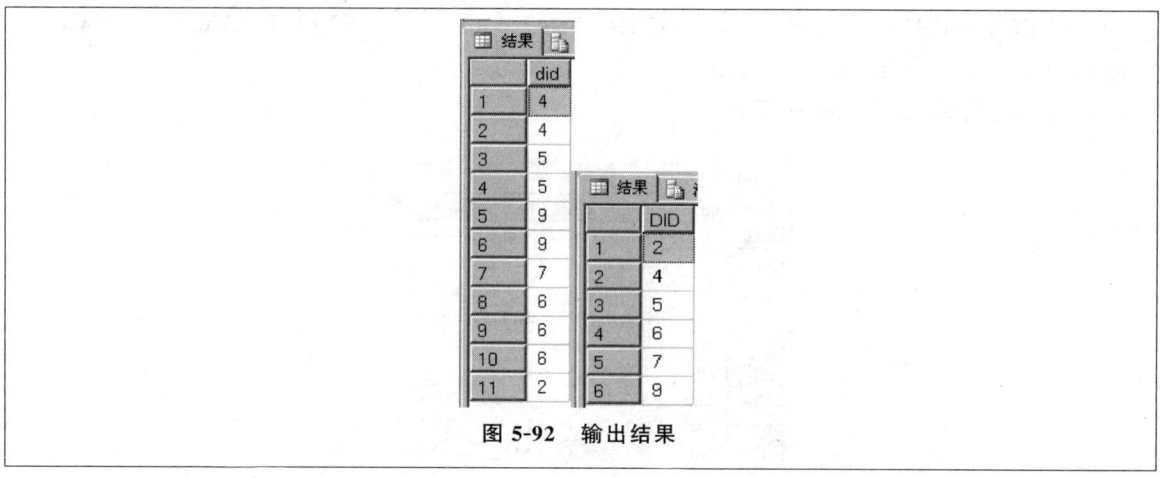

图 5-92　输出结果

6.相关嵌套子查询

许多嵌套子查询都可以通过执行一次子查询并将得到的值代入外部查询的 WHERE 子句中进行计算。在包括相关子查询(也称为重复子查询)的查询中,子查询依靠外部查询获得值。这意味着子查询是重复执行的,为外部查询可能选择的每一行均执行一次。

相关嵌套子查询中的内部查询往往不能自己单独运行,它的执行顺序如下:

(1)首先执行一次外部查询。

(2)对外部查询中的每一行分别执行一次子查询,而且每次执行子查询时都会引用外部查询中当前行的值。

(3)使用子查询的结果来特定外部查询中的结果集。

相关子查询可用于从外部查询所引用的表中选择数据之类的操作。在这种情况下,必须使用表别名(也称为相关名称)明确指定要使用哪个表引用。

下面通过具体实例来加以说明:

显示学生选课成绩表 stucourse 中,不同教师所教授课程的最高成绩情况:

--原本共有 217 位教师参与教学,为什么会有 242 条记录？因为某些教师所教授的不同课程都获取了相同的最高分

SELECT a.* from stucourse a WHERE cscore=(SELECT MAX(cscore) FROM stucourse WHERE tid=a.tid) ORDER BY tid--输出结果如图 5-93 所示:

图 5-93　输出结果

进一步分析,假设:

①通过 SELECT * FROM stucourse 查询获得的数据表的第一条记录 tid 为 190。

②将查询所得 tid=190 传递给内查询,即 SELECT MAX(cscore) FROM stucourse WHERE tid=190,执行后得到的结果是最高分为 94 分。

③将最高分 94 分返回给外部查询并附加了 tid=190 的条件:SELECT * FROM stucourse WHERE cscore=94 AND tid=190。

④若该教师执教多门课程,且均有成绩在 94,则最终结果将出现多条,如 tid=13 所示。

所以,相关嵌套子查询不能和如下非相关嵌套子查询代码等同:

> SELECT a.* FROM stucourse a WHERE cscore IN(SELECT MAX(cscore) FROM stucourse GROUP BY tid) ORDER BY tid

原因在于后者:

①首先,利用教师代码 tid 进行了聚合函数的运算,获取了每个教师的最高成绩表,共有 217 条记录,且其中有不少重复的记录。

②其次,因为使用了 IN 函数,故只要 stucourse 表中的成绩 cscore 与 217 条记录中的任何一条对应,其结果就能够被显示出来,不管是否与相应的 tid 对应。

5.4 多表连接查询

5.4.1 多表连接概述

多表连接查询是 T-SQL 查询中的重要内容之一,不管是在查询分析器中的即时查询,还是利用视图、存储过程构建的查询封装,几乎都离不开多表连接的应用。

在关系数据库中使用多表共同构建有机的数据系统,主要目的是为了消除在单张表中可能出现的数据冗余现象,通过关系分析,将信息存储在多张有关联的数据表上,可有效抑制数据冗余、数据操作等复杂问题。

通过连接,可以从两个或多个表中根据各个表之间的逻辑关系来检索数据。连接指明了 Microsoft SQL Server 应如何使用一个表中的数据来选择另一个表中的行,和上节中的子查询很相似,但更加灵活。

连接条件可通过以下方式定义两个表在查询中的关联方式:

(1)指定每个表中要用于连接的列。典型的连接条件在一个表中指定一个外键,而在另一个表中指定与其关联的键。

(2)指定用于比较各列的值的逻辑运算符(例如 = 或<>)。

可以在 FROM 或 WHERE 子句中指定内部连接;而只能在 FROM 子句中指定外部连接。连接条件与 WHERE 和 HAVING 搜索条件相结合,用于控制从 FROM 子句所引用的基表中选定的行。

在 FROM 子句中指定连接条件有助于将这些连接条件与 WHERE 子句中可能指定的其他任何搜索条件分开,建议用这种方法来指定连接。简化的 ISO FROM 子句连接语法如下:

(3) FROM first_table join_type second_table [ON (join_condition)]

join_type 指定要执行的连接类型:内部连接、外部连接或交叉连接。join_condition 定义用于对每一对连接行进行求值的谓词。

连接选择列表可以引用连接表中的所有列或任意一部分列。选择列表不必包含连接中每个表的列。例如,在三表连接中,只能用一个表作为中间表来连接另外两个表,而选择列表不必引用该中间表的任何列。

虽然连接条件通常使用相等比较(=),但也可以像指定其他谓词一样指定其他比较运算符或关系运算符。

当 SQL Server 处理连接时,查询引擎会从多种可行的方法中选择最有效的方法来处理连接。由于各种连接的实际执行过程会采用多种不同的优化,因此无法可靠地预测。

连接条件中用到的列不必具有相同的名称或相同的数据类型。但如果数据类型不相同,则必须兼容,或者是可由 SQL Server 进行隐式转换的类型。如果数据类型不能进行隐式转换,则连接条件必须使用 CAST 函数显式转换数据类型。

大多数使用连接的查询可以用子查询(嵌套在其他查询中的查询)重写,并且大多数子查询可以重写为连接。

5.4.2 连接类型

根据连接表的数量多少、连接的方式划分,可以将连接查询划分为以下几类:

1.简单连接查询

主要代表是内部连接,内部连接(典型的连接运算,使用类似于 = 或<>的比较运算符)。内部连接包括同等连接和自然连接。内部连接使用比较运算符根据每个表的通用列中的值匹配两个表中的行。例如,检索 stuinfo 和 stucourse 表中学生标识号 stuid 相同的所有行。简单连接还有一个特殊的连接方式是笛卡尔积查询,也成为交叉连接查询,将返回左表中的所有行。左表中的每一行均与右表中的所有行组合。下文将详述。

2.超级连接查询

主要代表是外部连接。不仅可以把满足条件的记录显示出来,还可以根据条件设置将一部分不满足条件的记录以 NULL 的方式显示出来。外部连接主要包括以下三种:左连接查询、右连接查询、全连接查询

3.特殊连接查询

主要代表是查询集合的并(UNION)、交(INTERSECT)和差(EXCEPT)的运算,以及自连接查询。

5.4.3 简单连接查询

1.笛卡尔积

没有 WHERE 子句的交叉连接将产生连接所涉及的表的笛卡尔积。第一个表的行数乘以第二个表的行数等于笛卡尔积结果集的大小。

```
--执行下列标准将产生 108248 条记录
SELECT * FROM stuinfo,proinfo
--输出结果如图 5-94 所示：
```

结果 | 消息

	stuid	stuname	stusex	stuphone	stua...	stugra...	stuclass
1	010900101	陈小明	女	135151746308	NULL	2009	01
2	011000104	李锦华	男	059584892760	NULL	2010	02
3	011000625	朱郁博	女	137691609388	NULL	2011	01
4	015110032	林岩	男	187743180763	NULL	2011	02
5	021000701	宋愉康	女	137032731066	NULL	2010	01
6	021000826	平艺炜	女	136595514184	NULL	2010	02
7	021100608	林珂珂	女	059525296269	NULL	2011	03
8	021100620	梁伟利	男	150222910939	NULL	2011	02
9	021100811	谢丽容	女	059881379577	NULL	2011	03
10	021100829	黄梦驹	女	059582358466	NULL	2011	03

查询已成功... | (local) (10.50 RTM) | CFAN-CF947FFC58\Admini... | JGXYALLUSERS | 00:00:05 | 108248 行

图 5-94 输出结果

上例中就缺少了隐含条件导致两张表连接后产生了笛卡尔积的查询结果。如果添加 WHERE 条件则结果将大大不同：

```
--产生的结果是 3864 行,将排除两张表中相关字段为 NULL 的数据值
SELECT * FROM stuinfo,proinfo WHERE stuinfo.pid=proinfo.pid
--输出结果如图 5-95 所示：
```

结果 | 消息

	stuid	stuname	stusex	stuphone	stua...	stugra...	stuclass
1	010900101	陈小明	女	135151746308	NULL	2009	01
2	011000104	李锦华	男	059584892760	NULL	2010	02
3	011000625	朱郁博	女	137691609388	NULL	2011	01
4	021000701	宋愉康	女	137032731066	NULL	2010	01
5	021000826	平艺炜	女	136595514184	NULL	2010	02
6	021100608	林珂珂	女	059525296269	NULL	2011	03
7	021100620	梁伟利	男	150222910939	NULL	2011	02
8	021100811	谢丽容	女	059881379577	NULL	2011	03
9	021100829	黄梦驹	女	059582358466	NULL	2011	03
10	021200125	孙秋媛	女	158059307431	NULL	2012	01

查询已成功执... | (local) (10.50 RTM) | CFAN-CF947FFC58\Admini... | JGXYALLUSERS | 00:00:00 | 3864 行

图 5-95 输出结果

2.简单多表连接查询

在多表连接查询中,首先分析需要查询的字段来源于哪些表,其次如果某个字段在多张表中都有,则考虑从哪张表查询更好一些,最后若存在多个查询条件,要注意隐含的关联条件。

(1)显示学生信息表 stuinfo 中的学号 stuid、姓名 stuname 和所在专业是“信息管理与信息系统”的专业代码和专业名称：

SELECT stuid,stuname, pname FROM stuinfo,proinfo WHERE stuinfo.pid=proinfo.pid--输出结果如图 5-96 所示：

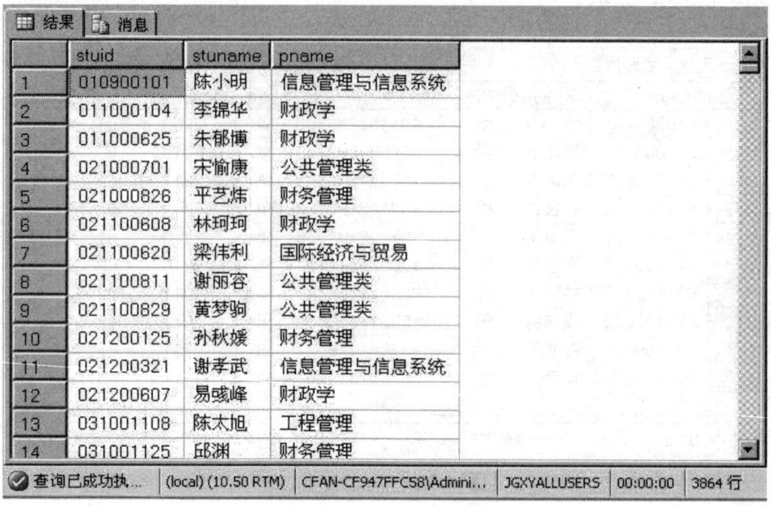

	stuid	stuname	pname
1	010800101	陈小明	信息管理与信息系统
2	011000104	李锦华	财政学
3	011000625	朱郁博	财政学
4	021000701	宋愉康	公共管理类
5	021000826	平艺炜	财务管理
6	021100608	林珂珂	财政学
7	021100620	梁伟利	国际经济与贸易
8	021100811	谢丽容	公共管理类
9	021100829	黄梦驹	公共管理类
10	021200125	孙秋媛	财务管理
11	021200321	谢孝武	信息管理与信息系统
12	021200607	易彧峰	财政学
13	031001108	陈太旭	工程管理
14	031001125	邱湘	财务管理

图 5-96 输出结果

(2)带条件的多表连接查询：

--注意条件的设置位置将影响到查询结果。带条件查询在数据查询基础中已经涉及，本章节仅举一例：

SELECT stuinfo.stuid,stuinfo.stugrade,stuinfo.stuname,proinfo.pname FROM stuinfo,proinfo WHERE stuinfo.pid=proinfo.pid AND (stuinfo.stugrade BETWEEN 2012 AND 2013)--输出结果如图 5-97 所示：

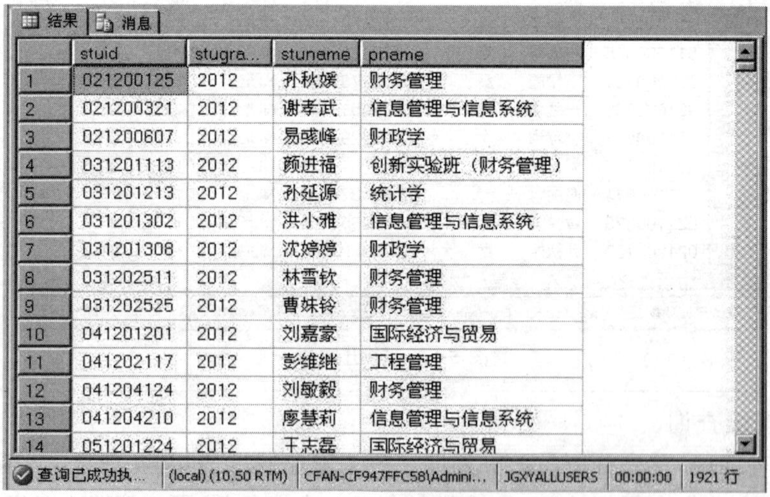

	stuid	stugra...	stuname	pname
1	021200125	2012	孙秋媛	财务管理
2	021200321	2012	谢孝武	信息管理与信息系统
3	021200607	2012	易彧峰	财政学
4	031201113	2012	颜进福	创新实验班（财务管理）
5	031201213	2012	孙延源	统计学
6	031201302	2012	洪小雅	信息管理与信息系统
7	031201308	2012	沈婷婷	财政学
8	031202511	2012	林雪钦	财务管理
9	031202525	2012	曹姝铃	财务管理
10	041201201	2012	刘嘉豪	国际经济与贸易
11	041202117	2012	彭维继	工程管理
12	041204124	2012	刘敏毅	财务管理
13	041204210	2012	廖慧莉	信息管理与信息系统
14	051201224	2012	王志磊	国际经济与贸易

图 5-97 输出结果

(3)带模糊条件的多表连接查询：

--模糊条件查询在数据查询基础中已经涉及，本章节仅举一例：

SELECT stuinfo.stuid, stuinfo.stugrade, stuinfo.stuname, proinfo.pname FROM stuinfo, proinfo WHERE stuinfo.pid=proinfo.pid AND (stuinfo.stugrade BETWEEN 2012 AND 2013) AND stuinfo.stuname like '陈%'

--输出结果如图 5-98 所示：

结果 | 消息

	stuid	stugra...	stuname	pname
1	071105406	2012	陈楠蔚	财务管理
2	071201105	2012	陈俪倩	信息管理与信息系统
3	071201110	2012	陈佳腾	国际经济与贸易
4	071201120	2012	陈哲	工程管理
5	071201121	2012	陈明明	财政学
6	071201219	2012	陈松华	财务管理
7	071201312	2012	陈爱芳	财政学
8	071201322	2012	陈颖	国际经济与贸易
9	071202106	2012	陈天怡	财务管理
10	071202107	2012	陈君松	财政学
11	071202131	2012	陈宁	国际经济与贸易
12	071202205	2012	陈淑梅	财政学
13	071202217	2012	陈珍华	财政学
14	071202218	2012	陈庄玮	财政学

查询已成功执行... | (local) (10.50 RTM) | CFAN-CF947FFC58\Admini... | JGXYALLUSERS | 00:00:00 | 202 行

图 5-98　输出结果

(4)带排序的多表连接查询：

--排序查询在数据查询基础中已经涉及，本章节仅举一例：

SELECT stuinfo.stuid, stuinfo.stugrade, stuinfo.stuname, proinfo.pname FROM stuinfo, proinfo WHERE stuinfo.pid=proinfo.pid AND (stuinfo.stugrade BETWEEN 2012 AND 2013) AND stuinfo.stuname like '陈%' ORDER BY pname--输出结果如图 5-99 所示：

结果 | 消息

	stuid	stugra...	stuname	pname
1	071105406	2012	陈楠蔚	财务管理
2	071201219	2012	陈松华	财务管理
3	071202106	2012	陈天怡	财务管理
4	071202231	2012	陈梦诗	财务管理
5	071203122	2012	陈晓晶	财务管理
6	071203140	2012	陈斯楠	财务管理
7	071204119	2012	陈燕鸿	财务管理
8	071204137	2012	陈杰	财务管理
9	071205101	2012	陈礼庆	财务管理
10	071205102	2012	陈文慧	财务管理
11	071204105	2012	陈星飞	财务管理
12	071205303	2012	陈典	财务管理
13	071205307	2012	陈婷	财务管理
14	071205310	2012	陈信运	财务管理

查询已成功执行... | (local) (10.50 RTM) | CFAN-CF947FFC58\Admini... | JGXYALLUSERS | 00:00:00 | 202 行

图 5-99　输出结果

(5)带虚拟字段的多表连接查询：

在数据查询过程中，对已有表中以英文字母命名或对新生成的临时字段都可以通过虚拟字段的方式进行显示。

显示学生信息表 stuinfo 中的学号 stuid、姓名 stuname 和所在专业是“信息管理与信息系统”的专业代码和专业名称，以及专业所在的系别名称：

```
SELECT stuid AS 学号,stuname AS 姓名,pname AS 专业,dname AS 系别
FROM stuinfo,proinfo,departinfo WHERE stuinfo.pid=proinfo.pid AND proinfo.did
=departinfo.did
--输出结果如图 5-100 所示：
```

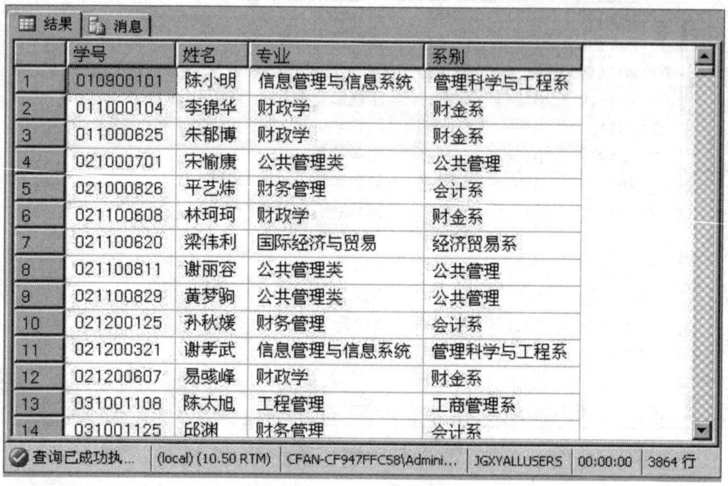

	学号	姓名	专业	系别
1	010900101	陈小明	信息管理与信息系统	管理科学与工程系
2	011000104	李锦华	财政学	财金系
3	011000625	朱郁博	财政学	财金系
4	021000701	宋愉康	公共管理类	公共管理
5	021000826	平艺炜	财务管理	会计系
6	021100608	林珂珂	财政学	财金系
7	021100620	梁伟利	国际经济与贸易	经济贸易系
8	021100811	谢丽容	公共管理类	公共管理
9	021100829	黄梦驹	公共管理类	公共管理
10	021200125	孙秋媛	财务管理	会计系
11	021200321	谢孝武	信息管理与信息系统	管理科学与工程系
12	021200607	易彧峰	财政学	财金系
13	031001108	陈太旭	工程管理	工商管理系
14	031001125	邱渊	财务管理	会计系

图 5-100 输出结果

(6)带复杂条件的多表连接查询：

显示学生选课成绩表 stucourse 中，所有高于平均成绩的学生学号、姓名、专业、系别信息，以虚拟字段显示原有的字段信息：

```
SELECT stuinfo.stuid AS 学号,stuname AS 姓名,pname AS 专业, dname AS 系别,
cscore AS 成绩,(SELECT AVG(cscore) FROM stucourse) AS 平均成绩 FROM stuinfo,
proinfo,stucourse,departinfo
WHERE stucourse.stuid=stuinfo.stuid AND stuinfo.di=departinfo.did AND stuinfo.
pid=proinfo.pid AND cscore>(SELECT AVG(cscore) FROM stucourse)--输出结果如图 5-
101 所示：
```

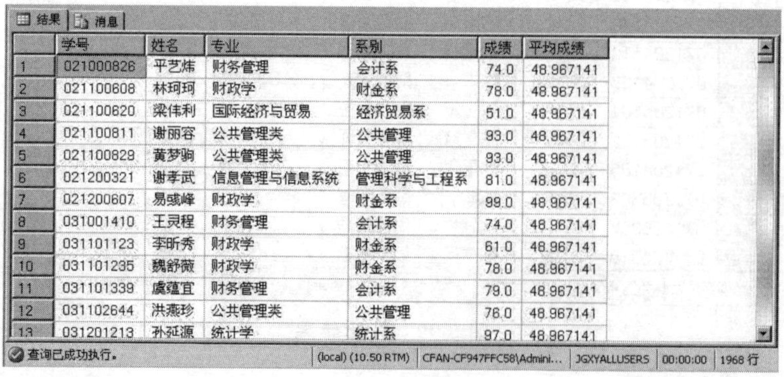

	学号	姓名	专业	系别	成绩	平均成绩
1	021000826	平艺炜	财务管理	会计系	74.0	48.967141
2	021100608	林珂珂	财政学	财金系	78.0	48.967141
3	021100620	梁伟利	国际经济与贸易	经济贸易系	51.0	48.967141
4	021100811	谢丽容	公共管理类	公共管理	93.0	48.967141
5	021100829	黄梦驹	公共管理类	公共管理	93.0	48.967141
6	021200321	谢孝武	信息管理与信息系统	管理科学与工程系	81.0	48.967141
7	021200607	易彧峰	财政学	财金系	99.0	48.967141
8	031001410	王灵程	财务管理	会计系	74.0	48.967141
9	031101123	李昕秀	财政学	财金系	61.0	48.967141
10	031101235	魏舒薇	财政学	财金系	78.0	48.967141
11	031101339	虞蕴宜	财务管理	会计系	79.0	48.967141
12	031102644	洪燕珍	公共管理类	公共管理	76.0	48.967141
13	031201213	孙延源	统计学	统计系	97.0	48.967141

图 5-101 输出结果

显示学生选课成绩表 stucourse 中，所有与平均成绩差超过 30 分的学生学号、姓名、专业、系

别信息，以虚拟字段显示原有的字段信息：

```
SELECT stuinfo.stuid AS 学号,stuname AS 姓名,pname AS 专业, dname AS 系别,
cscore AS 成绩,(cscore-(SELECT AVG(cscore) FROM stucourse)) AS 与平均成绩之差
FROM stuinfo,proinfo,stucourse,departinfo
WHERE stucourse.stuid=stuinfo.stuid AND stuinfo.did=departinfo.did AND stuinfo.
pid=proinfo.pid AND ABS((cscore-(SELECT AVG(cscore) FROM stucourse)))>30
--输出结果如图 5-102 所示：
```

	学号	姓名	专业	系别	成绩	与平均成绩之差
1	021100811	谢丽容	公共管理类	公共管理	93.0	44.032859
2	021100829	黄梦驹	公共管理类	公共管理	93.0	44.032859
3	021200321	谢孝武	信息管理与信息系统	管理科学与工程系	81.0	32.032859
4	021200807	易彧峰	财政学	财金系	99.0	50.032859
5	031001108	陈太旭	工程管理	工商管理系	5.0	-43.967141
6	031001125	邱渊	财务管理	会计系	13.0	-35.967141
7	031001336	史荣	财务管理	会计系	0.0	-48.967141
8	031101112	林思	信息管理与信息系统	管理科学与工程系	14.0	-34.967141
9	031101339	虞蕴宜	财务管理	会计系	79.0	30.032859
10	031102313	林艳鸿	财务管理	会计系	5.0	-43.967141
11	031201213	孙延源	统计学	统计系	97.0	48.032859
12	031201302	洪小雅	信息管理与信息系统	管理科学与工程系	80.0	31.032859

查询已成功执行。 (local) (10.50 RTM) CFAN-CF947FFC58\Admini... JGXYALLUSERS 00:00:00 1598 行

图 5-102　输出结果

下面两个例子相对复杂。因为 stucourse 选课成绩表在最初设计的时候没有将学生系别代码列设置在其中，要获取学生所在的系别，必须将 stucourse 表中的 stuid 与 stuinfo 中的 stuid 相关联，然后再将 stuinfo 表中的 did 与 departinfo 中的 did 连接得到系别名称。

显示学生选课成绩表 stucourse 中，所有超过不同系别平均成绩的学生学号、姓名、专业、系别信息、成绩，以虚拟字段显示原有的字段信息。

```
--首先，不同系别的平均成绩获取可通过连接中使用 GROUP BY 进行分组统计：
SELECT departinfo.did,AVG(cscore) FROM stucourse,stuinfo,departinfo
WHERE stucourse.stuid=stuinfo.stuid AND stuinfo.did=departinfo.did GROUP BY
departinfo.did
--输出的结果如图 5-103 所示：
```

	did	(无列名)
1	3	46.017241
2	6	47.916184
3	9	47.379104
4	7	51.233375
5	1	50.288288
6	4	47.857466
7	2	48.376114
8	5	49.781914
9	8	48.568019

图 5-103　输出结果

--其次,要显示所有超过不同系别平均成绩时考虑使用 ALL 参数:
```
SELECT stuinfo.stuid AS 学号,stuname AS 姓名,pname AS 专业,dname AS 系别,cscore AS 成绩
FROM stuinfo,proinfo,stucourse,departinfo
WHERE stucourse.stuid=stuinfo.stuid
AND stuinfo.did=departinfo.did
AND stuinfo.pid=proinfo.pid
AND cscore>ALL(SELECT AVG(cscore) FROM stucourse,stuinfo,departinfo WHERE stucourse.stuid=stuinfo.stuid AND stuinfo.did=departinfo.did GROUP BY departinfo.did)
```
--输出结果如图 5-104 所示:

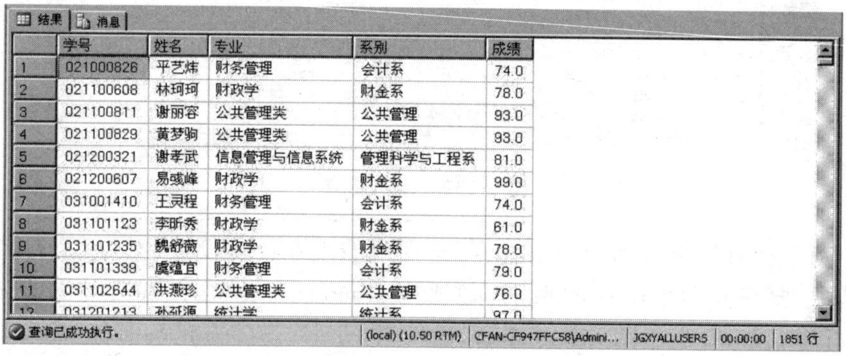

图 5-104 输出结果

在学生选课成绩表 stucourse 中,显示院系代码在 1~3 的所有超过学生所在系的平均成绩的学生学号、姓名、专业、系别信息,以虚拟字段显示原有的字段信息。

```
SELECT stuinfo.stuid AS 学号,stuname AS 姓名,pname AS 专业,dname AS 系别,cscore AS 成绩 FROM stuinfo,proinfo,stucourse,departinfo WHERE stucourse.stuid=stuinfo.stuid AND stuinfo.did=departinfo.did AND stuinfo.pid=proinfo.pid AND cscore>
CASE
    WHEN departinfo.did=1 THEN(SELECT AVG(cscore) FROM stucourse,stuinfo,departinfo WHERE stucourse.stuid=stuinfo.stuid AND stuinfo.did=departinfo.did AND departinfo.did=1 GROUP BY departinfo.did)
    WHEN departinfo.did=2 THEN(SELECT AVG(cscore) FROM stucourse,stuinfo,departinfo WHERE stucourse.stuid=stuinfo.stuid AND stuinfo.did=departinfo.did AND departinfo.did=2 GROUP BY departinfo.did)
    WHEN departinfo.did=3 THEN(SELECT AVG(cscore) FROM stucourse,stuinfo,departinfo WHERE stucourse.stuid=stuinfo.stuid AND stuinfo.did=departinfo.did AND departinfo.did=3 GROUP BY departinfo.did)
END
ORDER BY 系别
```
--输出结果如图 5-105 所示:

结果 | 消息

	学号	姓名	专业	系别	成绩
1	071001637	邓延	创新实验班（财务管理）	创新实验班	84.0
2	071002511	闵芯颖	创新实验班（财务管理）	创新实验班	87.0
3	071001206	唐楠	创新实验班（财务管理）	创新实验班	59.0
4	071003324	吴萍萍	创新实验班（财务管理）	创新实验班	67.0
5	071101118	杨根毅	创新实验班（财务管理）	创新实验班	84.0
6	071102205	黄明智	创新实验班（财务管理）	创新实验班	67.0
7	071103426	望椋伟	创新实验班（财务管理）	创新实验班	59.0
8	071106132	周丹妮	创新实验班（财务管理）	创新实验班	75.0
9	071101205	苏玉凤	创新实验班（财务管理）	创新实验班	85.0
10	071201306	严蓝	创新实验班（财务管理）	创新实验班	84.0
11	071201316	马秋艳	创新实验班（财务管理）	创新实验班	57.0
12	071202206	李梦阳	创新实验班（财务管理）	创新实验班	66.0
13	071202223	柯东霞	创新实验班（财务管理）	创新实验班	97.0
14	071203311	洪金玉	创新实验班（财务管理）	创新实验班	60.0

查询已成功执行。 | (local) (10.50 RTM) | CFAN-CF947FFC58\Admini... | JGXYALLUSERS | 00:00:00 | 358 行

图 5-105　输出结果

要完成以上的功能，除了使用控制流语句，还可以利用生成新表或临时表的功能来完成，生成新表的过程主要是通过 SELECT 语句后加入 INTO 的方法实现。关于该方法的应用，之前的章节已经涉及，在此不再详述。

3.内部连接查询

内部连接是使用比较运算符比较要连接列中的值的连接。

在 ISO 标准中，可以在 FROM 子句或 WHERE 子句中指定内部连接。这是 WHERE 子句中 ISO 支持的唯一一种连接类型。WHERE 子句中指定的内部连接称为旧式内部连接。

利用内部查询显示学生选课成绩表中学生学号、学生姓名和成绩：

```
SELECT stuinfo.stuid,stuname,cscore FROM stucourse INNER JOIN stuinfo ON stucourse.stuid=stuinfo.stuid
--输出结果如图 5-106 所示：
```

结果 | 消息

	stuid	stuname	cscore
1	010900101	陈小明	21.0
2	011000104	李锦华	30.0
3	011000625	朱郁博	32.0
4	021000701	宋愉康	21.0
5	021000826	平艺炜	74.0
6	021100608	林珂珂	78.0
7	021100620	梁伟利	51.0
8	021100811	谢丽容	93.0
9	021100829	黄梦驹	93.0
10	021200125	孙秋媛	35.0

图 5-106　输出结果

在上例中，如果查询的数据中不包含“陈”姓学生的信息，则增加不带关键字 WHERE 的条件：

```
SELECT stuinfo.stuid,stuname,cscore FROM stucourse INNER JOIN stuinfo ON stucourse.stuid=stuinfo.stuid AND stuname  NOT LIKE '陈%'
--输出结果如图 5-107 所示：
```

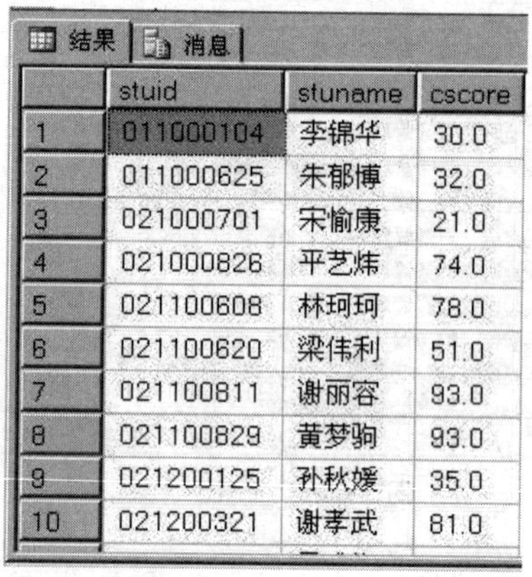

	stuid	stuname	cscore
1	011000104	李锦华	30.0
2	011000625	朱郁博	32.0
3	021000701	宋愉康	21.0
4	021000826	平艺炜	74.0
5	021100608	林珂珂	78.0
6	021100620	梁伟利	51.0
7	021100811	谢丽容	93.0
8	021100829	黄梦驹	93.0
9	021200125	孙秋媛	35.0
10	021200321	谢孝武	81.0

图 5-107　输出结果

扩展上例中的查询范围，增加查询的条件是专业名称为“信息管理与信息系统”的学生成绩信息：

```
--本例利用三表连接完成相关查询：
SELECT stuinfo.stuid,stuname,cscore FROM stucourse
INNER JOIN stuinfo ON stucourse.stuid=stuinfo.stuid
INNER JOIN proinfo ON stuinfo.pid=proinfo.pid
AND stuname  NOT LIKE '陈%' AND pname='信息管理与信息系统'
--输出结果如图 5-108 所示：
```

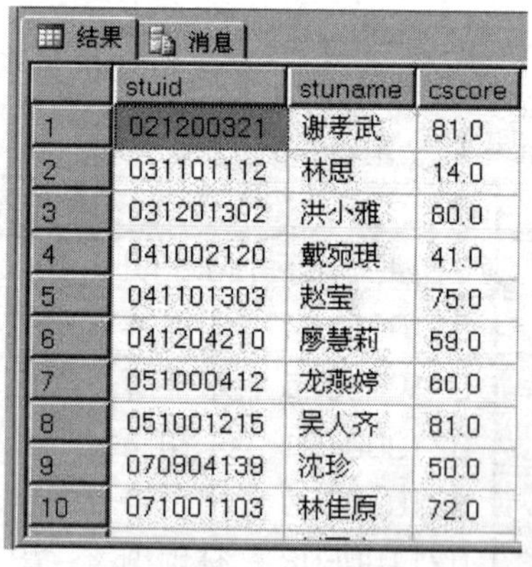

	stuid	stuname	cscore
1	021200321	谢孝武	81.0
2	031101112	林思	14.0
3	031201302	洪小雅	80.0
4	041002120	戴宛琪	41.0
5	041101303	赵莹	75.0
6	041204210	廖慧莉	59.0
7	051000412	龙燕婷	60.0
8	051001215	吴人齐	81.0
9	070904139	沈珍	50.0
10	071001103	林佳原	72.0

图 5-108　输出结果

5.4.4 超级连接查询

假设在 JGXYALLUSERS 数据库中有相关的数据表信息如下：

查询教师信息表 teacherinfo 中的教师编号、工资以及系别信息表 departinfo 中的系别名称。在教师信息表中实际对应记录有 219 条，若暂时不考虑外键约束的存在，另有一条教师信息的 did 值并不在系别信息表中，所以共有 220 条；同样，系别信息表中实际有 8 条对应记录，若暂时不考虑外键约束的存在，另有两条记录的 did 值并没有被任何表引用，所以有 10 条记录。

超级连接查询一般对两张及两张以上的表进行连接查询,不仅能够查询出符合条件的数据,同时根据条件的设置,还可以查询一部分或全部不满足条件的记录,并且以 NULL 方式显示。在 FROM 子句中可以用下列某一组关键字来指定外部连接:

1.LEFT JOIN 或 LEFT OUTER JOIN

左向外部连接的结果集包括 LEFT OUTER 子句中指定的左表的所有行,而不仅仅是连接列所匹配的行。如果左表的某一行在右表中没有匹配行,则在关联的结果集行中,来自右表的所有选择列表列均为空值。

--左连接查询,若将 teacherinfo 置于左,那么能够查询到的记录是 220 条,包括 teacherinfo 中一条不满足条件的记录以 NULL 的方式呈现:

SELECT tid,tname,dname FROM teacherinfo LEFT JOIN departinfo ON teacherinfo.did=departinfo.did

--输出结果如图 5-109 所示:

	tid	tname	dname
215	215	罗山启	公共管理
216	216	许舟启	公共管理
217	217	唐珠孟	公共管理
218	219	wudongd…	公共管理
219	437	李琼月	财金系
220	442	王五	NULL

图 5-109　输出结果

2.RIGHT JOIN 或 RIGHT OUTER JOIN

右向外部连接是左向外部连接的反向连接。将返回右表的所有行。如果右表的某一行在左表中没有匹配行,则将为左表返回空值。

同样利用上例的查询要求,但将 LEFT 关键词换为 RIGHT:

--右连接查询,若将关键词 LEFT 换为 RIGHT,那么能够查询到的记录是 221 条,包括 departinfo 表中两条不满足条件的记录以 NULL 的方式呈现:

SELECT tid,tname,dname FROM teacherinfo RIGHT JOIN departinfo ON departinfo.did=teacherinfo.did

--输出结果如图 5-110 所示:

	tid	tname	dname
214	105	林玲玲	工商管理系
215	106	王玲玲	工商管理系
216	107	李玲秀	工商管理系
217	108	蔡玲艳	工商管理系
218	109	杨玲燕	工商管理系
219	110	陈幪希	工商管理系
220	111	陈梅红	工商管理系
221	NULL	NULL	信息安全

图 5-110　输出结果

3.FULL JOIN 或 FULL OUTER JOIN

完整外部连接将返回左表和右表中的所有行。当某一行在另一个表中没有匹配行时，另一个表的选择列表列将包含空值。如果表之间有匹配行，则整个结果集行包含基表的数据值。

利用上例中的查询要求，将连接替换为 FULL JOIN：

--FULL JOIN 将产生 222 条记录，其中包含了 teacherinfo 表中和 departinfo 表中互不对应的共 3 条记录

SELECT tid,tname,dname FROM teacherinfo FULL JOIN departinfo ON departinfo.did＝teacherinfo.did

--输出结果如图 5-111 所示：

图 5-111　输出结果

4.超级连接查询的特殊用法

在超级连接中，可以混合使用内连接、左连接、右连接和全连接，只要保证两表之间的关键字是存在的且是可以连接的。

本例可能没有实际意义，仅仅是学习如何将多张表进行混合的超级连接查询。本例中 stucourse 表与 teacherinfo 表进行了左连接查询，之后又与 departinfo 表进行了右查询，左查询的结果是 teacherinfo 表中的三条记录被筛选，而右查询的结果是左边符合条件的所有 3865 条成绩记录被显示外，还显示了 departinfo 表中两条没有 teacherinfo 引用的记录，所以最终的记录总数是 3867 条：

SELECT stuid,stucourse.tid,departinfo.did,cscore FROM stucourse LEFT JOIN teacherinfo ON stucourse.tid＝teacherinfo.tid

RIGHT JOIN departinfo ON teacherinfo.did＝departinfo.did

ORDER BY tid,did

--输出结果如图 5-112 所示：

图 5-112　输出结果

> **注意**：不能在 ntext、text 或 image 列上直接连接表。但可以使用 SUBSTRING 在 ntext、text 或 image 列上间接连接表。例如，SELECT * FROM t1 JOIN t2 ON SUBSTRING (t1.textcolumn，1，20) = SUBSTRING(t2.textcolumn，1，20) 可对表 t1 和 t2 中每个文本列的前 20 个字符进行两表内部连接。此外，另一种可以采用的比较两个表中 ntext 或 text 列的方法是用 WHERE 子句比较这些列的长度，例如：WHERE DATALENGTH(p1.pr_info) = DATALENGTH(p2.pr_info)。

5.4.5 特殊连接查询

利用集合的并、交、差运算可以根据需要对不同表的记录进行筛选、消重。

1. 集合的并运算查询

并运算(UNION)可以将两个或多个 SELECT 语句的结果组合成一个结果集。使用 UNION 运算符组合的结果集都必须具有相同的结构。而且它们的列数必须相同，并且相应的结果集列的数据类型必须兼容，如表 5-2 中 TABLE1 和 TABLE2 是可以进行并运算的，因为它们对应的字段类型及顺序是分别相同的，如果将 COLUMNC 和 COLUMND 的位置对调，结果就会失败：

表 5-2 集合的并运算查询

TABLE1		TABLE2	
COLUMNA	COLUMNB	COLUMNC	COLUMND
CHAR(4)	INT	CHAR(4)	INT
——	——	——	——
ABC	1	GHI	3
DEF	2	JKL	4
GHI	3	MNO	5

UNION 的结果集列名与 UNION 运算符中第一个 SELECT 语句的结果集中的列名相同。另一个 SELECT 语句的结果集列名将被忽略。

为实现以上的例子，对教师信息表 teacherinfo 进行复制，分表得到两张内容不同的新表，teahcerinfop1 的数据包括 tid 是 1～100 之间的数据，而 teahcerinfop2 的数据则是 tid 号码为 100 之后的数据：

```
--以 teacherinfo 为原始数据表，分表得到表结构相同但数据不同的两张表：
SELECT * INTO teacherinfop1 FROM teacherinfo WHERE tid<=100
SELECT * INTO teacherinfop2 FROM teacherinfo WHERE tid>100
--利用系统存储过程 SP_RENAME 对 teacherinfop2 表的 tid 字段名称进行修改，但是不改数据类型：
SP_RENAME 'teacherinfop2.tid',' teacherid '
```

两张表中的数据都只是全部数据的一部分，可以用 UNION 运算符进行连接，但注意字段的顺序，下面这段代码将产生错误：

```
SELECT tid,tname FROM teacherinfop1
UNION
SELECT tname,teacherid FROM teacherinfop2
--输出的结果如图 5-113 所示：
```

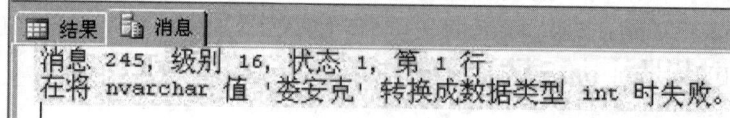

图 5-113　输出结果

两张表的对应字段数据类型、长度相同，即使它们的名称不同，也能够使用 UNION 进行并运算，而不同字段名部分是以位于 UNION 左边的字段名设置为准，下面的代码将是正确的（输出结果略）：

```
SELECT tid,tname FROM teacherinfop1
UNION
SELECT teacherid,tname FROM teacherinfop2
```

UNION 的数据来源可以来自不同的表，但是所进行并运算的字段类型和长度必须兼容，比如显示 stucourse 学生选课成绩表中教师编号 tid 小于等于 100 号的信息与 teacherinfo 表中工资大于 60000 的教师信息的教师编号 tid 进行并运算（输出结果略）：

```
SELECT tid FROM stucourse WHERE tid<=100
UNION
SELECT tid FROM teacherinfo WHERE tsalary>60000
```

如果对应的第二个字段不相同，则可以使用相同的虚拟字段显示数据，但是第一个字段一定是相同的，以下代码将在一张表中显示两个不同的内容，前面 100 条记录显示的是 tid 对应的成绩，而从 101 开始显示的是 tid 对应的工资信息：

```
SELECT tid,cscore AS 成绩和工资 FROM stucourse WHERE tid<=100
UNION SELECT tid,tsalary AS 成绩和工资 FROM teacherinfo WHERE tid>100
--输出结果如图 5-114 所示：
```

	tid	成绩和工资
1654	100	92.0
1655	100	93.0
1656	100	97.0
1657	101	54800.0
1658	102	38640.0
1659	103	53200.0
1660	104	50900.0
1661	105	32640.0
1662	106	36160.0
1663	107	55100.0

图 5-114　输出结果

默认情况下，UNION 运算符将从结果集中删除重复的行，如 tid 和 csocre 或者 tid 和 tsalary 之间的组合出现了重复，只保留一个。如果使用 ALL 关键字，那么结果中将包含所有行而不删除重复的行。UNION 运算的准确结果取决于安装过程中选择的排序规则或当前语句中的 ORDER BY 子句。在已经假设的条件下，下列语句将产生 1776 条不重复的记录：

```
SELECT tid,cscore AS 成绩和工资 FROM stucourse WHERE tid<=100
UNION  SELECT tid,tsalary AS 成绩和工资 FROM teacherinfo WHERE tid>100
ORDER BY tid
--输出的特别记录信息，如 tid 为 18 的成绩中 11 分的记录只有一条，如图 5-115 所示：
```

	tid	成绩和工资
280	17	97.0
281	18	7.0
282	18	11.0
283	18	15.0
284	18	19.0
285	18	22.0
286	18	24.0
287	18	25.0
288	18	28.0
289	18	34.0

图 5-115　输出结果

在已经假设的条件下，下列语句将产生 1920 条记录，其中包含重复的记录：

```
SELECT tid,cscore AS 成绩和工资 FROM stucourse WHERE tid<=100
UNION ALL SELECT tid,tsalary AS 成绩和工资 FROM teacherinfo WHERE tid>
100 ORDER BY tid--输出的特别记录信息，如 tid 为 18 的成绩中 11 分的记录出现两条，如图
5-116 所示：
```

	tid	成绩和工资
306	17	27.0
307	18	15.0
308	18	11.0
309	18	19.0
310	18	11.0
311	18	38.0
312	18	83.0
313	18	34.0
314	18	64.0

图 5-116　输出结果

如果使用 UNION 运算符，那么各个 SELECT 语句不能包含它们自己的 ORDER BY 或 COMPUTE 子句。而只能在最后一个 SELECT 语句的后面使用一个 ORDER BY 或 COMPUTE 子句，该子句适用于最终的组合结果集。只能在各个 SELECT 语句中指定 GROUP BY 和 HAVING 子句。

上例中，如果在 UNION 之前的 SELECT 语句末尾加上 ORDER BY 或者中间加上 COMPUTE 语句将会导致错误：

SELECT tid,cscore AS 成绩和工资 FROM stucourse WHERE tid<=100 ORDER BY tid
UNION ALL SELECT tid,tsalary AS 成绩和工资 FROM teacherinfo WHERE tid>100
--输出的结果将是错误的,如图 5-117 所示:

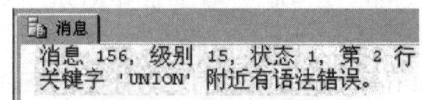

图 5-117　输出结果

　　SELECT tid ,AVG(cscore) as 平均成绩和平均工资 FROM stucourse WHERE tid<=100 GROUP BY tid
　　UNION SELECT tid,AVG(tsalary) as 平均成绩和平均工资 FROM teacherinfo WHERE tid>100 GROUP BY did
　　ORDER BY tid
　　--输出分界处的部分数据如图 5-118 所示:

	tid	平均成绩和平均工资
97	97	40.611111
98	98	43.277777
99	99	48.611111
100	100	61.777777
101	101	54800.000000
102	102	38640.000000
103	103	53200.000000
104	104	50900.000000

图 5-118　输出结果

但是,有以下特殊情况:

　　SELECT tid ,AVG(cscore) as 平均成绩和平均工资 FROM stucourse WHERE tid<=100 GROUP BY tid UNION   SELECT did,AVG(tsalary) as 平均成绩和平均工资 FROM teacherinfo WHERE tid>100 GROUP BY did ORDER BY tid--输出的部分结果如图 5-119 所示:

	tid	平均成绩和平均工资
1	1	45.888888
2	2	47.500000
3	2	42881.304347
4	3	58.666666
5	4	45.166666
6	5	39.500000
7	6	46.777777
8	6	39717.297297
9	7	52.722222
10	7	41716.800000
11	8	49.000000
12	9	46.444444
13	9	46541.818181
14	10	49.222222
15	11	45.055555
16	12	NULL
17	12	66.055555

图 5-119　输出结果

从输出的结果中可以看到 tid 列的 1 到 12 中，tid 为 2、6、7、9、12 的都有两条记录。而 1、3、4、5、8 等只有平均成绩的记录，这是因为在进行平均工资计算的时候，用的是 did 作为分组聚合查询的依据，但条件是 tid>100，所以，聚合计算平均值是来自于 tid>100 的 did 的平均值。因此，tid 列中的 2、6、7、9、12 并不是来自 stucourse 表中的 tid，而是 teacherinfo 表中的 did。

如果独立执行其中的第二段代码：

SELECT did, AVG(tsalary) AS 平均成绩和平均工资 FROM teacherinfo WHERE tid>100 GROUP BY did

--输出的结果如图 5-120 所示：

图 5-120　输出结果

可以看到实际输出的数据，再与 UNION 的左边的查询结果进行并运算，并且加上了"ORDER BY tid"作为排序的依据就得到了上文中比较特殊的结果。

2. 集合的交运算查询

集合的交运算 INTERSECT，也称为反运算。如果第二个查询执行结果与第一个查询执行结果没有匹配行，则 INTERSECT 交运算操作会返回第一个查询执行结果。

INTERSECT 返回由 INTERSECT 运算符左侧和右侧的查询都返回的所有非重复值。使用 INTERSECT 比较的结果集必须具有相同的结构。它们的列数必须相同，并且相应的结果集列的数据类型必须兼容。

假设有 teacherinfo 表，表中有 did 字段，通过以下语句查询到该表中的 did 字段有多少个不重复的值（参见语句 1）；假设有 departinfo 表、表中也有 did 字段，该表均为唯一值。如果这两张表进行交运算：

--语句 1：
SELECT DISTINCT(did) FROM teacherinfo
--语句 2：
SELECT did FROM departinfo
--语句 3：
SELECT DISTINCT(did) FROM teacherinfo
INTERSECTSELECT did FROM departinfo
--输出的结果分别是（从左至右分别对应语句 1～语句 3），如图 5-121 所示：

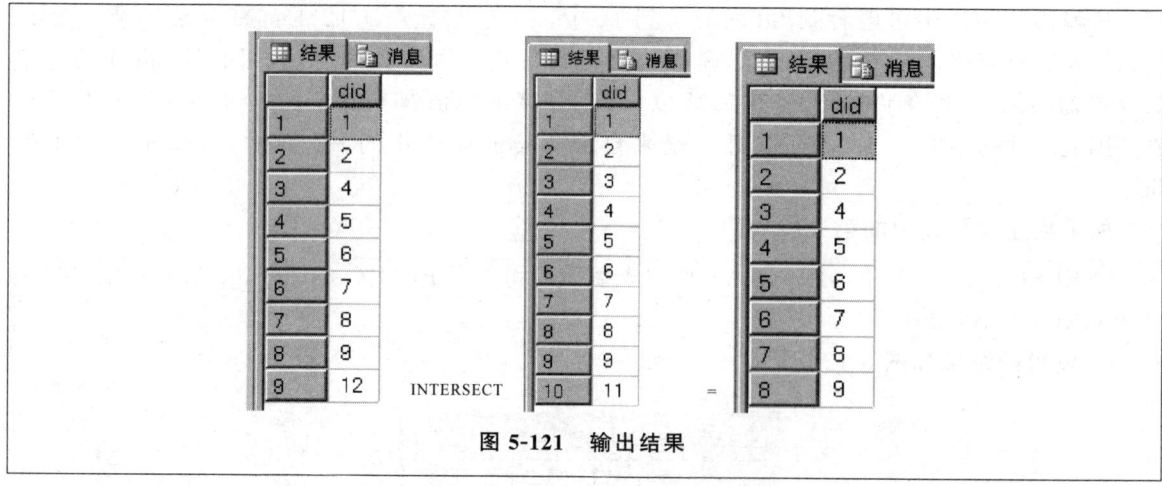

图 5-121 输出结果

如果有 departinfotemp 表,表中数据如图 5-121,如果此时与 SELECT DISTINCT(did) FROM teacherinfo 查询所产生的结果进行交运算,则得到的结果如图 5-122 所示:

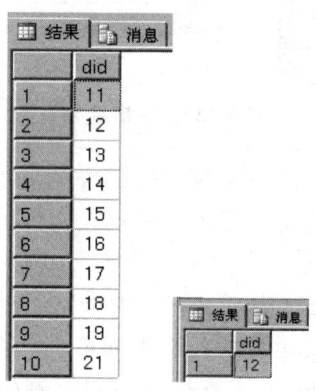

图 5-122 输出结果

3.集合的差运算查询

EXCEPT 运算查询返回由 EXCEPT 运算符左侧的查询返回、而又不包含在右侧查询所返回的值中的所有非重复值。使用 EXCEPT 比较的结果集必须具有相同的结构。它们的列数必须相同,并且相应的结果集列的数据类型必须兼容。

以下两个语句所选的表和字段是相同的,位置上则是相反的,得到的结果如图 5-123 所示:

SELECT DISTINCT(did) FROM teacherinfo EXCEPT SELECT did FROM departinfo
SELECT did FROM departinfo EXCEPT SELECT DISTINCT(did) FROM teacherinfo
--原始数据参考 INTERSECT 交运算中的相关图
--输出结果是:

图 5-123 输出结果

INTERSECT 运算符优先于 EXCEPT。例如,以下查询使用了这两个运算符:

--按正常优先级查询:
SELECT did FROM departinfo EXCEPT SELECT DISTINCT(did) FROM teacherinfo INTERSECT SELECT did FROM departinfotemp
--输出的结果如图 5-124 所示:

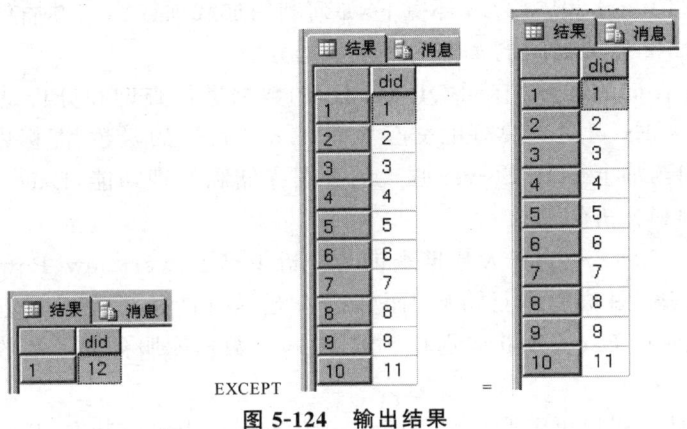

图 5-124　输出结果

--按非正常顺序,将 EXCEPT 运算优先运行查询:
(SELECT did FROM departinfo EXCEPT SELECT DISTINCT(did) FROM teacherinfo) INTERSECT SELECT did FROM departinfotemp--输出的结果如图 5-125 所示:

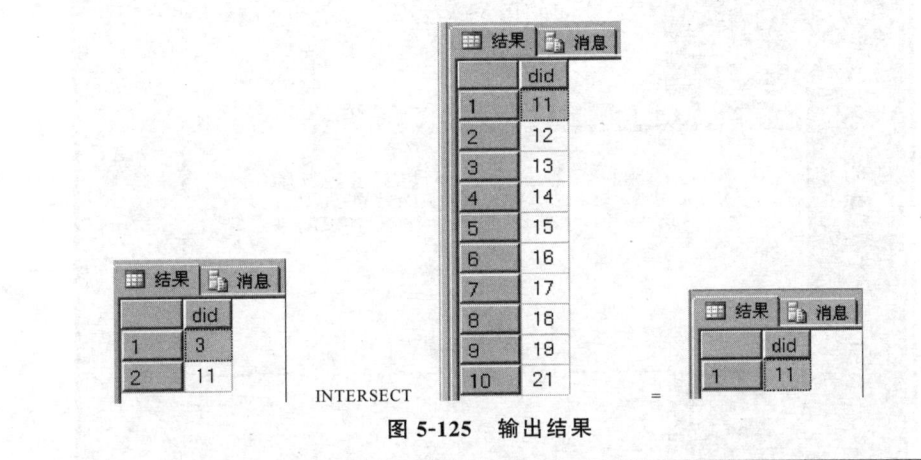

图 5-125　输出结果

与其他 T-SQL 语句一起使用 UNION、EXCEPT 和 INTERSECT 时,请遵循以下指导原则:

(1)第一个查询可以包含一个 INTO 子句,用来创建容纳最终结果集的表。只有第一个查询可以使用 INTO 子句。如果 INTO 子句出现在任何其他位置,将显示错误消息。

(2)ORDER BY 只能在语句的结尾处使用。不能在构成语句的各个查询中使用 ORDER BY。只有在顶极查询而不是子查询中使用 UNION、EXCEPT 和 INTERSECT 时,才能使用一个 ORDER BY 子句。

(3)GROUP BY 和 HAVING 子句只能在各个查询中使用;它们不能用于影响最终结果集。

(4)UNION、EXCEPT 和 INTERSECT 可以在 INSERT 语句中使用。

5.5 Excel 与 SQL Server 高级查询

在本节中，将介绍 Excel 2010/2013 环境下，如何利用加载项或第三方插件的方式，强化 Excel 与 SQL Server 2008 R2 服务器间的查询交互及数据分析。

利用 Excel 作为查询的客户端对 SQL Server 的数据进行查询和分析是当前各个行业运用较多的方法之一，因为 Excel 具有良好的交互界面，Excel 自身的函数、图标以及 VBA 功能非常强大，配合第三方工具，加上 SQL Server 强大的数据存储和管理功能，Excel 基本能够满足不同行业用户对数据查询和分析的需求。

下面将对新版本 Excel 中的三大数据查询与分析工具 Power view、Power Pivot 和 PowerQuery 以及数据透视表/图功能进行讲解，而数据来源尽可能从已有的远程数据库 JGXYALLUSERS 中获取，如何在 Excel 中获取远程 SQL Server 数据库服务器上的数据在第 4.6 节已经介绍，请参考。

由于实验环境原因，用户可能需要将 Excel 2010 或更高版本安装在 Windows 7.0、Windows Server 2008 等以上版本进行操作，否则可能会出现以下错误，如图 5-126 所示：

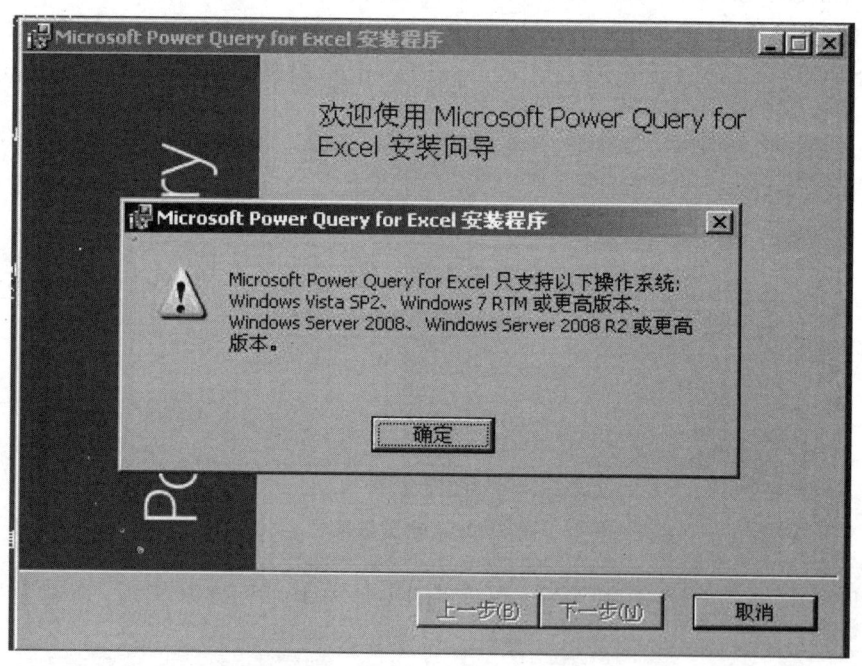

图 5-126 安装 Power Query 时出错

5.5.1 利用 Power View

1. Power View 概述

Power View 是一种交互式数据浏览、可视化和演示体验，可生成临时的、更加直观的图表报告。在 Microsoft Excel 2013 中已经内嵌提供 Power View。只要通过调用加载项即可在条带式工具栏上看到。

通过 Excel 文件选项卡中的"选项",调用"加载项",选择管理加载项中的"COM 加载项",单击"转到"。如图 5-127 所示:

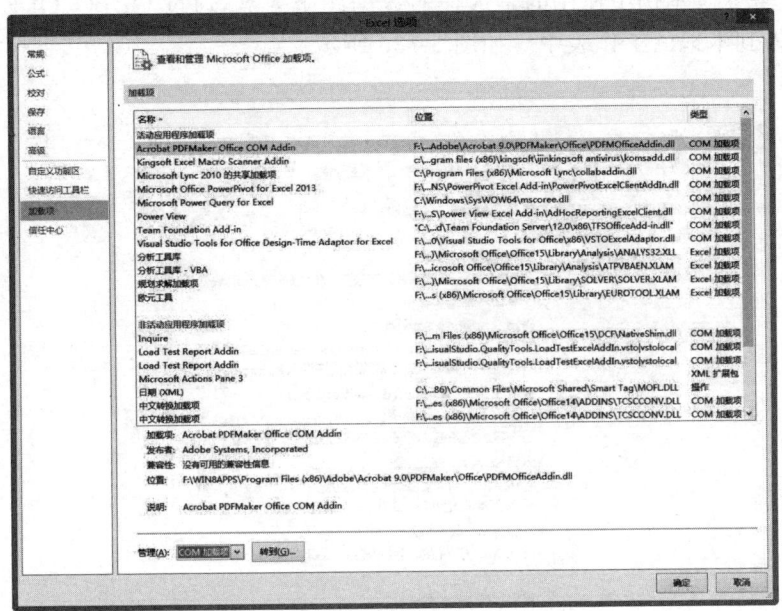

图 5-127　Excel 选项

在 COM 加载项对话框中选择 PowerPivot、Power Query、Power View 选项。如图 5-128:

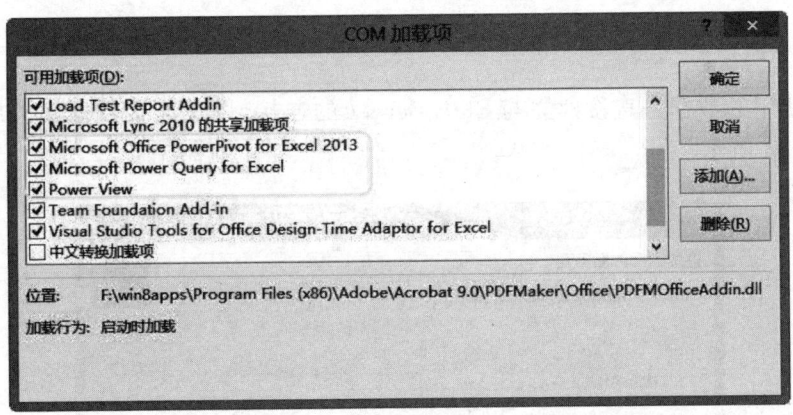

图 5-128　COM 加载项对话框

在 Excel 主窗口的条带式工具栏上可查看调用的相关加载项。如图 5-129 所示:

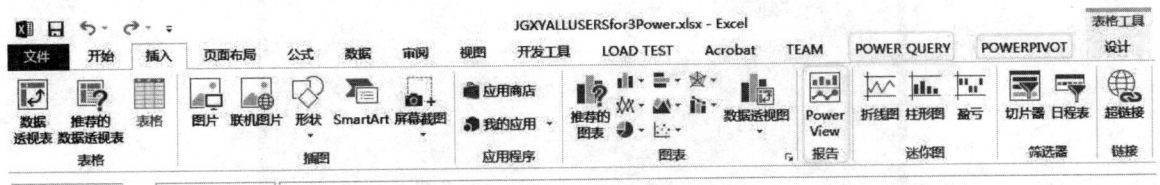

图 5-129　查看调用的加载项

2.Power View 应用简介

在应用 Power View 之前,首先必须选择一定的数据区域,不管是本地的数据,还是来自于远程的数据库服务器。本例中使用的是远程的数据库服务器,通过 ODBC、OLEDB 等方式进行连接,将数据插入到本地的工作表中。如图 5-130 所示:

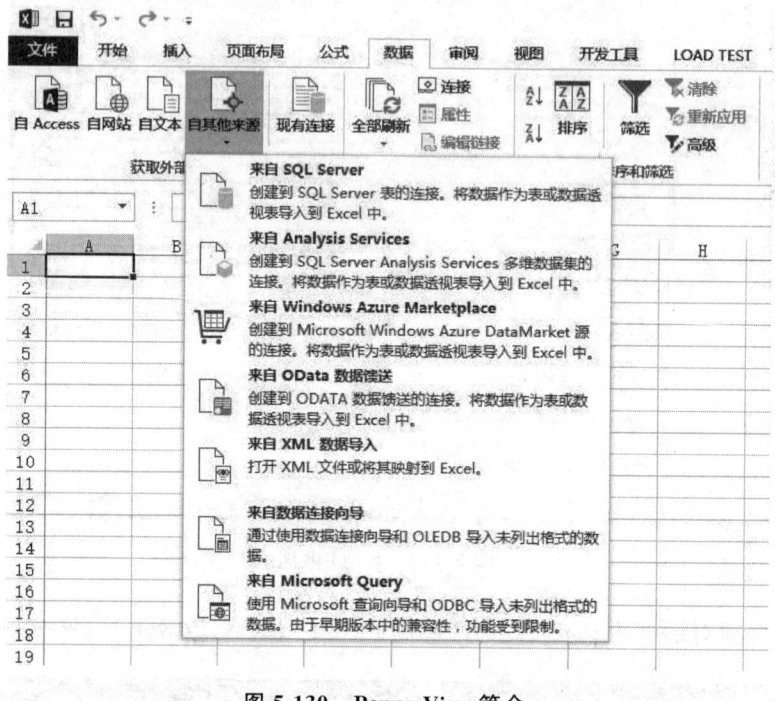

图 5-130　Power View 简介

本例中所使用的数据是直接建立与 SQL Server 的连接,设置连接数据库的服务器地址、凭据等。如图 5-131 所示:

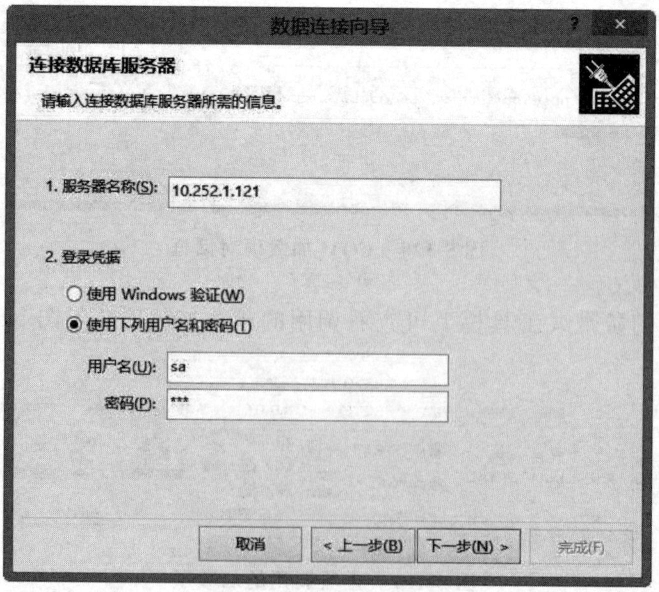

图 5-131　连接数据库服务器

连接成功后选择连接的数据以及库中的相应表,可同时选择导入多表。如图5-132:

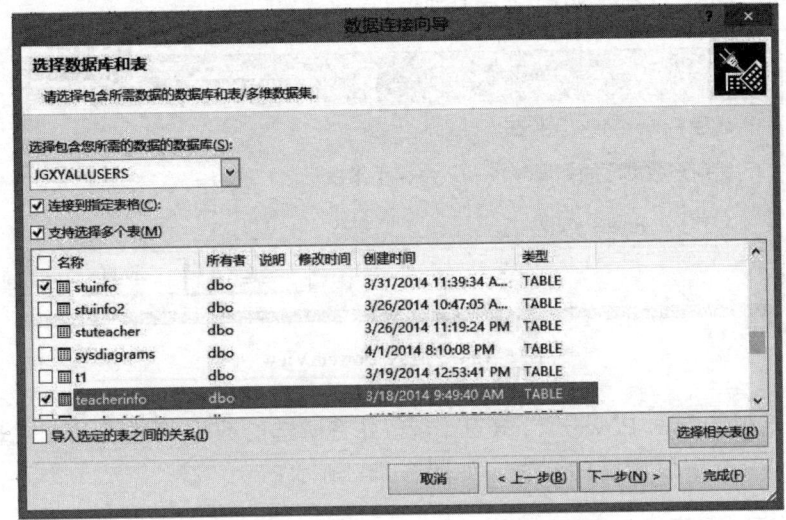

图 5-132 连接数据库和表

当相应的数据库表导入到工作表后,可通过手动或者设置自动刷新的方式,获取数据库服务器上的最新数据,以备分析使用。如图 5-133 所示:

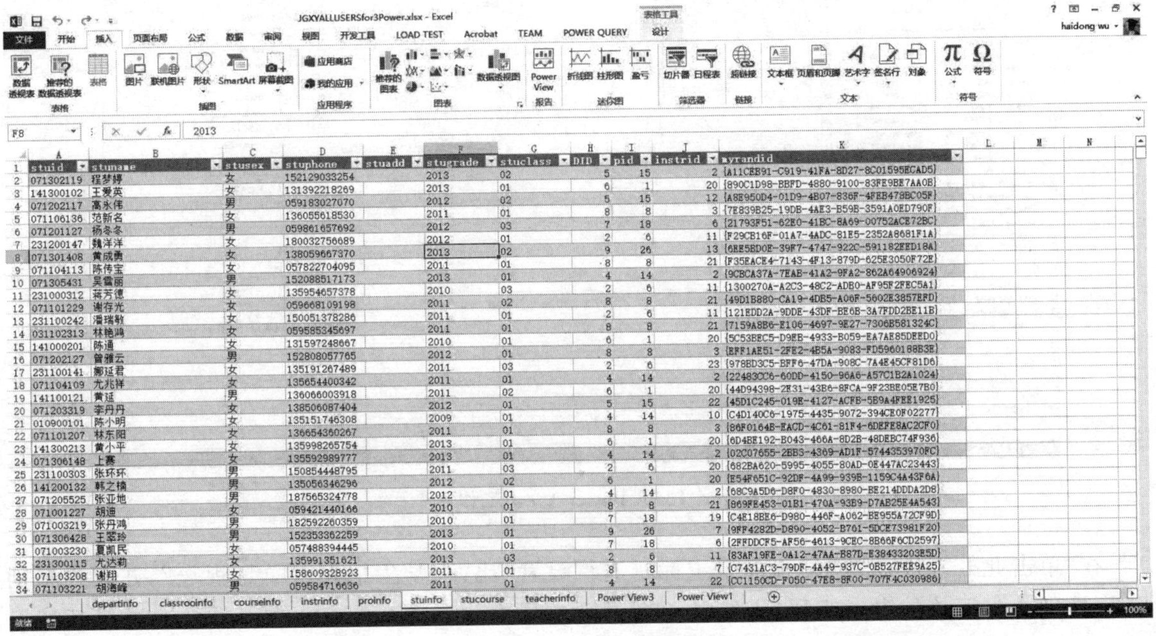

图 5-133 获取最新数据

(1)Power View 基础应用

利用 Power View 对数据进行分析,首先推荐的是对数据进行动态的汇总透视功能。分类汇总和数据透视是 Excel 重要功能,但是要实现动态的汇总透视,需要通过设置控件、进行 VBA 编程才能完成。利用 Power View 功能可轻松实现。

选择从数据库服务器导入的 stuinfo 表中的所有数据,注意中间不要出现断行。单击条带式工具栏上的"插入"选项,单击其中的"Power View"功能,出现"插入 Power View"的对话框,询问是否新建 Power View 对象。如图 5-134 所示:

图 5-134　插入 Power View

在工作簿中出现了新的 Power View 工作表,并将所选的数据用透视的方式显示在左侧,右侧是进行 Power View 字段调整的列表。如图 5-135 所示:

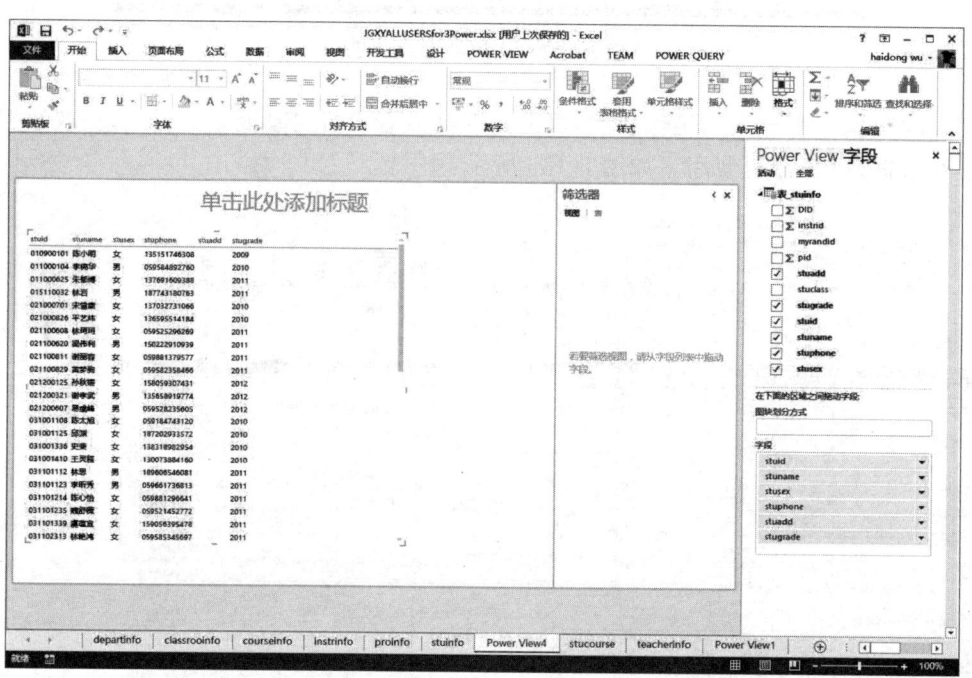

图 5-135　Power View 工作表

在"单击此处添加标题"位置可将主标题进行设置,比如"学生信息汇总透视表",并设置系列代码、性别作为汇总的参考字段,即统计不同系别的男女生数量,不需要的字段可通过将其拖曳回 Power View 字段列表中,也可以单击该字段向下三角按钮,选择"删除字段"即可,并对 DID 进行计数,而不是求和。如图 5-136 所示:

得到的汇总透视结果如图 5-137 所示:

(2)使用多重条件或图块模式对其进行汇总透视

若要在此基础上再对不同系别的不同专业进行统计,有两种基本的方法:

①在 Power View 字段列表中,选择 PID 字段,该字段被选中后显示在下放被选中的字段列表中,根据 pid 进行计数。如图 5-138 所示:

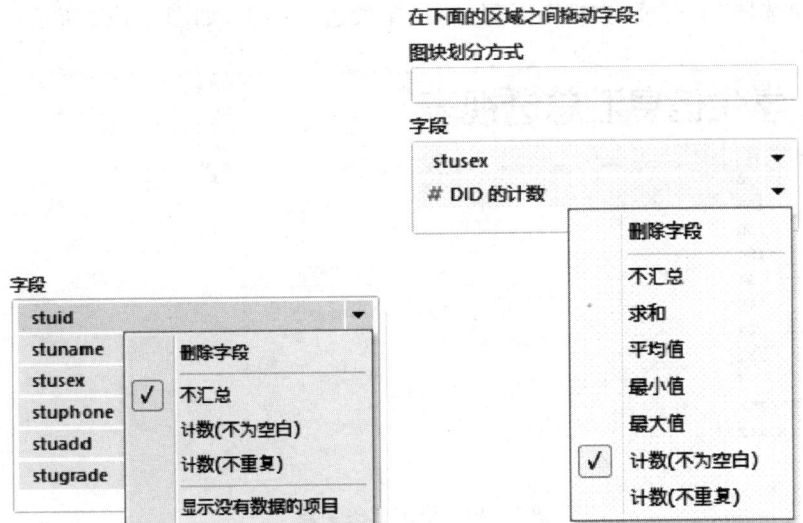

图 5-136 Power View 字段列表

图 5-137 汇总透视表

添加后,在工作窗口的"筛选器"列表的"表"模式下中,会显示所有的汇总透视字段。如图 5-139 所示。

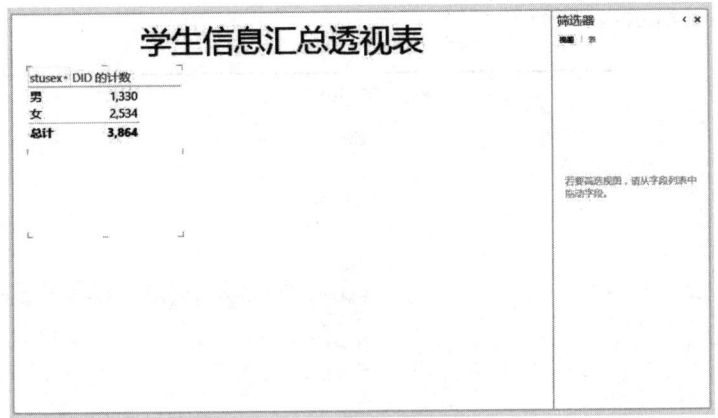

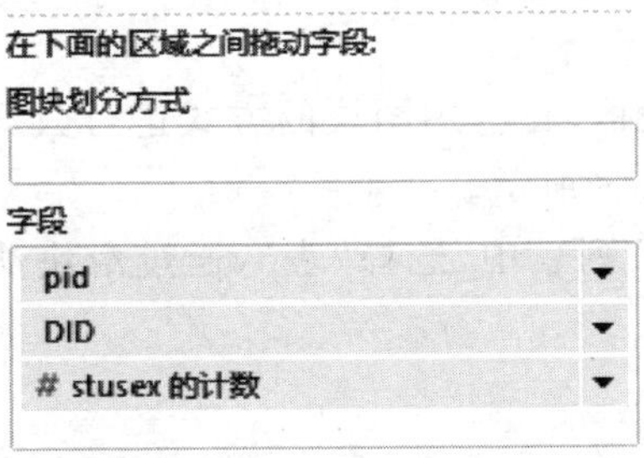

图 5-138 Power View 字段列表 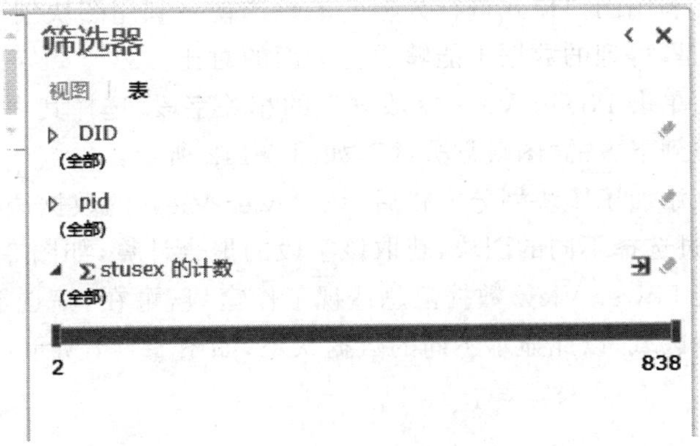   图 5-139 筛选器

也可以在"筛选器"下通过向"视图"添加相关字段进行筛选,如图 5-140 所示:

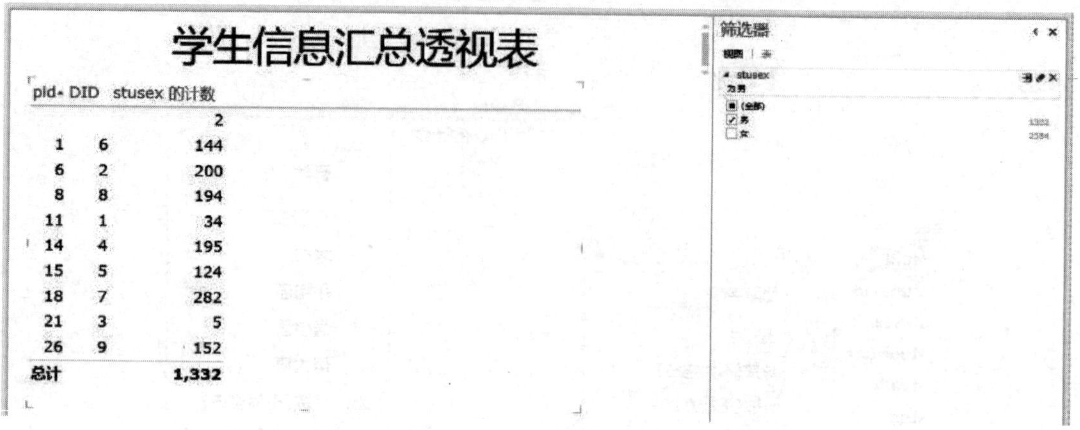

图 5-140　添加相关字段

在"筛选器"环境下,可单击"➡"按钮,可选择"高级筛选",通过高级筛选,可添加更具弹性的条件,如图 5-141 所示:

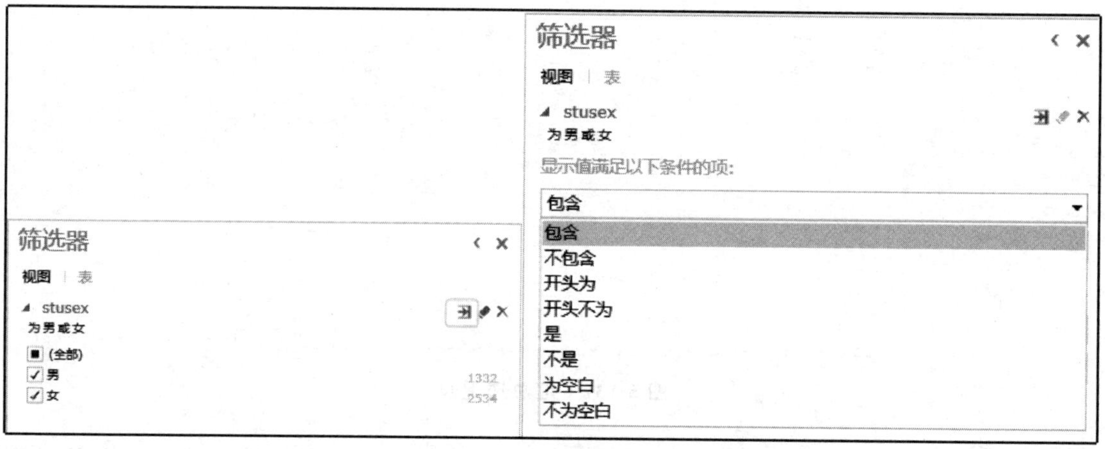

图 5-141　高级筛选

②利用图块模式进行数据的汇总透视。利用图块划分区的方法进行数据汇总透视会更加直观,但是,得到的数据不能够进行全面的对比。

右单击 Power View 字段列表的相关字段,选择其中的"添加为图块划分区",或者将字段直接拖曳到下方的"图块划分区",如图 5-142 所示:

当添加了图块划分方式后,在 Power View 的数据透视区,将会用图块的方式进行数据的汇总,通过选择不同的图块,获取该字段的聚合计算,如图 5-143 所示。

在 Power View 数据汇总透视工作窗口,可在"筛选器"列表中,选择"表",通过滑块动态调整数据区域,以此显示不同的数据状态,如图 5-144 所示:

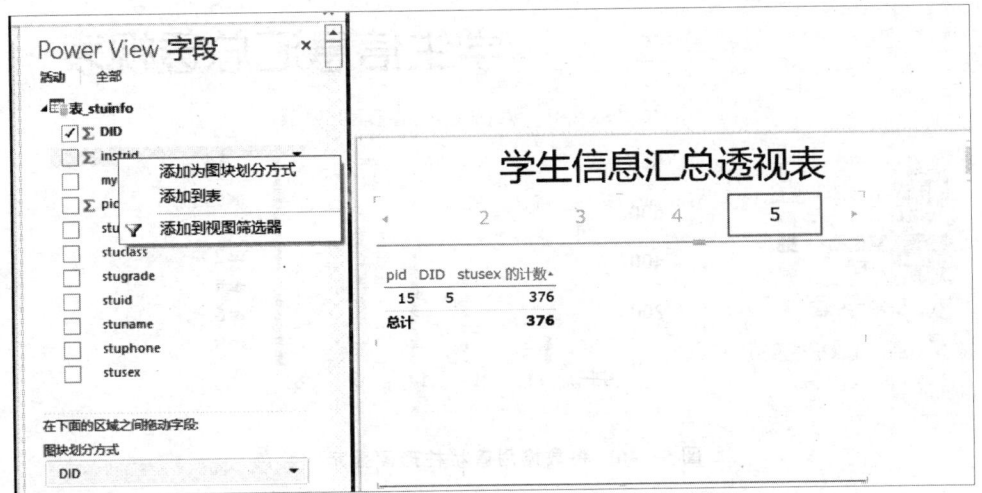

图 5-142　Power View 字段列表　　　图 5-143　用图块的方式进行数据的汇总

图 5-144　显示不同的数据状态

(3) Power View 图表功能

当利用 Power View 对数据进行汇总透视后,可通过选择条带式工具栏上的"设计"选项卡,选择其中的"切换可视化效果",将数据转换成为各种图表或者返回到数据表的状态,如图 5-145 所示:

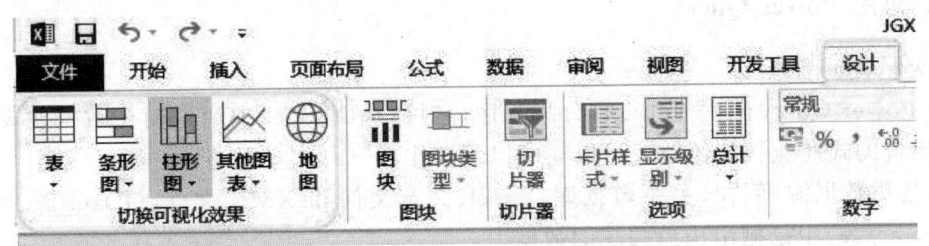

图 5-145　Power View 图表功能

例如,选择数据后,单击柱形图中的"簇状柱形图",即可将数据用簇状柱形图显示,如图 5-146 所示:

当调整"筛选器"中相关字段的数据区间时,透视的图表也会发生动态变化,如图 5-147 所示:

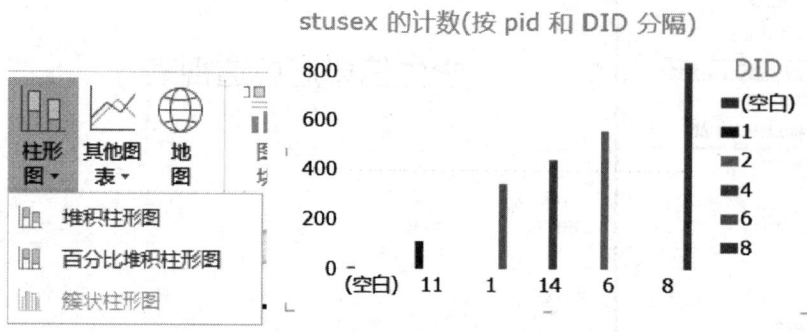

图 5-146　将数据用簇状柱形图显示

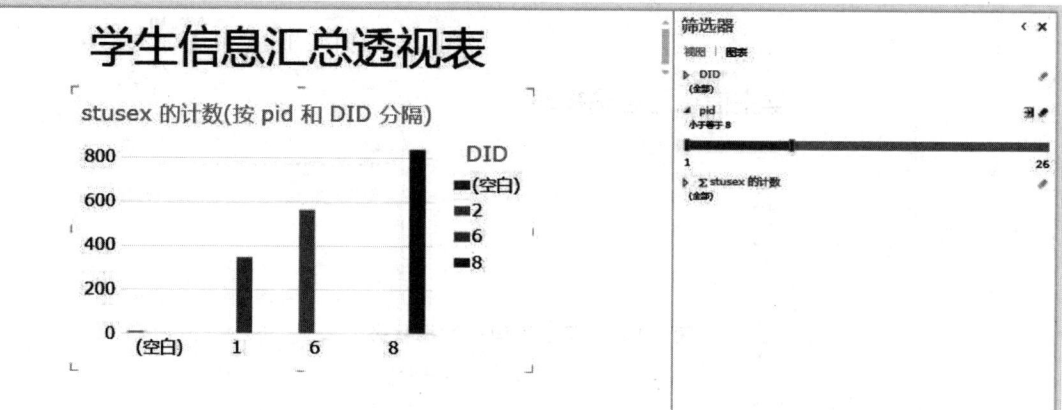

图 5-147　透视图表发生动态变化

Excel Power View 可创建的图表类型较多,可根据数据特点选择不同的图表类型。

5.5.2　利用 Power Query

1. Power Query 概述

Excel Power Query 是一个 Excel 外接程序,它可以在 Excel 中通过简化数据发现、访问和协作来增强自助式商业智能体验。可以完成以下工作:

(1)从各类数据源(例如,关系数据库、Excel、文本文件和 XML 文件、OData 源、网页、Hadoop HDFS,等等)中挖掘出用户关注的数据。

(2)在 Excel 中使用搜索功能,从组织内部(需要 Power BI for Office 365 的支持)和外部发现相关数据。

(3)合并来自多个不同数据源的数据,设置其形状,从而可以准备好数据以便进一步在 Excel 和 Power Pivot 这样的工具中进行分析,或在 Power View 和 Power Map 这样的工具中进行可视化。

(4)与组织中的其他人共享创建的查询,以便它们能够通过"搜索"被轻松找到。(需要 Power BI for Office 365 的支持)

Excel Power Query 目前支持在.NET 3.5 SP1 以上的 Windows Vista 以上版本的客户端和

服务器操作系统上安装，还需要 Office 2010 Professional Plus 以上版本以及相关的软件保障，以及 IE 9.0 以上版本的支持。

2.Power Query 应用简介

(1)对单一的 Web 数据源进行查询

假定在 http://gyelab.fzu.edu.cn/Lists/List3/AllItems.aspx(或其他新闻列表)有如下资源申请的记录：

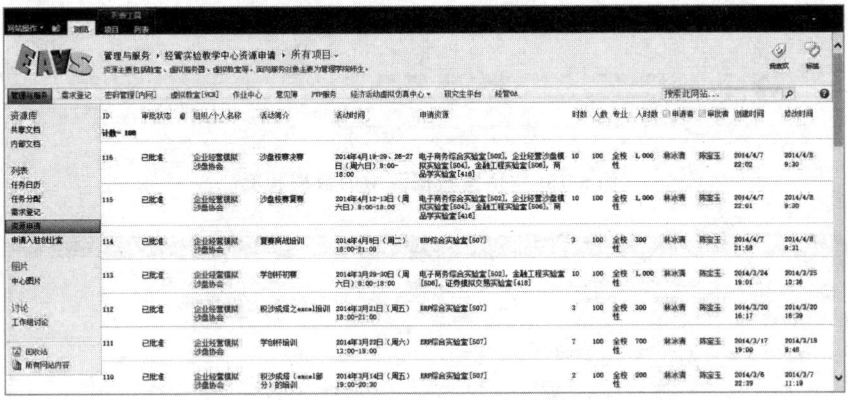

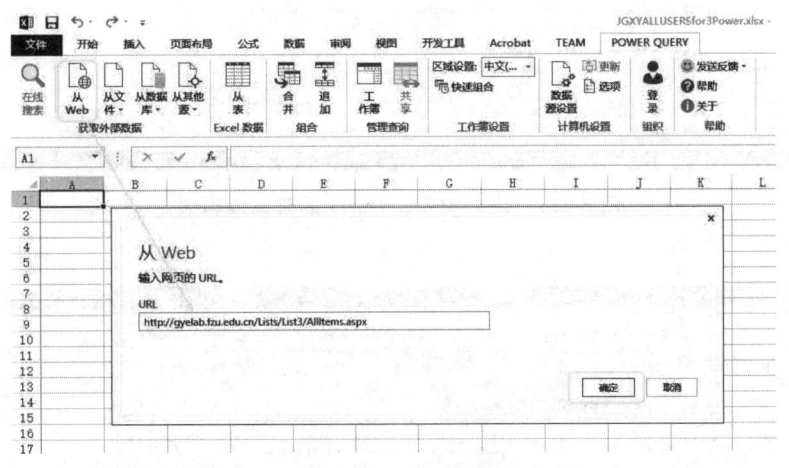

图 5-148　资源申请的记录

如果要在 Excel Power Query 中进行查询分析，则首先将 Excel Power Query 连接到该 Web 数据源，如图 5-149 所示：

图 5-149　将 Excel Power Query 连接到该 Web 数据源

将鼠标置于"导航器"Web 数据源的 Table 0 数据库，可以在左侧预览到该数据源中的数据状况，如图 5-150 所示：

双击本例中的 Table 0 或者选择后单击下方导航器中的"编辑"，进入 Power Query 的查询编辑器，在查询编辑器中可对获取到的数据进行清理，如图 5-151 所示：

可单击某个字段的筛选按钮，填入筛选的条件，即可得到筛选后的结果，如图 5-152 所示：

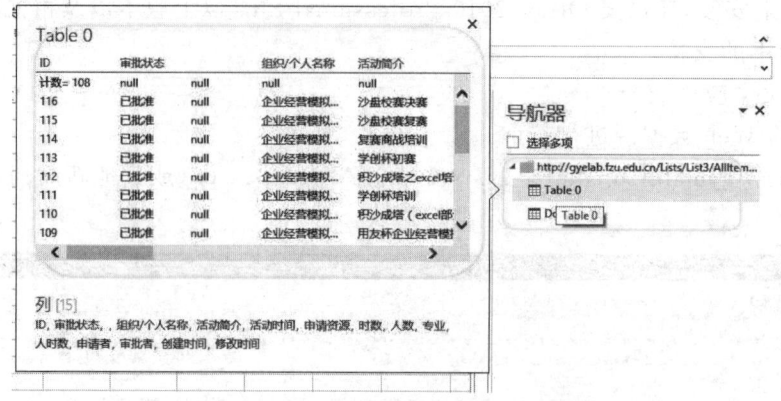

图 5-150　预览数据源中的数据状况

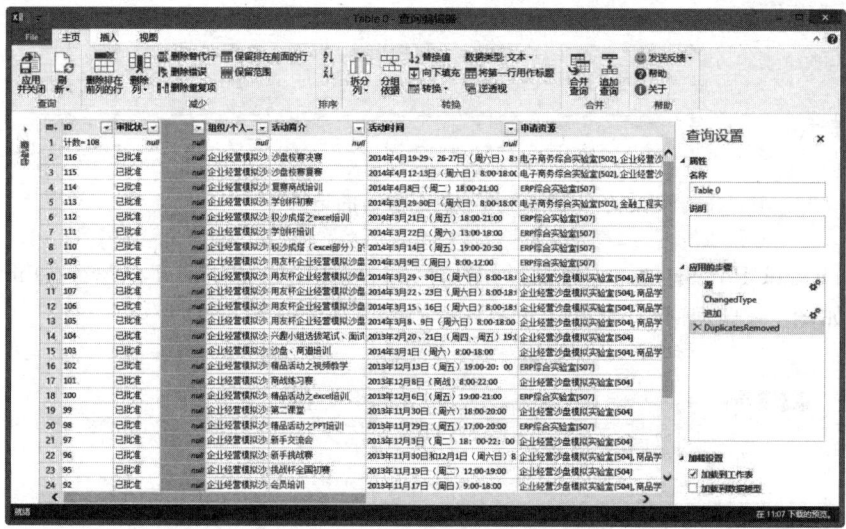

图 5-151　进入 Power Query 的查询编辑器

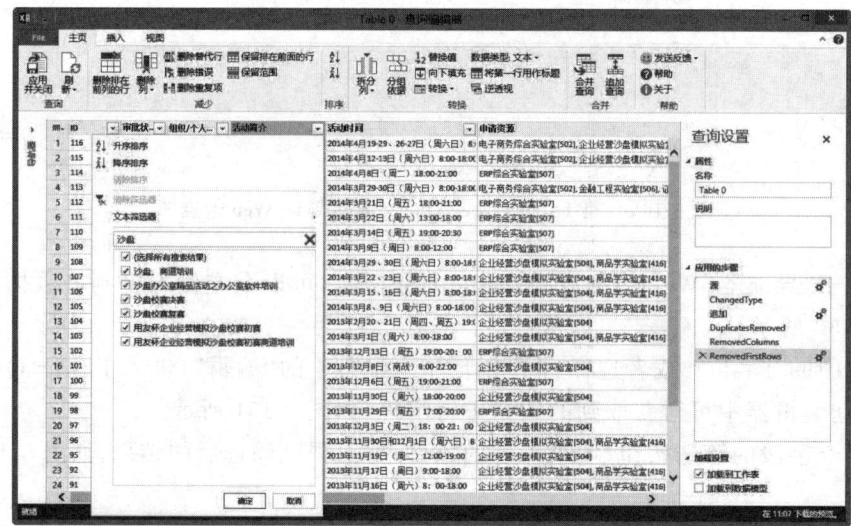

图 5-152　筛选条件

清理后的数据通过单击条带式工具栏左侧的"应用并关闭"按钮,将查询到并将清理后的数据导入到 Excel 工作表中,如图 5-153 所示:

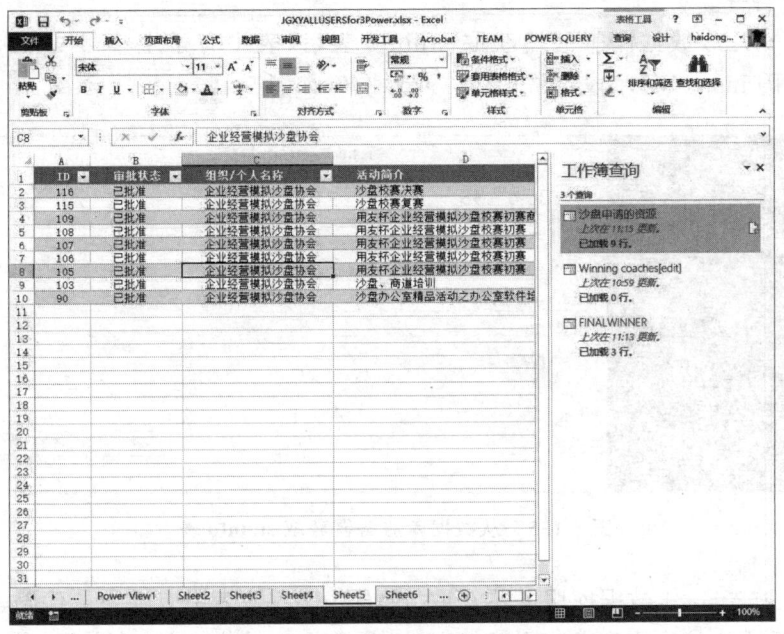

图 5-153　将数据导入到 Excel 工作表中

导入后的数据可进一步通过 Power View 或者透视表进行相关的分析处理。

当鼠标置于"工作簿查询"列表中的某个查询结果时,会在左侧显示出该查询中的记录集,如图 5-154 所示:

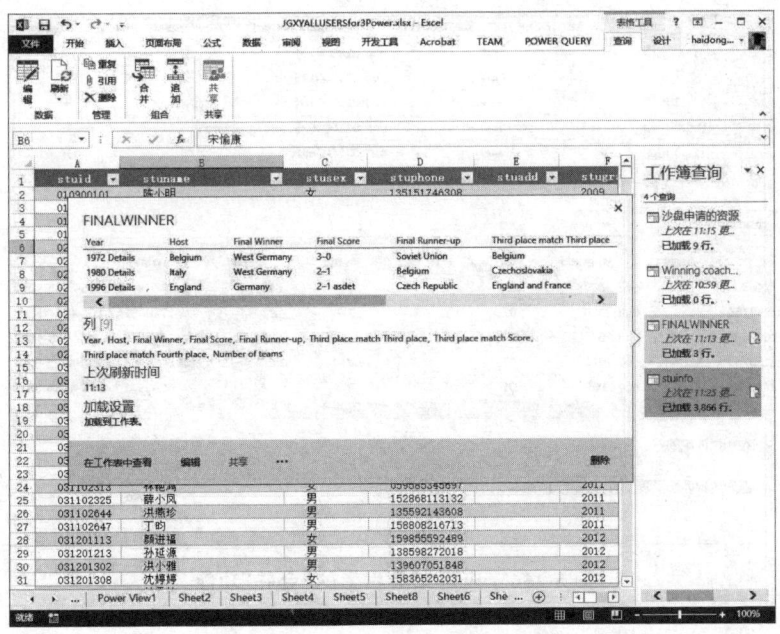

图 5-154　显示查询中的记录集

(2)组合多个数据源中的数据：

本例将从两个 SQL Server 服务器节点(10.6.7.35 和 10.252.1.121)获取不同的数据表，并将获取的数据进行合并。

首先，从 10.6.7.35 数据库服务器获取 stuinfo 表，该表中有学生学号 stuid、学生姓名 stuname、辅导员代码 instrid 等字段，但没有辅导员姓名，如图 5-155：

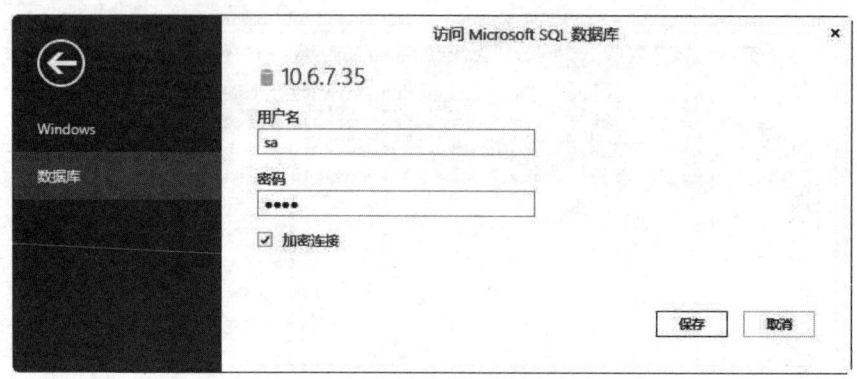

图 5-155　从数据库服务器获取 stuinfo 表

其次，从 10.252.1.121 数据库服务器获取 instrinfo 表，该表中有辅导员代码、辅导员姓名 instrname。获取后不直接应用到 Excel 工作表，而是选择工具栏上的"合并"功能，选择两张相关联表及相关字段，比如 instrid(如果不对应，将不能单击"确定")，如图 5-156 所示：

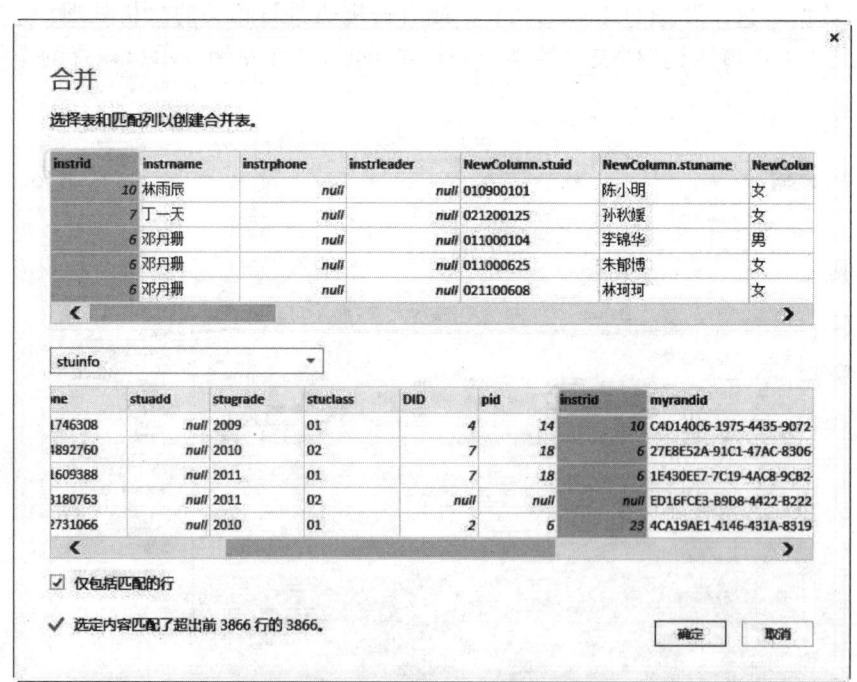

图 5-156　应用工具栏上的"合并"功能

在 instrinfo 的查询编辑器中，选择两台服务器的隐私级别为"公共"，如图 5-157 所示：

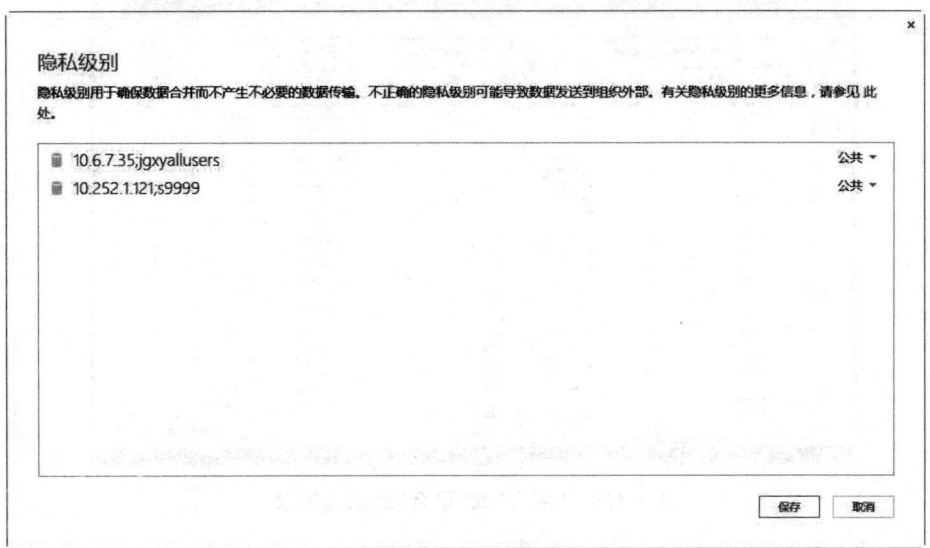

图 5-157 隐私级别

单击"确定"后,会在"查询编辑器"中新增一个列,名为 NewColumn,注意其右上部的图标和表的列不同,如图 5-158 所示:

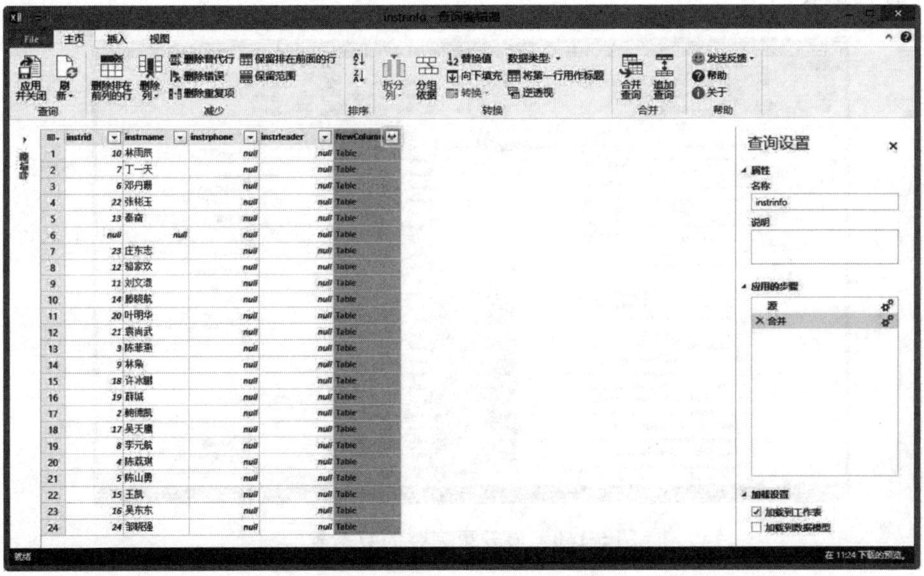

图 5-158 "查询编辑器"新增列

单击右上部的图标,弹出"展开"或"聚合"的功能选项。展开就是将本例中的 stuinfo 所有或相关字段在 instrinfo 表中展开,前提是已经做了连接(相当于 SQL Server 进行连接查询);"聚合"查询就是根据字段对数据表进行求和、计数、平均值等统计。在本例中选择了展开,如图 5-159 所示:

图 5-159 "展开"或"聚合"的功能选项

可以看到合并后的数据表部分数据字段名是以"NewColumn."开头的。若在 SQL Server 中,相关表之间已经有了直接或间接的关系,比如主外键的关系,那么,在 Power Query 中,将会将这种关系继承下来,如图 5-160 所示 stuinfo 表还和 teacherinfo、proinfo 等表有关系,那么在查询数据区域的后面部分可看到另有一些以"NewColumn."开头的字段还可以进行展开,构成一张更加完整的数据表:

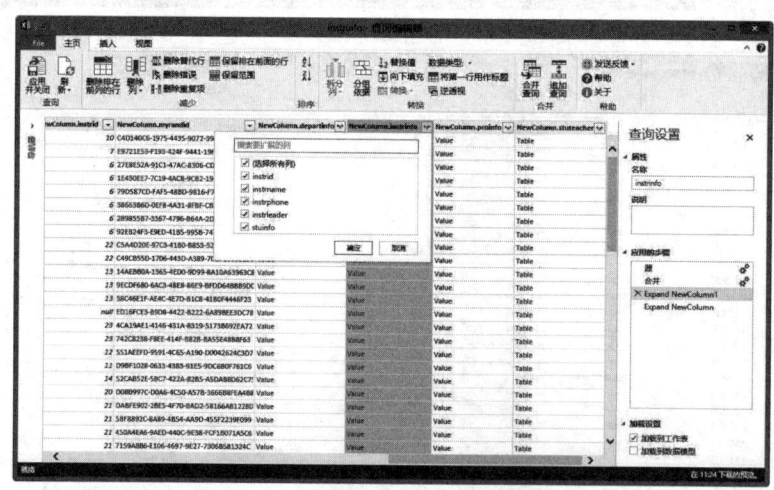

图 5-160 展开更完整的数据表

合并后的数据可使用其他工具如 Power View、透视表等进行深入的输入分析与图表呈现。

5.5.3 利用 PowerPivot

1. PowerPivot 概述

在 Excel 2013 中,PowerPivot 是一个加载项,可用于执行功能强大的数据分析和创建复杂的数据模型。可通过 PowerPivot 解析来自各种来源的大量数据,快速执行信息分析,以及轻松分享见解。

PowerPivot 中的数据模式是一种具有关系的表的集合。同一数据模型在 Excel 工作簿内的显示与在 PowerPivot 窗口中的显示相同。导入 Excel 中的任何数据均可在 PowerPivot 中访问,反之亦然。

2.PowerPivot 应用简介

使用 PowerPivot,一般也是先和数据库建立必要的连接。在调用了"PowerPivot"加载项后,单击该选项下的"管理数据模型"选项卡,并在弹出的"PowerPivot For Excel"窗口中选择数据来源。PowerPivot 提供了丰富的数据连接类型,包括从微软的云服务平台 Windows Azure Marketpalce 订阅相关的数据,如图 5-161 所示:

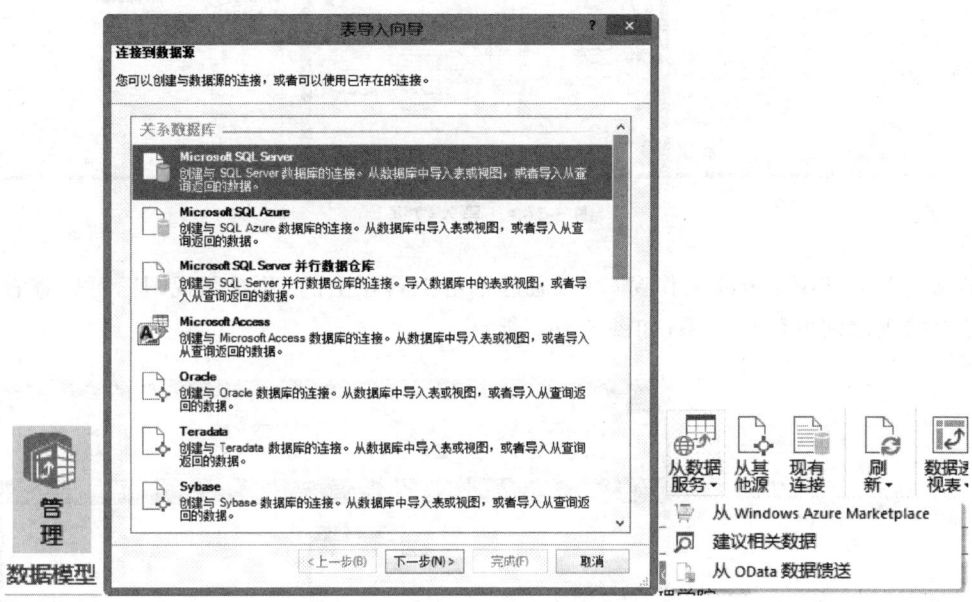

图 5-161　PowerPivot 应用简介

本例中选择与 10.6.7.35 数据库服务器进行数据连接,选择的数据库是:JGXYALLUSERS,如图 5-162 所示。

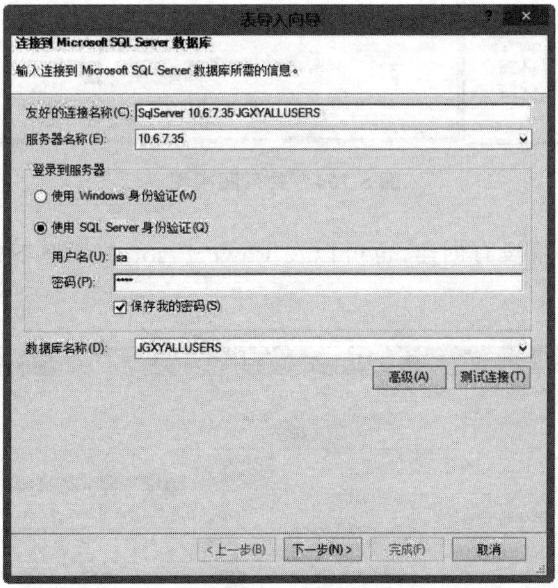

图 5-162　数据连接

导入相关的数据到 Excel 表中,如图 5-163 所示:

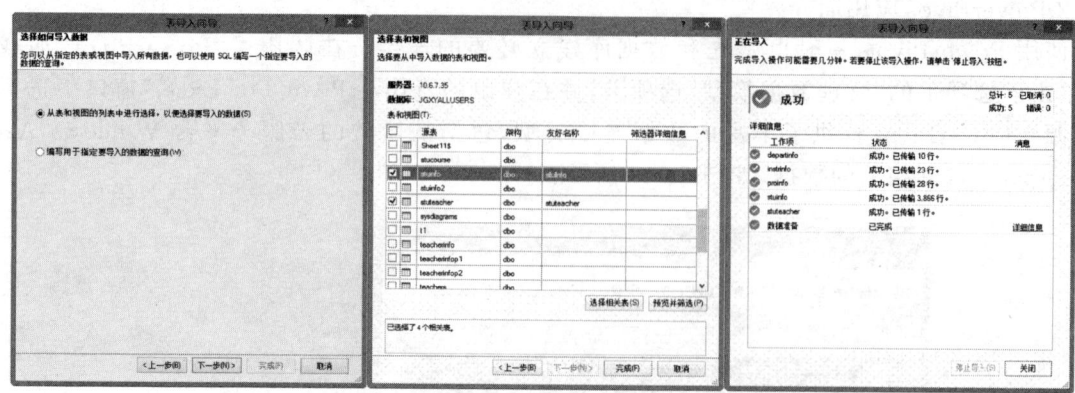

图 5-163　导入数据

在 PowerPivot For Excel 工作窗口中,通过单击工具栏上的"关系图视图",可以查看从 SQL Server 导出的表之间的默认关系,如图 5-164 所示:

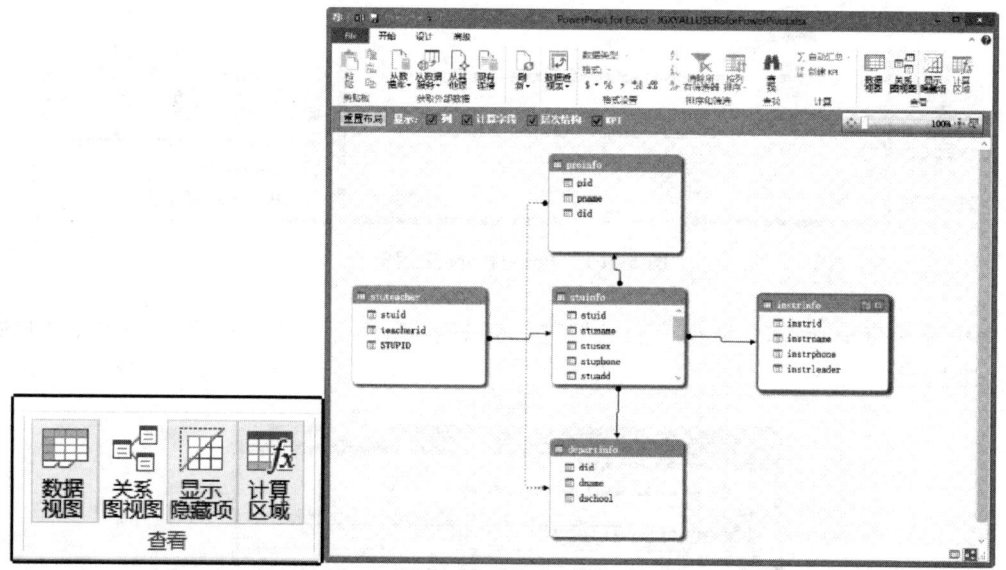

图 5-164　关系图视图

如果某些表之间的关系没有创建,也可以在 PowerPivot 的环境下创建表和表之间的关系,如图 5-165 所示:

图 5-165　创建关系

当鼠标置于某些字段上时,也会在提示信息中提示该字段可能在多个有关系的表中都存在,如图 5-166 所示:

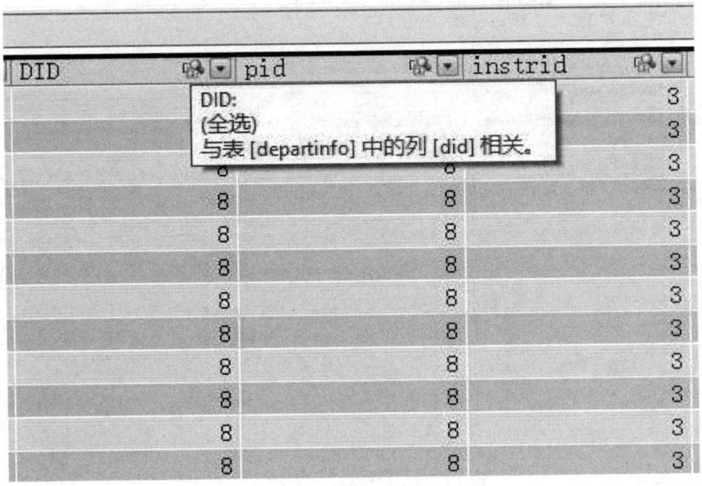

图 5-166 提示信息

在 PowerPivot 中,当相关表的关系都创建起来后,可进一步使用数据透视表的方式对数据进行分析,PowerPivot 中提供了多种的透视表或透视图的模型选项,如图 5-167 所示:

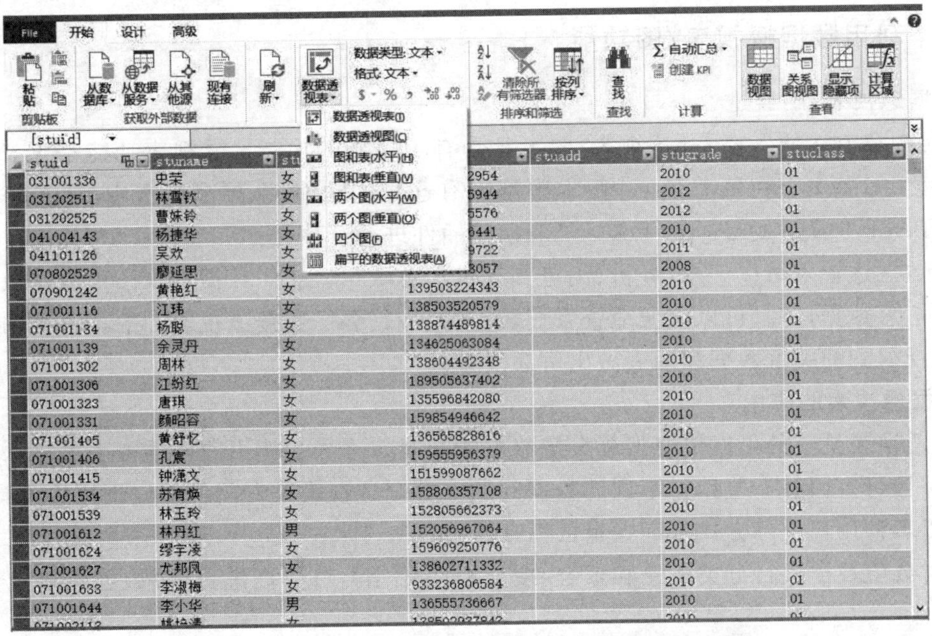

图 5-167 PowerPivot 提供多种透视表或透视图的模型选项

在透视表中,可以根据原来所在院系进行专业分布的统计和总学生数的统计,如图 5-168 所示:

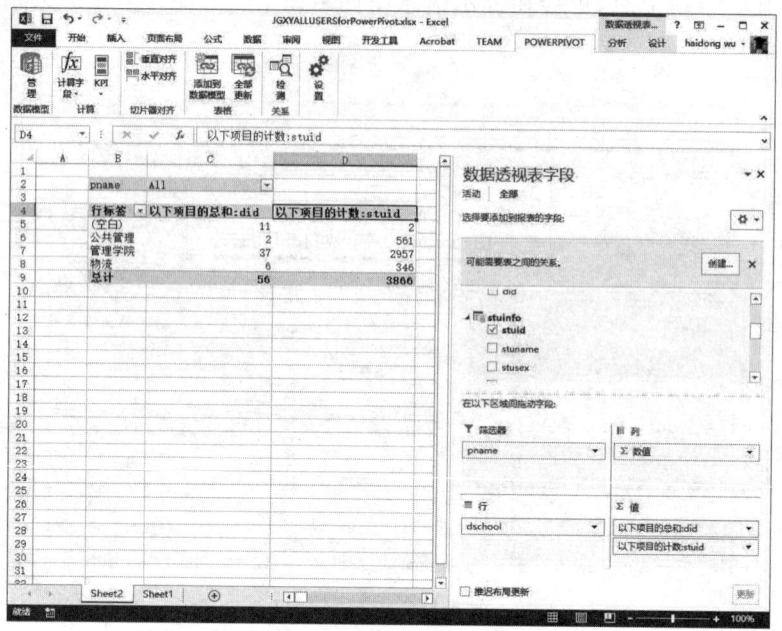

图 5-168　在透视表中进行统计

通过调整字段及位置，实现不同需求的统计。

5.5.4 利用数据透视表/图功能

1．数据透视表/图概述

"透过现象看本质"，Excel 透视表/图工具具有了这样的功能。透视表功能是 Excel 重要的核心功能之一，基本上在每个 Excel 版本中都带有这样的功能，在更高版本中，透视表功能已经和 PowerPivot、Power Query 和 Power View 的插件进行了整合。

使用数据透视表可以汇总、分析、浏览和提供汇总数据。使用数据透视图可以在数据透视表中显示该汇总数据，并且可以方便地查看比较、模式和趋势。数据透视表和数据透视图都能使用户根据透视得到的关键数据和图表做出可靠决策。

2．数据透视表的应用

数据透视表是一种可以快速汇总大量数据的交互式方法。使用数据透视表可以深入分析数值数据，并且可以回答一些预料不到的数据问题。数据透视表是专门针对以下用途设计的：

(1) 以多种用户友好方式查询大量数据。

(2) 对数值数据进行分类汇总和聚合，按分类和子分类对数据进行汇总，创建自定义计算和公式。

(3) 展开或折叠要关注结果的数据级别，查看感兴趣区域汇总数据的明细。

(4) 将行移动到列或将列移动到行(或"透视")，以查看源数据的不同汇总。

(5) 对最有用和最关注的数据子集进行筛选、排序、分组和有条件地设置格式，使您能够关注所需的信息。

(6) 提供简明、有吸引力并且带有批注的联机报表或打印报表。

假设，要对 stuinfo 学生信息表进行数据汇总和透视，先统计男、女的总人数，那么，现将连续的 stuinfo 表中的数据全部选中，或者将光标置于数据区域内，再选择条带式工具栏上的"插入"

选项,选择其中的"数据透视表",如图 5-169 所示:

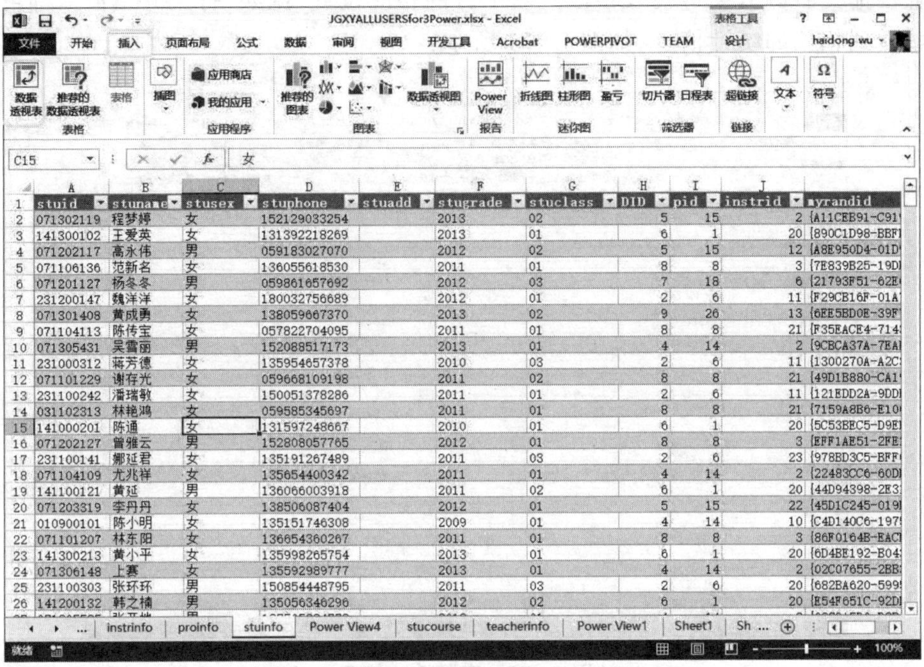

图 5-169　数据透视表

在"创建数据透视表"对话框中,可选择数据的来源(本例先使用的是 stuinfo 表)、放置数据透视表的位置是新建的工作表还是现有的工作表中,以及是否将多个工作表添加到相关数据模型中(类似上例中 PowerPivot For Excel 中建立的多表数据模型),如果此时的数据是连续完整的,则会用闪动的虚框显示所选的数据区域,如图 5-170 所示:

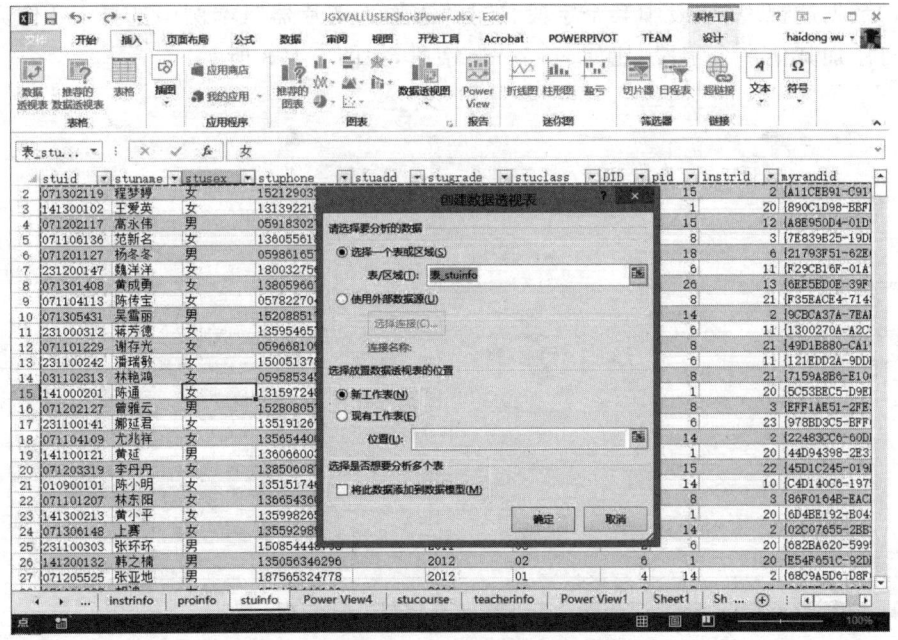

图 5-170　创建数据透视表

在新建的透视工作表中,将需要聚合计算的关键条件字段和汇总字段添加到左侧的透视表区域或者直接拖曳右侧数据透视表字段到右下方的相应位置,比如"行"和"Σ值",即可在左侧的透视表区域看到相关的统计信息,如图 5-171 所示:

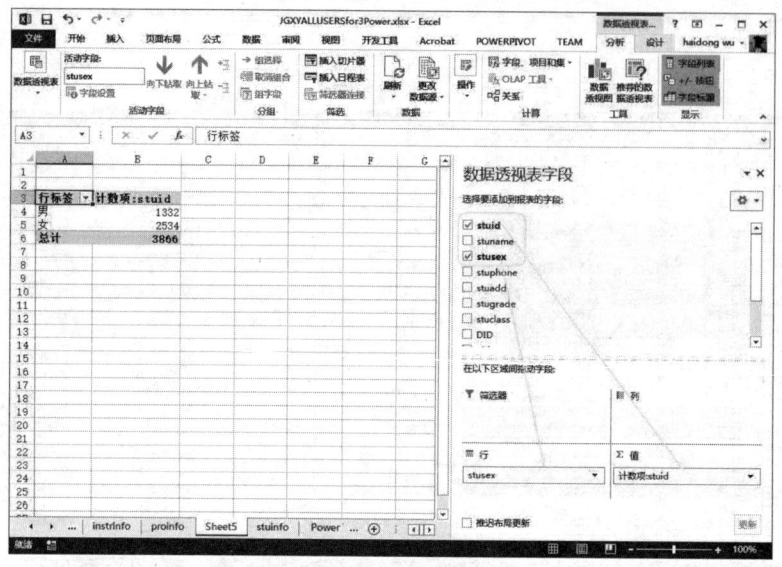

图 5-171 查看统计信息

如果需要统计男、女在不同系别的分布情况,则可以将 DID 系别代码字段直接拖曳到"行"标签的下方即可得到最新的统计信息,如图 5-172 所示:

如果还需要对各系别下的相关专业进行性别统计,则将 pid 字段再置于 DID 的下方即可。但是 Excel 还提供了一个动态工具,就是切片器。切片器的功能是对数据进行水平分割,对数据进行特定条件下的筛选,以利于动态分析相关的数据。

右单击"数据透视表"字段中某个字段,选择"添加为切片器",本例中选择 pid 作为切片器字段,当然可再添加其他多个字段,比如 stugrade 字段,如图 5-173 所示。

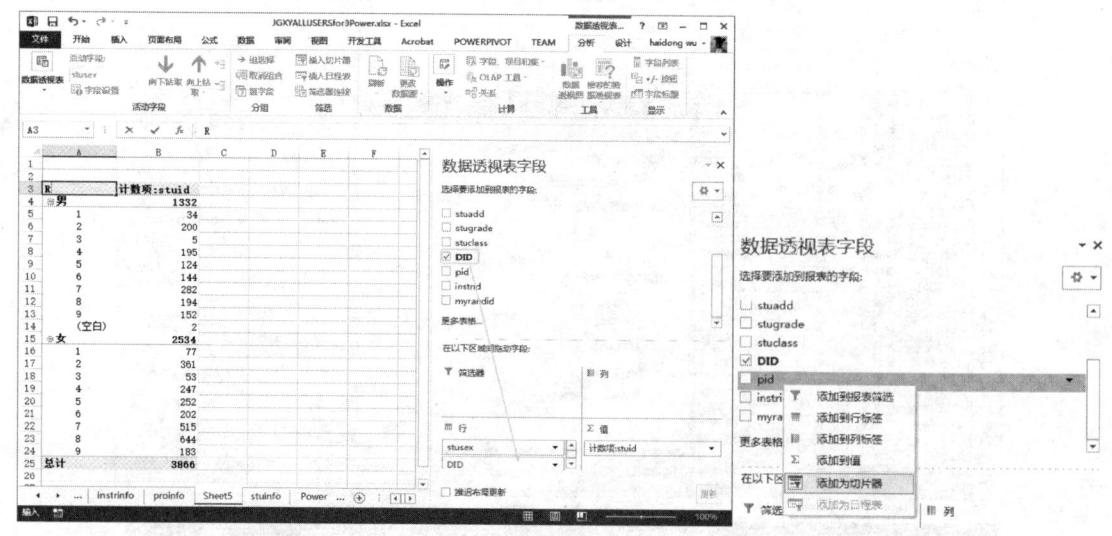

图 5-172 得到统计信息　　　　　　　　　　图 5-173 增加字段

在工作表的相应位置就添加了两个切片器窗口,通过单击切片器上的不同选项,即可在透视表区域看到筛选到的数据状况,如图5-174所示：

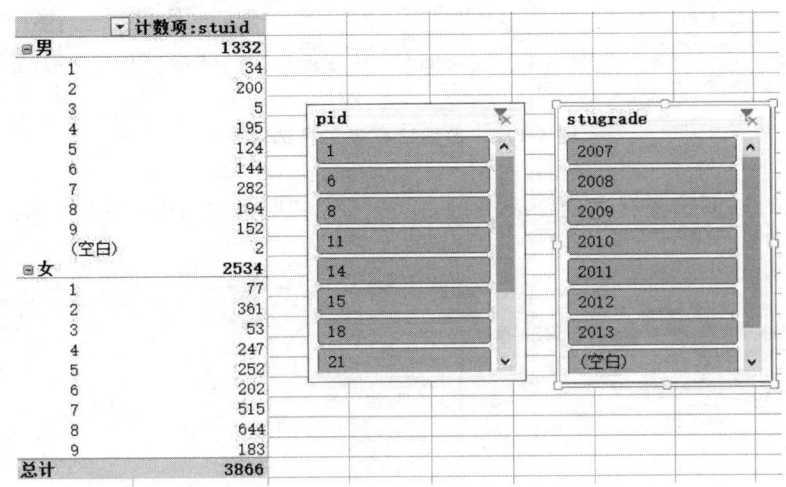

图 5-174　查看筛选的数据

比如,要对代码为1、8、11、14、15的专业、2012级学生中的男女数量进行统计,则只要在pid切片器窗口中选择相应专业,在stugrade切片器中选择2012即可在数据透视区域得到筛选后的数据,但数据透视区域中的"1、4、5、6、8"真正代表的是系别代码,即"1、8、11、14、15"几个专业是分属于"1、4、5、6、8"五个系别的,如图5-175所示：

图 5-175　查看筛选后的数据

并不是有数据透视区域的数据才能使用切片器,对一般的数据表,也是可以使用切片器的,相当于对数据的动态筛选。

3.数据透视图的应用

数据透视图为数据透视表中的数据提供图形表示形式,此时的数据透视表称为关联的数据透视表。数据透视图也是交互性的。创建数据透视图时,会出现数据透视图筛选窗格。可以使用此筛选窗格对数据透视图的基础数据进行排序和筛选。对关联的数据透视表中的布局和数据所做的更改会立即在数据透视图的布局和数据中得到反映。

与标准图表一样,数据透视图也显示数据系列、类别、数据标记和轴。此外,您还可以更改图表类型和其他选项,例如标题、图例放置、数据标签、图表位置等。

数据透视图建立在数据透视表的基础上。当得到了数据透视表后,将光标置于数据透视表,

单击"数据透视表"工具选项卡中的"分析"子项,再单击其中的"数据透视图",如图 5-176 所示:

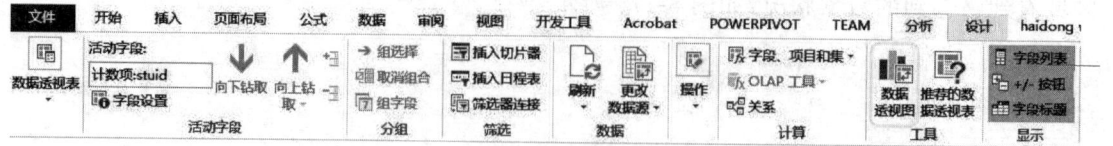

图 5-176　数据透视表工具选项卡

在插入图表对话框选择合适的图表类型,单击"确定"即可,如图 5-177 所示:

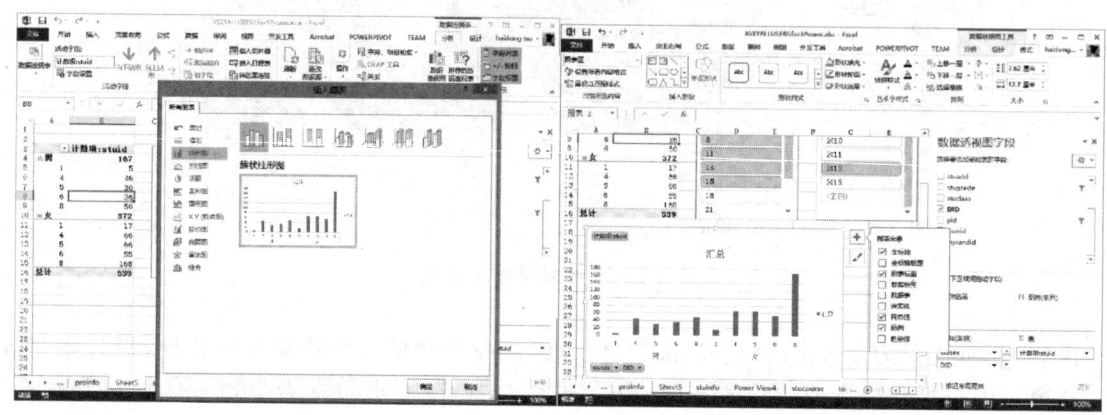

图 5-177　插入图表对话框

通过对字段的筛选,可得到动态的数据透视图。

5.6 小结

本章通过对 COUNT、SUM 等聚合函数,GROUP BY 配合相关关键参数的分组查询、各类的嵌套子查询、简单连接与超级、特殊连接查询等内容的学习,以及如何利用 Excel 中的数据分析工具 Power View、PowerPivot、Power Query,数据透视表对数据进行汇总与透视,掌握了如何利用 T-SQL 脚本方式和 Excel 等客户端方式对数据库服务器数据进行获取、整理和分析的相关知识和技术。

第 6 章　数据处理

在 SQL Server 服务器中，T-SQL 语句除了能够完成各种数据查询以外，还可以对数据库中的数据表进行各种方式的记录的添加、更新和删除，实现数据库管理系统更加完整的功能。

本章教学要求

- T-SQL 数据处理概述
- 掌握数据的添加技术
- 掌握数据的更新技术
- 掌握数据的删除技术
- 掌握利用嵌套子句进行数据处理
- 掌握特殊的数据更新技术

6.1 数据处理概述

数据处理技术属于 SQL 语言中的数据操作语言（DML），是用于检索和使用 SQL Server 2008 R2 中的数据的词汇。使用这些语句可以从 SQL Server 数据库添加、修改、查询或删除数据。数据的查询是上个章节详细介绍的内容。本章节将着重介绍利用各种方法对数据库中的数据进行添加、更新和删除。

- INSERT 功能：即向数据表插入新记录的功能。
- UPDATE 功能：即更新数据表中记录的功能。
- DELETE 功能：即删除数据表中记录的功能。

6.2 数据添加

T-SQL 中使用 INSERT 语句完成对数据的添加，INSERT 语句的标准语法格式为：

> INSERT INTO tablename［(column1 name，column2 name……)］VALUES（value1，default，expression……）

1.INSERT INTO 之后的 tablename 指明了需要添加数据的目标数据表。目标数据表后的字段是可选的，可以列出表中的字段名称，或者选择其中的部分字段名称，或者不指定任何的列

名称则标识对表中所有的列添加数据。如果是不在列表中出现的列,则数据库引擎必须能够为该列的定义提供一个值,比如:

(1)具有 IDENTITY 属性。使用下一个增量标识值。
(2)有默认值。使用列的默认值。
(3)具有 timestamp 数据类型,可能使用当前的时间戳值。
(4)可以为 Null 则使用 Null 值。
(5)是计算列则使用计算值。

2.VALUES 关键词后的括号包含了输入的数据。在添加数据时要注意以下几点:

(1)数据顺序问题。如果 tablename 后的括号内已经添加了表的相关字段,并且按照一定的顺序,则此时 VALUES 关键词后的括号内的数据数量与顺序要和 tablename 后括号内设置字段的顺序和数据类型相对应;如果 tablename 后括号内没有设置表的相关字段,那么 VALUES 括号内的数据数量、字段类型和顺序要和创建该表时的字段顺序、数据类型和字段数量相对应。

(2)数据类型问题。VALUES 括号中的数据列表的类型必须与被加入的列的数据类型对应相同或数据库引擎能够隐式转换,否则将出现错误提示而无法添加数据。

(3)当向标识列中插入显式值时,必须使用 column_list 和值列表,并且表的 SET IDENTITY_INSERT 选项必须为 ON。

(4)若 VALUES 数据列表中有 DEFAULT 设置,则会强制数据库引擎加载为列定义的默认值。如果某列并不存在默认值,并且该列允许 NULL 值,则插入 NULL。对于使用 timestamp 数据类型定义的列,插入下一个时间戳值。DEFAULT 对标识列无效。

(5)可以使用 T-SQL 行构造函数(又称为表值构造函数)在一个 INSERT 语句中指定多个行。行构造函数包含一个 VALUES 子句和多个括在圆括号中且以逗号分隔的值列表。

(6)可以使用表达式,但表达式不能包含 EXECUTE 语句。当引用 UNICODE 字符数据类型 NCHAR、NVARCHAR 和 NTEXT 时,"表达式"应采用大写字母"N"作为前缀。如果未指定"N",则 SQL Server 会将字符串转换为与数据库或列的默认排序规则相对应的代码页。此代码页中没有的字符都将丢失。

下面将在 temp09 表中进行数据的添加操作,temp09 表结构如表 6-1 所示:

表 6-1 temp09 表结构

字段名称	字段类型、长度	备注
ID	INT	非 Primary Key,非 IDENTITY,允许 NULL
PRODCUTNAME	NVARCHAR(20)	允许 NULL
PRICE	DECIMAL(4,1)	允许 NULL
TOTAL	DECIMAL(4,1)	允许 NULL
SALES	DECIMAL(9,2)	允许 NULL,为计算字段=PRICE * TOTAL
SALETIME	DATETIME	允许 NULL,设置为默认值=GETDATE()

6.2.1 简单数据添加

1.添加一般单行数据

(1)TABLENAME 关键词后有字段列表的情况下:

```
INSERT INTO temp09（id,productname,price,total）    VALUES(3,'ORANGE',13.2,100)
SELECT * FROM temp09
```

输出的结果如图 6-1 所示：

图 6-1 执行结果

SALESE 字段为计算字段，SALETIME 字段为默认值字段，这两个字段无需在 VALUES 中显式体现。

（2）TABLENAME 关键词后无字段列表的情况下：

```
INSERT INTO temp09 VALUES(4,'ORANGE',13.2,200)
```

输出的结果如图 6-2 所示：

图 6-2 执行结果

因为 temp09 表中的字段数有 6 个，但是 VALUES 列表中的值只提供了 4 个，且无法对应，故出现错误而导致添加数据失败。

（3）对特定列添加数据

在其他列允许空值或已经设置了相关默认值、计算值的情况，可以向单个或部分列添加数据。本例中，假设只向 memo 字段添加数据，其他均不添加，但 id 字段设置了标识量，其他列均允许使用空值：

```
INSERT temp09(memo) VALUES ('这是一种产自南美洲的水果')
```

使用 SELECT 查询的结果如图 6-3 所示：

图 6-3 查询结果

2.手动插入标识量数据

如果要手动插入 IDENTITY 标识字段值，则需要先执行 SET IDENTITY_INSERT tablename ON，否则将出现如图 6-4 所示的错误：

> 消息 544，级别 16，状态 1，第 1 行
> 当 IDENTITY_INSERT 设置为 OFF 时，不能为表 'TEMP09' 中的标识列插入显式值。

图 6-4　错误提示

```
--本表中的 ID 初始字段类型不是 IDENTITY 标识值,一般地需要将其删除然后再创建具有 IDENTITY 标识值的字段
    ALTER TABLE temp09
    DROP id

    ALTER TABLE temp09
    ADD ID INT IDENTITY(1,1) UNIQUE NOT NULL

    SET IDENTITY_INSERT temp09 ON
    INSERT INTO temp09(id,productname,price,total) VALUES(4,'mango',20.0,100)

--对于存在唯一约束的 IDENTITY 标识值,在手动添加 IDENTITY 值时可能会引起字段的唯一性冲突,可以考虑在 VALUES 括号内的数据列表中使用表达式方式完成:
    INSERT INTO temp09(id,productname,price,total)
    VALUES((SELECT MAX(id) FROM temp09)+1,'mango',20.0,100)
```

输出的结果如图 6-5 所示：

	ID	PRODUCTNAME	PRICE	TOT...	SALES	SALETIME
1	1	APPLE	12.1	12.5	151.25	NULL
2	2	B	11.1	10.1	112.11	NULL
3	3	ORANGE	13.2	100.0	1320.00	2014-04-18 15:55:08.140
4	4	mango	20.0	100.0	2000.00	2014-04-19 09:25:56.967
5	5	mango	20.0	100.0	2000.00	2014-04-19 09:26:26.160
6	6	mango	20.0	100.0	2000.00	2014-04-19 09:30:35.877

图 6-5　输出结果

3.添加 UNICODE 字符数据

在 temp09 表中，productname 字段是 NVARCHAR 类型的，该字段可以添加相关的 UNICODE 字符串，但是，需要在前面添加 N 的标识，以示区别。本例中添加了一个字段 productname2，字段类型是 char，输入希伯来语的水果名称"黑莓" הפטל השחור：

```
    INSERT INTO temp09(id,productname,price,total,productname2)
    VALUES((SELECT MAX(id) FROM temp09)+1,N'הפטל השחור',30.0,100,'הפטל השחור')
```

输出结果如图 6-6 所示：

productname 字段的值显示正常，productname2 的显示则不正常。因为 productname2 的字段类型是 char 类型，即使在添加该数据时前面也添加了 N 标识符，在查询的结果中也无法正常显示。

	ID	PRODUC...	PRICE	TOT...	SALES	SALETIME	productname2
1	1	APPLE	12.1	12.5	151.25	NULL	NULL
2	2	B	11.1	10.1	112.11	NULL	NULL
3	3	ORANGE	13.2	100.0	1320.00	2014-04-18 ...	NULL
4	4	mango	20.0	100.0	2000.00	2014-04-19 ...	NULL
5	5	mango	20.0	100.0	2000.00	2014-04-19 ...	NULL
6	6	mango	20.0	100.0	2000.00	2014-04-19 ...	NULL
7	7	la pêche	30.0	100.0	3000.00	2014-04-19 ...	NULL
8	8	la pêche	30.0	100.0	3000.00	2014-04-19 ...	la pêche
9	9	הפטל השחור	30.0	100.0	3000.00	2014-04-19 ...	???? ?????

图 6-6　输出结果

6.2.2 多行数据添加

1.利用 VALUES 关键词添加多行数据

(1)利用多行语句进行多行数据的添加，VALUES 关键词后不同行的数据用半角逗号分隔：

```
INSERT INTO temp09 (productname,price,total,memo)
VALUES
('PEAR',12.1,200,'CHINA'),
('PEACH',12.1,200,'CHINA'),
('PINEAPPLE',12.1,200,'CHINA')
```

利用 SELECT 查询的结果如图 6-7 所示：

	ID	PRODUCTNAME	PRICE	TOT...	SALES	SALETIME	productnam...	memo
1	1	הפטל השחור	30.0	100.0	3000.00	2014-04-19 11:21:14.467	???? ?????	大的方法帮助您证明
2	2	NULL	NULL	NULL	NULL	2014-04-19 11:22:14.017	NULL	大的方法帮助您证明
3	20	NULL	NULL	NULL	NULL	2014-04-20 16:24:35.580	NULL	这是一种产自南美洲
4	21	NULL	NULL	NULL	NULL	2014-04-20 16:30:37.530	NULL	NULL
5	5	NULL	NULL	NULL	NULL	2014-04-20 10:27:03.837	NULL	从文本文件提取，大
6	22	PEAR	12.1	200.0	2420.00	2014-04-20 16:42:49.957	NULL	CHINA
7	23	PEACH	12.1	200.0	2420.00	2014-04-20 16:42:49.957	NULL	CHINA
8	24	PINEAPPLE	12.1	200.0	2420.00	2014-04-20 16:42:49.957	NULL	CHINA

图 6-7　输出结果

(2)利用 UNION ALL 关联词连接进行多行数据的添加：

```
INSERT INTO temp09 (productname,price,total,memo)
SELECT 'OLIVE',10.1,200,'USA'
UNION ALL SELECT 'OLEASTER',20.5,200,'ISRAEL'
UNION ALL SELECT 'ORANGE',30.1,100,'BRAZIL'
```

利用 SELECT 查询输出的结果如图 6-8 所示：

	ID	PRODUCTNAME	PRICE	TOT...	SALES	SALETIME	productnam...	memo
4	21	NULL	NULL	NULL	NULL	2014-04-20 16:30:37.530	NULL	NULL
5	5	NULL	NULL	NULL	NULL	2014-04-20 10:27:03.837	NULL	从文本文件提
6	22	PEAR	12.1	200.0	2420.00	2014-04-20 16:42:49.957	NULL	CHINA
7	23	PEACH	12.1	200.0	2420.00	2014-04-20 16:42:49.957	NULL	CHINA
8	24	PINEAPPLE	12.1	200.0	2420.00	2014-04-20 16:42:49.957	NULL	CHINA
9	25	OLIVE	10.1	200.0	2020.00	2014-04-20 16:50:02.640	NULL	USA
10	26	OLEASTER	20.5	200.0	4100.00	2014-04-20 16:50:02.640	NULL	ISRAEL
11	27	ORANGE	30.1	100.0	3010.00	2014-04-20 16:50:02.640	NULL	BRAZIL

图 6-8　输出结果

2. 利用 INSERT…SELECT…添加多行数据

在 T-SQL 中,可以将 SELECT 查询的结果利用 INSERT 语句添加到目标数据表中,但是要求 SELECT 所使用的源数据表与目标表之间的数据结构是相同的:

```
--首先,利用 SELECT 语句获取一张与 temp09 相同的空表
SELECT * INTO temp091 FROM temp09 WHERE 1=2--因为逻辑值为 FALSE,所以并没有复制数据而是得到了表的结构。相关约束、计算值、默认值、索引等不会继承,但是IDENTITY 标识量设置会保留。
--当然也可以通过 SELECT…INTO…语句获取整张表格然后用 TRUNCATE 或者 DELETE 语句将数据删除而保留表结构
--其次,将所有 productname 的首字母是"O"的数据都添加到新建的 temp091 表中
INSERT INTO temp091 SELECT * FROM temp09 WHERE productname like 'O%'
--可对源数据表和目标数据表的字段数量进行选择
INSERT INTO temp091(productname,price,total,memo) SELECT productname,price,total,memo FROM temp09 WHERE productname LIKE 'O%'
```

利用 SELECT 查询的结果如图 6-9 所示:

图 6-9 输出结果

3. 利用控制流语句添加多行数据

即利用 T-SQL 程序设计的方式对数据进行批量添加。比如,新建了一张 vipusers 表,要求表中的 vipname 字段值如 vip1、vip2、vip3……

```
--首先,创建一张新表 vipusers,相关字段名称、数据类型都已经设置
CREATE TABLE vipusers
(id int identity,
vipname varchar(20),
regtime datetime default getdate())
--其次,利用 WHILE…BEGIN…END 语句进行 1000 个账号的创建
DECLARE @vipcounter int
SET @vipcounter=1
WHILE @vipcounter<=1000
BEGIN
   INSERT INTO vipusers(vipname) VALUES
   ('VIP'+CAST(@vipcounter AS VARCHAR))
   SET @vipcounter=@vipcounter+1
END
```

通过 SELECT 语句进行查询，如图 6-10 所示：

	id	vipname	regtime
1	1000	VIP1000	2014-04-20 17:23:17.290
2	999	VIP999	2014-04-20 17:23:17.287
3	998	VIP998	2014-04-20 17:23:17.287
4	997	VIP997	2014-04-20 17:23:17.287
5	996	VIP996	2014-04-20 17:23:17.283
6	995	VIP995	2014-04-20 17:23:17.283
7	994	VIP994	2014-04-20 17:23:17.280
8	993	VIP993	2014-04-20 17:23:17.277

图 6-10　查询结果

6.2.3 特殊数据添加

1.长字符串的添加

在 MS SQL Server 中，使用 text 字段最多可以存储 2147483647 个字符。TEXT 数据类型字段可以用来存储巨长文本数据。

本例在 temp09 数据表中添加了字段类型为 text 的 memo 字段，如果有个长文本数据要添加，则可以直接使用 INSERT INTO 的方式完成：

```
INSERT INTO temp09(id,productname,price,total,productname2,MEMO)
VALUES(SELECT MAX(id) FROM temp09)+1,N'הפטל השחור',30.0,100,N'הפטל השחור',
'视频提供了功能强大的方法帮助您证明您的观点。当您单击联机视频时，可以在想要添加的视频的嵌入代码中进行粘贴。您也可以键入一个关键字以联机搜索最适合您的文档的视频。为使您的文档具有专业外观，Word 提供了页眉、页脚、封面和文本框设计，这些设计可互为补充。例如，您可以添加匹配…'
--memo 字段可最多插入 2147483647 个字符
```

相关字段的显示结果如图 6-11 所示：

	oductnam...	memo
1	??? ?????	大的方法帮助您证明您的观点。当您单击联机视频时，可以在想要添加的视频的
2	ULL	大的方法帮助您证明您的观点。当您单击联机视频时，可以在想要添加的视频的
3	ULL	NULL

图 6-11　查询结果

> 注意：微软推荐使用 WRITETEXT、READTEXT 等方法对 text(ntext、image)字段添加和读取。请参考第二章的相关章节和下文的案例。

2.将文本文件添加到列中

如果直接将大量文本字符写在 T-SQL 语句中，对 T-SQL 脚本的管理变得更加困难。一般情况下，大量的字符会先存放于某个类型的文档文件中，此时需要用到特殊的数据添加方法，将文档文件中的内容提取并添加到相应的字段中。

现有文本文件 c:\11.txt，部分文本截图如图 6-12 所示：

如果需要将该文本文件中的数据当作一个整体添加到某个字段，则需要通过下列代码完成，为了与其他行进行区别，在本行记录的 memo 字段前插入了“从文本文件提取：”的字样：

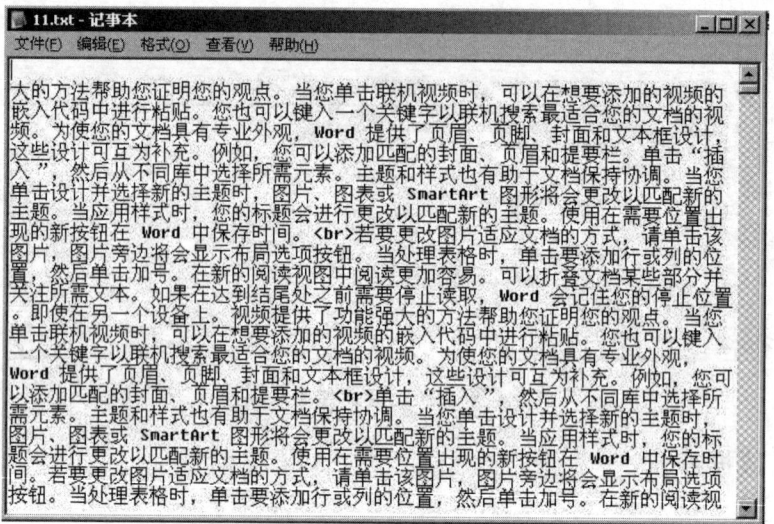

图 6-12　文本截图

```
INSERT INTO temp09(memo) SELECT('从文本文件提取:')+CAST((SELECT *
FROM OpenRowset('MSDASQL','Driver={Microsoft Text Driver (*.txt;*.csv)};De-
faultDir=C:\;','SELECT * FROM 11.txt')) AS nVARCHAR(max))
```

使用 SELECT 语句查询的结果如图 6-13 所示：

图 6-13　第三行记录的 memo 字段数据来自文本文件

还可使用 Excel、Word 等方式获取相关数据进行比对，请参考 4.6 章节中关于 Excel 连接并读取 SQL Server 数据库数据的方法。

3. 图片数据的添加

本例首先在 temp09 数据表中添加一个数据类型是 varbinary(MAX)的字段 pic，并将要插入的图形置于 C:\根目录下，如 C:\201320.JPG 等。使用以下语句将图片文件存储于数据库的 pic 字段中：

```
INSERT INTO temp09(pic)
SELECT BulkColumn FROM OPENROWSET(
    Bulk 'C:\201320.jpg', SINGLE_BLOB) AS BLOB
```

利用 SELECT 语句查询的结果如图 6-14 所示：

图 6-14　查询结果

图 6-14 中第 1、3 条的 pic 字段中已经添加了图片数据,但在 SQL Server 平台上无法正常阅读图片信息,但可以利用 Web 开发技术呈现 SQL Server 中 IMAGE 字段的图片信息。

数据表中的字段数据类型若为 text、ntext 和 image 的字段,且其中确实包含了大量数据的,一般不会在 SQL Server 中直接使用 T-SQL 语句对数据进行读取等操作,而会采用如 Web、客户端软件的方式对特殊的数据类型进行读取。这方面的内容请参考如动态网页设计方面的教程。

4.BULK INSERT

BULK INSERT 以用户在 SQL Server 中指定的格式将数据文件导入到数据库表或视图中。使用此语句可以高效地在 SQL Server 和异类数据源之间传输数据。

BULK INSERT 的基本语法是:

```
BULK INSERT table_name FROM 'data_file'  WITH ([FORMATFILE='format_file_path']
    [[,]FIELDTERMINATOR='field_terminator']
    [[,]ROWTERMINATOR='row_terminator']
)
```

BULK INSERT 主要参数说明:

(1)table_name:要将数据大容量导入其中的表或视图的名称。只能使用所有列均引用相同基表的视图。

(2)data_file:数据文件的完整路径,该数据文件包含要导入到指定表或视图中的数据。使用 BULK INSERT 可以从磁盘(包括网络、软盘、硬盘等)导入数据。data_file 必须基于运行 SQL Server 的服务器指定一个有效路径。如果 data_file 为远程文件,则指定通用命名约定(UNC)名称。UNC 名称的格式为:\\Systemname\ShareName\Path\FileName。例如\\10.252.1.121\DBS\jguser.txt。

(3)FORMATFILE='format_file_path':指定格式化文件的完整路径。格式化文件用于说明包含存储响应的数据文件,这些存储响应是使用 bcp 实用工具在相同的表或视图中创建的。在下列情况下应使用格式化文件:

①数据文件包含的列多于或少于表或视图包含的列。

②列的顺序不同。

③列分隔符不同。

④数据格式有其他更改。格式化文件通常使用 bcp 实用工具来创建,并可根据需要用文本编辑器进行修改。

a.FIELDTERMINATOR ='field_terminator':指定要用于数据文件的字段终止符。默认的字段终止符是 \t(制表符),还有可能使用如",","|"等,根据实际情况调整

b.ROWTERMINATOR ='row_terminator':指定要用于数据文件的行终止符。默认行终止符为 \r\n(换行符)。

假定在 SQL Server 服务器的 C:\目录下有一个文件 jgusers.txt 文件,包含大量字符数据。如果使用 BULK INSERT 的方法将该文件的内容添加到 jgusers 表中,jgusers 表的结构如图 6-15 所示:

jgusers.txt 文本文件的内容如图 6-16 所示:

在不使用 FORMAT FILE(格式化文件)的情况下将 jgusers.txt 文本文件内容通过 BULK INSERT 语句添加到 jgusers 表中:

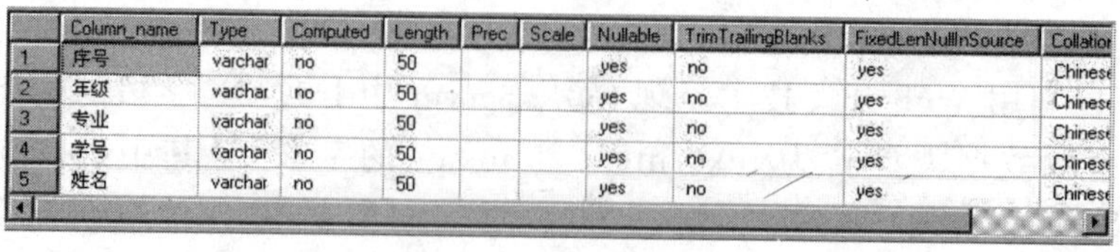

	Column_name	Type	Computed	Length	Prec	Scale	Nullable	TrimTrailingBlanks	FixedLenNullInSource	Collation
1	序号	varchar	no	50			yes	no	yes	Chinese
2	年级	varchar	no	50			yes	no	yes	Chinese
3	专业	varchar	no	50			yes	no	yes	Chinese
4	学号	varchar	no	50			yes	no	yes	Chinese
5	姓名	varchar	no	50			yes	no	yes	Chinese

图 6-15　jgusers 表结构

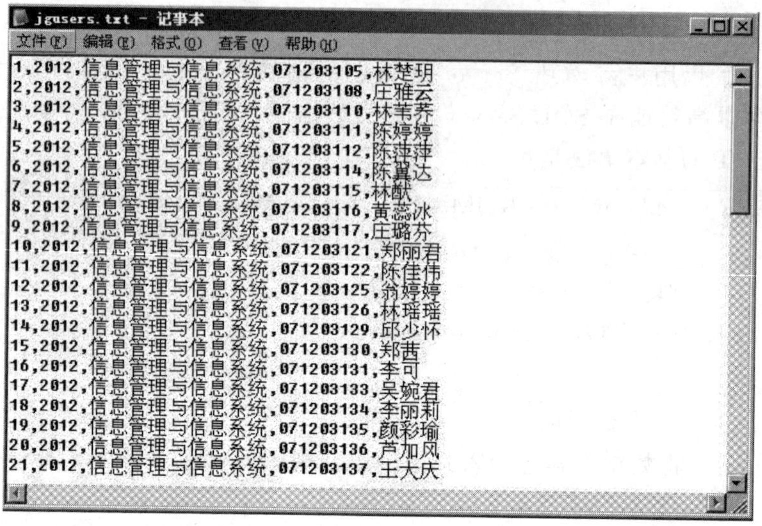

图 6-16　jgusers.txt 文本文件

```
BULK INSERT jgusers
FROM 'C:\jgusers.txt'
WITH
(
  FIELDTERMINATOR=',',
  ROWTERMINATOR='\n'
)
```

使用 SELECT 查询添加后的数据表结果如图 6-17 所示：

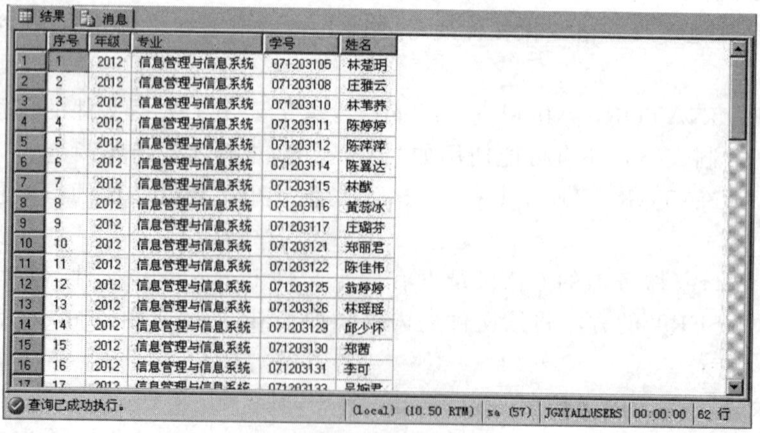

	序号	年级	专业	学号	姓名
1	1	2012	信息管理与信息系统	071203105	林楚玥
2	2	2012	信息管理与信息系统	071203108	庄雅云
3	3	2012	信息管理与信息系统	071203110	林苇荞
4	4	2012	信息管理与信息系统	071203111	陈婷婷
5	5	2012	信息管理与信息系统	071203112	陈萍萍
6	6	2012	信息管理与信息系统	071203114	陈翼达
7	7	2012	信息管理与信息系统	071203115	林猷
8	8	2012	信息管理与信息系统	071203116	黄蕊冰
9	9	2012	信息管理与信息系统	071203117	庄璐芬
10	10	2012	信息管理与信息系统	071203121	郑丽君
11	11	2012	信息管理与信息系统	071203122	陈佳伟
12	12	2012	信息管理与信息系统	071203125	翁婷婷
13	13	2012	信息管理与信息系统	071203126	林瑶瑶
14	14	2012	信息管理与信息系统	071203129	邱少怀
15	15	2012	信息管理与信息系统	071203130	郑茜
16	16	2012	信息管理与信息系统	071203131	李可
17	17	2012	信息管理与信息系统	071203133	吴婉君

图 6-17　查询结果

在 BULK INSERT 中使用格式文件导入相关记录。

新的数据文件 jgusers2.txt 的字段与 SQL Server 数据表的字段顺序不对应，如图 6-18 所示：

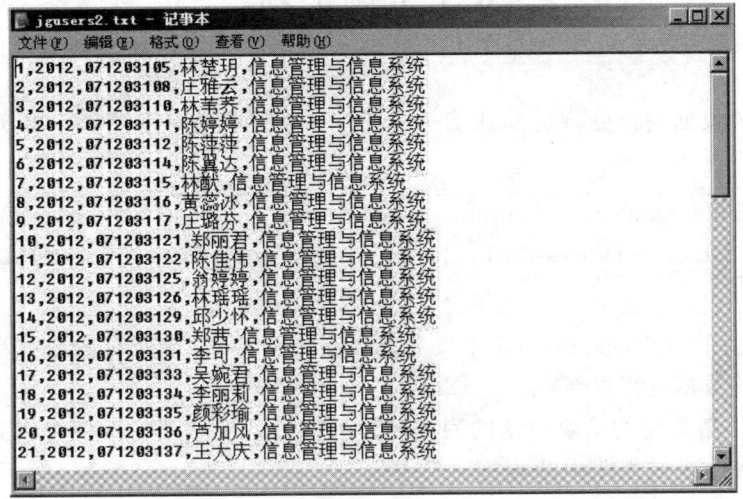

图 6-18　导入记录

首先需要创建格式文件 c:\SQLFORMAT.xml：

```
<? xml version="1.0"?>
<BCPFORMAT xmlns="http://schemas.microsoft.com/sqlserver/2004/bulkload/format" xmlns:xsi="http://www.w3.org/2001/XMLSchema-instance">
<RECORD>
<FIELD id="1" xsi:type="CharTerm" TERMINATOR="," />
<FIELD id="2" xsi:type="CharTerm" TERMINATOR="," />
<FIELD id="3" xsi:type="CharTerm" TERMINATOR="," />
<FIELD id="4" xsi:type="CharTerm" TERMINATOR="," />
<FIELD id="5" xsi:type="CharTerm" TERMINATOR="\r\n" />
</RECORD>
<ROW>
<COLUMN SOURCE="1" NAME="id" xsi:type="SQLNVARCHAR"/>
<COLUMN SOURCE="2" NAME="grade" xsi:type="SQLNVARCHAR"/>
<COLUMN SOURCE="5" NAME="pro" xsi:type="SQLNVARCHAR"/>
--本字段在.txt 文件中排在第五列，但在 SQL Server 中的列顺序是第三列
<COLUMN SOURCE="3" NAME="sutid" xsi:type="SQLNVARCHAR"/>
<COLUMN SOURCE="4" NAME="name" xsi:type="SQLNVARCHAR"/>
</ROW>
</BCPFORMAT>
```

其次，利用 BULK INSERT 语句向数据表添加大数据：

```
BULK INSERT jgusers
FROM 'C:\jgusers.txt'
WITH (FORMATFILE='C:\SQLFORMAT.XML')
```

6.3 数据更新

对数据表中的数据进行更新是 SQL Server DML 语句中的常用操作。更新数据的常用于法格式如：

> UPDATE table_name SET column_name1＝value1,
> 〔,column_name2＝expression,column_name3＝default…〕〔FROM table_source〕
> 〔WHERE condition〕

1. UPDATE 后的 tabalename 指定了要更新记录的所在表，在所有的数据更新语句时，一次只能针对一个表的数据进行更新；

2. 关键字 SET 后指定的是要更新的列或变量名称的列表。列的新值可以是常量或表达式，也可以是来自于其他表或视图中的数据。

3. 如果新值是一个表达式，则表达式是返回单个值的变量、文字值、表达式或嵌套 SELECT 语句(加括号)。

4. From table_source：指定将表、视图或派生表源用于为更新操作提供条件。如果所更新对象与 FROM 子句中的对象相同，并且在 FROM 子句中对该对象只有一个引用，则指定或不指定对象别名均可。如果更新的对象在 FROM 子句中出现了不止一次，则对该对象的一个（并且只有一个）引用不能指定表别名。FROM 子句中对该对象的所有其他引用都必须包含对象别名。

5. WHERE 条件是可选的。如果无条件设置则是对整张表的所有记录进行更新。

需要注意的是：

(1) UPDATE 不能更新标识列；

(2) 当引用 Unicode 字符数据类型 nchar、nvarchar 和 ntext 时，"expression"应采用大写字母"N"作为前缀。如果未指定"N"，则 SQL Server 会将字符串转换为与数据库或列的默认排序规则相对应的代码页。此代码页中没有的字符都将丢失；

(3) 带 INSTEAD OF UPDATE 触发器的视图不能是含有 FROM 子句的 UPDATE 的目标。关于触发器的知识将在后文中详述。

6.3.1 简单数据更新

本例将对 temp09 中的数据进行简单更新。

1. 对 id＝1 的 productname2 的数据进行更新，设置为"以色列黑莓"：

> update temp09
> SET productname2＝'以色列黑莓' WHERE id＝1

使用 SELECT 查询的结果如图 6-19 所示：

2. 将 id＝1 的以色列黑莓的单价 price 价格调高到原价格的 1.25 倍，注意观察 SALES 销售总额的数据是否随之而改变：

> update temp09
> SET price＝price * 1.25 WHERE id＝1

	ID	PRODUCTNAME	PRICE	TOT...	SALES	SALETIME	productnam...	me
1	1	הפטל השחור	30.0	100.0	3000.00	2014-04-19 11:21:14.467	以色列黑莓	大
2	2	NULL	NULL	NULL	NULL	2014-04-19 11:22:14.017	NULL	大
3	20	NULL	NULL	NULL	NULL	2014-04-20 16:24:35.580	NULL	这
4	21	NULL	NULL	NULL	NULL	2014-04-20 16:30:37.530	NULL	NU
5	5	NULL	NULL	NULL	NULL	2014-04-20 10:27:03.837	NULL	从
6	22	PEAR	12.1	200.0	2420.00	2014-04-20 16:42:49.957	NULL	CH
7	23	PEACH	12.1	200.0	2420.00	2014-04-20 16:42:49.957	NULL	CH
8	24	PINEAPPLE	12.1	200.0	2420.00	2014-04-20 16:42:49.957	NULL	CH
9	25	OLIVE	10.1	200.0	2020.00	2014-04-20 16:50:02.640	NULL	US

图 6-19　查询结果

使用 SELECT 语句查询更新后的结果如图 6-20：

	ID	PRODUCTNAME	PRICE	TOT...	SALES	SALETIME	productnam...	me
1	1	הפטל השחור	37.5	100.0	3750.00	2014-04-19 11:21:14.467	以色列黑莓	大
2	2	NULL	NULL	NULL	NULL	2014-04-19 11:22:14.017	NULL	大
3	20	NULL	NULL	NULL	NULL	2014-04-20 16:24:35.580	NULL	这
4	21	NULL	NULL	NULL	NULL	2014-04-20 16:30:37.530	NULL	NU
5	5	NULL	NULL	NULL	NULL	2014-04-20 10:27:03.837	NULL	从
6	22	PEAR	12.1	200.0	2420.00	2014-04-20 16:42:49.957	NULL	CH
7	23	PEACH	12.1	200.0	2420.00	2014-04-20 16:42:49.957	NULL	CH
8	24	PINEAPPLE	12.1	200.0	2420.00	2014-04-20 16:42:49.957	NULL	CH
9	25	OLIVE	10.1	200.0	2020.00	2014-04-20 16:50:02.640	NULL	US

图 6-20　查询结果

6.3.2 多行数据更新

本例将对 temp09 中的数据进行多行单列更新。

1.将 productname 名称为 NULL 的价格 price 设置为 20.0：

```
UPDATE temp09
SET price=20.0 WHERE productname IS NULL
```

使用 SELECT 查询更新后的结果如图 6-21 所示：

	ID	PRODUCTNAME	PRICE	TOT...	SALES	SALETIME	productnam...	me
1	1	הפטל השחור	37.5	100.0	3750.00	2014-04-19 11:21:14.467	以色列黑莓	大
2	2	NULL	20.0	NULL	NULL	2014-04-19 11:22:14.017	NULL	大
3	20	NULL	20.0	NULL	NULL	2014-04-20 16:24:35.580	NULL	这
4	21	NULL	20.0	NULL	NULL	2014-04-20 16:30:37.530	NULL	NU
5	5	NULL	20.0	NULL	NULL	2014-04-20 10:27:03.837	NULL	从
6	22	PEAR	12.1	200.0	2420.00	2014-04-20 16:42:49.957	NULL	CH
7	23	PEACH	12.1	200.0	2420.00	2014-04-20 16:42:49.957	NULL	CH
8	24	PINEAPPLE	12.1	200.0	2420.00	2014-04-20 16:42:49.957	NULL	CH
9	25	OLIVE	10.1	200.0	2020.00	2014-04-20 16:50:02.640	NULL	US

图 6-21　查询结果

2.将 productname 字段中以“P”开头的单价调高到原来的 1.5 倍：

```
UPDATE temp09
SET price=price * 1.5 WHERE productname LIKE 'P%'
```

使用 SELECT 语句查询更新后的结果如图 6-22 所示：

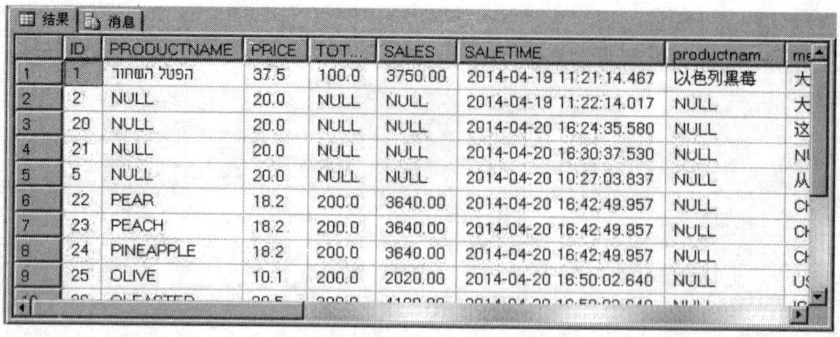

	ID	PRODUCTNAME	PRICE	TOT...	SALES	SALETIME	productnam...	me
1	1	הפטל השחור	37.5	100.0	3750.00	2014-04-19 11:21:14.467	以色列黑莓	大
2	2	NULL	20.0	NULL	NULL	2014-04-19 11:22:14.017	NULL	大
3	20	NULL	20.0	NULL	NULL	2014-04-20 16:24:35.580	NULL	这
4	21	NULL	20.0	NULL	NULL	2014-04-20 16:30:37.530	NULL	N
5	5	NULL	20.0	NULL	NULL	2014-04-20 10:27:03.837	NULL	从
6	22	PEAR	18.2	200.0	3640.00	2014-04-20 16:42:49.957	NULL	C
7	23	PEACH	18.2	200.0	3640.00	2014-04-20 16:42:49.957	NULL	C
8	24	PINEAPPLE	18.2	200.0	3640.00	2014-04-20 16:42:49.957	NULL	C
9	25	OLIVE	10.1	200.0	2020.00	2014-04-20 16:50:02.640	NULL	U

图 6-22　查询结果

6.3.3 多列数据更新

本例将对 temp09 中的数据进行多行单列更新。

将 productname 为 NULL 的全部更新为“APPLE”，且销售的总量 total 是 120.0：

```
UPDATE temp09
SET productname='APPLE',total=120.0 WHERE productname IS NULL
```

使用 SELECT 语句查询更新后的结果如图 6-23 所示：

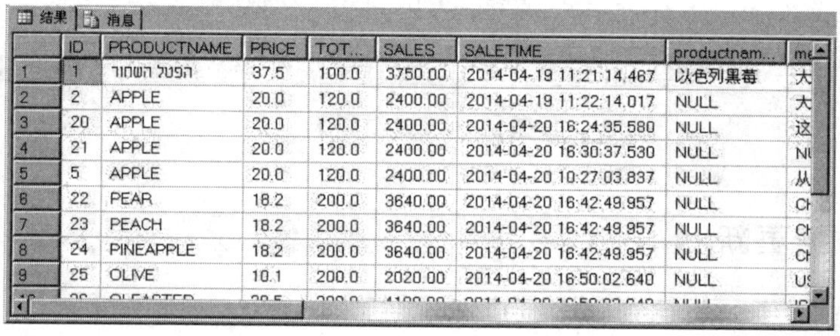

	ID	PRODUCTNAME	PRICE	TOT...	SALES	SALETIME	productnam...	me
1	1	הפטל השחור	37.5	100.0	3750.00	2014-04-19 11:21:14.467	以色列黑莓	大
2	2	APPLE	20.0	120.0	2400.00	2014-04-19 11:22:14.017	NULL	大
3	20	APPLE	20.0	120.0	2400.00	2014-04-20 16:24:35.580	NULL	这
4	21	APPLE	20.0	120.0	2400.00	2014-04-20 16:30:37.530	NULL	N
5	5	APPLE	20.0	120.0	2400.00	2014-04-20 10:27:03.837	NULL	从
6	22	PEAR	18.2	200.0	3640.00	2014-04-20 16:42:49.957	NULL	C
7	23	PEACH	18.2	200.0	3640.00	2014-04-20 16:42:49.957	NULL	C
8	24	PINEAPPLE	18.2	200.0	3640.00	2014-04-20 16:42:49.957	NULL	C
9	25	OLIVE	10.1	200.0	2020.00	2014-04-20 16:50:02.640	NULL	U

图 6-23　查询结果

6.3.4 利用嵌套子句更新数据

本例将对 temp09 数据表的数据利用 T-SQL 嵌套子句的方式对相关数据进行更新：

1.将总销售额 sales 高于当前平均销售额的备注字段 memo 的内容更新为“销售额高于平均”：

```
UPDATE temp09
SET memo='销售额高于平均' WHERE sales>(SELECT AVG(sales) FROM temp09)
```

使用 SELECT 查询更新后的结果如图 6-24 所示：

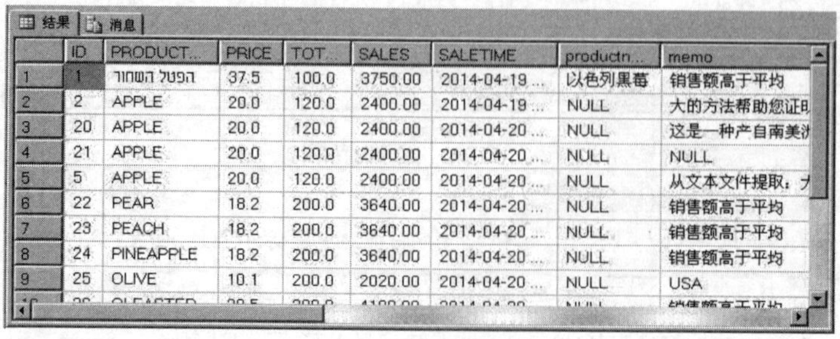

	ID	PRODUCT...	PRICE	TOT...	SALES	SALETIME	productn...	memo
1	1	הפטל השחור	37.5	100.0	3750.00	2014-04-19 ...	以色列黑莓	销售额高于平均
2	2	APPLE	20.0	120.0	2400.00	2014-04-19 ...	NULL	大的方法帮助您证明
3	20	APPLE	20.0	120.0	2400.00	2014-04-20 ...	NULL	这是一种产自南美洲
4	21	APPLE	20.0	120.0	2400.00	2014-04-20 ...	NULL	NULL
5	5	APPLE	20.0	120.0	2400.00	2014-04-20 ...	NULL	从文本文件提取：大
6	22	PEAR	18.2	200.0	3640.00	2014-04-20 ...	NULL	销售额高于平均
7	23	PEACH	18.2	200.0	3640.00	2014-04-20 ...	NULL	销售额高于平均
8	24	PINEAPPLE	18.2	200.0	3640.00	2014-04-20 ...	NULL	销售额高于平均
9	25	OLIVE	10.1	200.0	2020.00	2014-04-20 ...	NULL	USA

图 6-24　查询结果

2.将销售额大于所有分类水果平均销售额的 90%的销售时间 saletime 进行更新：

```
UPDATE TEMP09
SET saletime=DEFAULT  WHERE sales>ALL(SELECT AVG(sales) * 0.9 FROM
temp09 GROUP BY productname)
```

因为 saletime 字段设置了默认值 getdate()，因此在进行更新的时候使用的更新值是 default。使用 SELECT 查询更新后的结果如图 6-25 所示：

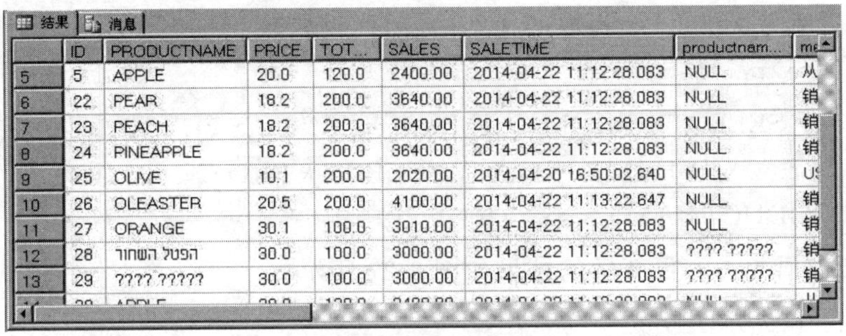

	ID	PRODUCTNAME	PRICE	TOT...	SALES	SALETIME	productnam...	me
5	5	APPLE	20.0	120.0	2400.00	2014-04-22 11:12:28.083	NULL	从
6	22	PEAR	18.2	200.0	3640.00	2014-04-22 11:12:28.083	NULL	销
7	23	PEACH	18.2	200.0	3640.00	2014-04-22 11:12:28.083	NULL	销
8	24	PINEAPPLE	18.2	200.0	3640.00	2014-04-22 11:12:28.083	NULL	销
9	25	OLIVE	10.1	200.0	2020.00	2014-04-20 16:50:02.640	NULL	US
10	26	OLEASTER	20.5	200.0	4100.00	2014-04-22 11:13:22.647	NULL	销
11	27	ORANGE	30.1	100.0	3010.00	2014-04-22 11:12:28.083	NULL	销
12	28	הפטל השחור	30.0	100.0	3000.00	2014-04-22 11:12:28.083	???? ?????	销
13	29	???? ?????	30.0	100.0	3000.00	2014-04-22 11:12:28.083	???? ?????	销

图 6-25　查询结果

6.3.5 更新所有数据

本例将对 temp09 表的所有行的相关字段进行数据更新。

1.对所有行的销售时间进行更新：

```
UPDATE temp09
SET saletime=DEFAULT
```

2.将所有产品的名称 productname、销售单价 price 和销售额合成一个字符串，更新到备注字段 memo 中：

```
UPDATE temp09
SET memo=productname+'的销售单价是：'+CAST(price AS varchar)+'，销售额是：'
+CAST(sales AS varchar)
```

使用 SELECT 查询更新后的结果如图 6-26 所示：

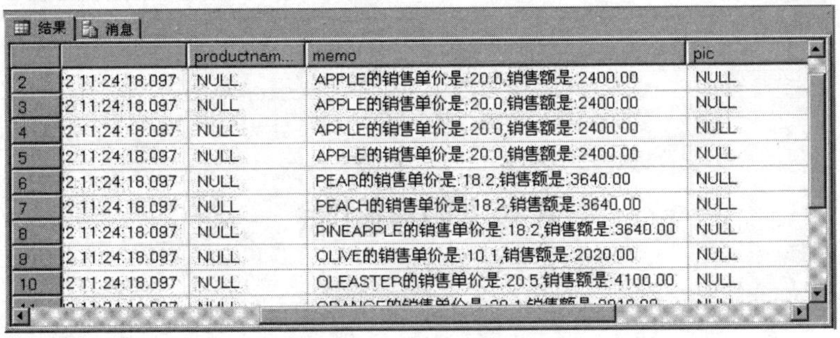

		productnam...	memo	pic
2	2 11:24:18.097	NULL	APPLE的销售单价是:20.0,销售额是:2400.00	NULL
3	2 11:24:18.097	NULL	APPLE的销售单价是:20.0,销售额是:2400.00	NULL
4	2 11:24:18.097	NULL	APPLE的销售单价是:20.0,销售额是:2400.00	NULL
5	2 11:24:18.097	NULL	APPLE的销售单价是:20.0,销售额是:2400.00	NULL
6	2 11:24:18.097	NULL	PEAR的销售单价是:18.2,销售额是:3640.00	NULL
7	2 11:24:18.097	NULL	PEACH的销售单价是:18.2,销售额是:3640.00	NULL
8	2 11:24:18.097	NULL	PINEAPPLE的销售单价是:18.2,销售额是:3640.00	NULL
9	2 11:24:18.097	NULL	OLIVE的销售单价是:10.1,销售额是:2020.00	NULL
10	2 11:24:18.097	NULL	OLEASTER的销售单价是:20.5,销售额是:4100.00	NULL

图 6-26　查询结果

6.3.6 特殊数据字段的更新

特殊数据字段指的是对如 text、ntext、image 等数据类型的更新。

1.对 TEXT 字段类型的更新

如果是非巨长字符，可以直接将字符串置于 UPDATE 语句中的 SET 更新值中。如果希望从.txt 等文件中获取，那么需要通过子句对文件数据进行提取后再进行更新：

假设 productname 中数值等于希伯来语黑莓“הפטל השחור”，则将该记录的备注字段 memo 的数据都更新为从 111.txt 提取的文本内容，代码如下：

```
UPDATE TEMP09
SET memo=(SELECT * FROM OpenRowset('MSDASQL', 'Driver={Microsoft Text Driver (*.txt; *.csv)};DefaultDir=C:\;','SELECT * FROM 111.txt'))
WHERE PRODUCTNAME=N'הפטל השחור'
```

使用 SELECT 语句查询更新后的结果如图 6-27 所示：

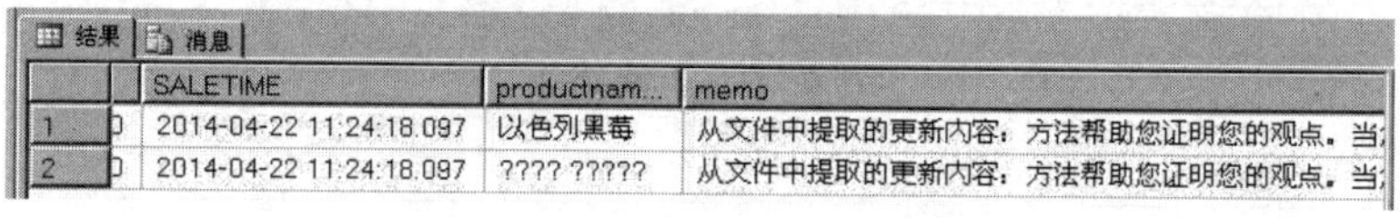

		SALETIME	productnam...	memo
1	0	2014-04-22 11:24:18.097	以色列黑莓	从文件中提取的更新内容：方法帮助您证明您的观点。当
2	0	2014-04-22 11:24:18.097	???? ?????	从文件中提取的更新内容：方法帮助您证明您的观点。当

图 6-27　查询结果

2.对 image 数据字段的更新

假设 productname 中数值等于希伯来语黑莓“הפטל השחור”，则将该记录的图片字段 pic 的数据都更新为 C:\201311.jpg，代码如下：

```
UPDATE temp09
SET pic=(SELECT BulkColumn FROM openrowset(Bulk 'C:\201311.jpg', SINGLE_BLOB) AS BLOB)
WHERE productname=N'הפטל השחור'
```

使用 SELECT 查询更新后的数据结果如图 6-28 所示：

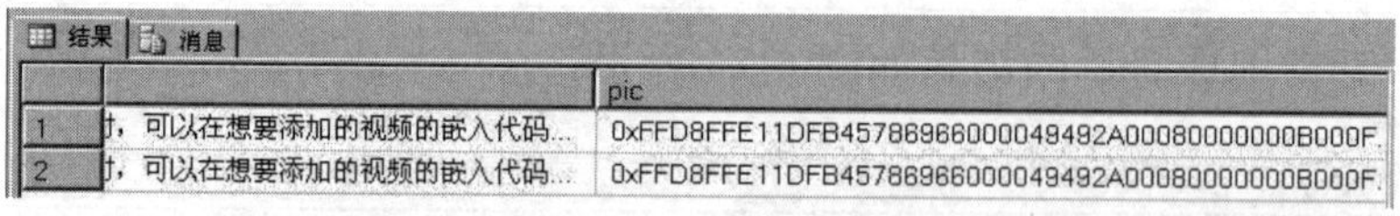

		pic
1	时，可以在想要添加的视频的嵌入代码...	0xFFD8FFE11DFB4578696600004949492A00080000000B000F.
2	时，可以在想要添加的视频的嵌入代码...	0xFFD8FFE11DFB4578696600004949492A00080000000B000F.

图 6-28　查询结果

6.4 数据删除

对数据表中的数据进行删除是对数据库清理的基本操作，也是对数据库的一种特殊更新。

对数据删除的主要语法格式是：

```
DELETE [TOP (expression) [PERCENT]] [FROM] table_name | view_name
[FROM table_source] WHERE condition
```

1.DELETE 只会删除指定数据表中的记录行,不会对表进行删除。表的删除语句是 DROP TABLE。

2.TOP|PERCENT:指定将要删除的任意行数或任意行的百分比。expression 可以为行数或行的百分比。与 INSERT、UPDATE 或 DELETE 一起使用的 TOP 表达式中被引用行将不按任何顺序排列;

3.FROM:可选的关键字,可用在 DELETE 关键字与目标 table_or_view_name 或 rowset_function_limited 之间;

4.table_name|view_name:要删除行所在的表或视图的名称。

5.FROM <table_source>:指定附加的 FROM 子句。这个对 DELETE 的 Transact-SQL 扩展允许从<table_source>指定数据,并从第一个 FROM 子句内的表中删除相应的行。这个扩展指定联接,可在 WHERE 子句中取代子查询来标识要删除的行。

6.指定用于限制删除行数的条件。如果没有提供 WHERE 子句,则 DELETE 删除表中的所有行。

需要注意的是:

(1)DELETE 是对整条记录的删除,而不能仅仅删除指定的列。

(2)在 INSERT、UPDATE 和 DELETE 语句中,需要使用括号分隔 TOP 中的 expression。

(3)基于 WHERE 子句中所指定的条件,有两种形式的删除操作:

①搜索删除指定搜索条件以限定要删除的行。例如,WHERE column_name=value。

②定位删除使用 CURRENT OF 子句指定游标。删除操作在游标的当前位置执行。这比使用 WHERE search_condition 子句限定要删除的行的搜索 DELETE 语句更为精确。如果搜索条件不唯一标识单行,则搜索 DELETE 语句删除多行。关于游标的知识将在后文详细阐述。

(4)如果 DELETE 语句违反了触发器,或试图删除另一个有 FOREIGN KEY 约束的表内的数据被引用行,则可能会失败。如果 DELETE 删除了多行,而在删除的行中有任何一行违反触发器或约束,则将取消该语句,返回错误且不删除任何行。

(5)当 DELETE 语句遇到在表达式计算过程中发生的算术错误(溢出、被零除或域错误)时,数据库引擎将处理这些错误,就好像 SET ARITHABORT 设置为 ON。将取消批处理中的其余部分并返回错误消息。

(6)对远程表和本地及远程分区视图上的 DELETE 语句将忽略 SET ROWCOUNT 选项的设置。

(7)在 SQL Server 的将来版本中,使用 SET ROWCOUNT 将不会影响 DELETE、INSERT 和 UPDATE 语句。请不要在新的开发工作中将 SET ROWCOUNT 与 DELETE、INSERT 和 UPDATE 语句一起使用,并准备修改当前使用它的应用程序。建议您改用 TOP 子句。

(8)从堆中删除行:从堆中删除行时,数据库引擎可以使用行锁定或页锁定进行操作。结果,删除操作导致的空页将继续分配给堆。未释放空页时,数据库中的其他对象将无法重用关联的空间。请使用以下方法:

(1)在 DELETE 语句中指定 TABLOCK 提示。使用 TABLOCK 提示会导致删除操作获取表的共享锁,而不是行锁或页锁。这将允许释放页。

(2)如果要从表中删除所有行,请使用 TRUNCATE TABLE。

(3)删除行之前,请为堆创建聚集索引。删除行之后,可以删除聚集索引。与先前的方法相比,此方法非常耗时,并且使用更多的临时资源。

(4)如果在对表或视图的 DELETE 操作上定义了 INSTEAD OF 触发器,则执行该触发器而不执行 DELETE 语句。SQL Server 的早期版本只支持 DELETE 和其他数据修改语句上的 AFTER 触发器。不能在直接或间接引用对其定义 INSTEAD OF 触发器的视图的 DELETE 语句中指定 FROM 子句。

6.4.1 单行数据删除

本例对 temp09 数据表中的 id=29 的行记录进行删除：

```
DELETE temp09 WHERE id=29
```

使用 SELECT 查询删除数据前后的结果对比，如图 6-29 所示：

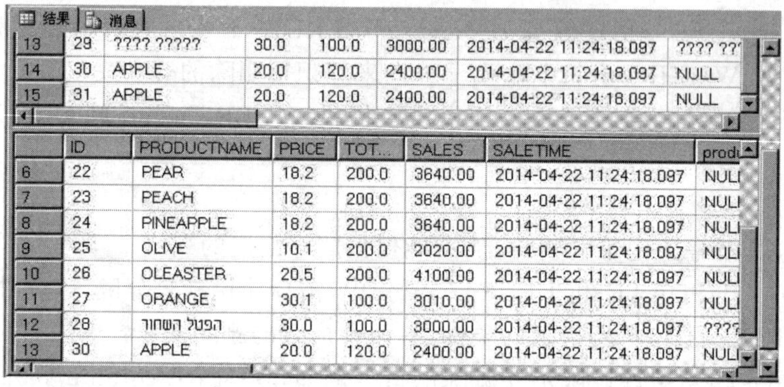

图 6-29　查询结果

6.4.2 多行数据删除

本例对 temp09 表中价格低于 20.0 的数据进行删除：

```
DELETE temp09 WHERE price<20
```

使用 SELECT 查询数据删除后的结果，如图 6-30 所示：

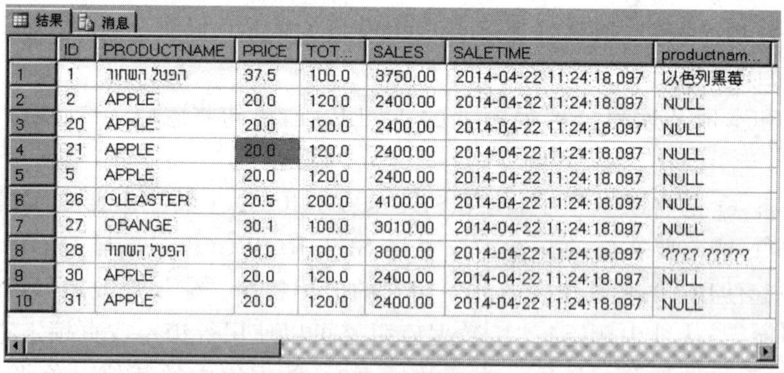

图 6-30　查询结果

6.4.3 利用嵌套查询删除数据

本例将对 temp09 数据表中价格最高和价格最低的记录进行删除：

```
DELETE temp09
    WHERE price IN((SELECT MAX(price) FROM temp09),(SELECT MIN(price) FROM temp09))
```

使用 SELECT 查询数据删除后的结果，如图 6-31 所示：

ID	PRODUCTNAME	PRICE	TOT...	SALES	SALETIME	productnam...
1	26	OLEASTER	20.5	200.0	4100.00	2014-04-22 11:24:18.097	NULL
2	27	ORANGE	30.1	100.0	3010.00	2014-04-22 11:24:18.097	NULL
3	28	הפטל השחור	30.0	100.0	3000.00	2014-04-22 11:24:18.097	???? ?????

图 6-31　查询结果

6.4.4 删除表中的所有记录

使用 DELETE 可在不设置任何条件的情况下，可将整张表的数据进行删除，但是保留表的结构。

使用 TRUNCATE 也可以对整张表的数据进行删除，与 DELETE 比较，TRUNCATE 方法有如下特点：

1.所用的事务日志空间较少。

2.DELETE 语句每次删除一行，并在事务日志中为所删除的每行记录一个项。TRUNCATE TABLE 通过释放用于存储表数据的数据页来删除数据，并且在事务日志中只记录页释放。

3.使用的锁通常较少。当使用行锁执行 DELETE 语句时，将锁定表中各行以便删除。TRUNCATE TABLE 始终锁定表和页，而不是锁定各行。

4.如无例外，TRUNCATE 操作后在表中不会留有任何页。执行 DELETE 语句后，表仍会包含空页。例如，必须至少使用一个排他（LCK_M_X）表锁，才能释放堆中的空表。如果执行删除操作时没有使用表锁，表（堆）中将包含许多空页。对于索引，删除操作会留下一些空页，尽管这些页会通过后台清除进程迅速释放。

5.TRUNCATE TABLE 删除表中的所有行，但表结构及其列、约束、索引等保持不变。若要删除表定义及其数据，请使用 DROP TABLE 语句。

6.如果表包含标识列，该列的计数器重置为该列定义的种子值。如果未定义种子，则使用默认值 1。若要保留标识计数器，请使用 DELETE。

7.TRUNCATE TABLE 不能激活触发器，因为该操作不记录各个行删除。

8.不能对以下表使用 TRUNCATE TABLE：

(1)由 FOREIGN KEY 约束引用的表。（可以截断具有引用自身的外键的表。）

(2)参与索引视图的表。

(3)通过使用事务复制或合并复制发布的表。

(4)对于具有以上一个或多个特征的表，请使用 DELETE 语句。

本例中使用的数据将从 stuinfo 和 proinfo 中加以复制，进而对存在外键等关系的数据表进行删除操作，以观察相应的结果和调整数据操作方法。

stuinfo 和 proinfo 的两张表之间已经存在了外键引用关系，如图 6-32 所示：

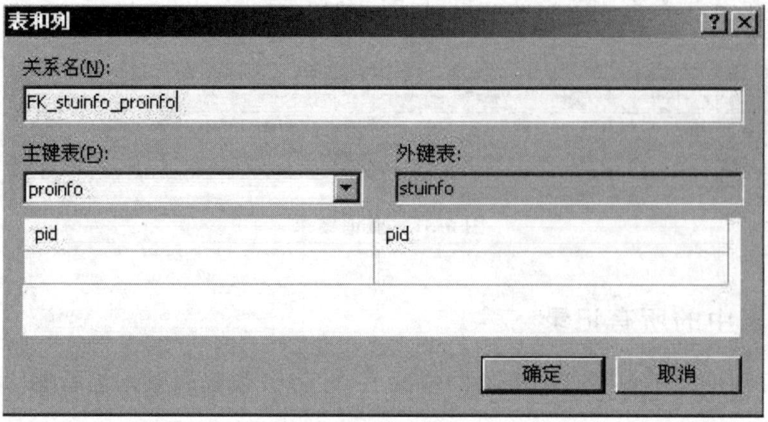

图 6-32 表和列

从 stuinfo 和 proinfo 获取副本,分别命名为 stuinfotemp1、stuinfotemp2 和 proinfotemp。

```
SELECT * INTO stuinfotemp1 FROM stuinfo
SELECT * INTO stuinfotemp2 FROM stuinf
SELECT * INTO proinfotemp FROM proinfo
```

使用 SELECT…INTO 语句获取的数据副本相关的表的主键、外键引用关系均消失,所以,使用 T-SQL 语句重新构建相关主键及外键的引用关系:

```
ALTER TABLE stuinfotemp1
    ADD CONSTRAINT PK_STUID1   PRIMARY KEY (stuid)
ALTER TABLE stuinfotemp2
    ADD CONSTRAINT PK_STUID2   PRIMARY KEY (stuid)
ALTER TABLE proinfotemp
    ADD CONSTRAINT PK_PID   PRIMARY KEY (pid)
ALTER TABLE stuinfotemp1
    ADD CONSTRAINT FK_STUINFOTEMP_PROINFOTEMP1 FOREIGN KEY (pid)
REFERENCES proinfotemp(pid)
ALTER TABLE stuinfotemp2
    ADD CONSTRAINT FK_STUINFOTEMP_PROINFOTEMP2 FOREIGN KEY (pid)
REFERENCES proinfotemp(pid)
```

下面将比较使用 DELETE 和 TRUNCATE 两种方法对两张完全相同的表进行删除,然后比较删除后的相关属性以及使用空间的大小:

使用 DELETE 语句将 stuinfotemp1 表中记录全部删除:

```
DELETE stuinfotemp1
EXEC SP_HELP stuinfotemp1
EXEC SP_SPACEUSED stuinfotemp1
```

使用 SP_HELP 和 SP_SPACEUSERD 系统存储过程查看表的相关属性以及空间使用情况,如图 6-33 所示:

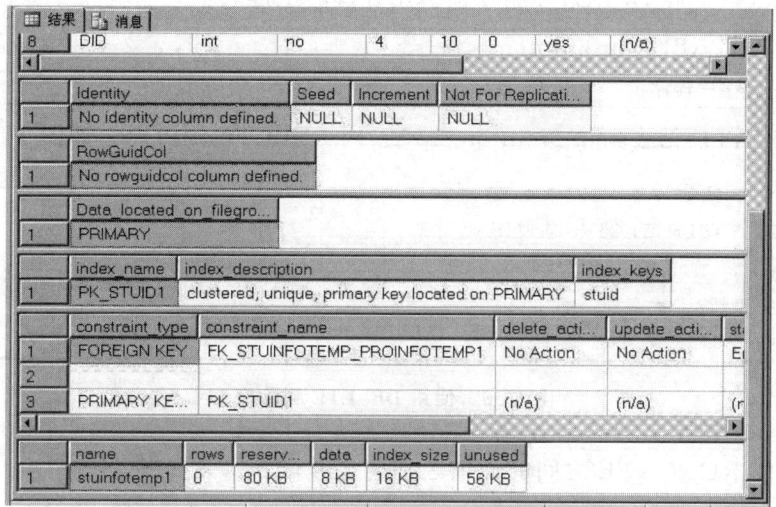

图 6-33　查看表的属性及空间使用情况

使用 TRUNCATE 语句将 stuinfotemp2 表中记录全部删除：

```
TRUNCATE TABLE stuinfotemp2
EXEC SP_HELP stuinfotemp2
EXEC SP_SPACEUSED stuinfotemp2
```

使用 SP_HELP 和 SP_SPACEUSERD 系统存储过程查看表的相关属性以及空间使用情况，如图 6-34 所示：

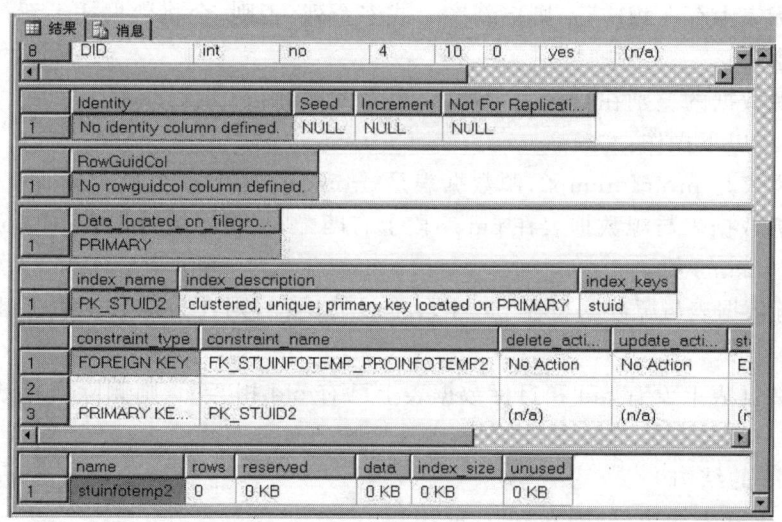

图 6-34　查看表的属性及空间使用情况

对比两张删除了所有数据的数据表 stuinfotemp1 和 stuinfotemp2 的相关情况得知：
①使用 DELETE 删除所有数据后的 stuinfotemp1 表还使用了 80 KB 的保留空间。
②使用 TRUNCATE 删除所有数据后的 stuinfotem2 表的保留空间为 0 KB。
③使用 DELETE 和 TRUNCATE 对表中所有数据进行删除后的空表中，保留了相关主键、外键引用等相关设置。

使用 TRUNCATE 和 DELETE 删除被引用外键的主键表：

```
TRUNCATE TABLE proinfotemp
DELETE proinfotemp
```

使用 TRUNCATE 无法删除 proinfotemp 表，而 DELETE 则可以。如图 6-35 所示：

图 6-35　使用 DELETE 删除表

DELETE 和 TRUNCATE 之间的详细区别请参考官方相关资料。

6.5　使用 MERGE 添加、更新和删除数据

在 SQL Server 2008 及更高版本中，用户可以使用 MERGE 语句在一条语句中执行插入、更新或删除操作。MERGE 语句允许用户将数据源与目标表或视图联接，然后根据该联接的结果对目标执行多项操作。例如，可以使用 MERGE 语句执行以下操作：

(1) 有条件地在目标表中插入或更新行。
(2) 如果目标表中存在相应行，则更新一个或多个列；否则，会将数据插入新行。
(3) 同步两个表。
(4) 根据与源数据的差别在目标表中插入、更新或删除行。

假定需要完成以下操作：

(1) 目标数据表是 proinfotemp2，源数据表是 proinfotemp1。
(2) 如果目标数据表与源数据表在 pid 字段上有匹配，则将目标数据表中的 pname 字段更新为源数据表中的 pname 值。
(3) 如果目标数据表与源数据表在 pid 字段上没有匹配，则在目标数据表上插入一条新的记录。
(4) 如果源数据表上没有 pid 和目标数据表上已有 pid 相匹配，则删除目标数据表上的多余记录。

1. 对比两张表的结构

proinfotemp1 的表结构，如图 6-36 所示：

	Column_name	Ty...	Computed	Len...	Prec	Scale	Nullable	TrimTrailingBlan...	FixedLenNullInSou
1	pid	int	no	4	10	0	no	(n/a)	(n/a)
2	pname	va...	no	40			yes	no	yes
3	did	int	no	4	10	0	yes	(n/a)	(n/a)

图 6-36　表的结构

proinfotemp2 的表结构,如图 6-37 所示:

图 6-37　表的结构

2.对两张表的数据进行整理

通过 INSERT 语句,向源数据表 proinfotemp1 中输入了一条新的记录:

```
INSERT INTO proinfotemp1 VALUES ('云计算',4)
INSERT INTO proinfotemp2 VALUES ('物联网',6)
```

数据整理后,proinfotemp1 表中至少有一条记录的 pid 值不在 proinfotemp2 表中 pid 的值域范围内;proinfotemp2 中有一条记录的 pid 值也没有体现在 proinfotemp1 表中,如图 6-38 所示:

图 6-38　查询结果

3.使用 MERGE 对数据进行添加、更新和删除

假定将 proinfotem1 设置为源表,prointemp2 设置为目标表。需要完成的任务是:

(1)当 proinfotemp2 中的 pid 与 proinfotemp1 中的 pid 有对应时,则用 proinfotemp1 中的 pname 值更新 proinfotemp2 中相应的 pname 值。

(2)如果 proinfotemp1 中有存在记录,但是 proinfotemp2 中不存在,则将 proinfotemp1 中的记录复制到 proinfotemp2 中。

(3)如果 proinfotemp2 中有存在的记录但并不存在于 proinfotemp1,则将 proinfotemp2 中的记录删除。

```
MERGE proinfotemp2    pro2
USING proinfotemp1    pro1
ON (pro2.pid=pro1.pid)
WHEN MATCHED
    THEN UPDATE SET pro2.pname=pro1.pname--如果匹配了则更新目标表 PRO2
```

WHEN NOT MATCHED
　　THEN INSERT VALUES(pro1.pid,pro1.pname,pro1.did)--如果不匹配则在 PRO2 中添加
WHEN NOT MATCHED BY SOURCE THEN DELETE;--如果与源表不匹配则直接删除。这里的源表名称只能使用 SOURCE,不能使用 proinfotemp1,否则会报错。

执行后输入的结果。如图 6-39 所示：

PID	PNAME	DID
13	工商管理类	9
14	信息管理与信息系统	4
15	国际经济与贸易	5
16	会计学（教改班）	8
17	物流管理	6
18	财政学	7
19	行政管理	2
20	电子商务	4
21	创新实验班（财务管理）	3
22	创新实验班（金融学）	3
23	工商管理	9
24	市场营销（教改班）	9
25	公共事业管理	2
26	工程管理	9
27	会计学	8
28	创新实验班（统计学）	3
30	云计算	4

PID	PNAME	DID
14	信息管理与信息系统	4
15	国际经济与贸易	5
16	会计学（教改班）	8
17	物流管理	6
18	财政学	7
19	行政管理	2
20	电子商务	4
21	创新实验班（财务管理）	3
22	创新实验班（金融学）	3
23	工商管理	9
24	市场营销（教改班）	9
25	公共事业管理	2
26	工程管理	9
27	会计学	8
28	创新实验班（统计学）	3
30	云计算	4

图 6-39　查询结果

从两张对比表中可以得知,pid=1 的记录 pname 值都是"物流工程",虽然有更新但是未体现区别。

proinfotemp2 中有另一条记录 pid=29,pname=物联网,而该记录在 proinfotemp1 中并不存在,所以该记录被删除。

proinfotemp2 中除了 pid=1 和 pid=29 的记录外,再无其他记录,所以,从 proinfotemp1 中复制其他的记录到 proinfotemp2 中。

6.6　数据操作中的特殊情况

在数据操作中,如果多表之前存在外键引用问题,且相关可能设置了如"不执行任何操作"、"级联更新"、"级联删除",那么在更新、删除相应表中的记录时就要十分注意。

假设从 jgxyallusers 数据库中的 departinfo 和 proinfo 表获取两张数据表副本 departinfotemp 和 proinfotemp,并将 departinfotemp 中的 Primary Key 键 did 设置为 proinfotemp 表中 did 的外键,相关代码如下：

> --获取表的副本
> SELECT * INTO departinfotemp FROM departinfo
> SELECT * INTO proinfotemp FROM proinfo
> --创建级联更新与删除的外键关系
> ALTER TABLE proinfotemp
>   ADD CONSTRAINT FK_T_P FOREIGN KEY（did）REFERENCES departinfotemp
> （did）ON DELETE NO ACTION ON UPDATE NO ACTION

操作结果如图 6-40 所示：

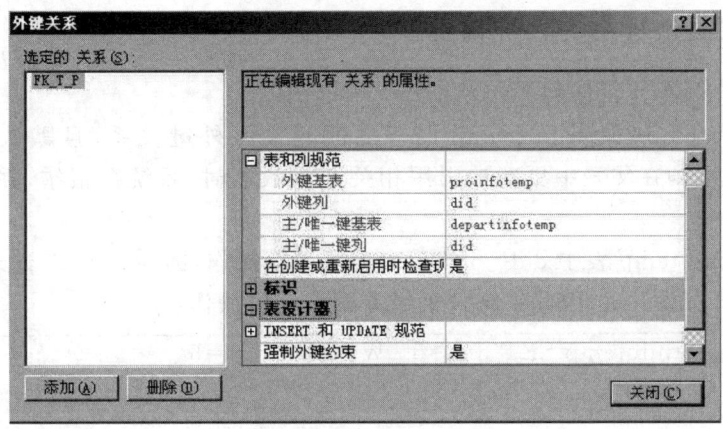

图 6-40　查询结果

6.6.1　添加数据过程中的特殊情况

如果存在外键引用关系，则添加相关记录时，首先要保证主键表中的记录是完备的，外键表中再添加新记录时才能正常进行，否则将报错。

departinfotemp 和 proinfotemp 表中的数据如图 6-41 所示，其中 departinfotemp 中的 did 字段最高数值是 11，如果需要在 proinfotemp 表中添加一个记录，pid＝29，pname＝物联网，did＝12，结果将会报错。如图 6-41 所示：

图 6-41　查询结果

```
INSERT INTO proinfotemp VALUES(29,'物联网',12)--结果将报错
--报错内容如下:
/*
消息 547,级别 16,状态 0,第 1 行
INSERT 语句与 FOREIGN KEY 约束"FK_T_P"冲突。该冲突发生于数据库"JGXY-
ALLUSERS",表"dbo.departinfotemp", column 'did'.
语句已终止。
*/
```

6.6.2 更新数据过程中的特殊情况

1. NO ACTION(不执行任何操作)

如果 departinfotemp 和 proinfotemp 两表之间建立了外键关系,且默认启用了 NO AC-TION(不执行任何),则在父表中更新被引用相关记录数据时,系统会报错,并回滚对父表中相应行的更新操作。

假设对 departinfotemp 表中 did=5 的记录进行更新操作,因为 did=5 记录已经被 proinfo-temp 表中的相关记录所引用,因此系统将报错并回滚相应操作:

```
UPDATE departinfotemp SET did=55 WHERE did=5
--报错信息及相关操作:
/*
消息 547,级别 16,状态 0,第 1 行
UPDATE 语句与 REFERENCE 约束"FK_T_P"冲突。该冲突发生于数据库"JGXYAL-
LUSERS",表"dbo.proinfotemp", column 'did'.
语句已终止。
*/
```

本例中如果仅对 departinfotemp 表中的 dname 字段进行更新,如 dname='经济学类',则不会报错。

同样,在 proinfotemp 中如果要对 did=5 的记录进行更新,也会收到同样的出错信息。

2. CASCADE(级联)

将外键引用关系设置为级联更新(使用 ALTER 语句无法进行修改,需要先删除再创建):

```
ALTER TABLE proinfotemp
  ADD CONSTRAINT FK_T_P FOREIGN KEY (did) REFERENCES departinfotemp
(did) ON UPDATE CASCADE
```

或者在表的关系设计视图中进行调整,如图 6-42 所示:

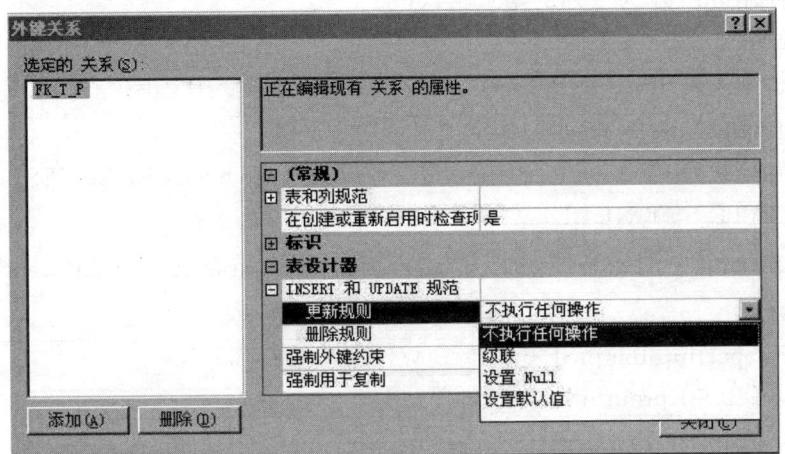

图 6-42　查询结果

若用户在 departinfotemp 中对被外键引用的键值进行了更新,则 proinfotemp 表中相关引用的记录数据也会同时更新:

```
UPDATE departinfotemp SET did=55 WHERE did=5
SELECT * FROM proinfotemp
```

结果如图 6-43 所示,原来 did=5 的记录会自动更新为 55:

	pid	pname	did
1	1	物流工程	6
2	2	经济学	55
3	3	创新实验班(会计学)	3
4	4	金融学	7
5	5	创新实验班(国际经济与贸易)	3
6	6	公共管理类	2
7	7	市场营销	9
8	8	财务管理	8
9	9	创新实验班	3
10	10	经济学(教改班)	55
11	11	统计学	1
12	12	经济统计学	7
13	13	工商管理类	9
14	14	信息管理与信息系统	4

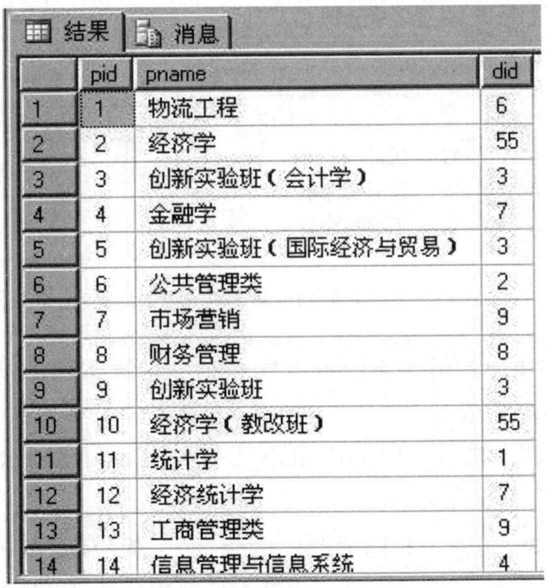

图 6-43　查询结果

3.SET NULL 或 SET DEFAULT

* SET NULL 和 SET DEFAULT 只能在 SQL Server 2005 及以上版本才可使用。

SET NULL 的作用是如果更新了父表中的相应键值,则会将构成外键的所有值设置为 NULL。若要执行此约束,外键列必须允许为空值。

SET DEFAULT 的作用是:如果更新了父表中被引用的键值,则会将构成外键的所有值设置为默认值。若要执行此约束,外键列必须设置默认值。如果某个列可为空值,并且未设置显式的默认值,则会使用 null 作为该列的隐式默认值。

下面举例说明:

(1)将外键引用关系中的 ON UPDATE 参数设置为 SET NULL:

> ALTER TABLE proinfotemp
> ADD CONSTRAINT FK_T_P FOREIGN KEY (did) REFERENCES departinfotemp (did) ON UPDATE SET NULL

对 departinfotemp 中的 did=55 的记录进行更新,那么相应地在 proinfotemp 表中的记录会被更新为 NULL:

> UPDATE departinfotemp SET did=5 WHERE did=55
> SELECT * FROM proinfotemp

输出的结果如图 6-44 所示:

pid	pname	did
1	物流工程	6
2	经济学	NULL
3	创新实验班(会计学)	3
4	金融学	7
5	创新实验班(国际经济与贸易)	3
6	公共管理类	2
7	市场营销	9
8	财务管理	8
9	创新实验班	3
10	经济学(教改班)	NULL
11	统计学	1
12	经济统计学	7
13	工商管理类	9

图 6-44 查询结果

(2)将外键引用关系中的 ON UPDATE 参数设置为 SET DEFAULT:

> ALTER TABLE proinfotemp
> ADD CONSTRAINT FK_T_P FOREIGN KEY (did) REFERENCES departinfotemp (did) ON UPDATE SET DEFAULT

对 departinfotemp 中的 did=3 的记录进行更新,那么相应地在 proinfotemp 表中的记录会被更新为默认值(假定 proinfotemp 表中 did 字段的默认值设置为 99,注意这个默认值也必须在 departinfotemp 表中 did 的取值范围内,否则将会报错):

> --设置 proinfotemp 表中的 did 默认值为 99:
> ALTER TABLE proinfotemp ADD CONSTRAINT DF_PRO DEFAULT(99) FOR did
> --更新 departinfotemp 中的 did=3 的值:
> UPDATE departinfotemp SET did=33 WHERE did=3
> SELECT * FROM proinfotemp

输出的结果如图 6-45 所示：

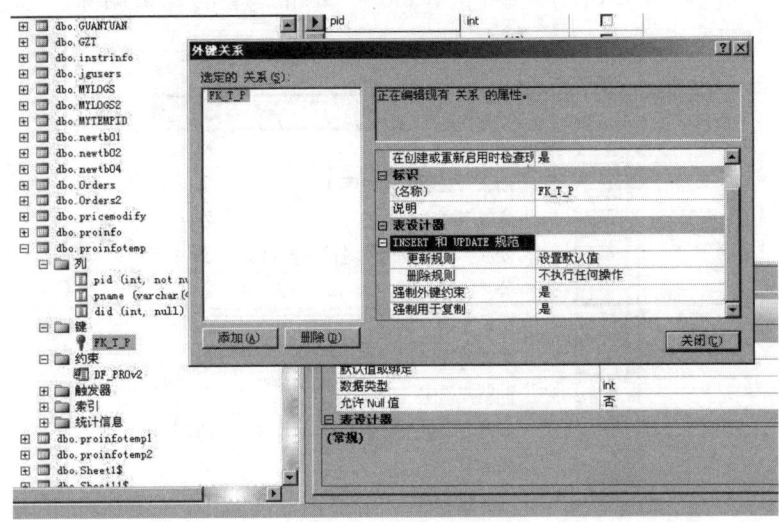

图 6-45　查询结果

本例在对象资源管理器中的操作过程就是 proinfotemp 表的外键关系设置为 FK_T_P，将 insert 或 update 规范设置为"设置默认值"即可，如图 6-46 所示：

图 6-46　查询结果

6.6.3　删除数据过程中的特殊情况

1. NO ACTION（不执行任何操作）

如果 departinfotemp 和 proinfotemp 两表之间建立了外键关系，且默认启用了 NO AC-TION（不执行任何操作），则在父表中删除被引用相关记录数据时，系统会报错，并回滚对父表中相应行的更新操作。

假设对 departinfotemp 表中 did=5 的记录进行删除操作，因为 did=5 记录已经被 proinfotemp 表中的相关记录所引用，因此系统将报错并回滚相应操作：

> DELETE departinfotemp WHERE did=5
> --报错信息及相关操作：
> /*
> 消息 547,级别 16,状态 0,第 1 行
> DELETE 语句与 REFERENCE 约束"FK_T_P"冲突。该冲突发生于数据库"JGXYAL-LUSERS",表"dbo.proinfotemp", column 'did'。
> 语句已终止。
> */

2.CASCADE(级联)

将外键引用关系设置为级联删除：

```
ALTER TABLE proinfotemp
ADD CONSTRAINT FK_T_P FOREIGN KEY (did) REFERENCES departinfotemp
(did) ON DELETE CASCADE
```

当用户在 departinfotemp 中对被外键引用的键值进行了删除，则 proinfotemp 表中相关引用的记录数据也会同时被删除：

```
DELETE departinfotemp WHERE did=6
SELECT * FROM proinfotemp
```

结果如图 6-47 所示，原来 proinfotemp 中 did=5 的记录会自动被删除：

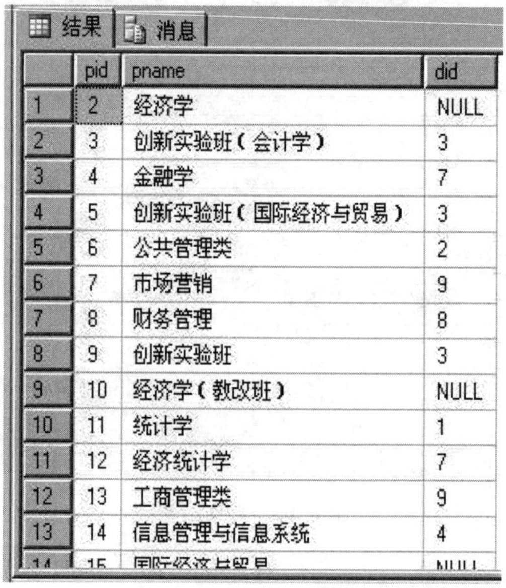

结果 | 消息

	pid	pname	did
1	2	经济学	NULL
2	3	创新实验班(会计学)	3
3	4	金融学	7
4	5	创新实验班(国际经济与贸易)	3
5	6	公共管理类	2
6	7	市场营销	9
7	8	财务管理	8
8	9	创新实验班	3
9	10	经济学(教改班)	NULL
10	11	统计学	1
11	12	经济统计学	7
12	13	工商管理类	9
13	14	信息管理与信息系统	4
14	15	国际经济与贸易	NULL

图 6-47 查询结果

3.SET NULL 或 SET DEFAULT

在 ON DELETE 中设置 SET NULL 或 SET DEFAULT 的方法与 ON UPDATE 中所使用的方法及最终的效果是相似的，请参考 ON UPDATE 的相关案例，在此不再重复。

6.6.4 更新与删除数据的前后对比

在 INSERT、UPDATE 或 DELETE 的过程中，使用 OUTPUT 子句可返回 INSERT、UPDATE、DELETE 等语句影响数据表数据的更详细的信息，比如对添加、更新或删除后的前后数据进行对比，以减少因操作带来的可能错误。

对数据进行 INSERT、UPDATE 或 DELETE 操作中使用 OUPTUT 子句，将会调用 INSERTED 和 DELETED 两张数据表中的数据，以对比添加、更新或删除前后的数据变化情况。在进行 DML 操作时，添加或更新的数据会添加到 INSERTED 临时表中，原始数据表的相关数据信息会添加到 DELETED 虚拟表中。删除数据记录，则被删除的数据记录会被添加到 DELETED 数据表中。

1. UPDATE 操作中使用 OUTPUT 子句

本例中使用 temp09 表进行操作，假设 temp09 表的 id＝2 的 productname＝B 的产品名称将要更新为 BANANA，要求 UPDATE 后能够显示更新前后的产品名称对比：

```
UPDATE temp09 SET productname='BANANA'
OUTPUT INSERTED.productname AS 更新后的产品名称，DELETED.productname
AS 更新前的产品名称
    WHERE id＝2
```

输出的结果如图 6-48 所示：

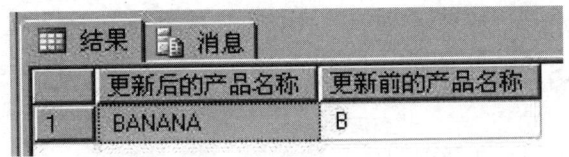

图 6-48　查询结果

2. DELETE 操作中使用 OUTPUT 子句

本例中使用 TEMP09 表进行操作，假设 TEMP09 表的 ID＝2 的产品信息将被删除，要求删除后能够显示显示前后的数据变化：

```
DELETE temp09
OUTPUT
DELETED.id AS 被删除的产品 id,DELETED.productname AS 被删除的产品名称
WHERE id＝2
SELECT * FROM temp09
```

输出结果如图 6-49 所示：

3. INSERT 操作中使用 OUTPUT 子句

假定有一张专门用来记录价格变化的物理表 pricemodify，记录的是 temp09 表中价格的前情况和变化时间，表的结构如图 6-50 所示。

图 6-49　查询结果　　　　图 6-50　表的结构

假设对 temp09 表中产品名称 productname 首字母为"P"的价格 price 统一提高 20％，并将更新前后的价格添加到 pricemodify 表中：

```sql
INSERT INTO pricemodify(id,productname,oldprice,newprice)
SELECT N.id,N.productname,N.oldprice,N.newprice
FROM
(
    UPDATE temp09
    SET price=price*1.2
    OUTPUT
    INSERTED.id AS id,
INSERTED.productname AS productname,
INSERTED.price AS newprice,
DELETED.price AS oldprice
) N
WHERE N.productname LIKE 'P%'
SELECT * FROM pricemodify
```

查询的结果如图 6-51 所示：

如果第二次相同的提价，则查询的结果如图 6-52 所示。

id	productname	oldprice	newprice	modifytime
1	4	PEACH	12.5	15.0	2014-04-26 11:03:10.670
2	5	PINEAPPLE	30.0	36.0	2014-04-26 11:03:10.670

图 6-51　第一次提价的记录

	id	productname	oldprice	newprice	modifytime
1	4	PEACH	12.5	15.0	2014-04-26 11:03:10.670
2	5	PINEAPPLE	30.0	36.0	2014-04-26 11:03:10.670
3	4	PEACH	15.0	18.0	2014-04-26 11:12:42.377
4	5	PINEAPPLE	36.0	43.2	2014-04-26 11:12:42.377

图 6-52　第二次相同提价后的结果

6.7 小结

本章节通过对 T-SQL 中 INSERT、DELETE、UPDATE 语句进行了从基础应用到复杂参数的深入介绍，特别是对 UNICODE 字符、图像、文本、XML 等特殊数据对象的添加和查询做了详细介绍，为用户较为系统地展现了对数据增、删、改、查的处理技术，从而为学习利用 C/S 或 B/S 模式进行数据管理奠定了基础。

第 7 章　视图

本书之前的章节详细介绍了 T-SQL 中 DDL 和 DML 的相关语句,包括 CREATE、SELECT、INSERT、UPDATE、DELETE 等关键语句,并结合相关的参数对数据进行操作。在对数据操作的过程中,对 T-SQL 代码的管理、使用效率等需要提高,利用视图技术可提高脚本代码管理和使用查询的效率。

本章教学要求

- 了解视图的基本概念
- 了解视图的种类
- 了解视图的优缺点
- 掌握视图的创建和使用方法
- 掌握复杂视图的原理和创建方法

7.1 视图概述

SQL Server 视图是一个虚拟数据表,视图是数据库对象技术的主要内容之一。视图本身并不存储数据,只定义数据查询语句,是一系列查询语句的封装。

7.1.1 概念

视图是一个虚拟表,其内容由 SELECT 查询定义。同真实的表一样,视图包含一系列带有名称的列和行数据。视图在数据库中并不是以数据值存储集形式存在,除非是索引视图(在满足一定条件下,视图是可以建立索引的,在后文中详细叙述),视图的数据不会作为非重复对象存储在数据库中。行和列数据来自视图的查询所引用的表,并且在引用视图时动态生成。如图 7-1 所示:

图 7-1 中有三个对象:stuinfo 表、proinfo 表和 stuproview 视图。stuproview 视图中的 stu-id、sutname 两列数据来源于 stuinfo,pname 列数据则来源于 proinfo 表,且必须是 proinfo 表中 pid=6 的数据才体现在 stuproview 视图中。

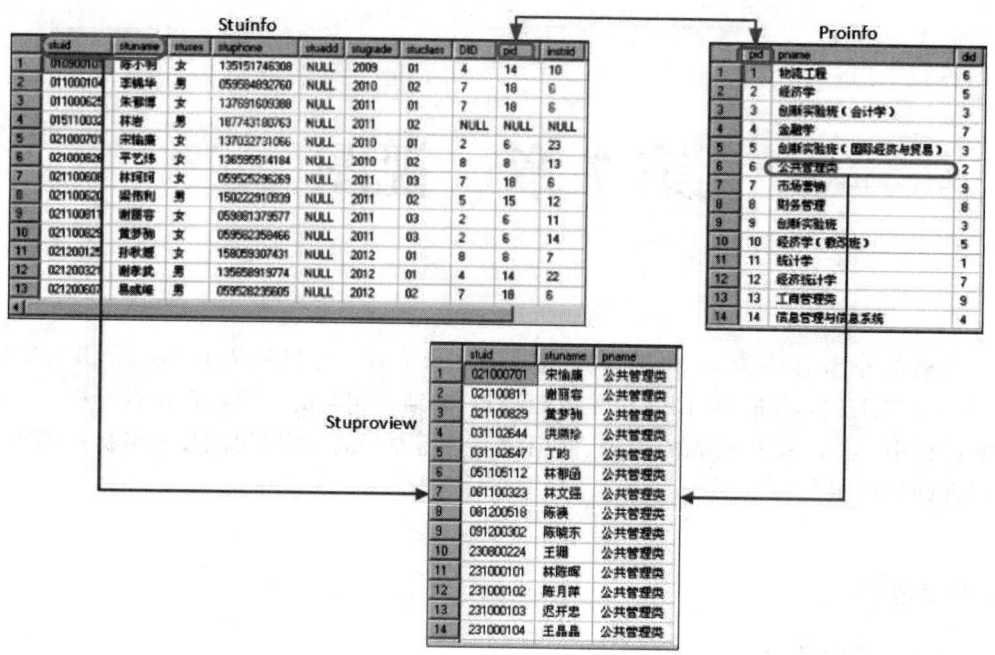

图 7-1　视图是关系物理表查询定义的存储

因此，对其中所引用的基础表来说，视图的作用类似于条件过滤。定义视图的条件可以来自当前或其他数据库的一个或多个表，或者其他视图，即视图是可以嵌套的。

分布式查询也可用于定义使用多个异类源数据的视图。例如，如果有多台不同的服务器分别存储在不同地区，使用视图技术可以将这些服务器上结构相似的数据组合起来。

通过视图进行查询没有任何限制，进行数据修改时的限制也很少，但要注意到表之间关系、完整性约束的存在。

7.1.2 视图的类型

从视图引用物理表的复杂程度，可将视图划分为三种：

1. 标准视图

标准视图组合了一个或多个表中的数据，可以获得使用视图的大多数好处，包括将重点放在特定数据上及简化数据操作。

2. 索引视图

索引视图是被具体化了的视图，即它已经过计算并存储。可以为视图创建索引，即对视图创建一个唯一的聚集索引。索引视图可以显著提高某些类型查询的性能。索引视图尤其适于聚合许多行的查询，但它们不太适于经常更新的基本数据集。

3. 分区视图

分区视图在一台或多台服务器间水平连接一组成员表中的分区数据。这样，数据看上去如同来自于一个表。联接同一个 SQL Server 实例中的成员表的视图是一个本地分区视图。

如果视图在服务器间联接表中的数据，则它是分布式分区视图。分布式分区视图用于实现数据库服务器联合。联合体是一组分开管理的服务器，但它们相互协作分担系统的处理负荷。通过这种分区数据形成数据库服务器联合体的机制可以向外扩展一组服务器，以支持大型的多层网站的处理需要。

7.1.3 视图的优缺点

视图通常用来集中、简化和自定义每个用户对数据库的不同认识。它有特定的优缺点。

1. 视图的优点

(1) 关注重点字段

视图使用户能够着重于他们所感兴趣的特定数据和所负责的特定任务。不必要的数据或敏感数据可以不出现在视图中。

(2) 简化数据操作

视图可以简化用户处理数据的方式。可以将常用联接、投影、UNION 查询和 SELECT 查询定义为视图,以便使用户不必在每次对该数据执行附加操作时指定所有条件和条件限定。可针对 Web、报表服务等用途定义专门的视图,以便快速定位。

(3) 增加数据安全性

视图的重要作用是可以隐藏和过滤相关数据,只让特定用户看到特定的数据,提高了数据的安全性。利用用户登录 ID 对所使用的视图对象进行授权,将视图的使用限制到特定的用户。视图还可以利用加密的功能对视图安全性进行强化,进一步保护敏感数据。

(4) 提供数据兼容性

视图使您能够在表的架构更改时为表创建向后兼容接口。比如原有的应用程序可能引用了一个物理表,从表的优化需要出发,可能将该表分为多个规范化的表,且表之间存在关联字段。原有的表被删除了,应用程序仍可使用多表连接生成的视图作为数据连接的对象,包括利用 Excel 等应用程序进行数据的分析。

(5) 实现跨服务器组合分区数据

在视图中可使用 UNION 并运算符,将单独表的两个或多个查询结果组合到单一的结果集中,普通用户看来是一个单独的表,这就是分区视图。使用分区视图时,首先需要创建几个相同的表,指定一个约束以确定可在各个表中添加的数据范围。然后,使用这些基表创建视图。查询视图时,SQL Server 将自动确定查询所影响的表并仅引用这些表。

分区视图可基于来自多个异类源(如远程服务器)的数据以创建数据库服务器的联合体。跨多个服务器对数据进行分区时,只访问一部分数据的查询可以较快地运行,因为只需扫描较少的数据。如果表位于不同服务器上,或者位于一台使用多个处理器的计算机上,则还可以并行扫描该查询所涉及的每个表。

2. 视图的缺点

(1) 执行效率差

在执行视图的查询时,因为视图本身不存储数据,其数据来源于单个或多个表,或者其他的视图对象,所以,需要经过转换,执行效率比直接访问物理数据表要差。

(2) 更多操作限制

对于简单的视图而言,通过视图对物理表进行添加、更新和删除的操作是可以操作的,但是对于复杂的视图而言,其中定义的数据一般是只读的,就不能正常进行添加、更新和删除的操作。但可以通过定义视图的触发器实现一定的 DML 操作。关于触发器的相关内容将在第 10 章详细叙述。

(3) 增加管理复杂度

在复杂视图中,视图的数据来源既可以是物理数据表,又可以是另外的视图,甚至是多个视图的嵌套,这会导致当其中的某个视图的对象被误删除后,会导致整个视图查询不能正常进行,从而增加视图管理的难度。

7.2 视图的设计与创建

视图总的来说能够为用户提高查询的效率,前提是进行认真的设计与管理。在创建视图之前,请遵循以下原则:

1. 只能在当前数据库中创建视图。但是,如果使用分布式查询定义视图,则新视图所引用的表和视图可以存在于其他数据库甚至其他服务器中。

2. 视图名称必须遵循标识符的规则,且对每个架构都必须唯一。此外,该名称不得与该架构包含的任何表的名称相同。

3. 您可以对其他视图创建视图。SQL Server 允许嵌套视图。但嵌套不得超过 32 层。根据视图的复杂性及可用内存,视图嵌套的实际限制可能低于该值。

4. 不能将规则或 DEFAULT 定义与视图相关联。

5. 不能将 AFTER 触发器与视图相关联,只有 INSTEAD OF 触发器可以与之相关联。

6. 定义视图的查询不能包含 COMPUTE 子句、COMPUTE BY 子句或 INTO 关键字。

7. 定义视图的查询不能包含 ORDER BY 子句,除非在 SELECT 语句的选择列表中还有一个 TOP 子句。

8. 定义视图的查询不能包含指定查询提示的 OPTION 子句。

9. 定义视图的查询不能包含 TABLESAMPLE 子句。

10. 不能为视图定义全文索引定义。

11. 不能创建临时视图,也不能对临时表创建视图。

12. 不能删除参与到使用 SCHEMABINDING 子句创建的视图中的视图、表或函数,除非该视图已被删除或更改而不再具有架构绑定。另外,如果对参与具有架构绑定的视图的表执行 ALTER TABLE 语句,而这些语句又会影响该视图的定义,则这些语句将会失败。

13. 如果未使用 SCHEMABINDING 子句创建视图,则对视图下影响视图定义的对象进行更改时,应运行 sp_refreshview。否则,当查询视图时,可能会生成意外结果。

14. 尽管查询引用一个已配置全文索引的表时,视图定义可以包含全文查询,仍然不能对视图执行全文查询。

15. 下列情况下必须指定视图中每列的名称:

(1) 视图中的任何列都是从算术表达式、内置函数或常量派生而来。

(2) 视图中有两列或多列原应具有相同名称(通常由于视图定义包含联接,因此来自两个或多个不同表的列具有相同的名称)。

(3) 希望为视图中的列指定一个与其源列不同的名称。(也可以在视图中重命名列。)无论重命名与否,视图列都会继承其源列的数据类型。

7.2.1 视图创建的基本方法

视图的创建方法主要有两种:利用 SSMS 中的库表资源管理器和利用 T-SQL。

1. 通过 SSMS 资源管理器进行视图创建。

在 SSMS 资源管理器中,展开数据库节点,选择 JGXYALLUSERS 库节点,展开其中的视图节点,可查看该数据库下的系统视图以及已有的用户定义视图。

右单击"视图"节点,从弹出的快捷菜单选择"新建视图"选项,进入添加表的对话框,如图 7-2 所示:

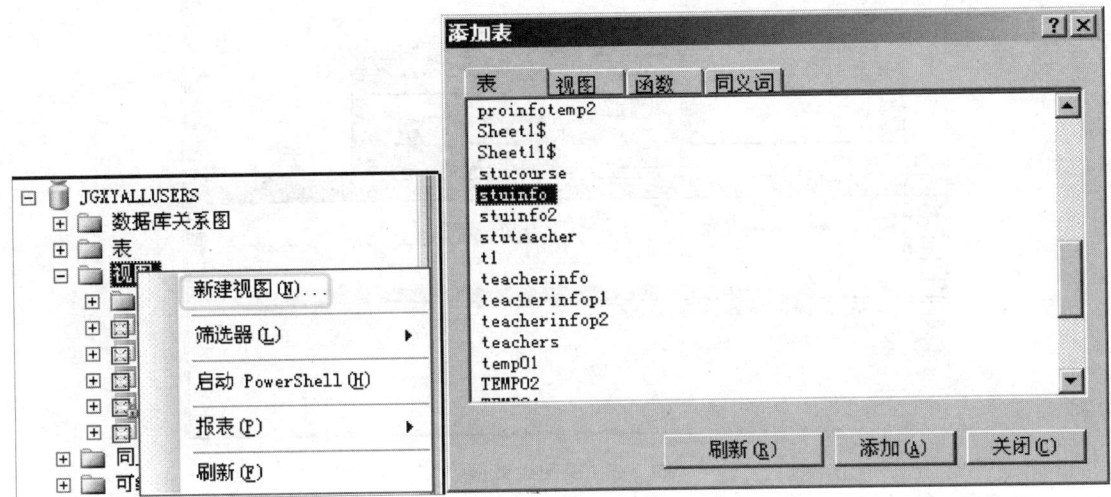

图 7-2 添加表

在添加表对话框中可选择物理表、已有的视图或者函数、同义词等作为新视图的数据来源。

2.使用 T-SQL 语句创建视图的基本语法是:

```
CREATE VIEW view_name[(column[,…n])]
[WITH ENCRYPTION]
AS
SELECT_STATEMENT
[with check option]
```

其中:

view_name:视图的名称。同一个数据库中保证视图名称的唯一性,且不能与已有的物理表名称冲突,因此建议名称中体现 view 特征;

column:定义视图中的字段名称。如果默认确实,则视图中的字段名称将与 SELECT 语句中的字段名称相同;

WITH ENCRYPTION:指定将 create view 语句内容存储到系统表时进行加密。加密后,不能使用如 sp_helptext 存储过程等工具从系统中检索查看到该视图的语句内容;

As:视图要执行的真正操作,也是核心语句;

SELECT_STATEMENT:定义视图的查询语句。SELECT 语句从简单到复杂嵌套均可,或者包括其他的视图;

with check option:强制针对视图执行的所有数据修改语句都必须符合在 select_statement 中设置的条件。通过视图修改行时,with check option 可确保提交修改后,仍可通过视图看到数据。

7.2.2 简单视图的创建

1.单表简单视图的创建

如图 7-3 所示,选择单表 stuinfo 作为新视图的数据来源,则在视图设计器中可选择需要查询的字段、别名、筛选条件以及排序等,如图 7-3 所示:

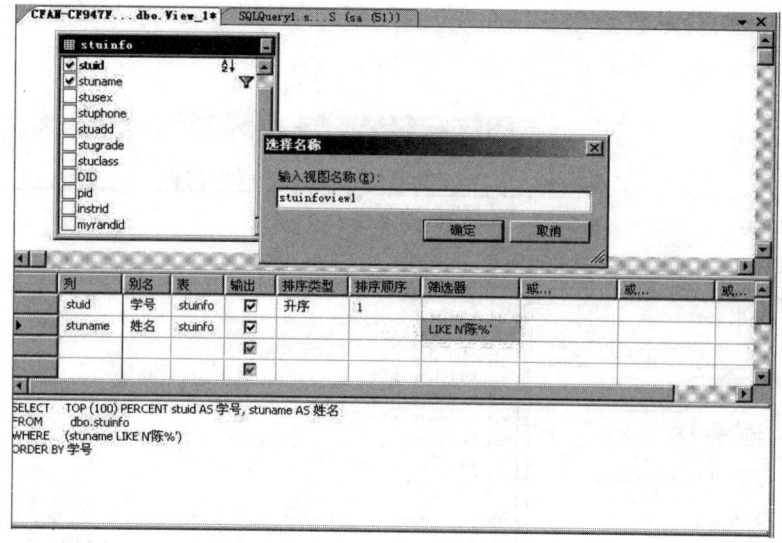

图 7-3　视图设计器

当同时按下 CTRL+S 或者单击工具栏上的保存按钮时，系统要求用户输入视图名称：stuinfoview1，新的视图创建完成。

利用 SSMS 中的对象资源管理器进行视图的创建，也可以使用以下 T-SQL 脚本代码完成：

```
CREATE VIEW stuproview1
AS
SELECT  TOP(100) PERCENT stuid AS 学号, stuname AS 姓名
FROM stuinfo WHERE stuname LIKE '陈%'
ORDER BY 学号
SELECT * FROM stuproview1
```

因为语句中使用了 ORDER BY 排序，所以要使用 TOP 或 FOR XML 关键词，否则无法创建视图。

利用 SELECT 查询视图的结果如图 7-4 所示：

结果 | 消息

	学号	姓名
1	010900101	陈小明
2	031001108	陈太旭
3	031101214	陈心怡
4	041100213	陈彦君
5	070703505	陈雅源
6	070801232	陈雅晴
7	070803226	陈莉萍
8	070901107	陈勇

图 7-4　查询结果

结果 | 消息

	学号	姓名
1	071001211	陈达明
2	071101111	陈达
3	071106133	陈达豪

图 7-5　查询结果

在通过视图进行查询的基础上，可使用条件再次进行过滤，比如，进一步查询姓名如“陈达*”的信息，则可以使用如下代码，查询输出的结果如图 7-5 所示。

```
SELECT * FROM stuproview1 WHERE 姓名 LIKE '陈达%'
```

如果根据已有的视图查询结果，通过学号获取 2012 级的学生信息，则通过以下代码实现：

```
SELECT * FROM stuproview1 WHERE SUBSTRING(学号,3,2)=12
```

输出的结果是所有姓名第一个字符为“陈”，且学号的第 3、4 位是“12”的信息，如图 7-6 所示：

结果 | 消息

	学号	姓名
1	071201105	陈俪倩
2	071201110	陈佳腾
3	071201120	陈哲
4	071201121	陈明明
5	071201219	陈松华
6	071201312	陈爱芳
7	071201322	陈颖
8	071202106	陈天怡
9	071202107	陈君松

图 7-6 查询结果

2.带有计算字段的单表视图

假设 teacherinfo 中的 tsalary 年薪工资低于平均工资的，则将工资提高 2%：

```
CREATE VIEW teacherinfovw1
AS
SELECT tid,tname,tsalary, tsalary * 1.02 AS 提高后的工资
FROM teacherinfo
WHERE tsalary>(SELECT AVG(tsalary) FROM teacherinfo)
SELECT * FROM teacherinfovw1
```

视图查询结果如图 7-7 所示：

结果 | 消息

	tid	tname	tsalary	提高后的工资
1	3	张白白	56700.0	57834.000
2	7	叶蓓念	52700.0	53754.000
3	12	陈兵红	66100.0	67422.000
4	14	杜波相	58500.0	59670.000
5	15	王灿资	51700.0	52734.000
6	20	林东海	54600.0	55692.000
7	21	李东小	56800.0	57936.000
8	24	赖方春	58600.0	59772.000
9	26	周芳梅	53300.0	54366.000
10	27	郑芳微	53700.0	54774.000
11	30	赖芬洪	67700.0	69054.000
12	31	郑芬菊	50300.0	51306.000

查询已成功执行。 | (local) (10.50 RTM) | sa (53) | JGXYALLUSERS | 00:00:00 | 97 行

图 7-7 查询结果

3. 多表简单视图的创建

在单表中使用视图往往体现不出视图的优点,因为视图的重要作用在于将多表之间的查询进行整体封装,在调用执行时可以大大提高查询效率。

假设要查询学生的学号 stuid、姓名 stuname、学生所学专业 pname、学生所在系别 dname 的相关信息,那么需要将 stuinfo、proinfo、departinfo 置于视图中,代码如下:

```
CREATE VIEW stuinfoview2
AS
SELECT stuid AS 学号, stuname AS 姓名, pname AS 专业名称, dname AS 系别名称
FROM stuinfo
INNER JOIN proinfo ON stuinfo.pid=proinfo.pid
INNER JOIN departinfo ON stuinfo.did=departinfo.did
SELECT * FROM stuinfoview2
```

查询视图输出结果如图 7-8 所示:

	学号	姓名	专业名称	系别名称
1	010900101	陈小明	信息管理与信息系统	管理科学与工程系
2	011000104	李锦华	财政学	财金系
3	011000625	朱郁博	财政学	财金系
4	021000701	宋愉康	公共管理类	公共管理
5	021000826	平艺炜	财务管理	会计系
6	021100608	林珂珂	财政学	财金系
7	021100620	梁伟利	国际经济与贸易	经济贸易系
8	021100811	谢丽容	公共管理类	公共管理
9	021100829	黄梦驹	公共管理类	公共管理
10	021200125	孙秋媛	财务管理	会计系
11	021200321	谢孝武	信息管理与信息系统	管理科学与工程系

图 7-8 查询结果

4. 利用视图为物理表字段创建别名

利用视图可以为物理表创建字段别名,利于用户查看分析:

```
CREATE VIEW prov2(系别代码,系别名称)
AS
SELECT pid,pname FROM proinfo
SELECT * FROM prov2
```

视图查询的输出结果如图 7-9 所示:

7.3 复杂视图的创建

复杂视图指的是视图的数据来源与多张表,甚至多个视图或者数据来自于多个数据库服务器的视图,以及视图中进行各种聚合函数、分组统计等操作。

结果　消息

	系别代码	系别名称
1	1	物流工程
2	2	经济学
3	3	创新实验班（会计学）
4	4	金融学
5	5	创新实验班（国际经济与贸易）
6	6	公共管理类
7	7	市场营销
8	8	财务管理
9	9	创新实验班
10	10	经济学（教改班）
11	11	统计学

图 7-9　查询结果

7.3.1 带有聚合函数的视图

1.创建视图，字段包括教师的教师编号 tid、教师名称 tname、教师所在系别名称 dname、所有教师的平均工资信息：

```
    CREATE VIEW teacherinfovw2
    AS
    SELECT tid,tname,dname,(SELECT AVG(tsalary) FROM teacherinfo) AS 平均工资
FROM teacherinfo,departinfo
    WHERE teacherinfo.did=departinfo.did
    SELECT * FROM teacherinfovw2
```

视图查询的结果如图 7-10 所示：

结果　消息

	tid	tname	dname	平均工资
1	1	娄安克	管理科学与工程系	42264.109589
2	2	陈白白	管理科学与工程系	42264.109589
3	3	张白白	管理科学与工程系	42264.109589
4	4	张邦礼	管理科学与工程系	42264.109589
5	5	唐宝长	管理科学与工程系	42264.109589
6	6	强保荣	管理科学与工程系	42264.109589
7	7	叶蓓念	管理科学与工程系	42264.109589
8	8	李碧秋	管理科学与工程系	42264.109589
9	9	巫彪先	管理科学与工程系	42264.109589
10	10	林彬世	管理科学与工程系	42264.109589
11	11	杨彬文	管理科学与工程系	42264.109589

查询已成功执行。　(local) (10.50 RTM)　sa (53)　JGXYALLUSERS　00:00:00　219 行

图 7-10　查询结果

2.创建视图，字段包括教师的教师编号 tid、教师名称 tname、教师所在系别名称 dname、教师工资 tsalary、不同系别的平均工资、工资与所在系别平均工资的差额等信息：

```
CREATE VIEW teacherinfovw3
AS
SELECT tid,tname,dname,tsalary,(SELECT AVG(tsalary) FROM teacherinfo) AS 平均工资,(SELECT AVG(tsalary) FROM teacherinfo WHERE did=T.did) AS 不同系别平均工资,tsalary-(SELECT AVG(tsalary) FROM teacherinfo WHERE did=T.did) AS 所在系别平均工资差
FROM teacherinfoT,departinfo
WHERE T.did=departinfo.did
SELECT * FROM teacherinfovw3
```

视图查询的输出结果如图 7-11 所示：

结果 | 消息

	tid	tname	dname	tsalary	平均工资	不同系别平均工资	所在系别平均工资差
7	66	林晖朝	统计系	54900.0	42264.109589	43180.000000	11720.000000
8	67	肖辉朝	统计系	34160.0	42264.109589	43180.000000	-9020.000000
9	68	卢辉建	统计系	52400.0	42264.109589	43180.000000	9220.000000
10	69	朱辉顺	统计系	54800.0	42264.109589	43180.000000	11620.000000
11	70	吴基孝	统计系	33840.0	42264.109589	43180.000000	-9340.000000
12	1...	叶文孝	公共管理	39760.0	42264.109589	42881.304347	-3121.304347
13	1...	周熙宝	公共管理	37440.0	42264.109589	42881.304347	-5441.304347
14	1...	方熙立	公共管理	56300.0	42264.109589	42881.304347	13418.695653
15	1...	俞霞洁	公共管理	50800.0	42264.109589	42881.304347	7918.695653
16	1...	陈县作	公共管理	51800.0	42264.109589	42881.304347	8918.695653
17	1...	许香夜	公共管理	38560.0	42264.109589	42881.304347	-4321.304347

查询已成功执行。 | (local) (10.50 RTM) | sa (53) | JGXYALLUSERS | 00:00:00 | 219 行

图 7-11　查询结果

7.3.2 视图中嵌套视图

假如要探究不同系别的学生平均成绩与不同系别的教师工资是否存在关系，可采用多视图嵌套的方式逐步完成。

首先创建视图，查询的是教师信息表中教师工资与不同系别平均工资的信息：

```
CREATE VIEW tview1
AS
SELECT tid,did,(SELECT AVG(tsalary) FROM teacherinfo WHERE did=T.did) AS 系别平均工资 FROM teacherinfo T
SELECT * FROM tview1
```

视图查询的输出结果如图 7-12 所示：

其次，创建视图，查询按不同系别代码进行统计的平均工资。因为不同系别代码 pid 并不在 teacherinfo 和 departinfo 表中，而在 proinfo 表中，但三张表直接或间接地通过教师代码 tid 进行关联。

```
CREATE VIEW scview1
AS
SELECT departinfo.did,(SELECT AVG(cscore) FROM stucourseSC,teacherinfo,proinfo
WHERE SC.tid=teacherinfo.tid AND teacherinfo.did=proinfo.did AND proinfo.did=departinfo.did) AS 不同系别平均成绩 FROM departinfo
SELECT * FROM scview1
```

视图查询的输出结果如图 7-13 所示。

tid	did	系别平均工资
1	4	41581.333333
2	4	41581.333333
3	4	41581.333333
4	4	41581.333333
5	4	41581.333333
6	4	41581.333333
7	4	41581.333333
8	4	41581.333333

图 7-12 查询结果

did	不同系别平均成绩
1	49.050505
2	49.232769
3	NULL
4	49.250000
5	50.222222
6	48.108108
7	48.247685
8	47.697916

图 7-13 查询结果

第三，在已经构建的两个视图 tview1 和 scview1 的基础上，再创建第三个视图 tscview1，将两张视图通过 did 进行连接查询：

```
CREATE VIEW tscview1
AS
SELECT scview1.did,scview1.不同系别平均成绩,tview1.系别平均工资
FROM scview1,tview1
WHERE scview1.did=tview1.did
SELECT * FROM tscview1 ORDER BY 不同系别平均成绩 DESC
```

视图查询的输出结果如图 7-14 所示：

	did	不同系别平均成绩	系别平均工资
28	5	50.222222	45446.896551
29	5	50.222222	45446.896551
30	9	49.455555	43864.000000
31	9	49.455555	43864.000000
32	9	49.455555	43864.000000
33	9	49.455555	43864.000000
34	9	49.455555	43864.000000
35	9	49.455555	43864.000000

图 7-14 查询结果

从中可以分析得出，系别平均工资基本上与系别平均成绩成正比的关系。

7.3.3 带有分组统计的视图

上例中的不同系别平均工资、系别平均工资的记录还没有消重，在分析查看时不能看到全局情况，那么可以通过在创建视图时或者对已经创建的视图在应用查询过程中使用 GROUP BY 分组统计相关信息。

1.在创建视图时使用 GROUP BY 分组统计

如果在 7.3.2 例子中的第三步即开始使用 GROUP BY 分组统计，则可以直接获得更加简洁

的最终结果：

```
CREATE VIEW tscview1
AS
SELECT scview1.did,AVG(scview1.不同系别平均成绩) AS 平均成绩,AVG(tview1.系别平均工资) AS 平均工资
FROM scview1,tview1
WHERE scview1.did=tview1.did
GROUP BY scview1.did
SELECT * FROM tscview1
```

视图查询的结果如图 7-15 所示：

2.对已创建的视图在查询应用过程中使用 GROUP BY 分组统计

如果针对 7.3.2 例子中第三步创建出的视图进行查询时使用 GROUP BY 分组统计，则代码如下：

```
SELECT did,AVG(不同系别平均成绩) AS 平均成绩 ,AVG(系别平均工资) AS 平均工资 FROM tscview1
GROUP BY did
ORDER BY did
```

查询视图的输出结果如图 7-16 所示的结果是相同的。

did	平均成绩	平均工资
1	49.050505	43180.000000
2	49.232769	42881.304347
4	49.250000	41581.333333
5	50.222222	45446.896551
6	48.108108	39717.297297
7	48.247685	41716.800000
8	47.697916	39616.250000
9	49.455555	43864.000000

图 7-15　查询结果

DID	平均成绩	平均工资
1	49.050505	43180.000000
2	49.232769	42881.304347
4	49.250000	41581.333333
5	50.222222	45446.896551
6	48.108108	39717.297297
7	48.247685	41716.800000
8	47.697916	39616.250000
9	49.455555	43864.000000

图 7-16　查询结果

7.3.4 跨数据库服务器的视图

在一些特定的情况下，数据库服务器会位于不同的位置，目的是为了高效管理相应区域的数据，且表的结构是相同的，只是其中的数据更多体现区域特征。如何将不同数据库服务器上具有相同表结果的数据合并在一起显示给用户，则可以考虑使用跨服务器的分区视图。

在实现分区视图之前，必须先对表进行水平分区。设计分区方案时，每个成员表所包含的数据必须是明确的。原表将被替换为若干较小的成员表。每个成员表与原表包含相同数量的列，并且每一列与原表中的相应列具有相同的属性，如数据类型、大小和排序规则。如果正在创建分布式分区视图，则每个成员表分别位于不同的成员服务器上。为了获得最大程度的位置透明度，各个成员服务器上的成员数据库的名称应当相同，但这并不是必需的。

假定在本地服务器上有 jgxyallusers 数据库，远程 10.252.1.121 服务器上有 s9999 数据库，两个数据库中均有 stuinfo 数据表，且表的结构相同，现在需要将 jgxyallusers 数据库下的 stuinfo 表

中起始学号为"0712"的 s9999 数据库下的 stuinfo 表中起始学号为"0711"的数据进行合并,一般需要以下几个步骤完成跨数据库分区视图:

1.在每个包含着在其他成员服务器上执行分布式查询所需的连接信息的成员服务器上添加连接服务器定义。这使得分布式分区视图能够访问其他服务器上的数据。通过以下代码完成:

```
--假定 s9999 数据库位于远程服务器 10.252.1.121 上,该数据库服务器的系统数据库账号为 sa,密码为 123:
SP_ADDLINKEDSERVER '10.252.1.121','SQLOLEDB','10.252.1.121'
SP_ADDLINKEDSRVLOGIN '10.252.1.121','FALSE',NULL,'sa','123'
```

2.当定义了与远程成员服务器的数据库连接后,即可开始创建分区视图:

```
CREATE VIEW D1D2VIEW
AS
SELECT stuid,stuname FROM stuinfo WHERE stuid LIKE '0712%'
UNION ALL
SELECT stuid, stuname FROM [10.252.1.121].S9999.DBO.stuinfo WHERE stuid LIKE '0711%'
```

3.通过"SELECT * FROM D1D2VIEW",可看到输出的结果如图 7-17 所示:

4.使用 SP_DROPLINKEDSRVLOGIN 和 SP_DROPSERVER 命令断开与远程数据库服务器的连接,此时再使用视图查询,将会出现如图 7-18 所示的错误。

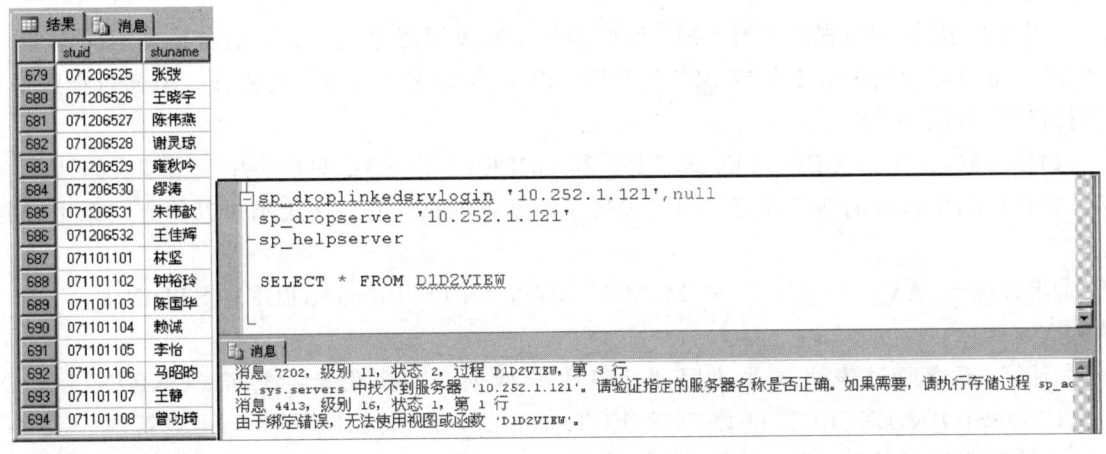

图 7-17 查询结果　　　　　　　　图 7-18 错误指示

```
SP_DROPLINKEDSRVLOGIN '10.252.1.121',null
SP_DROPSERVER '10.252.1.121'
SP_HELPSERVER
```

若要正常使用跨数据库服务器分区视图,则先要建立连接再进行视图查询,如图 7-19 所示:

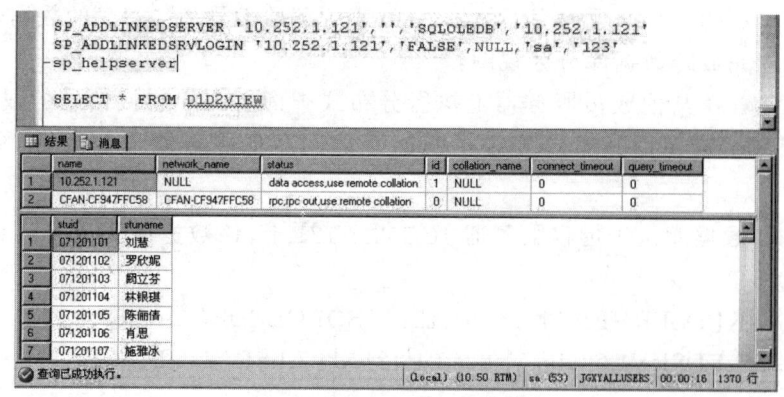

图 7-19 查询结果

SP_HELPSERVER 系统存储过程可报告某个特定远程服务器或复制服务器的信息,或者报告两种类型的所有服务器的信息。提供服务器名称、服务器的网络名称、服务器的复制状态、服务器的标识号以及排序规则名称。还提供连接到链接服务器的超时值,或对连接服务器进行查询的超时值。

7.4 视图中的 DML 操作

利用 T-SQL 语句对视图进行 DML 操作指的是通过视图方式完成对后台物理表的添加、更新和删除,也可以使用 bcp 工具或 BULK INSERT 语句对表进行数据的操作。但通过视图对数据进行操作,有以下的限制:

(1)任何修改(包括 UPDATE、INSERT 和 DELETE 语句)都只能引用一个基表的列。

(2)在视图中修改的列必须直接引用表列中的基础数据。它们不能通过其他方式派生,例如通过:

①聚合函数(AVG、COUNT、SUM、MIN、MAX、GROUPING、STDEV、STDEVP、VAR 和 VARP)。

②计算,不能通过表达式并使用列计算出其他列。使用集合运算符(UNION、UNION ALL、CROSSJOIN、EXCEPT 和 INTERSECT)形成的列得出的计算结果不可更新。

(3)被修改的列不受 GROUP BY、HAVING 或 DISTINCT 子句的影响。

(4)同时指定了 WITH CHECK OPTION 之后,不能在视图的 SELECT_STATEMENT 中的任何位置使用 TOP。

(5)上述限制应用于视图的 FROM 子句中的任何子查询,就像其应用于视图本身一样。通常,SQL Server 必须能够从一个基表的视图定义明确跟踪修改。

另有其他的附加原则如下:

(1)如果在视图定义中使用了 WITH CHECK OPTION 子句,则所有在视图上执行的数据修改语句都必须符合定义视图的 SELECT 语句中所设置的条件。如果使用了 WITH CHECK OPTION 子句,修改行时需注意不让它们在修改完成后从视图中消失。任何可能导致行消失的修改都会被取消,并显示错误。

(2) INSERT 语句必须为不允许空值并且没有 DEFAULT 定义的基础表中的所有列指定值。

(3) 在基础表的列中修改的数据必须符合对这些列的约束,例如为 Null 性、约束及 DEFAULT 定义等。例如,如果要删除一行,则相关表中的所有基础 FOREIGN KEY 约束必须仍然得到满足,删除操作才能成功。

(4) 不能使用由键集驱动的游标更新分布式分区视图(远程视图)。此项限制可通过在基础表上而不是在视图本身上声明游标得到解决。

(5) bcp 或 BULK INSERT 和 INSERT …SELECT * FROM OPENROWSET(BULK…) 语句不支持将数据大容量导入到分区视图。但是,您可以使用 INSERT 语句在分区视图中插入多行。有关详细信息,请参阅从视图大容量导出数据或将数据大容量导入视图。

(6) 不能对视图中的 text、ntext 或 image 列使用 READTEXT 语句和 WRITETEXT 语句。

假设 departinfotemp 和 proinfo 表之间存在外键关系,且视图 departproview1 和 departproview2 都是建立在二表关系的基础上。两个视图的代码如下:

1. departproview1 的代码:

```
CREATE VIEW departproview1
AS
SELECT pid,pname FROM proinfotemp
INNER JOIN departinfotemp ON proinfotemp.did=departinfotemp.did
```

2. departproview2 的代码:

```
SELECT proinfotemp.did,COUNT(pid) AS 不同系别专业数 FROM proinfotemp
INNER JOIN departinfotemp ON proinfotemp.did=departinfotemp.did
GROUP BY proinfotemp.did
```

departinfotemp 与 proinfotemp 之间的主外键关系如图 7-20 所示:

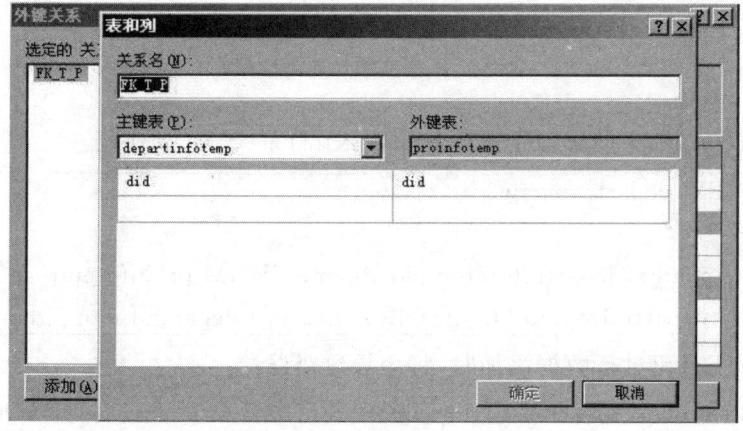

图 7-20 表之间的主外键关系

7.4.1 通过视图添加数据

如果视图中所使用的两张物理表(即基表)之间存在外键约束关系,而相关的外键未能体现为视图中的引用字段,则在通过视图添加数据时将会报错:

```
INSERT INTO departproview1 (pid,pname) values(30,'物联网')
```

出现的错误提示是:

> 消息 547,级别 16,状态 0,第 1 行
> INSERT 语句与 FOREIGN KEY 约束"FK_T_P"冲突。该冲突发生于数据库"JGXY-ALLUSERS",表"dbo.departinfotemp", column 'did'。
> 语句已终止。

1.为了能够通过视图添加数据,首先采取对视图进行修改的方法:

> ALTER VIEW departproview1
> AS
> SELECT pid,pname,proinfotemp.did FROM proinfotemp
> INNER JOIN departinfotemp ON proinfotemp.did=departinfotemp.did

之后再使用以下代码添加数据并查询基表 proinfotemp 中的数据变化情况:

> INSERT into departproview1(pid,pname,did) values(30,'物联网',4)--虽然是往视图中添加数据,但实际是往基表中添加数据
> SELECT * FROM proinfotemp

数据添加后的结果如图 7-21 所示:

	pid	pname	did
15	16	会计学(教改班)	8
16	18	财政学	7
17	19	行政管理	2
18	20	电子商务	4
19	21	创新实验班(财务管理)	3
20	22	创新实验班(金融学)	3
21	23	工商管理	9
22	24	市场营销(教改班)	9
23	25	公共事业管理	2
24	26	工程管理	9
25	27	会计学	8
26	28	创新实验班(统计学)	3
27	30	物联网	4

图 7-21 数据添加后的结果

加入 departproview3 中的虚拟字段跨越了两张以上的基表,如代码:

> CREATE VIEW departproview3
> AS
> SELECT pid,pname,departinfotemp.did,dname FROM proinfotemp
> INNER JOIN departinfotemp ON proinfotemp.did=departinfotemp.did

那么再执行如下代码进行数据添加时,将会导致错误:

> INSERT INTO departproview3(pid,pname,did,dname) values(31,'企业信息化',14,'信息系统系')

将会导致的错误如下图 7-22 所示:

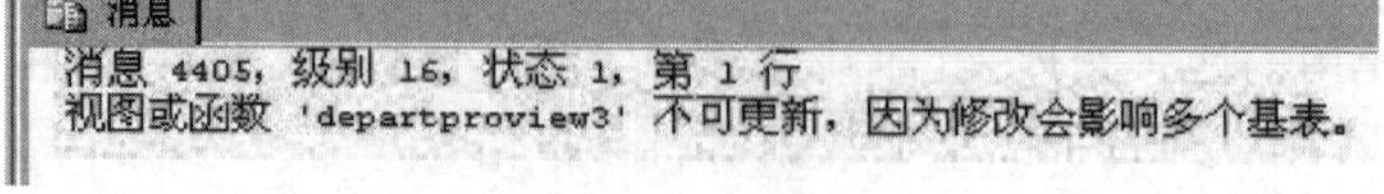

> 消息 4405,级别 16,状态 1,第 1 行
> 视图或函数 'departproview3' 不可更新,因为修改会影响多个基表。

图 7-22 错误提示

因为在使用 INSERT 语句进行数据添加时,table_or_view_name 引用的视图必须可更新,并且只在该视图的 FROM 子句中引用一个基表。例如,多表视图中的 INSERT 必须使用只引用一个基表中的各列的 column_list。

2.其次可以采取将两张基表之间的外键关系删除再添加相关数据的方法。这种方法不可取,因为会导致数据完整性被破坏。

7.4.2 通过视图更新数据

可通过视图对数据进行更新:

```
UPDATE departproview1 SET pid=33 WHERE pid=30
SELECT * FROM proinfotemp
```

输出结果如图 7-23 所示:

7.4.3 通过视图删除数据

通过视图删除相关的数据与删除物理表中数据的方法是相同的。但是,若创建视图时是建立在两张以上的物理表,且表之间是建立连接关系的(即使不包括外键关系),那么在删除时会出现如下图 7-24 所示的错误。

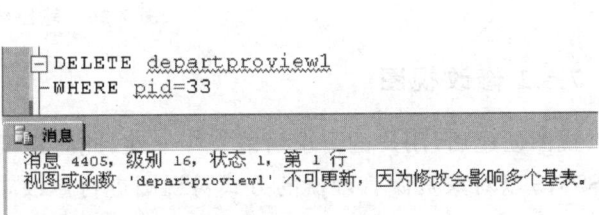

图 7-23　查询结果　　　　　　　图 7-24　错误提示

7.5 视图的管理

视图管理和其他的数据库对象如库、表一样,需要进行有效管理。视图管理任务包括视图的修改、删除、更名以及加密。

7.5.1 获取视图相关信息

对于没有加密的视图定义,可以通过各种方法获取视图相关信息,包括了解从源表中提取数据的方法,或者查看视图所定义的数据。

通过 sys.views 的系统视图对象,可以查看当前数据库中的用户创建的视图对象信息:

```
SELECT * FROM sys.views
```

输出结果如下图 7-25 所示:

name	object_id	principal_id	schema_id	parent_object_id	type	type_desc	create_date	modify
1	stuproview	382624406	NULL	1	0	V	VIEW	2014-04-26 18:55:52.050	2014-
2	stuproview1	414624520	NULL	1	0	V	VIEW	2014-04-27 11:39:29.310	2014-
3	stuinfoview2	430624577	NULL	1	0	V	VIEW	2014-04-27 16:46:14.103	2014-
4	teacherinfovw1	446624634	NULL	1	0	V	VIEW	2014-04-27 16:54:52.400	2014-
5	teacherinfovw2	478624748	NULL	1	0	V	VIEW	2014-04-27 19:36:20.867	2014-
6	teacherinfovw3	510624862	NULL	1	0	V	VIEW	2014-04-27 19:56:54.067	2014-
7	tview1	526624919	NULL	1	0	V	VIEW	2014-04-27 20:14:19.990	2014-
8	scview1	606625204	NULL	1	0	V	VIEW	2014-04-27 21:06:27.960	2014-
9	prov2	654625375	NULL	1	0	V	VIEW	2014-04-27 21:42:30.677	2014-
10	tscview1	686625489	NULL	1	0	V	VIEW	2014-04-27 21:53:39.817	2014-

图 7-25　输出结果

使用 SP_HELPTEXT 系统存储过程查看未加密视图定义的相关语句:

```
SP_HELPTEXT departproview1
```

输出的结果如图 7-26 所示:

	Text
1	CREATE VIEW departproview1(专业代码,专业名称,系别代码,系别名称)
2	AS
3	SELECT pid,pname,proinfotemp.did,departinfotemp.dname FROM proinfot...
4	INNER JOIN departinfotemp ON proinfotemp.did=departinfotemp.did

图 7-26　输出结果

7.5.2 修改视图

视图创建后,用户的需求可能发生变化,此时需要对视图进行修改。视图的修改同样可以通过 SSMS 以对象资源管理器的方式对视图进行修改,如图 7-27 所示:

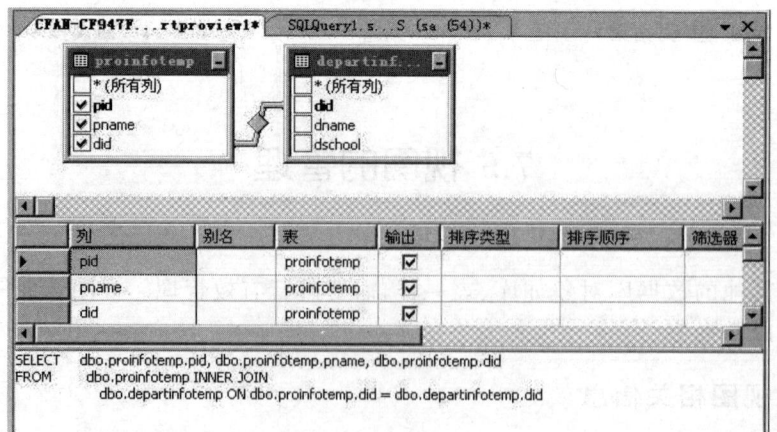

图 7-27　对视图进行修改

使用 ALTER 语句也可以对视图对象进行修改:

```
ALTER VIEW departproview1(专业代码,专业名称,系别代码,系别名称)
AS
SELECT pid,pname,proinfotemp.did,departinfotemp.dname FROM proinfotemp
INNER JOIN departinfotemp ON proinfotemp.did=departinfotemp.did
```

视图查询的结果如图 7-28 所示：

图 7-28　查询结果

一般情况下，ALTER VIEW 不影响相关的存储过程或触发器，并且不会更改权限。

7.5.3　删除视图

视图对象的删除与删除表的方法相似，可以利用 SSMS 中的对象资源管理器完成操作，也可以使用 T-SQL 语句对视图对象进行删除。

直接删除视图对象：

```
DROP VIEW scview1
```

通过判断视图对象是否存在再决定是否删除：

```
IF EXISTS(SELECT * FROM dbo.sysobjects WHERE name='departproview1' AND xtype='v')
    BEGIN
        print '要删除的视图存在！'
    DROP VIEW departproview1
        print '已经将视图删除！'
    END
    ELSE
        print '要删除的视图不存在！'
```

通过对系统视图 sysobjects 进行查询名称为 departproview1 且类型是视图的对象是否存在，如果存在，则标识该视图对象已经创建。

输出的结果如图 7-29 所示：

图 7-29　输出结果

7.5.4 视图更名

在高版本 SQL Server 中,通过 SSMS 的对象资源管理器,可右单击视图对象,直接选择其中的"重命名",可对视图对象进行更名。也可以通过 T-SQL 语句,调用系统存储过程 SP_RENAME 进行重命名:

> SP_RENAME departproview3,departproview--将视图名称从 departproview3 改为 departproview

在语句执行后,除了完成对视图名称的修改后,系统会提示如果修改了视图名称将可能对脚本和存储过程有影响,如图 7-30 所示:

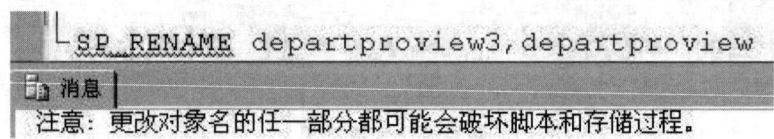

图 7-30 视图更名

7.5.5 加密视图

通过 SSMS 对象资源管理器方式或者 SP_HELPTEXT 等方式可以获得视图的定义,但是如果不想让用户看到视图定义,则可以使用 WITH ENCRYPTION 参数对视图定义进行加密,用户再无法看到相关的视图定义内容了。

本例直接对 departproview1 的定义进行加密:

> ALTER VIEW departproview1(专业代码,专业名称,系别代码,系别名称)
> WITH ENCRYPTION
> AS
> SELECT pid,pname,proinfotemp.did,departinfotemp.dname FROM proinfotemp
> INNER JOIN departinfotemp ON proinfotemp.did=departinfotemp.did

当使用 SP_HELPTEXT 去看加密后的视图定义,得到的结果如图 7-31 所示:

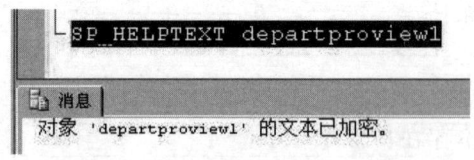

图 7-31 加密视图

★ 注意:加密后的视图一般不能解密。虽然有用户探讨在 SQL Server 2000 下将加密的视图定义进行破解,但是相关代码在 SQL Server 2008 下无效。

7.6 Excel 客户端使用视图

通过 Excel 客户端工具，也可以将 MS SQL Server 中的视图结果引入到 Excel 工作表中，并进行数据处理，具体方法请参考本书的第四章。主要步骤如下：

在一张 Excel 工作表中，选择"数据"工具选项卡，在单击"来自其他数据源"中选择"来自 SQL Server"，进而配置本地或者远程的数据库服务器地址、连接账号等信息即可，如图 7-32 所示：

在"数据链接向导"对话框中可以看到表的类型有 VIEW 选项，指的就是这些对象属于 SQL Server 视图对象，如图 7-33 所示。

图 7-32 配置相关信息　　　　图 7-33 数据链接向导

数据引入到 Excel 工作表后的结果，如图 7-34 所示：

图 7-34 将数据引入 Excel 工作表

7.7 小结

视图是存储在物理表之上,受物理表的改动而改动的,一般不用再更新。视图也是一种过滤器,其主要目的在于隐藏位于背后的 select 英语句。在进行更新时,需要加上"check with option"语句,在 update、insert、delete 还需要满足 where 条件。可使用分区视图实现跨区域数据表的查询。

第 8 章　存储过程

通过对系统函数、控制流语句以及视图的学习和应用,对数据的查询、添加、更新和删除等数据操作的效率大大提高。但代码的编写、管理和执行效率还有更多的提高空间。存储过程可以帮助用户对数据的操作更加高效。

本章教学要求

- 了解存储过程的基本概念
- 掌握存储过程的创建与应用
- 创建和应用带参数传递的存储过程
- 管理存储过程
- 了解和应用系统存储过程

在许多涉及与数据库系统有关的应用程序开发过程中,T-SQL 编程语言是各种应用程序和 Microsoft SQL Server 数据库之间的主要编程接口。使用 T-SQL 进行程序设计时,可使用两种方法存储和执行程序:

(1)可以将程序存储在本地,创建向 SQL Server 发送命令并处理结果的应用程序,如使用 ADO 或者 ADO.NET 等组件发送 T-SQL 命令到 SQL Server 服务器上执行。

(2)可以将程序作为存储过程存储在 SQL Server 中,并创建执行存储过程并处理结果的应用程序。例如,电子商务 Web 应用程序可能使用存储过程根据联机用户指定的搜索条件返回有关特定产品的信息。

8.1 存储过程概述

存储过程(Store Procedure)是将常用的、繁杂的和复杂的数据库操作指令进行有机的封装,并经过编译后存储在 SQL Server 的服务器端,按需调用,简化操作,提高系统的安全性和性能。

8.1.1 存储过程的优点

存储过程经过一次编译,可多次调用。具体优点包括:

1.模块化程序设计

存储过程一旦成功创建,以后在程序中可调用任意次。改进了应用程序的可维护性,并允许应用程序统一访问数据库。

2.减少网络通信流量

存储过程往往将多行的 T-SQL 代码封装在一起,在调用时只要一条指令即可调用存储过程,而不需要在网络中发送多条的 T-SQL 代码。

3.提高执行效率

因为存储过程已经在服务器上编译完成,当多次调用存储过程时,无需重新编译。

4.安全性得以提高

存储过程可根据需要,对不同的用户进行权限设置,以及所有权连接设置,并可以附加相关的证书。存储过程自身的代码也可以进行加密保护。拥有参数的存储过程还能够增加客户端程序的安全性,降低 SQL 注入式等攻击的机会。

8.1.2 存储过程的分类

MS SQL server 中多种可用的存储过程,主要分为三大类:

1.系统存储过程

SQL Server 中的许多管理活动都是通过一种特殊的存储过程执行的,这种存储过程被称为系统存储过程。例如,sys.sp_changedbowner 就是一个系统存储过程。从物理意义上讲,系统存储过程存储在源数据库中,并且带有 sp_前缀。从逻辑意义上讲,系统存储过程出现在每个系统定义数据库和用户定义数据库的 sys 构架中。在 SQL Server 2008 中,可将 GRANT、DENY 和 REVOKE 权限应用于系统存储过程。

在 SSMS 平台中,通过资源管理器可查看到数据库中的系统存储过程对象,如图 8-1 所示:

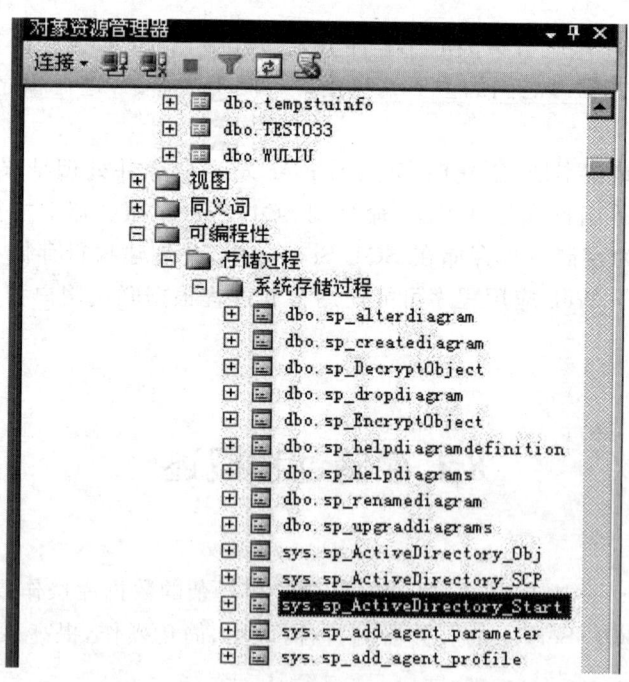

图 8-1

常用的系统存储过程如表 8-1 所示。

表 8-1 常用系统存储过程

系统存储过程名称	主要功能说明
sp_help [name]	报告有关数据库对象(sys.sysobjects 兼容视图中列出的所有对象)、用户定义数据类型或某种数据类型的信息。仅在当前数据库中查找对象 如果未指定 name,则 sp_help 将列出当前数据库中所有对象的对象名称、所有者和对象类型。sp_helptrigger 提供有关触发器的信息
sp_helpdb [name]	报告有关指定数据库或所有数据库的信息。当指定单个数据库时,需要具有数据库中的 public 角色成员身份。当没有指定数据库时,需要具有 master 数据库中的 public 角色成员身份 如果无法访问数据库,那么 sp_helpdb 将显示错误消息 15622 和有关数据库的尽可能多的信息
sp_helpdevice[name]	报告有关 Microsoft SQL Server 备份设备的信息。如果指定 name,则 sp_helpdevice 将显示有关指定转储设备的信息。如果没有指定 name,则 sp_helpdevice 将显示有关 sys.backup_devices 目录视图中所有转储设备的信息 使用 sp_addumpdevice,可以将转储设备添加到系统中
sp_helpfile	返回与当前数据库关联的文件的物理名称及属性。使用此存储过程确定附加到服务器或从服务器分离的文件名
sp_helptext	显示用户定义规则的定义、默认值、未加密的 Transact-SQL 存储过程、用户定义 Transact-SQL 函数、触发器、计算列、CHECK 约束、视图或系统对象(如系统存储过程)
sp_attach_db	将数据库附加到服务器
sp_columns table_name	返回指定数据表或视图的字段信息
sp_who	提供有关 Microsoft SQL Server 数据库引擎实例中的当前用户、会话和进程的信息。可以筛选信息以便只返回那些属于特定用户或特定会话的非空闲进程
sp_spaceused	显示行数、保留的磁盘空间以及当前数据库中的表、索引视图或 Service Broker 队列所使用的磁盘空间,或显示由整个数据库保留和使用的磁盘空间
sp_bindrule	将规则绑定到列或别名数据类型
sp_clean_db_free_space	删除因 SQL Server 数据修改例程而留在数据库页上的残留信息
sp_rename	在当前数据库中更改用户创建对象的名称。此对象可以是表、索引、列、别名数据类型或 Microsoft .NET Framework 公共语言运行时(CLR)用户定义类型
sp_renamedb	更改数据库名称

在具体使用系统存储过程中,还需要添加相应的参数,参数如何添加将在相关实例中涉及。

2.用户自定义存储过程

用户在 SQL Server 平台上,利用其可编程性功能,设计、封装了可重用代码的模块或例程,可以接受输入参数、向客户端返回表格或标量结果和消息、调用数据定义语言(DDL)和数据操作语言(DML)语句,然后返回输出参数。

用户自定义存储过程是本章节的主要内容。

3.扩展存储过程

扩展存储过程允许用户使用 C♯等编程语言创建自己的外部程序,扩展存储过程提供从 SQL Server 实例到外部程序的接口,用于各种维护活动。

主要的扩展存储过程如表 8-2 所示。

表 8-2 扩展存储过程

扩展存储过程名称	主要功能说明
xp_cmdshell	生成 Windows 命令 shell 并以字符串的形式传递以便执行。任何输出都作为文本的行返回
xp_msver	返回 SQL Server 版本信息
xp_sendmail	将可能包含查询结果集附件的电子邮件发送给指定的收件人。此扩展存储过程使用 SQL Mail 发送邮件
xp_readmail	阅读 SQL Mail 收件箱中的邮件
xp_startmail	启动 SQL Mail 客户端会话。开始邮件会话将打开 MAPI 客户端组件并登录到电子邮件服务器
xp_logininfo	返回有关 Windows 用户和 Windows 组的信息
xp_revokelogin	撤销 Windows 组或用户对 SQL Server 的访问权限

扩展存储过程在高版本中可能不再支持,进行 SQL Server 程序开发请注意这一点。

8.2 存储过程的设计与创建

几乎所有可以写成批处理的 T-SQL 代码都可以用来创建存储过程。

8.2.1 存储过程的设计

1.创建存储过程的基本原则

(1)其他数据库对象均可在存储过程中创建。可以引用在同一存储过程中创建的对象,只要引用时已经创建了该对象即可。

(2)可以在存储过程内引用临时表。如果在存储过程内创建本地临时表,则临时表仅为该存储过程而存在;退出该存储过程后,临时表将消失。

(3)如果执行的存储过程将调用另一个存储过程,则被调用的存储过程可以访问由第一个存储过程创建的所有对象,包括临时表在内。

(4)如果执行对远程 Microsoft SQL Server 实例进行更改的远程存储过程,则不能回滚这些更改。远程存储过程不参与事务处理。

(5)存储过程中的参数的最大数目为 2100。存储过程中的局部变量的最大数目仅受可用内存的限制。根据可用内存的不同,存储过程最大可达 128 MB。

(6)在创建存储过程时,存储过程定义自身可以包括任意数量和类型的 SQL 语句,但不能在存储过程的任何位置使用如表 8-3 所示的语句。

表 8-3 存储过程中不能使用的语句

CREATE AGGREGATE	CREATE RULE
CREATE DEFAULT	CREATE SCHEMA
CREATE 或 ALTER FUNCTION	CREATE 或 ALTER TRIGGER
CREATE 或 ALTER PROCEDURE	CREATE 或 ALTER VIEW

续表

CREATE AGGREGATE	CREATE RULE
SET PARSEONLY	SET SHOWPLAN_ALL
SET SHOWPLAN_TEXT	SET SHOWPLAN_XML
USE database_name	

2.限定存储过程的名称

在存储过程内，如果用于语句(例如 SELECT 或 INSERT)的对象名没有限定架构，则架构将默认为该存储过程的架构。在存储过程中，如果创建该存储过程的用户没有限定 SELECT、INSERT、UPDATE 或 DELETE 语句中引用的表名或视图名，则默认情况下，通过该存储过程对这些表进行的访问将受到该过程创建者的权限的限制。

如果有其他用户要使用存储过程，则用于所有数据定义语言(DDL)语句(例如 CREATE、ALTER 或 DROP 语句，DBCC 语句，EXECUTE 和动态 SQL 语句)的对象名应该用该对象架构的名称来限定。为这些对象指定架构名称可确保名称解析为同一对象，而不管存储过程的调用方是谁。如果没有指定架构名称，SQL Server 将首先尝试使用调用方的默认架构或用户在 EXECUTE AS 子句中指定的架构来解析对象名称，然后尝试使用 dbo 架构。

3.对存储过程定义的加密

若要 CREATE PROCEDUR 语句的原始文本转换为某种模糊格式，请使用 WITH ENCRYPTION 选项。SQL Server 2008 中的任何系统表或视图都不会直接显示模糊处理的输出：没有系统表、系统视图或数据库文件访问权限的用户将无法检索经模糊处理的文本。但是，能直接访问数据库文件的特权用户可获得此类文本。这些用户可能能够对模糊代码进行反向工程，以检索存储过程定义的原始文本。

4.SET 语句的使用

当创建或更改 Transact-SQL 存储过程后，数据库引擎将保存 SET QUOTED_IDENTIFIER 和 SET ANSI_NULLS 的设置。执行存储过程时，将使用这些原始设置。因此，在执行存储过程时，将忽略任何客户端会话的 SET QUOTED_IDENTIFIER 和 SET ANSI_NULLS 设置。在存储过程中出现的 SET QUOTED_IDENTIFIER 和 SET ANSI_NULLS 语句不影响存储过程的功能。

其他 SET 选项(例如 SET ARITHABORT、SET ANSI_WARNINGS 或 SET ANSI_PADDINGS)在创建或更改存储过程后不保存。如果存储过程的逻辑取决于特定的设置，应在该过程开头添加一条 SET 语句，以确保设置正确。从存储过程中执行 SET 语句时，该设置只在存储过程完成之前有效。之后，该设置将还原为它在调用存储过程时的值。这使得个别客户端可以设置所需的选项，而不会影响存储过程的逻辑。

8.2.2 存储过程的创建方法

1.存储过程创建的基本语法格式

本章节主要是介绍通过手工编写 T-SQL 语句在当前数据库创建永久存储过程的方法，也可以在 tempdb 中创建临时存储过程。在查询编辑器中，可以根据需要手工编写存储过程，并进行调试。

创建存储过程的基本语法结构如下：

```
    CREATE { PROC | PROCEDURE } [schema_name.] procedure_name [ ; number ]
        [ { @parameter [ type_schema_name. ] data_type }
            [ VARYING ] [ = default ] [ OUT | OUTPUT ] [READONLY]
        ] [ ,…n ]
    [ WITH <procedure_option> [ ,…n ] ]
    [ FOR REPLICATION ]
    AS { [ BEGIN ] sql_statement [;] [ …n ] [ END ] }
    [;]
    <procedure_option> ::=
        [ ENCRYPTION ]
        [ RECOMPILE ]
        [ EXECUTE AS Clause ]
```

其中主要参数的作用:

(1)procedure_name:过程的名称。过程名称必须遵循有关标识符的规则,并且在架构中必须唯一。在命名过程时避免使用 sp_前缀,因为 sp_前缀一般用来指定系统存储过程。如果存在同名的系统存储过程,则使用前缀可能导致应用程序代码中断。

(2);number:对于同名的过程分组的可选整数,使用一个 DROP PROCEDURE 语句可将这些分组过程一起删除。

(3)@parameter:这是一个重要的参数。在过程中声明的参数。通过将@用作第一个字符来指定参数名称。参数名称必须符合有关标识符的规则。每个过程的参数仅用于该过程本身,其他过程中可以使用相同的参数名称。可声明一个或多个参数,最大值是 2100。除非定义了参数的默认值或者将参数设置为等于另一个参数,否则用户必须在调用过程时为每个声明的参数提供值。如果过程包含表值参数,并且该参数在调用中缺失,则传入空表。参数只能代替常量表达式,而不能用于代替表名、列名或其他数据库对象的名称。如果指定了 FOR REPLICATION,则无法声明参数。

(4)type_schema_name.data_type:参数的数据类型以及该数据类型所属的架构。所有 T-SQL 数据类型都可以用作参数,可以使用用户定义的表类型创建表值参数。表值参数只能是 INPUT 参数,并且这些参数必须带有 READONLY 关键字。cursor 数据类型只能是 OUTPUT 参数,并且必须带有 VARYING 关键字。

(5)OUT|OUTPUT:指示参数是输出参数。使用 OUTPUT 参数将值返回给过程的调用方。

(6)readonly:指示不能在过程的主体中更新或修改参数。如果参数类型为表值类型,则必须指定 READONLY。

(7)with 后的过程参数:

①recomplie:指示数据库引擎不缓存此过程的查询计划,这强制在每次执行此过程时都对该过程进行编译。

②encryption:指示 SQL Server 将 CREATE PROCEDURE 语句的原始文本转换为密文格式。密文格式的定义在 SQL Server 的任何目录视图中都不能直接显示。对系统表或数据库文件没有访问权限的用户不能检索模糊文本。

(8)for replication:指定为复制创建该过程。因此,它不能在订阅服务器上执行。使用 FOR REPLICATION 选项创建的过程可用作过程筛选器,且仅在复制过程中执行。如果指定了 FOR REPLICATION,则无法声明参数。

(9){ [BEGIN] sql_statement [;] […n][END] }：构成过程主体的一个或多个 Transact-SQL 语句。您可以使用可选的 BEGIN 和 END 关键字将这些语句括起来。

2.创建存储过程的最佳实践

参考以下的做法可提高存储过程的性能：

(1)使用 SET NOCOUNT ON 语句

SET NOCOUNT ON 作为过程主体中的第一个语句。也就是说，将其放置于紧接着 AS 关键字之后。这会禁止显示在执行任何 SELECT、INSERT、UPDATE、MERGE 和 DELETE 语句后 SQL Server 发送回客户端的消息。通过消除这一不必要的网络开销可以提高数据库和应用程序的总体性能。

(2)使用架构名称

当在过程中创建或引用数据库对象时使用架构名称。如果不必搜索多个架构，则这样做将会减少数据库引擎解析对象名称所用的处理时间。这样做还可以避免在创建对象时如果未指定架构，由要分配的用户的默认架构导致的权限和访问问题。

(3)避免函数包装问题

避免函数包装在 WHERE 和 JOIN 子句中指定的列。这样做会使列具有不确定性并且禁止查询处理器使用索引。

(4)避免使用标量函数

避免在返回许多行数据的 SELECT 语句中使用标量函数。因为标量函数必须应用于每一行，所以最终导致的行为将类似于基于行的处理并且会降低性能。

(5)避免使用 SELECT *

避免使用 SELECT *，而是应指定所需的列名称。这样做可以避免停止过程执行的数据库引擎错误。

(6)避免处理或返回过多的数据

尽早在过程代码中缩小结果的范围，这样，该过程执行的任何后续操作都将使用可能的最小数据集完成。仅将基本数据发送到客户端应用程序。它比跨网络发送多余的数据并且强制客户端应用程序处理不必要的大结果集更高效。

(7)使用 BEGIN/EN TRANSACTION

通过使用 BEGIN/END TRANSACTION 来使用显式事务并且保留尽可能短的事务。更长的事务意味着更长的记录锁定和更高的死锁风险。

(8)使用 TRY…CATCH

使用 TRY…CATCH 功能进行过程内的错误处理。TRY…CATCH 可以封装整个 T-SQL 语句块。这不仅产生更少的性能开销，还通过显著减少的编程，使错误报告更精确。

(9)NULL 与 DEFAULT

在过程主体中对 CREATE TABLE 或 ALTER TABLE Transact-SQL 语句引用的所有表列使用 DEFAULT 关键字。这将禁止将 NULL 传递到不允许 Null 值的列。

(10)使用 UNION ALL

使用 UNION ALL 运算符来代替 UNION 或 OR 运算符，除非存在针对非重复值的特定需要，UNION ALL 运算符要求更少的处理开销，因为重复值不从结果集中筛选出来。

8.2.3 简单存储过程的创建

1.使用 SSMS 资源管理器创建存储过程

存储过程的创建可以通过右单击 SSMS 对象资源管理器下的"可编程性"节点下的"存储过程"进行创建，如图 8-2 所示：

图 8-2　使用 SSMS 创建存储过程

还可以通过"查看"菜单下的"模板资源管理器"中"Store Procedure"节点下的各种创建存储过程的模板来完成创建。

2．使用 T-SQL 创建简单过程

（1）创建存储过程查询 UNICODE 字符"é"及其之后的其他 25 个 UNICODE 字符：

```
--创建存储过程 procunicode：
CREATE PROC procunicode
AS
BEGIN
  DECLARE @i INT
  SET @i=0
  WHILE @i<=26
    BEGIN
      PRINT '整数代码为 '+CAST(UNICODE(N'é')+@i AS varchar)+' 的 UNICODE 字符是:'+NCHAR(UNICODE(N'é')+@I)
      SET @i=@i+1
    END
END
--执行存储过程 procunicode：
EXEC procunicode
```

执行存储过程 PROCUNICODE 后的输出结果如图 8-3 所示：

(2)创建存储过程，查询 teacherinfo 表中 tsalary 高于 50000 的教师信息：

```
--WHERE 条件位于存储过程内
CREATE PROC proctsal：
AS
BEGIN
  SELECT * FROM teacherinfo WHERE tsalary>50000
END
--执行 proctsal 存储过程：
EXEC proctsal
```

执行存储过程 proctsal 的输出结果如图 8-4 所示。

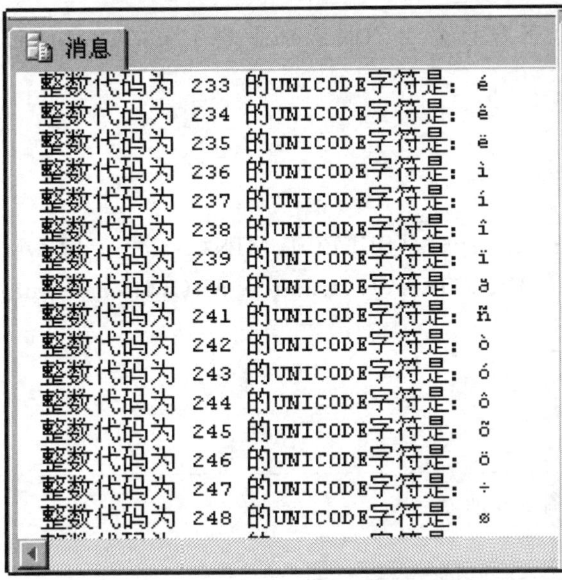

图 8-3　输出结果

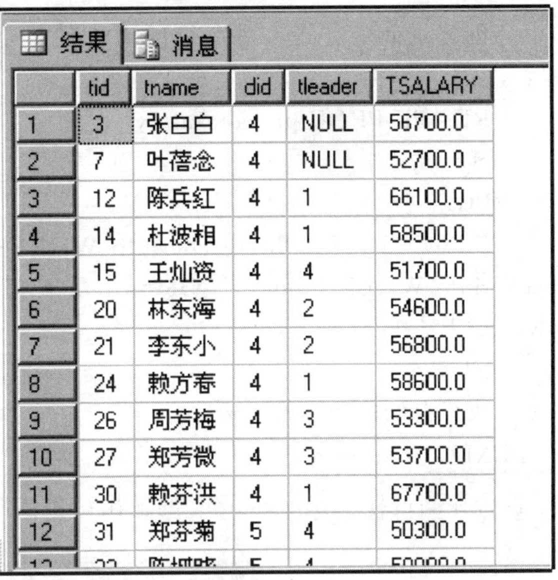

	tid	tname	did	tleader	TSALARY
1	3	张白白	4	NULL	56700.0
2	7	叶蓓念	4	NULL	52700.0
3	12	陈兵红	4	1	66100.0
4	14	杜波相	4	1	58500.0
5	15	王灿资	4	4	51700.0
6	20	林东海	4	2	54600.0
7	21	李东小	4	2	56800.0
8	24	赖方春	4	1	58600.0
9	26	周芳梅	4	3	53300.0
10	27	郑芳微	4	3	53700.0
11	30	赖芬洪	4	1	67700.0
12	31	郑芬菊	5	4	50300.0

图 8-4　输出结果

(3)创建存储过程，查询 teacherinfo 表中 tsalary 高于 50000 的信息，同时查询 stucourse 中成绩高于 95 分的学生信息：

```
--创建对多张表查询的存储过程：
CREATE PROC proctstu
AS
BEGIN
  SELECT tid,tname,tsalary FROM teacherinfo WHERE tsalary>50000
  SELECT stuid,cscore FROM stucourse WHERE cscore>95
END
--执行存储过程 proctstu：
EXEC proctstu
```

执行存储过程 proctsuc 的输出结果如图 8-5 所示：

	TID	TNAME	TSALARY
1	3	张白白	56700.0
2	7	叶蓓念	52700.0
3	12	陈兵红	66100.0
4	14	杜波相	58500.0
5	15	王灿资	51700.0
6	20	林东海	54600.0
7	21	李东小	56800.0
8	24	赖方春	58600.0

	STUID	CSCORE
1	021200607	99.0
2	031201213	97.0
3	041101316	98.0
4	071001307	96.0
5	071001341	97.0
6	071001432	98.0

图 8-5 输出结果

(4)创建带有嵌套、分组统计的存储过程：

```
--创建查询工资高于系别代码为 1 的最低工资且高于不同系别平均工资的的存储过程：
CREATE PROC procavgsalary
AS
BEGIN
  SELECT * FROM teacherinfo WHERE tsalary >(SELECT MIN(tsalary) FROM teacherinfo WHERE did=1) OR tsalary>all(SELECT AVG(tsalary) FROM teacherinfo GROUP BY did)
END
--执行存储过程 procavgsalay
EXEC procavgsalary
```

执行存储过程 procavgsalary 的输出结果如图 8-6 所示：

	tid	tname	did	tleader	TSALARY
1	1	娄安克	4	NULL	36720.0
2	2	陈白白	4	NULL	38000.0
3	3	张白白	4	NULL	56700.0
4	4	张邦礼	4	NULL	36160.0
5	6	强保荣	4	NULL	37440.0
6	7	叶蓓念	4	NULL	52700.0
7	8	李碧秋	4	NULL	39200.0

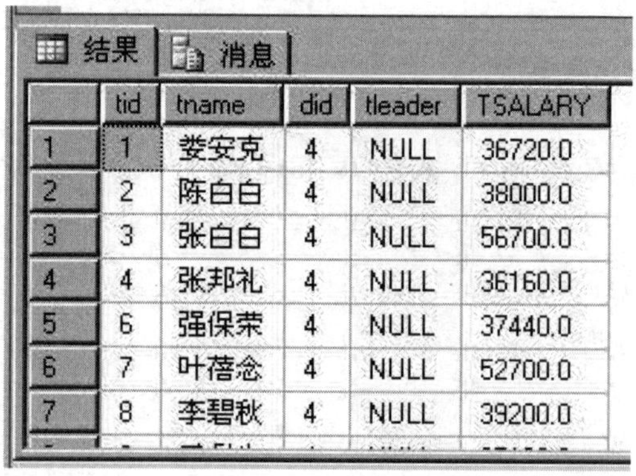

图 8-6 输出结果

8.3 创建和应用带有参数的存储过程

简单存储过程都将查询等相关条件置于存储过程定义内部，为了提高存储过程使用的灵活性，可以将存储过程所用到的部分参数条件设置在存储过程外部。

8.3.1 带有简单输入参数的存储过程

创建存储过程，查询所有工资在输入两个数值之间的教师工资信息：

```
CREATE PROC procsalary
@MYMIN DECIMAL(6,1),@MYMAX DECIMAL(6,1)
AS
  SELECT * FROM teacherinfo WHERE tsalary BETWEEN @ MYMIN AND @
MYMAX
--执行存储过程
EXEC procsalary 35000,50000
```

执行存储过程 procsalary，输入的参数是“35000，50000”，输出结果如图 8-7 所示：

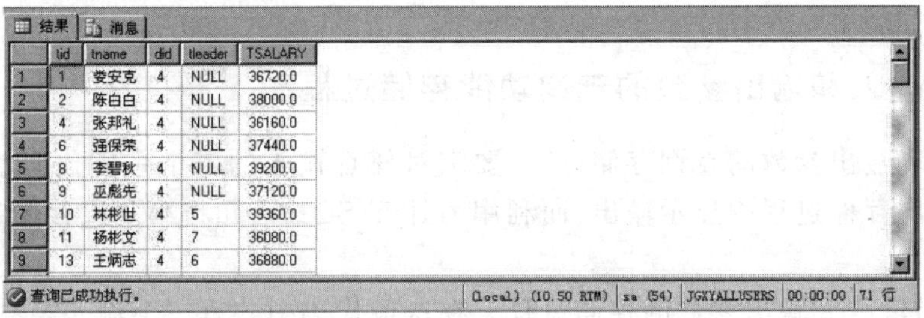

	tid	tname	did	tleader	TSALARY
1	1	娄安克	4	NULL	36720.0
2	2	陈白白	4	NULL	38000.0
3	4	张邦礼	4	NULL	36160.0
4	6	强保荣	4	NULL	37440.0
5	8	李碧秋	4	NULL	39200.0
6	9	巫彪先	4	NULL	37120.0
7	10	林彬世	4	5	39360.0
8	11	杨彬文	4	7	36080.0
9	13	王炳志	4	6	36880.0

图 8-7　输出结果

8.3.2 带有输入参数的查询功能存储过程

创建存储过程，能够统计查询出随意输入的三个系别代码的平均工资，并得出最高的平均工资值：

```
CREATE PROC procmax
@X1 int,@X2 int,@X3 int
AS
BEGIN
  DECLARE @mymax int,@X11 int,@X22 int,@X33 int
  SET @X11=(SELECT AVG(tsalary) FROM teacherinfo WHERE did=@X1)
  SET @X22=(SELECT AVG(tsalary) FROM teacherinfo WHERE did=@X2)
  SET @X33=(SELECT AVG(tsalary) FROM teacherinfo WHERE did=@X3)
```

```
    IF @X11>@X22
       SET @mymax=@X11
    ELSE
       SET @mymax=@X22
    IF @X33>@mymax
       SET @mymax=@X33
    PRINT '输入的三个系别代码是:' +CAST(@x1 AS nvarchar)+','+CAST(@x2 AS nvarchar)+','+CAST(@x3 AS nvarchar)+',其中平均工资最高的是:'+CAST(@mymax AS nvarchar)
    END
    --执行存储过程
    EXEC procmax 4,5,6
```

执行存储过程promax,输入的参数是"4,5,6",输出结果如图8-8所示：

图 8-8　输出结果

8.3.3 带有输入和输出参数的查询功能存储过程

创建带输入和输出参数的查询存储过程,要求对任意输入的三个系别代码输出其对应系的平均工资,但是,在存储过程内显示输出,而利用另外T-SQL语句将第一段存储过程中的结果显示。

首先,创建带输入和输出参数的存储过程。在这段代码中共有三个输入参数,分别为输入系别代码服务;另有六个输出参数,其中三个是用来输出平均工资的,另外三个是用来输出用户所输入的三个系别代码参数：

```
CREATE PROC procavg
@X1 int,@X2 int,@X3 int,
@X11 real OUTPUT,@X22 real OUTPUT,@X33 real OUTPUT,
@X111 int OUTPUT,@X222 int OUTPUT,@X333 int OUTPUT
AS
BEGIN
  SET @X11=(SELECT AVG(tsalary) FROM teacherinfo WHERE did=@X1)
  SET @X22=(SELECT AVG(tsalary) FROM teacherinfo WHERE did=@X2)
  SET @X33=(SELECT AVG(tsalary) FROM teacherinfo WHERE did=@X3)
  SET @X111=@X1
  SET @X222=@X2
  SET @X333=@X3
END
```

其次,利用代码显示存储过程中计算的结果:

```
DECLARE @X01 real,@X02 real,@X03 real,@X1111 int,@X2222 int,@X3333 int
EXEC PROCAVG 5,7,8,@X01 OUTPUT,@X02 OUTPUT,@X03 OUTPUT,@X1111 OUTPUT,@X2222 OUTPUT,@X3333 OUTPUT
PRINT cast(@X1111 as varchar)+'的平均工资是:'+CAST(@X01 AS varchar)
PRINT cast(@X2222 as varchar)+'的平均工资是:'+CAST(@X02 AS varchar)
PRINT cast(@X3333 as varchar)+'的平均工资是:'+CAST(@X03 AS varchar)
```

输出的结果如图 8-9 所示:

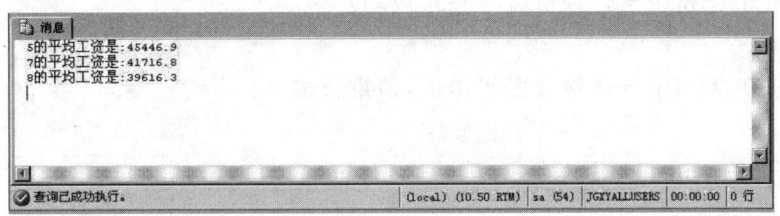

图 8-9 输出结果

第二段代码管理起来不是很方便,使用起来更加不方便,所以,可以新建一个存储过程,将该段代码进行封装,实际是也嵌套了第一个存储过程 procavg:

```
CREATE PROC PROCAVG2
@X001 int,@X002 int,@X003 int
AS
DECLARE @X01 real,@X02 real,@X03 real,@X1111 int,@X2222 int,@X3333 int
EXEC PROCAVG @X001,@X002,@X003,@X01 OUTPUT,@X02 OUTPUT,@X03 OUTPUT,@X1111 OUTPUT,@X2222 OUTPUT,@X3333 OUTPUT
PRINT cast(@X1111 as varchar)+'的平均工资是:'+CAST(@X01 AS varchar)
PRINT cast(@X2222 as varchar)+'的平均工资是:'+CAST(@X02 AS varchar)
PRINT cast(@X3333 as varchar)+'的平均工资是:'+CAST(@X03 AS varchar)
--执行存储过程 procavg2
EXEC procavg2 5,7,8
```

执行存储过程 Procavg2 的结果如图 8-9 所示,结果是完全一样的。

存储过程 procavg2 代码中,既有存储过程 procavg 的输入和输出参数,同时又有自己的输入参数。由此可见,存储过程的应用是非常灵活的,可根据不同的需要进行嵌套,参数的输入和输出设置也非常方便。

带有输入/输出参数存储过程的参数可以直接从存储过程对象中的"参数"节点中查看到,如图 8-10 所示:

8.3.4 带有简单判断登录功能的存储过程

存储过程具有可接受用户输入参数的特点,所以,可以利用存储过程构建简单的用户登录功能模块:

```
CREATE PROC procloginv1
@myid varchar(50),@mypwd varchar(50)
AS
BEGIN
  DECLARE @msg varchar(50)
  IF @myid='ADMIN'
    BEGIN
      IF @mypwd='123'
        SET @msg='管理员账号登录成功!'
      ELSE
        SET @msg='账号或密码错误,请重新输入!'
    END
  ELSE IF @myid='USER'
    BEGIN
      IF @mypwd='321'
        SET @msg='一般用户登录成功!'
      ELSE
        SET @msg='账号或密码错误,请重新输入!'
    END
  PRINT @msg
END
```

同时执行具有正确密码和错误密码的存储过程,输出结果如图 8-11 所示。

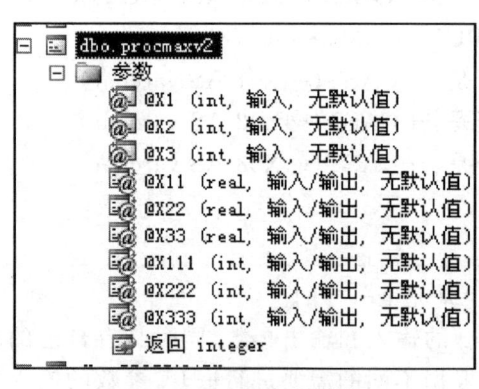

图 8-10　查看参数节点

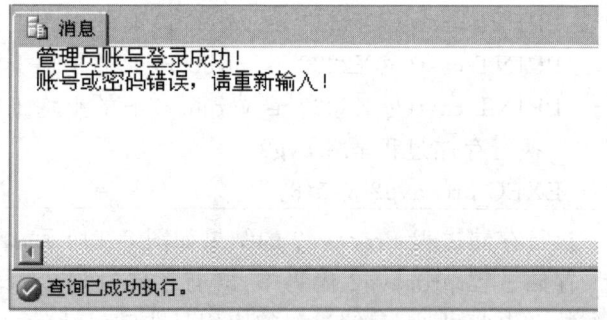

图 8-11　输出结果

8.3.5　验证信息来自数据表的登录功能存储过程

8.3.4 节中所展示的是一种将用户身份验证信息写在存储过程定义中的登录功能。如果用户的登录验证信息来自于某张数据表,比如来自 stuinfo 表,且用户名是来自 stuid 字段,用户密码来 stuphone 字段,则需要将代码改为:

```sql
CREATE PROC procloginv2
@myid varchar(50),@mypwd varchar(50)
AS
BEGIN
  DECLARE @msg varchar(50)
  IF @myid IN(SELECT stuid FROM stuinfo)
    BEGIN
      IF @mypwd IN(SELECT stuphone FROM stuinfo)
        SET @msg='管理员账号登录成功!'
      ELSE
        SET @msg='账号或密码错误,请重新输入!'
    END
PRINT @msg
END
--执行存储过程 procloginv2
EXEC procloginv2 '071203101','059263469892'
```

执行存储过程 procloginv2 的输入结果如图 8-12 所示:

但实际上账号为 071203101 的用户密码是"136854155395",而不是"059263469892"。这是因为在对密码输入参数@mypwd 的判断时,是对整张表中的 stuphone 字段进行检索,判断是否存在有该值的存在,若存在,则判断为真,而未考虑用户账号与密码的对应性。因此该段代码应该更改为:

```sql
CREATE PROC procloginv2
@myid varchar(50),@mypwd varchar(50)
AS
BEGIN
  DECLARE @msg varchar(50)
  IF @myid IN(SELECT stuid FROM stuinfo)
    BEGIN
      IF @mypwd IN(SELECT stuphone FROM stuinfo WHERE stuid=@myid)
        SET @msg='管理员账号登录成功!'
      ELSE
        SET @msg='账号或密码错误,请重新输入!'
    END
PRINT @msg
END

--输出用户账号、密码正确与错误的两种结果
EXEC procloginv2 '071203101','059263469892'
EXEC procloginv2 '071203101','136854155395'
```

执行该存储过程的输出结果如图 8-13 所示。

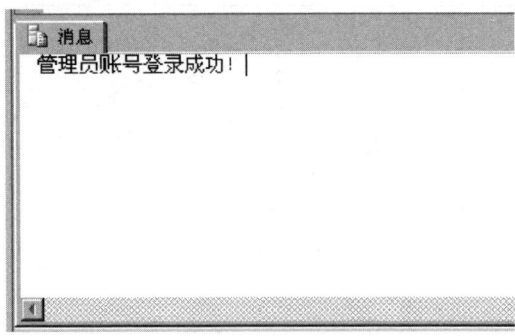
图 8-12 输出结果

图 8-13 输出结果

如果要充分考虑到输入的账号和密码是随意性的,根本不存在于 stuinfo 表中的信息,那么代码可以进一步改为:

```
CREATE PROC procloginv2
@myid varchar(50),@mypwd varchar(50)
AS
BEGIN
  DECLARE @msg varchar(50)
  IF @myid  NOT IN(SELECT stuid FROM stuinfo)
    SET @msg='系统中没有该用户!'
  ELSE
    BEGIN
      IF @mypwd IN(SELECT stuphone FROM stuinfo WHERE stuid=@myid)
        SET @msg='管理员账号登录成功!'
      ELSE
        SET @msg='账号或密码错误,请重新输入!'
    END
  PRINT @msg
END
--执行存储过程
EXEC procloginv2 '071203101','059263469892'
EXEC procloginv2 '071203101','136854155395'
EXEC procloginv2 'ADMIN','223'——stuinfo 表中不存在任何 stuid=ADMIN 的记录
```

执行代码修改后的 procloginv2 存储过程,输出结果如图 8-14 所示:

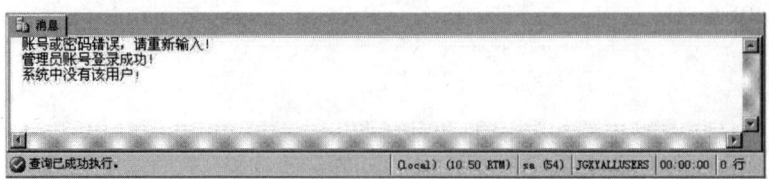
图 8-14 输出结果

8.3.6 带有判断条件的插入功能存储过程

假设 teachertemp 表的 tid 并未设置标识和唯一性约束,要求利用存储过程的方式,对 tid 进行唯一性判断,如果将要添加记录的 tid 与表中的 tid 存在重复,则不能添加,代码如下:

```sql
CREATE PROC proctempadd
@mytid int,
@mytname nvarchar,
@mydid int,
@mytleader int,
@mytsalary decimal(6,1)
AS
BEGIN
  IF @mytid IN (SELECT tid FROM teachertemp)
    PRINT '该 tid 号已经存在,请更换!'
  ELSE
   BEGIN
    IF @mydid IN (SELECT did FROM departinfo)
      BEGIN
        INSERT INTO teachertemp(tid,tname,did,tleader,tsalary) VALUES(@mytid,@mytname,@mydid,@mytleader,@mytsalary)
        print '记录添加成功!'
      END
    ELSE
      PRINT '输入的系别代码有错!'
   END
END
--执行存储过程
PROCTEMPADD 3,'李斯',4,10,50000
```

执行存储过程 proctempadd 的输出结果如图 8-15 所示:

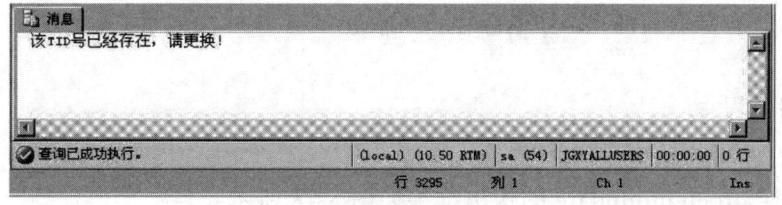

图 8-15 输出结果

如果利用如下代码中的参数执行存储过程,将会是另一个错误提示:

```sql
PROCTEMPADD 300,'李斯',40,10,50000
```

执行存储过程的输出结果如图 8-16 所示:

图 8-16 输出结果

如果利用如下代码中的参数执行存储过程,将会把相关记录添加到 teachertemp 表中:

```
PROCTEMPADD 300,'李斯',4,10,50000
```

执行存储过程的输出结果如图 8-17 所示:

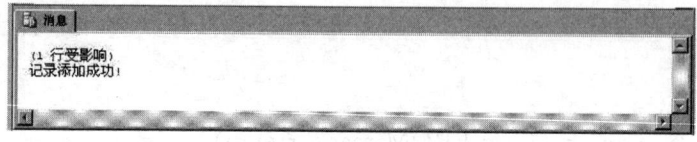

图 8-17 输出结果

8.3.7 带有判断条件的更新功能存储过程

假设对 tid=300 的教师年薪 tsalary 进行更新,更新前需要判断是否存在输入参数中的相关 tid 号,如果不存在,则报错:

```
CREATE PROC proctempupdate
@mytid int,
@mytsalary decimal(6,1)
AS
BEGIN
  IF @mytid IN (SELECT tid FROM teachertemp)
    BEGIN
      UPDATE teachertemp SET tsalary=@mytsalary WHERE tid=@mytid
      PRINT CAST(@mytid AS varchar)+'号的教师工资已经更新为'+CAST(@mytsalary AS varchar)
    END
  ELSE
    PRINT '您所输入的 tid 号不存在,请确认!'
END
--执行存储过程
EXEC proctempupdate 300,6000
```

执行存储过程 proctempupdate 的输出结果如图 8-18 所示:

图 8-18 输出结果

如果输入的参数不符合要求,则会显示如图 8-19 所示的错误:

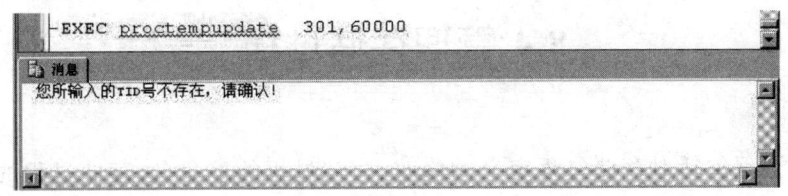

图 8-19　错误提示

8.3.8　带有判断条件的删除功能存储过程

假设的 tid＝300 的教师信息需要删除,删除之前需要判断是否存在输入参数中的相关 tid 号,如果不存在,则报错:

```
CREATE PROC proctempdel
@mytid int
AS
BEGIN
  IF @mytid IN (SELECT tid FROM teachertemp)
    BEGIN
      DELETE teachertemp WHERE tid＝@mytid
      PRINT CAST(@mytid AS varchar)＋'号的教师信息已经删除!'
    END
  ELSE
    PRINT '您所输入的 TID 号不存在,请确认!'
END
--执行存储过程
EXEC proctempdel 300
```

执行存储过程的输出结果如图 8-20 所示:

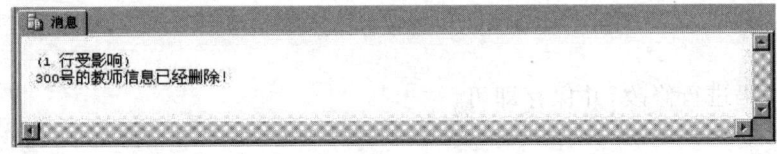

图 8-20　输出结果

如果输入的参数不符合要求,则会显示如图 8-21 所示的错误:

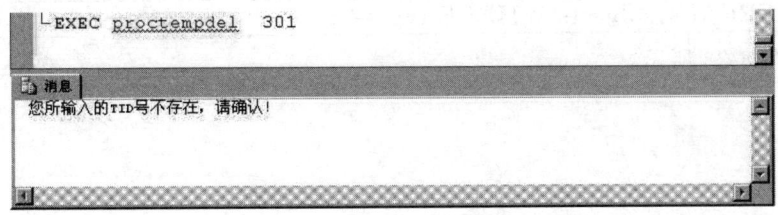

图 8-21　输出结果

8.4 管理存储过程

存储过程的管理包括对存储过程定义的修改、存储过程的重命名、存储过程的加密和存储过程的删除,以及如何让存储过程进行自动执行并监控存储过程的执行情况。

8.4.1 修改存储过程定义

1. 利用 SSMS 对象资源管理器进行修改

存储过程定义的修改,可以通过 SSMS 中的对象资源管理器来修改,打开数据库中的"可编程性"节点下的"存储过程",右单击要修改的存储过程对象,比如 dbo.proctempdel,选择快捷菜单中的"修改",系统将开启新的查询编辑器,如图 8-22 所示:

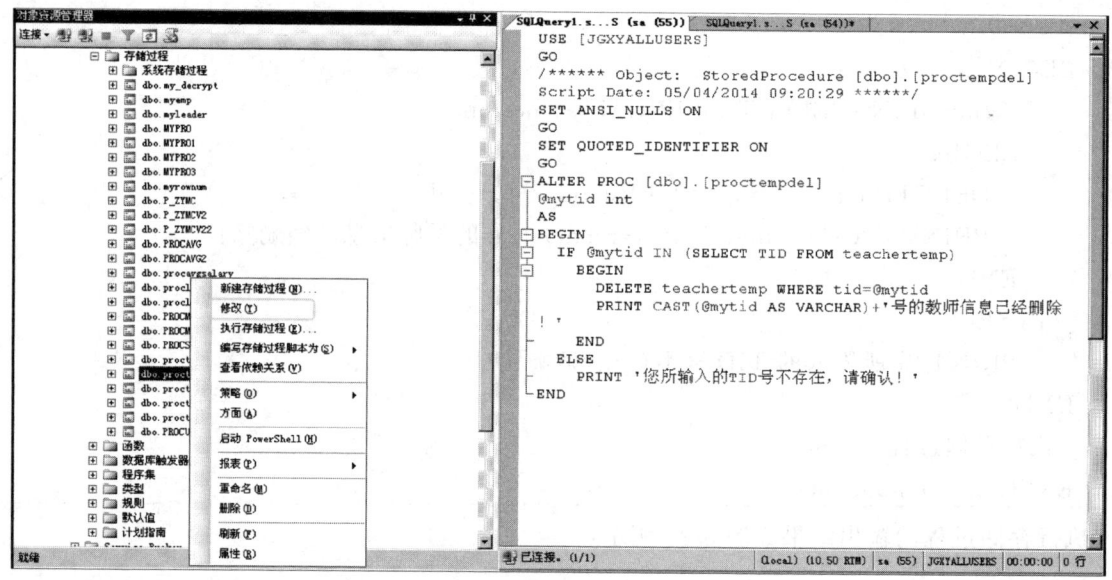

图 8-22　修改存储过程

根据需要对代码进行修改,并保存即可。

2. 利用 ALTER 命令

还可以使用 T-SQL 的 ALTER 命令对存储过程进行修改,在修改之前可以使用一些命令查看存储过程的属性和功能代码等。

查看存储过程的名称及创建时间等信息:

```
SELECT * FROM sysobjects WHERE type='p'
```

输出结果如图 8-23 所示:

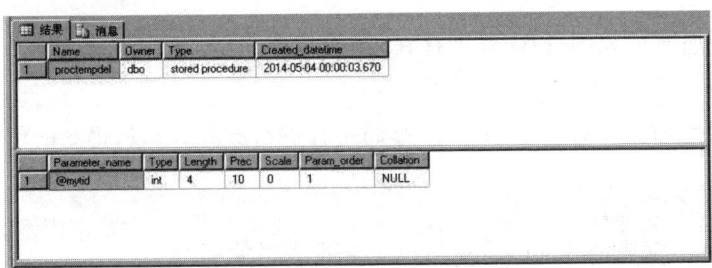

图 8-23　输出存储过程

查看存储过程的属性信息：

EXEC SP_HELP proctempdel

输出结果如图 8-24 所示：

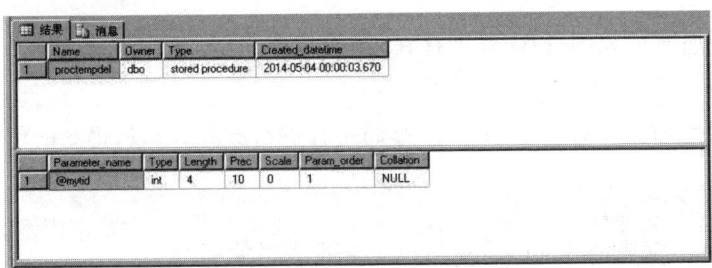

图 8-24　输出存储过程

查看存储过程所引用的数据对象等信息，即在存储过程中使用到的数据表等对象：

EXEC SP_DEPENDS proctempdel

输出结果如图 8-25 所示，该存储过程引用了用户表 teachertemp：

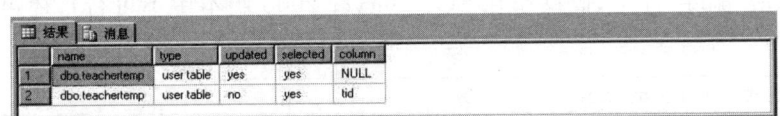

图 8-25　输出存储过程

查看存储过程的代码定义：

EXEC sp_helptext proctempdel

输出结果如图 8-26 所示：

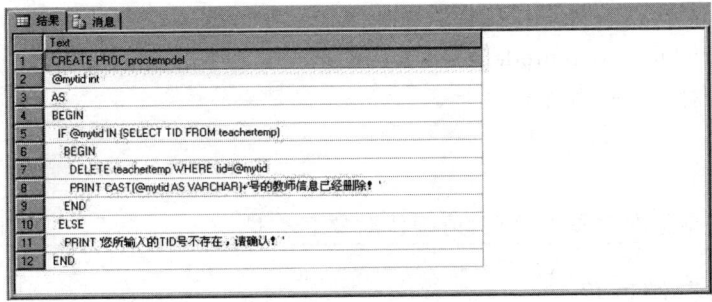

图 8-26　输出存储过程

使用 ALTER 语句对存储过程进行修改,假设将 proctempdel 存储过程的定义进行修改,则需要使用代码完成:

```
ALTER PROC proctempdel
@mytid int
AS
BEGIN
  IF @mytid IN (SELECT tid FROM teachertemp)
    BEGIN
      DELETE teachertemp WHERE tid=@mytid
      PRINT CAST(@mytid AS varchar)+'号的教师记录被删除!'
    END
  ELSE
    PRINT '您所输入的 TID 号不存在,请确认!'
END
```

因为在系统中,之前已经对 proctempdel 存储过程进行删除,所以,得到的信息如图 8-27 所示:

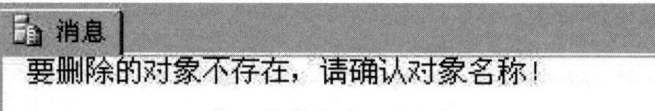

图 8-27　输出结果

8.4.2 删除存储过程

删除存储过程除了可以利用 SSMS 中的对象资源管理器之外(右单击存储过程对象在弹出的快捷菜单中单击"删除"即可,此操作在 SQL Server 2000 版本中不可行),还可以利用 T-SQL 语句进行删除:

```
DROP PROC proctempdel
```

有时在删除存储过程对象之前,需要进行判断,如果要删除的对象在系统中存在,则删除;如果不存在,则提供提示信息:

```
IF EXISTS(SELECT * FROM sysobjects WHERE name='proctempdel' AND xtype='p')
  BEGIN
    PRINT '要删除的对象存在! 准备删除…'
    DROP PROC proctempdel
    PRINT '对象已经删除!'
  END
ELSE
  PRINT '要删除的对象不存在,请确认对象名称!'
```

8.4.3 重命名存储过程

重命名存储过程除了可以利用 SSMS 中的对象资源管理器之外(右单击存储过程对象,在弹出的快捷菜单中单击"重命名"即可,此操作在 SQL Server 2000 版本中不可行),还可以利用 T-SQL 语句进行重命名:

```
EXEC sp_rename 'procmax2','procmaxv2'
```

执行存储过程重命名之后,系统将出现如图 8-28 所示的提示:

图 8-28 提示信息

8.4.4 加密存储过程

在创建或者修改存储过程的操作中,使用 WITH ENCRPYTION 参数可将存储过程定义的代码进行加密,使得用户无法直接读取到存储过程内部定义的代码信息,起到对代码的保护作用。

加密之前使用 SP_HELPTEXT 系统存储过程可查看 procmaxv2 存储过程的内部代码定义,如图 8-29 所示:

	Text
1	CREATE PROC PROCMAX2
2	@X1 INT,@X2 INT,@X3 INT,
3	@X11 REAL OUTPUT,@X22 REAL OUTPUT,@X33 REAL OUTPU...
4	@X111 INT OUTPUT,@X222 INT OUTPUT,@X333 INT OUTPUT
5	AS
6	BEGIN
7	DECLARE @MYMAX INT
8	SET @X11=(SELECT AVG(TSALARY) FROM teacherinfo WHERE...
9	SET @X22=(SELECT AVG(TSALARY) FROM teacherinfo WHERE...
10	SET @X33=(SELECT AVG(TSALARY) FROM teacherinfo WHERE...
11	SET @X111=@X1

图 8-29 输出结果

使用代码对 procmaxv2 存储过程进行加密定义:

```
ALTER PROC procmaxv2
@mytid int
WITH ENCRYPTION
AS
BEGIN
  IF @mytid IN (SELECT tid FROM teachertemp)
    BEGIN
      DELETE teachertemp WHERE tid=@mytid
      PRINT CAST(@mytid AS varchar)+'号的教师记录被删除!'
    END
  ELSE
    PRINT '您所输入的 TID 号不存在,请确认!'
END
```

之后使用 SP_HELPTEXT 系统存储过程将无法正常查看到 procmaxv2 存储过程的内部代码定义,如图 8-30 所示。

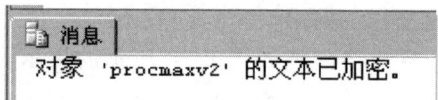

图 8-30　输出结果

8.4.5　自动执行存储过程

如果用户有需要定期执行的操作,或者有作为后台进程运行的存储过程,并希望该存储过程在所有时间都处于运行状态,可以将一个或多个特定的存储过程标记为要自动执行,那么当每次 SQL Server 启动时,具有标记的存储过程将会被自动执行。

自动执行存储过程的另一个用途是使该存储过程完成 tempdb 中的系统或维护任务,如创建一个全局临时表。这将确保在 SQL Server 启动并重新创建 tempdb 时,始终存在这样一个临时表。

自动执行的存储过程使用与固定服务器角色 sysadmin 成员相同的权限进行操作。该存储过程生成的所有错误消息都将写入 SQL Server 错误日志。请勿从自动执行的存储过程中返回任何结果集。因为该存储过程是由 SQL Server 而不是某位用户执行,所以结果集将无处可去。

只有系统管理员(sa)可以将存储过程标记为自动执行。另外,该存储过程必须在 master 数据库中由 sa 所有,而且不能有输入或输出参数。

使用 sp_procoption 设置自动执行存储过程的基本语法是:

```
sp_procoption [ @ProcName = ] 'procedure'
    , [ @OptionName = ] 'option'
    , [ @OptionValue = ] 'value'
```

其中:

①[@ProcName =] 'procedure':为其设置选项的过程名称。procedure 的数据类型为 nvarchar(776),无默认值。

②[@OptionName =] 'option':要设置的选项名称。option 的唯一值为 startup。

③[@OptionValue =] 'value':指示是将选项设置为开启(true 或 on)还是关闭(false 或 off)。value 的数据类型为 varchar(12),无默认值。

因为自动执行的存储过程只能存储在 master 数据库中,所以,需要在 master 数据库中新建一个存储过程,代码如下:

```
USE master
CREATE PROCEDURE autoproc1
AS
EXEC JGXYALLUSERS.DBO.MYSAL
```

接着通过 sp_procoption 设置存储过程 autoproc1 为自动执行:

```
USE master
EXEC sp_procoption @procName='autoproc1',@optionName='startup',@optionValue='true'
```

如果要关闭自动执行的存储过程,则执行下面代码:

```
USE master
EXEC sp_procoption @procName='autoproce1', @optionValue='off'
```

虽然对启动过程的数目没有限制,但是请注意,在执行时,每个启动过程将占用一个工作线程。如果必须在启动时执行多个过程,但不需要并行执行,则可以指定一个过程作为启动过程,让该过程调用其他过程。这样就只占用一个工作线程。

8.4.6 监控存储过程

使用系统存储过程 SP_MONITOR 可以对 SQL Server 系统运行的各项参数进行查看,主要参数如表 8-4 所示。

表 8-4　SP_MONITOR 系统存储过程的主要参数表

列名	说明
last_run	上次运行 sp_monitor 的时间
current_run	本次运行 sp_monitor 的时间
秒	sp_monitor 自运行以来所经过的秒数
cpu_busy	服务器计算机的 CPU 处理 SQL Server 工作所用的秒数
io_busy	SQL Server 在输入和输出操作上花费的秒数
空闲	SQL Server 已空闲的秒数
packets_received	SQL Server 读取的输入数据包数
packets_sent	SQL Server 已写入的输出数据包数
packet_errors	SQL Server 在读取和写入数据包时遇到的错误数
total_read	SQL Server 读取的次数
total_write	SQL Server 写入的次数
total_errors	SQL Server 在读取和写入时遇到的错误数
connections	登录或尝试登录 SQL Server 的次数

SP_MONITOR 的用法:

```
EXEC SP_MONITOR
```

当前输出的结果如图 8-31 所示,表示当前数据库的运行情况:

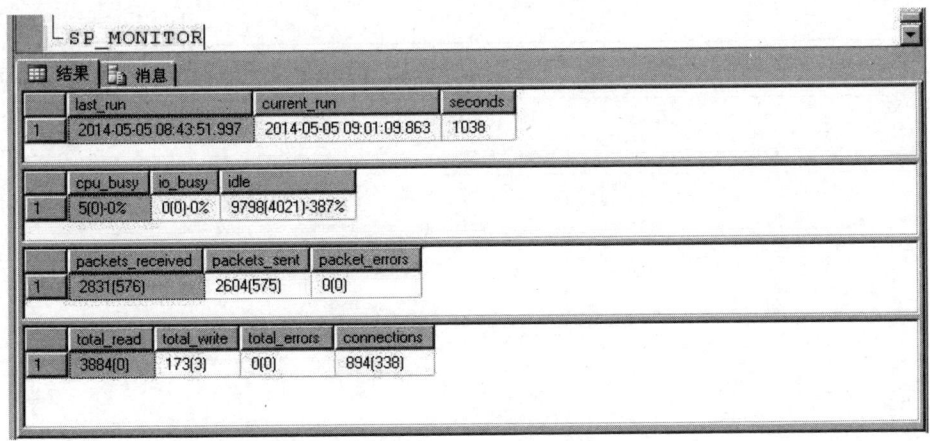

图 8-31　输出结果

8.5 小结

本章通过介绍存储过程的概念、重要性、分类和优缺点,举例讲解了存储过程的创建、执行、修改、重命名、查看和删除等管理活动,以及如何实现存储过程的自动执行和监控,让读者学会掌握存储过程的创建和管理,为基于 B/S 或 C/S 模式数据库应用程序的开发奠定基础。

第 9 章 自定义函数与游标

在对数据进行查询和操作的过程中,通过使用视图、存储过程可帮助用户极大提高对数据查询和操作的效率。本章节通过介绍自定义函数和游标的概念,以及创建和应用自定义函数和游标,在视图、存储过程中进一步提高数据管理的效率。

本章教学要求

- 了解自定义函数和游标的概念
- 掌握自定义函数的创建和应用方法
- 掌握基本游标的创建和应用方法
- 掌握复杂游标的创建和应用方法
- 掌握自定义函数和游标的管理方法

9.1 自定义函数概述

Microsoft SQL Server 中的自定义函数称为 UDF(User-Defined Functions),与编程语言中的函数类似,用户定义函数是接受参数、执行操作(例如复杂计算)并将操作结果以值的形式返回的例程,返回值可以是单个标量值或结果集。

9.1.1 自定义函数的优点

自定义函数具有以下优点:

1. 允许模块化程序设计

只需创建一次函数并将其存储在数据库中,以后便可以在程序中调用任意次。用户定义函数可以独立于程序源代码进行修改。

2. 执行速度更快

与存储过程相似,Transact-SQL 用户定义函数通过缓存计划并在重复执行时重用它来降低 Transact-SQL 代码的编译开销。这意味着每次使用用户定义函数时均无需重新解析和重新优化,从而缩短了执行时间。

3. 减少网络流量

基于某种无法用单一标量的表达式表示的复杂约束来过滤数据的操作,可以表示为函数。然后,此函数便可以在 WHERE 子句中调用,以减少发送至客户端的数字或行数。

 注意:查询中的 Transact-SQL 用户定义函数只能对单个线程执行(串行执行计划)。

9.1.2 自定义函数的组件

所有用户定义函数都具有相同的由两部分组成的结构：标题和正文。函数可接受零个或多个输入参数，返回标量值或表。

1.标题定义

(1)具有可选架构/所有者名称的函数名称；
(2)输入参数名称和数据类型；
(3)可以用于输入参数的选项；
(4)返回参数数据类型和可选名称；
(5)可以用于返回参数的选项。

2.正文

(1)执行函数逻辑的一个或多个 Transact－SQL 语句；
(2).NET 程序集的引用。

本教程重点讨论利用 T-SQL 语句实现自定义函数的方法及其应用。

9.1.3 自定义函数的种类

自定义函数的名称是一个标识名称，长度不能超过 128 个字符。为了便于区别，一般使用"fn"字符为名称的起始。

自定义函数根据返回值的不同，可分为两大类：标量值函数和表值函数。

1.标量值函数

用户定义标量函数(Scalar－valued Function)返回在 RETURNS 子句中定义的类型的单个数据值。对于内联标量函数，没有函数体；标量值是单个语句的结果。对于多语句标量函数，定义在 BEGIN…END 块中的函数体包含一系列返回单个值的 Transact－SQL 语句。返回类型可以是除 text、ntext、image、cursor 和 timestamp 外的任何数据类型。

2.表值函数

表值函数可划分为内联表值函数和多语句表值函数。

(1)内联表值函数(Inline Table－valued Function)

返回由单一 SELECT 命令产生 table 类型的值。可使用在 FROM 子句或合并查询来替换源数据表。

(2)多语句表值函数(Multi－statement Table－valued Function)

返回由多重 T-SQL 命令语句所产生 table 类型的值。和存储过程十分相似。在使用单一 SELECT 命令语句的查询结果无法满足需求时，可以使用多语句表值函数进行更多的处理。

9.1.4 自定义函数与存储过程

一般地，存储过程大多使用在数据库管理所需要的数据库操作或相关设置，不需要返回结果值；自定义函数主要使用在表达式，特别适用于在那些复杂运算或取出特定数据的情况。

1.自定义函数与存储过程的区别

(1)自定义函数能够在包括 WHERE/HAVING/SELECT 的任何 SQL 表达式中，但是存储过程不可以，且调用存储过程默认是需要使用 EXECUTE 命令的。

(2)自定义函数可返回的表值可以被另一个数据集，也可以被用户来和另外的表建立连接和应用。

(3)内联表值函数可当作带参数的视图使用,并可以和其他的数据集进行连接操作。

(4)存储过程除了返回整数的状态值外,可以使用 OUTPUT 参数返回值;自定义函数的参数只能传入,不能用来返回值,但自定义函数能够返回任何 T-SQL 数据类型(不包括 text、ntext、image、timestamp、cursor 和 rowversion)的值。

(5)在存储过程中可以调用函数,但是函数中无法调用存储过程。

(6)通过存储过程可添加、更新或删除记录数据,也可更改数据库相关的选项设置;自定义函数主要使用在计算和取出数据时,所以并不允许更改数据表内容和数据库的选项设置。

2.自定义函数的创建原则

(1)决定使用的函数类型。

(2)为每个任务创建一个函数,避免创建大函数,完成多任务的函数。

(3)使用两部分命名法。

(4)考虑使用函数时的性能影响,通常来说,内联函数比多语句函数性能要好。

(5)考虑和索引组合使用时的影响,对索引列使用函数很可能移除索引列的应用。

(6)避免引发错误,在函数中不允许错误处理。

3.自定义函数的语法格式

单值标量的自定义函数语法格式如下:

```
CREATE FUNCTION [ schema_name. ]function_name
( [ { @parameter_name [ AS ][ type_schema_name. ] parameter_data_type
    [ = default ] [ READONLY ] }
    [ ,…n ]
  ]
)
RETURNS return_data_type
    [ WITH <function_option> [ ,…n ] ]
    [ AS ]
    BEGIN
function_body
        RETURN scalar_expression
    END
```

内联表值自定义函数语法格式如下:

```
CREATE FUNCTION [ schema_name. ]function_name
( [ { @parameter_name [ AS ] [ type_schema_name. ] parameter_data_type
    [ = default ] [ READONLY ] }
    [ ,…n ]
  ]
)
RETURNS TABLE
    [ WITH <function_option> [ ,…n ] ]
    [ AS ]
    RETURN [ ( ]select_stmt [ ) ]
```

多语句表值自定义函数语法格式如下：

```
CREATE FUNCTION [ schema_name. ]function_name
    ( [ { @parameter_name [ AS ] [ type_schema_name. ] parameter_data_type
        [ = default ] [READONLY] }
        [ ,…n ]
    ]
    )
    RETURNS @return_variable TABLE <table_type_definition>
        [ WITH <function_option> [ ,…n ] ]
        [ AS ]
        BEGIN
    function_body
            RETURN
        END
```

其中主要参数的作用：

(1)function_name：用户定义函数的名称。函数名称必须符合有关标识符的规则，并且在数据库中以及对其架构来说是唯一的。即使未指定参数，函数名称后也需要加上括号。

(2)@parameter_name：用户定义函数中的参数。可声明一个或多个参数。一个函数最多可以有 2100 个参数。执行函数时，如果未定义参数的默认值，则用户必须提供每个已声明参数的值。通过将@用作第一个字符来指定参数名称。参数名称必须符合标识符规则。参数是对应于函数的局部参数；其他函数中可使用相同的参数名称。参数只能代替常量，而不能用于代替表名、列名或其他数据库对象的名称。

> ★ 注意：在传递存储过程、用户定义函数中的参数，或是声明和设置批语句中的变量时，不会遵守 ANSI_WARNINGS。例如，如果将变量定义为 char(3) 类型，然后为它设置一个大于三个字符的值，则该数据会被截断为定义的大小，并且 INSERT 或 UPDATE 语句可以成功执行。

(3)return_data_type：标量用户定义函数的返回值。对于 Transact-SQL 函数，可以使用除 timestamp 数据类型之外的所有数据类型(包括 CLR 用户定义类型)。对于 CLR 函数，允许使用除 text、ntext、image 和 timestamp 数据类型之外的所有数据类型(包括 CLR 用户定义类型)。不能将非标量类型 cursor 和 table 指定为 T-SQL 函数或 CLR 函数中的返回数据类型。

(4)TABLE 或@return_variable：指定表值函数的返回值为表。只有常量和 @local_variables 可以传递到表值函数。在内联表值函数中，TABLE 返回值是通过单 SELECT 语句定义的。内联函数没有关联的返回变量。在多语句表值函数中，@return_variable 是 TABLE 变量，用于存储和汇总应作为函数值返回的行。可以将 @return_variable 指定仅用于 Transact-SQL 函数。

> ★ 注意：可以连接到 FROM 子句中的多语句表值函数，但是会导致性能不佳。SQL Server 无法对可包含在多语句函数中的某些语句使用所有优化技术，因而使得查询计划不是最佳的。要获得最佳性能，请尽可能使用基表而非函数之间的联接。

(5) function_body：指定一系列定义函数值的 Transact-SQL 语句，这些语句在一起使用不会产生负面影响（例如修改表）。function_body 仅用于标量函数和多语句表值函数。在标量函数中，function_body 是一系列 Transact-SQL 语句，这些语句一起使用的计算结果为标量值。在多语句表值函数中，function_body 是一系列 Transact-SQL 语句，这些语句将填充 TABLE 返回变量。

(6) read_only：指示不能在函数定义中更新或修改参数。如果参数类型为用户定义的表类型，则应指定 READONLY。

(7) [=default]：参数的默认值。如果定义了 default 值，则无需指定此参数的值即可执行函数。

(8) WITH ENCRYPTION：指示数据库引擎会将 CREATE FUNCTION 语句的原始文本转换为密文格式。此操作与前文所述的视图定义加密、存储过程定义加密具有相同的性质和方法。

4.自定义函数的调用

自定义函数创建成功后，可以使用如下方法调用自定义函数：

```
--方法 1：
SELECT dbo.自定义函数([参数])
--方法 2：
PRINT dbo.自定义函数名称([参数])
```

其中，dbo 是每个数据库的默认用户，具有所有者权限，即 DBOwner，通过用 DBO 作为所有者来定义对象，能够使数据库中的任何用户引用而不必提供所有者名称。

9.2 创建和应用简单自定义函数

9.2.1 创建和应用简单标量函数

1.创建自定义标量函数，对函数接受的参数进行累加：

```
CREATE FUNCTION fnaccu
(@X int)
RETURNS int
AS
BEGIN
  DECLARE @Y int,@I int
  SET @Y=0
  SET @I=1
  WHILE @I<=@X
    BEGIN
      SET @Y=@Y+@I
      SET @I=@I+1
    END
  RETURN @Y
END
```

使用"SELECT dbo.fnaccu(4)",得到的结果如图 9-1 所示：

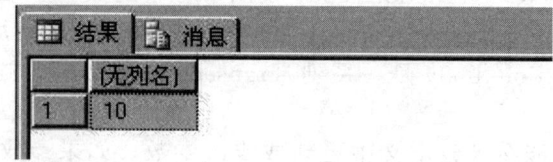

图 9-1　输出结果

其中,RETURNS 语句返回单一的 int 数据类型标量。

2.创建自定义标量函数,根据 teacherinfo 表中的 tid 字段,查询得到该教师的年薪 tsalary 信息：

```
CREATE FUNCTION fntsalary
(@mytid int)
RETURNS money
AS
BEGIN
   DECLARE @mysalary money
   SELECT @mysalary=tsalary
   FROM teacherinfo
   WHERE tid=@mytid
   IF @@ROWCOUNT=0
      RETURN 0
   RETURN @mysalary
END
```

使用"PRINT '年薪是:'+CAST(DBO.fntsalary(100) AS VARCHAR)"输出的结果如图 9-2 所示：

图 9-2　输出结果

根据函数定义,查询的是教师代码为 100 的年薪信息。其中,利用@@ROWCOUNT 全局变量,对数据记录数进行判断,如果所要查询的教师代码不存在,则返回 0,如图 9-3 所示：

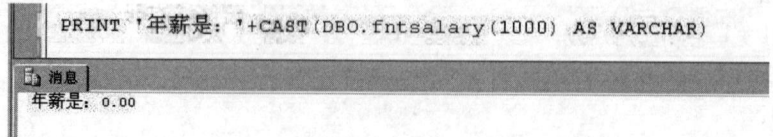

图 9-3　输出结果

9.2.2 创建和应用简单内联表值函数

1.创建简单的单表内联表值函数，函数参数作为工资条件，如高于 45000 等：

```
CREATE FUNCTION fnt01
(@X money)
RETURNS TABLE
RETURN(
  SELECT tid,tname,tsalary FROM teacherinfo
  WHERE tsalary>@X
  )
```

使用“SELECT * FROM DBO.fnt01(45000)”输出的结果如图 9-4 所示：

根据函数定义，查询的是年薪超过 45000 的教师信息。

2.创建简单的多表连接内联表值自定义函数，将学生信息表和学生选课成绩表进行关联，根据专业代码查询学生学号 stuid、学生姓名 stuname、学生所在专业代码和学生选课成绩 cscore 等信息：

```
CREATE FUNCTION fnt02
(@x int)
RETURNS TABLE
RETURN(
  SELECT stuinfo.stuid,stuinfo.stuname,stuinfo.pid,stucourse.cid,stucourse.cscore
FROM stuinfo INNER JOIN stucourse ON stuinfo.stuid=stucourse.stuid
  WHERE pid=@x
  )
```

使用“SELECT * FROM dbo.fnt02(1)”语句输出的结果如图 9-5 所示。

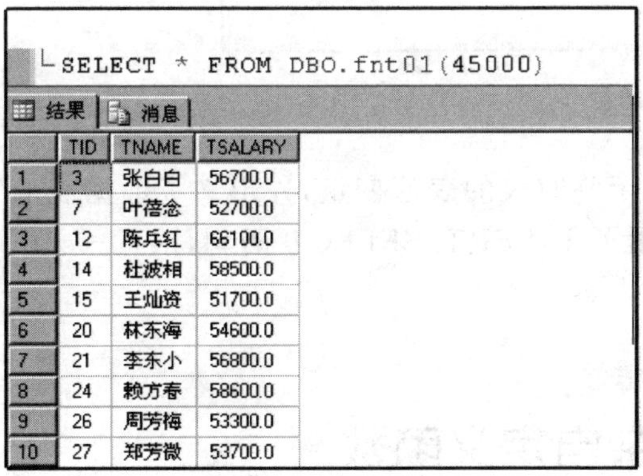

SELECT * FROM DBO.fnt01(45000)

结果 | 消息

	TID	TNAME	TSALARY
1	3	张白白	56700.0
2	7	叶蓓念	52700.0
3	12	陈兵红	66100.0
4	14	杜波相	58500.0
5	15	王灿资	51700.0
6	20	林东海	54600.0
7	21	李东小	56800.0
8	24	赖方春	58600.0
9	26	周芳梅	53300.0
10	27	郑芳微	53700.0

图 9-4　输出结果

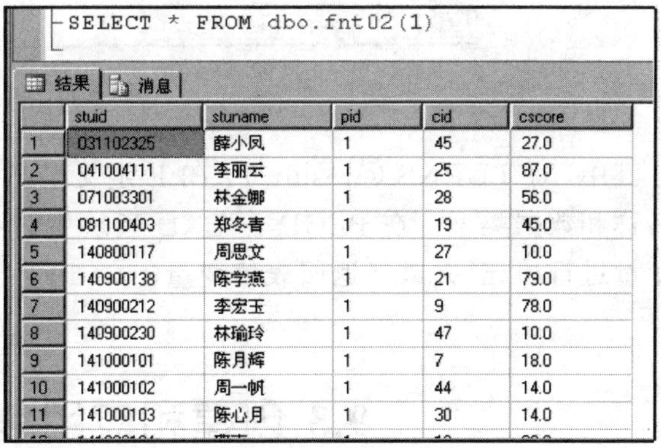

SELECT * FROM dbo.fnt02(1)

结果 | 消息

	stuid	stuname	pid	cid	cscore
1	031102325	薛小凤	1	45	27.0
2	041004111	李丽云	1	25	87.0
3	071003301	林金娜	1	28	56.0
4	081100403	郑冬青	1	19	45.0
5	140800117	周思文	1	27	10.0
6	140900138	陈学燕	1	21	79.0
7	140900212	李宏玉	1	9	78.0
8	140900230	林瑜玲	1	47	10.0
9	141000101	陈月辉	1	7	18.0
10	141000102	周一帆	1	44	14.0
11	141000103	陈心月	1	30	14.0

图 9-5　输出结果

根据函数定义，查询专业代码为“1”的所有学生的相关信息和成绩情况。

9.2.3 创建和应用简单多语句表值函数

多语句表值函数的作用在于应用多个 SELECT 等语句对数据进行查询。在多语句数据表值函数需要定义返回数据表的字段类型和数据，即返回数据表并不是其他数据表的查询结果，而是使用 T-SQL 命令来重新创建数据表的内容。

假设教师的年薪来自于对平均成绩的考量，即教师年薪＝平均成绩×1500。因为数据来源于两张表 teacherinfo 和 stuccourse，其中要使用到连接。又因为每个教师可能上多门课程，统计平均分要使用到分组统计。如果要查询任意区段教师编号的姓名、年薪等信息，代码如下：

```
CREATE FUNCTION fnt03
(@X int,@Y int)
RETURNS @result TABLE
(教师编号 int,
教师姓名 nvarchar(50),
平均成绩 decimal(5,1),
年薪 money)
BEGIN
  INSERT @result
  SELECT stucourse.tid, teacherinfo.tname, AVG(cscore), AVG(cscore) * 1500
FROM stucourse,teacherinfo WHERE (stucourse.tid>=@X AND stucourse.tid<=@Y)
AND stucourse.tid=teacherinfo.tid GROUP BY stucourse.tid,teacherinfo.tname
  RETURN
END
```

使用“SELECT * FROM dbo.fnt03(1,10)”的输出结果如图 9-6 所示：

结果 | 消息

	教师编号	教师姓名	平均成绩	年薪
1	1	娄安克	45.9	68833.332
2	2	陈白白	47.5	71250.00
3	3	张白白	56.7	84999.999
4	4	张邦礼	45.2	67749.999
5	5	唐宝长	39.5	59250.00
6	6	强保荣	46.8	70166.6655
7	7	叶蓓念	52.7	79083.333
8	8	李碧秋	49.0	73500.00

图 9-6 输出结果

其中，RETURNS @result TABLE 定义了类似于临时表的表值变量，并定义了数据表的字段名称和数据类型。在 BEGIN…END 区块中，使用了 INSERT、SELECT 语句，对@result 表值变量进行填充，并最终返回表值变量@result 中的内容。

9.3 创建和应用复杂自定义函数

用户可通过自定义函数，从数据表的设计开始到数据的添加等，都可以利用自定义函数进行 T-SQL 功能的增强和优化。

9.3.1 CHECK 约束中的自定义函数

假设要创建一张新的数据表 stuinfov3，该数据表有两个字段 stuid 和 stuname。要求对 stuid 字段进行 check 约束：前两位字符必须是 0 和 7，后面另有 7 位整数值，则可以在 CHECK 子句中使用更加高效的自定义函数方式实现。

1. 创建具有约束特性的自定义函数

```
CREATE FUNCTION fnstuid
(@mystuid char(9))
RETURNS bit
BEGIN
   DECLARE @myvalid int
   SET @myvalid=0
   IF @mystuid LIKE '[0][7][0-9][0-9][0-9][0-9][0-9][0-9][0-9]'
      SET @myvalid=1
   RETURN @myvalid
END
```

2. 将自定义函数与字段捆绑

(1) 在新建表时使用自定义函数进行约束

```
CREATE TABLE stuinfov3
(
stuid char(9),
stuname nvarchar(20),
CHECK (dbo.fnstuid(stuid)=1)
)
```

(2) 在已有表中使用自定义函数进行约束

```
ALTER TABLE stuinfov3
ADD CONSTRAINT CK_STUID CHECK (dbo.fnstuid(stuid)=1)
```

3. 检测使用效果

```
INSERT INTO stuinfov3
VALUES
('071103112','wangwu')

SELECT * FROM stuinfov3
```

SELECT 查询输出的结果如图 9-7 所示：

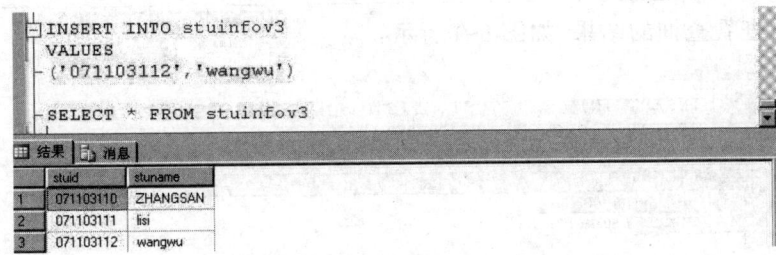

图 9-7　查询结果

如果尝试添加不符合约束的数据,系统将会报告错误,如图9-8所示:

图9-8 错误提示

> ⭐ 注意:如果要将该自定义函数当作 CHECK 子句与已有的数据表字段捆绑,则要考虑现有表字段中的数据是否符合 CHECK 规则,如果有不符合的数据存在,则绑定失败。

9.3.2 默认值字段中的自定义函数

在定义数据表字段的 DEFAULT 字段属性时,可以使用标量函数来指定默认值。但是作为默认值标量函数的参数,只能是常量或者是内置函数。

假定有一张新表,名为 allstustemp,其中有一个字段 stuid 标识为学号,第二个字段为 stuid2,该字段的值来自 stuid,但 stuid 之前需要自动添加字符"s",那么,如果使用自定义函数,其实现过程是:

1.创建一个自定义函数,名为 fn_addstoid:

```
CREATE  FUNCTIONFN_AddSToID
(@sidchar(9))
returns char(10)
AS
BEGIN
    DECLARE @mysid char(10)
    SELECT @mysid='S'+rtrim(@sid) FROM allstustemp
    RETURN(@mysid)
END
```

2.创建表 allstutemp,内部使用了自定义函数 fn_addstoid 的字段:

```
CREATE TABLE allstustemp
(STUID char(9),
stuid2 AS dbo.fn_addstoid(stuid)
)
```

3.插入数据后查看查询的结果,如图9-9所示:

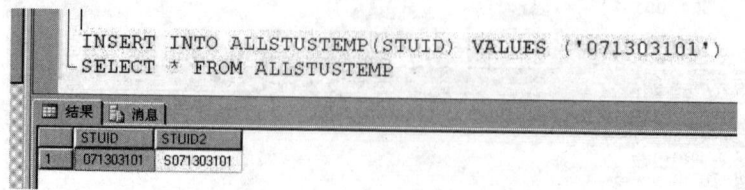

图9-9 查询结果

9.3.3 计算字段中的自定义函数

假设 stuinfov3 表中新增加了一个 INT 数据类型的字段 stuages 标识学生的入校时间长短，比如用月数来表示，且必须要将该字段设置为可计算类型的字段。

学生入校时间长短的计算方法是先从学号中提取入学年份，并假定 21 世纪每年的 9 月 1 日是入校时间，二者构建为一个日期时间型数据类型，与当前日期时间进行差的运算，得到时间的长度。完整代码如下：

```
CREATE FUNCTION fnlong
(@mystuidchar(9),@today datetime)
RETURNS int
AS
BEGIN
    DECLARE @mymonthint,@myyear datetime
    SET @myyear=(SELECT CAST('20'+substring(@mystuid,3,2)+'-9-1' AS datetime))
    SET @mymonth=(select datediff(month,@myyear,@today))
    RETURN @mymonth
END
```

其中应用 CAST 函数将字符串数据类型转换为日期时间型，使用 SUBSTRING 函数从学号中截取入学年份的一部分，利用 DATEDIFF 函数和 MONTH 参数对两个日期时间型数据进行差运算。

因为 stuinfov3 表已经创建，所以只要再创建一个 stuages 字段，数据类型是 int：

```
ALTER TABLE stuinfov3
ADD   stuages AS (dbo.fnlong(stuid,getdate()))
```

当使用 SELECT 语句进行查询时，得到的结果如图 9-10 所示：

从数据表的字段属性中也可以看到 stuages 字段的数据是通过计算得到的，如图 9-11 所示。

图 9-10 查询结果

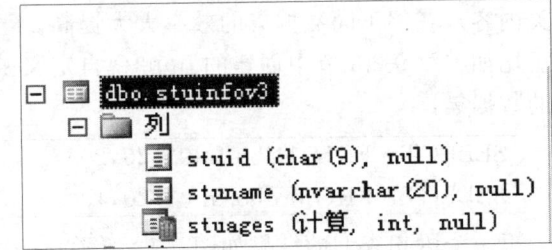

图 9-11 数据表的字段属性

9.3.4 流程控制中的自定义函数

标量值函数可以使用在指定的语句中指定变量值，或者在 T-SQL 流程控制中创建条件表达式。

本例中，将创建一个带有输入参数的存储过程，在存储过程中有流程控制，以及利用已经创建的用户自定义函数 fnaccu()进行输入参数的计算过程：

```
CREATE PROC fnresult
@myinput int
AS
DECLARE @myresult int
SET @myresult=dbo.fnaccu(@myinput)
IF @myresult % 2=1
    print CAST(@myinput AS varchar)+'的累加结果是'+CAST(@myresult AS VARCHAR)+',它是一个奇数！'
ELSE
    print CAST(@myinput AS varchar)+'的累加结果是'+CAST(@myresult AS VARCHAR)+',它是一个偶数！'
DROP PROC fnresult
--执行该存储过程
EXEC fnresult 10
```

存储过程之后的结果如图 9-12 所示：

图 9-12　输出结果

9.3.5 视图、临时表与自定义函数

内联表值函数和多语句表值函数的返回结果都是数据表，所以，可以使用内联表值函数或多语句表值函数用来替换视图查询的结果或者临时表。并且，因为视图的条件定义只能在内部完成，若要变化只能通过代码变化来完成，不能以外部参数传输到内部执行的方式进行。而表值函数却可以根据需要调整输入的参数而得到不同的输出数据集结果（请参考本章的 9.2.2 和 9.2.3 节的相关内容），获得不同数据集的效率大大提高。

比如本章 9.2.3 节中创建的 fnt03()自定义函数，可以根据输入的两个参数，获取两个不同区间的数据集：

```
SELECT * FROM dbo.fnt03(20,20)
SELECT * FROM dbo.fnt03(20,100)
```

第一个语句查询的结果如图 9-13 所示：

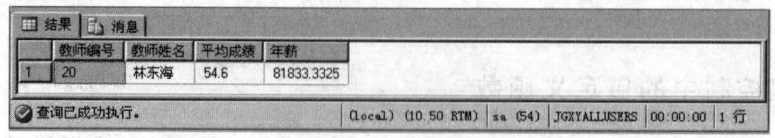

图 9-13　查询结果

第二个语句查询的结果如图 9-14 所示：

	教师编号	教师姓名	平均成绩	年薪
1	23	贺发世	39.0	58500.00
2	46	张红红	45.3	67999.9995
3	69	朱辉顺	54.8	82249.9995
4	92	张峻桃	54.1	81083.3325
5	89	郑君丽	40.3	60499.9995
6	72	陈嘉可	45.5	68250.00
7	26	周芳梅	53.3	79999.9995
8	49	尹红亚	41.9	62916.666
9	29	王非涤	42.8	64249.9995
10	75	陈洁洁	57.6	86416.6665

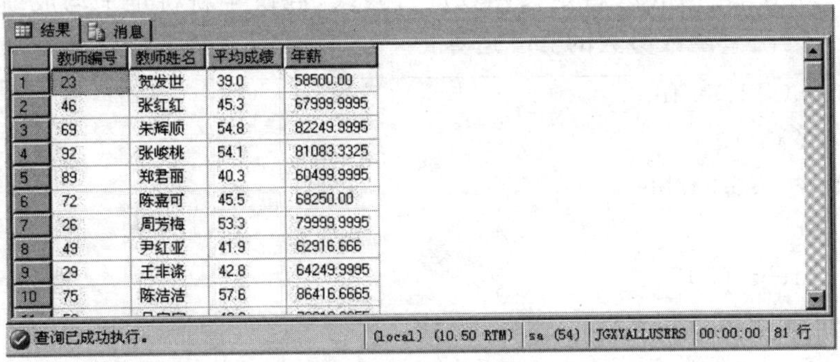

图 9-14　查询结果

而在视图中要实现以上两种功能，需要修改视图定义，在自定义表值函数中只要更改函数的输入参数即可得到不同的数据集结果。

9.4 管理自定义函数

9.4.1 利用对象资源管理器管理

对于自定义函数的管理可以通过 SSMS 中的对象资源管理器进行相关的管理，包括更名、删除、修改、执行等操作，如图 9-15：

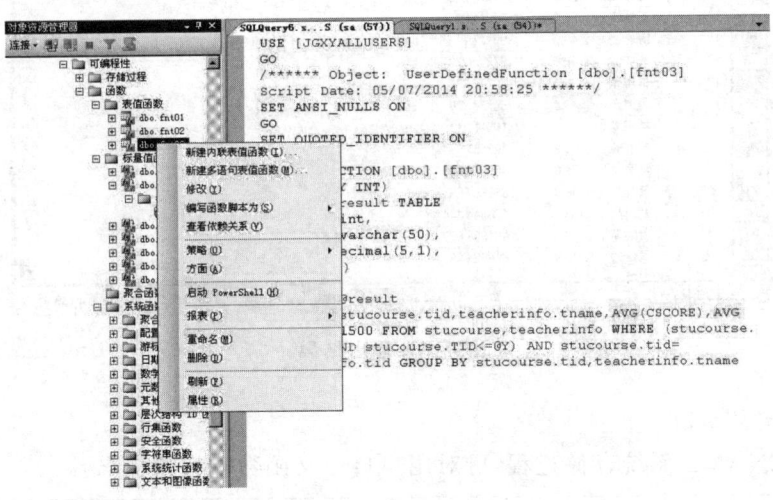

图 9-15　对自定义函数的管理

比如，当单击“修改”功能，会启用查询编辑器，将之前定义的代码调入编辑器等待重新编写，修改后保存即可。

9.4.2 利用 T-SQL 语句管理自定义函数

1.修改自定义函数

假如要对 9.2.3 节中的 fnt03 自定义函数进行修改，假设年薪将是平均成绩×2000，且查询的教师代码是输入的两个函数参数的“或”运算：

```
ALTER FUNCTION fnt03
(@X int,@Y int)
RETURNS @result table
(教师编号 int,
教师姓名 nvarchar(50),
平均成绩 decimal(5,1),
年薪 money)
BEGIN
  INSERT @result
  SELECT stucourse.tid, teacherinfo.tname, AVG(cscore), AVG(cscore) * 2000
FROM stucourse,teacherinfo WHERE (stucourse.tid>=@X OR stucourse.tid<=@Y)
AND stucourse.tid=teacherinfo.tid GROUP BY stucourse.tid,teacherinfo.tname
  RETURN
END
--使用带有自定义函数的 SELECT 查询
SELECT * FROM dbo.fnt03(100,20)
```

SELECT 查询的输出结果如图 9-16 所示：

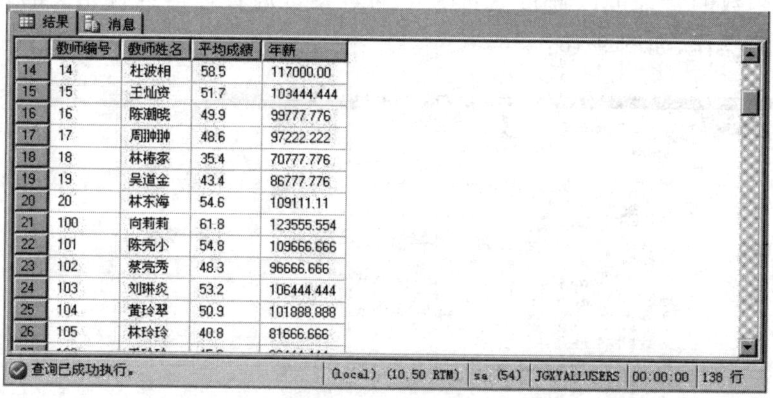

	教师编号	教师姓名	平均成绩	年薪
14	14	杜波相	58.5	117000.00
15	15	王灿资	51.7	103444.444
16	16	陈潮晓	49.9	99777.776
17	17	周翀翀	48.6	97222.222
18	18	林椿家	35.4	70777.776
19	19	吴道金	43.4	86777.776
20	20	林东海	54.6	109111.11
21	100	向莉莉	61.8	123555.554
22	101	陈亮小	54.8	109666.666
23	102	蔡亮秀	48.3	96666.666
24	103	刘琳炎	53.2	106444.444
25	104	黄玲翠	50.9	101888.888
26	105	林玲玲	40.8	81666.666

图 9-16 输出结果

2.重命名自定义函数

使用 SP_RENAME 系统存储过程，可对用户自定义函数进行重命名：

```
SP_RENAME fnt03,fnt03new
```

将自定义函数 fnt03 的名称成功改为 fnt03new，但系统会有警告提示。

3.删除自定义函数

使用 DROP FUNCTION 命令删除相关的自定义函数：

```
DROP FUNCTION fnstuid2
```

但自定义函数如果和某些字段进行了捆绑，那么在删除的过程中将会被拒绝。如果要真正删除，就需要将绑定于字段的函数解绑后才可以正常删除：

```
DROP FUNCTION fnstuid
```

因为 fnstuid 自定义函数已经被 stuinfo 表的 stuid 字段引用在 CHECK 约束中，所以导致删除失败，如图 9-17 所示：

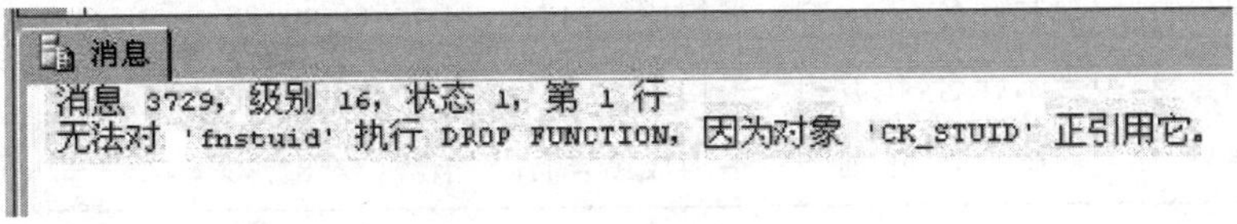

```
消息
消息 3729，级别 16，状态 1，第 1 行
无法对 'fnstuid' 执行 DROP FUNCTION，因为对象 'CK_STUID' 正引用它。
```

图 9-17　输出结果

9.5　游标概述

在对数据的查询和其他操作中，往往是将获得的结果集当作一个整体来进行处理。在一些特定的查询和其他的数据操作过程中，特别是一些交互式联机应用程序中，并不总能将整个结果集作为一个单元来有效地处理。这些应用程序需要一种机制以便每次处理一行或一部分行。游标（Cursor）是提供这种机制的对结果集的一种扩展，如顾客推着购物车进入超市一样，按需对物品——数据记录进行分拣、处置，游标的作用就是标签的作用，具体来说是一个行标签（Row Marker）的作用，记录在数据集中访问的是哪条或哪些记录。

9.5.1　游标工作方式

游标通过以下方式来扩展结果处理：
（1）允许定位在结果集的特定行。
（2）从结果集的当前位置检索一行或一部分行。
（3）支持对结果集中当前位置的行进行数据修改。
（4）为由其他用户对显示在结果集中的数据库数据所做的更改提供不同级别的可见性支持。
（5）提供脚本、存储过程和触发器中用于访问结果集中的数据的 Transact-SQL 语句。

比如，图 9-18 所示是通过 SELECT 命令查询的一个数据结果集。如果需要将结果集转换成如图 9-19 所示的形式，游标应从结果集的第一条记录开始取得数据，并可往后移动获取后面的记录存入到定义的相关变量中或其他类型的表中，再用其他语句将得到的数据集进行显示形式的转换：（如图 9-18，图 9-19）

游标编号	教师编号	教师姓名	平均成绩	年薪
→1	10	林彬世	49.2	73833.333
2	11	杨彬文	45.1	67583.3325
3	12	陈兵红	66.1	99083.3325
4	13	王炳志	46.1	69083.3325
5	14	杜波相	58.5	87750.00
6	15	王灿资	51.7	77583.333

图 9-18　数据结果集

```
教师编号:10    教师姓名:林彬世    平均成绩:49.2    年薪:73833.333
教师编号:11    教师姓名:杨彬文    平均成绩:45.1    年薪:67583.3325
教师编号:12    教师姓名:陈兵红    平均成绩:66.1    年薪:99083.3325
教师编号:13    教师姓名:王炳志    平均成绩:46.1    年薪:69083.3325
教师编号:14    教师姓名:杜波相    平均成绩:58.5    年薪:87750.00
教师编号:15    教师姓名:王灿资    平均成绩:51.7    年薪:77583.333
```

图 9-19　将数据集进行显示形式的转换

9.5.2 游标的种类

SQL Server 中通过三种方式操作数据游标,也是请求游标的三种方法,它们是:

1. T-SQL 数据游标(T-SQL Cursors):使用 T-SQL 实现的数据游标,源于 ANSI-SQL 92 的 T-SQL 扩展语法。基于 DECLARE CURSOR 语法,主要用于 Transact-SQL 脚本、存储过程和触发器。Transact-SQL 游标在服务器上实现并由从客户端发送到服务器的 Transact-SQL 语句管理。它们还可能包含在批处理、存储过程或触发器中。

2. 应用程序编程接口(API)服务器游标(API Cursors):支持 OLE DB 和 ODBC 中的 API 游标函数。API 服务器游标在服务器上实现。每次客户端应用程序调用 API 游标函数时,SQL Server Native Client OLE DB 访问接口或 ODBC 驱动程序会把请求传输到服务器,以便对 API 服务器游标进行操作。

3. 客户端数据游标(Client Cursors):由 SQL Server Native Client ODBC 驱动程序和实现 ADO API 的 DLL 在内部实现。客户端游标通过在客户端高速缓存所有结果集行来实现。每次客户端应用程序调用 API 游标函数时,SQL Server Native Client ODBC 驱动程序或 ADO DLL 会对客户端上高速缓存的结果集行执行游标操作。

由于 Transact-SQL 游标和 API 服务器游标都在服务器上实现,所以它们统称为服务器游标。

通过 ADO 或者 ODBC 可定义 Microsoft SQL Server 支持的四种游标,扩展了 DECLARE CURSOR 语句,这四种支持 API 服务器的游标类型是:

(1)静态游标;
(2)动态游标;
(3)只进游标;
(4)键集驱动游标。

> ★ 注意:不同类型的游标不能混合使用。如果从一个应用程序中执行 DECLARE CURSOR 和 OPEN 语句,请首先将 API 游标属性设置为默认值。否则就会要求 SQL Server 将 API 游标映射到 Transact-SQL 游标。例如,不要将 ODBC 属性设置为需要将键集驱动游标映射到结果集,然后使用该语句句柄执行 DECLARE CURSOR 和 OPEN 以调用 INSENSITIVE 游标。
>
> 　服务器游标的一个潜在缺点是它们目前并不支持所有的 Transact-SQL 语句。服务器游标不支持生成多个结果集的 Transact-SQL 语句,因此,当应用程序执行包含多个 SELECT 语句的存储过程或批处理时,不能使用服务器游标。服务器游标也不支持包含 COMPUTE、COMPUTE BY、FOR BROWSE 或 INTO 关键字的 SQL 语句。

本章节主要介绍 T-SQL 数据游标的创建和应用。

9.5.3 游标命令及步骤

1.游标的相关命令

游标的完整定义需要多个 T-SQL 相关命令共同实现,主要包括如下命令:

(1) DECLARE CURSOR

定义 T-SQL 服务器游标的属性,例如游标的滚动行为和用于生成游标所操作的结果集的查询。DECLARE CURSOR 既接受基于 IS 标准的语法,也接受使用一组 T-SQL 扩展的语法。

(2) CLOSE

释放当前结果集,然后解除定位游标的行上的游标锁定,从而关闭一个开放的游标。CLOSE 将保留数据结构以便重新打开,但在重新打开游标之前,不允许提取和定位更新。必须对打开的游标发布 CLOSE;不允许对仅声明或已关闭的游标执行 CLOSE。

(3) DEALLOCATE

删除游标引用。当释放最后的游标引用时,组成该游标的数据结构由 Microsoft SQL Server 释放。

(4) OPEN

打开 T-SQL 服务器游标,然后通过执行在 DECLARE CURSOR 或 SET cursor_variable 语句中指定的 T-SQL 语句填充游标。

(5) FETCH

通过 T-SQL 服务器游标检索特定行。

2.使用游标的步骤

游标的定义和使用往往是分离的,即游标定义以后通过存储过程、自定义函数或触发器等进行调用。

(1) 声明数据游标

声明数据游标的基本语法是:

```
DECLARE cursor_name CURSOR [ LOCAL | GLOBAL ]
    [ FORWARD_ONLY | SCROLL ]
    [ STATIC | KEYSET | DYNAMIC | FAST_FORWARD ]
    [ READ_ONLY | SCROLL_LOCKS | OPTIMISTIC ]
    [ TYPE_WARNING ]
    FOR SELECT_STATEMENT
    [ FOR UPDATE [ OF column_name [ ,…n ] ] ]
```

其中主要参数的含义如下:

①cursor_name:是所定义的 Transact-SQL 服务器游标的名称。cursor_name 必须符合标识符规则。

②LOCAL|GLOBAL:LCOAL 指定对于在其中创建的批处理、存储过程或触发器来说,该游标的作用域是局部的。该游标名称仅在这个作用域内有效。在批处理、存储过程、触发器或存储过程 OUTPUT 参数中,该游标可由局部游标变量引用。OUTPUT 参数用于将局部游标传递回调用批处理、存储过程或触发器,它们可在存储过程终止后给游标变量分配参数使其引用游标。除非 OUTPUT 参数将游标传递回来,否则游标将在批处理、存储过程或触发器终止时隐式释放。如果 OUTPUT 参数将游标传递回来,则游标在最后引用它的变量释放或离开作用域时释放。GLOBAL 指定该游标的作用域对连接来说是全局的。在由连接执行的任何存储过程或

批处理中,都可以引用该游标名称。该游标仅在断开连接时隐式释放。

> ★ 注意:如果 GLOBAL 和 LOCAL 参数都未指定,则默认值由 default to local cursor 数据库选项的设置控制。

③FORWARD_ONLY:指定游标只能从第一行滚动到最后一行。FETCH NEXT 是唯一支持的提取选项。如果在指定 FORWARD_ONLY 时不指定 STATIC、KEYSET 和 DYNAMIC 关键字,则游标作为 DYNAMIC 游标进行操作。如果 FORWARD_ONLY 和 SCROLL 均未指定,则除非指定 STATIC、KEYSET 或 DYNAMIC 关键字,否则默认为 FORWARD_ONLY。STATIC、KEYSET 和 DYNAMIC 游标默认为 SCROLL。与 ODBC 和 ADO 这类数据库 API 不同,STATIC、KEYSET 和 DYNAMIC Transact-SQL 游标支持 FORWARD_ONLY。

④SCROLL:指定所有的提取选项(FIRST、LAST、PRIOR、NEXT、RELATIVE、ABSOLUTE)均可用。如果未在 ISO DECLARE CURSOR 中指定 SCROLL,则 NEXT 是唯一支持的提取选项。如果也指定了 FAST_FORWARD,则不能指定 SCROLL。

⑤数据游标的种类:STATIC、KEYSET、DYNAMIC、FAST_FORWARD。

A.STATIC:定义一个游标,以创建将由该游标使用的数据的临时复本。对游标的所有请求都从 tempdb 这一临时表中得到应答;因此,在对该游标进行提取操作时返回的数据中不反映对基表所做的修改,并且该游标不允许修改。

B.KEYSET:指定当游标打开时,游标中行的成员身份和顺序已经固定。对行进行唯一标识的键集内置在 tempdb 内一个称为 keyset 的表中。

C.DYNAMIC:定义一个游标,以反映在滚动游标时对结果集内的各行所做的所有数据更改。行的数据值、顺序和成员身份在每次提取时都会更改。动态游标不支持 ABSOLUTE 提取选项。

D.FAST_FORWARD:指定启用了性能优化的 FORWARD_ONLY、READ_ONLY 游标。如果指定了 SCROLL 或 FOR_UPDATE,则不能也指定 FAST_FORWARD。

⑥并行控制选项:READ_ONLY、SCROLL_LOCKS、OPTIMISTIC。

A.READ_ONLY:禁止通过该游标进行更新。在 UPDATE 或 DELETE 语句的 WHERE CURRENT OF 子句中不能引用该游标。该选项优于要更新的游标的默认功能。

B.SCROLL_LOCK:指定通过游标进行的定位更新或删除一定会成功。将行读入游标时,SQL Server 将锁定这些行,以确保随后可对它们进行修改。如果还指定了 FAST_FORWARD 或 STATIC,则不能指定 SCROLL_LOCKS。

C.OPTIMISTIC:指定如果行自读入游标以来已得到更新,则通过游标进行的定位更新或定位删除不成功。当将行读入游标时,SQL Server 不锁定行。它改用 timestamp 列值的比较结果来确定行读入游标后是否发生了修改,如果表不含 timestamp 列,它改用校验和值进行确定。如果已修改该行,则尝试进行的定位更新或删除将失败。如果还指定了 FAST_FORWARD,则不能指定 OPTIMISTIC。

⑦SELECT_STATEMENT:是定义游标结果集的标准 SELECT 语句。在游标声明的 select_statement 中不允许使用关键字 COMPUTE、COMPUTE BY、FOR BROWSE 和 INTO。

⑧FOR UPDATE [OF column_name [,…n]]:定义游标中可更新的列。如果提供了 OF column_name [,…n],则只允许修改所列出的列。如果指定了 UPDATE,但未指定列的列表,则除非指定了 READ_ONLY 并发选项,否则可以更新所有列。

(2)打开数据游标

游标经过声明后,通过 OPEN 方式即可打开,为下一步应用提供支持:

```
OPEN { { [ GLOBAL ] cursor_name } | cursor_variable_name }
```

(3)读取数据游标中的记录

使用 OPEN 打开数据游标后,可使用 FETCH 命令及相关参数对数据游标中的记录进行读取:

```
FETCH
        [ [ NEXT | PRIOR | FIRST | LAST
            | ABSOLUTE { n | @nvar }
            | RELATIVE { n | @nvar }
          ]
            FROM
        ]
  { { [ GLOBAL ] cursor_name } | @cursor_variable_name }
  [ INTO @variable_name [ ,…n ] ]
```

其中主要参数含义如下:

①NEXT:紧跟当前行返回结果行,并且当前行递增为返回行。如果 FETCH NEXT 为对游标的第一次提取操作,则返回结果集中的第一行。NEXT 为默认的游标提取选项。

②PRIOR:返回紧邻当前行前面的结果行,并且当前行递减为返回行。如果 FETCH PRIOR 为对游标的第一次提取操作,则没有行返回,并且游标置于第一行之前。

③FIRST:返回游标中的第一行并将其作为当前行。

④LAST:返回游标中的最后一行并将其作为当前行。

⑤ABSOLUTE { n| @nvar }:如果 n 或 @nvar 为正,则返回从游标头开始向后的第 n 行,并将返回行变成新的当前行。如果 n 或 @nvar 为负,则返回从游标末尾开始向前的第 n 行,并将返回行变成新的当前行。如果 n 或 @nvar 为 0,则不返回行。n 必须是整数常量,并且 @nvar 的数据类型必须为 smallint、tinyint 或 int。

⑥RELATIVE { n| @nvar }:如果 n 或 @nvar 为正,则返回从当前行开始向后的第 n 行,并将返回行变成新的当前行。如果 n 或 @nvar 为负,则返回从当前行开始向前的第 n 行,并将返回行变成新的当前行。如果 n 或 @nvar 为 0,则返回当前行。在对游标进行第一次提取时,如果在将 n 或 @nvar 设置为负数或 0 的情况下指定 FETCH RELATIVE,则不返回行。n 必须是整数常量,@nvar 的数据类型必须为 smallint、tinyint 或 int。

⑦GLOBAL:指定 cursor_name 涉及全局游标。

⑧cursor_name:要从中进行提取的开放游标的名称。如果全局游标和局部游标都使用 cursor_name 作为它们的名称,那么:指定 GLOBAL 时,cursor_name 指的是全局游标;未指定 GLOBAL 时,则指的是局部游标。

⑨@cursor_variable_name:游标变量名,引用要从中进行提取操作的打开的游标。

⑩INTO @variable_name[,…n]:允许将提取操作的列数据放到局部变量中。列表中的各个变量从左到右与游标结果集中的相应列相关联。各变量的数据类型必须与相应的结果集列的数据类型匹配,或是结果集列数据类型所支持的隐式转换。变量的数目必须与游标选择列表中的列数一致。

(4)关闭数据游标

当分拣数据等任务完成,不再需要数据游标时,可以使用"CLOSE cursor_name"的方式关闭游标,以备后续操作。

(5)删除数据游标

当任务都完成后,可使用"DEALLOCATE cursor_name"的方式删除游标,以释放系统资源。

9.5.4 游标的优缺点

1.游标的优点

(1)定点操作。游标可定位在结果集中的特定行。允许程序对由查询语句 SELECT 返回的行集合中的每一行数据执行相同或不同的操作,而不是对整个行集合执行同一个操作。

(2)灵活删改。提供对基于游标位置的表中的行进行定点的删除和更新的能力。

(3)沟通桥梁。游标可作为面向集合的数据库管理系统(RDBMS)和面向行的程序设计之间的桥梁,使这两种处理方式通过游标沟通起来。

2.游标的缺点

在大数据的环境下,使用游标虽然让数据的呈现、更改的灵活性提高,但具有以下的缺点:

(1)增加服务器负担。游标的使用是建立在对结果集的二次利用上,所以,获取结果集、遍历结果集等都会增加服务器的负担。

(2)使用效率低。相比于二维数据集,游标是通过分拣数据、重新组合而成的数据呈现,所以,使用效率相对较低,特别是对于大数据集时的应用。

(3)T-SQL 表达式受限。

(4)占用网络资源。因为从数据游标中每次获取一条记录,多次往返导致网络使用率提高。

3.使用游标的建议

(1)尽量不要在大数据集上定义游标;

(2)尽量不要使用游标更新数据;

(3)尽量不要使用 INSENSITIVE、STATIC 和 KEYSET 等参数定义游标;

(4)尽可能使用 FAST_FORWARD 关键字定义游标;

(5)当只使用 FETCH NEXT 选项对数据进行读取时,最好使用 FORWARD_ONLY 参数;

(6)游标用完一定要关闭和删除;

(7)尽可能使用 WHILE、子查询、临时表、函数或表变量来替代游标。

9.6 创建和应用简单游标

Transact-SQL 游标主要用于存储过程、触发器和 Transact-SQL 脚本中,它们使结果集的内容可用于其他 Transact-SQL 语句。

在存储过程或触发器中使用 Transact-SQL 游标的典型过程为:

1.声明 Transact-SQL 变量包含游标返回的数据。为每个结果集列声明一个变量。声明足够大的变量来保存列返回的值,并声明变量的类型为可从列数据类型隐式转换得到的数据类型。

2.使用 DECLARE CURSOR 语句将 Transact-SQL 游标与 SELECT 语句相关联。另外,DECLARE CURSOR 语句还定义游标的特性,例如游标名称以及游标是只读还是只进。

3.使用 OPEN 语句执行 SELECT 语句并填充游标。

4.使用 FETCH INTO 语句提取单个行,并将每列中的数据移至指定的变量中。然后,其他 Transact-SQL 语句可以引用那些变量来访问提取的数据值。Transact-SQL 游标不支持提取行块。

5.使用 CLOSE 语句结束游标的使用。关闭游标可以释放某些资源,例如游标结果集及其对当前行的锁定,但如果重新发出一个 OPEN 语句,则该游标结构仍可用于处理。由于游标仍然存在,此时还不能重新使用该游标的名称。DEALLOCATE 语句则完全释放分配给游标的资源,包括游标名称。释放游标后,必须使用 DECLARE 语句来重新生成游标。

因此,本章节游标的创建和应用基本上与存储过程捆绑在一起。

9.6.1 使用简单的游标和语法

1.简单游标中的 FETCH 读取方式

简单的游标不嵌套在存储过程中,使用 FETCH 方法对数据进行提取。首先使用 SELECT 语句查询 teacherinfo 表的数据情况,如图 9-20 所示:

图 9-20 查询结果

使用简单代码定义游标,当执行完下列语句时,输出的结果如图 9-21 所示:

```
DECLARE cursor1 cursor
    FOR SELECT   *   FROM teacherinfo
OPEN cursor1
FETCH NEXT FROM cursor1--第一次执行查询的是第一条记录,如图图 9-21 所示
```

如果再单独执行一次 FETCH NEXT FROM cursor1,则返回的结果如图 9-22 所示。

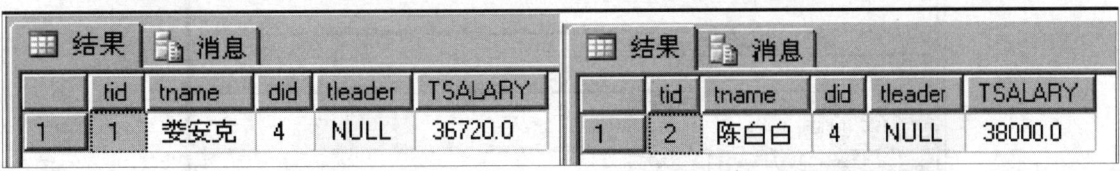

图 9-21 查询结果　　　　　　　图 9-22 查询结果

如果紧接着执行如下代码,将会产生相关错误:

```
FETCH FIRST FROM cursor1
FETCH PRIOR FROM cursor1
FETCH LAST FROM cursor1
FETCH ABSOLUTE 10 FROM cursor1
FETCH RELATIVE 2 FROM cursor1
```

产生的错误信息是：

> 消息 16911，级别 16，状态 1，第 1 行
> fetch：提取类型 first 不能与只进游标一起使用。
> 消息 16911，级别 16，状态 1，第 2 行
> fetch：提取类型 prior 不能与只进游标一起使用。
> 消息 16911，级别 16，状态 1，第 3 行
> fetch：提取类型 last 不能与只进游标一起使用。
> 消息 16925，级别 16，状态 1，第 4 行
> 提取类型 Absolute 不能与动态游标一起使用。
> 消息 16911，级别 16，状态 1，第 5 行
> fetch：提取类型 relative 不能与只进游标一起使用。

原因是当使用 DECLARE 对游标进行定义时，默认定义的游标只能是 FORWARD_ONLY 读取方式，即从第一条记录单方向逐条读取，不能回头或任意定位。如果要能够使用参数 FIRST、PRIOR、LAST 等进行游标的读取，则需要将游标读取方式设置为 SCROLL 方式：

```
DECLARE cursor1 cursor SCROLL
    FOR SELECT    *    FROM teacherinfo
OPEN cursor1
FETCH FIRST FROM cursor1
FETCH PRIOR FROM cursor1
FETCH LAST FROM cursor1
FETCH ABSOLUTE 10 FROM cursor1
FETCH RELATIVE 2 FROM cursor1
```

输出的结果如图 9-23 所示：

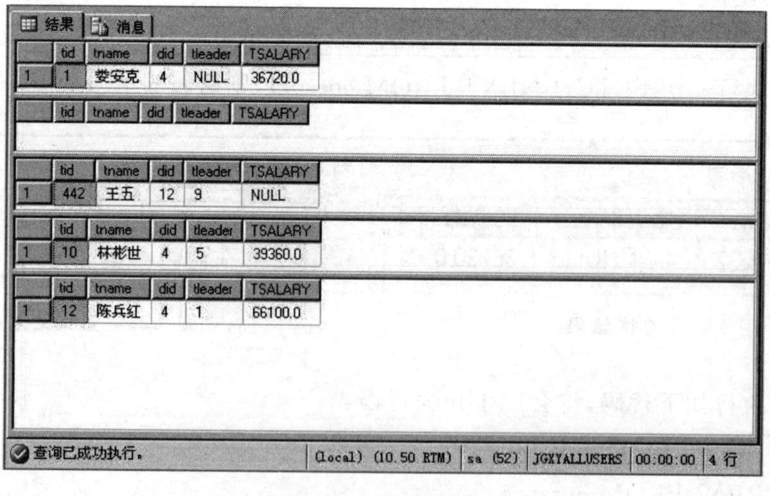

图 9-23　输出结果

五个 FETCH 语句输出四条记录，原因在于第二个语句使用的是 PRIOR 参数，因为第一条语句使用的是 FIRST，所以当前指针是在第一条，就无法往回移动，给出一个空记录的报告。

2.定义只读游标

```
DECLARE cursor2 cursor FOR
    SELECT * FROM teacherinfo FOR READ ONLY
```

3.定义可更新游标

```
DECLARE cursor3 cursor FOR
    SELECT * FROM teacherinfo FOR UPDATE
```

9.6.2 利用变量输出游标数据

1.利用变量和 SELECT 输出游标数据

利用变量和 SELECT 的方式,输出 jgxyallusersu 数据库中 teacherinfo 表中的 tid、tname、did 和 departinfo 表中对应的 dname 字段值:

```
DECLARE cursor4 cursor FOR
    SELECT tid,tname,teacherinfo.did,dname FROM teacherinfo INNER JOIN departinfo ON teacherinfo.did=departinfo.did
DECLARE @mytid int,@mytname varchar(20),@mydid int,@mydname varchar(20)
OPEN cursor4
FETCH NEXT FROM cursor4 INTO @mytid,@mytname,@mydid,@mydname
WHILE @@FETCH_STATUS=0
BEGIN
    SELECT @mytid AS 教师编号,@mytname AS 教师名称,@mydid AS 系别代码,@mydname AS 系别名称
    FETCH NEXT FROM cursor4 INTO @mytid,@mytname,@mydid,@mydname
END
CLOSE cursor4
DEALLOCATE cursor4
```

输出的结果如图 9-24 所示:

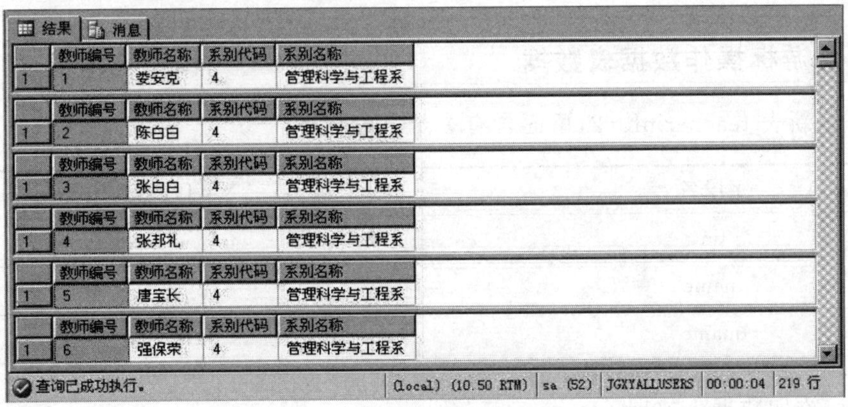

图 9-24　输出结果

2.利用变量和 PRINT 的方式输出标量数据

使用 PRINT 输出数据相对比较灵活,但是数据类型可能存在转换的需要:

```
    DECLARE cursor5 cursor FOR
      SELECT tid,tname,teacherinfo.did,dname FROM teacherinfo INNER JOIN depar-
tinfo on teacherinfo.did=departinfo.did
    DECLARE @mytidint,@mytnamenvarchar(20),@mydidint,@mydnamenvarchar(20)
    OPEN cursor5
    FETCH NEXT FROM cursor5 INTO @mytid,@mytname,@mydid,@mydname
    PRINT '教师编号'+' 教师姓名'+' 系别代码'+' 系别名称'
    PRINT '_____'
    WHILE @@FETCH_STATUS=0
    BEGIN
      PRINT CAST(@mytid AS varchar)+'        '+@mytname+'        '+CAST(@mydid AS varchar)+'      '+@mydname
      FETCH NEXT FROM cursor5 INTO @mytid,@mytname,@mydid,@mydname
    END
    CLOSE cursor5
    DEALLOCATE cursor5
```

输出的结果如图 9-25 所示：

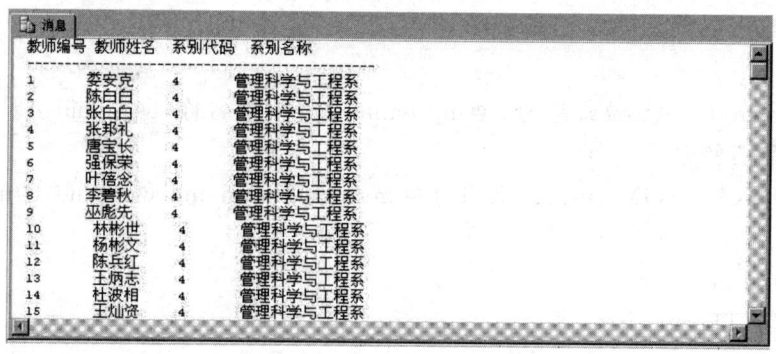

图 9-25 输出结果

9.6.3 利用游标操作数据表数据

假设有一张新表 teacherinfov2，里面含有 3 个字段如下：

字段名	字段类型、长度
tid	int
tname	nvarchar(20)
dname	nvarchar(20)

1.利用游标添加数据表数据

利用游标，将 teacherinfo 表的 tid、tname 字段和对应于 deaprtinfo 表的 dname 字段值添加到 teacherinfov2 表。

```
DECLARE cursor6 cursor FOR
    SELECT tid,tname,dname FROM teacherinfo INNER JOIN departinfo on teacherinfo.did=departinfo.did
DECLARE @mytidint,@mytnamenvarchar(20),@mydnamenvarchar(20)
OPEN cursor6
FETCH NEXT FROM cursor6 INTO @mytid,@mytname,@mydname
    INSERT INTO teacherinfov2 values (@mytid,@mytname,@mydname)
WHILE @@FETCH_STATUS=0
BEGIN
    FETCH NEXT FROM cursor6 INTO @mytid,@mytname,@mydname
    INSERT INTO teacherinfov2 values (@mytid,@mytname,@mydname)
END
CLOSE cursor6
DEALLOCATE cursor6
```

输出的结果如图 9-26 所示：

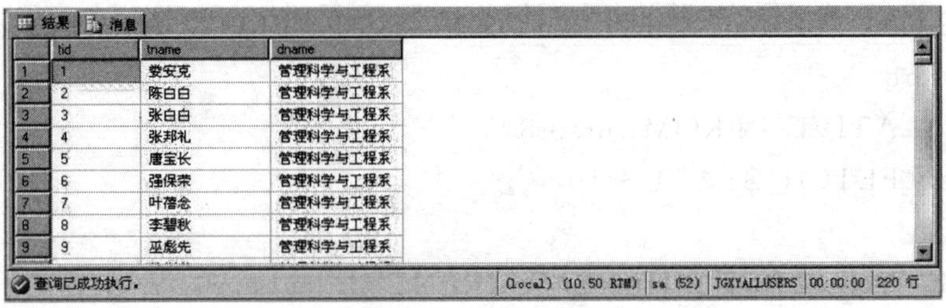

图 9-26 输出结果

2.利用游标更新数据表数据

针对 techerinfov2 数据表，利用游标定位到游标数据的相对后移 5 个记录，即每隔 4 条记录，就将 dname 改为"待定"：

```
DECLARE cursor7 cursor SCROLL FOR SELECT * FROM teacherinfov2 FOR UPDATE OF dname
OPEN cursor7
FETCH RELATIVE 5 FROM cursor7
WHILE @@FETCH_STATUS=0
BEGIN
    UPDATE teacherinfov2 SET dname='待定' WHERE CURRENT OF cursor7
    FETCH RELATIVE 5 FROM cursor7
END
CLOSE cursor7
DEALLOCATE cursor7
```

使用"SELECT * FROM teacherInfov2"输出的结果如图 9-27 所示：

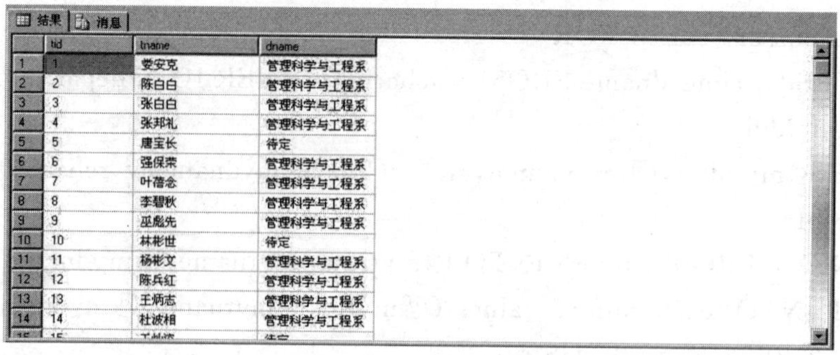

	tid	tname	dname
1	1	娄安克	管理科学与工程系
2	2	陈白白	管理科学与工程系
3	3	张白白	管理科学与工程系
4	4	张邦礼	管理科学与工程系
5	5	唐宝长	待定
6	6	强保荣	管理科学与工程系
7	7	叶蓓念	管理科学与工程系
8	8	李碧秋	管理科学与工程系
9	9	巫彪先	管理科学与工程系
10	10	林彬世	待定
11	11	杨彬文	管理科学与工程系
12	12	陈兵红	管理科学与工程系
13	13	王炳志	管理科学与工程系
14	14	杜波相	管理科学与工程系

图 9-27　输出结果

注意：要保证 teacherinfov2 表中必须有一个字段是非空的且设置为 Primary Key，否则将会出现类似“消息 16929，级别 16 状态 1，第 6 行 游标是只读的”的错误

3.利用游标删除数据表数据

针对 techerinfov2 数据表，利用游标定位到游标数据的相对后移 5 个记录，即每隔 4 条记录删除一条记录：

```
DECLARE cursor8 cursor SCROLL FOR SELECT * FROM teacherinfov2
OPEN cursor8
FETCH RELATIVE 5 FROM cursor8
WHILE @@FETCH_STATUS=0
BEGIN
  DELETE teacherinfov2 WHERE CURRENT OF cursor8
  FETCH RELATIVE 5 FROM cursor8
END
CLOSE cursor8
DEALLOCATE cursor8
```

使用“SELECT * FROM teacherInfov2”输出的结果如图 9-28 所示：

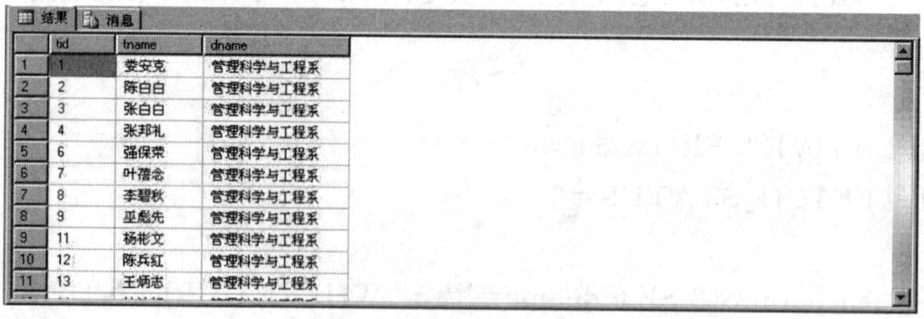

	tid	tname	dname
1	1	娄安克	管理科学与工程系
2	2	陈白白	管理科学与工程系
3	3	张白白	管理科学与工程系
4	4	张邦礼	管理科学与工程系
5	6	强保荣	管理科学与工程系
6	7	叶蓓念	管理科学与工程系
7	8	李碧秋	管理科学与工程系
8	9	巫彪先	管理科学与工程系
9	11	杨彬文	管理科学与工程系
10	12	陈兵红	管理科学与工程系
11	13	王炳志	管理科学与工程系

图 9-28　输出结果

执行该游标后，刚好将上例中 dname 被更新为“待定”的记录全部删除。

9.6.4 在存储过程中使用游标

如果仅定义游标代码并使用，效率不是很高，因此，一般情况下使用存储过程对游标定义进行封装，之后再调用存储过程以执行与游标的相关操作。

1.不带输入参数的存储过程封装游标

假定要将本章 9.6.2 案例 2“利用游标更新数据表数据”的游标定义进行存储过程封装，代码如下：

```
CREATE PROC proccursor1
AS
BEGIN
DECLARE cursor7 cursor SCROLL FOR SELECT * FROM teacherinfov2 FOR UP-
DATE OF dname
OPEN cursor7
FETCH RELATIVE 5 FROM cursor7
WHILE @@FETCH_STATUS=0
BEGIN
   UPDATE teacherinfov2 SET dname='待定' WHERE CURRENT OF cursor7
   FETCH RELATIVE 5 FROM cursor7
END
CLOSE cursor7
DEALLOCATE cursor7
END
```

执行“EXEC proccursor1”和“SELECT * FROM techerinfov2”后的输出结果如图 9-29 所示：

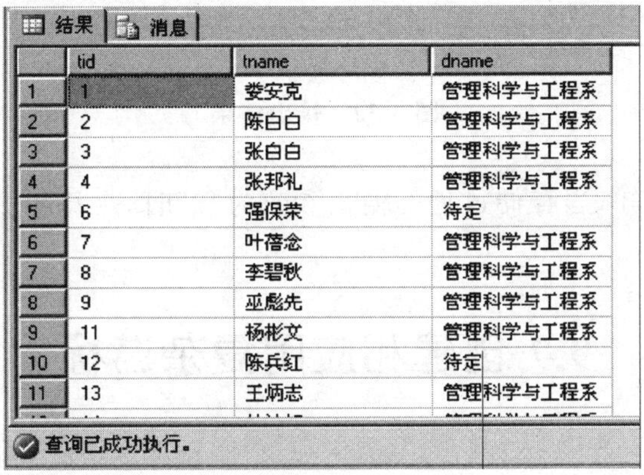
结果　消息

	tid	tname	dname
1	1	娄安克	管理科学与工程系
2	2	陈白白	管理科学与工程系
3	3	张白白	管理科学与工程系
4	4	张邦礼	管理科学与工程系
5	6	强保荣	待定
6	7	叶蓓念	管理科学与工程系
7	8	李碧秋	管理科学与工程系
8	9	巫彪先	管理科学与工程系
9	11	杨彬文	管理科学与工程系
10	12	陈兵红	待定
11	13	王炳志	管理科学与工程系

查询已成功执行。

图 9-29　输出结果

2.带输入参数的存储过程封装游标

假定要将本章 9.6.2 案例 2“利用游标更新数据表数据”的游标定义进行存储过程封装，且带有输入参数，根据参数确定更新的记录间隔，代码如下：

```
CREATE PROC proccursor2
@X int
AS
BEGIN
DECLARE cursor7 cursor SCROLL FOR SELECT * FROM teacherinfov2 FOR UP-
DATE OF dname
OPEN cursor7
```

```
FETCH RELATIVE @X FROM cursor7
WHILE @@FETCH_STATUS=0
BEGIN
  UPDATE teacherinfov2 SET dname='待定' WHERE CURRENT OF cursor7
  FETCH RELATIVE @X FROM cursor7
END
CLOSE cursor7
DEALLOCATE cursor7
END
```

执行“EXEC proccursor2 3”和“SELECT * FROM techerinfov2”后的输出结果如图 9-30 所示。

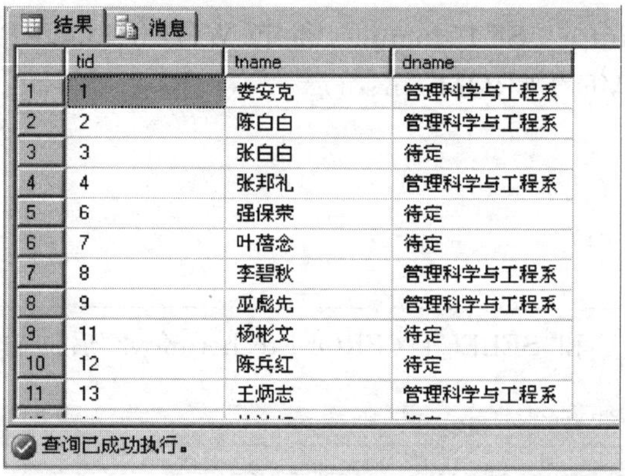

	tid	tname	dname
1	1	娄安克	管理科学与工程系
2	2	陈白白	管理科学与工程系
3	3	张白白	待定
4	4	张邦礼	管理科学与工程系
5	6	强保荣	待定
6	7	叶蓓念	待定
7	8	李碧秋	管理科学与工程系
8	9	巫彪先	管理科学与工程系
9	11	杨彬文	待定
10	12	陈兵红	待定
11	13	王炳志	管理科学与工程系

图 9-30　输出结果

从执行的结果可以得知，当存储过程的输入参数为“3”时，是每隔 2 行对 dname 进行更新。

9.7 创建和应用复杂游标

游标可以应用在有关系的数据表之间提取数据，并根据需要，可自由组合、按需显示。

9.7.1 使用嵌套游标输出数据报表

本例将对两张数据表 teacherinfo 和 departinfo 进行分拣，其中包括多个聚合函数的组合统计，根据系别代码分别计算工资总额、平均工资，并以分组方式显示系别代码所对应的系别名称、该系别下的所有员工号、员工姓名、年薪等信息。实现代码如下：

```
CREATE PROC procteacherv2  --使用存储过程对游标进行封装，方便调用
AS
DECLARE @mytotalsal decimal(10,1),@myavgsal decimal(8,1),@mydidint,@mydnamenvarchar(20),@mytidint,@mytnamenvarchar(20),@mytsalary real
SET @mydid=1
WHILE @mydid IN (SELECT did FROM departinfo)
```

```
    BEGIN
        DECLARE cursor91 CURSOR for SELECT teacherinfo.did,SUM(tsalary),AVG
(tsalary),dname FROM teacherinfo,departinfo WHERE teacherinfo.did=departinfo.did
AND teacherinfo.did=@mydid GROUP BY teacherinfo.did,dname
        OPEN cursor91
    FETCH NEXT FROM cursor91 INTO @mydid,@mytotalsal,@myavgsal,@mydname
        IF @@FETCH_STATUS<>0
    PRINT '系别代码为'+CAST(@mydid AS VARCHAR)+'的没有工资信息！'--针对没有
工资信息的系别显示的信息
        ELSE
    PRINT '系别代码为'+CAST(@mydid AS VARCHAR)+' '+@mydname+' 的工资总
额是:'+CAST(@mytotalsal AS NVARCHAR)+'  平均工资是:'+CAST(@myavgsal AS
NVARCHAR)
        PRINT '_____'
    WHILE @@FETCH_STATUS=0
    BEGIN
        DECLARE cursor92 CURSOR for
    SELECT tid,tname,tsalary FROM teacherinfo WHERE did=@mydid
        OPEN cursor92
        FETCH NEXT FROM cursor92 INTO  @mytid,@mytname,@mytsalary
        IF @@FETCH_STATUS<>0
    PRINT '       --针对没有工资信息的系别,显示一个空行
        ELSE
        WHILE @@FETCH_STATUS=0
        BEGIN
    PRINT '教师编号:'+CAST(@mytid AS nvarchar)+'   姓名:'+@mytname+'  年薪:'
+CAST(@mytsalary AS nvarchar)
    FETCH NEXT FROM cursor92 INTO  @mytid,@mytname,@mytsalary
        END
        CLOSE cursor92
        DEALLOCATE cursor92
    END
    CLOSE cursor91
    DEALLOCATE cursor91
    PRINT '                                    '
    SET @mydid=@mydid+1
    END
```

执行存储过程 procteacherv2 后的输出结果如图 9-31 所示：

9.7.2 使用嵌套游标提取二级下属信息

teahcerinfo 表中有个 tleader 字段,该字段如果有数值,表示该员工是属于该数值所对应的员工下属,如图 9-32 所示,tid=10 的领导是 tid=5 的唐宝长;同时 tid=10 的林彬世还有下属,即唐长宝有直接下属和间接下属。如图 9-32 所示。

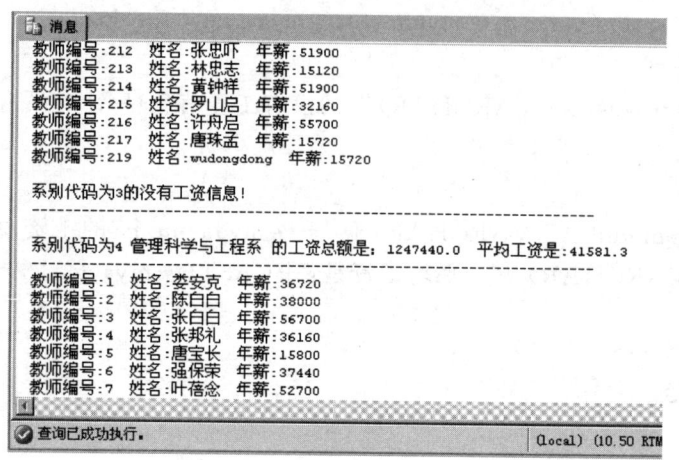
图 9-31　输出结果

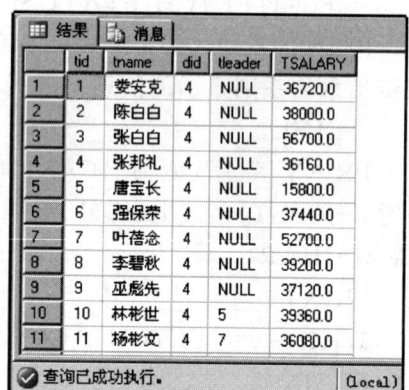
图 9-32　输出结果

现在假设需要根据输入的 tid,能够查询并用层级方式显示上下属之间的关系,包括直接下属和间接下属(二级)。如果使用游标的方式,可通过以下代码实现:

```
CREATE PROC myleader
@lid nvarchar(5)
AS
DECLARE @myleaderidint,@mytidint,@myleadernamenvarchar(20),@mytnamen-
varchar(20),@mytid2 int
DECLARE myleaderc cursor scroll for--使用 SCROLL 参数以便调用并集数据中的第一
条领导记录
    SELECT tid,tname FROM teacherinfo WHERE tid=@lid
    UNION ALL
    SELECT tid,tname FROM teacherinfo WHERE tleader=@lid

OPEN myleaderc
FETCH FIRST FROM myleaderc INTO @myleaderid,@myleadername
FRTCH NEXT FROM myleaderc INTO @mytid,@mytname

PRINT CAST(@lid as nvarchar)+'号'+@myleadername+'的下属包括如下:'
PRINT '_____'
WHILE @@FETCH_STATUS=0
BEGIN
    PRINT '|--教工号:'+cast(@mytid as nvarchar)+'   姓名:'+@mytname
```

```
            SET @mytid2=@mytid
        IF (SELECT COUNT(tleader) FROM teacherinfo WHERE tleader=@mytid2)>1
        PRINT '|_____教工号'+CAST(@mytid2 as nvarchar)+@mytname+'的下属员工是:'
            DECLARE myleadersub CURSOR FOR
            SELECT tid,tname FROM teacherinfo WHERE tleader=@mytid2
            OPEN MYLEADERSUB
            FETCH NEXT FROM myleadersub INTO @mytid2,@mytname
            WHILE @@FETCH_STATUS=0
            BEGIN
                PRINT '         |-'+cast(@mytid2 as nvarchar)+'姓名'+@mytname
                FETCH NEXT FROM myleadersub INTO @mytid2,@mytname
            END
            CLOSE MYLEADERSUB
        DEALLOCATE MYLEADERSUB
            FETCH NEXT FROM myleaderc INTO @mytid,@mytname
        END
        CLOSE MYLEADER
        DEALLOCATE MYLEADER
```

本例利用存储过程 myleader 对嵌套游标等相关代码进行了封装。通过执行带参数的存储过程"EXEC myleader 5",得到的结果如图 9-33 所示:

执行带参数存储过程"EXEC myleader 1",因为 tid=1 没有间接下属,则结果如图 9-34 所示。

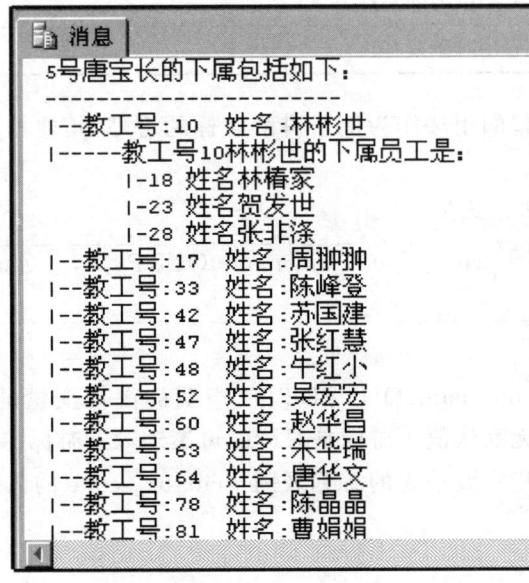

图 9-33　输出结果

图 9-34　输出结果

9.8 游标的管理

在游标的声明和应用过程中,可以使用 SQL Server 提供的系统存储过程对游标进行管理,常用于游标管理的系统存储过程如表 9-1 所示。

表 9-1 常用于游标管理的系统存储过程

系统存储过程名称	功能
SP_CURSOR_LIST	当前为连接打开的服务器游标的属性
SP_CURSOR	请求定位更新。此过程对在游标的提取缓冲区内的一行或多行执行操作
SP_CURSORCLOSE	关闭游标并取消游标分配,以及释放所有关联资源
SP_CURSOREXECUTE	基于 SP_CURSORPREPARE 创建的执行计划创建并填充游标
SP_CURSORFETCH	从数据库中提取由一行或多行组成的缓冲区。此缓冲区中的行组称为游标的"提取缓冲区"
SP_CURSOROPEN	打开游标。SP_CURSOROPEN 定义与游标和游标选项相关联的 SQL 语句,然后填充游标
SP_CUROSOROPTION	设置游标选项或返回由 SP_CURSOROPEN 存储过程创建的游标信息
SP_CURSORREPARE	将游标语句或批处理编译成执行计划,但并不创建游标
SP_CURSORPREPEXEC	为提交的游标语句或批处理编译计划,然后创建并填充游标
SP_CURSORUNPREPARE	放弃在 SP_CURSORPREPARE 存储过程中开发的执行计划
SP_DESCRIBE_CURSOR	服务器游标的属性
SP_DESCRIBE_CURSOR_COLUMNS	服务器游标结果集中的列属性
SP_DESCRIBE_CURSOR_TABLES	服务器游标被引用对象或基表

下面以 SP_CURSOR_LIST 系统存储过程的用法作为例子讲解游标的管理,其他相关的存储过程应用可参考微软相关技术文档。

SP_CURSOR_LIST 系统存储过程的语法格式是:

> SP_CURSOR_LIST [@cursor_return=]cursor_variable_name OUTPUT,[@cursor_scope =] cursor_scope

其中:

(1)[@cursor_return =] cursor_variable_nameOUTPUT:已声明的游标变量的名称。cursor_variable_name 的数据类型为 cursor,无默认值。游标是只读的可滚动动态游标。

(2)[@cursor_scope =] cursor_scope:指定要报告的游标级别。cursor_scope 的数据类型为 int,无默认值,可以是下列值之一:

① 1:报告所有本地游标;
② 2:报告所有全局游标;
③ 3:报告本地和全局游标。

SP_CURSOR_LIST 返回的报告是 Transact-SQL 游标输出参数,而不是结果集。这样,

Transact-SQL 批处理、存储过程和触发器便可以按一次一行的方式处理输出。表 9-2 是 SP_CURSOR_LIST 返回的游标格式。游标格式与 SP_DESCRIBE_CURSOR 返回的格式相同。

表 9-2　SP_CURSOR_LIST 系统存储过程及返回游标格式

列名	数据类型	说明
reference_name	sysname	用于引用游标的名称。如果通过 DECLARE CURSOR 语句中给定的名称引用游标，则引用名称与游标名称相同。如果通过变量引用游标，则引用名称为游标变量的名称
cursor_name	sysname	来自 DECLARE CURSOR 语句的游标名称。在 SQL Server 中，如果是通过将游标变量设置为游标来创建游标，则 cursor_name 返回该游标变量的名称。在早期版本中，此输出列将返回系统生成的名称
cursor_scope	smallint	1 = LOCAL 2 = GLOBAL
status	smallint	与 CURSOR_STATUS 系统函数报告的值相同： 1＝游标名称或游标变量被引用游标为打开状态。如果游标是不敏感的、静态的或是键集，则至少具有一行。如果游标是动态的，则结果集具有零行或多行 0＝游标名称或游标变量被引用游标为打开状态，但不包含任何行。动态游标从不返回此值 －1＝游标名称或游标变量被引用游标为关闭状态 －2＝仅适用于游标变量。没有为该变量分配任何游标。这可能是由于某个 OUTPUT 参数为该变量分配了游标，但存储过程在返回前关闭了游标 －3＝指定名称的游标或游标变量不存在，或没有为该游标变量分配游标
model	smallint	1 = 不敏感(或静态) 2 = 键集 3 = 动态 4 = 快进
concurrency	smallint	1 = 只读 2 = 滚动锁定 3 = 乐观
scrollable	smallint	0 = 只进 1 = 可滚动
open_status	smallint	0 = 关闭 1 = 打开
cursor_rows	int	结果集中合格的行数。有关详细信息，请参阅@@CURSOR_ROWS
fetch_status	smallint	此游标上次提取的状态。有关详细信息，请参阅@@FETCH_STATUS： 0＝提取成功 －1＝提取失败或超出游标的界限 －2＝缺少所请求的行 －9＝尚未对游标进行提取
column_count	smallint	游标结果集中的列数
row_count	smallint	上次对游标的操作所影响的行数。有关详细信息，请参阅 @@ROWCOUNT

续表

列名	数据类型	说明
last_operation	smallint	上次对游标执行的操作： 0 = 没有对游标执行操作 1 = OPEN 2 = FETCH 3 = INSERT 4 = UPDATE 5 = DELETE 6 = CLOSE 7 = DEALLOCATE
cursor_handle	int	在服务器作用域内标识游标的唯一值

SP_CURSOR_LIST 系统存储过程的具体用法如下：

```
DECLARE cursormgt1 CURSOR SCROLL FOR
SELECT tname FROM teacherinfo WHERE tname LIKE '陈%'
OPEN cursormgt1
--定义一个可驻留从 SP_CURSOR_LIST 存储过程输出变量的游标变量
DECLARE @cursorlist1 CURSOR
--执行 SP_CURSOR_LIST 存储过程将结果存储到游标变量,区域范围参数为 2
EXEC SP_CURSOR_LIST @cursor_return = @cursorlist1 OUTPUT,@cursor_scope=2
--从 SP_CURSOR_LIST 输出的游标变量中获取数据
FETCH NEXT from @cursorlist1
WHILE @@FETCH_STATUS <> -1
BEGIN
   FETCH NEXT FROM @cursorlist1
END
--关闭和释放驻留 SP_CURSOR_LIST 输出的数据的游标.
CLOSE @cursorlist1
DEALLOCATE @cursorlist1
GO
--关闭与释放原始游标
CLOSE cursormgt1
DEALLOCATE cursormgt1
```

输出的结果如图 9-35 所示：

reference_name	cursor_name	cursor_scope	status	model	concurrency	scrollable	open_status	cursor_rows	fetch_status	column_count
cursormgt1	cursormgt1	2	1	2	3	1	1	30	-9	1

图 9-35 输出结果

9.9 小结

本章通过讲解自定义函数的概念、分类和优缺点,以及各种自定义函数的创建和应用、管理,进而探讨了游标的概念、定义和优缺点,以及游标的创建和应用,分别通过实例讲解了它们在数据处理方面的显著特征,为将二者应用在具体的应用程序中奠定了基础。

第 10 章 触发器

在对数据库中的各种对象进行操作和管理的过程中,提高效率是用户一直追求的目标。在掌握创建自定义函数、视图、存储过程、游标等一系列数据库对象技术后,可利用触发器技术进一步强化对象技术应用的效能。

本章教学要求

- 了解触发器概念
- 了解触发器的分类和作用
- 了解掌握 DML 触发器的创建和应用
- 了解掌握 DDL 触发器的创建和应用
- 了解掌握触发器的管理和维护

10.1 触发器概述

触发器是数据库服务器中发生事件时自动执行的特殊存储过程。但不同于一般的存储过程,一般的存储过程通过直接 EXEC 或直接调用存储过程名称,加上可能的参数,而触发器的调用往往是在对表或视图进行管理、操作的过程中出现的事件而执行的,即 SQL Server 会自动执行触发器所实现定义好的语句。

在 SQL Server 中,可以用两种方法保证数据的有效性和完整性:约束(check)和触发器(trigger,主要是指 DML)。约束是直接作用于数据表内的,实现的功能较为简单。触发器是针对数据库的特殊的存储过程,会自动激发执行,能够实现各种复杂的操作。

触发器的主要作用表现在:

1. 调用存储过程。可调用一个或多个,乃至外部的存储过程。
2. 强化约束与完整性。可以实现比 check 子句更为复杂的条件约束。
3. 跟踪与监视数据变化。可检测数据库内的操作,禁止一些未经许可的操作。
4. 级联和并行运行。可自动级联影响数据库中的其他对象。

10.2 触发器的分类

在 MS SQL Server 2008 版本(之前 SQL Server 2000 版本默认不支持 DDL 触发器)中,根据所应用的对象不同,将触发器分为 DML 触发器和 DDL 触发器。

10.2.1 DML 触发器

DML 触发器(Data Manipulation Language Trigger)是当对数据库中的数据发生操作事件时执行的存储过程,经常用于强制执行业务规则和数据完整性。根据事件发生的时间点,它又可分为事后触发器(after 触发器)和替代触发器(instead of 触发器)两种。

1. after 触发器

after 触发器只能定义在数据表上(不能针对视图定义 after 触发器),但可以针对一个数据表的同一个操作定义多个触发器,并且可以使用 sp_settriggerordrer 系统存储过程来指定要对表执行的第一个和最后一个 after 触发器。对于一个表,只能为每个 INSERT、UPDATE 和 DELETE 操作指定第一个和最后一个 after 触发器。如果在同一个表上还有其他 after 触发器,那么这些触发器将随机执行。

只有在成功执行触发 SQL 语句之后,才会执行 after 触发器。判断执行成功的标准是:执行了所有与已更新对象或已删除对象相关联的引用级联操作和约束检查。

如果 alter trigger 语句更改了第一个或最后一个触发器,将删除所修改触发器上设置的第一个或最后一个属性,并且必须使用 sp_settriggerorder 重置顺序值。

当对数据表中的记录进行添加、删除和更改时,可以通过触发器保证数据的完整性。SQL Server 为每个触发器提供了两张虚拟表:inserted 表和 deleted 表来实现的。它们的作用是:

inserted 表用于存储 INSERT 和 UPDATE 操作时所影响的行的副本。在一个添加或更新事务中,新建的记录会同时表添加到 inserted 表和触发器表中,inserted 表中的行是触发器表中新行的副本。

deleted 表用于存储 DELETE 和 UPDATE 操作时所影响的行的副本。在一个删除或更新事务中,记录从触发器表中被删除,并传输到 deleted 表中。deleted 表和触发表通常没有相同的行。两张表在三种操作中的不同状态参考表 10-1(√表示有数据)

表 10-1　inserted 和 deleted 表操作状态表

	INSERT 操作	UPDATE 操作	DELETE 操作
inserted 表	√	√(新数据)	
deleted 表		√(旧数据)	√

2. instead of 触发器

替代触发器顾名思义,是指定执行相应的 DML 触发器而不是触发某 SQL 语句,比如 INSERT、UPDATE、DELETE 操作,因此,其优先级高于触发语句的操作。

对于表或视图,每个 INSERT、UPDATE 或 DELETE 语句最多可定义一个 instead of 触发器。但是,可以为具有自己的 instead of 触发器的多个视图定义视图。

instead of 触发器不可以用于使用 with check option 的可更新视图。如果将 instead of 触发器添加到指定的 with check option 可更新视图中，则 SQL Server 将引发错误。用户须用 alter view 删除该选项后才能定义 instead of 触发器。

10.2.2 DDL 触发器

DDL 触发器（Data Definition Language Trigger）是当对数据库中的数据定义操作事件发生时触发的存储过程，比如在数据库中进行 CREATE、ALTER、DROP 等，以及那些执行类似 DDL 操作的系统存储过程，比如审核和规范数据库操作、防止数据库表被删改等。其中包括了登录触发器是在用户与数据库系统建立起会话时做出的响应。

具体操作请看触发器的创建和应用部分。

10.3 触发器的限制

触发器的作用是解决在数据库、表内通过约束等功能所不能保证的、复杂的参照完整性和数据一致性问题。但是触发器的性能往往较低，因为在运行触发器时，系统会将大部分的时间用在参照其他表中数据的操作上。所以，触发器不可滥用。

触发器的使用主要有以下几个方面的约定：

1.Create trigger 必须是批处理中的第一条语句，并且只能应用于一个表。

2.触发器只能在当前的数据库中创建，但是可以引用当前数据库的外部对象。

3.如果指定了触发器架构名称来限定触发器，则将以相同的方式限定表名称。

4.在同一条 CREATE TRIGGER 语句中，可以为多种用户操作（如 INSERT 和 UPDATE）定义相同的触发器操作。

5.如果一个表的外键包含对定义的 DELETE/UPDATE 操作的级联，则不能对该定义 instead of delete/update 触发器。

6.在触发器内可以指定任意的 SET 语句。选择的 SET 选项在触发器执行期间保持有效，然后恢复为原来的设置。

7.如果触发了一个触发器，结果将返回给执行调用的应用程序，就像使用存储过程一样。若要避免由于触发器触发而向应用程序返回结果，请不要包含返回结果的 SELECT 语句，也不要包含在触发器中执行变量赋值的语句。包含向用户返回结果的 SELECT 语句或进行变量赋值的语句的触发器需要特殊处理；这些返回的结果必须写入允许修改触发器表的每个应用程序中。如果必须在触发器中进行变量赋值，则应该在触发器的开头使用 SET NOCOUNT 语句以避免返回任何结果集。

8.虽然 TRUNCATE TABLE 语句实际上就是 DELETE 语句，但是它不会激活触发器，因为该操作不记录各个行删除。然而，仅那些具有执行 TRUNCATE TABLE 语句的权限的用户才需要考虑是否无意中因为此方式而导致没有使用 DELETE 触发器。

9.无论有日志记录还是无日志记录，WRITETEXT 语句都不触发触发器。

10.在 DML 触发器中不允许使用的 T-SQL 语句如表 10-2 所示：

表 10-2　DML 触发器不允许使用的 T-SQL 语句

ALTER DATABASE	CREATE DATABASE	DROP DATABASE
LOAD DATABASE	LOAD LOG	RECONFIGURE
RESTORE DATABASE	RESTORE LOG	

10.4 创建和应用触发器

1.创建 DML 触发器的基本语法

(1)创建 after 触发器的基本语法是：

```
CREATE TRIGGER 触发器名称 ON 表名 [WITH ENCRYPTION] FOR[OR AFTER] INSERT [,UPDATE,DELETE]
    AS
    BEGIN
    命令行或者程序块
    END
```

参数及使用说明：

①WITH ENCRYPTION：表示对触发器的代码进行加密；

②触发器的名称必须符合规定，且在数据库中是唯一的；

③触发器的动作只能是 INSERT、UPDATE、DELETE 中的一项或者多项。

(2)创建 instead of 触发器的语法是：

```
CREATE TRIGGER 触发器名称 ON 表名 INSTEAD OF INSERT [,UPDATE,DELETE]
    AS
    BEGIN
    命令行或者程序块
    END
```

2.创建 DDL 触发器的基本语法：

```
CREATE TRIGGER 触发器名称 ON all server [or] database
FOR [OR] AFTER CREATE[,ALTER, DROP]
    AS
    BEGIN
    命令行或程序块
    END
```

参数及使用说明：

①ON 后面如果是 all server 参数，则将 DDL 触发器作用到整个当前服务器上，即服务器上的任何一个数据库的相应操作都会激活该触发器；如果 ON 后面是 database 参数，则表示触发器仅作用在当前数据库上。

②FOR 或者 AFTER 都是表示事后触发。DDL 触发器没有替代触发器。

DDL 触发器的事件有两种:一种是当前数据库的所有 CREATE、ALTER、DROP 语句,另一种是当前服务器的所有 CREATE、ALTER、DROP 语句。

下面用到的 DML 触发器将是在 jgxyallusers 数据库中新建的若干个表上完成的,包括:

(1) employe_test 表

```
CREATE TABLE employee_test
(
emp_id int identity,
emp_name varchar(100),
emp_sal decimal (10,2)
)
INSERT INTO Employee_Test VALUES ('Anees',1000);
INSERT INTO Employee_Test VALUES ('Rick',1200);
INSERT INTO Employee_Test VALUES ('John',1100);
INSERT INTO Employee_Test VALUES ('Stephen',1300);
INSERT INTO Employee_Test VALUES ('Maria',1400);
```

(2) employee_test_audit 表

```
CREATE TABLE employee_test_audit
(
emp_id int,
emp_name varchar(100),
emp_sal decimal (10,2),
audit_action varchar(100),
audit_timestamp datetime
)
```

employee_test 表中已经有 5 条记录,而 employee_test_audit 表中无记录。下面使用各种触发器进行数据的管理,即当对 eployee_test 表的 INSERT、UPDATE 和 DELETE 操作时,都会在 eployee_test_audit 表中作相应的操作记录。

10.4.1 创建与应用 after 触发器

1. 创建 after insert 触发器

```
CREATE TRIGGER trgAfterInsert ON [dbo].[employee_test]
FOR INSERT
AS
DECLARE @empid int;
DECLARE @empname varchar(100);
DECLARE @empsal decimal(10,2);
DECLARE @audit_action varchar(100);
SELECT @empid=i.Emp_id FROM INSERTED i;
SELECT @empname=i.Emp_name FROM INSERTED i;
SELECT @empsal=i.emp_sal FROM INSERTED i;
```

```
SET @audit_action='Inserted Record--After Insert Trigger.';
INSERT INTO employee_test_audit
        (emp_id,Emp_name,emp_sal,audit_action,audit_timestamp)
values(@empid,@empname,@empsal,@audit_action,getdate());
PRINT 'AFTER INSERT trigger fired.'
GO
```

执行以下 INSERT 语句：

```
INSERT INTO employee_test values('Chris',1500);
```

报告结果如图 10-1 所示：

查看两张表的记录如图 10-2 所示。

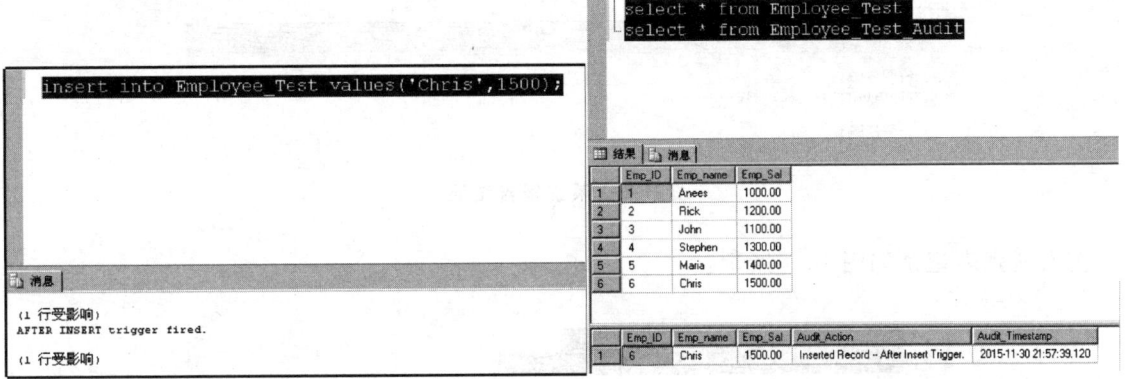

图 10-1　查看表的记录　　　　　　　图 10-2　查看表的记录

可以看到在 employee_test 表中添加了一条记录的同时，在 employee_test_audit 表中也在之后添加了一条记录，并且记录了添加的方式和时间。

2.创建 after update 触发器

```
CREATE TRIGGER trgAfterUpdate ON [dbo].[employee_test]
FOR UPDATE
AS
DECLARE @empid int;
DECLARE @empname varchar(100);
DECLARE @empsal decimal(10,2);
DECLARE @audit_action varchar(100);
SELECT @empid=i.emp_id FROM INSERTED i;
SELECT @empname=i.emp_name FROM INSERTED i;
SELECT @empsal=i.emp_sal FROM INSERTED i;
IF UPDATE(emp_name)
SET @audit_action='Updated Record--After Update Trigger.';
IF UPDATE(Emp_Sal)
set @audit_action='Updated Record--After Update Trigger.';
```

```
    INSERT INTO employee_test_audit(emp_id,emp_name,emp_sal,audit_action,audit_
timestamp)
    VALUES(@empid,@empname,@empsal,@audit_action,getdate());
    PRINT 'AFTER UPDATE Trigger fired.'
    GO
```

执行以下 UPDATE 语句：

```
    UPDATE employee_test set emp_sal=1550 WHERE emp_id=6
```

系统报告结果如图 10-3 所示：

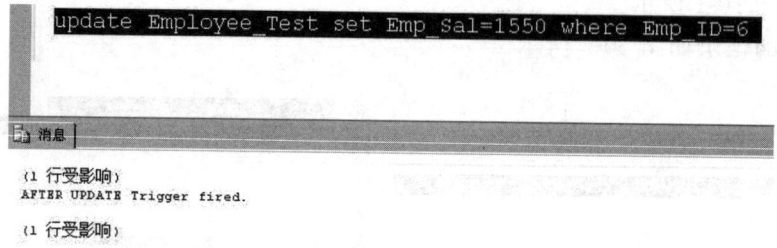

图 10-3　系统报告结果

查看两张表记录如图 10-4 所示：

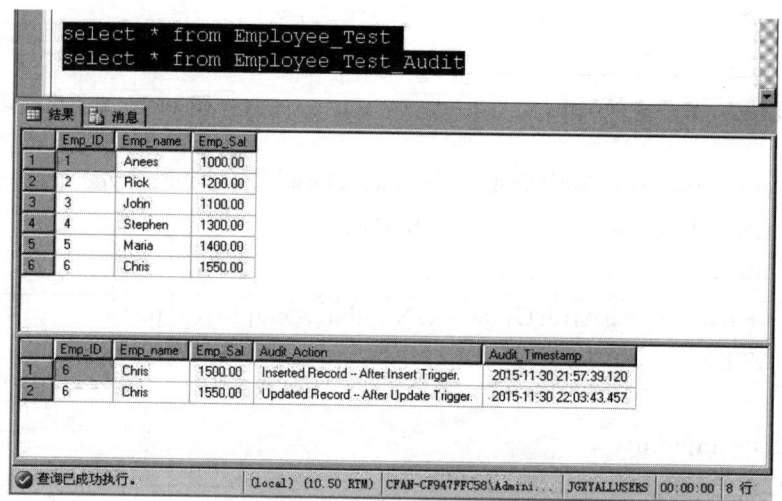

图 10-4　查看表的记录

可以看到在对 employee_test 表的记录进行更新时,同样也往 employee_test_audit 表中添加了一条操作记录。

3.创建 after delete 触发器

```
    CREATE TRIGGER trgAfterDelete ON [dbo].[employee_test]
    AFTER DELETE
    AS
    DECLARE @empidint;
    DECLARE @empnamevarchar(100);
```

```
DECLARE @empsal decimal(10,2);
DECLARE @audit_action varchar(100);
SELECT @empid=d.emp_id FROM DELETED d;
SELECT @empname=d.emp_name FROM DELETED d;
SELECT @empsal=d.emp_sal FROM DELETED d;
SET @audit_action='deleted--after delete trigger.';
insert into employee_test_audit
(emp_id,emp_name,emp_sal,audit_action,audit_timestamp)
VALUES(@empid,@empname,@empsal,@audit_action,getdate());
PRINT 'AFTER DELETE TRIGGER fired.'
GO
```

执行下面 delete 代码:

```
delete employee_test WHERE emp_id=6
```

系统报告结果如图 10-5 所示:

查看两张表记录如图 10-6 所示。

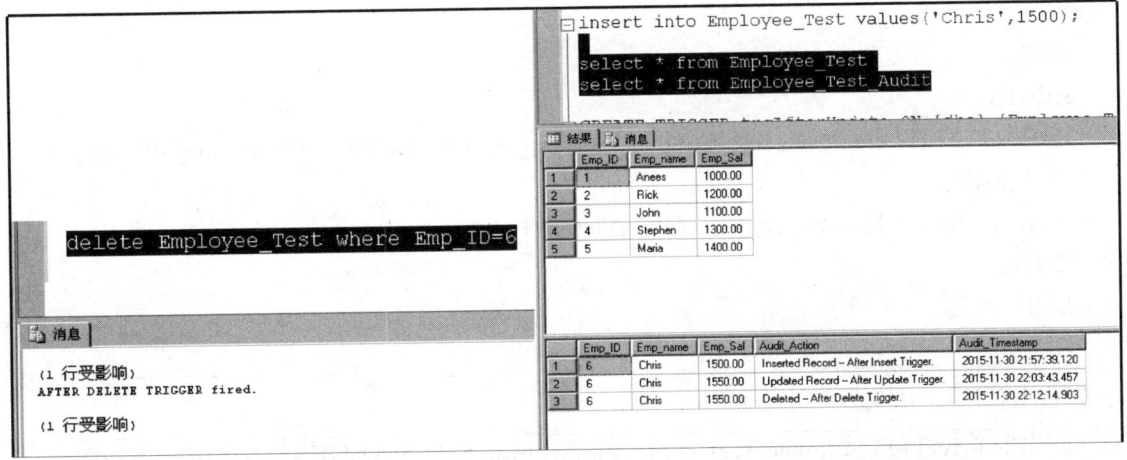

图 10-5　系统报告结果　　　　　图 10-6　查看表的记录

对 eployee_test 表记录的删除也会记录在 eployee_test_audit 表中。

10.4.2　创建与应用 instead of 触发器

 在执行 instead of 触发器时,可能需要暂时关闭 after 触发器,以免引起数据浏览的混乱。

1.创建 instead of insert 触发器

假设当对 employee_test 表中添加记录时设置 emp_sal 的最高额度是 12000,凡是高于 12000 的数据全部回滚,并且将不符合标准的记录放在 employee_test_audit 表中。

instead of insert 触发器代码如下:

```
CREATE TRIGGER trgInsteadOfInsert ON [dbo].[employee_test]
INSTEAD OF INSERT
```

```
AS
DECALARE @emp_id int;
DECALARE @emp_name varchar(100);
DECALARE @emp_sal int;
SELECT @emp_id=i.emp_id FROM INSERTED i;
SELECT @emp_name=i.emp_name FROM INSERTED i;
SELECT @emp_sal=i.emp_sal FROM INSERTED i;
BEGIN
IF(@emp_sal>12000)
BEGIN
RAISERROR('Cannot insert where salary > 12000',16,1);
ROLLBACK;
insert into employee_test_audit(emp_id,emp_name,emp_sal,audit_action,audit_timestamp)
    VALUES(@emp_id,@emp_name,@emp_sal,' Inserted--Instead Of Inserted Trigger. Salary too high ',GETDATE());
END
ELSE
BEGIN
INSERT INTO employee_test (emp_name,emp_Sal) VALUES (@emp_name,@emp_sal)
COMMIT;
PRINT ' Insert Record--Instead Of Inserted Trigger.'
END
END
GO
```

执行 INSERT 语句:

```
INSERT INTO employee_test (emp_name,emp_Sal) VALUES ('Smith',13000)
```

查看两张表如图 10-7 所示:

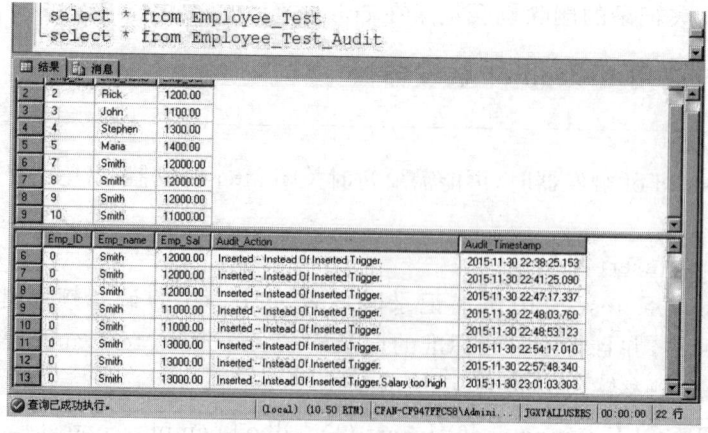

图 10-7 查看表的记录

可以看到，凡是符合标准的都放在了 employee_test 表中，不符合标准的都放在了 employee_test_audit 表中。当然，符合标准的也可以记录在 employee_test_audit 表中，根据实际需求调整。

2.创建 instead of update 触发器

假定要对 employee_test 表中的 emp_sal 字段进行更新，但是要求数字不能超过 12000，否则回滚 UPDATE 操作，并且将错误操作记录在 employee_test_audit 表中：

instead of update 触发器代码如下：

```
CREATE TRIGGER trgInsteadOfUpdate ON [dbo].[employee_test]
INSTEAD OF UPDATE
AS
DECLARE @emp_id int;
DECLARE @emp_name varchar(100);
DECLARE @emp_sal int;

SELECT @emp_id=i.emp_id FROM inserted i;
SELECT @emp_name=i.emp_name FROM inserted i;
SELECT @emp_sal=i.emp_sal FROM inserted i;

BEGIN
IF(@emp_sal>12000)
BEGIN
RAISERROR('Can not update where salary > 12000',16,1);
ROLLBACK;
INSERT INTO employee_test_audit(emp_id,emp_name,emp_sal,audit_action,audit_timestamp)
VALUES(@emp_id,@emp_name,@emp_sal,'Update--Instead Of Update Trigger. Salary too high',GETDATE());
END
ELSE
BEGIN
UNDATE employee_test set emp_sal=@emp_sal WHERE emp_id=@emp_id
COMMIT;
PRINT 'Record Updated--Instead Of Updated Trigger.'
END
END
GO
```

执行 UPDATE 语句：

```
UPDATE employee_test set emp_sal=13000 WHERE emp_id=9
```

查看两张表如图 10-8 所示：

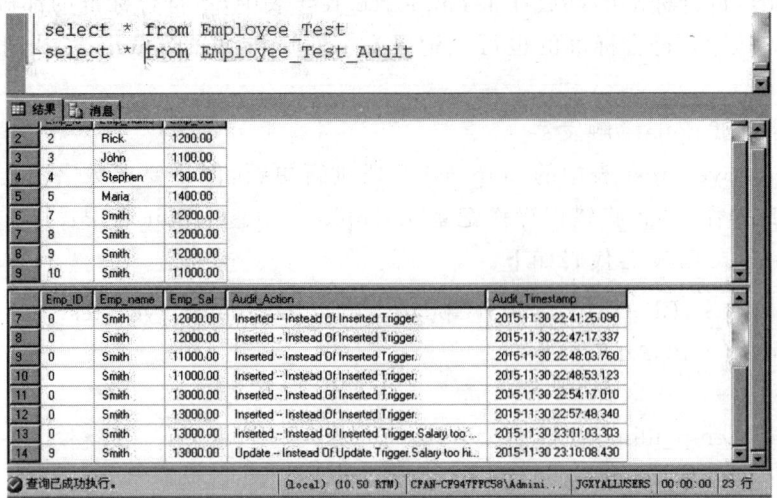

图 10-8 查看表

可以看到,当对数据更新不符合标准时,将不会对已有的数据进行更新,并且会将错误的操作记录在另外一张表格。

3.创建 instead of delete 触发器

假定对 employee_test 表中 emp_sal 小于 1200 的记录进行删除时,将被回滚,并且将错误操作记录在 employee_test_audit 表中。

instead of delete 触发器代码如下:

```sql
CREATE TRIGGER trgInsteadOfDelete ON [dbo].[employee_test]
INSTEAD OF DELETE
AS
DECLARE @emp_id int;
DECLARE @emp_name varchar(100);
DECLARE @emp_sal int;

SELECT @emp_id=d.emp_id FROM DELETED d;
SELECT @emp_name=d.emp_name FROM DELETED d;
SELECT @emp_sal=d.emp_sal FROM DELETED d;

BEGIN
IF(@emp_sal>1200)
BEGIN
RAISERROR('Cannot delete where salary <12000',16,1);
ROLLBACK;
END
ELSE
BEGIN
DELETE FROM employee_test WHERE emp_id=@emp_id;
```

```
        COMMIT;
        INSERT INTO employee_test_audit(emp_id,emp_name,emp_sal,audit_action,audit_
    timestamp)
        VALUES(@emp_id,@emp_name,@emp_sal,'Deleted--Instead Of Delete Trigger.',
    GETDATE());
        PRINT 'Record Deleted--Instead Of Delete Trigger.'
        END
        END
        GO
```

执行 DELETE 语句：

```
    DELETE FROM employee_test WHERE emp_sal=1000
```

查看两张表如图 10-9 所示：

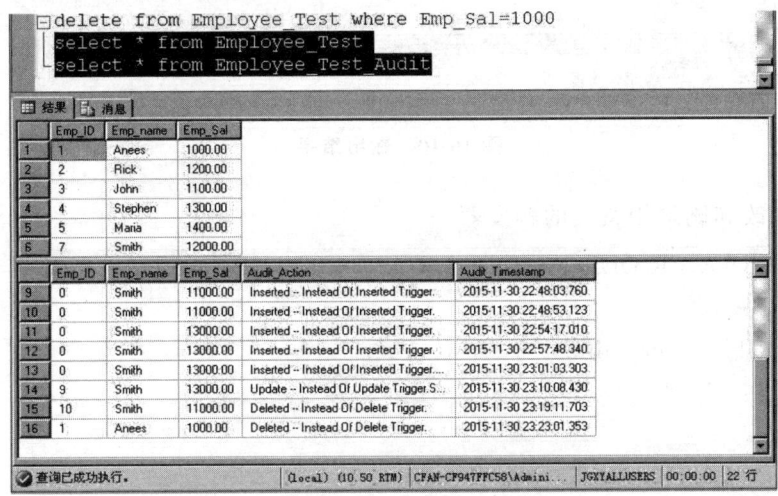

图 10-9　查看表

可以看到 emp_sal 等于 1000 的记录并没有被删除，而且在 employee_test_audit 表中也记录了之前准备删除 emp_sal 等于 1000 的事务。

10.4.3 创建与应用 DDL 触发器

当用户对数据库进行管理时，可能会碰到各种各样的问题，包括数据库记录被删除、数据库备份不完整、数据被覆盖等。这些问题可能通过完备的部署流程记录、可用资源控制或者限制访问服务器等措施得以解决，但是，有些问题通过 DDL 触发器可以在短期内得到解决。使用 DDL 触发器可便捷地对数据库进行管理，它实际上是对数据库的当前对象状况进行快照，并将关于 DDL 的所有操作都记录在日志中，通过日志记录，用户可轻松查看到数据库中相关对象在某个时间点的状态。

下面分两个部分阐释创建和应用 DDL 触发器。

1.基础应用

(1)不允许在库中添加新表的触发器：

```
CREATE TRIGGER DDL_CREATE
ON DATABASE
FOR create_table
AS
BEGIN
    PRINT '不能添加新的数据表！'
    ROLLBACK
END
```

当在该数据库中创建新的表时，将收到错误的信息，并回滚操作，如图 10-10 所示：

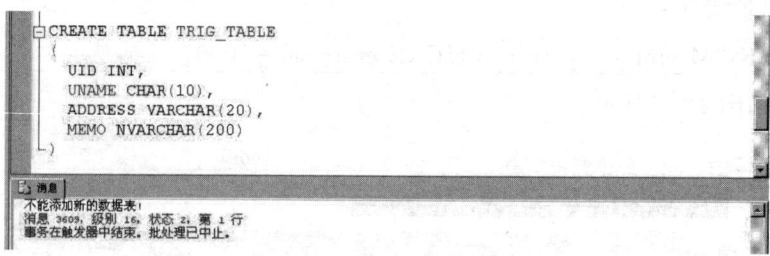

图 10-10　输出结果

(2) 不允许修改和删除相关表的触发器

```
CREATE TRIGGER DDL_ALTER_DROP
ON DATABASE
FOR drop_table,alter_table
AS
BEGIN
    PRINT '不允许删除或更改数据表'
    ROLLBACK
END
```

当对某数据表执行 drop 或者 alter 操作时，将会收到错误信息，并回滚操作，如图 10-11 所示：

(3) 不允许删除数据库的触发器

```
CREATE TRIGGER DDL_SERVER
ON ALL SERVER
FOR DROP_DATABASE
AS
BEGIN
    PRINT '不能删除任何数据库！'
    ROLLBACK
END
```

当对当前服务器中的数据库进行 drop 操作时，将会收到错误信息，并回滚操作，如图 10-12 所示。

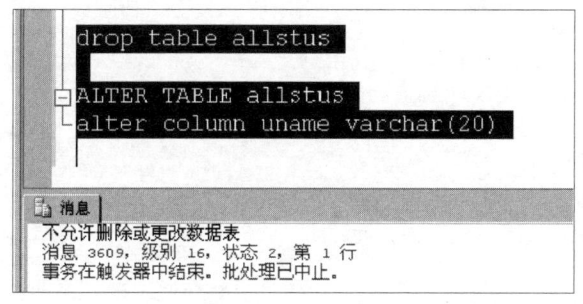

图 10-11　输出结果

图 10-12　输出结果

（4）不允许添加数据库登录账号

```
CREATE TRIGGER DDL_CREATELOGIN
ON ALL SERVER
FOR CREATE_LOGIN
AS
PRINT '不能添加数据库登录账号！'
   ROLLBACK
```

运行结果如下图 10-13 所示：

如果用 SSMS 在对象资源管理器中添加数据库登录账号，同样会收到错误消息而不允许添加账号，如同 10-14 所示。

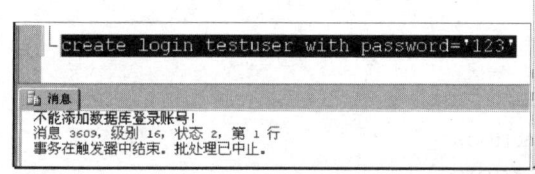

图 10-13　运行结果

图 10-14　错误信息提示

2.典型应用

在本案例中，先在 jgxyallusers 数据库中，创建一张专门记录 DDL 操作的日志表，命名为 dllevents，可以将这张表存放在一个新的数据库中（如 audit），或者存放在本书涉及主要的数据库 jgxyallusers 中。

（1）创建记录 DDL 操作的数据库 audit、表 ddlevents：

```
CREATE DATABASE audit
USE audit
CREATE TABLE dbo.DDLEvents
(
EventDate DATETIME NOT NULL DEFAULT CURRENT_TIMESTAMP,
EventType NVARCHAR(64),
EventDDL NVARCHAR(MAX),
EventXML XML,
```

```
    databasename NVARCHAR(255),
    schemaname NVARCHAR(255),
    objectname NVARCHAR(255),
    hostname VARCHAR(64),
    iPAddress VARCHAR(32),
    programname NVARCHAR(255),
    loginname NVARCHAR(255)
);
```

(2)打开需要捆绑 DDL 触发器的数据库,比如 jgxyallusers 数据库,创建针对存储过程的创建、修改和删除的触发器 DDLTrigger_Sample,以便记录创建存储过程、更改存储过程或删除存储过程的相应事件值,比如发生的时间、哪个登录用户发出的操作、操作是从哪个 IP 地址发出的,等等:

```
CREATE TRIGGER DDLTrigger_Sample
    ON DATABASE
    FOR CREATE_PROCEDURE, ALTER_PROCEDURE, DROP_PROCEDURE
AS
BEGIN
    SET NOCOUNT ON;
    DECLARE
        @EventData XML = EVENTDATA();
    DECLARE
        @ipvarchar(32) =
        (
            SELECT client_net_address
                FROM sys.dm_exec_connections
                WHERE session_id = @@SPID
        );
    INSERT Audit.dbo.DDLEvents
        (
EventType,
EventDDL,
EventXML,
databasename,
schemaname,
objectname,
hostname,
ipAddress,
programname,
loginname
        )
        SELECT
```

```
            @eventdata.value('(/EVENT_INSTANCE/EventType)[1]', 'NVARCHAR(100)'),
            @eventdata.value('(/EVENT_INSTANCE/TSQLCommand)[1]', 'NVARCHAR(MAX)'),
            @eventdata,
            DB_NAME(),
            @eventdata.value('(/EVENT_INSTANCE/SchemaName)[1]','NVARCHAR(255)'),
            @eventdata.value('(/EVENT_INSTANCE/ObjectName)[1]','NVARCHAR(255)'),
            HOST_NAME(),
            @ip,
            PROGRAM_NAME(),
            SUSER_SNAME();
    END
    GO
```

(3) 测试触发器应用：

针对 jgxyallusers 库中的触发器，分别进行添加、更改、删除的操作，并查看 Audit.dbo.DDLEvenet 表中的相应记录：

创建存储过程 TEST_PROC：

```
CREATE PROCEDURE TEST_PROC
    @myinput int
AS
DECLARE @myresult int
SET @MYRESULT=dbo.fnaccu(@myinput)
IF @myresult % 2=1
    PRINT CAST(@myinput AS varchar)+'的累加结果是'+CAST(@myresult AS VARCHAR)+',它是一个奇数！'
ELSE
    PRINT CAST(@myinput AS varchar)+'的累加结果是'+CAST(@myresult AS VARCHAR)+',它是一个偶数！'
```

修改存储过程 TEST_PROC：

```
ALTER PROCEDURE TEST_PROC
    @myinput int
AS
DECLARE @myresult int
SET @MYRESULT=DBO.fnaccu(@myinput)
IF @myresult % 2=1
    PRINT CAST(@myinput AS varchar)+'的累加结果是'+CAST(@myresult AS VARCHAR)+',它是一个奇数！'
```

```
ELSE
    PRINT CAST(@myinput AS varchar)+'的累加结果是'+CAST(@myresult AS
VARCHAR)+',它是一个偶数！'
```

删除存储过程 TEST_PROC

```
DROP PROCEDURE TEST_PROC
```

在 Audit.dbo.DDLEvents 表中记录如下，如图 10-15 所示：

图 10-15　表中记录

10.5 触发器的管理和维护

10.5.1 查看触发器

1.在 SSMS 中，通过对象资源管理器直接查看表、数据库和服务器触发器

如图 10-16 所示：

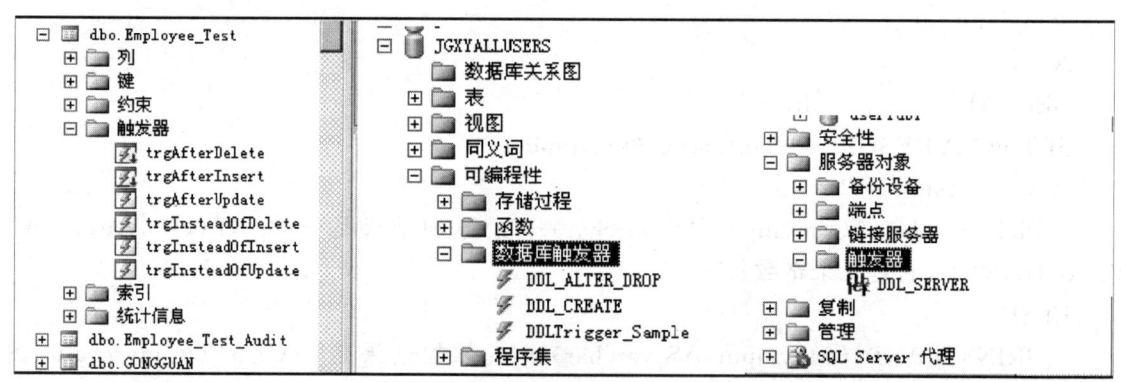

图 10-16　查看表、数据库和服务器触发器

2.通过 T-SQL 代码查看触发器的相关属性（假设当前数据库是 jgxyallusers）

```
--查看数据库中所有触发器的名称、创建时间等信息
SELECT * FROM sysobjects WHERE type='tr'
```

查询结果如图 10-17 所示：

图 10-17　查询结果

```
--查看特定触发器的相关属性
EXEC sp_helptrgAfterInsert
```

查看结果如图 10-18 所示：

```
--查询特定触发器所使用数据对象的信息
EXEC sp_dependstrgAfterInsert
```

查看结果如图 10-19 所示。

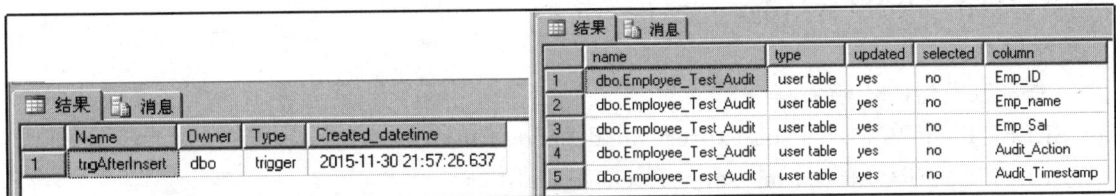

图 10-18　查询结果　　　　　　　　　图 10-19　查询结果

也可以通过右单击触发器后，选择"查看依赖关系"进行查看，如图 10-20 所示：

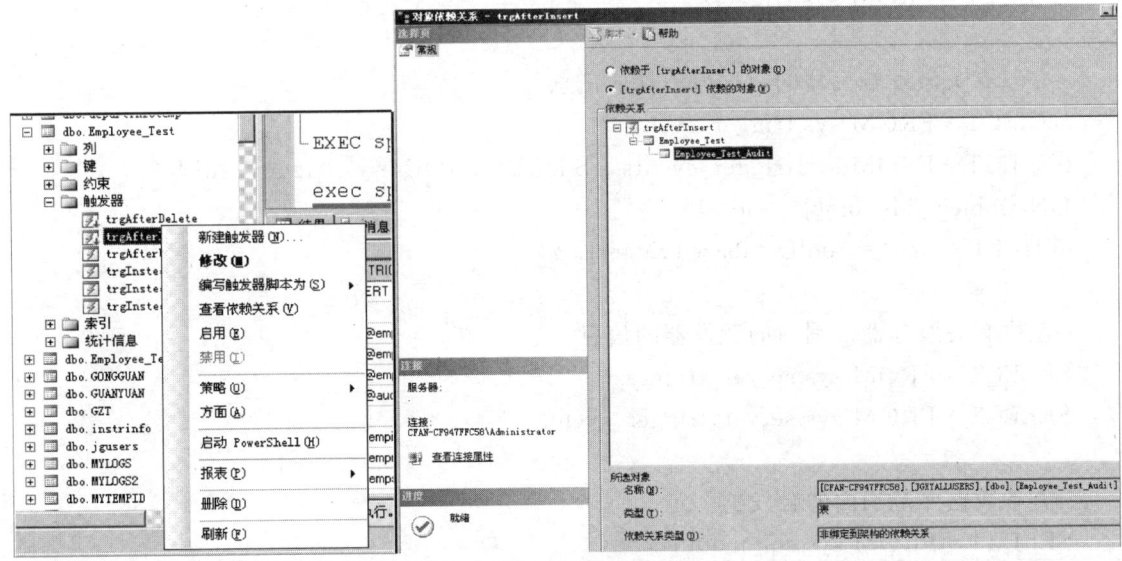

图 10-20　查看依赖关系

```
--查看触发器中的代码
EXEC sp_helptexttrgAfterInsert
```

查看结果如图 10-21 所示：

	Text
1	CREATE TRIGGER trgAfterInsert ON [dbo].[Employee_Test]
2	FOR INSERT
3	AS
4	declare @empid int;
5	declare @empname varchar(100);
6	declare @empsal decimal(10,2);
7	declare @audit_action varchar(100);
8	
9	select @empid=i.Emp_ID from inserted i;
10	select @empname=i.Emp_Name from inserted i;
11	select @empsal=i.Emp_Sal from inserted i;

图 10-21　查看结果

```
--所有的 DDL 事件可以查看 DDL 事件，也可以通过以下方法查看：

--获取有关 DDL 触发器可触发的事件或事件组的信息
SELECT * FROM sys.trigger_event_types

--查看触发器的依赖关系
SELECT * FROM sys.sql_expression_dependencies
SELECT * FROM sys.dm_sql_referenced_entities
SELECT * FROM sys.dm_sql_referencing_entities

--获取有关数据库范围内的触发器的信息
SELECT * FROM sys.triggers

--获取有关激发触发器的数据库事件的信息
SELECT * FROM sys.trigger_events
SELECT * FROM sys.trigger_events AS a LEFT JOIN sys.triggers AS b
ON a.object_id=b.object_id
WHERE name = 'ddlDatabaseTriggerLog'

--获取有关服务器范围内的触发器的信息
SELECT * FROM sys.server_triggers
SELECT * FROM sys.server_trigger_events

--查看数据库范围内的触发器的定义
SELECT * FROM sys.sql_modules
```

10.5.2　修改触发器

1. 触发器名称更改

如果要将数据表的 DML 触发器 trgAferInsert 更改为 trgForInsert，语法如下：

```
EXEC sp_rename trgAfterInsert, trgForInsert
```

结果如下图 10-22 所示：

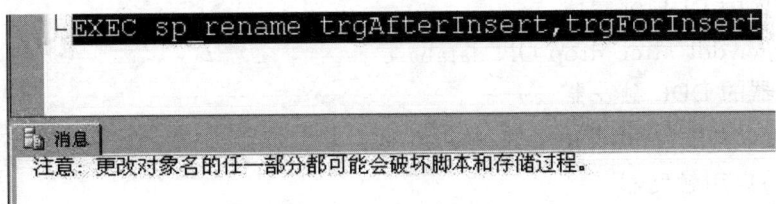

图 10-22　查看结果

2.触发器功能更改

触发器的功能更改就是对触发器代码的更改。实际上是对代码重新编写后，CREATE 关键字换成 ALTER 关键字，比如：

```
ALTER TRIGGER DDL_CREATE
ON DATABASE
FOR create_table
AS
BEGIN
    PRINT '不能添加新的数据表！'
    ROLLBACK
END
```

右单击触发器名称后，也可以进入到代码修改模式，ALTER 已经替换了 CREATE 关键字，并附加了一些说明信息，如图 10-23 所示：

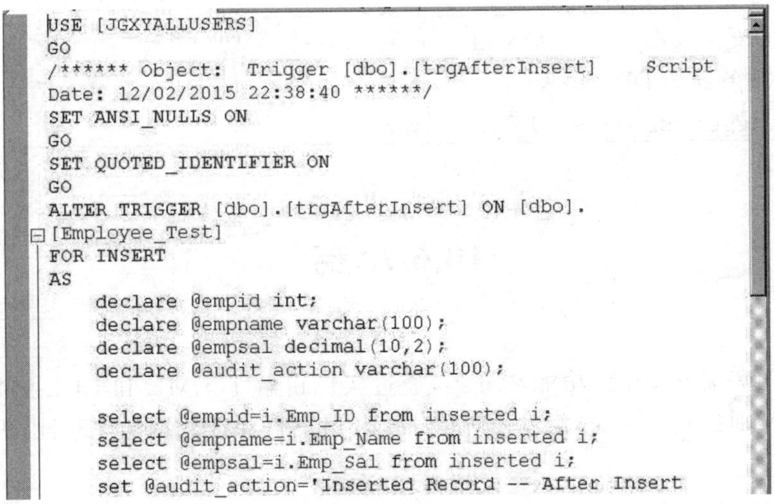

图 10-23　代码修改模式

10.5.3　删除触发器

除了在 SSMS 对象资源管理器中，通过右单击直接删除触发器对象外，还可以使用 drop 命令对触发器进行删除：

```
--删除 DML 触发器
DROP trigger TrgAfterDelete
```

```
--删除数据库的 DDL 触发器
DROP trigger ddl_alter_drop ON database
--删除服务器的 DDL 触发器
DROP trigger ddl_createlogin on all server
```

10.5.4 禁用与启用触发器

禁用和启用 DML 触发器的代码如下：

```
--假定 employee_test 表中的有 TrgAfterUpdate 触发器
--禁用触发器
ALTER table employee_test
DISABLE trigger TrgAfterUpdate
--启用触发器
ALTER table employee_test
ENABLE trigger TrgAfterUpdate
```

通过右单击对象资源管理器中的触发器对象，也可以在快捷菜单中找到禁用和启用的选项，可以达到一样的效果。

禁用和启用 DDL 触发器的代码如下：

```
--禁用当前数据库的 DDL 触发器
DISABLE trigger ddl_create ON database
--启用当前数据库的 DDL 触发器
ENABLE trigger ddl_create ON database
--禁用当前服务器的 DDL 触发器
DISABLE trigger ddl_server ON all server
--启用当前服务器的 DDL 触发器
ENABLE trigger ddl_server ON all server
```

10.6 小结

本章讲解了触发器的概念、功能和分类，通过实例讲解了 DML 和 DDL 触发器的创建、应用、管理和维护，特别是利用 after 触发器、instead of 触发器保证数据的完整性，进一步保护数据库系统的各种对象。

第 11 章　数据库性能优化

在任何数据库中，事务管理不善常常会导致多用户使用数据库系统时出现争用和性能问题。随着访问数据的用户数量的增加，拥有能够高效地使用事务的应用程序也变得更为重要。本章节将从 SQL Server 数据库的索引策略、事务与锁机制等入手，探讨进一步优化 SQL Server 服务器性能的保障体系。

本章教学要求

- 了解索引的基本原理和策略
- 了解和掌握全面的索引策略
- 了解和掌握特殊的索引
- 了解和掌握事务与锁机制

11.1 索引与性能优化

索引对数据库性能优化，特别是查询优化至关重要。它是一种用于排序和搜索的结构，在查找数据时，索引可以减少对 I/O 的需要。

11.1.1 索引概述

1. 索引概念

索引的作用犹如用户阅读一本多章节的书籍，从目录开始查询所要查看的内容在哪一个章节，再从章节定位到具体的内容。

索引是与表或视图关联的磁盘上单独的、物理的数据库结构，可以帮助用户快速找到表或索引视图中的特定信息。

索引包含从表或视图中的一个或多个列生成的键，以及映射到指定数据的存储位置的指针。通过创建设计良好的索引以支持查询，可以显著提高数据库查询和应用程序的性能。索引可以减少为返回查询结果集而必须读取的数据量。

索引还可以强制表中的行具有唯一性，从而确保表中数据的数据完整性。比如对表列定义了 PRIMARY KEY 约束和 UNIQUE 约束时，会自动创建索引。如图 11-1 所示，该表中自动为被设置为 PRIMARR KEY 的字段 stuid 创建了聚集索引（CLUSTERED）：

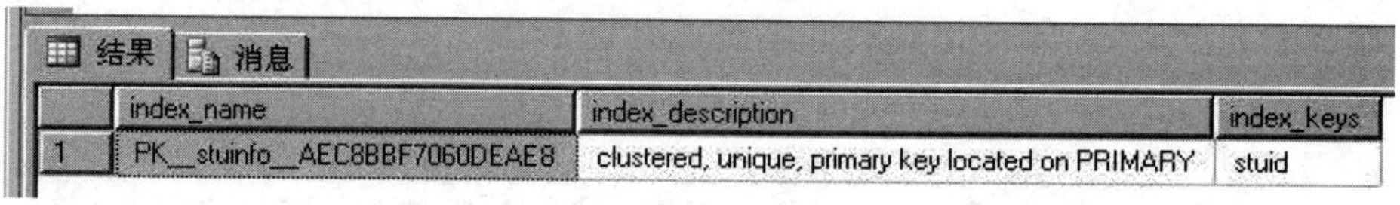

图 11-1 索引

2.索引优缺点

（1）索引的优点

①提高数据检索速度。索引是一种物理结构，可以以一列或多列的组合值为基础构建索引，为提高查询的速度提供了保证，且对于用户是透明的。

②提高数据连接速度。因为数据检索速度的提高，当使用 order by、group by 等操作时，数据检索的速度提高，从而加快了数据连接的速度。

③查询优化器依赖于索引。通过上文的学习，了解了查询优化的过程依赖于索引，即选择最佳的索引以提高查询的速度。

④强制行的唯一性。创建索引，可以保证表中相关数据的唯一性。

（2）索引的缺点

①创建与维护索引都要耗费时间，且随着记录数量的增加所耗费的时间也相应增加；

②索引需要占用物理磁盘空间，如有大量的索引，索引文件可能比数据文件更快达到最大文件尺寸；

③对表的数据记录进行添加、删除和修改的时候，索引也会进行动态维护，一定程度上影响了数据维护的速度。

3.索引的分类

SQL Server 中的索引是以 B-树结构来维护的，索引列的宽度越大，B-树的深度越深，即层次越多，读取记录所要访问的索引页面就越多。按照索引的存储结构不同，可以分为聚集索引和非聚集索引。

（1）聚集索引（Clustered Index）

聚集索引根据数据行的键值在表或视图中排序和存储这些数据行。索引定义中包含聚集索引列。每个表只能有一个聚集索引，因为数据行本身只能按一个顺序排序。只有当表包含聚集索引时，表中的数据行才按排序顺序存储。如果表具有聚集索引，则该表称为聚集表。如果表没有聚集索引，则其数据行存储在一个称为堆的无序结构中。

（2）非聚集索引（Non Clustered Index）

非聚集索引具有独立于数据行的结构。非聚集索引包含非聚集索引键值，并且每个键值项都有指向包含该键值的数据行的指针。从非聚集索引中的索引行指向数据行的指针称为行定位器。行定位器的结构取决于数据页是存储在堆中还是聚集表中。对于堆，行定位器是指向行的指针。对于聚集表，行定位器是聚集索引键。可以向非聚集索引的叶级添加非键列以跳过现有的索引键限制（索引键记录大小 900 字节和 16 键列，每个表的非聚集索引数是 999），并执行完整范围内的索引查询。

由于非索引页使用索引页存储，因此非聚集索引比聚集索引需要更多的存储空间，且检索效果较低。一个表可创建多个非聚集索引，原则上限是 249 个非聚集索引。

每当修改了表数据后，都会自动维护表或视图的索引。

11.1.2 创建索引

创建索引的基本语法格式是:

```
CREATE [UNIQUE] [CLUSTERED] [NONCLUSTERED] INDEX index_name ON
[table | view] (column [asc|desc],…) WITH (PAD_INDEX = { ON | OFF } | FILL-
FACTOR = fillfactor [,IGNORE_DUP_KEY = { ON | OFF }])
```

其中:

(1) UNIQUE:为表或视图创建唯一索引。唯一索引不允许两行具有相同的索引键值。视图的聚集索引必须唯一。

(2) CLUSTERED:创建索引时,键值的逻辑顺序决定表中对应行的物理顺序。聚集索引的底层(或称叶级别)包含该表的实际数据行。一个表或视图只允许同时有一个聚集索引。如果没有指定 CLUSTERED,则创建非聚集索引。

(3) NONCLUSTERED:创建一个指定表的逻辑排序的索引。对于非聚集索引,数据行的物理排序独立于索引排序。无论是使用 PRIMARY KEY 和 UNIQUE 约束隐式创建索引,还是使用 CREATE INDEX 显式创建索引,每个表都最多可包含 999 个非聚集索引。对于索引视图,只能为已定义唯一聚集索引的视图创建非聚集索引。默认值为 NONCLUSTERED。

(4) index_name:索引的名称。索引名称在表或视图中必须唯一,但在数据库中不必唯一。

(5) column:索引所基于的一列或多列。指定两个或多个列名,可为指定列的组合值创建组合索引。在 table_or_view_name 后的括号中,按排序优先级列出组合索引中要包括的列。一个组合索引键中最多可组合 16 列。组合索引键中的所有列必须在同一个表或视图中。组合索引值允许的最大大小为 900 字节。不能将大型对象(LOB)数据类型 ntext、text、varchar(max)、nvarchar(max)、varbinary(max)、xml 或 image 的列指定为索引的键列。另外,即使 CREATE INDEX 语句中并未引用 ntext、text 或 image 列,视图定义中也不能包含这些列。

(6) [ASC | DESC]:确定特定索引列的升序或降序排序方向。默认值为 ASC。

(7) IGNORE_DUP_KEY = { ON | OFF }:指定在插入操作尝试向唯一索引插入重复键值时的错误响应。IGNORE_DUP_KEY 选项仅适用于创建或重新生成索引后发生的插入操作。当执行 CREATE INDEX、ALTER INDEX 或 UPDATE 时,该选项无效。默认值为 OFF。

① ON:向唯一索引插入重复键值时将出现警告消息。只有违反唯一性约束的行才会失败。

② OFF:向唯一索引插入重复键值时将出现错误消息。整个 INSERT 操作将被回滚。

(8) PAD_INDEX = { ON | OFF }:指定索引填充。默认值为 OFF。

① ON:fillfactor 指定的可用空间百分比应用于索引的中间级页。

② OFF 或不指定 fillfactor:考虑到中间级页上的键集,将中间级页填充到接近其容量的程度,以留出足够的空间,使之至少能够容纳索引中最大的一行。

(9) FILLFACTOR = fillfactor:指定一个百分比,指示在创建或重新生成索引期间,数据库引擎对各索引页的叶级填充的程度。fillfactor 必须为 1~100 之间的整数值。如果 fillfactor 为 100,则数据库引擎将创建完全填充叶级页的索引。FILLFACTOR 设置仅在创建或重新生成索引时应用。数据库引擎并不会在页中动态保持指定的可用空间百分比。

在以下系列操作中,将对 stucourseidx 表进行操作,该表无 PRIMARY KEY 或 UNIQUE 约束。

1. 创建普通索引

（1）为 stucourseidx 表中的 stuid 字段创建普通索引：

```
CREATE INDEX SCIDX01 ON stucourseidx(stuid)
EXEC SP_HELPINDEX stucourseidx
```

输出结果如图 11-2 所示：

（2）为 stucourseidx 表中的 stuid、cid 创建普通索引：

```
CREATE INDEX SCIDX02 ON stucourseidx(stuid,cid)
EXEC SP_HELPINDEX stucourseidx
```

输出的结果如图 11-3 所示。

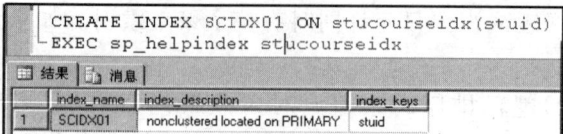

图 11-2　输出结果　　　　　　　图 11-3　输出结果

2. 创建唯一索引和聚集索引

（1）为 stucourseidx 表中的 stuid、cid、crid 字段创建唯一索引：

```
CREATE UNIQUE INDEX SCIDX03 ON stucourseidx(stuid,cid,crid)
EXEC SP_HELPINDEX stucourseidx
```

输出的结果如图 11-4 所示：

	index_name	index_description	index_keys
1	SCIDX01	nonclustered located on PRIMARY	stuid
2	SCIDX02	nonclustered located on PRIMARY	stuid, cid
3	SCIDX03	nonclustered, unique located on PRIMARY	stuid, cid, crid

图 11-4　输出结果

（2）为 stucoruseidx 表中的 stuid、cid、crid、tid 字段创建聚集索引：

```
CREATE UNIQUE CLUSTERED INDEX SCIDX04 ON stucourseidx(stuid,cid,crid,tid)
EXEC SP_HELPINDEX stucourseidx
```

输出的结果如图 11-5 所示：

	index_name	index_description	index_keys
1	SCIDX01	nonclustered located on PRIMARY	stuid
2	SCIDX02	nonclustered located on PRIMARY	stuid, cid
3	SCIDX03	nonclustered, unique located on PRIMARY	stuid, cid, crid
4	SCIDX04	clustered, unique located on PRIMARY	stuid, cid, crid, tid

图 11-5　输出结果

注意:针对 stucourseidx 表的各种索引创建方法并不一定是科学的,在此仅仅是为了练习创建各类索引。

3.涵盖索引

--更加有效的是第三条语句,就是涵盖索引。根与中间只有 1 列 stuid,在叶级中包括了 stuname
    CREATE NONCLUSTERED INDEX IX_stuinfo_stuid ON stuinfo(stuid)
    CREATE NONCLUSTERED INDEX IX_stuinfo_stuidname ON stuinfo(stuid,stuname)
    CREATE NONCLUSTERED INDEX IX_stuinfo_stuidname2 ON stuinfo(stuid) INCLUDE(stuname)

4.筛选索引

    SELECT stuid,stuname FROM stuinfo WHERE pid=10 AND stugrade=2011
    --创建带条件的索引,默认情况下 NULL 不能创建索引
    CREATE NONCLUSTERED INDEX IX_stuidpidgrade ON stuinfo(stuid,pid,stugrad) WHERE stugrade IS NOT NULL

11.1.3 管理索引

使用 SSMS 的对象资源管理器和 T-SQL 脚本都可以对已有的索引对象进行管理。

1.查看表的索引

在对象资源管理器中,打开相关库表节点,可在"索引"节点中查看该表的所有相关索引,如图 11-6 所示:

通过 T-SQL,调用系统存储过程 SP_HELOINDEX 可查看相关的索引对象。

还可以使用 SP_SPACEUSED 系统存储过程查看表中索引所占用的空间情况,如图 11-7 所示:

    EXEC SP_SPACEUSED stucourseidx

从图 11-7 所示看出,stucourseidx 表中的四个索引对象共占用了 424 KB 的空间。

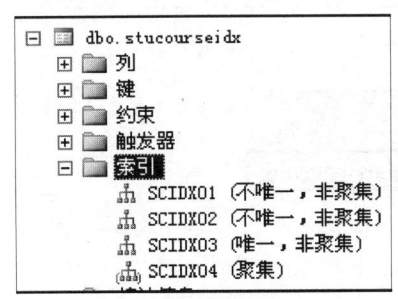

图 11-6　查看表的相关索引

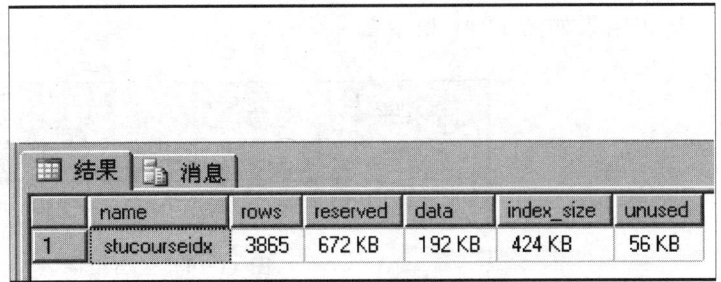

图 11-7　查看结果

2.索引重命名

通过系统存储过程 SP_RENAME 可对索引对象进行重命名,代码如下:

    EXEC SP_RENAME 'stucourseidx.scidx04','scidx4','INDEX'

系统将会有安全提示："注意：更改对象名的任一部分都可能会破坏脚本和存储过程。"

通过 SP_HELPINDEX 系统存储过程查看更名后的索引信息，如图 11-8 所示：

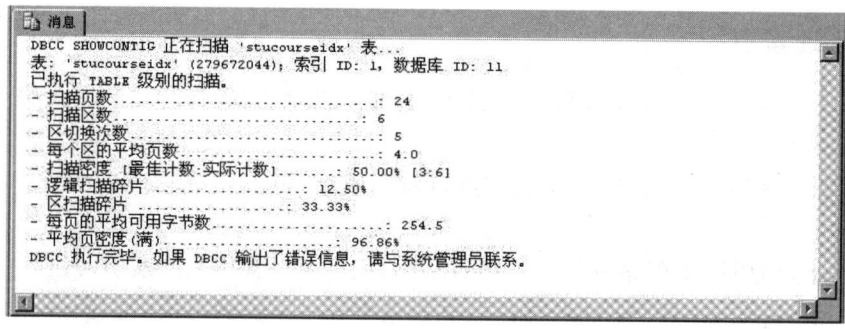

图 11-8　查询结果

3.索引维护

在对 SQL Server 中的数据库表进行添加、删除和更新操作后，会在数据表中产生碎片，可以通过系列语句对数据库表进行碎片整理，包括对索引的整理。

(1)使用 DBCC SHOWCONTIG 查看数据表的数据和索引碎片信息：

> DBCC SHOWCONTIG（stucourseidx）

输出结果如图 11-9 所示：

图 11-9　输出结果

(2)使用 DBCC INDEXDEFRAG 整理指定数据表的聚集索引和辅助索引碎片：

> DBCC INDEXDEFRAG(jgxyallusers,stucourseidx,scidx4)

输出结果如图 11-10 所示：

Pages Scanned	Pages Moved	Pages Removed
24	0	0

图 11-10　输出结果

如果对 stucourseidx 表中的所有索引进行碎片整理，则使用如下代码：

> DBCC INDEXDEFRAG(jgxyallusers,stucourseidx)

输出的结果如图 11-11 所示：

	Index Name	Pages Scanned	Pages Moved	Pages Removed
1	scidx4	24	0	0
2	SCIDX01	15	0	0
3	SCIDX02	15	0	0
4	SCIDX03	15	0	0

图 11-11　输出结果

4．索引重构

索引重构不通过先删除索引再重新定义索引，而是通过 DBCC DBREINDEX 语句对已有的索引定义进行重新配置，从而形成一个新的索引。

比如，要对 scind4 的填充因子进行修改，将其修改为 1，执行如下语句：

```
DBCC DBREINDEX('jgxyallusers.dbo.stucourseidx','',1)
EXEC SP_SPACEUSED stucourseidx
```

可查看该表的索引使用空间，如图 11-12 所示：

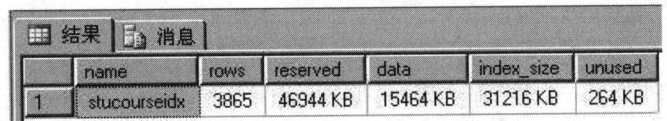

图 11-12　查看表的索引使用空间

通过 DBCC SHOWCONTIG 查看该表的数据表和索引碎片情况，如图 11-13 所示：

图 11-13　查看结果

如果将填充因子改为 50，则输出的索引使用空间如图 11-14 所示。
如果将填充因子改为 100，则输出的索引使用空间如图 11-15 所示。

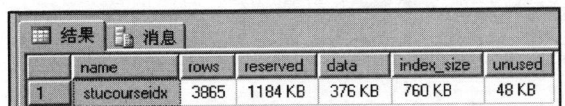

图 11-14　查看结果

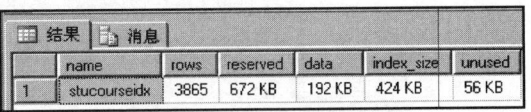

图 11-15　查看结果

5．删除索引

使用 T-SQL 语句 DROP VIEW 可将数据库中的索引对象进行删除，如下代码可一次性删

除同一个数据库同一个表中的两个索引,也可以删除同一个库中不同表的相关索引:

> DROP INDEX stucourseidx.scidx03,stucourseidx.scidx02

6.消除索引碎片的另类方法

(1)删除并重建

> DROP INDEX IX_person1_userID ON person1
> CREATE NONCLUSTERED INDEX IX_person1_userID ON person1(USERID)

(2)重整

> ALTER INDEX IX_person2_userID ON person2 REORGANIZ

(3)重建

> ALTER INDEX IX_person2_userID ON person2 REBUILD WITH (ONLINE=OFF)
> --对表加锁,然后对表重新创建索引,最好在空闲时间完成

GUI 环境下对索引的维护如图 11-16 所示。

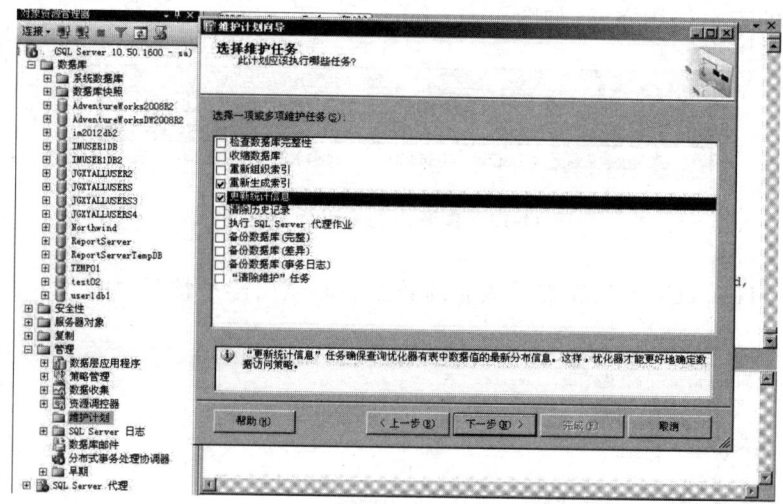

图 11-16　GUI 环境下对索引的维护

11.1.4　索引视图

视图是虚拟表,并无物理存在,它来源于单个或不同的多个物理表。默认情况下,视图是无法创建索引的。如图 11-17 所示:

图 11-17　无法创建索引

为视图创建唯一聚集索引可以提高查询性能,因为视图在数据库中的存储方式与具有聚集索引的表的存储方式相同。查询优化器可使用索引视图加快执行查询的速度。要使优化器考虑

将该视图作为替换,并不需要在查询中引用该视图。

创建索引视图所需的下列步骤对于成功实现视图而言非常重要:

(1)验证是否视图中将引用的所有现有表的 SET 选项都正确。

(2)在创建任何新表和视图之前,验证会话的 SET 选项设置是否正确。

(3)验证视图定义是否为确定性的。

(4)使用 WITH SCHEMABINDING 选项创建视图。

(5)为视图创建唯一的聚集索引。

1.索引视图所需的 SET 选项

如果执行查询时启用不同的 SET 选项,则在数据库引擎中对同一表达式求值会产生不同结果。例如,将 SET 选项 CONCAT_NULL_YIELDS_NULL 设置为 ON 后,表达式'abc'+NULL 会返回值 NULL。但将 CONCAT_NULL_YIEDS_NULL 设置为 OFF 后,同一表达式会生成'abc'。

为了确保能够正确维护视图并返回一致结果,索引视图需要多个 SET 选项具有固定值。如果下列条件成立,则下表中的 SET 选项必须设置为"必需的值"列中显示的值:

(1)索引视图已创建。

(2)对构成该索引视图的任何表执行了任何插入、更新或删除操作。包括大容量复制、复制和分发查询等操作。

(3)查询优化器使用该索引视图生成查询计划。

需要正确设置的 SET 选项包括:

(1)SET arithabort ON

(2)SET concat_null_yields_null ON

(3)SET quoted_identifier ON

(4)SET ansi_nulls ON

(5)SET ansi_padding ON

(6)SET ansi_warinings ON

(7)SET numeric_roundabort OFF

2.视图索引的创建

(1)使用 WITH SCHEMABINDING 创建视图

```
--创建没有绑定架构的视图
CREATE VIEW myview1
AS
SELECT did,工资总额=SUM(tsalary),教师总数=COUNT_BIG(*)
FROM dbo.teacherinfo
WHERE tsalary IS NOT NULL
GROUP BY did
--创建绑定架构的视图
CREATE VIEW myview2
WITH SCHEMABINDING
AS
```

```
    SELECT did,工资总额=SUM(tsalary),教师总数=COUNT_BIG( * )
    FROM dbo.teacherinfo
    WHERE tsalary IS NOT NULL
    GROUP BY did
    --查询两个视图所使用的空间情况
    EXEC SP_SPACEUSED myview1
    EXEC SP_SPACEUSED myview2
```

输出的结果如图 11-18 所示：

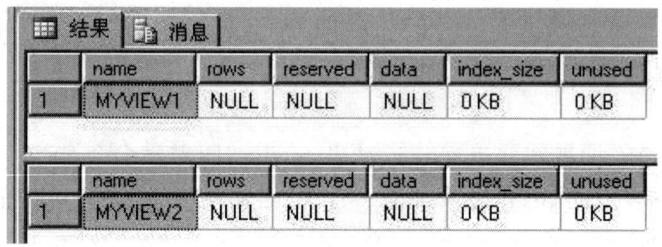

图 11-18　输出结果

从图 11-18 中可以得知两个视图都没有使用物理空间。通过如下代码还可以查看这两个视图是否建立了索引：

```
    SELECT objectproperty(object_id('myview1'),'isindexed')
    SELECT objectproperty(object_id('myview2'),'isindexed')
```

输出的结果如图 11-19 所示：

图 11-19　输出结果

得到的逻辑值均为 0，标识这两个视图对象都未建立索引。

（2）为视图 myview2 创建索引

从上文中得知，默认情况下，如果视图在创建过程中不绑定架构的话，是无法为视图创建索引的。因此，视图 myview1 是无法创建索引的。下面代码将为 myview2 创建索引：

```
    CREATE UNIQUE CLUSTERED INDEX MYVIEW2IDX ON myview2(did)
```

执行代码后，再查询两个视图对象是否建立索引，得到的结果如图 11-20 所示：

通过执行如下代码查看两个视图对象在存储空间的占用情况，如图 11-21 所示。

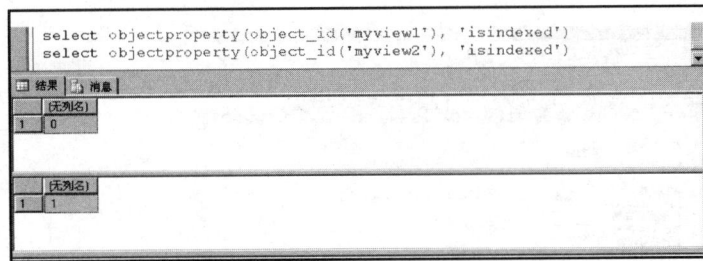

图 11-20 输出结果

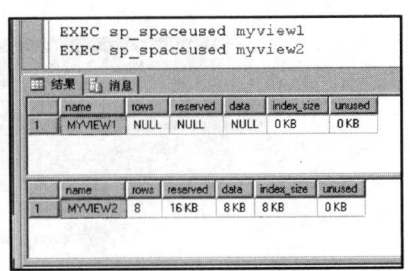

图 11-21 输出结果

11.1.5 查询优化器与索引

设计良好的索引可以减少磁盘 I/O 操作,并且消耗的系统资源也较少,从而可以提高查询性能。对于包含 SELECT、UPDATE、DELETE 或 MERGE 语句的各种查询,索引会很有用。例如,在 jgxyallusers 数据库中执行的查询 SELECT stuid,cid,tidFROM stucourse WHERE cscore>80。执行此查询时,查询优化器评估可用于检索数据的每个方法,然后选择最有效的方法。可能采用的方法包括扫描表和扫描一个或多个索引(如果有)。

扫描表时,查询优化器读取表中的所有行,并提取满足查询条件的行。扫描表会有许多磁盘 I/O 操作,并占用大量资源。但是,如果查询的结果集是占表中较高百分比的行,扫描表会是最为有效的方法。

查询优化器使用索引时,搜索索引键列,查找到查询所需行的存储位置,然后从该位置提取匹配行。通常,搜索索引比搜索表要快很多,因为索引与表不同,一般每行包含的列非常少,且行遵循排序顺序。

查询优化器在执行查询时通常会选择最有效的方法。但如果没有索引,则查询优化器必须扫描表。用户或者数据库管理员的任务是设计并创建最适合您的环境的索引,以便查询优化器可以从多个有效的索引中选择。SQL Server 提供的数据库引擎优化顾问可以帮助分析数据库环境并选择适当的索引。

1."以显示估计的执行计划"方式比较索引前后的性能

"以显示估计的执行计划"方式显示如下代码:

```
SELECT * FROM stuinfotemp WHERE stuid='071203110'
```

输出的结果如图 11-22 所示:

"以显示估计的执行计划"方式显示如下代码:

```
SELECT * FROM stuinfo WHERE stuid='071203110'
```

输出的结果如图 11-23 所示:

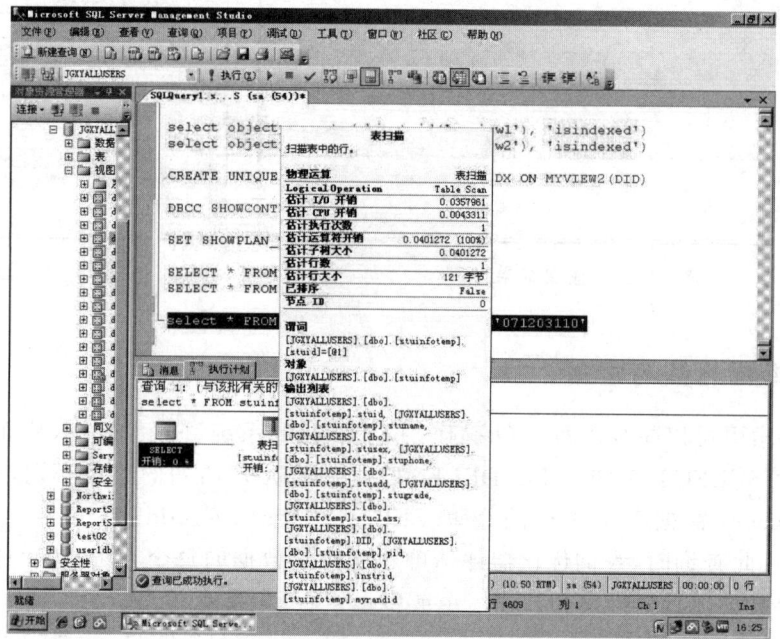

图 11-22 输出结果

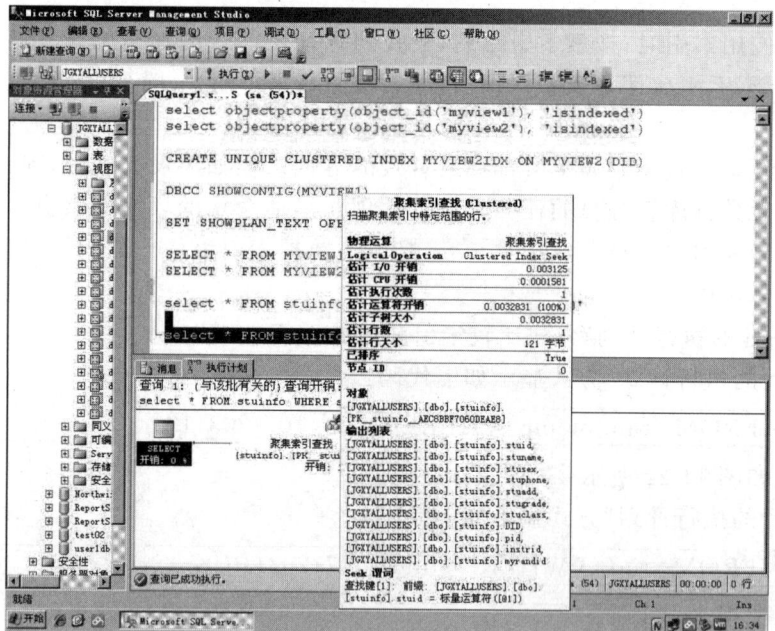

图 11-23 输出结果

2."在数据库引擎优化顾问中分析查询"比较索引前后的性能

将"SELECT * FROM stuinfotemp WHERE stuid='071203110'"代码保存在名为 sqlpro1.sql 的脚本文件中；

将"SELECT * FROM stuinfo WHERE stuid='071203110'"代码保存在名为 sqlpro2.sql 的脚本文件中。

打开 SSMS 管理器中"查询"菜单下的"在数据库引擎优化顾问中分析查询"功能,在登录框中输入有权限的账号和密码,如 sa,进入优化顾问窗口,为相关会话命名,如 noindex、myindex 等,选择"工作负荷"中的"文件"模式,并通过浏览找到 C:\分区下的 SQLPRO1.SQL 文件,如图 11-25 所示:

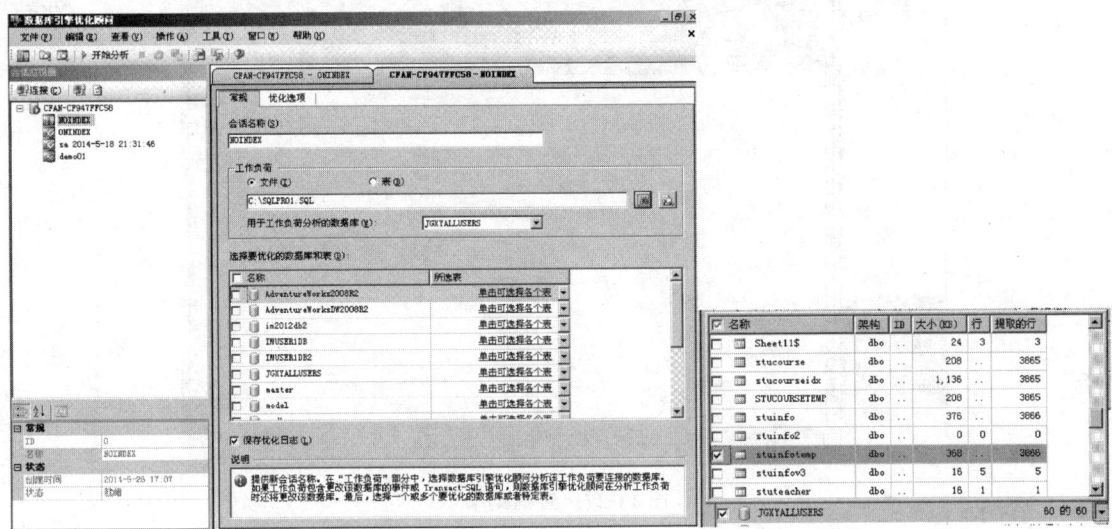

图 11-24　分析查询功能　　　　　　　　　图 11-25　查找文件

单击工具栏上的"开始分析"按钮,最后得出的建议如图 11-26 所示:

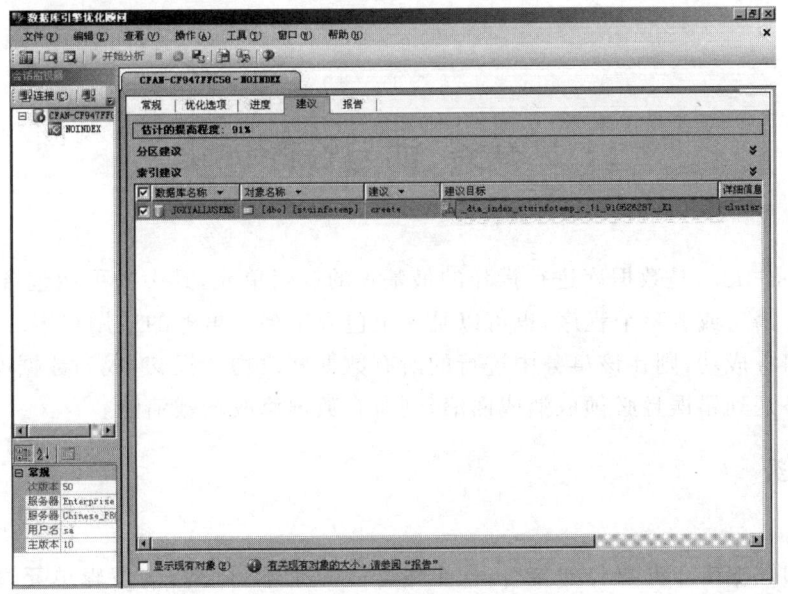

图 11-26　得到索引建议

图 11-26 所示,建议进行索引的创建,可以提高的程度达到了 91%。通过"报告"选项卡也可得到相似的建议。

如果对相同的数据库表进行另一个会话分析,如对 sqlpro2.sql 进行分析,得到的结果如图 11-27 所示:

图 11-27　查询结果

如图 11-27 所示,分析结果对于表 stuinfo 的建议为空,估计提高的程度是 0%,即说明 stuinfo 表目前的状态无须进行其他的更改,因为 stuinfotemp 表中的 stuid 字段并不是 PRIMARY KEY,也未创建其他任何的索引;stuinfo 表中的 stuid 字段是 PRIMARY KEY,默认是聚集索引。

11.2 事务、锁与性能优化

事务(Transaction)是数据库进行操作的最基本的逻辑单元,其中的可能包含了一组 T-SQL 语句、一条 SQL 语句或者整个程序,也可以是一个包含了多个事务的应用程序。

如果某一事务成功,则在该事务中进行的所有数据修改均会提交,成为数据库中的永久组成部分。如果事务遇到错误且必须取消或回滚,则所有数据修改均被清除。

11.2.1 事务

1.事务概念

事务是一组数据库单元操作的集合,这个集合是一个不可分割的逻辑单元,不是完全执行,就都不执行。组成事务的数据库单元操作一般只有两种:

(1)READ:从数据库读取数据;

(2)WRITE:将数据写入数据库。

即事务是一系列数据库读取和写入操作,且这一系列的操作被看作不能被分割的逻辑单元。

例如,要向 jgxyallusers 数据库中的 teachertemp(来自 teacherinfo 的副本)和 coursetemp1 和 coursetemp2 表(均来自 courseinfo 的副本)。coursetemp1 表中的 cid 被设置为自动标识量,但 coursetemp2 表中的 cid 则没有设置为自动标识量。当执行代码 1 的时候,即使往 teachertemp中添加的数据均满足条件，但由于往coursetemp1添加数据时报错，导致整个事务回滚，即都没有往两个数据表中添加数据。

```
--代码1：
BEGIN TRAN
    INSERT INTO teachertemp VALUES(500,'张三',5,4,10000.0)
    IF @@ERROR=0
        BEGIN
            INSERT INTO coursetemp VALUES(55,'云计算',500,5,3,48)
            IF @@ERROR=0
                COMMIT TRAN
            ELSE
                ROLLBACK TRAN
        END
    ELSE
        ROLLBACK TRAN
```

代码1执行的结果因为出现如图11-28所示的错误而被回滚：

图11-28　执行结果

```
--代码2：
BEGIN TRAN
    INSERT INTO teachertemp VALUES(501,'张大山',5,4,20000.0)
    IF @@ERROR=0
        BEGIN
            INSERT INTO coursetemp2 VALUES(56,'物联网',500,5,3,48)
            IF @@ERROR=0
                COMMIT TRAN
            ELSE
                ROLLBACK TRAN
        END
    ELSE
        ROLLBACK TRAN
```

代码2执行的结果如图11-29所示，因为两个INSERT命令都满足条件，所以将事务完整提交：

查询两张相关的数据表teachertemp和coursetemp2的最新记录如图11-30所示。

图 11-29 执行结果　　　　　　图 11-30 查询结果

事务的执行结果只有两种情况：提交事务或者回滚事务。但是，一旦事务成功提交，就不能再回滚：

(1)提交事务(Commint)：表示事务中的所有数据单元操作，真正将更改写入到数据库，成为数据库的长存数据，而且不会再取消更改；

(2)回滚事务(Rollback)：如果事务尚未提交，用户可取消事务，即取消所有已执行的数据库单元操作，将它回滚到执行事务前的状态。

2.事务特性

事务有四个特性(ACID)：

(1)原子性(Atomicity)：事务必须是原子工作单元；对于其数据的修改，要么全都执行，要么全都不执行。原子性要求事务能够提交或回滚。

(2)一致性(Consistency)：一致性允许数据库在事务处理期间处于不一致的状态，但事务在完成时，必须使所有的数据都保持一致状态。在相关数据库中，所有规则都必须应用于事务的修改，以保持所有数据的完整性，即数据表的每一行和值都必须符合所建模的真实情况，并且必须施加所有的约束。

(3)隔离性(Isolation)：由并发事务所做的修改必须与任何其他并发事务所做的修改隔离。事务识别数据时数据所处的状态，要么是另一并发事务修改它之前的状态，要么是第二个事务修改它之后的状态，事务不会识别中间状态的数据。例如，当用户 A 对某表的 100 行数据进行更新，同时用户 B 尝试读取其中的一行，如果用户 B 的操作能够完成，用户 A 的操作就会影响用户 B 的事务，这两个事务就不是彼此独立。SQL Server 利用锁和行版本来实现隔离性。

(4)持久性(Durability)：无论系统是否失败，事务都会持续下去。一旦提交了事务，事务就处于提交时的状态。不修改第一个事务中数据的另一个事务不应影响第一个事务中的数据，事务完成之后，它对于系统的影响是永久性的。该修改即使出现系统故障(如硬盘损坏)，也将一直保持。SQL Server 利用预写事务日志来确保持久性。

3.事务种类

(1)显式事务模式

显式事务就是可以显式地在其中定义事务的开始和结束的事务。

T-SQL 中可以使用 BEGIN TRANSACTION、COMMIT TRANSACTION、COMMIT WORK、ROLLBACK TRANSACTION 或 ROLLBACK WORK-SQL 语句定义显式事务。

①BEGIN TRANSACTION

标记显式连接事务的起始点。

②COMMIT TRANSACTION 或 COMMIT WORK

如果没有遇到错误，可使用该语句成功地结束事务。该事务中的所有数据修改在数据库中都将永久有效。事务占用的资源将被释放。

③ROLLBACK TRANSACTION 或 ROLLBACK WORK

用来清除遇到错误的事务。该事务修改的所有数据都返回到事务开始时的状态。事务占用的资源将被释放。

④SAVE TRANSACTION

```
BEGIN TRAN filldata
INSERT INTO teachertemp VALUES(500,'张三',5,4,10000.0)
SAVE TRANSACTION filldata2
INSERT INTO teachertemp VALUES(501,'李四',5,4,10000.0)--此时 teachertmep 表应有两条新记录
SELECT * FROM techertemp
ROLLBACK TRAN filldata2
COMMIT TRAN filldata
```

最终只有 SAVE 之前的数据能够得到添加。

(2)隐式事务模式

当连接以隐性事务模式进行操作时,SQL Server 数据库引擎实例将在提交或回滚当前事务后自动启动新事务。无须描述事务的开始,只需提交或回滚每个事务。隐性事务模式生成连续的事务链。

为连接将隐性事务模式设置为打开之后,当数据库引擎实例首次执行下列任何语句时,都会自动启动一个事务:

ALTER TABLE	INSERT
CREATE	OPEN
DELETE	REVOKE
DROP	SELECT
FETCH	TRUNCATE TABLE
GRANT	UPDATE

在发出 COMMIT 或 ROLLBACK 语句之前,该事务将一直保持有效。在第一个事务被提交或回滚之后,下次当连接执行以上任何语句时,数据库引擎实例都将自动启动一个新事务。该实例将不断地生成隐性事务链,直到隐性事务模式关闭为止。

```
SET IMPLICIT_TRANSACTION ON--进入隐式事务模式
COMMIT TRAN--显示递交才可以正常显示
```

如以下代码所示:

```
BEGIN TRAN
INSERT INTO teachertemp VALUES(500,'张三',5,4,10000.0)
SELECT * FROM teachertemp
COMMIT TRAN
```

(3)自动事务模式

自动提交模式是 SQL Server 数据库引擎的默认事务管理模式。每个 T-SQL 语句在完成

时,都被提交或回滚。如果一个语句成功地完成,则提交该语句;如果遇到错误,则回滚该语句。只要没有显式事务或隐性事务覆盖自动提交模式,与数据库引擎实例的连接就以此默认模式操作。自动提交模式也是 ADO、OLE DB、ODBC 和 DB 库的默认模式。

在 BEGIN TRANSACTION 语句启动显式事务或隐性事务设置为开启之前,与数据库引擎实例的连接一直以自动提交模式操作。当提交或回滚显式事务或关闭隐性事务模式时,连接将返回到自动提交模式。

如果设置为 ON,SET IMPLICIT_TRANSACTIONS 会将连接设置为隐式事务模式。如果设置为 OFF,则使连接恢复为自动提交事务模式。

在自动提交模式下,有时看起来好像数据库引擎实例回滚了整个批处理而不是仅仅一个 SQL 语句。当遇到的错误是编译错误而非运行时错误时,会发生这种情况。编译错误会阻止数据库引擎生成执行计划,这样批处理中的任何语句都不会执行。尽管看起来好像是回滚了产生错误的语句之前的所有语句,但该错误阻止了批处理中的所有语句的执行。在下面的示例中,由于发生编译错误,第三个批处理中的 INSERT 语句都没有执行。但看起来好像是前两个 IN-SERT 语句没有执行便进行了回滚。

```
CREATE TABLE TestBatch (Cola int PRIMARY KEY, Colb char(3));
GO
INSERT INTO TestBatch VALUES (1,'aaa');
INSERT INTO TestBatch VALUES (2,'bbb');
INSERT INTO TestBatch VALUSE (3,'ccc');--语法错误
GO
SELECT * FROM TestBatch;--无记录返回
```

数据库引擎使用延迟的名称解析,直到执行时才解析对象名称。在下面的示例中,执行并提交了前两个 INSERT 语句,在第三个 INSERT 语句,由于引用一个不存在的表而产生运行时错误之后,这两行仍然保留在 TestBatch 表中。

```
CREATE TABLE TestBatch (Cola int PRIMARY KEY, Colb char(3));
GO
INSERT INTO TestBatch VALUES (1,'aaa');
INSERT INTO TestBatch VALUES (2,'bbb');
INSERT INTO TestBatch VALUES (1,'ccc');--出现重复主键值错误
GO
SELECT * FROM TestBatch;--返回第 1 和第 2 行
```

数据库引擎使用延迟的名称解析,直到执行时才解析对象名称。在下面的示例中,执行并提交了前两个 INSERT 语句,在第三个 INSERT 语句,由于引用一个不存在的表而产生运行时错误之后,这两行仍然保留在 TestBatch 表中。

```
CREATE TABLE TestBatch (Cola int PRIMARY KEY, Colb char(3));
GO
INSERT INTO TestBatch VALUES (1,'aaa');
INSERT INTO TestBatch VALUES (2,'bbb');
INSERT INTO TestBch VALUES (3,'ccc');--表名错误
GO
SELECT * FROM TestBatch;--返回第 1 和第 2 行
```

（4）嵌套事务

嵌套事务：一种树状结构的复杂事务。主要是针对存储过程（或触发器）而设计的，这些事务可以从事务已有的进程调用，也可以从没有活动事务的进程中调用。如以下代码：

```
CREATE PROC TestTRAN
AS
BEGIN TRAN
    SELECT 姓名
    FROM ALLSTUS
ROLLBACK
GO
BEGIN TRAN
    EXEC TestTRAN
ROLLBACK
```

与嵌套事务对应的是平面事务，即仅包括一层 BEGIN TRAN…COMMIT（ROLLBACK）TRAN 定义结构的事务。

11.2.2 锁机制

1.数据一致性问题

如果多个用户同时访问某个数据库，因为启用的事务同时调用相同的数据，可能存在以下四种情况：

（1）更新丢失

当两个或多个事务选择同一行，然后基于最初选定的值更新该行时，会发生丢失更新问题。每个事务都不知道其他事务的存在。最后的更新将覆盖由其他事务所做的更新，这将导致数据丢失。

（2）未提交的依赖关系（脏读）

当第二个事务选择其他事务正在更新的行时，会发生未提交的依赖关系问题。第二个事务正在读取的数据还没有提交并且可能由更新此行的事务所更改。

（3）不一致的分析（不可重复读）

当第二个事务多次访问同一行而且每次读取不同的数据时，会发生不一致的分析问题。不一致的分析与未提交的依赖关系类似，因为其他事务也是正在更改第二个事务正在读取的数据。但是，在不一致的分析中，第二个事务读取的数据是由已进行了更改的事务提交的。此外，不一致的分析涉及多次（两次或更多）读取同一行，而且每次信息都被其他事务更改，因此我们称之为"不可重复读"。

（4）幻读（幽灵记录）

当对某行执行插入或删除操作，而该行属于某个事务正在读取的行的范围时，会发生幻读问题。由于其他事务的删除操作，事务第一次读取的行的范围显示有一行不再存在于第二次或后续读取内容中。同样，由于其他事务的插入操作，事务第二次或后续读取的内容显示有一行并不存在于原始读取内容中。

2.并发控制类型

当许多人试图同时修改数据库中的数据时，必须实现一个控制系统，使一个人所做的修改不会对他人所做的修改产生负面影响。这称为并发控制。

并发控制理论根据建立并发控制的方法而分为两类：

(1)悲观并发控制

一个锁定系统,可以阻止用户以影响其他用户的方式修改数据。如果用户执行的操作导致应用了某个锁,只有这个锁的所有者释放该锁,其他用户才能执行与该锁冲突的操作。这种方法之所以称为悲观并发控制,是因为它主要用于数据争用激烈的环境中,以及发生并发冲突时用锁保护数据的成本低于回滚事务的成本的环境中。

(2)乐观并发控制

在乐观并发控制中,用户读取数据时不锁定数据。当一个用户更新数据时,系统将进行检查,查看该用户读取数据后其他用户是否又更改了该数据。如果其他用户更新了数据,将产生一个错误。一般情况下,收到错误信息的用户将回滚事务并重新开始。这种方法之所以称为乐观并发控制,是由于它主要在以下环境中使用:数据争用不大且偶尔回滚事务的成本低于读取数据时锁定数据的成本。

Microsoft SQL Server 支持一定范围的并发控制。用户通过为游标上的连接或并发选项选择事务隔离级别来指定并发控制的类型。

3.事务隔离级别

事务指定一个隔离级别,该隔离级别定义一个事务必须与其他事务所进行的资源或数据更改相隔离的程度。隔离级别从允许的并发副作用(例如,脏读或幻读)的角度进行描述。

不同隔离级别导致的并发副作用如表 11-1 所示：

表 11-1 隔离级别与并发副作用说明

隔离级别	脏读	不可重复读	幻读	说明
未提交读	是	是	是	如果其他事务更新,不管是否提交,立即执行
已提交读	否	是	是	读取提交过的数据。如果其他事务更新没提交,则等待
可重复读	否	否	是	查询期间,不允许其他事务 UPDATE
快照	否	否	否	读取数据的 SNAPSHOT 事务不会阻止其他事务写入数据。写入数据的事务也不会阻止 SNAPSHOT 事务读取数据
可序列化	否	否	否	查询期间,不允许其他事务 INSERT 或 DELETE

4.数据锁定

为保证在对数据并发控制情境下的数据一致性,需要通过锁机制来防止事务访问特定的资源,实现并发控制,包括防止脏读、不可重复读和幻读。

(1)数据锁定的概念

锁定是 Microsoft SQL Server 数据库引擎用来同步多个用户同时对同一个数据块的访问的一种机制。

在事务获取数据块当前状态的依赖关系(比如通过读取或修改数据)之前,它必须保护自己不受其他事务对同一数据进行修改的影响。事务通过请求锁定数据块来达到此目的。锁有多种模式,如共享或独占。锁模式定义了事务对数据所拥有的依赖关系级别。如果某个事务已获得特定数据的锁,则其他事务不能获得会与该锁模式发生冲突的锁。如果事务请求的锁模式与已授予同一数据的锁发生冲突,则数据库引擎实例将暂停事务请求直到第一个锁释放。

当事务修改某个数据块时,它将持有保护所做修改的锁直到事务结束。事务持有(所获取的用来保护读取操作的)锁的时间长度,取决于事务隔离级别设置。一个事务持有的所有锁都在事务完成(无论是提交还是回滚)时释放。

应用程序一般不直接请求锁。锁由数据库引擎的一个部件(称为"锁管理器")在内部管理。当数据库引擎实例处理 T-SQL 语句时,数据库引擎查询处理器会决定将要访问哪些资源。查询处理器根据访问类型和事务隔离级别设置来确定保护每一资源所需的锁的类型。然后,查询处理器将向锁管理器请求适当的锁。如果与其他事务所持有的锁不会发生冲突,锁管理器将授予该锁。

(2)数据锁定的模式

Microsoft SQL Server 数据库引擎使用不同的锁模式锁定资源,这些锁模式确定了并发事务访问资源的方式。

表 11-2 显示了数据库引擎使用的资源锁模式。

表 11-2 资源锁的不同模式

模式	说明
共享(S)	用于不更改或不更新数据的读取操作,如 SELECT 语句
更新(U)	用于可更新的资源中。防止当多个会话在读取、锁定以及随后可能进行的资源更新时发生常见形式的死锁
排他(X)	用于数据修改操作,例如 INSERT、UPDATE 或 DELETE。确保不会同时对同一资源进行多重更新
意向	用于建立锁的层次结构。意向锁包含三种类型:意向共享(IS)、意向排他(IX)和意向排他共享(SIX)
架构	在执行依赖于表架构的操作时使用。架构锁包含两种类型:架构修改(Sch-M)和架构稳定性(Sch-S)
大容量更新(BU)	在向表进行大容量数据复制且指定了 TABLOCK 提示时使用
键范围	当使用可序列化事务隔离级别时保护查询读取的行的范围。确保再次运行查询时其他事务无法插入符合可序列化事务的查询的行

5.死锁问题

(1)死锁概述

在两个或多个任务中,如果每个任务锁定了其他任务试图锁定的资源,此时会造成这些任务永久阻塞,从而出现死锁。例如:

①事务 A 获取了行 1 的共享锁。

②事务 B 获取了行 2 的共享锁。

③现在,事务 A 请求行 2 的排他锁,但在事务 B 完成并释放其对行 2 持有的共享锁之前被阻塞。

④现在,事务 B 请求行 1 的排他锁,但在事务 A 完成并释放其对行 1 持有的共享锁之前被阻塞。

⑤事务 B 完成之后事务 A 才能完成,但是事务 B 由事务 A 阻塞。该条件也称为循环依赖关系:事务 A 依赖于事务 B,事务 B 通过对事务 A 的依赖关系关闭循环。

除非某个外部进程断开死锁,否则死锁中的两个事务都将无限期等待下去。Microsoft SQL Server 数据库引擎死锁监视器定期检查陷入死锁的任务。如果监视器检测到循环依赖关系,将选择其中一个任务作为牺牲品,然后终止其事务并提示错误。这样,其他任务就可以完成其事务。对于事务以错误终止的应用程序,它还可以重试该事务,但通常要等到与它一起陷入死锁的其他事务完成后执行。

在应用程序中使用特定编码约定可以减少应用程序导致死锁的机会。

死锁经常与正常阻塞混淆。事务请求被其他事务锁定的资源的锁时,发出请求的事务一直等到该锁被释放。默认情况下,除非设置了 LOCK_TIMEOUT,否则 SQL Server 事务不会超时。因为发出请求的事务未执行任何操作来阻塞拥有锁的事务,所以该事务是被阻塞,而不是陷入了死锁。最后,拥有锁的事务将完成并释放锁,然后发出请求的事务将获取锁并继续执行。

(2) 检测与结束死锁

死锁检测是由锁监视器线程执行的,该线程定期搜索数据库引擎实例的所有任务。以下几点说明了搜索进程:

① 默认时间间隔为 5 s。

② 如果锁监视器线程查找死锁,根据死锁的频率,死锁检测时间间隔将从 5 s 开始减小,最小为 100 ms。

③ 如果锁监视器线程停止查找死锁,数据库引擎将两个搜索间的时间间隔增加到 5 s。

如果刚刚检测到死锁,则假定必须等待锁的下一个线程正进入死锁循环。检测到死锁后,第一对锁等待将立即触发死锁搜索,而不是等待下一个死锁检测时间间隔。例如,如果当前时间间隔为 5 s 且刚刚检测到死锁,则下一个锁等待将立即触发死锁检测器。如果锁等待是死锁的一部分,则将会立即检测它,而不是在下一个搜索期间才检测。

通常,数据库引擎仅定期执行死锁检测。因为系统中遇到的死锁数通常很少,定期死锁检测有助于减少系统中死锁检测的开销。

锁监视器对特定线程启动死锁搜索时,会标识线程正在等待的资源。然后,锁监视器查找特定资源的所有者,并递归地继续执行对那些线程的死锁搜索,直到找到一个循环。用这种方式标识的循环形成一个死锁。

检测到死锁后,数据库引擎通过选择其中一个线程作为死锁牺牲品来结束死锁。数据库引擎终止正为线程执行的当前批处理,回滚死锁牺牲品的事务并将 1205 错误返回到应用程序。回滚死锁牺牲品的事务会释放事务持有的所有锁。这将使其他线程的事务解锁,并继续运行。1205 死锁牺牲品错误将有关死锁涉及的线程和资源的信息记录在错误日志中。

默认情况下,数据库引擎选择运行回滚开销最小的事务的会话作为死锁牺牲品。此外,用户也可以使用 SET DEADLOCK_PRIORITY 语句指定死锁情况下会话的优先级。可以将 DEADLOCK_PRIORITY 设置为 LOW、NORMAL 或 HIGH,也可以将其设置为范围(-10~10)间的任一整数值。死锁优先级的默认设置为 NORMAL。如果两个会话的死锁优先级不同,则会选择优先级较低的会话作为死锁牺牲品。如果两个会话的死锁优先级相同,则会选择回滚开销最低的事务的会话作为死锁牺牲品。如果死锁循环中会话的死锁优先级和开销都相同,则会随机选择死锁牺牲品。

(3) 死锁的信息查看工具

为了查看死锁信息,数据库引擎提供了监视工具,分别为两个跟踪标志以及 SQL Server Profiler 中的死锁图形事件。

① 跟踪标志 1204 和跟踪标志 1222

发生死锁时,跟踪标志 1204 和跟踪标志 1222 会返回在 SQL Server 错误日志中捕获的信息。跟踪标志 1204 会报告由死锁所涉及的每个节点设置格式的死锁信息。跟踪标志 1222 会设置死锁信息的格式,顺序为先按进程,然后按资源。可以同时启用这两个跟踪标志,以获取同一个死锁事件的两种表示形式。

```
DBCCTRACEON(1204,1205,-1)
DBCCTRACESTATUS(-1)
DBCC TRACEON
```

②SQL Server Profiler 中的死锁图形事件

使用 SQL Server Profiler，可以创建记录、重播和显示死锁事件的跟踪以进行分析。若要跟踪死锁事件，请将 Deadlock graph 事件类添加到跟踪。此事件类使用死锁涉及的进程和对象的 XML 数据填充跟踪中的 TextData 数据列。SQL Server Profiler 可以将 XML 文档提取到死锁 XML（.xdl）文件中，以后可在 SSMS 中查看该文件。

4.处理死锁

SQL SERVER 会自动检测并处理死锁。但由于死锁会浪费很多系统资源，因此要尽量避免。

避免死锁的方法有两种：
(1)回滚：取消事务执行的所有工作；
(2)死锁时回滚并由应用程序重新提交。

编写代码时必须考虑的因素包括：
(1)使用相同的顺序来存取数据；
(2)尽量缩短事务的时间；
(3)尽量使用较低的隔离等级；
(4)尽量避免事务中的用户交互；

具体操作参考第 11.3.3。

11.2.3 事务处理

1.事务中锁的应用

(1)假定开始一个事务，查询数据库 jgxyallusers 中的 teacherinfo 表，并锁定该表，时间长度是 30 s：

```
BEGIN TRANSACTION
USE JGXYALLUSERS
GO
SELECT * FROM teacherinfo WITH(holdlock)
WAITFOR DELAY '00:00:30'
COMMIT TRANSACTION
```

执行以上代码就完成了对 teacherinfo 表的共享锁定。

(2)新建另一个查询会话，在编辑器中执行如下代码：

```
BEGIN TRANSACTION
UPDATE teacherinfo SET tleader=1 WHERE tid=9
ROLLBACK TRANSACTION
```

在 30 s 时限内执行以上代码，会发现该代码不能马上得到执行，即不能对数据进行更新。得到的结果如图 11-31 所示。该图显示两个查询编辑器窗口的状态然都在执行查询，只有等待左边窗口的执行查询时间超过了 30 s，右边窗口的代码才能得到执行。

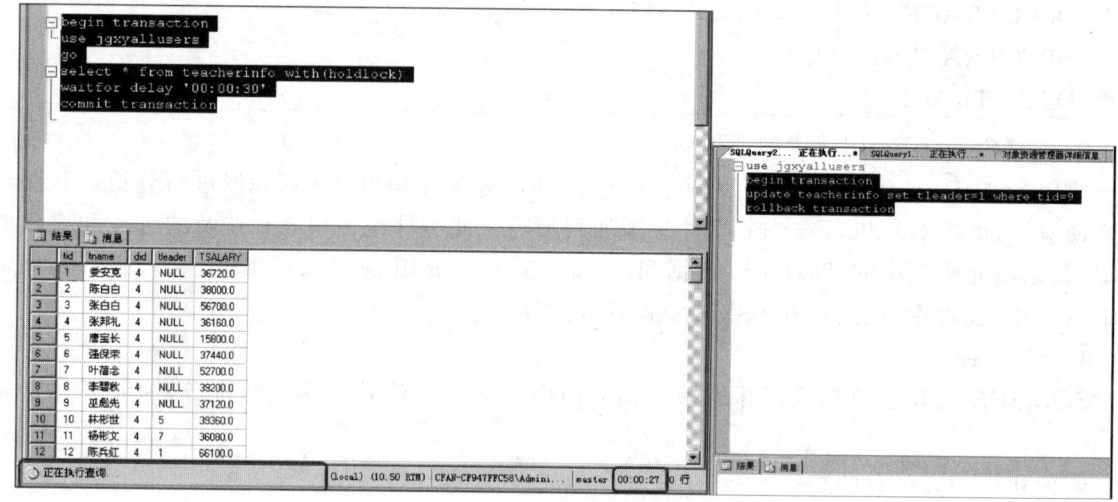

图 11-31　查询结果

2.死锁处理

(1)死锁现象模拟

假定两个事务要分别对 proinfo 表和 teacherinfo 表进行更新。

第一个事务开始事务后,先更新的是 proinfo 表的数据,并设置了等待时间为 30 s,然后再更新 teacherinfo 表的数据:

```
BEGIN TRANSACTION
UPDATE proinfo SET did=7 WHERE pid=6
WAITFOR DELAY '00:00:30'
UPDATE teacherinfo SET tleader=1 WHERE tid=9
COMMIT TRANSACTION
```

第二个事务开始后,先更新的是 teacherinfo 表的数据,并设置了等待时间为 35 s,然后再更新 proinfo 表的数据:

```
BEGIN TRANSACTION
UPDATE teacherinfo SET tleader=1 WHERE tid=9
WAITFOR DELAY '00:00:35'
UPDATE proinfo SET did=7 WHERE pid=6
COMMIT TRANSACTION
```

为了利用 SQL Server Profiler 对死锁图形进行跟踪,以上两段代码暂时不执行。

(2)死锁现状的监视

打开 SSMS 工具菜单中的"SQL Server Profiler"工具,使用 TSQL_Locks 模板创建一个新的跟踪,在跟踪属性中启用如下的选项:

①Deadlock graph

②Lock:Deadlock

③Lock:Deadlock Chain

④RPC：Completed
⑤SP：StmtCompleted
⑥SQL：BatchCompleted
⑦SQL：BatchStarting

如图 11-32 所示：

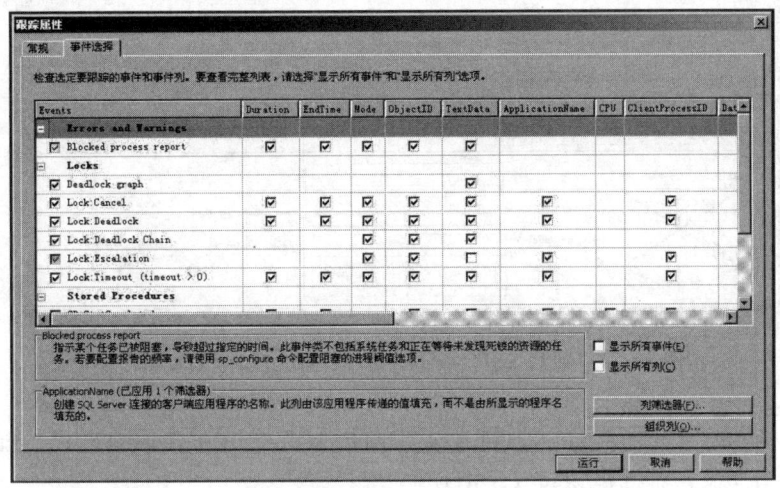

图 11-32　跟踪属性

创建后单击运行该跟踪。

(3) 执行产生死锁的代码

执行在上文中创建的两段代码后，大概等待 30 s 后，即可看到其中的一个查询分析器收到了错误信息，如图 11-33 所示：

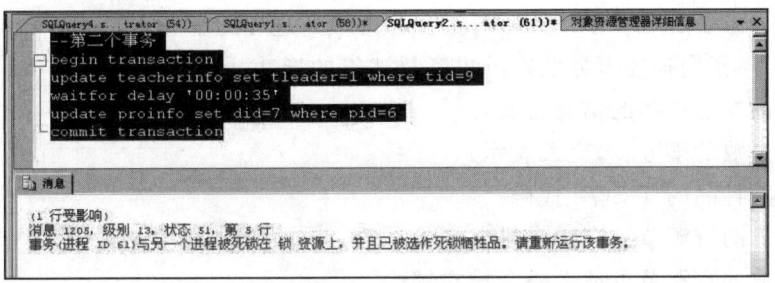

图 11-33　执行结果

从图 11-33 中可以看出，第二个事务（事务 ID 是 61）被当作牺牲品，要回滚相关事务，而另一个事务（事务 ID 是 58）获得了相应的资源，成功执行了事务。

此时，停止 SQL Server Profiler 跟踪，获得如图 11-34 所示结果：

在图 11-34 中，有两个椭圆，分别是作为牺牲者的事务与优胜者的事务。其中的字段含义是：

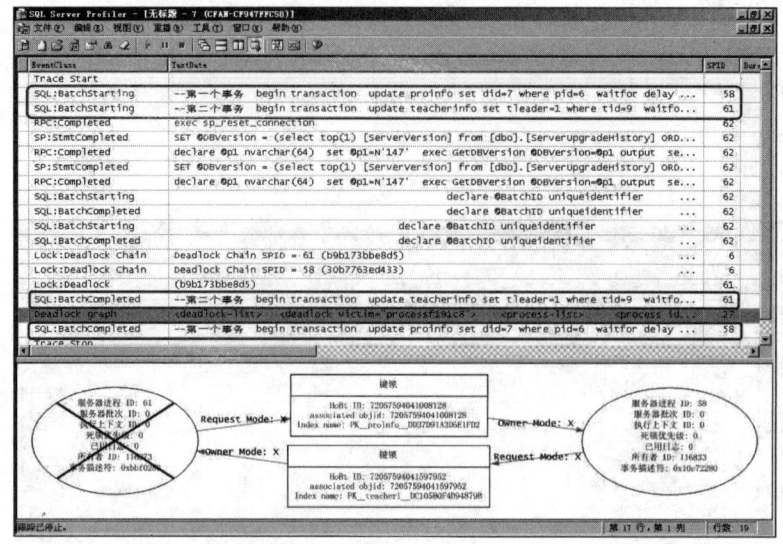

图 11-34 利用 SQL Server Profiler 获得 Deadlock 图形

①服务器进程 ID：服务器进程标识符（SPID），即服务器给拥有锁的进程分配的标识符。

②服务器批 ID：服务器批标识符（SBID）。

③执行上下文 ID：执行上下文标识符（ECID）。与指定 SPID 相关联的给定线程的执行上下文 ID。ECID = $\{0,1,2,3,\cdots,n\}$，其中 0 始终表示主线程或父线程，并且 $\{1,2,3,\cdots,n\}$ 表示子线程。

④死锁优先级：进程的死锁优先级有关可能值的详细信息，请参阅 SET DEADLOCK_PRI-ORITY（T-SQL）。

⑤已用日志：进程所使用的日志空间量。

⑥所有者 ID：正在使用事务并且当前正在等待锁的进程的事务 ID。

⑦事务描述符：指向描述事务状态的事务描述符的指针。

作为牺牲者的左边椭圆的信息含义：

①它是一个失败的事务。（交叉表示）

②它是作为牺牲品的 T-SQL 代码。

③它对右下方的资源节点有一个排它锁（X）。

④它对右上方的资源节点请求一个排它锁（X）。

中间两个长方形的资源节点，两个处理节点对它们各自都有使用权，来执行它们各自的代码，同时又有对对方使用资源请求的动作，从而发生了资源的竞争。其中资源节点的含义：

①HoBT：堆或 B 树。用于保护没有聚集索引的表中的 B 树（索引）或堆数据页的锁。

②associated objid：关联的对象 ID，这里只是索引关联的对象 ID。

③Index name：索引名。

SQL Server 对死锁的分析和处理过程如下（参考图 11-34）：

① 在第 2 行 SQL：BatchStarting，SPID 58（第一个会话启动），在索引 PK__DealLock__DD37D91A3D5E1FD2 获得一个排它锁，再处理等待状态（5 s）；

② 在第 3 行 SQL：BatchStarting，SPID 61（第二个会话启动），在索引 PK__DealLock__DC105B0F4D94879B 获得一个排它锁，再处理等待状态（5 s）；

③ 两个进程都各自获得一个排它锁(X)，几秒过去，它们就开始请求排它锁。

SPID 58(第一个会话)，先对 PK__DealLock__DC105B0F4D94879B 请求一个排它锁(X)，但 PK__DealLock__DC105B0F4D94879B 当前已经给 SPID61(第二个会话)获得。SPID 58 要等待。

同时，SPID 61(第二个会话)，开始对 PK__DealLock__DD37D91A3D5E1FD2 请求一个排它锁(X)，但 PK__DealLock__DD37D91A3D5E1FD2 当前已经给 SPID 58(第一个会话)获得。SPID 61 要等待。

这里就出现了进程阻塞，从而发生死锁。

④ SQL Server 检查到这两个进程(第一个 & 第二个会话)发生死锁，并对占用资源比较少的进程，列入牺牲品名单，将它终止(Kill)。通过左右椭圆形进程节点显示，可以发现已用日志最少的是左边的进程节点。

⑤ 最终结果：SPID 61(第二个会话)被回滚(Rollback)，SPID 58(第一个会话)执行成功。

3. 事务调试

事务编写完成后可查看事务信息、事务的进程活动以及孤立事务等。

(1) 利用 dbcc opentran 查看事务信息

```
--在查询编辑器中执行如下代码
CREATE TABLE T_Product(PKID int，PNameNvarchar(50));
GO
BEGIN TRAN
INSERT INTO T_Product VALUES (101，'嫦娥四号');
GO
DBCC OPENTRAN；
ROLLBACK TRAN；
GO
DROP TABLE T_Product；
GO
```

看到的结果如图 11-35 所示：

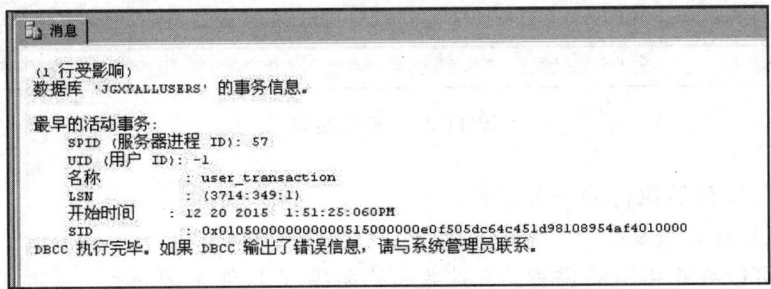

图 11-35　查询结果

(2) 利用 SP_WHO 查看进程信息

```
--查看所有的进程信息
EXEC SP_WHO
```

```
--查看所有的活动进程信息
EXEC SP_WHO 'ACTIVE'
```

```
--显示会话 ID 标识的特定进程
EXEC SP_WHO '10'
```

```
--显示特定的用户进程
EXEC SP_WHO 'SA'
```

（3）利用 DBCC INPUTBUFFER 获取进程的 SQL 语句

```
--创建一张新的表
CREATE TABLE mytable100
(USERIDINT PRIMARY KEY,
USERNAME char(20) NOT NULL DEFAULT('unknown'),
REGDATEDATETIME NOT NULL DEFAULT(getdate()),
ISENABLED bit NOT NULL DEFAULT(0))
```

```
--利用循环语句填充数据表记录
DECLARE @COUNTER int
BEGINTRAN
SET @counter=1
WHILE @counter<=5000 BEGIN
    INSERT INTO mytable01（userid,username）values（@counter,'vip'+cast(@counter as varchar)）
    SET @counter=@counter+1
END
COMMITTRAN
DBCCINPUTBUFFER
```

结果如图 11-36 所示：

图 11-36　查询结果

看到的是进程中最后执行的 SQL 语句。

（4）利用 KILL 终止进程

使用 KILL 可以终止指定的进程，特别是那些阻塞了其他重要进程，或者正在执行一个查询，而该查询正在使用必需的系统资源。

```
KILL 58
```

系统进程和运行扩展存储过程的进程不能被终止。

4.孤立事务

在事务日志中,每个活动事务都应该与一个进程 ID 相关联,即表明该事务的执行环境。但在发生某些异常情况时,可能出现获得的事务不与任何进程 ID 相关联的情况,这就是孤立事务。

假定在事务中去查询一个不存在的表对象,默认情况下将会报错,而且也不应该有事务 ID 与之捆绑,但是,在全局变量@@trancount 的值却大于 0。

(1)孤立事务的产生

确认初始的@@TRANCOUNT 为 0

```
SELECT @@TRANCOUNT
```

开始事务:

```
BEGIN TRAN
SELECT * FROM ghosttable--wzwtable 根本不存在
IF @@ERROR<>0
  BEGIN
    PRINT '没有执行!'
    IF @@TRANCOUNT<>0
    ROLLBACK TRAN
  END
COMMIT TRAN
```

代码执行后,查看当前连接的活动事务数和事务信息,代码如下:

```
SELECT @@TRANCOUNT
DBCCOPENTRAN
```

结果如图 11-37 所示:

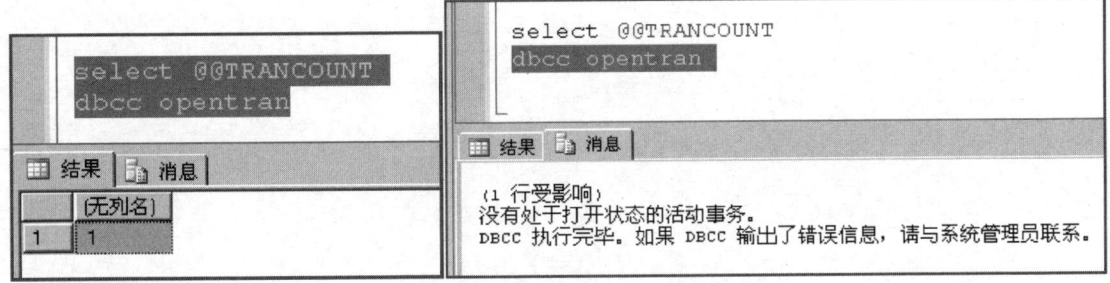

图 11-37 两种矛盾的结果报告

当重复执行该事务后,@@TRANCOUNT 会递增,但利用 DBCC OPENTRAN 查看的结果不变,即没有处于打开状态的活动事务。这就是典型的孤立事务。

(2)孤立事务的解决

对于孤立事务往往比较难以预防,但可以采用 if 条件语句减少孤立事务对系统的影响,代码如下:

```
PRINT @@TRANCOUNT
IF @@TRANCOUNT<>0 ROLLBACK TRAN
BEGIN TRAN
SELECT * FROM ghosttable--wzwtable 根本不存在
IF @@ERROR<>0
  BEGIN
    PRINT '没有执行！'
    IF @@TRANCOUNT<>0 ROLLBACK TRAN
  END
COMMIT TRAN
PRINT @@TRANCOUNT
DBCCOPENTRAN
```

执行以上代码后，无论执行多少次事务，利用@@trancount查看系统中的孤立事务数量始终只有一个。

11.3 小结

数据库性能调整与优化的方法还包括数据压缩、分区表与分区索引等技术。本章节主要通过介绍创建索引来优化查询，以及通过事务控制、解决死锁等问题来降低系统开销。其他知识可通过参考数据库性能优化专题知识来补充。

第 12 章 数据库维护与安全实践

大数据时代,数据成为企业必要的运维要素,甚至越来越多的数据成为企业的真正资产,如各种电子商务数据平台、物流信息平台、云服务平台等。而企业存储信息的集中位置往往是各种各样的数据库系统。所以,企业数据库系统成为各种入侵者或者对数据兴趣者的众矢之的,企业的数据资产安全面临着各种威胁。

本章教学要求

- 数据库系统的安全威胁
- 了解和掌握 SQL Server 数据管理技术
- 了解和掌握 SQL Server 身份验证技术
- 了解和掌握 SQL Server 授权技术
- 了解和掌握 SQL Server 加密技术

12.1 数据库系统面临的安全威胁及应对原则

为了使数据库系统更加安全,有必要了解数据库系统面临的威胁及相应的安全防护措施。

12.1.1 数据库系统面临的主要威胁

从数据库系统所提供的服务器层次上进行划分,有以下几类:
1. 数据库服务器的安全威胁。主要包括数据库服务器的物理损坏、被盗、老化等问题。
2. 数据库系统所在的网络安全威胁。主要包括数据库系统所在的内部网络以及边界网络的安全设置。
3. 数据库系统本身的安全威胁。主要包括数据库系统在安装、配置、权限设置、授权访问等方面的问题。
4. 数据库系统中数据的安全威胁。主要包括通过读取硬件上的数据库文件、窃听网络上传输的数据、直接登录入侵数据库管理系统等问题。

12.1.2 应对数据库安全威胁的主要原则

1. 最完整的防御体系,即深度防御。从多个层次和多个节点提供全面的保护。
2. 最小化权限和授权。为用户授予执行任务所需要的最小权限和授权。

3.最小化攻击表面。攻击表面就是可能被攻击者利用从而进行入侵的服务点。要努力减少数据库服务器易受到攻击的点。

12.2 SQL Server 数据管理实践

数据是 SQL Server 或任何一种数据库技术处理的最重要的对象资源。数据的载体是位于数据库服务器上的数据库,对数据库服务器及其数据库等其他对象进行合适配置,将进一步优化数据库服务器的性能和安全。

12.2.1 配置 SQL Server

通过 SSMS 资源管理器,可对数据库服务器和数据库等对象进行图形化界面的管理。在第1章中介绍了部分的配置工具,其他工具主要包括以下几个:

1. SQL Server 配置管理器

SQL Server 配置管理器的功能除了管理数据库服务器提供服务的数量和方式外,还包括了对 SQL Server 侦听端口、每个实例所使用协议的设置。

从开始菜单中的"Microsoft SQL Server 2008 R2"中可以调用配置管理器,如图 12-1 所示:

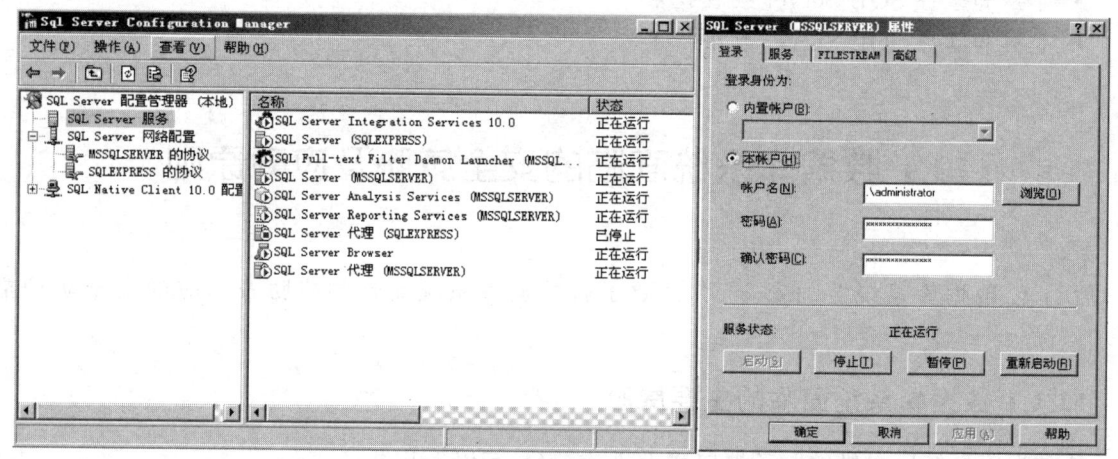

图 12-1　配置管理器的使用

在此可配置用户访问数据库服务的协议,比如是否启用 TCP/IP 的连接方式等;设置启动相关服务的账号信息。

在服务启用账号方面,不建议使用本地或域的管理员账号,而是创建一个属于一般用户组(users)的用户,除了用户启动相应服务外,没有授予其他的访问权限,并且该用户的密码一般设置为"永不过期",以免更新密码后导致 SQL Server 的相关服务无法正常启动。如图在计算机管理器或者用户管理器中添加相应的服务启动账号,如图 12-2 所示:

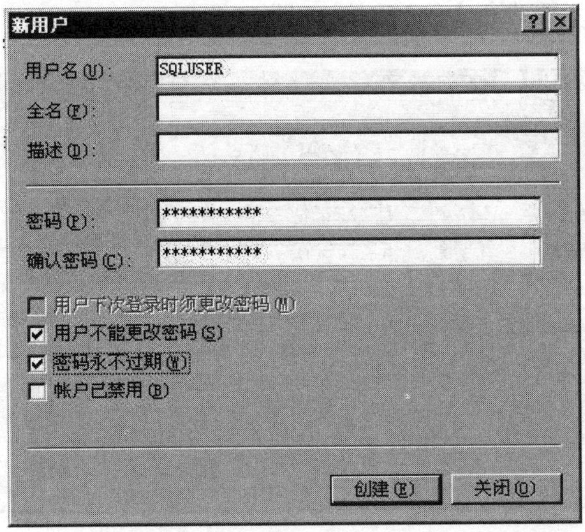

图 12-2　创建新的 Windows 用户

2.专用管理员连接

当 SQL Server 因系统资源不足，或其他异常导致无法使用 SSMS 连接故障数据库服务器，可以使用系统预留的 DAC(Dedicated Administrator Connection)连接到数据库，进行一些问题诊断和故障排除，或者用更加简洁的方法访问 SQL Server 数据库服务的内部表以及目录视图。SQL Server 在一个动态分配的端口侦听 DAC 连接。只有系统管理员角色才能通过 SSMS 或者 SQLCMD 工具在这个端口上进行连接。

DAC 只能使用有限的资源。请勿使用 DAC 运行需要消耗大量资源的查询，否则可能发生严重的阻塞。

下面的代码启用数据库系统的 DAC 服务：

```
USE master
GO
sp_configure 'show advanced options', 1
GO
sp_configure 'remote admin connections', 1   --0 表示仅允许本地连接使用 DAC,1 表示允许远程连接使用 DAC
GO
RECONFIGURE WITH OVERRIDE
GO
SELECT * FROM sys.configurations WHERE name = 'remote admin connections'
```

开启 DAC 后的报告如图 12-3 所示：

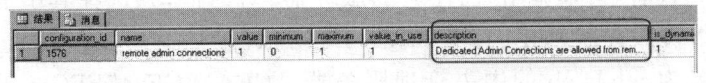

图 12-3　DAC 状态报告

使用 SSMS 进行 DAC 连接，注意其中的参数。如果服务器是 59.77.135.88，那么服务器地

址之前加上 admin:就表示要进行 DAC 连接,如图 12-4 所示:

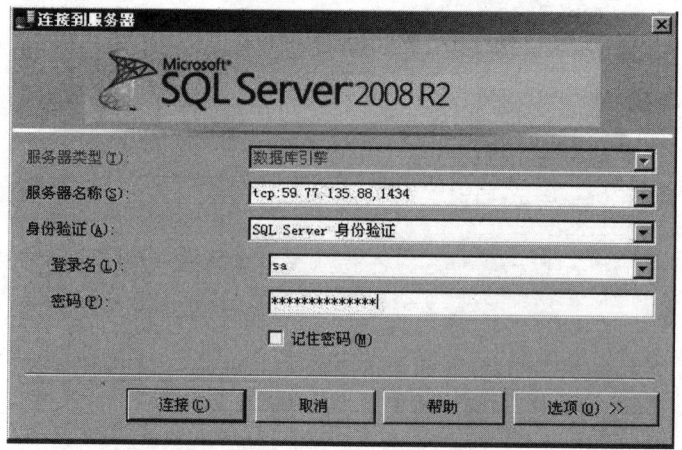

图 12-4　使用 DAC 方式连接数据库

 使用 SSMS 方式连接可能存在超过最大连接数的问题。

使用 SQLCMD 的 DAC 连接方式如下:

　SQLCMD －S tcp:59.77.135.88,1434 －U SA －P 1234 － ds123456789

其中参数的作用是:
－S:表示服务器地址;
tcp:表示所使用的协议;
,1434:表示 DAC 端口;
－U:表示所使用的账号;
－P:表示所使用的对应密码;
－d:表示要连接的数据库。

 在使用参数时,请注意大小写以及根据可能出现的错误报告进行排错。

3.配置服务器组

如果有多台服务器并且需要实现一些更加高效的管理,比如在多台服务器上执行同样的 T-SQL 脚本、添加某些登录用户等,那么可以通过配置中央管理服务器和服务器组来实现高效的管理工作,特别是下个章节中涉及的利用策略进行 SQL Server 数据库管理。

配置和应用服务器组的步骤如下:

(1)在 SSMS 的"查看"菜单调用"已注册的服务器"对话框,并选择其中的一台 SQL Server 服务器注册为中央管理服务器,如图 12-5 和图 12-6 所示:

本例中将注册名为 whdweb 的中央管理服务器。CFAN-CF947FFC58 注册到怡山校区服务器组,whdpdc 注册到旗山校区服务器组。

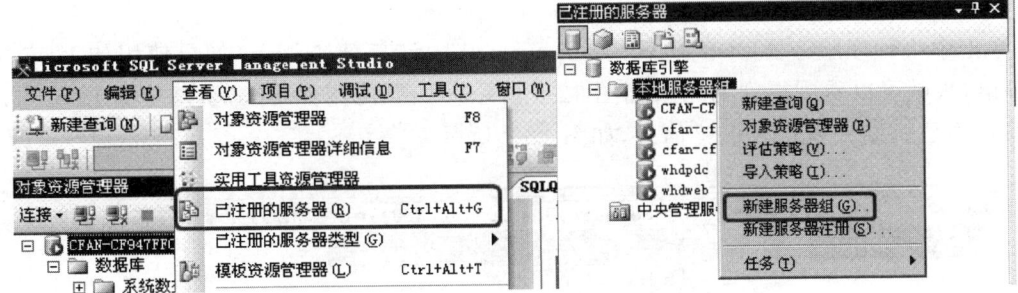

图 12-5 服务器组的创建

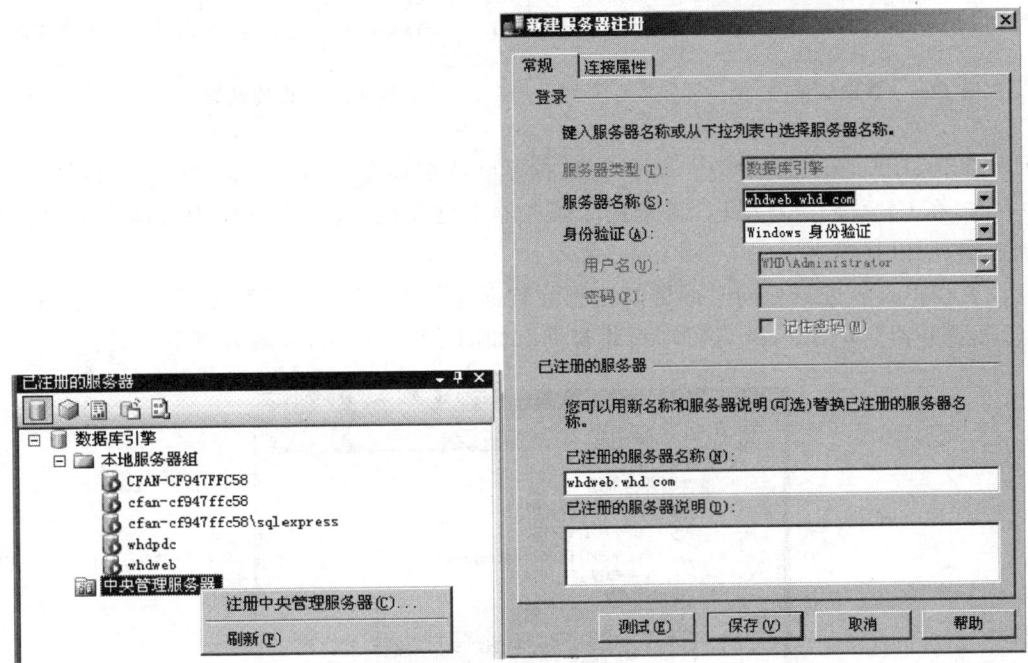

图 12-6 注册中央管理服务器

(2)在完成中央管理服务器的创建后,可以创建服务器组并将其他多台 SQL Server 服务器添加到服务器组中。可以根据所使用的地域环境(如城南、城北等)或者根据职能(如人力资源部、财务部、物流部等)组织服务器组,如图 12-7 所示:

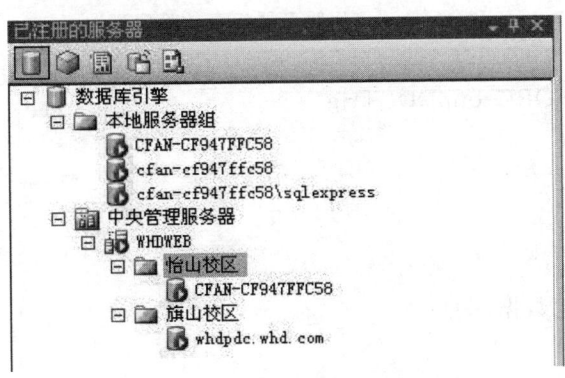

图 12-7 服务器与服务器组的绑定

(3)测试查询脚本。

右单击中央管理服务器(本例中就是 whdweb),选择"新建查询"。如果使用如 USE MASTER 等语句,则可以看到得到的结果如图 12-8 所示。如果使用如 USE JGXYALLDATA 等语句,则可能看到的结果就含有报错信息,如图 12-9 所示。

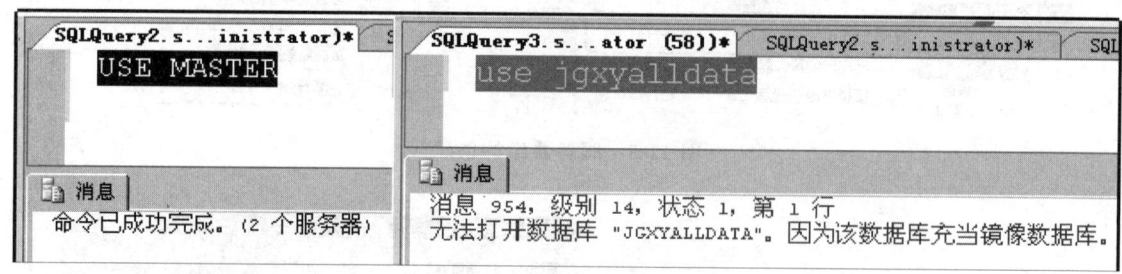

图 12-8　查询结果　　　　　　　图 12-9　查询结果

因为在 SQL Server 数据库中,master 数据库默认都存在。但是 jgxyalldata 数据库在 whdpdc 中存在,在 CFAN-CF947FFC58 数据库服务器中也存在,只是它是作为数据库镜像存在,不能直接操作,所以报错。

假设要在多台服务器上同时部署禁止删除数据库的触发器,使用服务器组的方法是右单击"中央管理服务器"即 whdweb,选择"新建查询",如图 12-10 所示,并输入以下代码:

图 12-10　使用服务器组高效管理测试

```
CREATE trigger FORGroupDDLTrig
ON ALL SERVER
FOR drop_database
AS
BEGIN
    PRINT '不能删除数据库!'
    ROLLBACK
END
```

可以看到该脚本已经在多个服务器上执行成功，如图12-11所示：

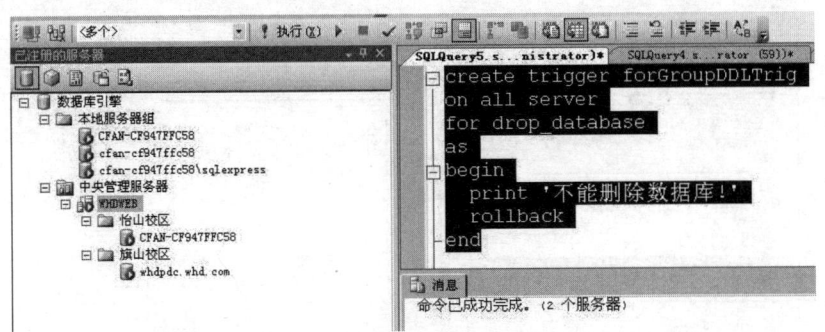

图12-11　一次性在多个服务器创建DDL触发器

如果此时去检查两个服务器组的所有服务器，默认情况下相关服务器组下的所有SQL Server服务器都会添加一个名为forGroupDDLTrig的DDL触发器，如图12-12所示：

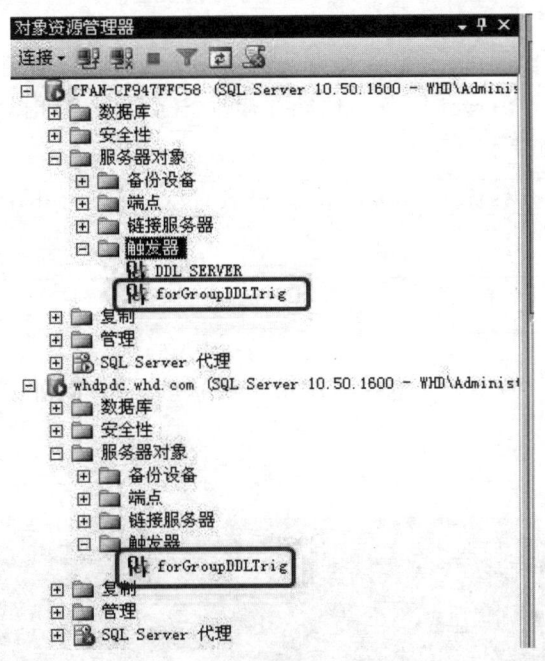

图12-12　高效管理的效果

本例操作是在已有的域环境中完成，且所有相关服务器均已经加入到域。

4．启动参数

SQL Server有一组可用于故障排除或为数据库引擎启用高级设置的开关，即启动参数。

启动参数的配置方法是利用SQL Server配置管理器，在SQL Server的服务配置中，调用SQL Server服务的属性，在"高级"选项卡中，找到"启动参数"栏即可添加或修改启动参数，如图12-13所示：

也可以通过在Windows系统的命令提示符中运行sqlservr.exe（默认是在C:\Program Files\Microsoft SQL Server\MSSQL10_50.MSSQLSERVER\MSSQL\Binn\目录下），并附加

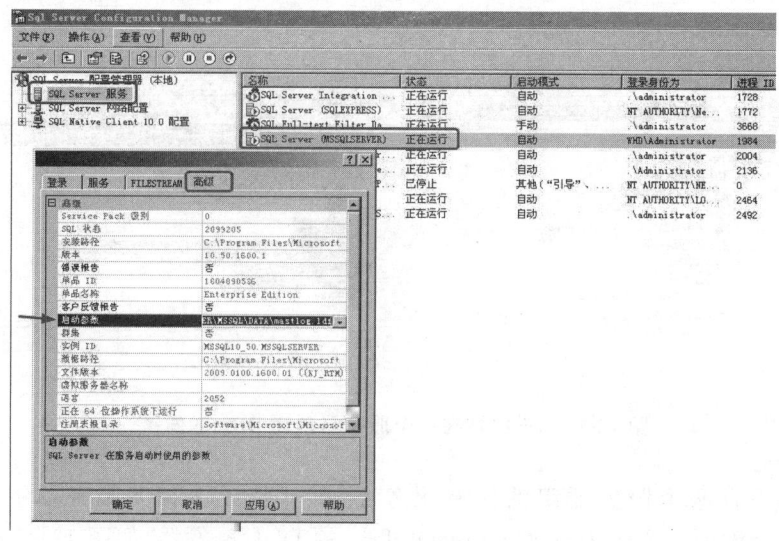

图 12-13　启动参数的设置

相关的参数。如果是一次性调试,这是一种可选的好方法。但是,当用户注销后,也会关闭命令提示符,则同时关闭了 SQL Server 服务。比如在启动 SQL Server 时,打开指定的数据库文件和指定的日志文件,则使用如下代码:

SQLSERVR.EXE—d f:\jgxyalldata.mdf—l f:\jgxyalldata.ldf

启动单用户模式:

SQLSERVR.EXE—c—m

 sqlservr.exe 命令的相关参数及应用请使用联机文档或者使用 sqlservr.exe /?? 命令进行查询,如图 12-14 所示:

图 12-14　查询 SQLSERVER 程序参数

5.报表

此处所指的报表不是特指 SQL Server 的 Reporting Services,而是指为优化管理环境和提高管理效率,根据 SQL Server 数据库服务器的各种对象,包括服务器实例、数据库、登录等提供的运行状况汇总情况,虽然它们每个都作为 SSMS 内部的一个 Reporting Services 报表。

主要分为以下两类:

①服务器级报表。提供了 SQL Server 实例和操作系统的信息。

②数据库级报表。提供了每个数据库的详细信息。

注意:对于要运行某个数据库的报表,则必须对该数据库有一定的访问权限。或者有一定的权限运行服务器级的报表。

(1)服务器报表的应用

右单击数据库服务器实例,选择"报表",单击"标准报表",可以选择系统已经定义好的多种服务器报表,如图 12-15 所示:

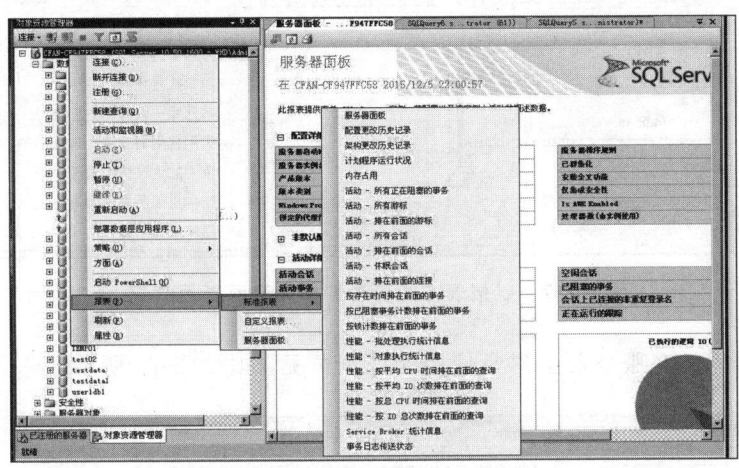

图 12-15　查看服务器状态报表

比如选择"服务器面板"报表,该报表提供的是 SQL Server 联机运行时的情况,而非历史记录,如图 12-16 所示:

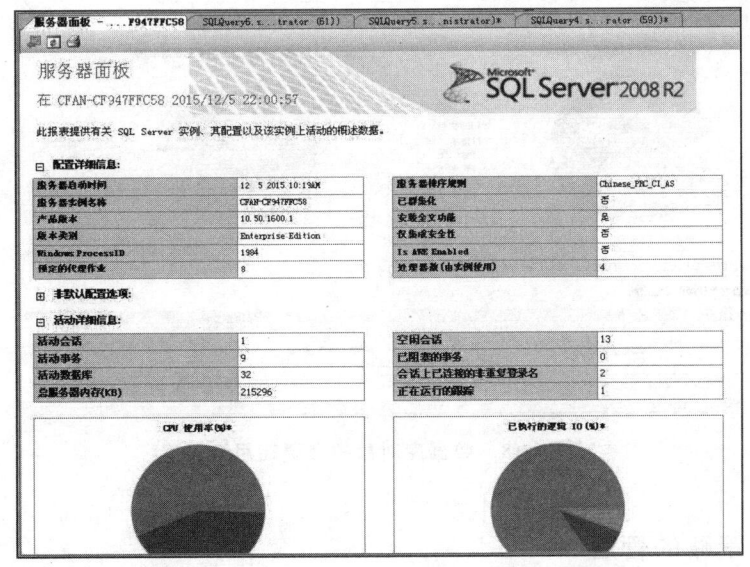

图 12-16　通过面板模式查看服务器运行状况

(2)数据库报表的应用

右单击某数据库对象,选择"报表"选项,再选择其中的"标准报表",如磁盘使用情况,如图 12-17 所示:

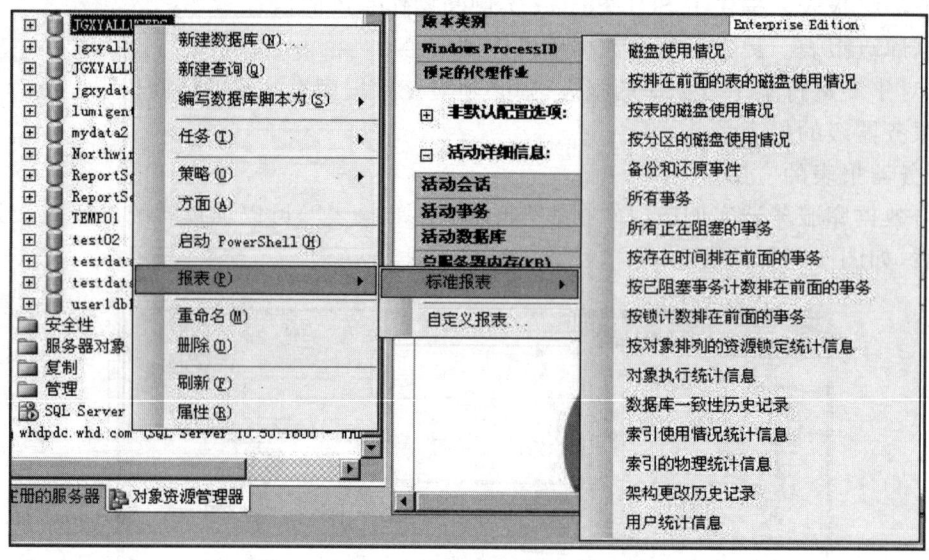

图 12-17　以报表方式查看数据库资源耗用情况

可看到该数据库的在服务器上磁盘使用的详细情况,如图 12-18 所示:

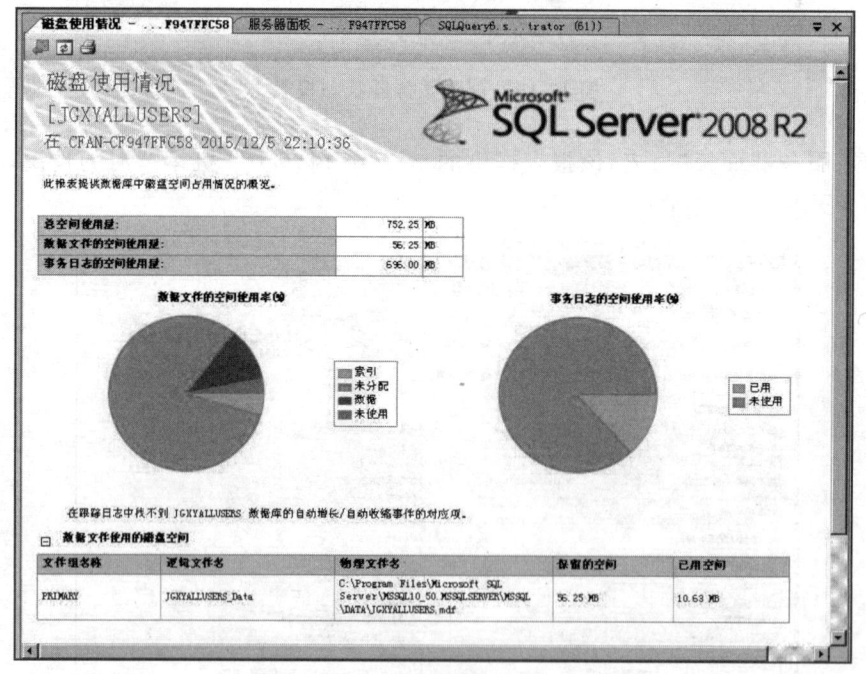

图 12-18　数据库对象的资源耗用情况

12.2.2 基于策略的管理

SQL Server 2008 通过引入可扩展的基于策略的管理功能,降低了数据库管理工作量。基于策略的管理(Policy-Based Management),简称为 PBM,它是依据"基于规则的框架"(Rule-Based Framework)。PBM 使用户可以制订管理策略,并将这些策略应用到组织中多台的服务器、数据库以及数据库环境中的其他对象上去。经过精心设计的管理策略可以帮助用户对数据环境开展前瞻性的管理。

1.PBM 的优势

(1)按需管理:PBM 提供了系统配置的逻辑视图,因此用户可以预先定义各自所需要的数据服务配置,而不用等到这些需要实际发生的时候再去配置。

(2)智能监控:PBM 可以持续监控系统的配置变化,并阻止那些违反了策略的配置变化操作。

(3)虚拟管理:通过 PBM,用户可以对多台服务器进行规模化管理,在企业内部统一实施某些强制性配置会变得更加方便。

2. PBM 的应用

假设在 jgxyallusers 数据库中,利用基于策略的管理方式,规定将来在该数据库中创建数据表时必须以"jgxy"四个字符为起始字符。那么,利用 PBM 实现的基本步骤为:先在条件中新建一个条件名为 TblNamejgxy,在该条件中使用的方面中的"多部分名称"类别中设置具体的条件,然后在策略中创建新的策略"TblNamejgxy",将已经创建的 TblName 条件与策略 TblNamejgxy 进行捆绑,针对目标是"每:表"选择"更改时:禁止"的评估模式,最后启用策略即可。

(1)创建条件,如图 12-19 所示:

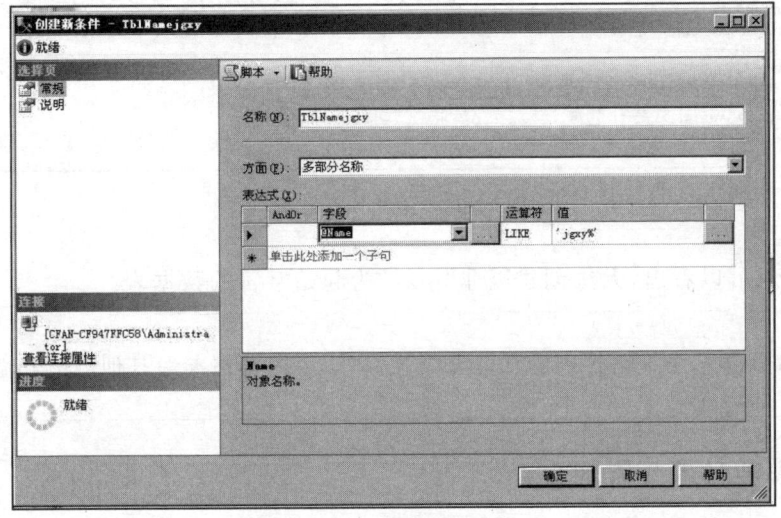

图 12-19　创建条件

(2)创建新策略,如图 12-20 所示:
(3)启用策略,如图 12-21 所示。
执行如下代码进行测试:

```
CREATE TABLE s123
（uid int)
```

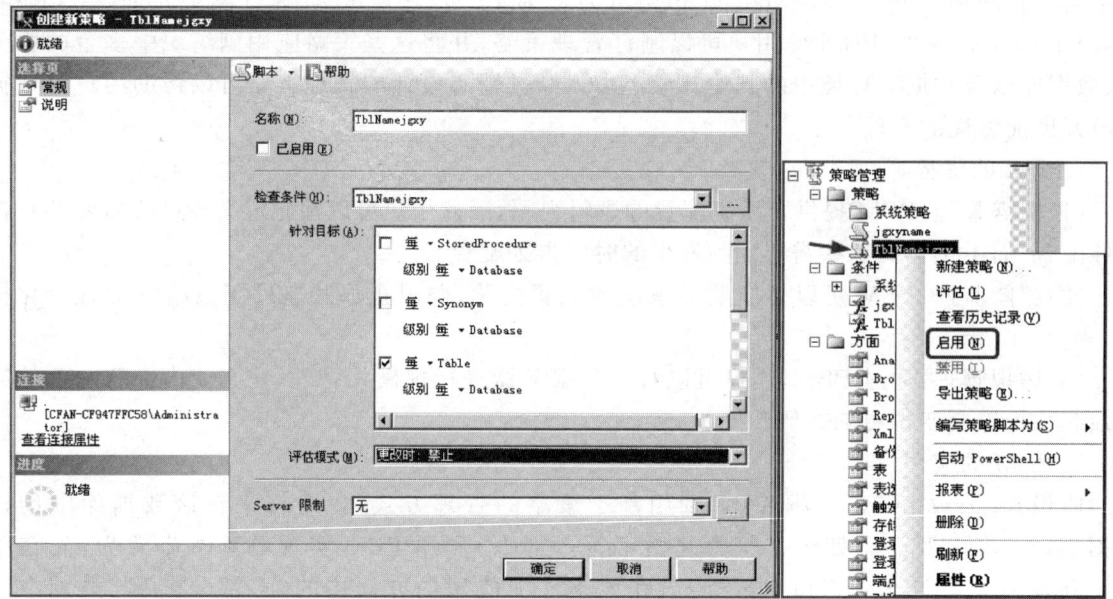

图 12-20 创建新策略图　　　　图 12-21 启用策略

输出的结果如下图 12-22 所示：

图 12-22 策略执行结果

从图中的提示可以看出，无法创建以非"jgxy"为起始字符的数据表。

 SQL Server 基于策略管理的功能非常强大，详尽内容请参考其他教材和微软技术文档。

12.2.3 数据库分离与附加

一个数据库对象主要有主文件.mdf 和日志文件.ldf 构成。分离数据库就是将数据库文件与 SQL Server 服务器之间的关联关系删除，但是主文件和日志文件仍保留在原地。之后，将它们重新附加到同一或其他 SQL Server 实例。如果要将数据库更改到同一计算机的不同 SQL Server 实例或要移动数据库，分离和附加数据库会很有用。

在 64 位和 32 位环境中，SQL Server 磁盘存储格式均相同。因此，可以将 32 位环境中的数据库附加到 64 位环境中，反之亦然。从运行在某个环境中的服务器实例上分离的数据库可以附加到运行在另一个环境中的服务器实例。

在下列情况下不能分离数据库：

（1）已复制并发布数据库。如果进行了复制，则数据库必须是未发布的。否则需要通过 sp_

relicationdboption 禁用发布后,才能分离数据库。

(2)数据库中存在快照。必须先删除快照才能分离数据库。同时,不能分离或附加数据库快照。

(3)正在某个数据库镜像会话中进行镜像的数据库不能分离,除非终止该会话。

(4)数据库处于可疑状态。必须将数据库设置为紧急模式,才能进行分离。

(5)系统数据库不能分离。

1.分离数据库

(1)使用 SSMS 分离数据库

①如果需要分离的数据库当前正在使用中,那么需要将数据库限制为单个用户进行访问。该设置位于数据库的属性中,如图 12-23 所示:

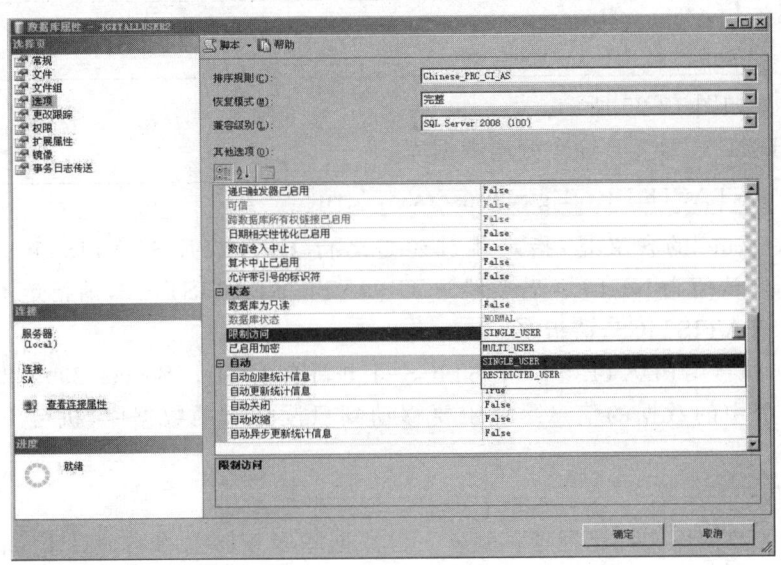

图 12-23　设置数据库单用户访问

②在 SSMS 的"对象资源管理器中",右单击可分离的数据库对象,选择"任务"中的"分离"选项,即可进入到分离对话框,如图 12-24 所示:

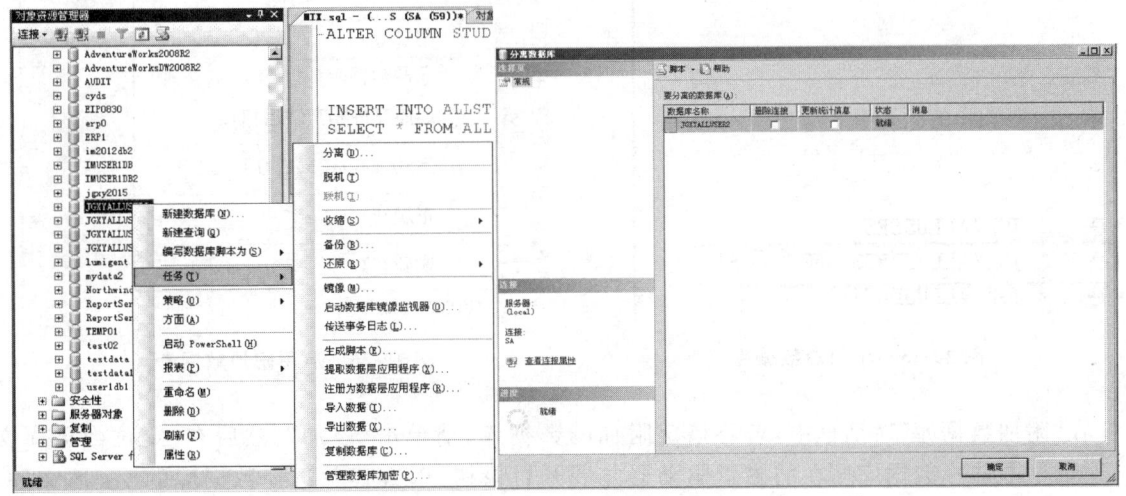

图 12-24　分离数据库

默认情况下,分离操作将在分离数据库时保留过期的优化统计信息;若要更新现有的优化统计信息,请选中"更新统计信息"复选框;如果状态是"未就绪",则"消息"列将显示有关数据库的超链接信息。当数据库涉及复制时,"消息"列将显示 Database replicated。数据库有一个或多个活动连接时,"消息"列将显示<活动连接数>个活动连接;例如,1 个活动连接。在可以分离数据列之前,必须选中"删除连接"复选框来断开所有活动连接。

单击确定后即可分离,在"对象资源管理器"的数据库列表将不能看到被分离的数据库对象。此时可以将分离后的.mdf 和.ldf 等文件拷贝到其他位置等待附加。

(2)使用 SP_DETACH_DB 存储过程分离数据库

①使用 ALTER 命令将需要分离的数据库设置为单用户模式

```
ALTER database jgxyallusers3
SET single_user
```

执行后的结果如图 12-25 所示:

②使用 SP_DETACH_DB 命令分离数据库:

```
EXEC SP_DETACH_DB  'jgxyallusers3','true'
```

这里的参数' true '的含义是:指定跳过还是运行 UPDATE STATISTIC。skipchecks 为 nvarchar(10)值,默认值为 NULL。若要跳过 UPDATE STATISTICS,请指定 true。若要显式运行 UPDATE STATISTICS,请指定 false。

默认情况下,执行 UPDATE STATISTICS 可更新有关 SQL Server 2005 数据库引擎和更高版本内表和索引中的数据的信息。对于要移动到只读介质的数据库,执行 UPDATE STATISTICS 非常有用。

2.附加数据库

假定分离后的数据库文件已经迁移到另一台数据库服务器上的 f:分区下,那么附加的方法包括以下两种:

(1)使用 SSMS 的"对象资源管理器"进行数据库文件的附加,如图 12-26 所示。

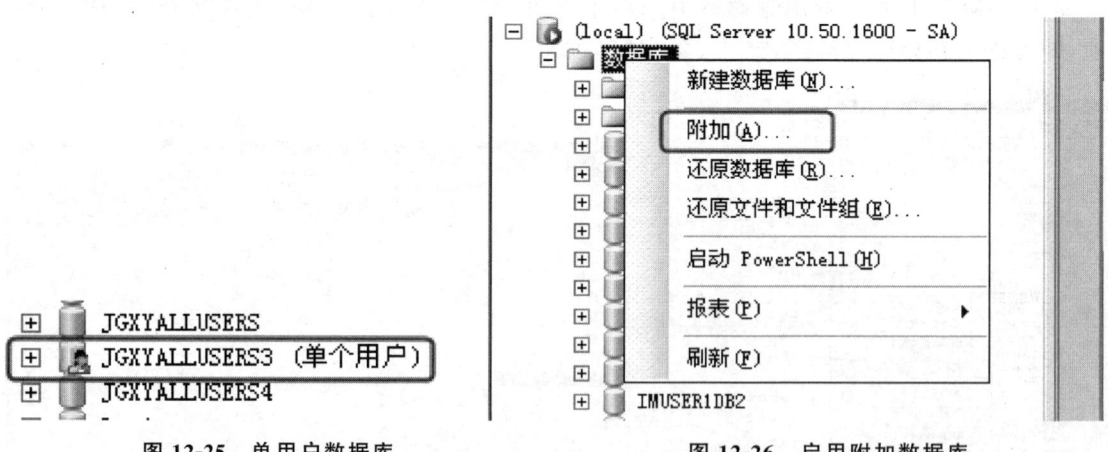

图 12-25　单用户数据库　　　　　图 12-26　启用附加数据库

在"附加数据库"对话框中,若要指定附加的数据库,请单击"添加",然后在"定位数据库文件"对话框中选择数据库所在的磁盘驱动器并展开目录树,以查找并选择数据库的 .mdf 文件。例如 f:\jgxyallusers2.mdf,如图 12-27 所示:

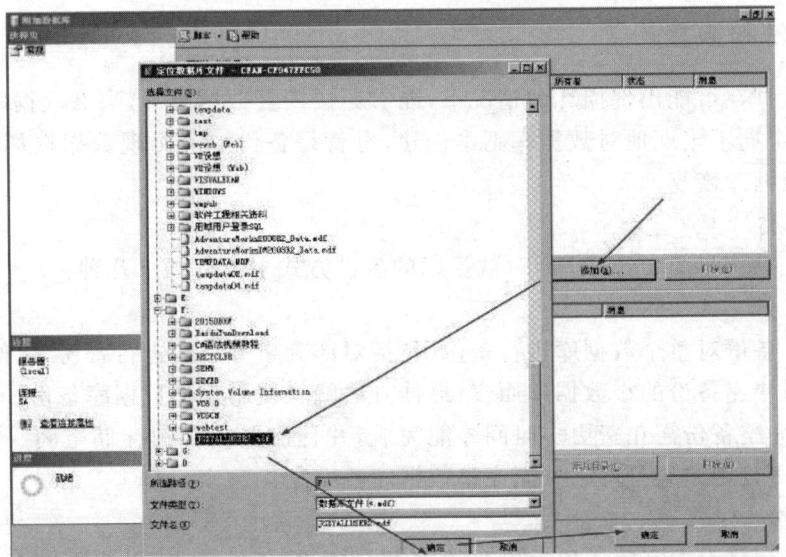

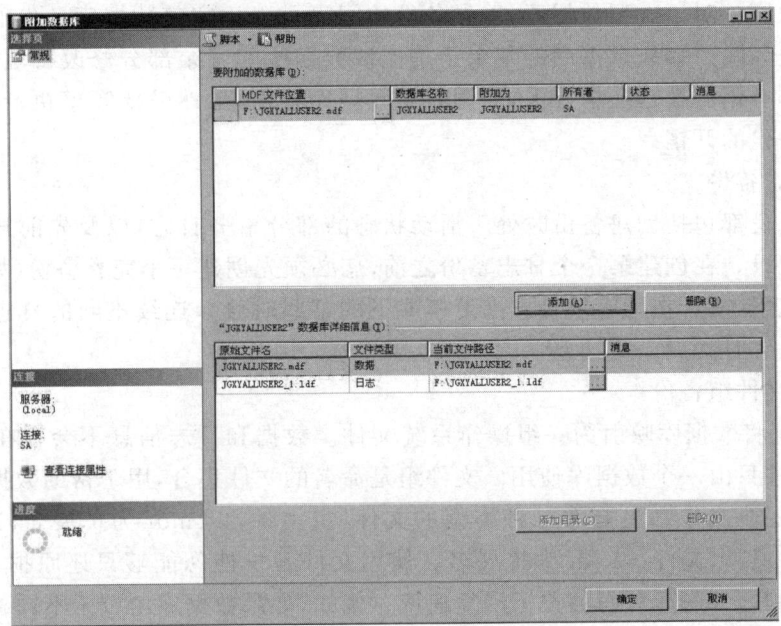

图 12-27　附加数据库

此时要保证.mdf 和.ldf 文件都是可用的状态。如果任何数据文件的路径不同于首次创建数据库或上次附加数据库时的路径，则必须指定文件的当前路径，才能正常进行数据库附加。

（2）利用 SP_ATTACH_DB 附加数据库

附加数据库的脚本代码如下：

```
EXEC SP_ATTACH_DB @dbname=N'jgxyallusers3',
@filename1=N'f:\jgxyallusers3.mdf',
@filename2=N'f:\jgxyallusers3_log.ldf'
```

12.2.4 备份和恢复

为了保证数据在可能出现损坏的情况下,能够尽快恢复数据服务,那么数据库管理员往往需要制订计划,或定期不定期地对数据库副本创建,也就是备份。当出现数据损坏的情况下,使用各种设备进行数据库恢复。

1. 备份的种类

在 MS SQL Server 2008 R2 中,对数据库的备份方式主要有以下几种:

(1)完整备份

完整数据库备份对整个数据库进行备份,包括对部分事务日志进行备份,以便能够恢复完整数据。对于可以快速备份的小数据库而言,最佳方法就是使用完整数据库备份。但是,随着数据库的不断增大,完整备份需花费更多时间才能完成,并且需要更多的存储空间。因此,对于大型数据库而言,您可以用差异备份来补充完整数据库备份。

(2)差异备份

差异备份只记录上次完整备份后更改的数据,比完整备份更小、更快。这会缩短备份时间,但将增加复杂程度。对于大型数据库,差异备份的间隔可以比完整数据库备份的间隔更短。这将降低工作丢失风险。如果数据库的某个子集比该数据库的其余部分修改得更为频繁,则差异数据库备份特别有用。在这些情况下,使用差异数据库备份,虽然需要频繁执行备份,但不会产生完整数据库备份的开销。

(3)事务日志备份

事务日志备份都包括创建备份时处于活动状态的部分事务日志,以及先前日志备份中未备份的所有日志记录。在创建第一个日志备份之前,您必须先创建一个完整备份(如数据库备份)。在完整恢复模式下(或者在大容量日志恢复模式下的某些时候),连续不断的日志链让您可以将数据库还原到任意时间点。

(4)文件和文件组备份

SQL Server 将数据库映射为一组操作系统文件。数据和日志信息不会存在于同一个文件中,而且一个文件只由一个数据库使用。文件组是命名的文件集合,用于帮助数据布局和管理任务,例如备份和还原操作。主要有三种类型的文件:主文件,以.mdf 为扩展名;次数据库文件,以.ndf 为扩展名;日志文件,以.ldf 为扩展名。使用文件备份使您能够只还原损坏的文件,而不用还原数据库的其余部分,从而加快了恢复速度。例如,如果数据库由位于不同磁盘上的若干个文件组成,在其中一个磁盘发生故障时,只需还原故障磁盘上的文件。

2. 备份操作

(1)通过 SSMS"对象资源管理器"完成备份任务

在"对象资源管理器"中,右单击需要备份的数据库,选择"任务",在任务中可选择"备份"选项,如图 12-28 所示:

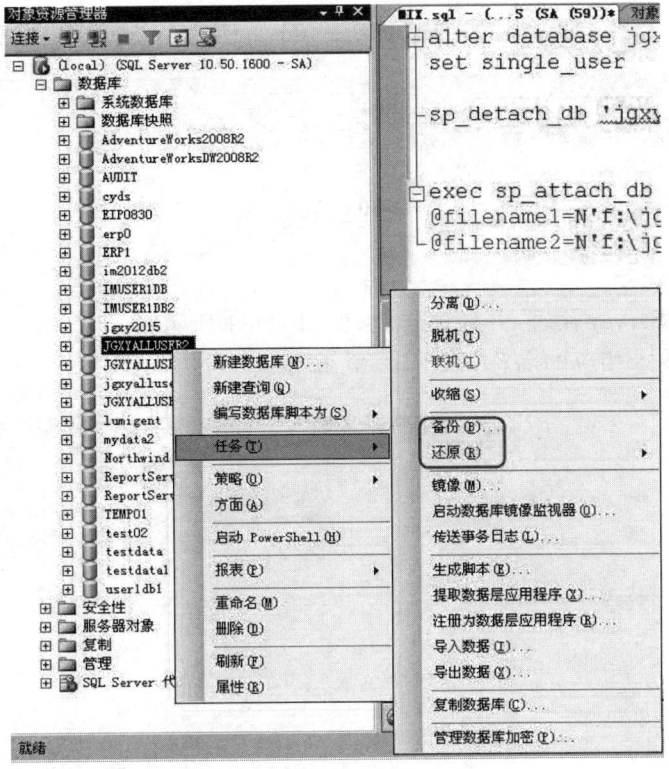

图 12-28　备份和还原的位置

在对话框中选择备份的类型、介质位置等，以及与原来备份介质之间的关系等，如图 12-29 所示：

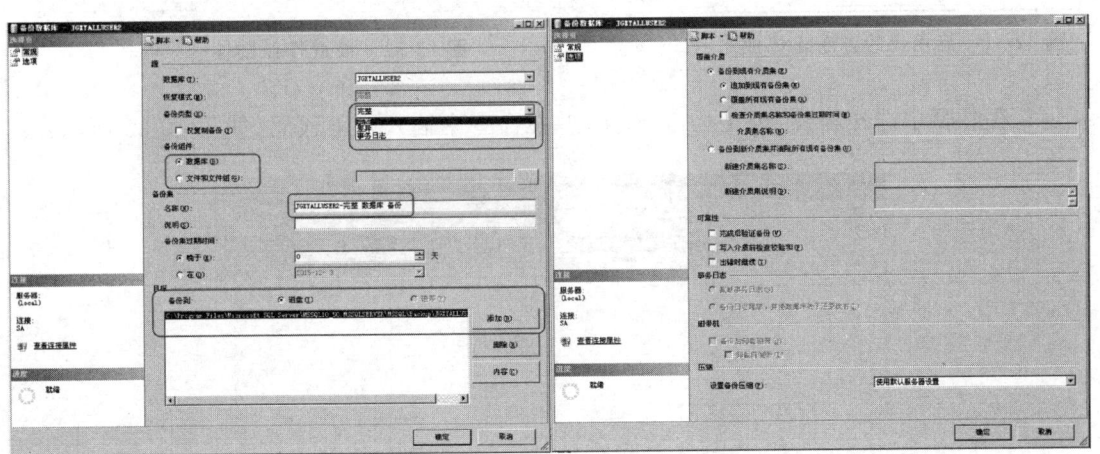

图 12-29　启用备份

（2）通过使用 BACKUP 脚本完成备份任务

使用 BACKUP 可单次执行备份任务，也可定时执行备份任务。

①单次执行备份任务，准备将 jgxyalluser2 备份到 f:\jgxyalluser2bak.bak

BACKUP database jgxyalluser2 TO disk='f:\jgxyalluser2bak.bak'

执行后的结果如下图 12-30 所示：

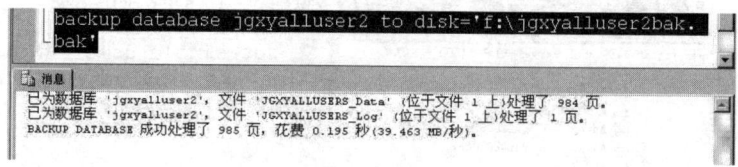

图 12-30　备份结果

② 自动执行备份任务

首先，启用 SQL Server 代理，并新建作业，如图 12-31 所示；

其次，在常规中输入相应的名称，如图 12-32 所示。

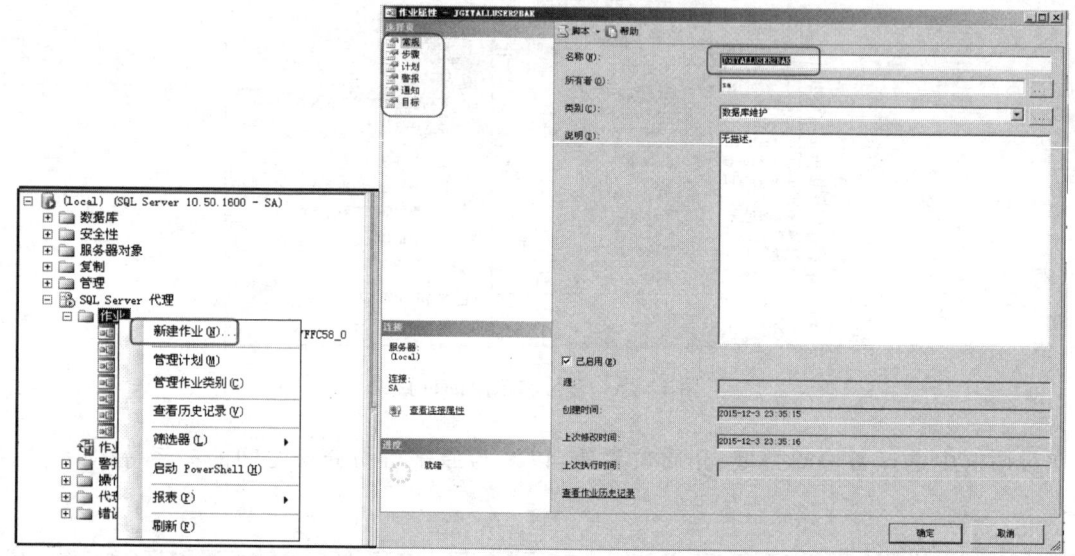

图 12-31　启用代理并新建作业　　　　图 12-32　设置作业属性

第三，在步骤中选择新建，类型为 T-SQL，并在命令中输入以下代码，如图 12-33 所示：

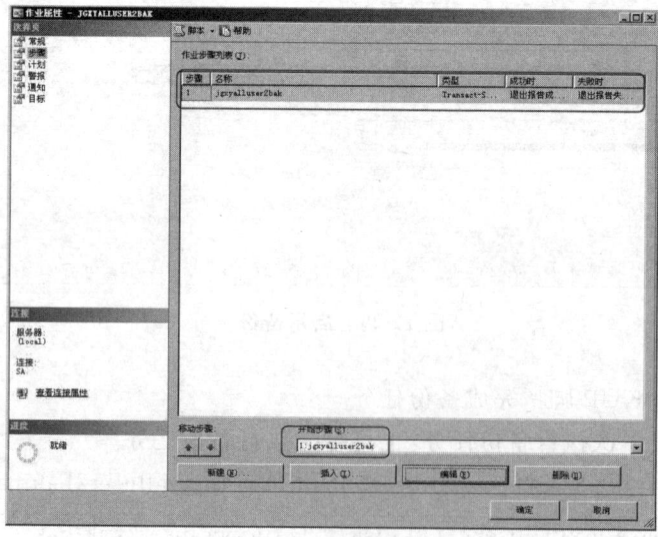

图 12-33　新建作业步骤

```
DECLARE @strPath NVARCHAR(200)
SET @strPath = convert(NVARCHAR(19),getdate(),120)
SET @strPath = REPLACE(@strPath, ':' , '.')
SET @strPath = 'f:\\DATAbak\\' + 'JGXYALLUSER2'+@strPath + '.bak'
BACKUP DATABASE [JGXYALLUSER2] TO DISK = @strPath WITH NOINIT,
NOUNLOAD, NOSKIP , STATS = 10, NOFORMAT
```

参数说明：

A.NOINIT：控制备份操作是追加到还是覆盖备份介质中的现有备份集。默认为追加到介质中最新的备份集。

B.NOSKIP：控制备份操作是否在覆盖介质中的备份集之前检查它们的过期日期和时间。

C.NOUNLOAD：指定在 BACKUP 操作之后磁带将继续加载在磁带机中。

D.STATS：每当另一个百分比完成时显示一条消息，并用于测量进度。如果省略参数，则 SQL Server 在每完成备份 10% 就显示一条消息。

E.NOFORMAT：指定是否应该在用于此备份操作的卷上写入介质标头，以覆盖任何现有的介质标头和备份集。

F.f:\\DATABAK\\：使用转义字符，表示备份的位置是 f:\DATABAK 目录。

第四，添加计划，设置频率、开始时间等，如图 12-34 所示：

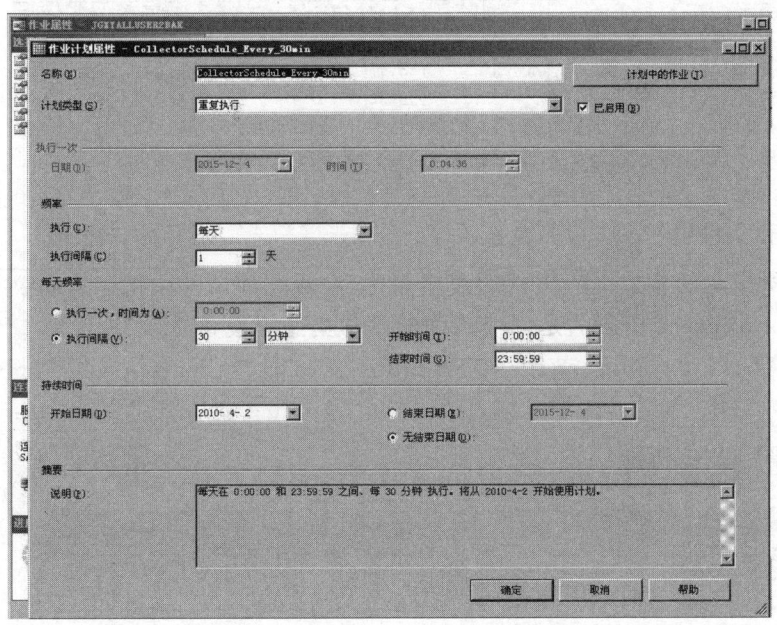

图 12-34 设置作业执行的频率

执行的结果如下图 12-35 所示：

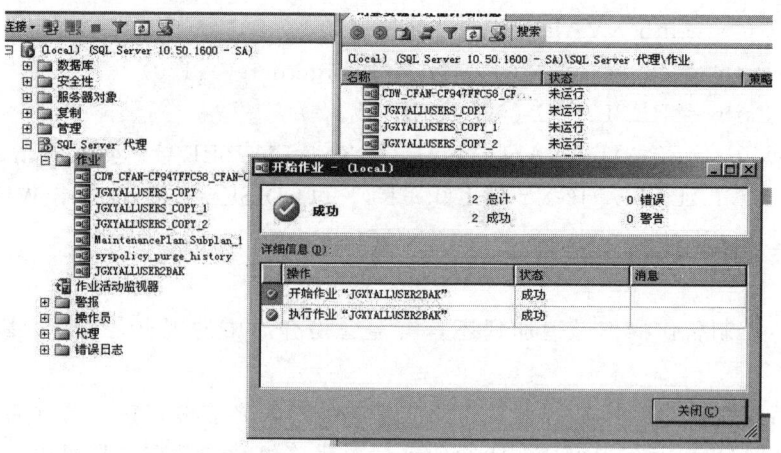

图 12-35 执行作业测试

在备份位置 f:\将看到数据库备份文件(看到的备份结果是频率调整为每 5 min 一次)。如图 12-36 所示：

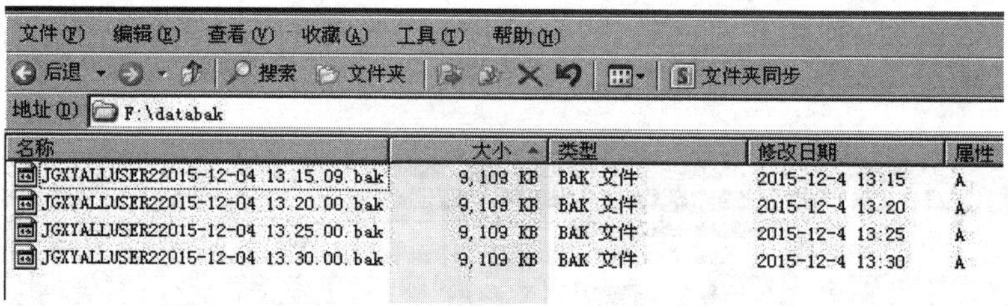

图 12-36 执行自动化管理任务的效果

③备份文件和文件组

```
--file 参数所指定的是数据库文件的逻辑名称,在数据库属性中可以查看文件属性
--diskforjgxyalluser2 指向的是已经添加的备份集逻辑设备
backup database jgxyalluser2 file='jgxyallusers_data',filegroup='primary' to diskfor-
jgxyalluser2
```

输出结果如图 12-37 所示：

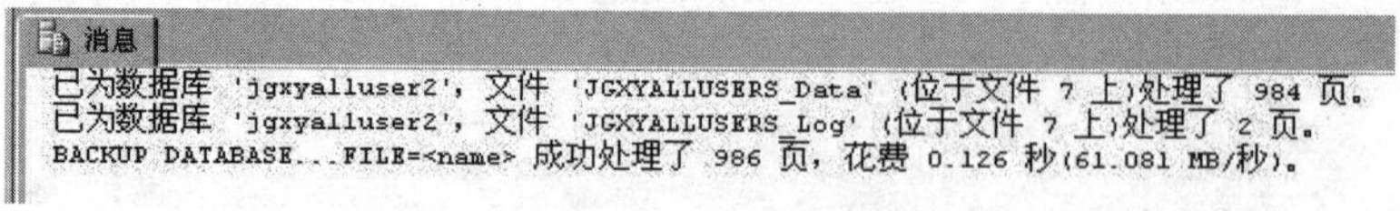

图 12-37 完整备份数据库

④备份日志文件

日志文件的备份不能用于还原数据库,该日志是从上一次成功执行的日志备份到当前日志的末尾。必须创建完整备份,才能创建第一个日志备份。

首先,使用 SP_ADDUMPDEVICE 添加备份设备到 SQL Server 的实例中。表示备份设备的逻辑名称是 diskforjgxyalluser2,其实际的存储位置是 f:\databak\jgxyalluser2dump.bak 文件。

```
EXEC SP_ADDUMPDEVICE 'disk','diskforjgxyalluser2','f:\databak\jgxyalluser2dump.bak'
```

其次,使用 BACKUP LOG 命令将日志文件备份到已创建的备份设备上

```
BACKUP LOG jgxyalluser2 TO disk forjgxyalluser2
```

输出的结果如图 12-38 所示:

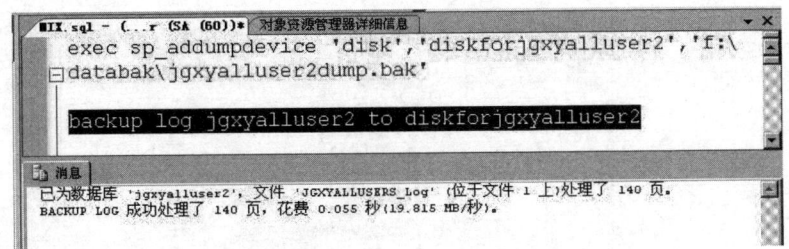

图 12-38　备份日志文件

⑤备份到远程服务器的共享文件夹

```
--也可以将备份设备创建在网络共享服务上,如 59.77.135.88 有共享文件夹 databak
--在执行网络备份之前,一般需要调用 xp_cmdshell,先建立连接与共享服务器的连接,之后再执行备份操作
    EXEC SP_CONFIGURE
    EXEC SP_CONFIGURE 'show advanced options',1
    RECONFIGURE WITH OVERRIDE
    EXEC SP_CONFIGURE 'xp_cmdshell',1
    RECONFIGURE WITH OVERRIDE

    EXEC xp_cmdshell
    'net use \\59.77.135.88\databak /user:databakuser 1234 '--使用该服务器上的 da-
tabakuser 账号和密码建立网络连接

    BACKUP LOG jgxyalluser2 TO disk= '\\59.77.135.88\databak\jgxyalluser2.bak '--将
备份建立在远程服务器的共享文件夹上
```

输出结果如图 12-39 所示:

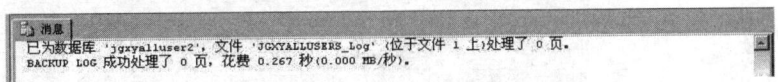

图 12-39　在远程备份数据库对象

当完成了远程备份后,为了保证数据库服务器更加安全,请用下面语句关闭　xp_cmdshell

```
    EXEC SP_CONFIGURE 'xp_cmdshell',0
    RECONFIGURE WITH OVERRIDE
```

3.还原操作

(1)通过 SSMS"对象资源管理器"完成还原任务

右单击"对象资源管理器"中的数据库,选择还原数据库或还原文件和文件组,进入到还原对话框,选择需要还原的数据库,找到备份文件所在位置,选择还原的时间点,进入还原状态如图 12-40 和图 12-41 所示:

图 12-40　启动还原操作

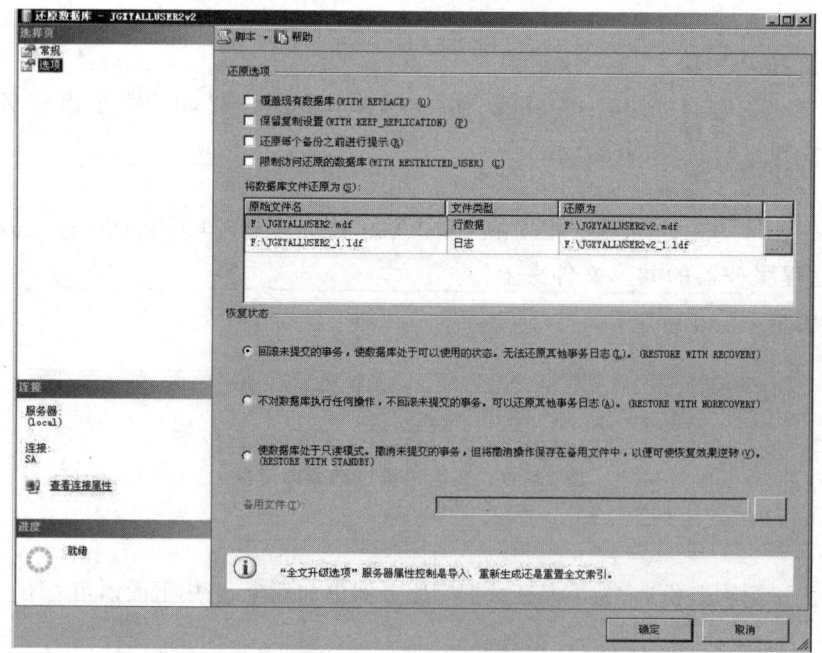

图 12-41　执行还原操作

(2)通过使用 RESTORE 脚本完成还原任务

①还原数据库

```
--假定在 f:\下有数据库备份文件 jgxyalluser2bak.bak 需要进行还原,假设原数据库名称是 jgxyalluser2
RESTORE database jgxyalluser2 FROM disk=N'F:\ jgxyalluser2bak.bak'
```

输出结果如图 12-42 所示:

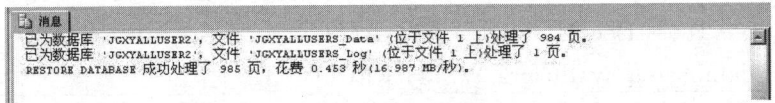

图 12-42　还原数据库

②还原文件和文件组

```
RESTORE database jgxyalluser2
file='jgxyallusers_data',
filegroup='primary'
FROM diskforjgxyalluser2
WITH file=4,NORECOVERY
```

其中参数含义:

上一个 file:指的是要包含在数据库还原任务中的文件,一般指向数据库的逻辑文件名。

NORECOVERY:指示还原操作不回滚任何未提交的事务。如果稍后必须应用另一个事务日志,则应指定 NORECOVERY 或 STANDBY 选项。如果既没有指定 NORECOVERY 和 RECOVERY,也没有指定 STANDBY,则默认为 RECOVERY。

下一个 file:标识要还原的备份集。不指定则默认为 1。

③带典型参数的数据库还原

带 RESTART 参数。在备份过程中因为断电而中断的 RESTORE 操作使用 RESTART 还原,前后的语句如下:

```
--断电前的还原语句,jgxyalluser2bak 为已经用 SP_ADDUMPDEVICE 或其他方法创建的备份介质逻辑名称
RESTORE database jgxyalluser2 FROM jgxyalluser2bak;

--恢复供电后的还原语句
RESTORE database jgxyalluser2 FROM jgxyalluser2bak WITH RESTART;
```

带 STOPAT 参数。假定备份集 diskforjgxyalluser2 上有 file=4 的数据库完整备份,file=5 的日志备份和 file=6 的日志备份,如图 12-43 所示:

选择用于还原的备份集(E):

还原	名称	组件	类型	服务器	数据库	位置	第一个 LSN	最后一个 LSN
☑		数据库	完整	CFAN-CF947FFC58	jgxyalluser2	4	879000000042100037	879000000043
☑			事务日志	CFAN-CF947FFC58	jgxyalluser2	5	879000000041900001	879000000044
☑			事务日志	CFAN-CF947FFC58	jgxyalluser2	6	879000000044400001	879000000044

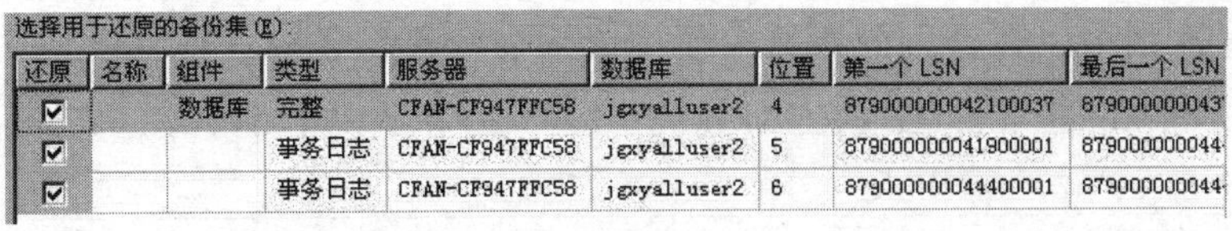

图 12-43　指定还原位置

如果要将数据库还原到指定的 2015 年 12 月 31 日 12:00 AM 时间点,那么使用的代码如下:

```
RESTORE database jgxyalluser2 FROM diskforjgxyalluser2 WITH FILE=4,NORECOVERY;
RESTORE LOG jgxyalluser2 FROM diskforjgxyalluser2 WITH FILE=5,NORECOVERY,STOPAT = 'Dec 31, 2015 12:00 AM';
RESTORE LOG jgxyalluser2 FROM diskforjgxyalluser2 WITH FILE=6,NORECOVERY,STOPAT = 'Dec 31, 2015 12:00 AM';
RESTORE database jgxyalluser2 WITH RECOVERY;
```

(3)重建系统数据库

在之前的章节中介绍了 SQL Server 2008 R2 系统数据库的种类和功能。如果在使用数据库的过程中,没有及时备份,那么在系统数据库被损坏的情况下,需要重建系统数据库。

重建系统数据库就是重新安装系统数据库的过程,并消除任何可能导致系统不正常运行的因素,但相应的是必须重新安装所有服务组件,且所有用户定义的数据库(包括 reporting servericies 支持数据库)将消失(但还在 Windows 系统中,可通过附加或者还原来重建),还需要重新配置所有的登录名和服务器。所以,不要轻易创建系统数据库!

假设一台名为 WIN—J8SI9QD8GO7 的 SQL Server 服务器上的 master 数据库被损坏,导致无法启动 SQL Server 服务,现在需要重建 master 系统数据库,那么步骤如下:

①假定 SQL Server 的安装程序在名为 d:的分区下(有可能是一个光驱的盘符)。进入 Windows 的系统提示符,并进入原来 SQL Server 运行程序所在的目录,比如 c:\Program Files\Microsoft SQL Server\MSSQL10_50.MSSQLSERVER\MSSQL\Binn\,然后输入以下内容:

```
START/wait d:\setup.exe /quiet /action=rebuilddatabase /instancename=mssqlserver /sqlsysadminaccounts=WIN—J8SI9QD8GO7\administrator /sapwd=Password
```

其中:

quiet:指的是在安装过程中不显示任何错误信息,而将它们发送到错误日志。

instancename:指的是之前使用的 SQL Server 的实例名,默认情况是 MSSSQLSERVER。

action:指的是要进行的操作,这里设置为 rebuilddatabase 重建数据库。

sqlsysadminaccounts:指的是能够登录 SQL Server 系统的、属于 sysadmin 角色的账号。

sapwd:表示 sa 账号的密码

②重新启动 SQL Server 服务,即可使用 SSMS 连接到 SQL Server 的数据库引擎。

③当重建了 master 系统数据库后,所有的用户数据库和先前的配置都丢失了。此时在该 SQL Server 服务器上执行以下命令启用 SQL Server 为单用户模式:

```
NET STOP ms sqlserver--将 sql server 服务停止
NET START ms sqlserver/m--将 sqlserver 服务以单用户方式启动
```

④以单用户方式启动 sqlserver 服务后,使用 SSMS 连接到数据库引擎。若对 master 系统数据库之前有备份,则可以在查询分析器中使用以下命令进行还原:

```
RESTORE database master FROM disk='e:\master.bak' WITH replace--假设 master 数据库的备份位于 e:\master.bak
```

还原之后以正常方式重启 SQL Server 服务,再次使用 SSMS 连接数据库引擎,即可看到之前的配置和用户数据库。

如果没有备份，则重建 master 系统数据库后之后，需要通过附加或者还原用户数据库的方式进行数据恢复。

不同的备份还原还有其他众多的参数，请参考 Microsoft 官方网站上的技术资料，在此不作详细阐释。

12.2.5 数据库镜像

1.数据库镜像技术

在信息化时代，特别是电子业务渗透到每个业务环节的时候，对于数据服务的可靠性要求更高。数据库镜像是一种提高 SQL Server 数据库的可用性的解决方案。镜像基于每个数据库实现，并且只适用于使用完整恢复模式的数据库。它的主要作用是：

(1)提高数据库的可用性

发生灾难时，在具有自动故障转移功能的高安全性模式下，自动故障转移可快速使数据库的备用副本联机(而不会丢失数据)。

(2)增强数据保护功能

数据库镜像提供完整或接近完整的数据冗余，具体取决于运行模式是高安全性还是高性能。

(3)提高生产数据库在升级期间的可用性

为了尽量减少镜像服务器的停机时间，用户可以按顺序升级承载故障转移伙伴的 SQL Server 实例。这样只会导致一个故障转移的停机时间。这种形式的升级称为"滚动升级"。

2.数据库镜像的设计

数据库镜像会话以同步操作或异步操作运行。在异步操作下，事务不需要等待镜像服务器将日志写入磁盘便可提交，这样可最大限度地提高性能。在同步操作下，事务将在伙伴双方处提交，但会延长事务滞后时间。

有两种镜像运行模式。一种是"高安全性模式"，它支持同步操作。在高安全性模式下，当会话开始时，镜像服务器将使镜像数据库尽快与主体数据库同步。一旦同步了数据库，事务将在伙伴双方处提交，这会延长事务滞后时间。第二种运行模式，即"高性能模式"，异步运行。镜像服务器尝试与主体服务器发送的日志记录保持同步。镜像数据库可能稍微滞后于主体数据库。但是，数据库之间的时间间隔通常很小。但是，如果主体服务器的工作负荷过高或镜像服务器系统的负荷过高，则时间间隔会增大。

在高性能模式中，主体服务器向镜像服务器发送日志记录之后，会立即再向客户端发送一条确认消息。它不会等待镜像服务器的确认。这意味着事务不需要等待镜像服务器将日志写入磁盘便可提交。此异步操作允许主体服务器在事务滞后时间最小的条件下运行，但可能会丢失某些数据。

所有数据库镜像会话都只支持一台主体服务器和一台镜像服务器。下图 12-44 显示了该配置。

具有自动故障转移功能的高安全性模式要求使用第三个服务器实例，称为"见证服务器"。与这两个伙伴不同的是，见证服务器并不能用于数据库。见证服务器通过验证主体服务器是否已启用并运行来支持自动故障转移。只有在见证服务器与主体服务器断开连接之后，而镜像服务器仍与见证服务器保持相互连接时，镜像服务器才启动自动故障转移。如图 12-45 显示了包含见证服务器的配置。

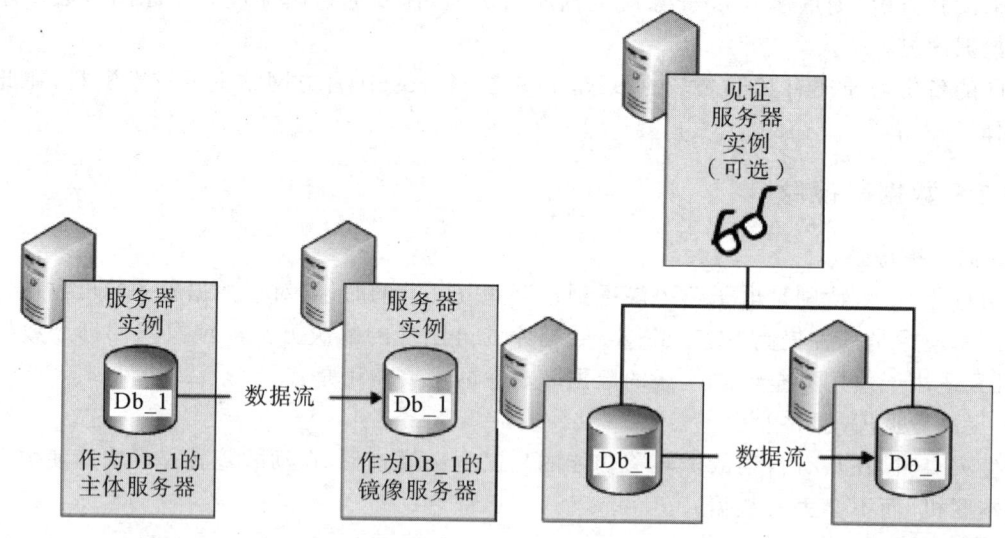

图 12-44　数据库镜像配置　　　图 12-45　具有见证服务器的数据库镜像配置

3. 数据库镜像技术的实现

假定数据库镜像服务架构中,主体服务器是 cfan-cf947ffc58,镜像服务器是 whdpdc,见证服务器为 whdweb,三台服务器均加入一个名为 whd.com 的域。主体服务器上有一个数据库名为 jgxyalldata,希望通过数据库镜像技术实现高可靠性,那么其实现步骤如下:

(1) 更改 jgxyallusers 数据的 recovery model 为 full

```
ALTER database jgxyalldata
SET RECOVERY full
```

(2) 备份主体服务器上的 jgxyalldata 数据库

```
BACKUP database jgxyalldata TO disk='f:\jgxyalldata.bak' WITH INIT
```

(3) 将数据库备份使用 WITH NORECOVERY 参数还原到镜像服务器上,以承接后续的事务数据

```
RESTORE database jgxyalldata
FROM disk='c:\jgxyalldata.bak' WITH replace,NORECOVERY,
MOVE 'jgxyalldata' TO 'e:\jgxyalldata.mdf',
MOVE 'jgxyalldata_log' TO 'e:\jgxyalldata_log.ldf'
```

(4) 在主体服务器上,创建相应的端点并进行安全性等配置

右单击主体服务器上的 jgxyalldata 数据库,选择"属性"选项,在属性对话框中选择"镜像"选项,并单击"配置安全性"按钮,在出现的"设置数据库镜像安全向导"对话框中,选择"包括见证服务器",如图 12-46 所示:

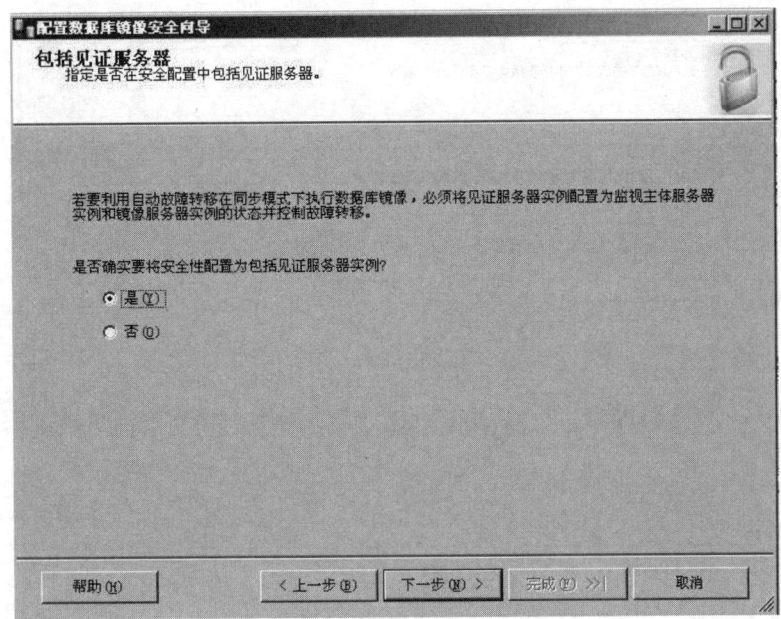

图 12-46 设置数据库镜像的类型

设置主体服务器，如图 12-47 所示：

图 12-47 设置主体服务器

设置镜像服务器，如图 12-48 所示：

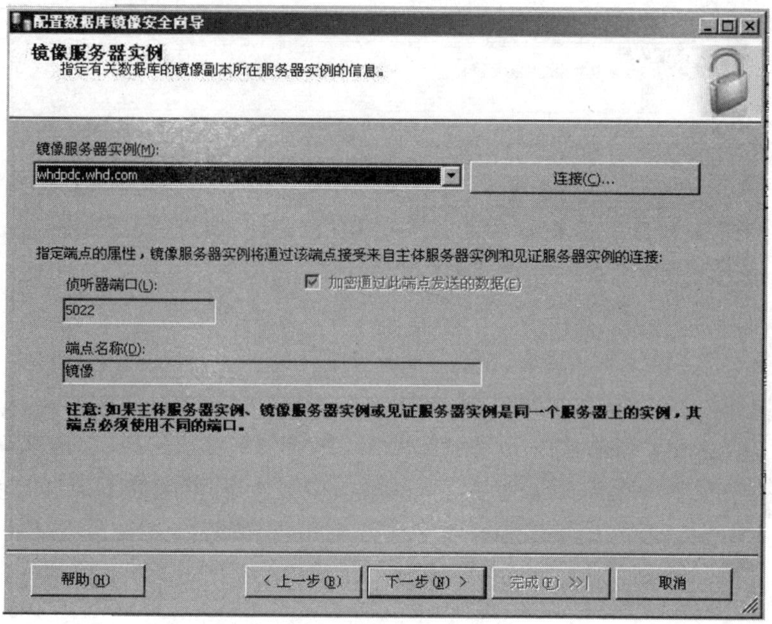

图 12-48　设置镜像服务器

设置见证服务器,如图 12-49 所示：

图 12-49　设置见证服务器

设置启动数据库服务的账号(在域中建议用同一个数据库服务启动账号),如图 12-50 所示：

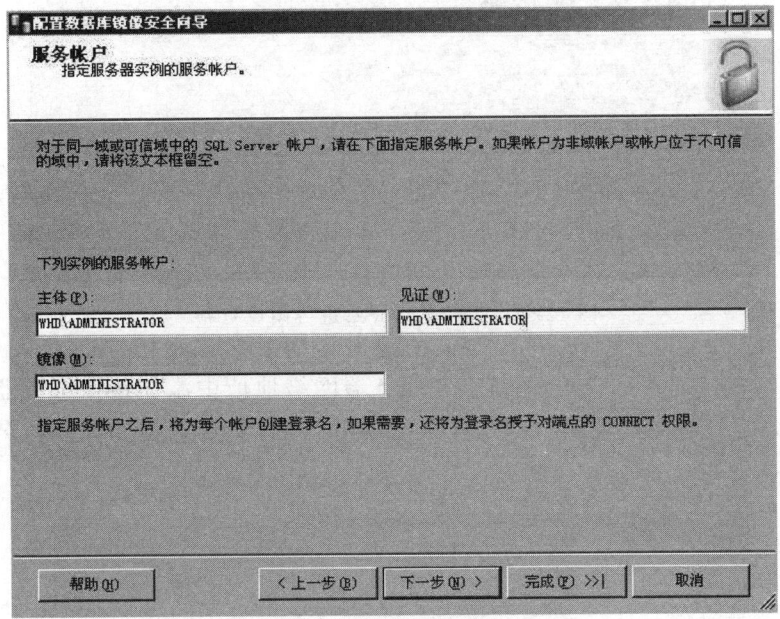

图 12-50　设置服务账户

三台服务器上的端点配置情况，如图 12-51 所示：

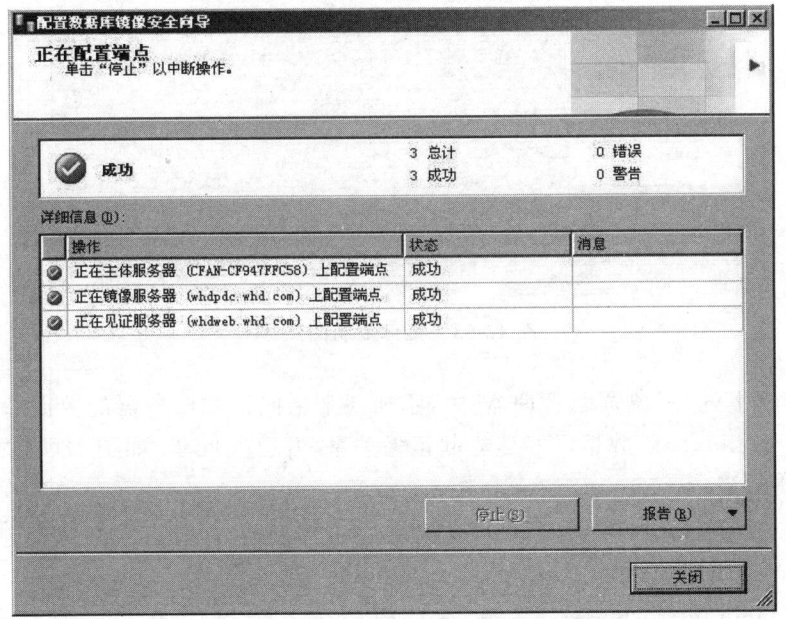

图 12-51　测试数据库镜像的连通性

询问是否开始镜像数据库，如图 12-52 所示：

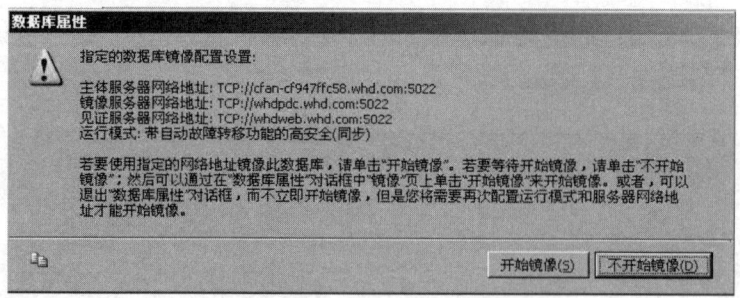

图 12-52　选择是否开始进行镜像复制

如果点击"开始镜像"并且成功，系统会在服务器网络地址中添加镜像服务器和见证服务器的 FQDN 名称（是指在域的环境下。如果在独立服务器的环境下，是以计算机名称作为标识），如图 12-53 所示：

图 12-53　镜像复制的结果

在主体服务器上的"对象资源管理器"中，添加一个指向镜像服务器的数据库引擎连接，可以看到两个名为 jgxyalldata 的数据已经建立起镜像关系，并已经同步，如图 12-54 所示：

（5）测试镜像服务

在主体服务器上的 jgxyalldata 数据库中创建一个数据表，比如 mirrortest，添加若干记录：

```
USE JGXYALLDATA
CREATE table mirrortest
(
    uid int,
    uname varchar(20)
)
INSERT INTO mirrortest
(uid,uname)
VALUES (1,'zhangsan'),(2,'lisi'),(3,'wangwu')
```

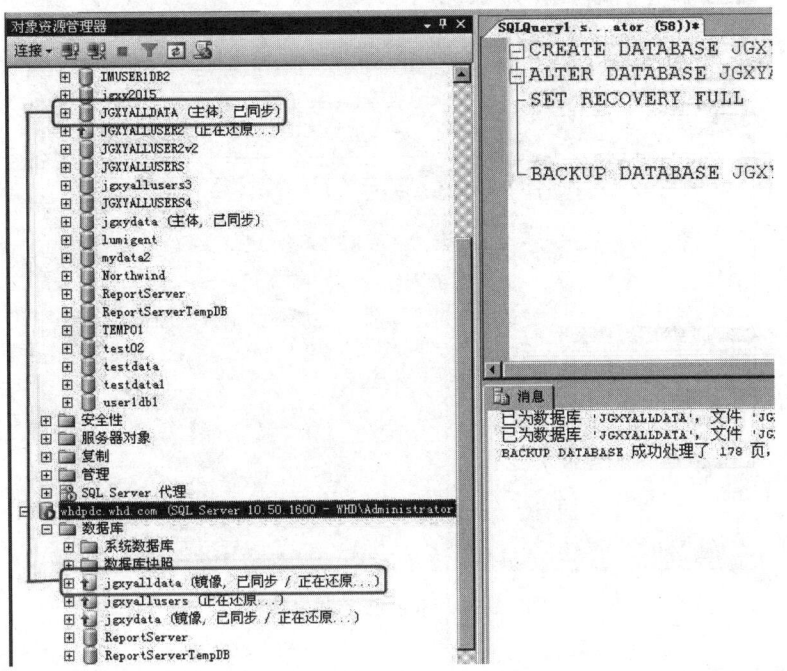

图 12-54　查看互为镜像的数据库服务器状况

在主体服务器上的 jgxyalldata 数据库的镜像属性中，单击"故障转移"，再查看镜像服务器上的 jgxyalldata 的角色是否更改为"主体"，并且数据库及其表等对象此时可以访问，如图 12-55 所示：

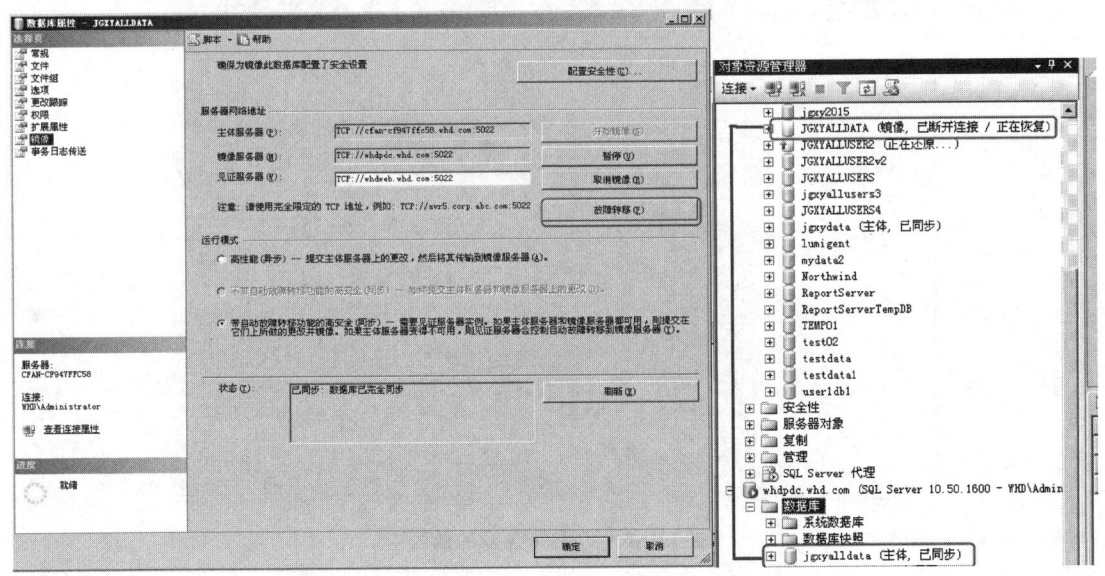

图 12-55　故障转移测试

此时数据库的镜像设置只能在原来的镜像服务器上设置，如图 12-56 所示：

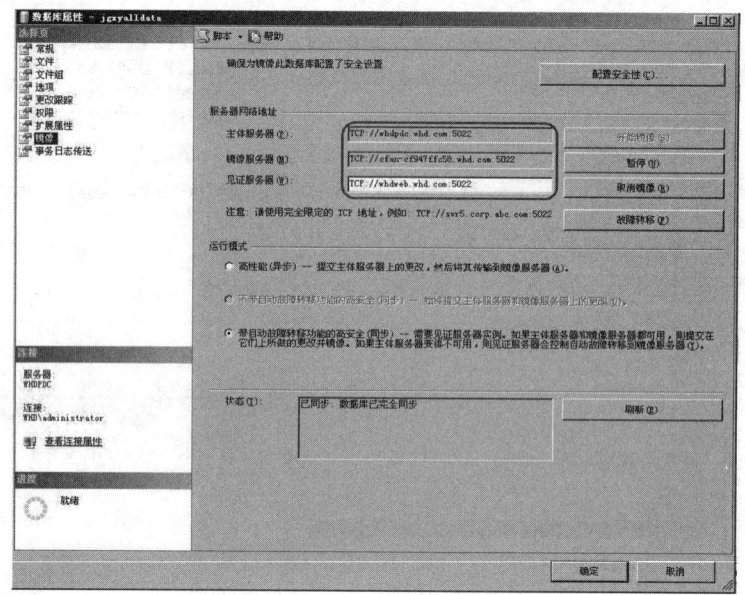

图 12-56　角色已经发生转移

(6) 监视数据库镜像

在主体服务器上，在右单击已经设置了镜像服务的数据库名称，可选择启动数据库镜像监视器。在监视器中可观察到互为镜像的两台数据库服务器以及与见证服务器的连接状况。如图12-57 所示：

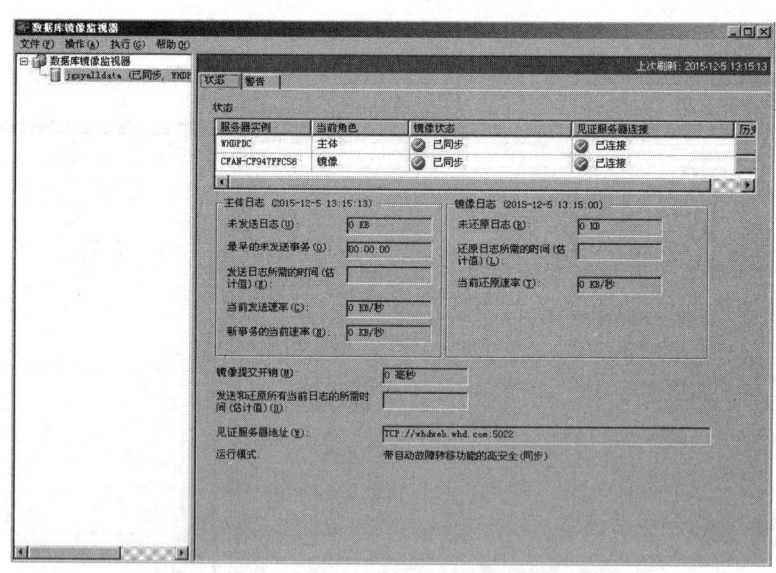

图 12-57　数据库镜像的监视

与数据库镜像技术相似的提高数据库可靠性的技术还包括有日志传送技术，以及传统的集群技术等。日志传送技术与数据库镜像技术的实现相似。集群技术涉及的因素较多，请参考其他教程。

12.2.6 数据库快照

在数据库镜像的实现过程中,镜像数据库因为使用的是 NORECOVERY 的模式,因此无法在镜像数据库上读取数据,如图 12-58 所示:

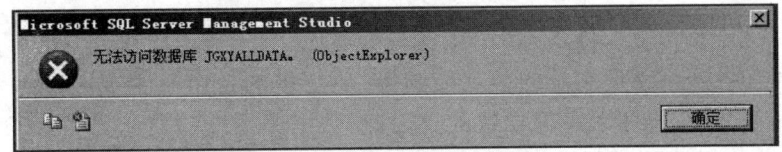

图 12-58　无法访问镜像数据库

在 SQL Server 2005 以后版本的数据库管理系统为用户提供了名为快照的技术,帮助用户在镜像数据库上创建一个某个时间点的静态视图,以便用户观察该时间点静态数据库中的数据。

在使用快照过程中,多个数据库快照可以同时存在,但是必须与数据库位于同一个 SQL Server 实例中。每个数据库快照与源数据库在快照创建的时间点上是事务一致的。除非管理员显式地删除快照,否则数据库快照会一直存在。

假设要在镜像服务器 CFAN-CF947FFC58 上为 jgxyalldata 数据库创建快照,实现的步骤如下:

1.利用 CREATE DATABASE 语句创建镜像数据库快照

> CREATE DATABASE jgxyalldata_snapshot1 ON
> (name=jgxyalldata,filename='f:\jgxyalldatamirrorsnap01.ss')--f:分区必须为 NTFS,否则有错误提示
> AS snapshot of jgxyalldata

数据库快照创建后,在对象资源管理器的"数据库快照"容器下会集中存放已经创建的数据库快照对象。如图 12-59 所示:

图 12-59　数据库快照存放位置

2.读取数据库快照

使用 USE 命令即可打开数据库快照,并开始 SELECT 等操作:

> USE jgxyalldata_snapshot1
> SELECT * FROM mirrortest

在镜像服务器上生成数据库快照会对镜像服务器的性能造成一定的影响,请控制快照的数量和性能影响评估。

12.3 数据库安全实践

在数据库系统中,威胁是来自多方面的,有些是客观存在的,比如网络攻击客观存在、操作系统平台的客观漏洞、数据库管理系统的客观漏洞等,但更多的是由于主观上的因素,比如安全意识不强、安全技术不过硬、管理无序等导致的。因此,数据库系统的安全实践除了加强制度建设、安全教育等,更要从技术基础强化。

本书将从用户管理、角色管理、授权管理、数据加密、监视审核等方面入手,探讨如何进行安全基础管理实践。

12.3.1 数据库身份验证与授权

要允许一个用户使用数据库系统、操作数据库对象,其基本流程如图 12-60 所示:

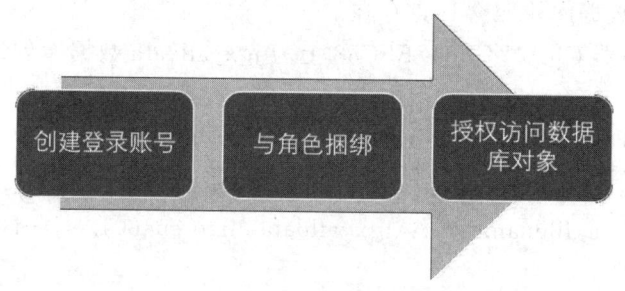

图 12-60　数据库身份验证与授权的基本流程

因此,首先要了解 SQL Server 的验证模式,其次要了解角色的种类和管理,第三要了解登录账号的种类以及创建与管理的方法。

1.SQL Server 验证模式

SQL Server 验证模式包括 Windows 验证模式和 SQL Server 验证模式。默认是 Windows 身份验证。在安装 SQL Server 数据库管理系统时,可选择混合身份验证模式,即同时包括了 Windows 身份验证和 SQL Server 身份验证两种模式。

(1)Windows 身份验证

使用 Windows 身份验证时,用户已登录到 Windows,当该用户已经拥有了 SQL Server 数据库的应有权限时,无需另外登录到 SQL Server。

Windows 身份验证模式的用户账户信息存储在 Windows 系统的 SAM 数据库中或者 Windows 活动目录的 NTDS 数据库中。基于 SAM 存储数据库身份验证信息默认指的是 SQL Server 数据库所在的 Windows 系统中的用户。基于域的用户身份验证如何实现将在本章后文中加以详述。如图 12-61 所示:

(2)SQL Server 身份验证

使用 SQL Server 身份验证时,用户需要调用存储在 SQL Server 管理系统中的用户账号和密码进行登录。如图 12-62 所示:

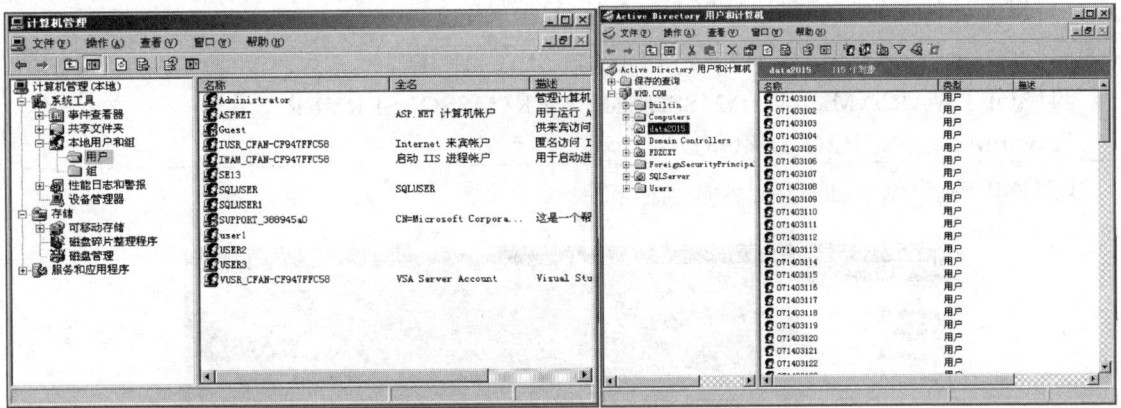

图 12-61　来自 Windows 的账号

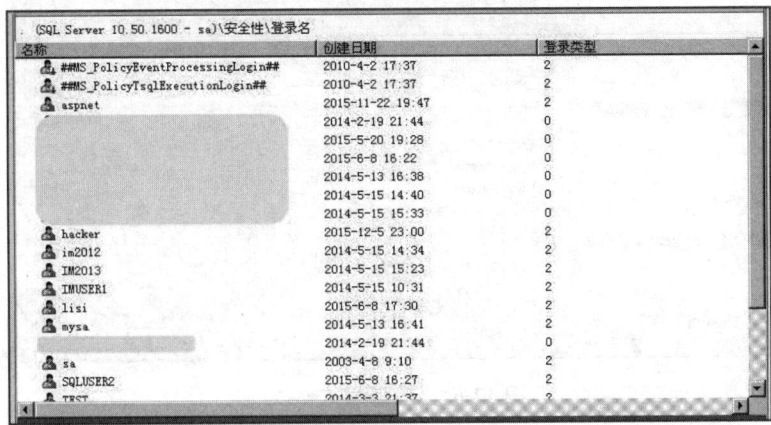

图 12-62　存储在 SQL Server 系统中的登录用户信息

可以通过设置 SSMS 的服务器属性中的安全性选项调整身份验证模式，如图 12-63 所示：

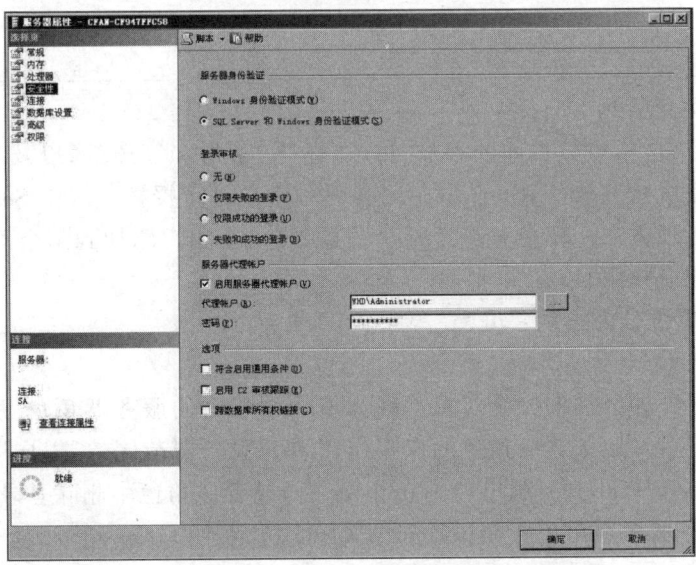

图 12-63　SQL Server 用户配置

也可以通过如下的扩展存储过程进行身份验证模式：

```
xp_instance_regwrite N'HKEY_LOCAL_MACHINE',
 N'SOFTWARE\Microsoft\MSSQLSERVER\MSSQLSERVER',
 'LoginMode',N'REG_DWORD',1
```

执行该代码后，结果如下图 12-64 所示：

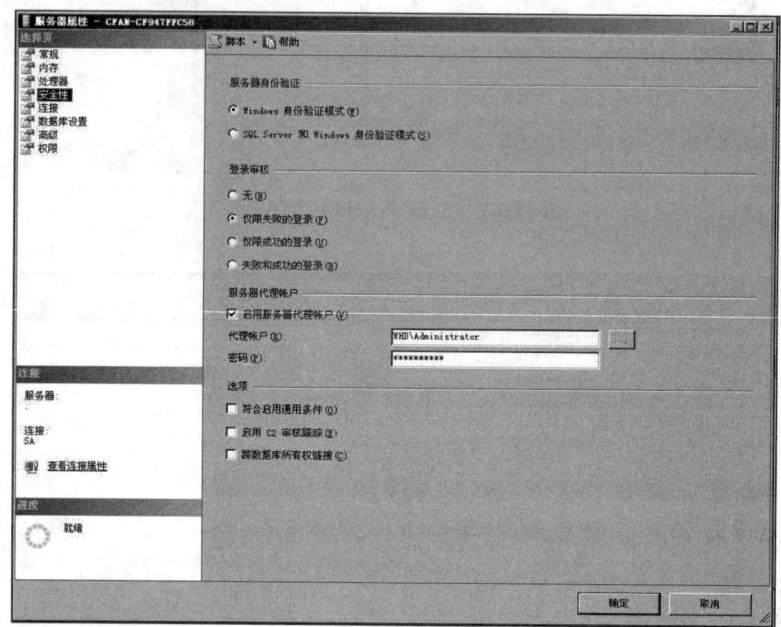

图 12-64　验证模式修改

其中 REG_DWORD=1 表示使用的是 Windows 身份验证模式，如果 REG_DWORD=2，那么使用的是 Windows 和 SQL Server 的混合验证模式。

 Microsoft 推荐使用 Windows 身份验证。

2.SQL Server 角色管理

使用数据库服务，包括对数据库的添加、更改、删除、备份和还原等，以及对数据库服务器进行管理操作。为了完成这些操作，SQL Server 必须对用户进行授权。SQL Server 对用户授权使用的是基于角色的管理方式。角色相当于一个容器，当一个用户添加到某个角色中，那么该用户就拥有了某角色的相应权限。

SQL Server 的角色分为三种：

(1)服务器角色

服务器角色是服务器级别的安全对象。因为不能创建新的服务器角色，所以服务器角色又称为"固定服务器角色"。服务器级角色的权限作用域为服务器范围，可以向服务器级角色中添加 SQL Server 登录名、Windows 账户和 Windows 组，或者从角色中删除登录账号。

SQL Server 服务器级别角色所在位置如图 12-65 所示：

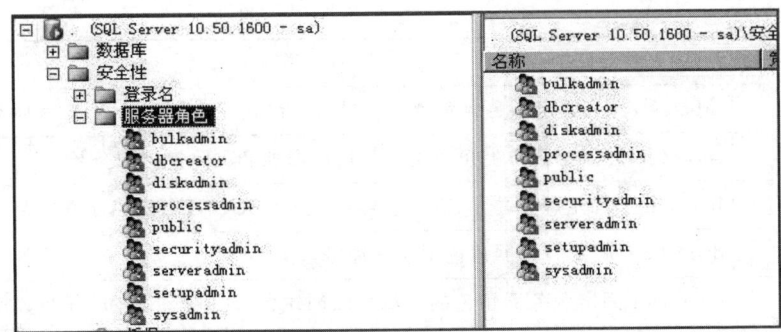

图 12-65　服务器角色

双击某个角色，即可往角色容器中添加已有的服务器登录账号，或者从角色中逻辑删除登录账号，如图 12-66 所示：

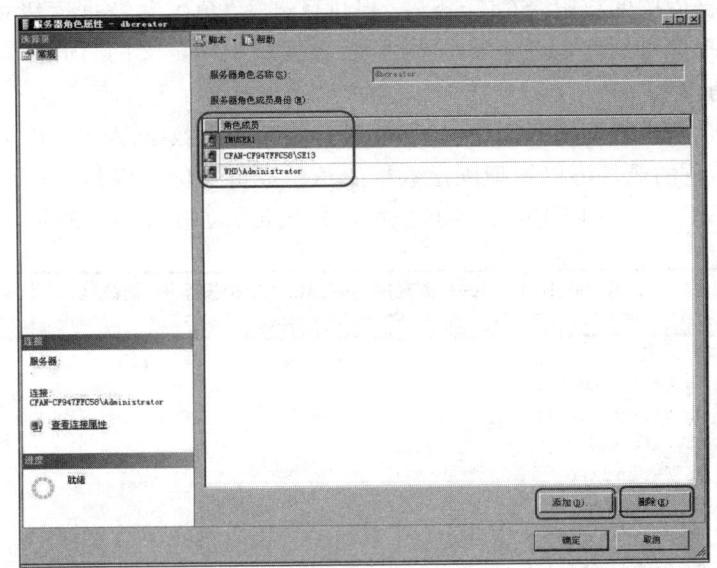

图 12-66　管理服务器角色

服务器级别角色名称及相关权限如表 12-1 所示：

表 12-1　服务器角色与权限表

服务器级角色名称	说明
sysadmin	sysadmin 固定服务器角色的成员可以在服务器中执行任何活动
serveradmin	serveradmin 固定服务器角色的成员可以更改服务器范围的配置选项和关闭服务器
securityadmin	securityadmin 固定服务器角色的成员可以管理登录名及其属性。他们可以拥有 GRANT、DENY 和 REVOKE 服务器级权限。如果他们具有对数据库的访问权限，还可以拥有 GRANT、DENY 和 REVOKE 数据库级权限。此外，他们还可以重置 SQLServer 登录名的密码。 安全说明：可以授予对数据库引擎的访问权限以及配置允许安全管理员分配大多数服务器权限的用户权限。securityadmin 角色应被视为与 sysadmin 角色等效

续表

服务器级角色名称	说明
processadmin	processadmin 固定服务器角色的成员可以终止在 SQLServer 实例中运行的进程
setupadmin	setupadmin 固定服务器角色的成员可以添加和删除链接服务器
bulkadmin	bulkadmin 固定服务器角色的成员可以运行 BULKINSERT 语句
diskadmin	diskadmin 固定服务器角色用于管理磁盘文件
dbcreator	dbcreator 固定服务器角色的成员可以创建、更改、删除和还原任何数据库
public	每个 SQLServer 登录名都属于 public 服务器角色。如果未向某个服务器主体授予或拒绝对某个安全对象的特定权限,该用户将继承授予该对象的 public 权限。只有在希望所有用户都能使用对象时,才对对象分配 public 权限

(2) 数据库角色

为便于管理数据库中的权限,SQL Server 提供了若干"角色",数据库级角色的权限作用域为数据库范围。数据库级别的角色主要分为两类:数据库中预定义的"固定数据库角色"和用户自定义的"数据库角色"。

固定数据库角色是在数据库级别定义的,并且存在于每个数据库中。db_owner 和 db_securityadmin 数据库角色的成员可以管理固定数据库角色成员身份。但是,只有 db_owner 数据库角色的成员能够向 db_owner 固定数据库角色中添加成员。如图 12-67 所示:

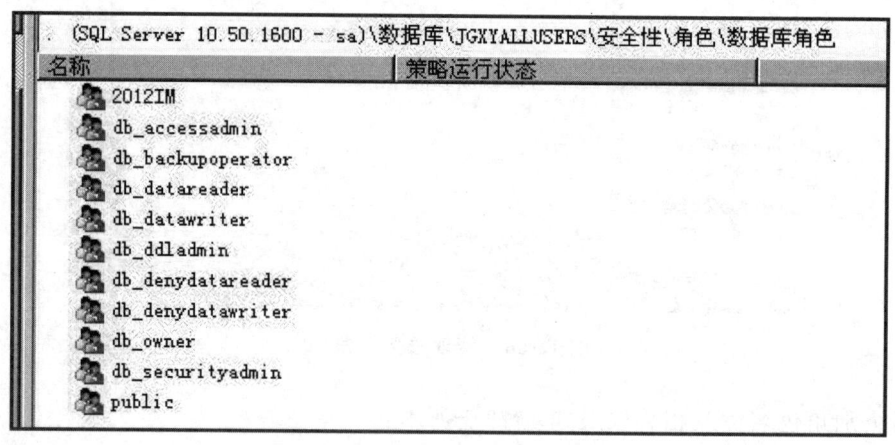

图 12-67　数据库角色列表

双击某数据库角色,可在对话框中添加或删除已有的数据库登录账号(默认服务器登录账号先要添加到数据库登录账号列表中,才能添加到数据库角色,除非直接对服务器登录账号进行了用户映射。),如图 12-68 所示:

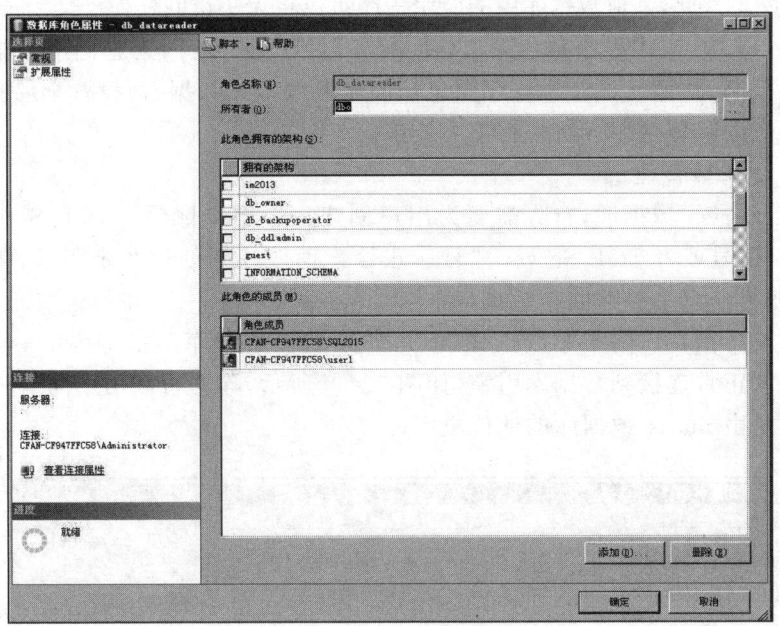

图 12-68　数据库角色管理

数据库级别的角色名称及其相应的权限如表 12-2 所示：

表 12-2　数据库级别角色与权限

数据库级别的角色名称	说明
db_owner	db_owner 固定数据库角色的成员可以执行数据库的所有配置和维护活动，还可以删除数据库
db_securityadmin	db_securityadmin 固定数据库角色的成员可以修改角色成员身份和管理权限。向此角色中添加主体可能会导致意外的权限升级
db_accessadmin	db_accessadmin 固定数据库角色的成员可以为 Windows 登录名、Windows 组和 SQLServer 登录名添加或删除数据库访问权限
db_backupoperator	db_backupoperator 固定数据库角色的成员可以备份数据库
db_ddladmin	db_ddladmin 固定数据库角色的成员可以在数据库中运行任何数据定义语言（DDL）命令
db_datawriter	db_datawriter 固定数据库角色的成员可以在所有用户表中添加、删除或更改数据
db_datareader	db_datareader 固定数据库角色的成员可以从所有用户表中读取所有数据
db_denydatawriter	db_denydatawriter 固定数据库角色的成员不能添加、修改或删除数据库内用户表中的任何数据
db_denydatareader	db_denydatareader 固定数据库角色的成员不能读取数据库内用户表中的任何数据

（3）应用程序角色

应用程序角色是一个数据库主体，它使应用程序能够用其自身的、类似用户的权限来运行。使用应用程序角色，可以只允许通过特定应用程序连接的用户访问特定数据。

与数据库角色不同的是，应用程序角色默认情况下不包含任何成员，而且是非活动的。应用程序角色使用两种身份验证模式。可以使用 SP_SETAPPROLE 启用应用程序角色，该过程需要密码。因为应用程序角色是数据库级主体，所以它们只能通过其他数据库中为 guest 授予的权限来访问这些数据库。因此，其他数据库中的应用程序角色将无法访问任何已禁用 guest 的数据库。

在 SQL Server 中，应用程序角色无法访问服务器级元数据，因为它们不与服务器级主体关联。若要禁用此限制，从而允许应用程序角色访问服务器级元数据，请设置全局标志 4616。

应用程序角色的具体使用方法将在下文详解。

3.SQL Server 账号管理

要使用 SQL Server 数据库，首先需要为用户创建一个登录账号。SQL Server 的登录账号来源于 Windows 账号或者 SQL Server 账号。账号管理设计到创建登录账号、修改登录账号和删除登录账号，账号信息主要存储在数据库的 syslogins 系统表中。在创建登录账号时，可选择默认访问数据库或者指定访问某个数据库，但是如果默认数据库不指定为 master，则有可能导致该新建账号无法正常连接到数据库引擎，如图 12-69 所示，除非将该用户同时映射到指定的用户数据库上。这是由 mater 数据库的地位决定的。

图 12-69　登录账号登录失败

（1）利用 Windows 用户创建登录账号

在 SSMS 中的对象资源管理器，展开数据库服务器的"安全性"选项，右单击"登录名"选择新建，在对话框中选择创建的登录账号类型，在这里选择利用 Windows 用户创建登录账号，如图 12-70 所示：

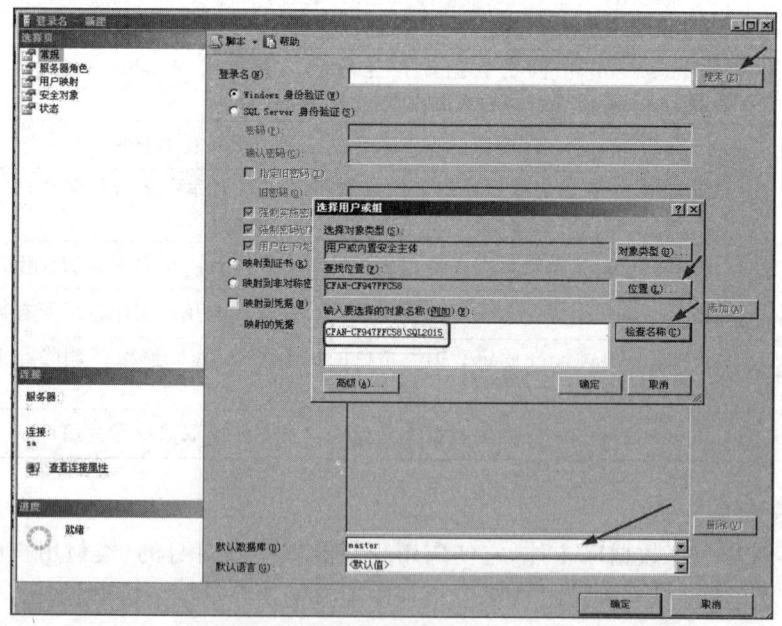

图 12-70　使用 Windows 账号作为 SQLServer 用户登录名

在图 12-70 中，使用了搜索功能，该功能支持模糊查找，比如需要搜索所有以字符"SQL"起始的用户名,则只要输入"SQL",单击检查名称即可搜索,然后再选择相应的用户单击确定即可。

在创建登录账号时可以赋予新用户服务器角色的权限,其默认角色权限是的 public,如图 12-71 所示:

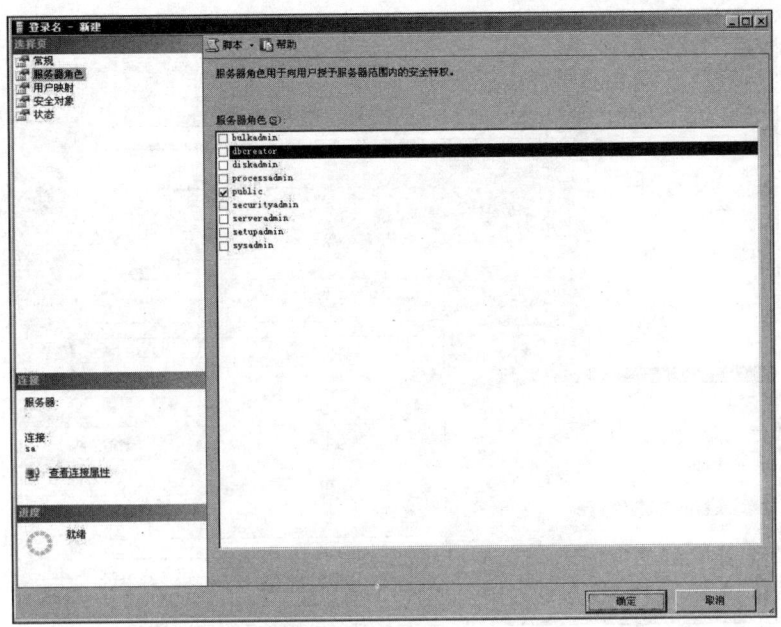

图 12-71 用户的默认角色权限

同时,还可以通过"用户映射"功能,将新建的用户与指定的数据库进行捆绑,并设置数据库角色类型,如图 12-72 所示:

如果需要添加来自于域的用户为登录账号,则需要指定所在的域,或者在用户名中体现带有域的用户名,比如 whd\071403101,其中"whd"表示域名,如图 12-73 所示。

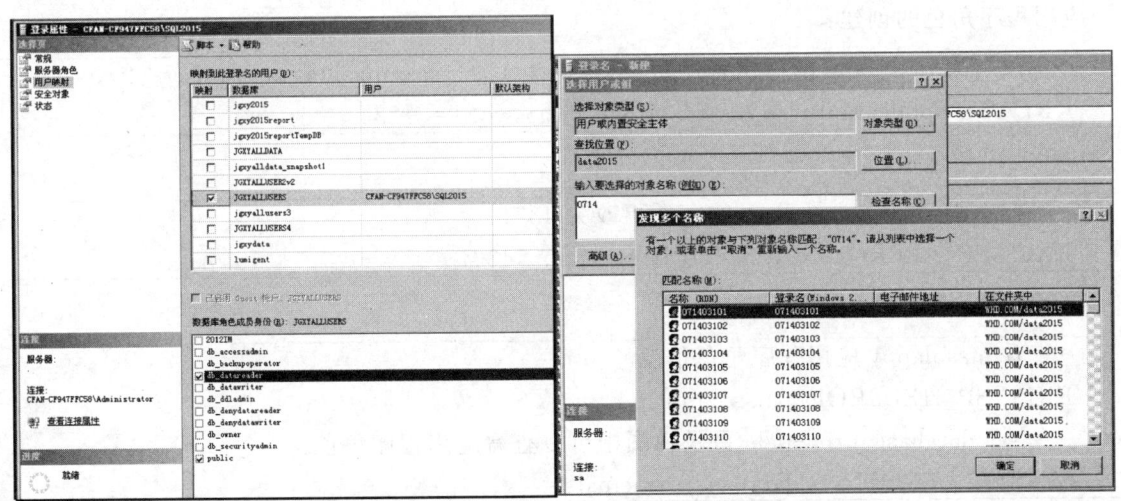

图 12-72 设置用户的数据库角色和权限　　图 12-73 使用域账号作为 SQL Server 登录用户名

(2)创建 SQL Server 用户登录账号

创建 SQL Server 用户登录账号的方法和创建基于 Windows 用户的登录账号方式相同,但这种账号不需要在 Windows 用户数据库中已经存在，而是直接创建在 SQL Server 数据库中，且创建后不会体现在 Windows 的用户列表中，创建时同样可以配置默认数据库、服务器角色、数据库角色和映射，如图 12-74 所示：

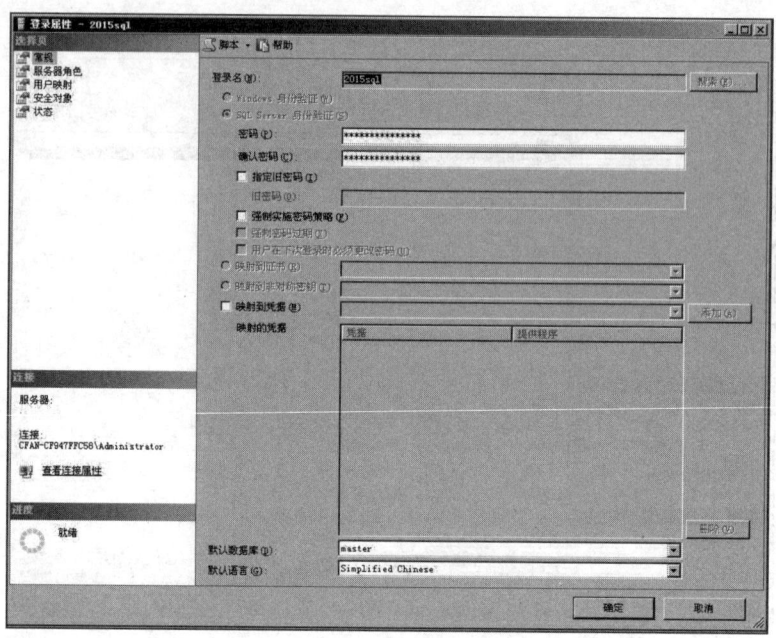

图 12-74　创建 SQL Server 用户账户

(3) 应用程序角色用户管理

应用程序角色不包含用户，相对特殊，所以放在本节说明。应用程序角色可以被认为是"按需创建、按需调用、用后删除"方式进行数据库权限管理，它可以为一些临时的、最小化权限请求的访问请求提供支持。

应用程序角色的创建：

```
--创建名为 mssqlapp 的应用程序角色，密码为 1234, schema 为默认
CREATE application role mssqlapp with password='1234'
```

应用程序角色密码的修改：

```
--将应用程序角色 mssqlapp 的密码更改为 4321
EXEC SP_APPROLEPASSWORD mssqlapp,4321
```

应用程序角色信息的查看：

```
--查看 mssqlappy 应用程序角色信息
EXEC SP_HELPROLE mssqlapp
--在 sys.database_principals 目录视图中可以查看应用程序角色
SELECT * FROM sys.database_principals
```

查看的结果如下图 12-75 所示：

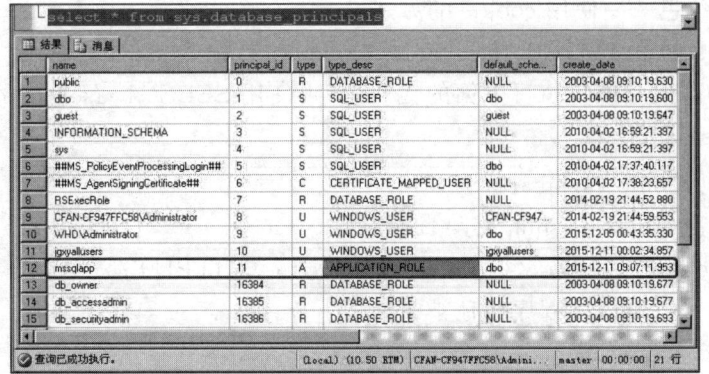

图 12-75　应用程序角色的相关信息

删除应用程序角色：

--删除名为 mssqlapp 的应用程序角色
DROP APPLICATION ROLE mssqlapp

激活应用程序角色——使用系统存储过程：

--用密码 1234 激活名为 mssqlapp 的应用程序角色
EXEC SP_SETAPPROLE 'mssqlapp','1234'

假定 071403101 登录账号对 jgxyallusers 数据库没有任何的访问权限，但是它可以调用 mssqlapp 应用程序角色，使用 SELECT 的方法访问该数据库中的 allstus 表的"学号"和"姓名"两个字段，实现的步骤如下：

在 jgxyallusers 数据库的管理权限下，使用如下语句对其中的 allstus 表进行权限设置：

GRANT SELECT ON allstus(学号,姓名) TO mssqlapp

利用 071403101 账号登录，然后执行如下语句：

EXEC SP_SETAPPROLE 'MSSQLAPP','1234'
SELECT 学号,姓名 FROM allstus

执行结果如图 12-76 所示：

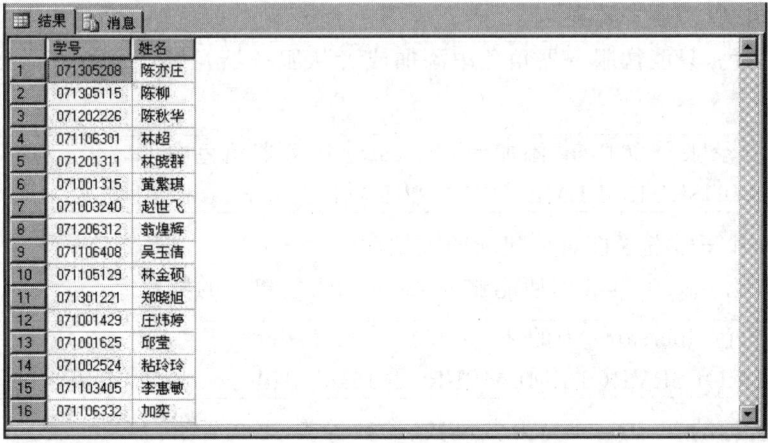

图 12-76　执行结果

激活应用程序角色——使用 cookie 的方式。

假定用另一个账号 071403101 登录 SQL Server，执行命令 SELECT user_name()，获得的用户名是 071403101，但是如果执行下面的代码后，再使用 SELECT user_name() 命令查看当前的角色，将会是 mssqlapp。

```
DECLARE @cookie varbinary(8000);
EXEC sp_setapprole 'mssqlapp', '1234'
, @fCreateCookie = true, @cookie = @cookie OUTPUT;
--上两个语句执行后应用程序角色被激活
SELECT user_name();
--上句将返回应用程序角色的名称，即 mssqlapp
EXEC sp_unsetapprole @cookie;
--执行上句后将使应用程序角色不再被激活
--初始上下文将会还原
GO
SELECT user_name();
--执行上句将返回原始的用户名称，如 071403101
GO
```

输出的结果如图 12-77 所示：

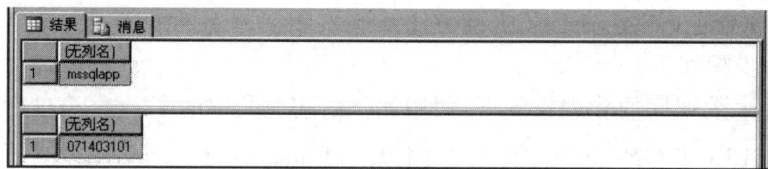

图 12-77　输出结果

(4) 用 T-SQL 管理角色对象

除了利用的 SSMS 的 GUI 界面对角色和登录账号进行管理外，还可以使用 T-SQL 语句对服务器角色、数据库角色和登录账号进行管理。

① 利用 T-SQL 管理服务器角色

对于服务器角色，只能往服务器角色中添加或者从服务器角色中删除登录账号。它们的语句分别是：

```
--将已有的登录账号 2015sql 添加到 dbcreator 服务器角色中
EXEC SP_ADDSRVROLEMEMBER '2015sql','dbcreator'
```

添加后 2015sql 正常登录即可创建新的数据库。

从该角色中删除后，2015sql 即使能够登录，也无法创建新的数据库。

```
--将服务器角色 dbcreator 中的 2015sql 登录账号删除
EXEC SP_DROPSRVROLEMEMBER '2015sql','dbcreator'
```

服务器角色管理的 T-SQL 命令及其函数、参数等表 12-3 所示：

表12-3 服务器角色管理与T-SQL命令

功能	类型	说明
SP_HELPSRVROLE（Transact-SQL）	元数据	返回服务器级角色的列表
SP_HELPSRVROLEMEMBER（Transact-SQL）	元数据	返回有关服务器级角色成员的信息
SP_SRVROLEPERMISSION（Transact-SQL）	元数据	显示服务器级角色的权限
IS_SRVROLEMEMBER（Transact-SQL）	元数据	显示当前登录名是否为某服务器级角色的成员。用法如：SELECT IS_SRVROLEMEMBER('sysadmin')
SYS.SERVER_ROLE_MEMBERS（Transact-SQL）	元数据	为每个服务器级角色的每个成员返回一行
SP_ADDSRVROLEMEMBER（Transact-SQL）	命令	将登录名添加为某个服务器级角色的成员
SP_DROPSRVROLEMEMBER（Transact-SQL）	命令	从服务器级角色中删除SQL Server登录名或Windows用户或组

②利用T-SQL管理数据库角色

向预定义的数据库角色添加服务器登录账号：

　　--在jgxyallusrs数据库中，将2015sql数据库用户添加到db_datareader数据库角色中
　　EXEC SP_ADDROLEMEMBER 'db_datareader','2015sql'

创建自定义的数据库角色，然后将服务器登录账号添加到自定义数据库角色：

　　--在jgxyallusers数据库中，创建自定义数据库角色db2015role
　　EXEC SP_ADDROLE 'db2015role'--本例未指定所有者，默认所有者是dbo，如果要指定数据库角色的所有者，则执行如下语句：EXEC SP_ADDROLE 'db2015role','im2013'
　　--将2015sql数据库用户添加到自定义的数据库角色db2015role中
　　EXEC SP_ADDROLEMEMBER 'db2015role','2015sql'

将数据库用户账号从数据库角色中删除：

　　--在jgxyallusers数据库中，将2015sql数据库用户从db_datareader数据库角色中删除
　　USE jgxyallusers
　　EXEC SP_DROPROLEMEMBER 'db_datareader','2015sql'

删除自定义的数据库角色：

　　--如果数据库角色中已经有成员，必须将成员先清空才能删除数据库角色
　　EXEC SP_DROPROLE 'db2015role'

数据库角色管理的T-SQL语句及参数、函数等如表12-4所示：

表12-4 数据库角色管理与T-SQL命令

功能	类型	说明
SP_HELPDBFIXEDROLE（Transact-SQL）	元数据	返回固定数据库角色的列表
SP_DBFIXEDROLEPERMISSION（Transact-SQL）	元数据	显示固定数据库角色的权限
SP_HELPROLE（Transact-SQL）	元数据	返回当前数据库中有关角色的信息

续表

功能	类型	说明
SP_HELPROLEMEMBER（Transact-SQL）	元数据	返回有关当前数据库中某个角色的成员的信息
SYS.DATABASE_ROLE_MEMBERS（Transact-SQL）	元数据	为每个数据库角色的每个成员返回一行
IS_MEMBER（Transact-SQL）	元数据	指示当前用户是否为指定 Microsoft Windows 组或 Microsoft SQL Server 数据库角色的成员
CREATE ROLE（TransQact-SQL）	命令	在当前数据库中创建新的数据库角色
ALTER ROLE（Transact-SQL）	命令	更改数据库角色的名称
DROP ROLE（Transact-SQL）	命令	从数据库中删除角色
SP_ADDROLE（Transact-SQL）	命令	在当前数据库中创建新的数据库角色
SP_DROPROLE（Transact-SQL）	命令	从当前数据库中删除数据库角色
SP_ADDROLEMEMBER（Transact-SQL）	命令	为当前数据库中的数据库角色添加数据库用户、数据库角色、Windows 登录名或 Windows 组
SP_DROPROLEMEMBER（Transact-SQL）	命令	从当前数据库的 SQL Server 角色中删除安全帐户

（5）用 T-SQL 管理登录账户对象

服务器角色和数据库角色只是一个容器，要让用户能够应用与管理数据库，需要创建不同级别的用户账户。

创建服务器登录账户：

```
--创建一个名为 mssql 的服务器登录账户，密码为 1234，默认数据库是 master
EXEC SP_ADDLOGIN 'mssql','1234','master'
```

如果从 Windows 用户列表中添加为 SQL Server 登录账户，有两种方法：

```
--旧版本（SQL Server 2008 以前版本，不含 2008 版本），包括独立账户和域账户，假定 Windows 计算机 CFAN—CF947FFC58 有独立账户 sqluser，whd 域中有域账户 071403101
    EXEC SP_GRANTLOGIN 'CFAN—CF947FFC58\sqluser'
    EXEC SP_GRANTLOGIN 'whd\071403101'
--如果要从 SQL Server 的服务器登录账号中删除来自 Windows 的账号，使用的是 SP_REVOKELOGIN，而非 SP_DROPUSER
    EXEC SP_REVOKELOGIN 'CFAN—CF947FFC58\sqluser'
    EXEC SP_REVOKELOGIN 'whd\071403101'

--新版本（SQL Server 2008 以后版本，含 2008 版本），注意其中用到了双引号对 Windows 账号进行标识
    CREATE LOGIN "CFAN—CF947FFC58\sqluser" FROM windows
    CREATE LOGIN "whd\071403101" FROM Windows
```

修改服务器登录账户密码：

```
--1234 为旧密码,4321 为新密码
EXEC SP_PASSWORD '1234','4321','mssql'
```

修改服务器登录账户的默认数据库：

```
--将默认数据库设置为 jgxyallusrs
EXEC SP_DEFAULTDB 'mssql','jgxyallusers'
```

修改服务器登录账户的默认语言：

```
--将登录账户 mssql 的默认语言设置为 us_english
EXEC SP_DEFAULTLANGUAGE 'mssql','us_english'
```

创建数据库用户账户：

```
--将新创建的 mssql 登录账户添加到数据库 jgxyallusers 的数据库用户列表中,名称不变
EXEC SP_ADDUSER 'mssql','mssql'

--或直接使用 SP_GRANTDBACCESS 将服务器登录账号直接添加到数据库用户中
--在数据库 jgxyallusrs 中使用的用户名是 winsqluser,实际登录名是 CFAN－CF947FFC58\sqluser
USE jgxyallusers
EXEC SP_GRANTDBACCESS  'CFAN－CF947FFC58\sqluser','winsqluser'
```

查看服务器登录账号：

```
EXEC SP_HELPLOGINS 'mssql'
```

删除数据库用户账户：

```
EXEC SP_DROPUSER 'mssql'
```

删除服务器登录账户：

```
EXEC SP_DROPLOGIN 'mssql'
```

 在 SQL Server 2008 R2 以后的版本中,原有的 sp_系列存储过程指令将会被删除,比如 SP_ADDROLE 会被 CREATE ROLE 所替代,在更高版本的数据库管理系统中使用时要注意区别。

(6)特殊的登录账号与数据库用户创建

在实际操作过程中,可能要在 SQL Server 数据库系统中成批次地创建服务器登录账号和数据库用户账号,可以考虑使用游标来完成。假定大量用户信息存在于一张 Excel 表内,其主要步骤如下：

①将存储用户信息的 Excel 导入到数据库系统中。假设将该表导入到 jgxyallusers 数据库中,并创建一张新的表名为 loginusers,如图 12-78 所示：

图 12-78　Excel 源数据与导入 SQLServer 数据库后的数据

其中 loginname1 的账号信息用在添加 SQL Server 登录账户，loginname2 用在添加来自域账号的用户登录信息。

②通过游标，在服务器登录账号中添加 SQL Server 登录账号和域登录账号。

```
--添加 SQL Server 登录账号游标代码
DECLARE @myloginname nvarchar(9)
DECLARE @mypwd nvarchar(6)
DECLARE loginuser CURSOR FOR
    SELECT loginname1,pwd FROM jgxyallusers.DBO.loginusers
OPEN loginuser
FETCH NEXT FROM loginuser INTO @myloginname,@mypwd
WHILE @@FETCH_STATUS=0
BEGIN
  EXEC SP_ADDLOGIN @myloginname,@mypwd
  FETCH NEXT FROM loginuser INTO @myloginname,@mypwd
END
CLOSE loginuser
DEALLOCATE loginuser
```

执行后的结果如图 12-79 所示：

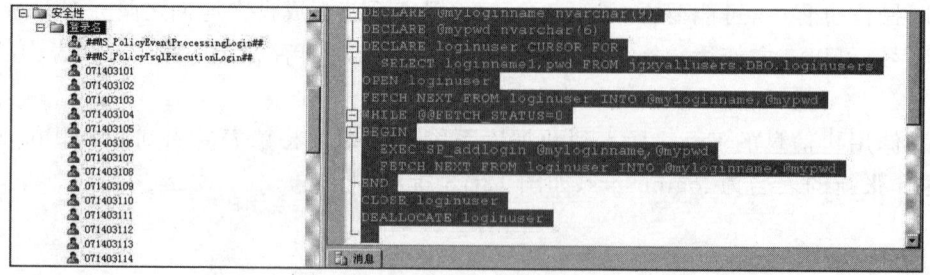

图 12-79　批量创建 SQL Server 登录用户账户

--添加来自域的账户作为 SQL Server 服务器登录账号
```
DECLARE @myloginname nvarchar(13)
DECLARE loginuser CURSOR FOR
    SELECT loginname2 FROM jgxyallusers.DBO.loginusers
OPEN loginuser
FETCH NEXT FROM loginuser INTO @myloginname
WHILE @@FETCH_STATUS=0
BEGIN
    EXEC SP_GRANTLOGIN @myloginname
    FETCH NEXT FROM loginuser INTO @myloginname
END
CLOSE loginuser
DEALLOCATE loginuser
```

执行后的结果如图 12-80 所示：

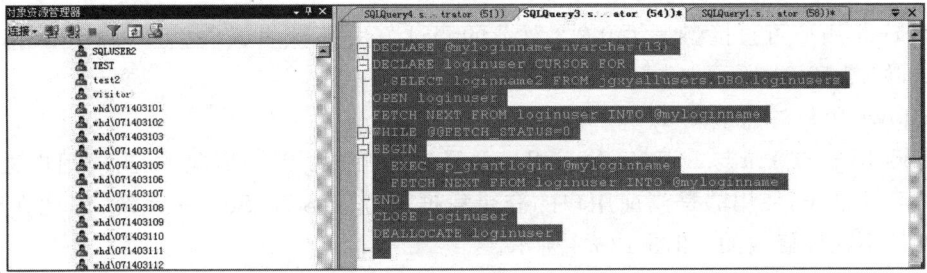

图 12-80　批量添加域用户 SQL Server 登录用户账户

也可以根据用户表成批删除服务器登录账号，针对两种不同账号的代码分别如下：

删除来自 SQL Server 用户账号的登录账户：

```
DECLARE @myloginname nvarchar(9)
DECLARE loginuser CURSOR FOR
    SELECT loginname1 FROM jgxyallusers.DBO.loginusers
OPEN loginuser
FETCH NEXT FROM loginuser INTO @myloginname
WHILE @@FETCH_STATUS=0
BEGIN
    EXEC SP_DROPLOGIN @myloginname
    FETCH NEXT FROM loginuser INTO @myloginname
END
CLOSE loginuser
DEALLOCATE loginuser
```

删除来自 Windows 域用户的登录账户：

```
DECLARE @myloginname nvarchar(13)
DECLARE loginuser CURSOR FOR
   SELECT loginname2 FROM jgxyallusers.DBO.loginusers
OPEN loginuser
FETCH NEXT FROM loginuser INTO @myloginname
WHILE @@FETCH_STATUS=0
BEGIN
  EXEC SP_REVOKELOGIN @myloginname
  FETCH NEXT FROM loginuser INTO @myloginname
END
CLOSE loginuser
```

(7) 登录账号的连接测试

当通过各种方法创建了登录账号，并赋予了服务器角色、数据库角色的相应权限，以及与相关数据库对象的映射，需要通过连接登录测试账号的可用性和可控性。

① SQL Server 用户的登录测试

SQL Server 用户可直接参考第 0.2.3 章节的测试方法进行测试，也可以调用 SSMS 登录窗口进行测试，如图 12-81 所示：

② Windows 用户的登录测试

Windows 用户的登录与 SQL Server 用户登录不太相同。默认情况下，当前用户激活 SSMS 连接服务器对话框时，使用的是当前用户的登录凭据去登录 SQL Server 系统，因此在用户名栏和密码栏等是不允许修改的，如图 12-82 所示。

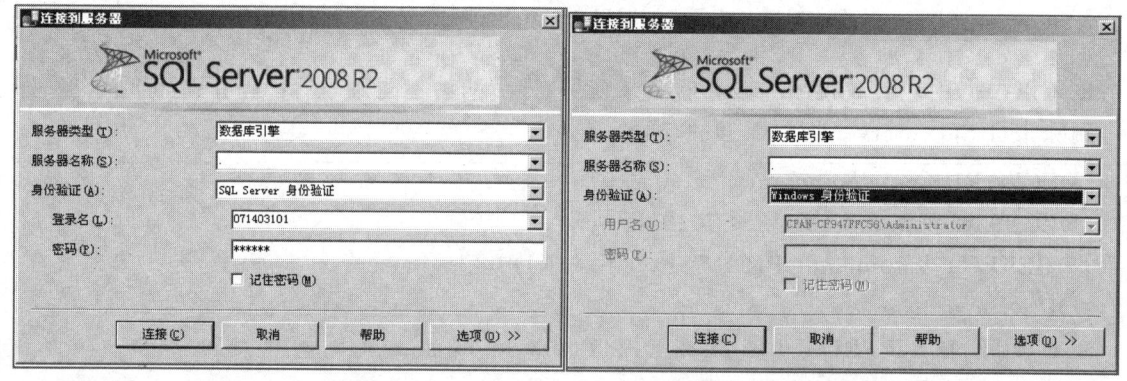

图 12-81　新建账号登录测试　　　　图 12-82　使用 Windows 账号进行测试

图 12-82 所示的是调用 SSMS 的是名为 CFAN-CF947FFC58 计算机上的 administrator 账号。如果来自 Windows 的 administrator 账号在该 SQL Server 具有登录名和访问数据库的权限时，直接单击"连接"即可登录到数据库服务器上。

假设来自本机的 sqluser 账号和来自域的 whd\071403101 账号也需要登录到 SQL Server 系统，该如何登录呢？

如果在非域环境下，想让其他 Windows 用户登录到 SQL Server 系统，则注销当前用户，使用其他 Windows 用户先登录 Windows 系统，然后再运行 SSMS。但这种方式需要进行不同的用户切换，所以不方便。

Windows 提供了"RUN AS"(以…方式运行)的方式,可以调用与当前 Windows 登录账号不同的用户凭据运行某程序。假设当前 Windows 登录用户是 Administrator,但需要使用 Windows 用户 sqluser 的凭据运行 SSMS、连接数据库,具体做法如下:

首先,右单击"开始"菜单中的"SQL Server Management Studio",选择"运行方式",如图 12-83 所示:

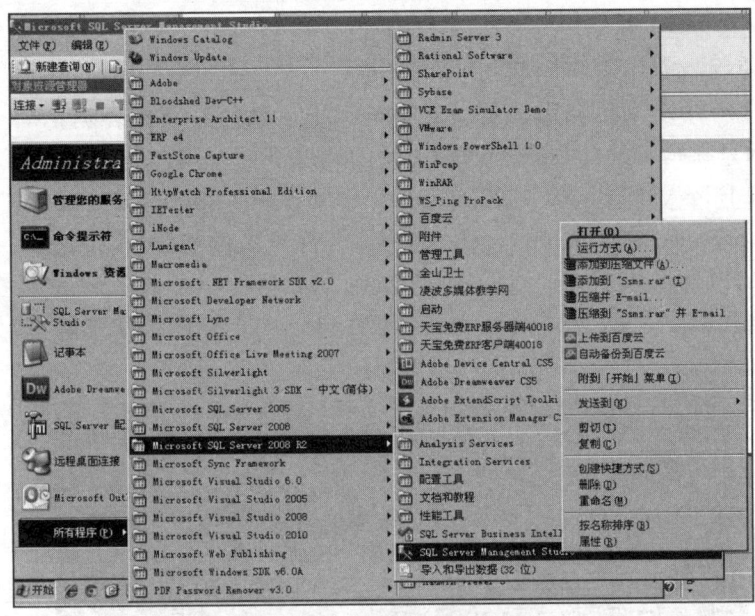

图 12-83 调用不同的运行方式

其次,在"运行身份"对话框中输入本机或者域中的 Windows 账号凭据,包括用户名和相应密码,如 sqluser,如图 12-84 所示:

第三,单击确定后,会出现一个新的 SSMS 连接登录对话框,此时选择"Windows 身份验证",可以看到所使用的账号是当前来自 Windows 的用户 sqluser,如图 12-85 所示。

图 12-84 设置不同的用户凭据　　　　图 12-85 切换不同用户登录

单击"连接"后即使用了 sqluser 的 Windows 身份凭据连接数据库。域用户登录模式也是类似,在图 12-84 中,将用户名设置为需要登录的域账号,比如 whd\071403101,并输入相应密码后启动 SSMS 即可。

还可以通过编写批处理文件(.bat)、使用 RUN AS 命令行方式,利用 Windows 用户凭据调用 SSMS 链接远程数据库服务器,参考脚本如下:

```
RUN AS   /env /user:whd\071403101 /netonly   "c:\Program Files\Microsoft SQL Server\100\Tools\Binn\VSShell\Common7\IDE\Ssms.exe"
```

其中:

/env 表示要使用当前环境,而不是用户的环境;

user:whd\071403101 表示调用的是 whd 域中用户 071403101 的凭据;

/netonly 表示只在指定的凭据限于远程访问的情况下才使用;

"c:\Program Files\Microsoft SQL Server\100\Tools\Binn\VSShell\Common7\IDE\Ssms.exe"指的是 SQL Server Management Studio 程序安装的位置。

当执行.bat 文件后,输入相应账号的密码(密码不可见),即可调用 SSMS,在 SSMS 连接数据库对话框输入远程数据库服务器地址和选择 Windows 身份验证方式即可,如图 12-86 和图 12-87 所示:

图 12-86 在批处理中使用域账号登录

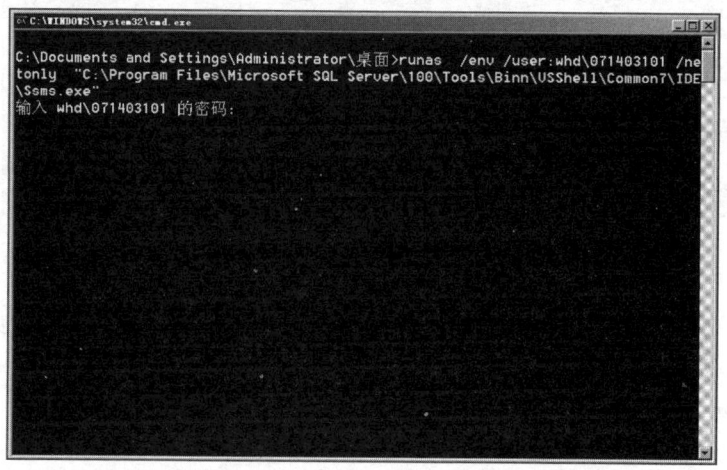

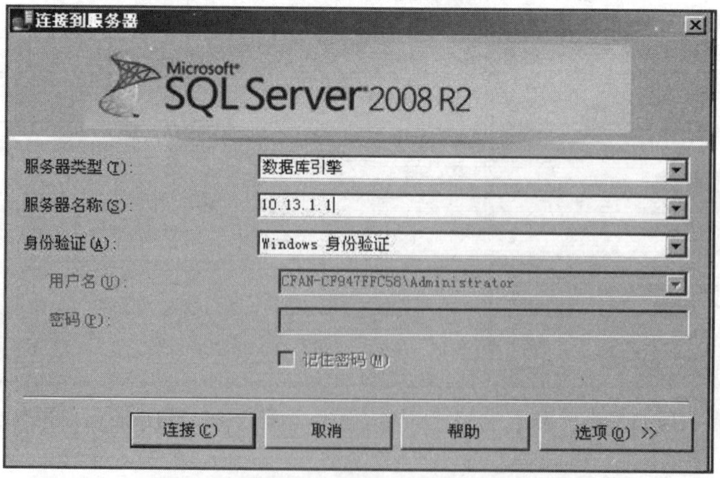

图 12-87 选择身份验证模式为"Windows 身份验证"

请注意：使用域账号进行身份验证，必须保证 DNS、活动目录等核心服务运行正常，否则可能无法通过验证。

4.SQL Server 数据库授权

在 SQL Server 数据库管理系统已经添加了服务器登录账号，但对于服务器对象、数据库对象的具体管理权限并没有完整地赋予某账号。这就需要对服务器登录账号进行授权，让用户在登录 SQL Server 系统后能够对数据库系统中的对象进行管理和操作。

以 SQL Server 用户 071403101 为例，该账户在当前只添加到服务器登录账号中，默认数据库是 master，并没有授权访问特定的用户数据库。如果想让该用户在数据库系统中拥有创建数据库、表，并对库、表等对象进行进一步操作，那么授权过程一般有以下几个步骤：

(1)了解权限

①角色类的权限

在"12.3.1 数据库身份验证与授权"中，已经介绍了在服务器级别、数据库级别的相关角色，当将登录账号添加到相关角色中，就拥有了对服务器、数据库的各种不同权限。权限的描述请参考 12.3.1 中的内容。具体用法之后的章节会详细介绍。

②对象类的权限

对象类权限是指针对服务器对象、数据库对象、表对象以及视图、存储过程等其他数据库对象进行细化设置的权限。一般通过右单击调用对象的属性，然后在"权限"选项中进行细化设置，如图 12-88 所示：

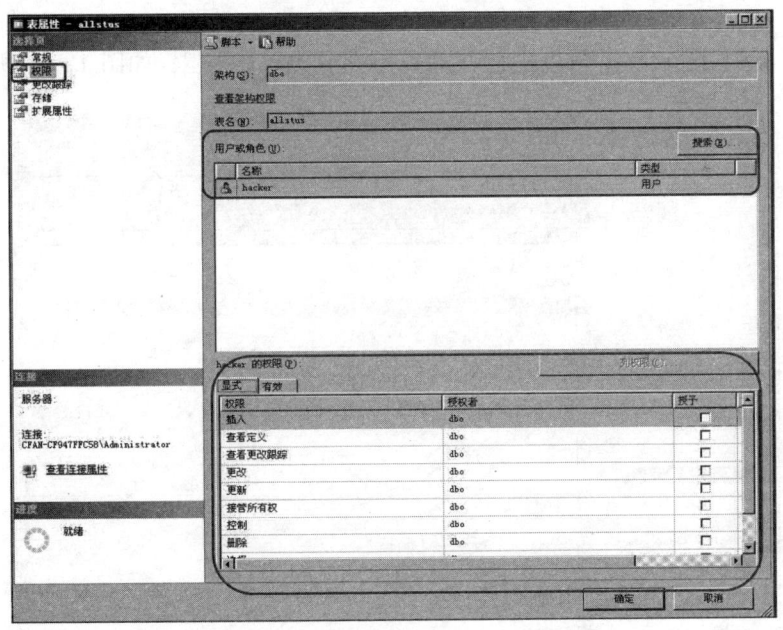

图 12-88　对象类的权限设置

角色类权限与对象类权限可能会存在冲突，比如用户 071403101 已经添加为 SQL Server 登录账户，属于 public 服务器角色，默认数据库是 master，该账户具有了连接数据库的权限，但是，如果在服务器的对象权限中进行细化设置，拒绝该用户连接，那么该用户将无法成功连接 SQL

Server，甚至无法从已经成功的连接断开，如图 12-89 所示：

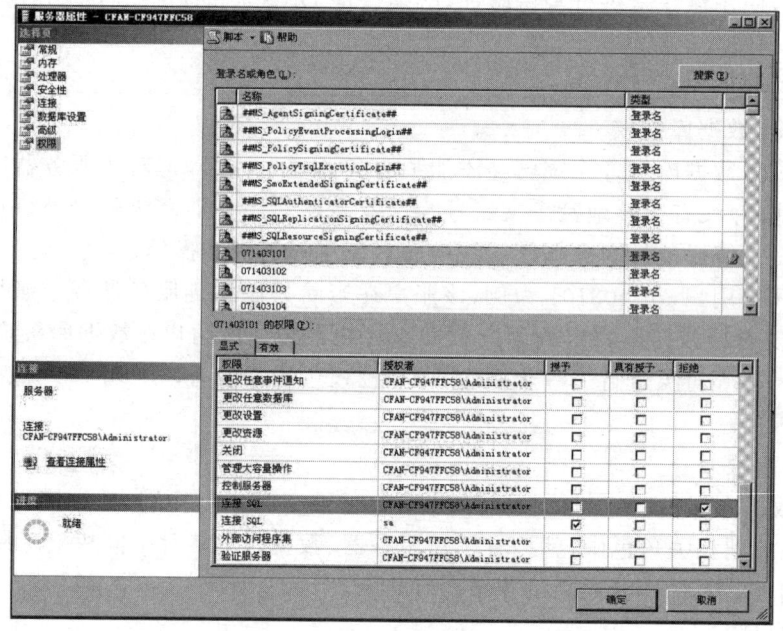

图 12-89 权限细化设置

(2) 利用 SSMS 进行授权

① 授权用户创建数据库的权限

以登录账户 071403101 为例，目前能够登录到 SQL Server，但是无法创建数据库，那么通过将其添加到服务器的 dbcreator 角色中让其拥有创建数据库的权限，如图 12-90 所示：

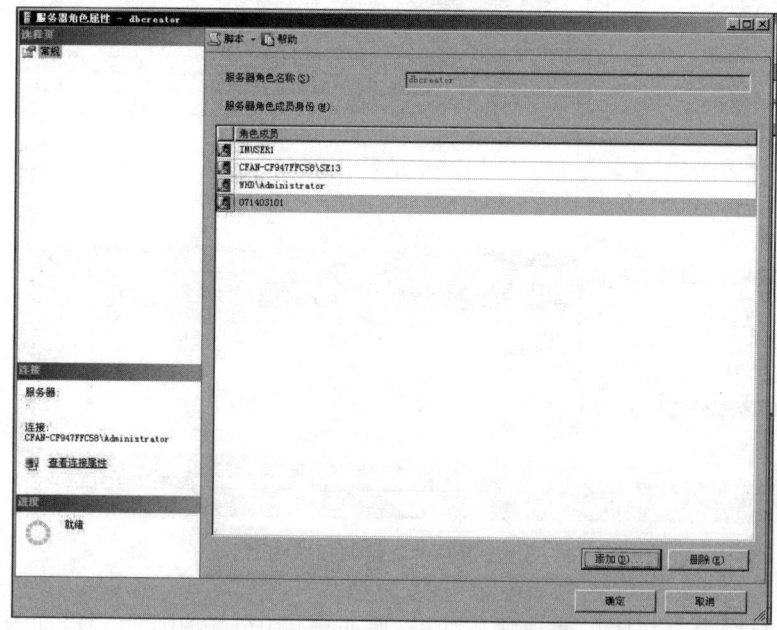

图 12-90 将用户添加到角色以获取权限

当该登录账号再次登录或者刷新已有连接时，就可以创建数据库，如图 12-91 所示：

也可以将071403101登录账号在服务器属性中，添加"创建任意数据库"的方法让该用户可创建数据库，如图12-92所示。

图12-91　获取权限的账号可创建数据库　　　　图12-92　进一步细化权限配置

071403101用户现在虽然可以创建数据库，但是却无法访问其他用户创建的数据库。因此可以在数据库级别的权限上进行相关授权。而且，如果071403101要删除自己的数据库，还需要关闭"删除数据库备份和还原历史记录信息"选项以及打开"关闭现有连接"选项，否则会出现"sp_delete_database_backuphistory"的错误，如图12-93所示：

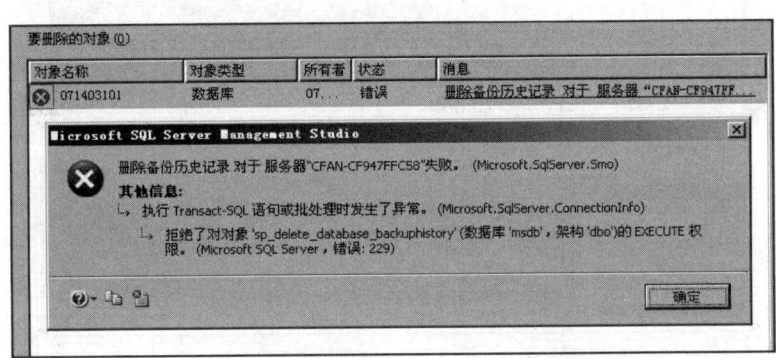

图12-93　一般用户无法删除数据库对象

将两个选项修改后即可删除用户自己创建的数据库对象，如图12-94所示：

这是因为071403101目前在服务器角色中仍只属于dbcreator角色，它的操作不能影响到服务器和数据库的其他内容。

当然，如果在服务器角色中将该登录账号添加到sysadmin角色中，那么它的权限将得到最大的提升。

②授权用户访问其他数据库的权限

假设要授予071403101登录账号能够读取jgxyallusers数据库的权限，首先，在jgxyallusers数据库的"安全性"下的用户列表中为071403101登录账号创建一个新的数据库用户，该数据库用户名实际上是服务器登录账号在某个数据库中的别名，可以相同，如图12-95所示：

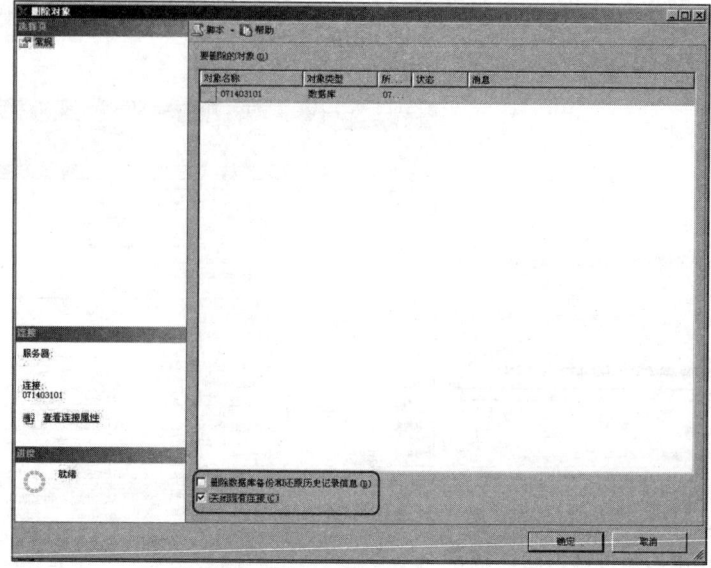

图 12-94　正确删除数据库的方法

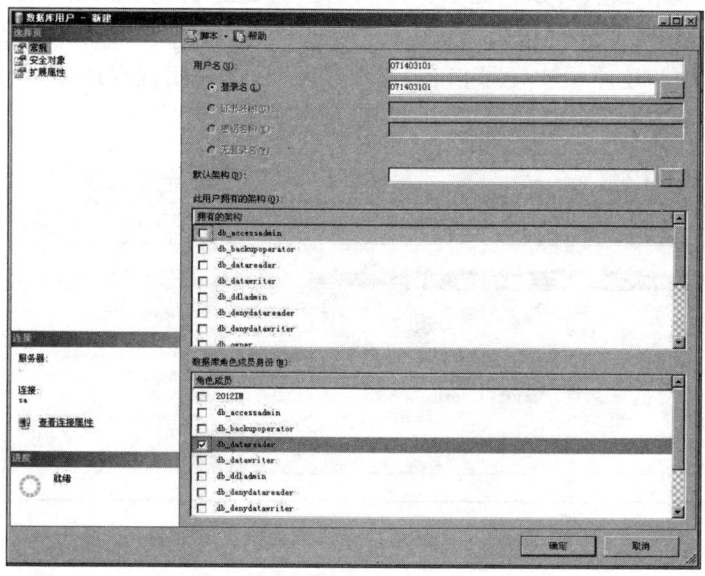

图 12-95　为用户授权访问其他数据库

071403101 用户在 jgxyallusers 中拥有了 DB_DATAREADER 的权限,可以展开该数据库对象的默认对其开放的资源。但是,还不能创建和删除表,如图 12-96 所示:

图 12-96　用户无法创建数据表

同样可以让管理员将该用户添加到权限更高的其他角色中。也可以在 jgxyallusers 数据库的权限属性中为该用户设置更加细致的权限，如图 12-97 所示：

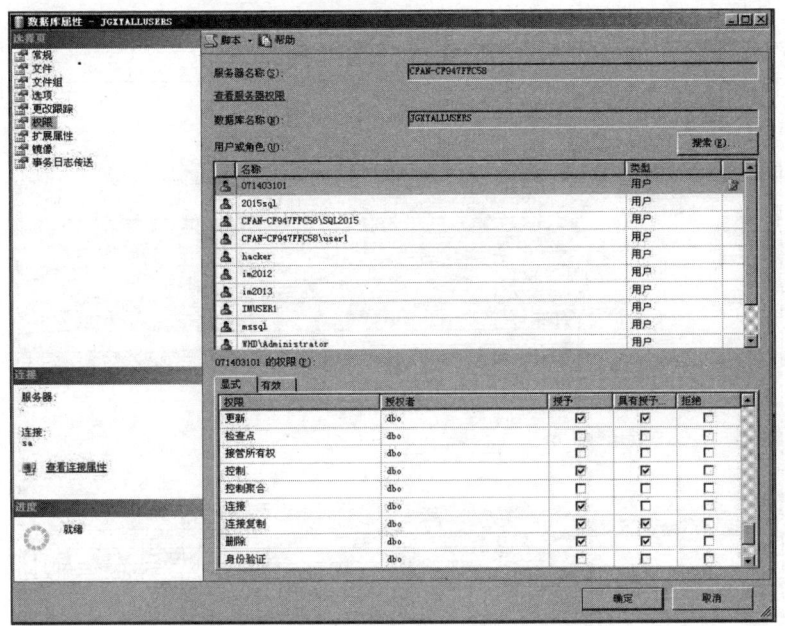

图 12-97　授予创建数据表的权限

在数据库对象中对用户进行设置可创建表的权限，主要设计的权限有读取、更新、删除、控制、连接复制、更改任意架构等。请根据实际情况逐步调整。

（3）利用 T-SQL 管理授权

①将登录账户 071403101 添加到服务器 dbcreator 角色中

　　EXEC SP_ADDSRVROLEMEMBER '071403101','dbcreator'

②将登录账号 071403101 添加到 jgxyallusers 数据库用户列表中

　　USE jgxyallusers
　　EXEC SP_ADDUSER '071403101','071403101'

③为 jgxyallusers 数据库创建新的数据库角色，并赋予对表 allstus 进行 select、insert、delete 操作的权限

　　EXEC SP_ADDROLE 'newdbrole'
　　GRANT SELECT,INSERT,DELETE ON allstus TO newdbrole

④将 071403101 数据库用户添加到 jgxyallusers 数据库 newdbrole 角色中

　　EXEC SP_ADDROLEMEMBER 'newdbrole','071403101'

执行该操作后，该用户就拥有对 jgxyallusers 数据库中 allstus 表的 SELECT、INSERT 和 DELETE 权限。也可以通过如下代码细化权限的设置：

　　GRANT UPDATE ON allstus TO "071403101"--注意因为该数据库用户名是以数字为起始字符，所以要用双引号

⑤ 拒绝数据库角色和用户的授权

```
DENY update ON allstus TO newdbrole,"071403101"
```

⑥ 撤销角色授权

```
REVOKE SELECT allstus TO newdbrole
```

执行以上操作后查看 allstus 表的权限，如图 12-98 所示：

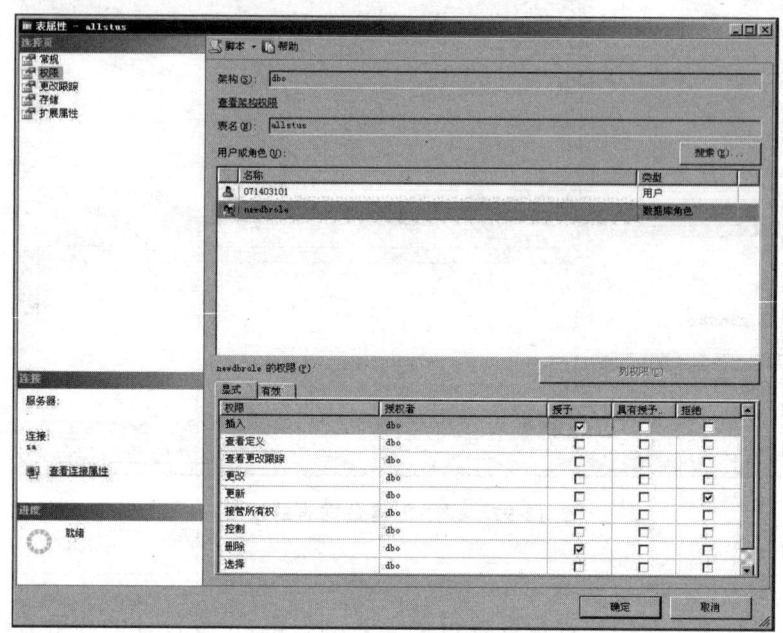

图 12-98　表对象权限设置情况

12.3.2 数据库加密

在日常生活中，时而会听到某某信息系统泄露、用户信息曝光等新闻。如果能够在设计这些信息系统时就对敏感数据进行加密，那么将会大大提高对用户信息的保护。

对数据库的数据进行加密，在早期版本（主要是 SQL Server 2000 及之前），往往是通过程序设计人员在应用程序中专门设计了加密程序对相应的敏感信息进行加密。在 SQL Server 2005 开始，对于数据表中的某列进行加密已经内置在核心的数据库引擎中，应用加密功能更加便利。SQL Server 2008 则开启了对数据的透明加密，无需重写应用程序或者数据库代码。

1. 数据库加密的原理

在 SQL Server 2008 中，密钥是进行数据加密和解密的核心组件。数据库系统具有存储密钥的层次结构。SQL Server 中的密钥应用主要有两个方面：在某 SQL Server 实例上为该实例生成的"服务主密钥"（SMK）和用于数据库的"数据库主密钥"（DMK）。

当第一次启动 SQL Server 实例时，将自动生成 SMK 并用于对连接的服务器密码、凭据和数据库主密钥进行加密。SMK 是通过使用采用 Windows 数据保护 API（DPAPI）的本地计算机密钥进行加密的。DPAPI 使用从 SQL Server 服务账户的 Windows 凭据和计算机的凭据派生的密钥。服务主密钥只能由创建它时所用的服务账户或可以访问该计算机凭据的主体进行解密。

数据库主密钥是一种用于保护数据库中存在的证书私钥和非对称密钥的对称密钥。它还可用于对数据进行加密,但由于它有长度限制,所以用于数据加密时实用性不如对称密钥。

当创建主密钥时,会使用 Triple DES 算法以及用户提供的密码对其进行加密。若要启用数据库主密钥的自动解密,请使用 SMK 对此密钥的副本进行加密。此密钥的副本存储在使用它的数据库和 master 系统数据库中。

每当更改 DMK 时,存储在 master 系统数据库中的 DMK 副本都将在没有提示的情况下更新。但是,使用 ALTER MASTER KEY 语句的 DROP ENCRYPTION BY SERVICE MASTER KEY 选项可以更改此默认设置。必须使用 OPEN MASTER KEY 语句和密码打开未使用服务主密钥进行加密的 DMK。

SQL Server 的密钥分为两种:"对称"和"非对称"。对称密钥使用相同的密码对数据进行加密和解密。非对称密钥使用一个密码来加密数据(称为公钥),使用另一个密码来解密数据(称为私钥)。在数据加密过程中,一般会混合使用两种密钥:先用对称密钥对数据内容进行加密,利用非对称密钥对对称密钥再进行加密保护,这样可以保证性能。但加密的最佳做法是不要对所有的数据列进行加密,通常只对特别敏感的数据,比如信用卡号码、身份证号码等进行加密。

2.数据库加密的实现

为实践对数据库的加密和解密操作,在本章节中新建一个数据库 encryptdata,在库中新建一张数据表,含有敏感字段,如信用卡号码。

(1)创建数据库 encryptdata

```
CREATE database encryptdata
USE encryptdata
EXEC SP_ADDUSER '071403101','071403101'
```

(2)创建数据表 customers

```
--为信用卡数据存放创建一个可变的二进制字段,用来存放将来加密的数据
CREATE table customers
(
    custid int,
    custname varchar(20),
    custcardnum varbinary(256)
)
```

(3)创建密钥

在创建密钥的过程不能使用 SSMS 的 GUI 界面,只能使用 T-SQL 语句进行创建。但是可以使用 SSMS 对密钥进行删除。

```
--创建主密钥,使用密码"password12!"对主密钥进行保护,在实际业务中,这个密码需要足够复杂
CREATE master key encryption BY password='password121'
```

(4)创建保护密钥的证书

```
--在创建证书时,需要记住证书的名称 certsymmetrickey,subject 不是必需的,目的是便于将来的管理
CREATE certificate [certsymmetrickey]
with subject='user defined subject. This key will protect the secret data.'
```

(5)创建对称密钥

在创建证书后,使用 CREATE SYMMETRIC KEY 创建对称密钥。该语法可以接受三种加密算法,包括 TRIPLE_DES、AES 128 和 RC4,因为同一种算法存在多种变体,所以总共可以接受 10 种算法。SQL Server 2005 之后,新增了 TRIPLE_DES_3KEY,其使用的密钥是 192 位,而 TRIPLE_DES 使用 128 位密钥。在本例中还使用了上一步创建的整数进行对称密钥的保护。

```
CREATE SYMMETRIC KEY encryptdatasymmetrickey WITH ALGORITHM =
TRIPLE_DES
    ENCRYPTION BY CERTIFICATE certsymmetrickey
```

(6)加密数据

首先,通过 OPEN SYMMETRIC KEY 语法打开之前创建的对称密钥 encryptdatasymmetrickey。用户指定密钥名称,并指定使用前面创建的证书解密密钥,该密钥将一直保持打开状态,直到会话结束或者使用 CLOSE 语句关闭。

```
OPEN SYMMETRIC KEY encryptdatasymmetrickey decryption BY certificate certsymmetrickey
```

其次,使用 key_guid 函数为之前创建的对称密钥获取一个唯一的 GUID。如果没有访问密钥的权限就会返回一个 NULL 值,并被后面的错误处理代码捕捉。检索 GUID 的作用是之后的 encryptbykey 函数需要使用它,因为用户会将密钥的 GUID 及要加密的数据传递给该加密函数。

```
DECLARE @KEY_GUID AS UNIQUEIDENTIFIER
SET @KEY_GUID=KEY_GUID('encryptdatasymmetrickey')
IF(@KEY_GUID IS NOT NULL)
BEGIN
    INSERT INTO customers
    VALUES(1,'zhangsan',ENCRYPTBYKEY(@key_guid,N'123-456-789-012-456'))

    INSERT INTO customers
    VALUES(2,'lisi',ENCRYPTBYKEY(@key_guid,N'456-789-012-456-123'))

    INSERT INTO customers
    VALUES(3,'wangwu',ENCRYPTBYKEY(@key_guid,N'789-012-456-123-456'))
END
ELSE
BEGIN
    PRINT '没有获取到密钥的 GUID'
END
```

已经有三条数据被添加到数据表中,但是,如果现在使用 SELECT 语句进行查看,将看到信息卡部分的数据是二进制的,表示该字段已经被加密,如图 12-99 所示:

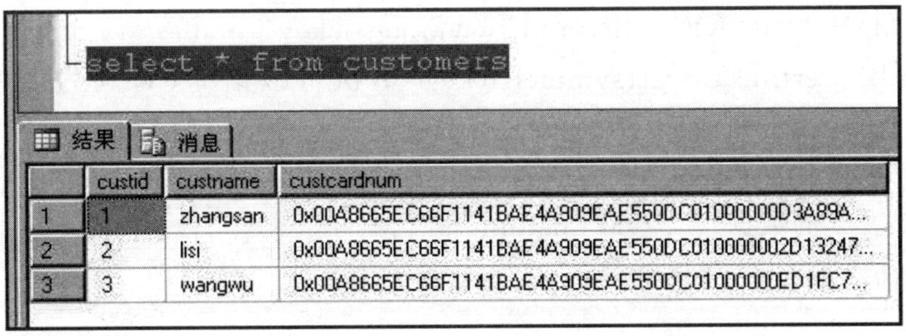

图 12-99　加密后的数据表字段值

第三，如果要查看已经加密的数据，则需要可以访问证书和密钥的用户，利用 decryptbykey 函数才能看到该数据。假定现在还使用拥有该数据库 dbo 权限的用户来查看：

SELECT custid,custname,convert(nvarchar(100),DECRYPTBYKEY(custcardnum))
AS 解密后的信用卡号码 FROM customers

执行代码后的结果如图 12-100 所示：

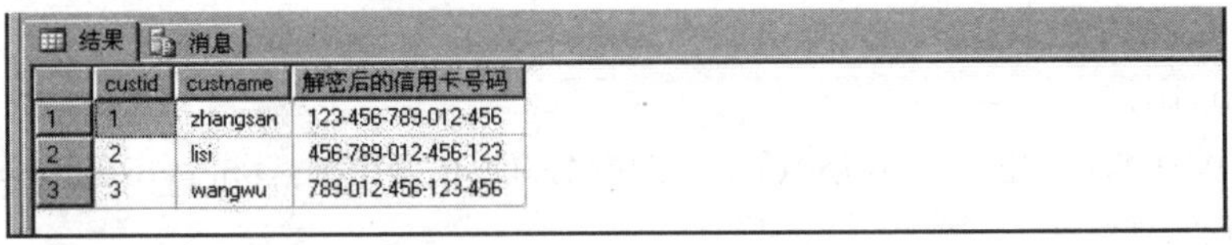

图 12-100　查看加密后的数据表字段值

注意，在代码中必须使用转换函数（如 convert 等）对 decryptbykey(custcardnum) 的结果进行转换，否则看到的仍是一个长度在 8000 个字节以内的可变二进制数，如图 12-101 所示：

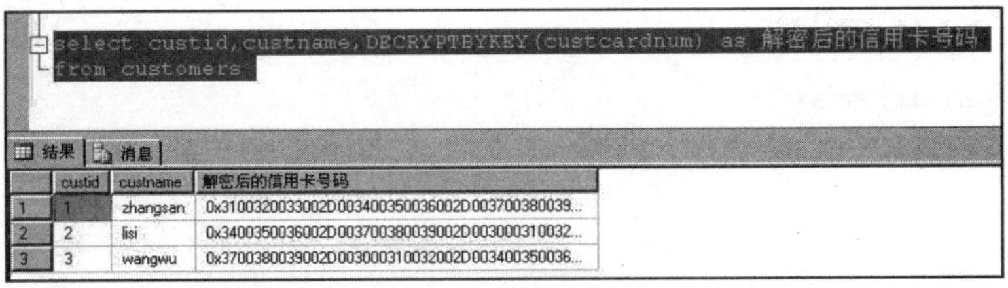

图 12-101　不使用转换函数查看的解密数据

3.数据加密的管理
（1）授权其他用户访问加密数据库
假定要将访问证书和密钥的权限赋予 071403101，让其拥有查看加密数据列：

GRANT CONTROL ON CERTIFICATE::certsymmetrickey
TO "071403101"
GRANT VIEW DEFINITION ON SYMMETRIC KEY::encryptdatasymmetrickey
TO "071403101"

此时使用 071403101 用户登录数据库后，打开密钥，再利用 decryptbykey 方法语句查看到加密的数据列。

> OPEN SYMMETRIC KEY encryptdatasymmetrickey
> decryption BY certificate certsymmetrickey--不执行该语句,看到的加密数据列仍是 NULL
> SELECT custid,custname,convert(nvarchar(100),DECRYPTBYKEY(custcardnum)) AS "071403101看到的数据" FROM customers

执行后看到的结果如图 12-102 所示:

custid	custname	071403101看到的数据
1	zhangsan	123-456-789-012-456
2	lisi	456-789-012-456-123
3	wangwu	789-012-456-123-456

图 12-102 授权其他用户访问加密数据

从安全的角度考虑,授权 071403101 能够打开证书和密钥是比较高的安全权限。所以在使用之后可及时地撤销授权,语法如下:

> REVOKE CONTROL ON CERTIFICATE::certsymmetrickey
> TO "071403101"
> REVOKE VIEW DEFINITION ON SYMMETRIC KEY::encryptdatasymmetrickey
> TO "071403101"

(2)利用自定义函数提高数据库加密的应用性

如果需要更加灵活地控制证书和密钥的授权,可以使用 EXECUTE AS(类似 Windows 中 runas 的方法)临时提高一般用户的权限。EXECUTE AS 可以写在自定义函数中:

> --其中 decryptbykeyautocert 函数可提供 Opensymmetrickey 和 decryptbykey 的功能
> CREATE function [dbo].]decryptdata](@inputvalue varbinary(256))
> RETURNS nvarchar(100)
> WITH EXECUTE as 'dbo'
> AS
> BEGIN
>   RETURN convert(nvarchar(100),
>   decryptbykeyautocert(cert_id('certsymmetrickey'),null,@inputvalue))
> END

授予 071403101 用户能够使用 decryptdata 函数的权限:

> GRANT EXECUTE ON [dbo].[decryptdata] to "071403101"

使用自定义函数查看加成数据列:

> SELECT custid,custname,[dbo].[decryptdata](custcardnum) AS "通过函数读取加密数据"FROM customers revert

执行代码后的结果如图 12-103 所示:

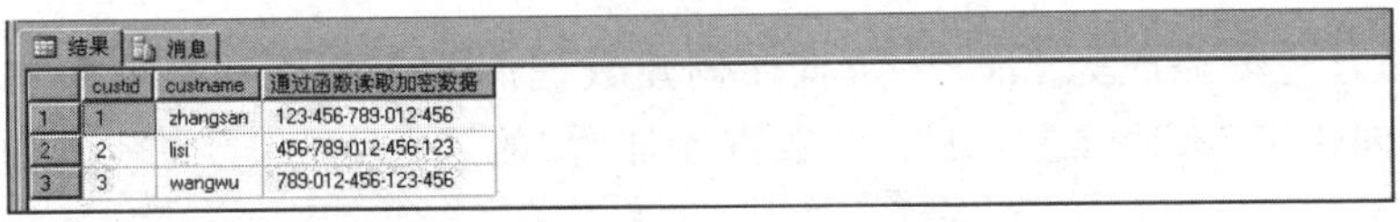

图 12-103　用自定义函数查看加密数据

(3) 控制列级别权限

除了利用对列数据的加密保护外,还可以使用 DENY SELECT 语句(在之前的章节曾经谈到利用 DENY 语句限制用户对数据库的访问)限制对特定列的访问,假定要觉得 071403101 对 custname 列的访问,则使用如下代码:

```
DENY SELECT (custname) ON customers TO "071403101"
```

如果用户 071403101 再用 SELECT 去查询 custname 字段时,就会出现如图 12-104 所示错误:

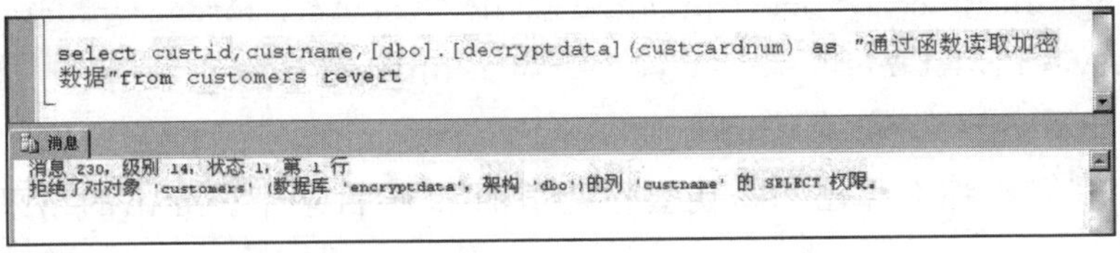

图 12-104　对列访问的限制会导致访问出现错误

如果不包含 custname 字段则得到正常结果,如图 12-105 所示:

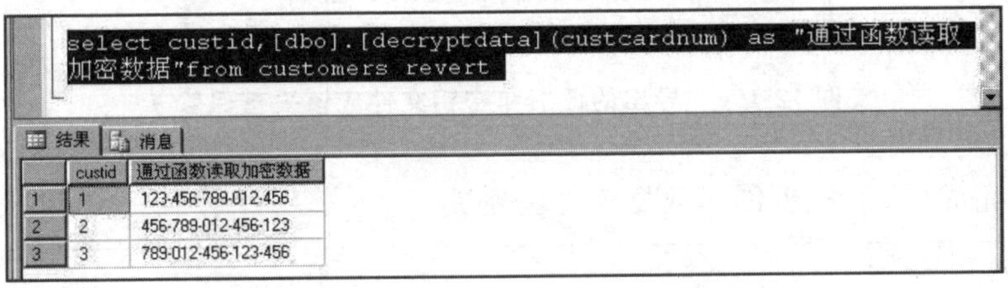

图 12-105　避开收限制访问的列数据

(4) 关闭密钥

```
CLOSE SYMMETRIC KEY encryptdatasymmetrickey
```

关闭密钥后,使用 SELECT 语句查看加密数据列,将得到 NULL 值。可以使用 decryptbykey 语法查看加密数据列。如果使用了错误的密钥或者没有使用密钥的权限,也会得到相同的结果。

4. 数据库透明加密(TDE)

SQL Server 2008 版本开始提供了一个新功能——透明数据加密(Transparent Data Encryption)。"透明数据加密"(TDE)可对数据和日志文件执行实时 I/O 加密,并在内存中解密。这种加密使用数据库加密密钥(DEK),该密钥存储在数据库引导记录中以供恢复时使用。DEK 是使用存储在服务器的 master 数据库中的证书保护的对称密钥,或者是由 EKM 模块保护的非对称密钥。TDE 保护"处于休眠状态"的数据,即数据和日志文件。当攻击者非法获取了数据文件时,数据将是不可读、不可用的,包括本地备份文件也以加密的形式包含数据。

(1) 启用 TDE

①启用 TDE 首先要完成为 master 数据库创建数据库主密钥。如果已经有了则不需要,比如本章节中已经创建了。(请参考:"12.3.2 数据库加密"的第 2 点)。参考代码如下:

```
USE master
CREATE MASTER KEY ENCRYPTION BY PASSWORD='password12!'
```

②创建主密钥后再创建证书。证书的作用在于在数据库内部创建数据库加密密钥,可以使用非对称密钥。

```
USE master
CREATE certificate certforencryptdata WITH subject=' certificate FOR encyptdata TDE'
```

如果需要恢复数据则需要用到证书,那么先要对证书进行备份。使用私钥导出证书,因为 SQL Server 需要私钥来解密该证书加密的数据库加密密钥:

```
BACKUP certificate certforencryptdata TO file='c:\\certforencryptdata.cer'
WITH PRIVATE KEY(file='c:\\certforencryptdata.key',
encryption BY password='password12!')
```

如果没有指定路径,那么导出的密钥会在默认的 data 目录中。导出的结果如图 12-106 所示:

图 12-106 导出的证书和密钥文件应该妥善保管

③证书备份完成后,下一步创建数据库加密密钥:

```
USE encryptdata
CAEATE database encryption KEY
WITH algorithm=aes_256
encryption BY server certificate certforencryptdata
```

④最后一步就是打开 TDE 功能:

```
ALTER database encryptdata
SET encryption ON
```

(2) 还原由 TDE 加密的数据库

如果要将由 TDE 加密的数据库还原到同一个服务器,只要没有改变用来加密数据库加密密钥的证书,用户可以使用正常的恢复步骤进行数据库恢复。

如果要将由 TDE 加密的数据库还原到另一台服务器,首先要利用备份证书时创建的文件来创建证书,才能进行恢复工作。

如果没有正确的证书,想要附加已经加密过的数据库文件,会出现如图 12-107 所示的错误报告:

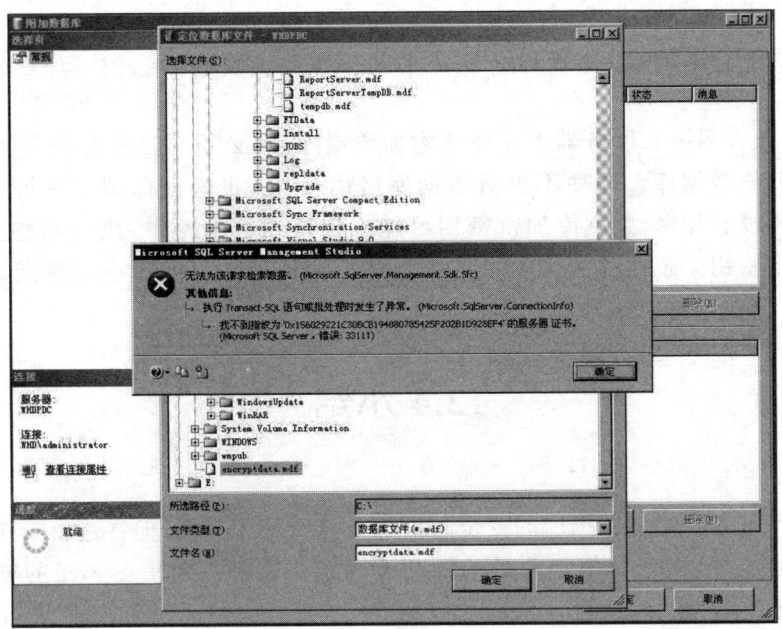

图 12-107 无证书和密钥不允许正常访问

那么需要两个步骤来在另一台数据库服务器上恢复数据库的任务，假定证书和密钥以及数据库文件都放在 c:分区根目录下。

在新的数据库服务器创建新的数据库主密钥：

```
USE master
CREATE master key encryption BY password='password12!'
```

在新的数据库服务器还原证书：

```
CREATE certificate newcertfordencryptdata
FROM file='c:\\certforencryptdata.cer'
WITH PRIVATE KEY
(
    file='c:\\certforencryptdata.key',
    decryption by password='password12!'
)
```

附加数据库操作：

```
CREATE database encryptdata ON
( filename='c:\\encryptdata.mdf'),
( filename='c:\\encryptdata_log.ldf')
FOR attach
```

最后可根据需要，决定是否删除数据加密：

```
--在另一台数据库服务器中进行如下操作
DROP certificate newcertfordencryptdata
DROP master key
```

 启用 TDE 时,应该立即备份证书和与证书相关联的私钥。如果证书变为不可用,或者如果必须在另一台服务器上还原或附加数据库,则必须同时具有证书和私钥的备份,否则将无法打开该数据库。即使不再对数据库启用 TDE,也应该保留加密证书或非对称密钥。即使数据库没有加密,数据库加密密钥可能也保留在数据库中,执行某些操作时可能需要访问这些加密密钥。超过过期日期的证书仍可以用于通过 TDE 加密和解密数据。

12.4 小结

安全问题永无止境。对于数据库的安全防护也是无所不用其极,但在进行安全防护时要综合考虑服务器的相关性能、资产价值和业务的便利性问题。掌握了 SQL Server 的安全防护基本体系,可从数据库服务器对象、程序设计代码、IPSec 等安全策略进一步探讨如何进行 SQL Server 的有效防护。

第 13 章　数据库与动态网页设计基础

本章教学要求

- 了解动态网页设计的基本概念
- 了解动态网页设计的基本原理
- 掌握动态网页与数据库连接技术
- 掌握利用动态网页实现数据的增、删、改、查

数据库系统与动态网页技术的结合,为当今的 Internet 用户提供信息服务,仍是目前的主要方式。本章节将在理解和掌握数据库原理和技术的基础上,利用动态网页技术,快速创建一个动态交互网站,以此进一步理解和把握数据库知识和技能,也为进一步学习其他课程做好准备。

13.1 动态网页设计的基本概念

动态网页指的是在 HTML 页面中使用携带相应的脚本代码,在返回信息给用户之前,需要在服务器上进行处理的网页技术。

目前常用的广义动态网页技术是 DHTML、ASP、ASP.NET、JAVA、PHP 等。狭义的动态网页技术常常被翻译成为 asp,则指的是微软公司于 1996 年在 Windows NT 4.0 的 IIS 模块中所附加的功能,它是一种服务器端脚本引擎,目的是为用户动态地创建 Web 页面。

动态网页(以微软的 ASP 技术为例)的基本工作原理参考图 13-1。

1. 当用户从客户端向 Web 服务器发送访问 asp 页面的请求时,服务器上的 asp 服务引擎开始定位、调用并执行 asp 页面。

2. 通过 asp.dll 对 asp 文件内的代码从上到下顺序处理,执行脚本等其他页面内容,包括可能与数据库服务器之间的连接、数据交互等。最后生成相应的 HTML 文件。

3. 服务器将执行结果的 HTML 文件反馈给客户端,用户通过浏览器等阅读相应的页面信息。

本章节将利用 Dreamweaver 平台,结合 ASP 技术快速创建一个动态网站,包含对数据库表的增、删、改、查等相关页面,以此说明数据库系统在 Web 服务中的重要作用。

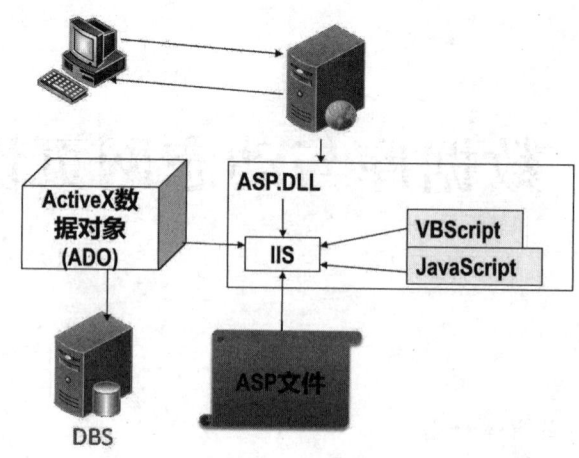

图 13-1 ASP 基本工作原理图

13.2 动态网页设计与数据库的连接

13.2.1 创建 Web 服务站点

创建动态网站或解析动态页面代码，首先需要创建一台 Web 服务器。在 Windows 环境下，主要是通过添加 Internet Information Service 组件构建 Web 服务。主要步骤如下：

1.打开 Windows Server(本书以 Windows Server 2003 为例)的控制面板，打开"添加或删除程序选项"，单击左侧的操作列表"添加/删除 Windows 组件"，如图 13-2 所示：

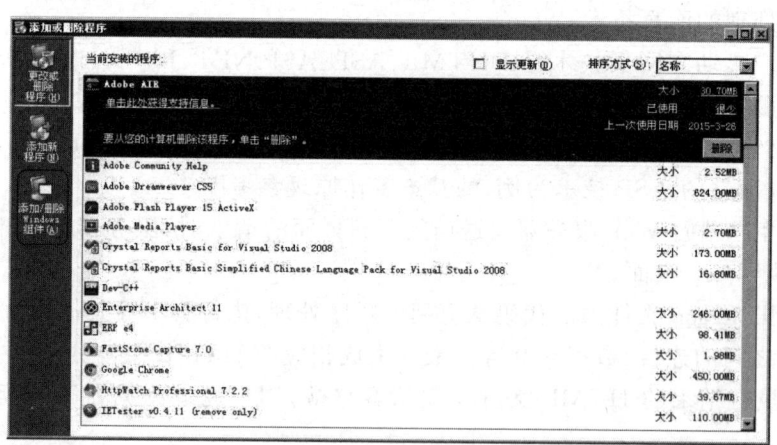

图 13-2 添加 IIS

2.在"Windows 组件向导"中选择"应用程序服务器"，进入到第二层"应用程序服务器"，单击"ASP.NET"选项或者双击"Internet 信息服务(IIS)"，进入另一层窗口，确认"万维网服务"选项被选中，如图 13-3 所示：

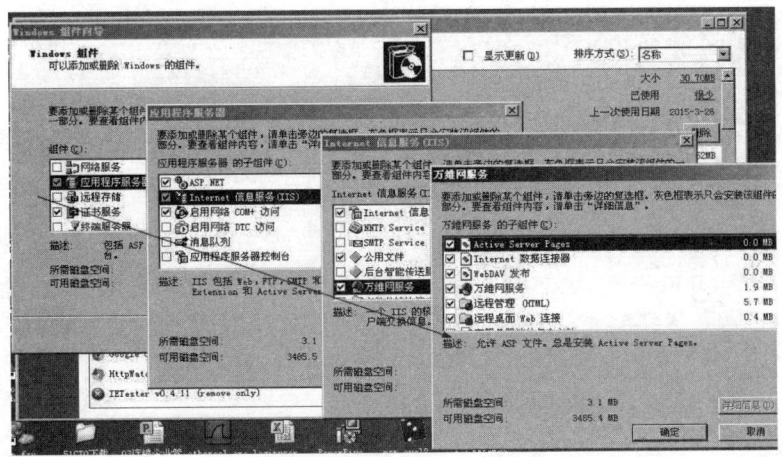

图 13-3 添加 IIS 及相关组件

3.单击"确定"后,系统会提示进入添加 Windows 组件的状态,这个过程是可能需要用户提供 Windows Server 2003 操作系统的安装光盘。当完成了 IIS 组件的添加后,从"开始"菜单的"管理工具"看到 IIS 的快捷方式,如图 13-4 所示:

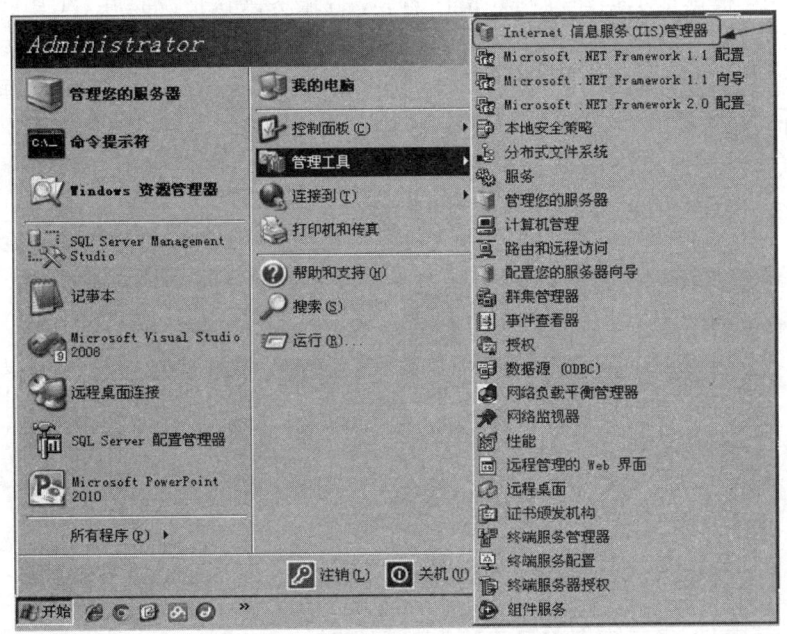

图 13-4 添加 IIS 后的管理工具界面

4.单击"管理工具"中的 IIS 快捷方式,启用 IIS 管理器。在该管理器中有本机服务器下的应用程序池列表和网站列表等。在网站列表中,默认情况下已经创建了位于 c:\inetpub 目录下的"默认网站"。如图 13-5 所示:

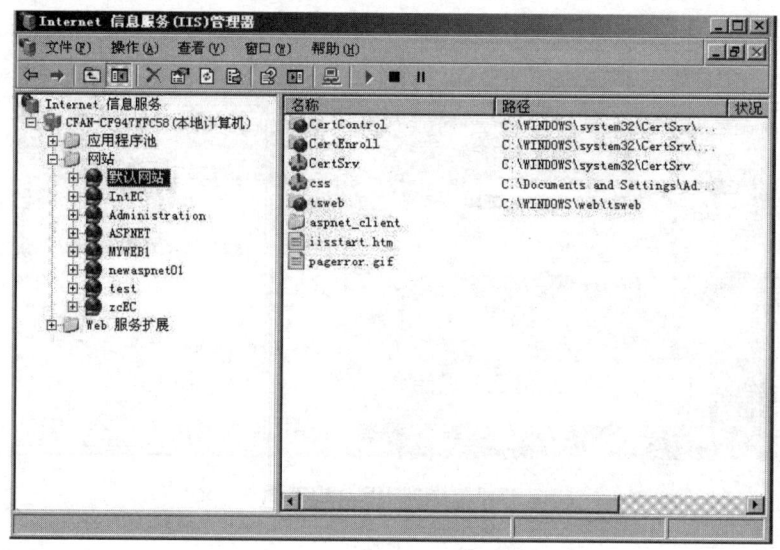

图 13-5　IIS 管理界面

5.假设用户需要创建一个新的 Web 站点，则右单击"网站"，选择"新建"下的"网站"项目，在"网站创建向导"中，根据提示创建网站。请注意，Web 服务默认情况是在 TCP 80 或者 443 端口提供服务，而默认网站一般已经占用了该端口，所以，之后创建的站点原则上应该避开 80、443 端口，或者使用多主机头技术在单 IP、单 80 端口创建和启用多个 Web 站点，这方面的知识可参考其他课程或资料。

在本章节中用户要创建的网站名称是"myasp"，端口在 9999，网站的文件存放位置是 c:\myasp 目录下，结果如图 13-6 所示：

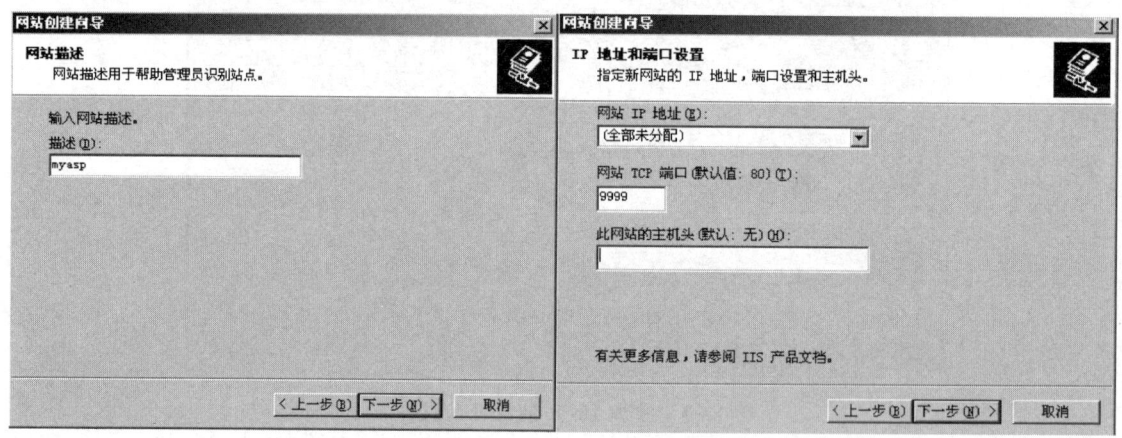

图 13-6　创建 Web 测试站点

目前该站点为空，下面将通过 AdobeDreamweaver 网页与网站设计工具对站点进行内容上的充实。

13.2.2　调试 ASP 动态网站

本章节所使用的 Dreamweaver 版本为 CS5（以下简称 DW），该软件各版本虽有不同，但基本应用流程是相同的。

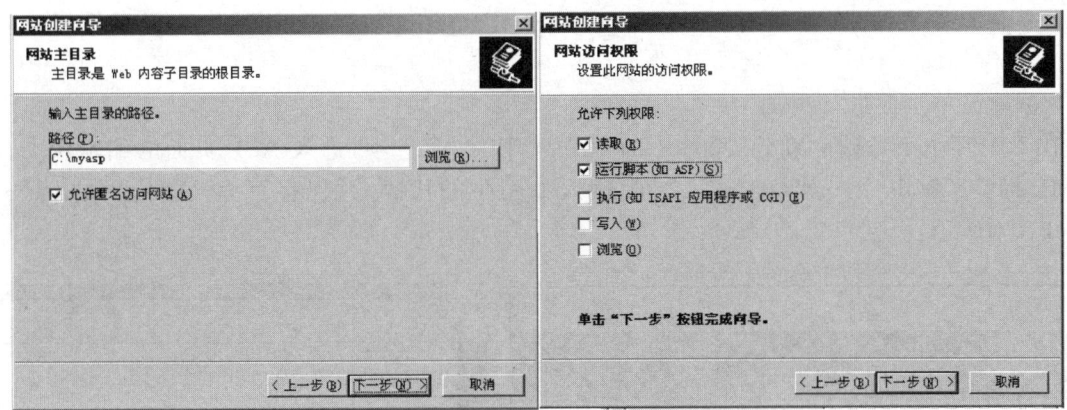

图 13-7　配置 Web 测试站点参数

在上个章节中已经创建了一个端口在 9999 的 Web 站点。利用 DW 进行动态网站管理和网页设计，首先要在 DW 平台上创建与之的关联。

1.在 DW 中创建站点连接并管理。如图 13-8 所示：

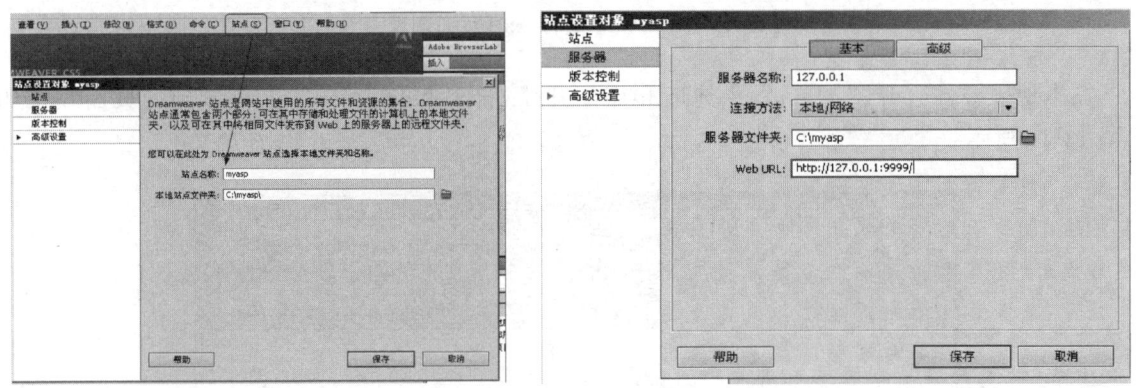

图 13-8　利用 DW 管理站点

因为均在本地测试，所以使用的服务器名称可以选择 127.0.0.1。若在远程服务器上，则服务器名称要设置为远程服务器的 IP 地址或相关名称，且连接方式较经常使用 FTP 方式。如图 13-9 所示：

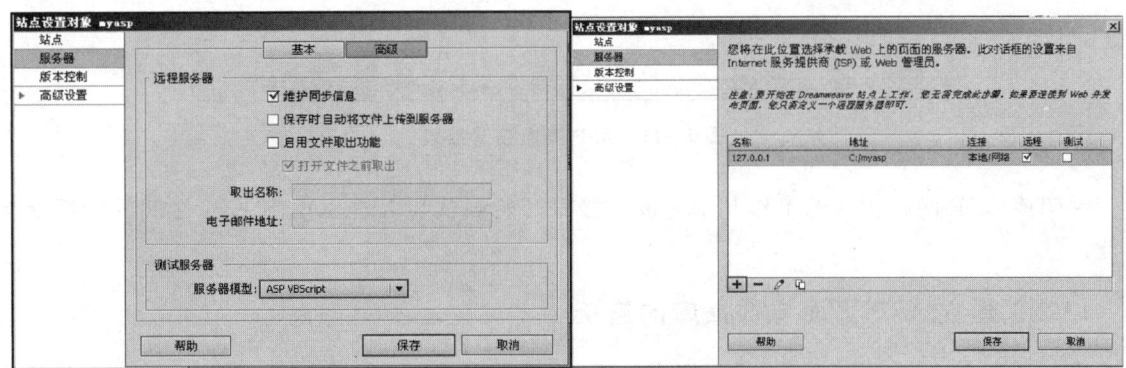

图 13-9　DW 站点连接测试

作为测试服务器,服务器的模型设置为"ASP VBScript",以便进行 ASP 页面的创建和发布。

2. 创建简单页面进行测试。

在 DW 环境下,选择"新建"菜单中的"ASP VBScrip"选项,进入 ASP 页面的编辑状态。在 HTML 标签<body>…</body>之间,输入如图中的代码,并保存页面,文件名如 test.asp。如图 13-10 所示:

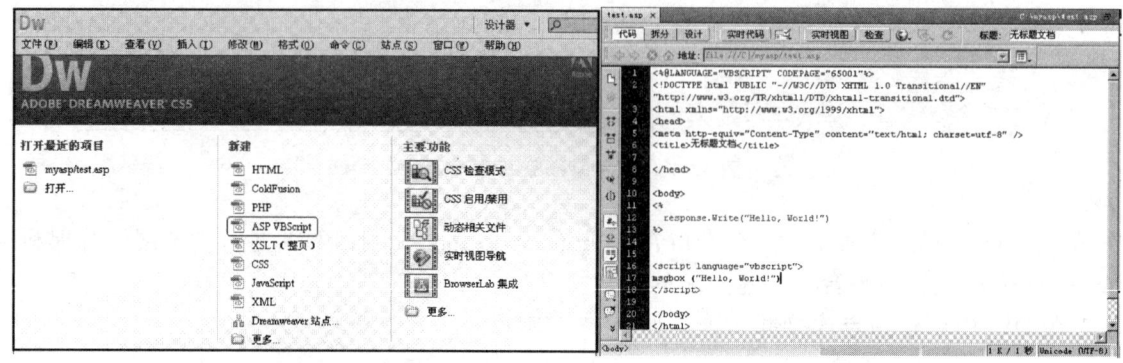

图 13-10　DW 中进行 ASP 页面测试

在本地服务器打开浏览器,输入地址 http://127.0.0.1:9999/test.asp,可看到的页面效果如下图 13-11 所示:

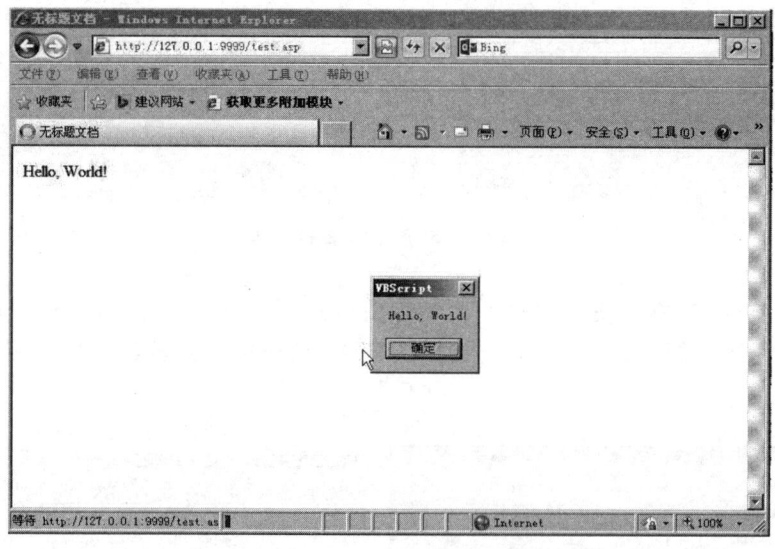

图 13-11　ASP 页面测试结果

说明该 ASP 网站创建的工作基本完成。接着开始测试与 MS SQL Server 之间的数据交互功能。

13.2.3　建立 ASP 页面与数据库的连接

当各类平台连接并使用异构的数据库系统时,需要通过中间组件来实现。ASP 网页与数据库的交互方式主要包括以下几种:

1.ODBC(Open DataBase Connectivity)

ODBC 指的是开放数据库连接,是 1992 年由 Microsoft 和 Sybase、Digital 公司共同制订的一种标准接口技术,通过其 API,可存取各种不同的数据库。某应用程序若要访问某种数据库,必须用 ODBC 管理器建立一个数据源,在数据源中配置数据库服务的位置、数据库的类型以及 ODBC 本身的驱动程序等信息,以便建立与数据库的连接。在应用程序中可进行调用数据源,由 ODBC 实现与数据库服务的连接。

在 Windows 系统中,一般通过管理工具中的 ODBC 管理器进行数据源的创建,如图 13-12 所示。连接数据源如图 13-13 所示。

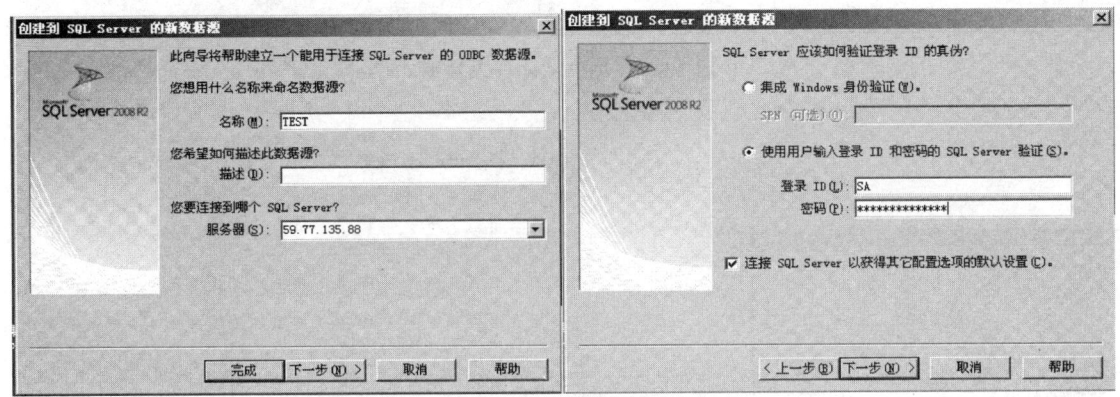

图 13-12　ODBC 连接其他数据源

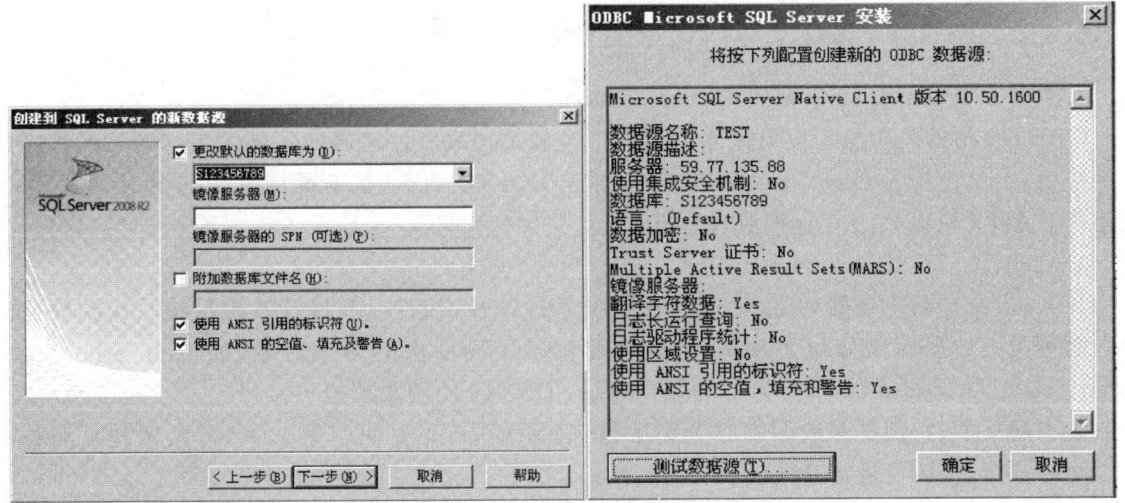

图 13-13　连接数据源测试

创建 ODBC 数据源后,若要在应用程序中,如在 Excel 中直接将 MS SQL Server 数据库服务器上的 s123456789 中的 allstus 表数据引入到 Excel 工作表中,过程如图 13-14、图 13-15 所示:

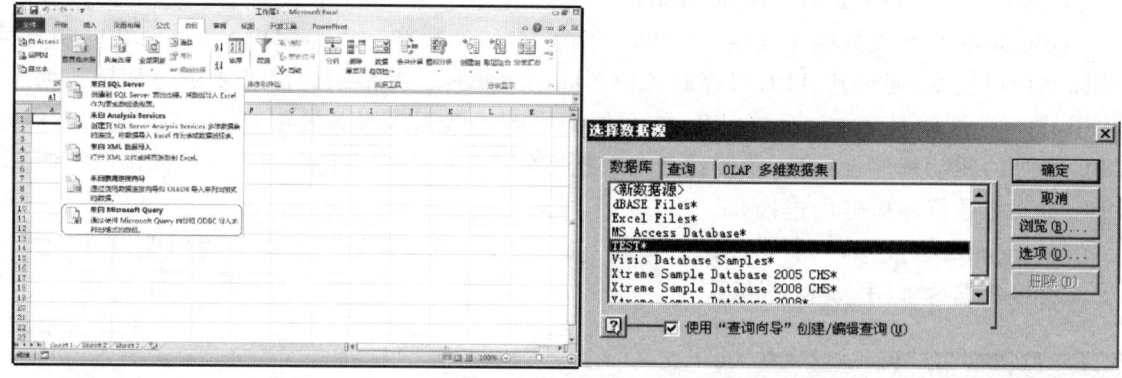

图 13-14 在 Excel 导入数据

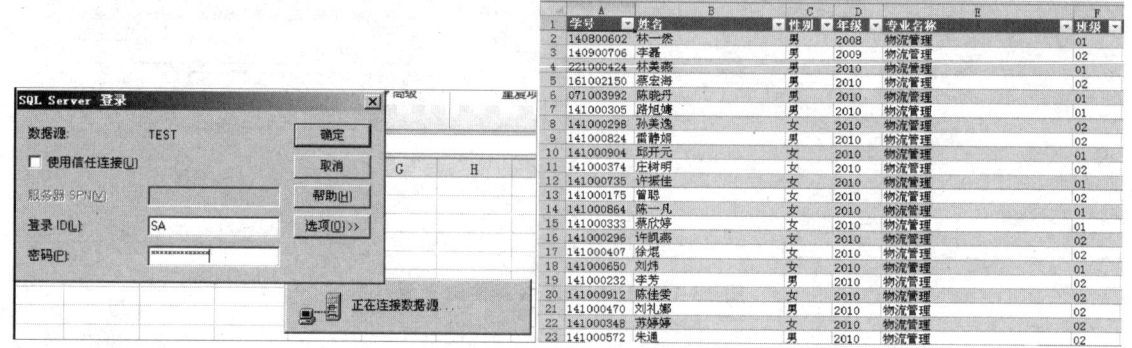

图 13-15 输入导入的结果

2．OLE DB(Object Link and Embed Database)

OLE DB 指的是对象连接与嵌入数据库。微软公司战略性地通向不同的数据源的低级应用程序接口，不仅包括了 ODBC 的结构化查询语言(SQL)能力，还具有面向其他非 SQL 数据类型的通路。ADO 利用 OLE DB 来取得数据。

3．ADO(ActiveX Data Objects)

ADO 指的是动态数据对象，用于存取数据源的 COM 组件。允许开发人员编写访问数据的代码而不关心数据库是如何实现的。ADO 提供了不同层次的多个对象，如 connection、command、recordset、parameter 等对象，为用户在应用程序上使用数据提供接口。

动态网页中，特别是与数据库产生交互的动态页面，首先要使用如 ADO 等技术建立与数据库之间的链接，之后再进行其他的操作。

下面的例子，将使用 OLE DB＋ADO 技术，利用 DW 开发平台建立与数据库的连接，其具体过程如下：

（1）在 DW CS5 的网页设计环境下，新建一个.asp 页面，如 datalist.asp 页面。打开窗口菜单，选择"数据库"选项，将数据库面板置于面板集中器中，如图 13-16 所示：

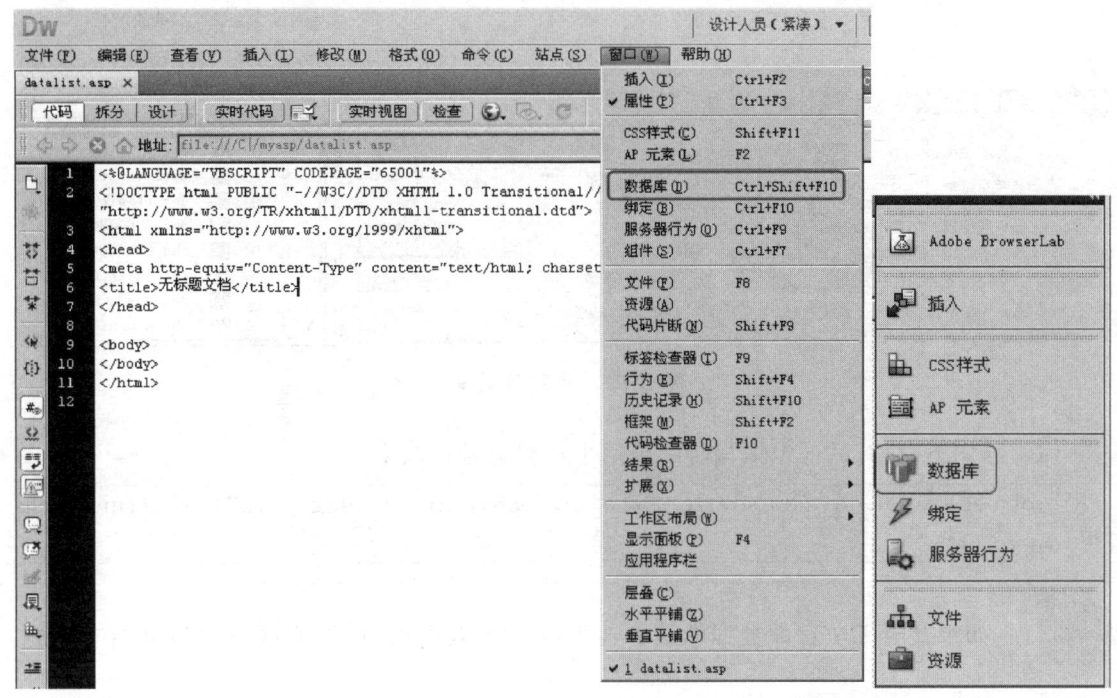

图 13-16 DW 中绑定数据库

(2)单击数据库面板,选择数据库选项,单击"+",添加"自定义连接字符串",如图 13-17 所示:

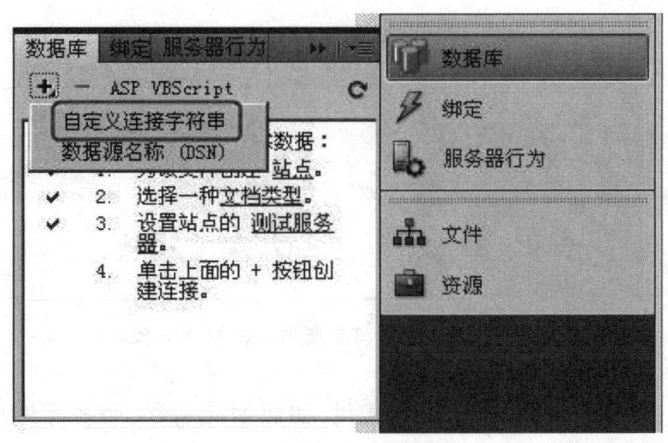

图 13-17 设置数据库连接字符

(3)在"自定义连接字符串"中,设置连接名称和连接字符串。连接名称设置如 conn,连接字符串就是选择与数据库连接的方法和具体参数,如服务器地址、所使用的连接账号和密码等,测试能否成功连接,并创建本地脚本,如图 13-18 所示:

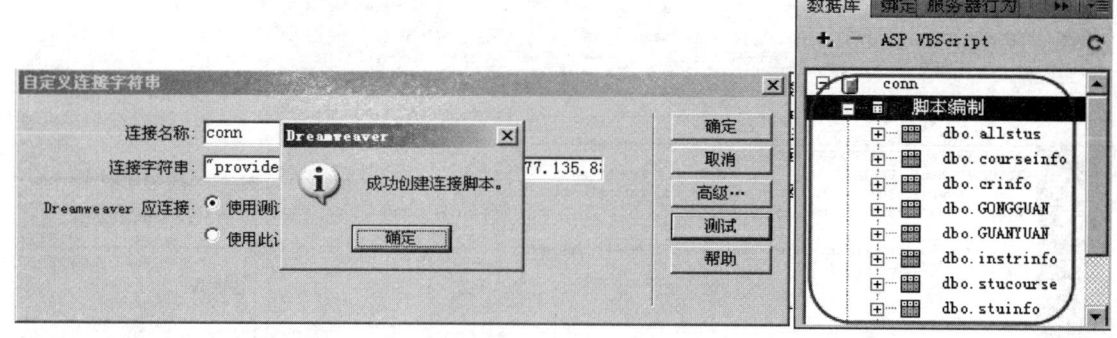

图 13-18　绑定数据库

具体代码如下,在对话框中填写时必须用半角双引号括起来:

"provider=sqloledb;data source=59.77.135.88;initial catalog=s123456789;uid=aspnet;pwd=12345"

注:如果此时无法获取数据库服务器上的数据表列表,这说明网络通信可能有问题,或者数据库安全账号的权限设置有问题,请检查解决。

当成功创建脚本时,在本地的 DW 站点管理器上,呈现新增了 connections 文件夹,该文件夹下面有个名为 conn.asp 的文件,其中包括了之前定义的进行数据库连接的相关代码,如图 13-19 所示:

图 13-19　连接字符串所依附的文件对象

若被连接的数据库服务器相关参数发生变化,如数据库名称、服务器地址、用户名和密码等发生修改,则在 conn.asp 中直接修改即可。

注:所链接的数据库管理系统可以与 Web 服务位于同一台服务器上,也可以是在其他服务器上,即远程数据库服务器。

13.2.4　在 ASP 页面获取数据集

一般地,在对数据进行增、删、改、查之前,除了与数据库建立连接外,还需要通过数据库连接与相应的数据表、视图等建立绑定,获取相关的记录集。具体操作步骤如下:

在数据库面板中,选择"绑定"功能,比如选择其中的"记录集"类型,设置记录集的名称为 myrs,选择在上一步骤中创建的数据库连接 conn。此时如果网络正常,并且在连接中所使用的用户账号拥有对远程数据库的权限,那么"表格"栏中将获得该数据库所有可访问的相关数据。在此,选择该数据库中的 allstus 表作为测试对象,如图 13-20 所示:

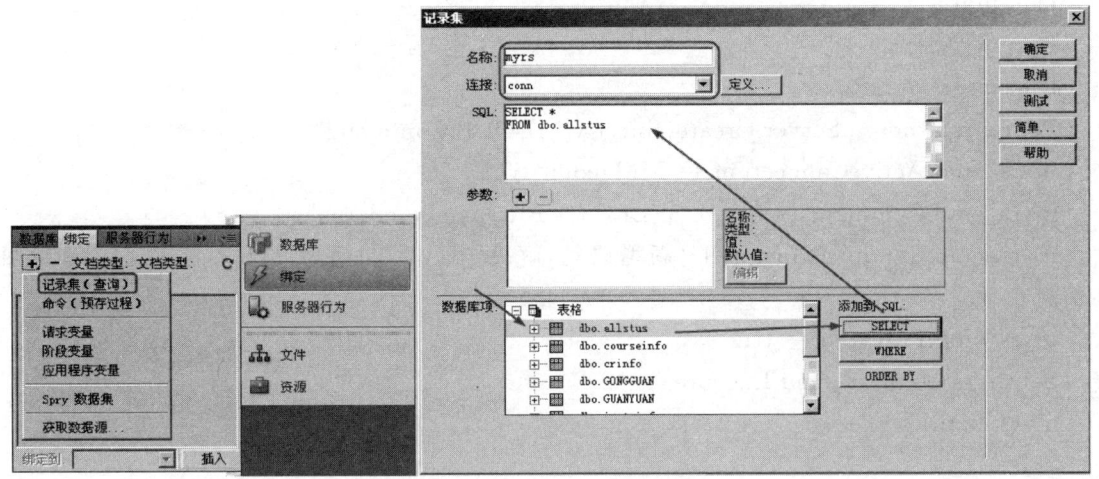

图 13-20　创建数据集

选中远程数据库服务器上的数据表 dob.allstus,单击"SELECT"按钮,在 SQL 对话框中会即时添加了 T-SQL 的 SELECT 语句,单击测试,可获取远程数据库中 allstus 数据表的部分数据,如图 13-21 所示:

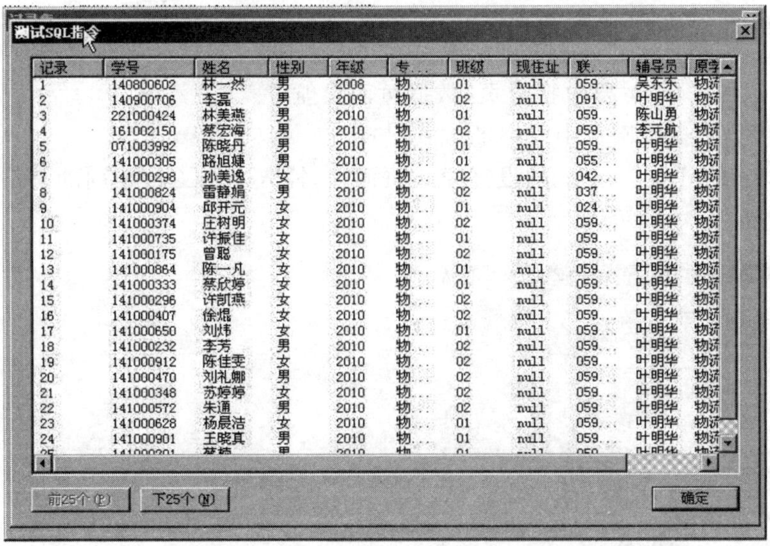

图 13-21　数据集预览

同时会在 datalist.asp 页面中的相应位置添加如下代码:

```
<!--#include file="Connections/conn.asp"-->
<%
Dim myrs
Dim myrs_cmd
Dim myrs_numRows
Set myrs_cmd = Server.CreateObject("ADODB.Command")
myrs_cmd.ActiveConnection = MM_conn_STRING
myrs_cmd.CommandText = "SELECT * FROM dbo.allstus"
myrs_cmd.CommandType=1 '新增语句,解决"找不到句柄为 -1 的预定义语句"的报错信息
myrs_cmd.Prepared = true
Set myrs = myrs_cmd.Execute
myrs_numRows = 0
%>
…
<%
myrs.Close()
Set myrs = Nothing
%>
```

13.2.5 对数据集进行格式化呈现

对数据集进行格式化,主要包括分页、数据页面导航等。

1. 将记录集中的数据以网页中表格的方式呈现

（1）在已经创建的 datalist.asp 的设计模式页面上,插入一个二行四列的表格,并进行大小调整、标题设置,如图 13-22 所示：

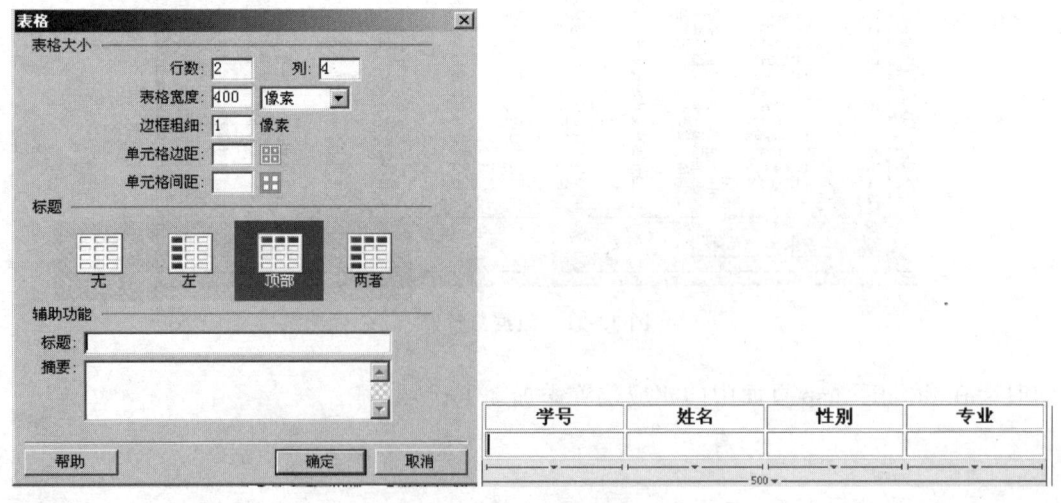

图 13-22 表格设置

（2）将记录集中的字段域拖曳到 ASP 页面中表格的相应单元格位置,如图 13-23 所示：

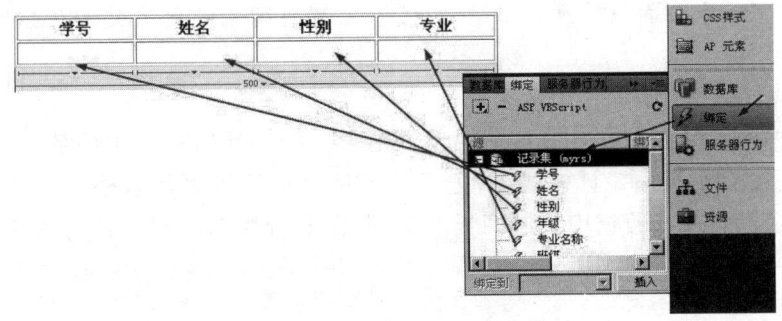

图 13-23　表格单元格绑定数据集

通过切换代码视图查看,将记录集中的四个字段拖曳到表格相应单元格后,在页面中表格部分自动嵌入了相应的 asp 代码:

```
<table width="600" border="1" align="center">
<tr>
<th scope="col">学号</th>
<th scope="col">姓名</th>
<th scope="col">性别</th>
<th scope="col">专业</th>
</tr>
<tr>
<td><%=(myrs.Fields.Item("学号").Value)%></td>
<td><%=(myrs.Fields.Item("姓名").Value)%></td>
<td><%=(myrs.Fields.Item("性别").Value)%></td>
<td><%=(myrs.Fields.Item("专业名称").Value)%></td>
</tr>
</table>
```

使用浏览器浏览生成的页面,效果如图 13-24 所示:

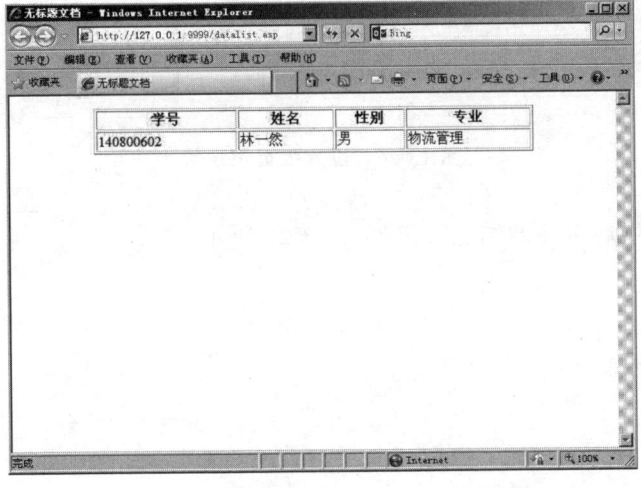

图 13-24　绑定数据后的 ASP 页面执行效果

不足之处在于一个页面只呈现一条记录,接下来就要利用到分页技术对数据集进行记录重复与分页设置。

2.对表格的数据进行分页

(1)设置数据的重复区域。重复区域的设置是为了能够让数据表中的数据逐条呈现在页面表格中。步骤是在 DW 页面设计模式下,把鼠标置于表格的第二行表格线左外侧(即选择整个数据行,而非标题行),选择数据库控制面板上的"服务器行为",在服务器行为单击"＋",选择重复区域,如图 13-25 所示:

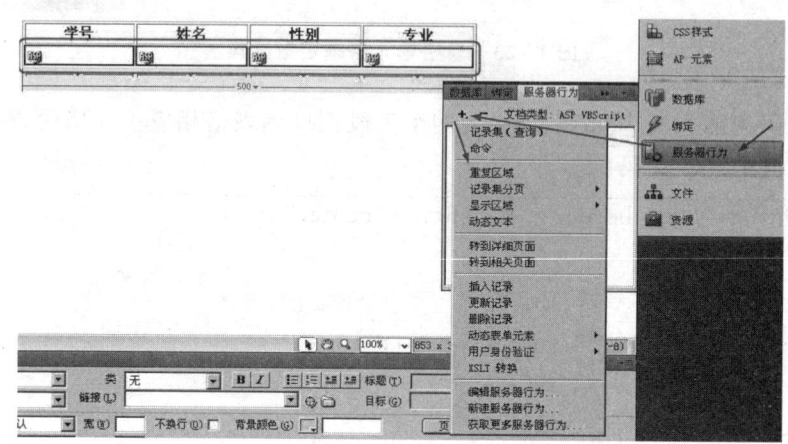

图 13-25　设置重复区域

在重复区域对话框中,选择每个页面需要显示的数据记录数,比如 10 条记录,如图 13-26 所示:

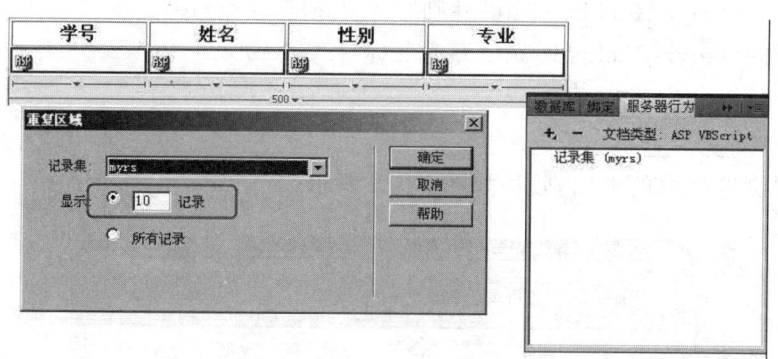

图 13-26　设置每页记录数

设置重复数据区域后页面的浏览效果如图 13-27 所示:

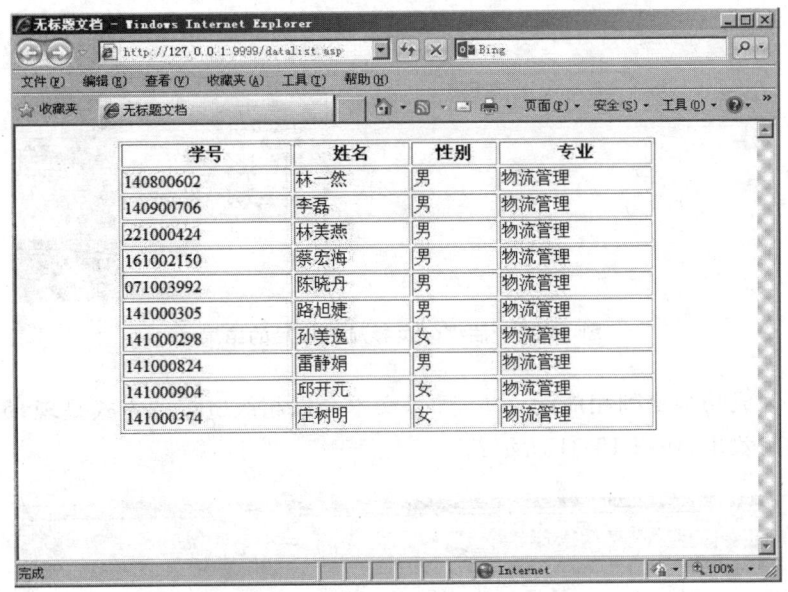

图 13-27 设置每页记录数的页面效果

（2）根据需要对数据进行分页显示。重复数据区域设置后，如果不进行分页，还是只能显示默认首页。因此，还要利用服务器行为进行分页设置。

在 DW 网页设计模式下，在表格的下方，输入如图 13-28～图 13-30 所示的导航文字：

图 13-28 设置分页链接字符

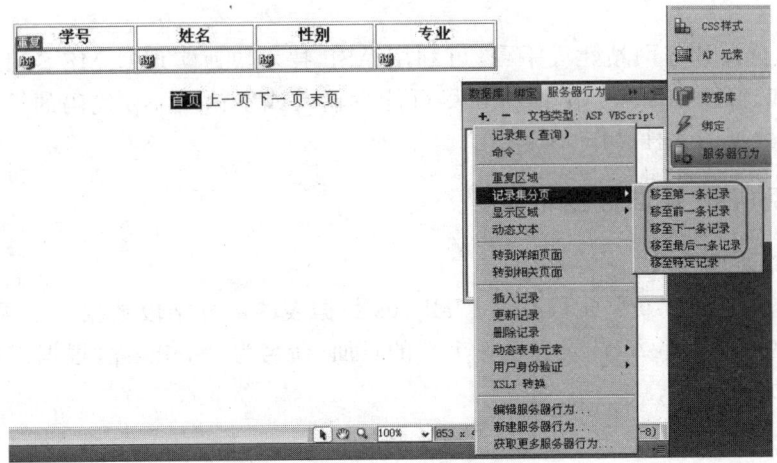

图 13-29 捆绑分页导航链接

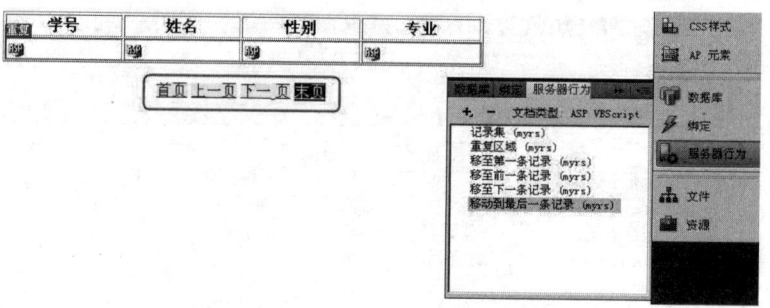

图 13-30 捆绑分页导航链接后的结果

当服务器行为成功绑定到相应的文本上时，文本会以超级链接的方式呈现，最终达到了在不同页面之间切换的效果，如图 13-31 所示：

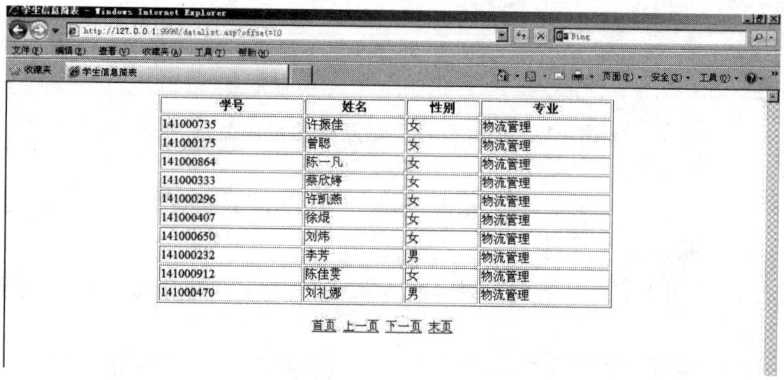

图 13-31 分页设置后的 ASP 页面效果

13.3 利用 ASP 对数据查、删、改、增

利用 DW 网页设计与网站建设平台，可利用 ASP 技术快速实现对 MS SQL Server 数据库数据的查询、添加、修改和删除。下面将在尽可能少输入或不输入 asp 代码的情况下，利用 DW 中的功能实现对数据的各种操作。

13.3.1 利用 ASP 查询数据记录

1．跳转到详细页面

在本章节的 datalist.asp 页面只显示了 allstus 数据表的部分字段数据。如果想在另一个页面显示更多的学生信息，那么，首先创建一个新的页面，命名为 detail.asp，根据需要，设计表格格式如图 13-32 所示：

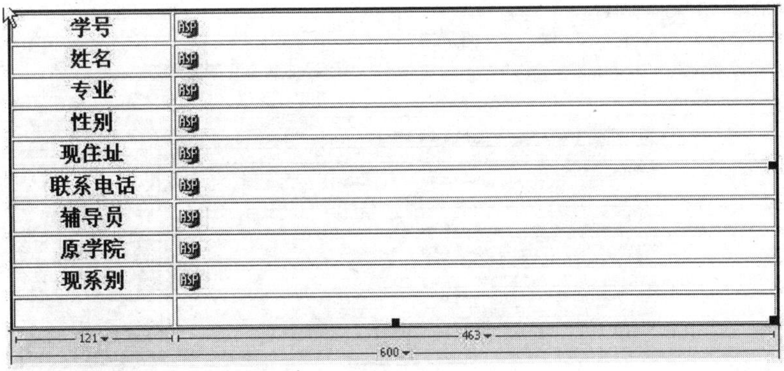

图 13-32 设计详细页面

其次,绑定另一个数据集,比如名为 rs2,连接仍然使用 conn 连接字符串,其详细参数设置如图 13-33 所示:

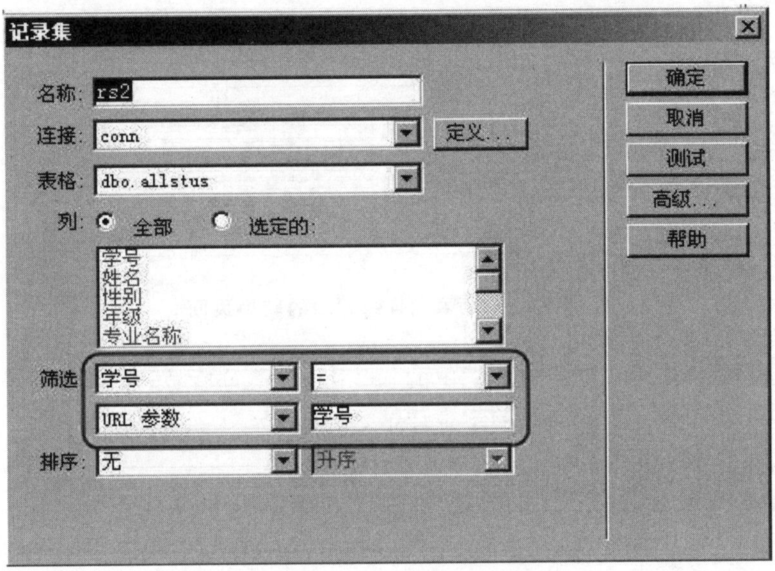

图 13-33 创建新的记录集

通过学号(前提是要保证学号字段数据段的唯一性),并通过 URL 参数传递筛选参数与相应值。

第三,在 datalist.asp 页面的最右侧增加一列或多列,分别输入"详情"、"更改"、"删除"等文字,这些是将来对数据库数据进行操作的连接点。选中"详情"字符,再单击服务器行为,选择"+"弹出菜单中的"转到详细页面"。

在"转到详细页面"对话框中,将新建的 detail.asp 页面作为转向目标,并设置传递的 URL 参数是学号,并与本页所使用的数据集 rs 的学号字段进行绑定,并设置通过 URL 传递相应的参数,如图 13-34 所示:

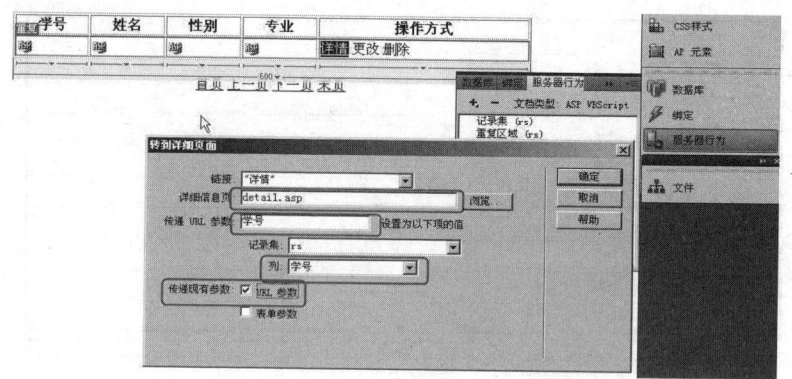

图 13-34　通过 URL 参数绑定记录集筛选条件

在 datalist.asp 页面中，此时可以看到"详情"字符已经添加了超级链接，在浏览器浏览时，单击"详情"即可跳转到相应记录的 detail.asp 页面，如图 13-35 所示：

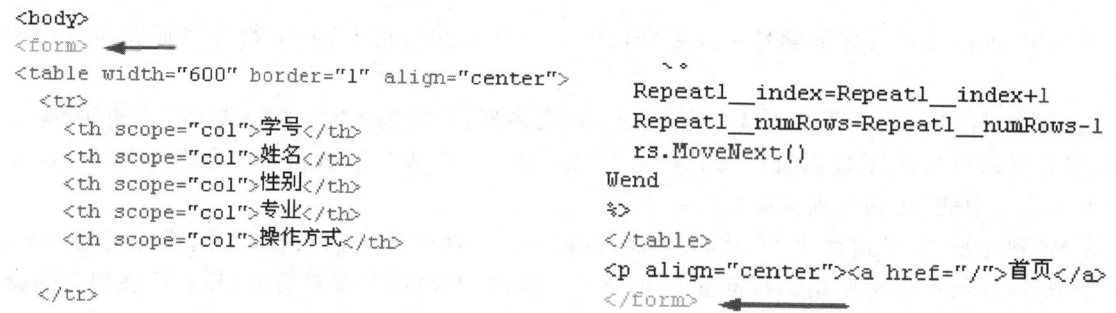

图 13-35　从简表到详细列表的转换页面

在详情页面中，可以看到浏览器地址栏中的 detail.asp 字符后，添加了"？学号＝071106642"的筛选参数，得到的结果也正是该学号的学生详情。

2．根据条件搜索

根据条件搜索是数据查询中常用的方法。

首先，在 datalist.asp 页面中，在＜body＞之后和＜/body＞之前，分别添加＜form＞和＜/form＞，如图 13-36 所示：

```
<body>
<form>
<table width="600" border="1" align="center">
    <tr>
        <th scope="col">学号</th>
        <th scope="col">姓名</th>
        <th scope="col">性别</th>
        <th scope="col">专业</th>
        <th scope="col">操作方式</th>
    </tr>
```

```
        Repeat1__index=Repeat1__index+1
        Repeat1__numRows=Repeat1__numRows-1
        rs.MoveNext()
    Wend
    %>
</table>
<p align="center"><a href="/">首页</a>
</form>
```

图 13-36　插入＜form＞标记

其次，在 datalist.asp 页面的空白处，通过"插入"菜单中选择"文本域"、"按钮"，把文本域的名称命名为 keyword，把按钮的值设置为提交，如图 13-37 和图 13-38 所示：

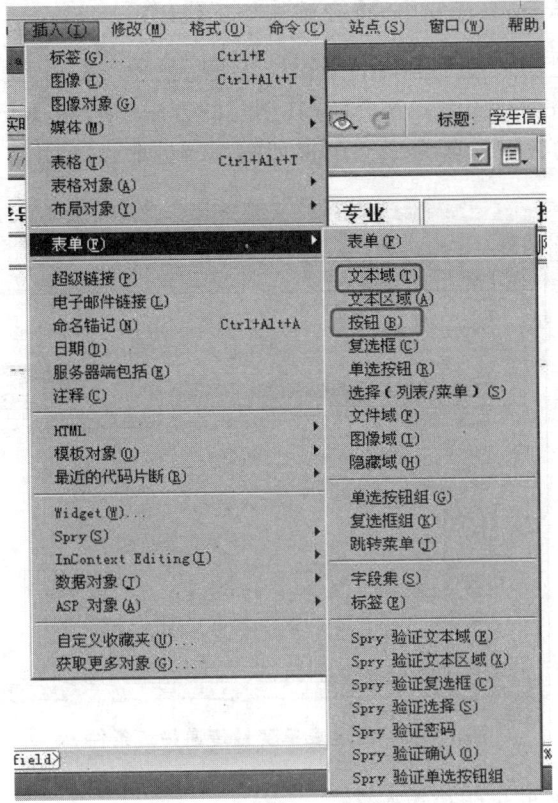

图 13-37 插入表单域对象

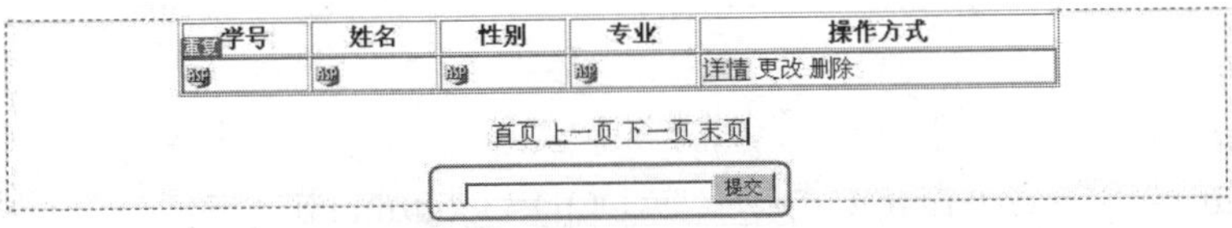

图 13-38 插入表单域对象后的效果

第三，在 datalist.asp 页面中，对表单<form>进行动作设置，如图 13-39 所示：

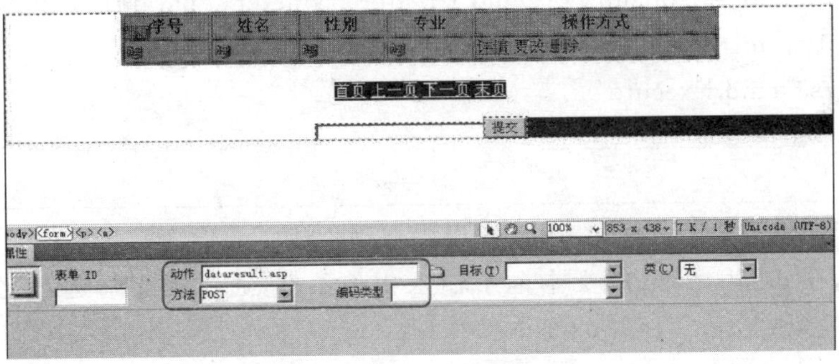

图 13-39 设置表单动作和方法

该配置修改后,在<form>标签中,将会添加如下代码:

<form action="dataresult.asp" method="post">

第四,创建一个新的 dataresult.asp 页面,其创建的方法和创建 datalist.asp 页面相似。但在该页面选择创建一个新的数据集名为 rs3,配置如图 13-40 所示:

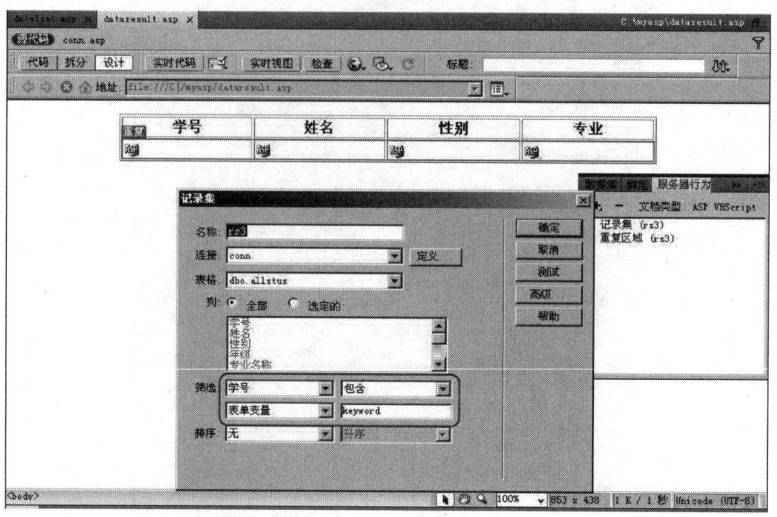

图 13-40 通过表单变量传递筛选条件

该设置完成后,定义数据集的代码如下:

```
<%
Dim rs3
Dim rs3_cmd
Dim rs3_numRows
Set rs3_cmd = Server.CreateObject("ADODB.Command")
rs3_cmd.ActiveConnection = MM_conn_STRING
rs3_cmd.CommandText = "SELECT * FROM dbo.allstus WHERE [学号] LIKE ?"
rs3_cmd.Prepared = true
rs3_cmd.Parameters.Append rs3_cmd.CreateParameter("param1", 200, 1, 255, "%" + rs3__MMColParam + "%") ' adVarChar
Set rs3 = rs3_cmd.Execute
rs3_numRows = 0
%>
```

注:以上代码均不需要手工输入,由系统设置自动生成。

配置完成后,在 datalist.asp 的文本框中输入相关条件,通过提交筛选,就会得到相应的记录:

学号	姓名	性别	专业	操作方式
291100727	赵振鹏	女	财政学	详情 更改 删除
071106286	黄妙芬	男	金融学	详情 更改 删除
071106679	林丰园	女	财政学	详情 更改 删除
021100399	史雪冰	男	财政学	详情 更改 删除
071106357	陈惠丽	女	金融学	详情 更改 删除
071106887	徐锦	女	金融学	详情 更改 删除
071106112	郭玲枫	女	金融学	详情 更改 删除
071106642	关煊琦	女	金融学	详情 更改 删除
071106422	付林庆	男	财政学	详情 更改 删除
071106326	邱丽丽	女	财政学	详情 更改 删除

首页 上一页 下一页 末页

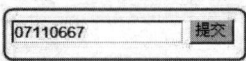

图 13-41　筛选后的结果

通过输入学号字段的完整数值或者部分数值，即可获得相应的结果，如图 13-42 所示：

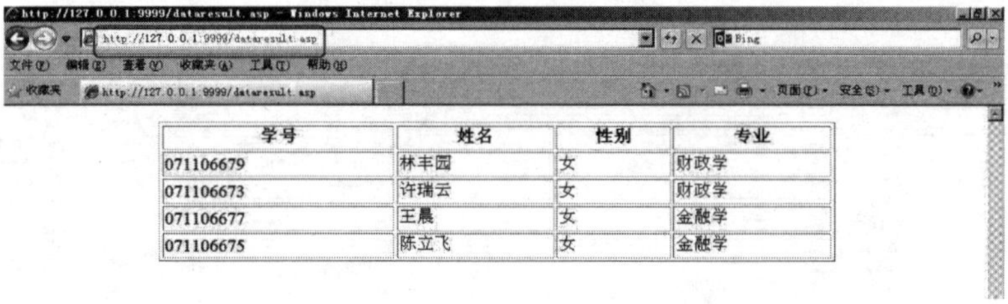

图 13-42　筛选的页面呈现效果

通过设置多个文本框或其他的表单对象，就可以设计高级搜索，并可对是否搜索到相应的结果进行报告。

13.3.2 利用 ASP 添加数据记录

通过 DW 设计平台，结合 ASP 可轻松实现对数据的记录添加。

首先，在文件控制面板中添加一个 dataadd.asp 页面，在＜body＞…＜/body＞之间插入＜form＞标签。根据需要插入了一个两列的数据，一列为字段名称标签，另一列则根据需要添加足够的文本域，并为每个文本域赋予唯一的名称，之后再插入一个按钮，如图 13-43 所示：

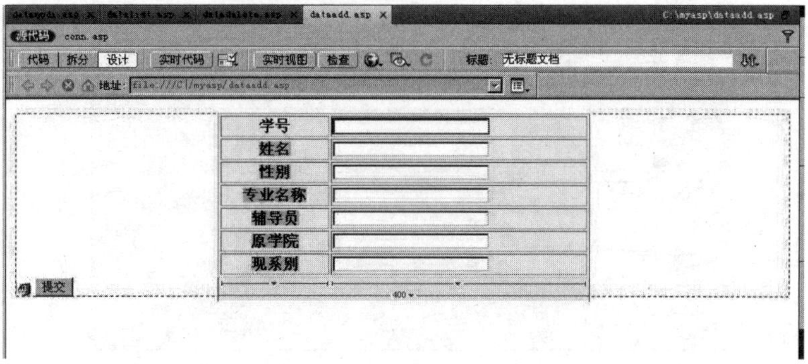

图 13-43　添加记录表单页面

其次，按照之前的方法，创建数据集 rs4，如图 13-44 所示：

第三，将光标置于＜form＞范围内，单击服务器行为，添加"插入记录"，将本页面表单内的文本域与数据库表中的相关字段进行关联，以便将文本域中的数据提交到数据库服务器的相关表中，如图 13-45 所示。第四，用浏览器调用 dataadd.asp 页面，在文本框输入的相应的值，提交后，在 datalist.asp 将看到新增的数据，如图 13-46 所示：

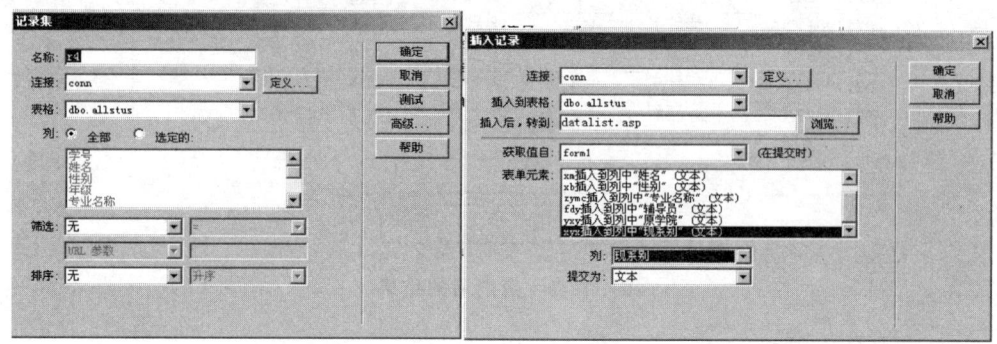

图 13-44　创建新的记录集　　　　　图 13-45　字段与文本框的映射

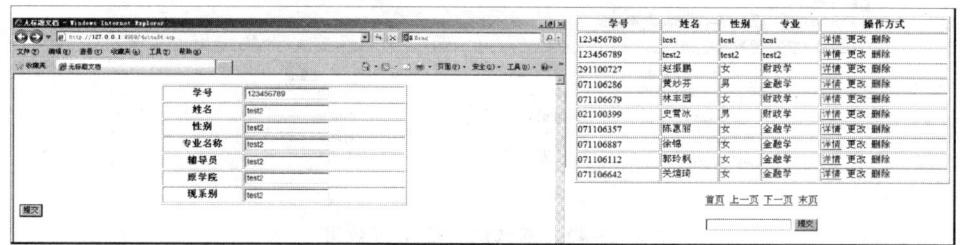

图 13-46　添加记录及结果

13.3.3 利用 ASP 修改数据记录

对数据的修改实际上是对数据库中记录的 update 过程。利用 DW 的更新记录服务器行为，可实现对数据表记录的 Web 方式更新。

首先，参考 13.3.1 创建一个新的记录集 rs5，其配置如图 13-47 所示：

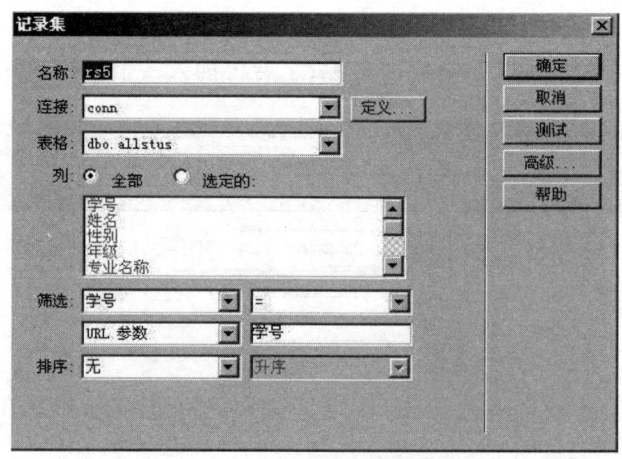

图 13-47　创建新记录集

其次，参考"13.3.2 利用 ASP 添加数据记录"中添加数据记录的方法，在<form>标签中添加一个带有文本框和按钮对象的 datamodi.asp 页面，并将记录集的相关字段拖曳到相应的文本域，使文本域的默认值呈现为某条记录的相应数值，如图 13-48 所示：

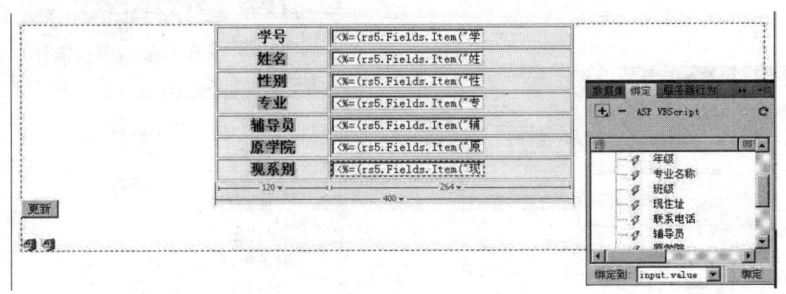

图 13-48 表单域绑定记录集

第三，将光标置于<form>标签中，在服务器行为中，将"更新记录"的功能拖曳到表单区域中，并进行相应的配置，如图 13-49 所示：

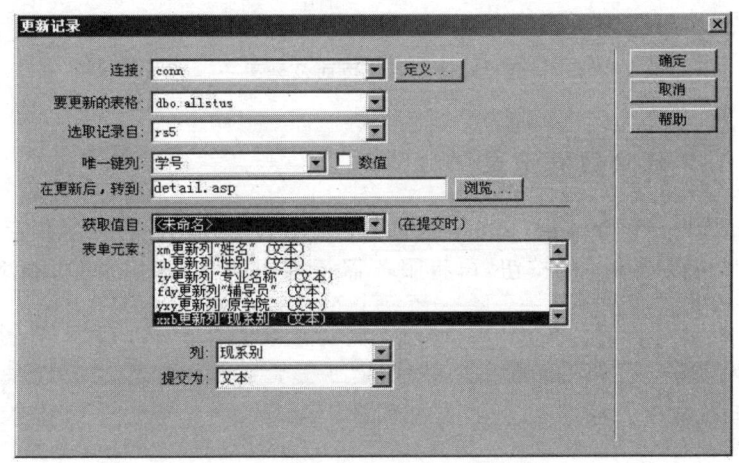

图 13-49 更新字段的映射

第四，参考 13.1.1 章节，将 datalist.asp 中的操作方式列中的"更改"字符与服务器行为中的"转到详细页面"进行捆绑，如图 13-50 所示：

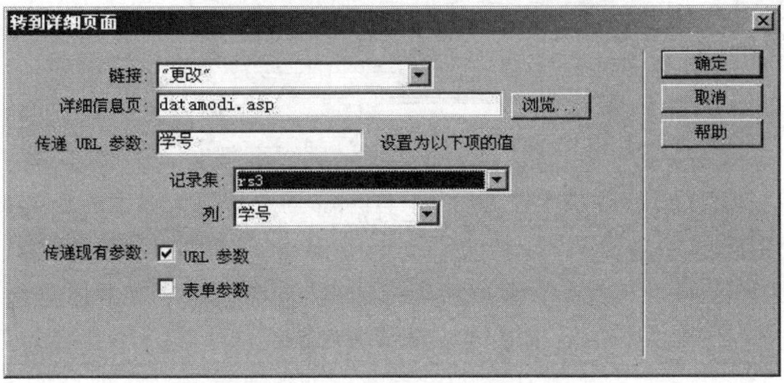

图 13-50 传递参数设置

当在浏览器的 datalist.asp 页面中，单击"更新"则将页面转接到相应记录的 datamodi.asp 页面，当修改完成提交后，会再转向到之前创建的 detail.asp 页面，呈现最后的修改结果，如图 13-51 所示：

图 13-51　更新页面及结果

13.3.4　利用 ASP 删除数据记录

参考之前章节创建一个 datadelete.asp 页面，创建记录集 rs6，并将记录集与表单中表格的相应数据对应，并添加"确认删除"的按钮，再将服务器行为中的"删除记录"功能添加到表单区域，如图 13-52 所示：

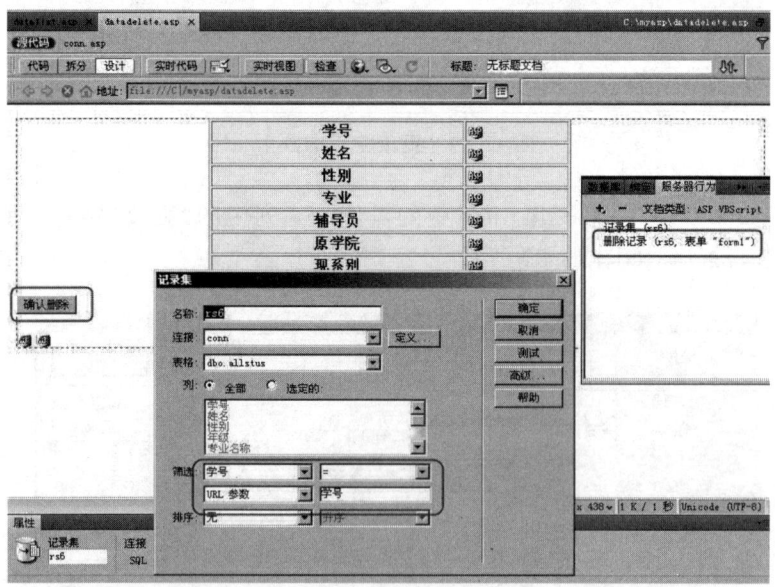

图 13-52　设置传递参数

在 datalist.asp 页面中，参考之前的方法，将操作方式列中的"删除"字符与"转到详细页面"绑定，如图 13-53 所示：

图 13-53　绑定删除页面及参数

当在 datalist.asp 页面中单击"删除"链接,将转到 datadelete.asp 页面,最终确认删除时,将会把相应数据记录从数据库中删除。

13.4 小结

Dreamweaver 是流行的网页设计与网站建设工具,在该平台上可以使用多种语言代码建立起与数据库交互的任务。本章节着重展示数据库在网站建设中的作用,并未展开对动态网页主流语言的探讨,读者可根据兴趣和需求,进一步学习如 Java、ASP.NET、PHP 等动态网页设计技术。